LES

OUVRAGES D'OR & D'ARGENT

LES

OUVRAGES D'OR ET D'ARGENT

LÉGISLATION FRANÇAISE & ÉTRANGÈRE

Sur le titre des Ouvrages d'or et d'argent

LA GARANTIE EN FRANCE ET A L'ÉTRANGER ET LES POINÇONS,
LES TRAITÉS DE COMMERCE,
LES TARIFS DOUANIERS DES DIFFÉRENTS ÉTATS, CONCERNANT L'HORLOGERIE,
LA BIJOUTERIE ET L'ORFÈVRERIE
RENSEIGNEMENTS GÉNÉRAUX SUR LE SERVICE DES POSTES
ET LES COLIS POSTAUX

PAR

VICTOR DUBAND

CONTROLEUR DE LA GARANTIE, A BESANÇON

BESANÇON
IMPRIMERIE ET LITHOGRAPHIE J. MILLOT ET Cie
20, RUE GAMBETTA, 20

1909

A M. PAUL ROBERT

DIRECTEUR DES CONTRIBUTIONS INDIRECTES DU DÉPARTEMENT DU DOUBS

Hommage respectueux de son Collaborateur

V. DUBAND.

Juillet 1908.

PRÉFACE

Depuis leur promulgation, les lois et ordonnances concernant le titre et le contrôle des matières et ouvrages d'or et d'argent ont subi de nombreuses modifications; j'ai jugé utile de les recodifier et de réunir dans ce volume les dispositions en vigueur.

Ce livre est divisé en cinq parties :

La première partie contient la législation française, c'est-à-dire l'historique de la garantie; les lois, décrets et ordonnances du 9 novembre 1797 jusqu'à nos jours concernant les attributions et l'organisation des bureaux de garantie; le personnel; le titre des ouvrages d'or et d'argent; les notions sur les essais; les poinçons et la marque; l'importation et la réimportation; l'exportation et la réexportation; l'admission temporaire; les obligations des fabricants et marchands de métaux précieux, de doublé et de plaqué d'or et d'argent et d'objets dorés et argentés; la fabrication d'ouvrages composés de métaux divers; le régime des médailles; les ventes publiques et les monts-de-piété; les faux poinçons; la fausse monnaie; les visites et recherches; le contentieux; la jurisprudence et la réglementation des marques de fabrique et de commerce.

La seconde partie présente les législations étrangères en matière de garantie (titres, tolérances, formalités et poinçons).

La troisième partie récapitule les traités de commerce et notamment celui conclu avec la Suisse, le 20 octobre 1906.

La quatrième partie est consacrée aux tarifs douaniers de la France et des différents pays, en ce qui concerne la bijouterie, l'orfèvrerie et l'horlogerie, ainsi que certains articles renfermant de l'or et de l'argent.

Enfin, la cinquième partie traite du service postal en France et à l'étranger, des chargements et boîtes avec valeur déclarée, des échantillons recommandés, etc., et des formalités imposées pour le transport des colis postaux.

Cet ouvrage peut être d'une grande utilité au personnel de l'Administration qui y puisera les instructions nécessaires et la documentation complète relatives au régime auquel sont soumis les métaux précieux. Il se recommande tout particulièrement aux chambres de commerce, aux chambres syndicales de bijouterie et d'orfèvrerie, aux fabricants et marchands, en un mot, à tous ceux qui sont désireux de connaître les obligations imposées par les lois de garantie.

Juillet 1908.

V. DUBAND,

Contrôleur de la Garantie, a Besançon.

PREMIÈRE PARTIE

CHAPITRE PREMIER

HISTORIQUE

L'art de vérifier le titre des alliages remonte à la plus haute antiquité ; il était pratiqué par les Egyptiens, et Théophraste, ainsi que Pline l'Ancien, ont fait connaître les méthodes d'essai alors usitées. L'une d'elles, qui est encore en usage dans les laboratoires, consistait dans l'emploi de la pierre de touche. Il y a donc lieu de croire qu'il existait des règlements pour empêcher ou punir les altérations du titre. Ces règles se trouvent formulées dans les statuts des Corporations d'orfèvres, dont l'origine remonte au règne de Numa Pompilius. C'est dans les règlements corporatifs qu'on aperçoit la trace des prescriptions tendant à assurer la loyauté de la fabrication et de la vente. Elles n'étaient pas toujours exactement observées, car, dès 864, un édit royal les rappelle aux orfèvres et menace de l'amende ou de la flagellation ceux qui s'en écarteraient.

C'est en 1260 qu'on se trouve en présence d'un document précis. A cette époque, le prévôt de Paris, Etienne Boileau, réunit et codifia, dans son livre d'or des métiers, les statuts un peu épars des divers corps d'état. Il rappela les anciennes règles et recommanda d'employer de l'or conforme à l'étalon de Paris « qui est l'or le meilleur de tous les pays » et de l'argent égal, sinon supérieur, aux « esterlins d'Angleterre » ; il institua trois gardes d'orfèvrerie chargés de veiller à l'exé-

1

cution des règlements et de déférer les délinquants à la prévôté ; c'était la corporation elle-même qui exerçait la police du métier.

En 1275, Philippe le Bel enjoint aux orfèvres de faire appliquer sur les ouvrages d'argent, au moyen d'un poinçon, le sceau de la ville où ils sont établis. Il étend cette obligation aux ouvrages en or. Ce poinçon, qui fut véritablement le poinçon originel de la corporation des orfèvres, garantissait le titre et n'était appliqué qu'après essai.

Les orfèvres et bijoutiers étaient donc tenus, dès cette époque, de porter leurs ouvrages au bureau du métier — plus tard maison commune — pour les faire essayer et poinçonner par les gardes de l'orfèvrerie, dont le nombre fut porté de 3 à 6.

Cette marque unique parut bientôt insuffisante ; en 1345, les fabricants furent astreints à posséder chacun un poinçon de maître qu'ils insculpaient sur leurs ouvrages avant de les soumettre à l'essai. Une ordonnance fixa les titres d'une manière plus précise : pour l'or, 19 carats 1/5 ; pour l'argent, le titre de la touche de Paris, 11 deniers 12 grains, et c'est seulement en 1349 que l'on voit apparaître un droit de marque établi au profit du Trésor royal, sur la vaisselle d'argent. Le droit fut de 2, puis de 3 deniers par marc d'argent ; il fut aboli en 1645.

Le titre de l'or a été relevé sous François Ier et Henri II, on le trouve à 22 carats, puis à 23 carats. On avait admis une certaine tolérance de titre au-dessous du titre légal, c'est ce qu'on appelait « le remède de loi » ; il était d'un quart de carat pour l'or et de deux grains pour l'argent ; pour les menus ouvrages sujets à soudure, le remède était d'un demi-carat. Henri III maintint ces dispositions (édits de 1577 et 1579) et il fit revivre, sous un nouveau nom (Droit de remède), l'ancien droit de marque, il fut fixé à 3 livres tournois par marc d'or et à 25 sols tournois par marc d'argent ; cette taxe était exigible non seulement sur les ouvrages fabriqués, mais aussi sur tous ceux qui se trouvaient dans le commerce ou dans les ventes publiques. Pour en assurer le recouvrement, l'édit royal constituait dans les principales villes du royaume des receveurs et des contrôleurs. Les contrôleurs appliquaient, à côté de la marque de la communauté, une contremarque qui constatait le paiement de l'impôt et qui était uniforme pour tout le royaume, avec un signe caractéristique pour chaque bureau.

Le droit de remède fut abrogé par un édit d'octobre 1631 et remplacé par une taxe somptuaire de 3 sols par once d'orfèvrerie perçue dans les mêmes formes ; mais, en 1633, elle fut rachetée par la corporation.

Le droit de marque ne fut définitivement assis qu'en 1672. La perception, d'abord confiée à un fermier général, puis comprise dans le bail général des fermes, fut, en 1780, réunie à la régie générale des aides.

L'impôt, originairement fixé à 30 sols par once d'or et à 20 sols par marc d'argent, fut successivement augmenté ; en 1789, il était de 7 livres 13 sols par once d'or et de 4 livres 19 sols par marc d'argent. Quant au titre, il fut maintenu, pour l'or, au taux de 22 carats (avec un quart de carat de remède) ; on admit un second titre 20 carats 1/4 (avec un quart de carat de remède), mais seulement pour les menus ouvrages sujets à soudure. Le titre de l'argent était, comme autrefois, de 11 deniers 12 grains (avec 2 grains de remède).

Tels étaient, en 1789, les traits principaux de la législation.

Ce régime ne pouvait échapper à l'action réformatrice de la Révolution. L'Assemblée nationale, en attendant une réforme, chargea ses trois comités (monnaies, contributions publiques et commerce) d'élaborer un projet de règlement.

Le projet fut soumis en l'an V, et ce n'est que sous la pression de nécessités financières que ce projet, voté d'urgence par le Conseil des Cinq-Cents et par le Conseil des Anciens, devint la loi du 19 brumaire an VI, qui forme encore la base de notre législation en matière de garantie.

La loi du 19 brumaire an VI a rétabli le droit sur l'or dans une proportion peu différente de celle d'autrefois ; elle a fixé le droit sur l'argent aux deux tiers environ de la taxe précédente :

20 francs par hectogramme d'or et 1 franc par hectogramme d'argent, non compris les frais d'essai et de touchau.

Peu de temps après, l'article 1ᵉʳ de la loi du 6 prairial an VII (25 mai 1799) a augmenté d'un décime par franc plusieurs impôts, au nombre desquels est celui de la garantie, et d'un second décime temporairement par l'article 5 de la loi du 14 juillet 1855.

Dans sa séance du 30 mars 1872, l'Assemblée Nationale a voté une loi destinée à créer de nouvelles ressources au Trésor.

D'après l'article 1ᵉʳ, les droits de garantie sur les ouvrages d'or et d'argent sont élevés, en principal, de 20 à 30 francs par hectogramme d'or et de 1 franc à 1 fr. 60 par hectogramme d'argent.

L'article 2 des lois de finances des 30 et 31 décembre 1873 a accru ce droit d'un demi-décime en sus des deux décimes appliqués par les articles 232 de la loi du 28 avril 1816, 123 de celle du 25 mars 1817 et 5 de la loi du 14 juillet 1855.

Il y a de plus les droits d'essai.

Dans le principe, la perception de ces nouveaux droits, comme de la plupart des impôts indirects, fut opérée par l'administration de l'enregistrement ; puis elle fut confiée à celle des droits réunis, aujourd'hui : Contributions indirectes. (Loi du 5 ventôse an XII et ordonnance du 5 mai 1820.)

La dénomination de « *Droit de garantie* », qui avait successivement reçu les noms de « droit de « seigneuriage », « de remède » et de « marque », appliquée à cet impôt par la loi organique du 19 brumaire an VI, indique qu'on a voulu donner aux acheteurs de bijoux ou objets d'or ou d'argent le plus de sécurité possible contre la mauvaise foi.

« On se ferait une fausse idée du droit dont il s'agit (ainsi » l'explique la circulaire n° 58, du 8 avril 1822), si on ne le con- » sidérait que sous le rapport de ses produits. Sans doute, » l'intérêt du Trésor exige qu'on recueille tous les droits qui » lui sont dus, mais un intérêt plus puissant et plus général » est d'empêcher que la confiance due à la vérité et à la marque » ne soit altérée, et qu'on ne répande dans le commerce une » grande quantité d'ouvrages d'or et d'argent à bas titre.

» Comme c'est là le but principal de la loi, les employés » chargés de l'exécuter ne doivent pas se regarder seulement » comme des agents de perception, ils doivent se considérer » comme dépositaires de la confiance publique, qui repose sur » l'exactitude de leurs opérations. »

Ainsi, les essais pour s'assurer de la fabrication au titre légal, l'application des poinçons comme preuve de la régularité de cette fabrication, la tenue de registres d'achat, la délivrance de bordereaux de vente ou factures énonciatives de l'espèce, du titre et du poids des ouvrages livrés, sont des dispositions préventives qui seraient conservées, probablement, quand bien même il n'y aurait pas un droit de marque à percevoir.

L'obligation imposée aux orfèvres et brocanteurs de tenir un registre pour inscrire leurs achats avec le nom des vendeurs, est une mesure d'ordre public qui, bien souvent, a mis obstacle à des détournements d'objets précieux.

D'un autre côté, souvent trompés par une concurrence déloyale, les fabricants et les marchands bijoutiers ont toujours exprimé la conviction que la surveillance et le contrôle du titre légal protègent essentiellement leur industrie « en maintenant » tous les fabricants, tous les marchands sous un même niveau » de régularité et de loyauté ». (Rapport lu en Assemblée générale en 1843.)

Projet de réforme de la loi de brumaire

Le régime établi par la loi de brumaire an VI, ne répondant plus aux besoins de l'industrie, il a paru nécessaire de refondre la législation en matière de garantie. Dans ce but, une commission extraparlementaire avait été instituée par arrêté ministériel du 19 juin 1889.

La liberté absolue pour l'industrie et le commerce des ouvrages d'or et d'argent fut reconnue dangereuse pour le bon renom de la bijouterie française, renom provenant en grande partie de la sécurité du titre.

Le texte soumis au pouvoir législatif maintient les tarifs des droits de garantie et établit des minima de perception. Il a prévu le remboursement aux exportateurs du droit de garantie, sous déduction d'un vingtième, et étendu ce remboursement, sous certaines conditions, aux ouvrages démodés présentés neufs.

Voté par la Chambre des députés, le 6 juillet 1900, le projet a été adopté par le Sénat le 25 février 1904, mais avec quelques modifications nécessitant son retour à la Chambre. Depuis ce moment, de nouvelles revendications ont été formulées par certaines catégories d'intéressés. Il en résulte que la réforme n'a pas encore été inscrite à l'ordre du jour et que son adoption définitive paraît indéfiniment ajournée. (Trescaze, nouvelle édition.)

Produits du droit de garantie

En l'an VI, époque du rétablissement des droits de marque, on en évalua le produit brut, décimes non compris, à 500.000 fr.

Lorsque, en 1813, le territoire de l'Empire avait sa plus grande étendue, le produit brut, y compris le décime, atteignit le chiffre de . . . . 1.490.538 fr.

Descendu, en 1817, après la réduction du territoire aux 85 départements, à . . . . 629.310 fr.

il se releva promptement et atteignit, en 1825, la somme de . . . . 1.640.458 fr.

En 1860, le produit s'est élevé à . . . . 3.021.640 »
En 1870,   —   . . . . 2.042.917 »
En 1873,   —   . . . . 5.386.491 »
En 1874,   —   . . . . 5.465.575 »
En 1880,   —   . . . . 6.326.653 »
En 1890,   —   . . . . 4.818.075 »
En 1900,   —   . . . . 6.983.100 »
En 1903,   —   . . . . 7.920.925 »
En 1904,   —   . . . . 6.748.206 »
En 1906,   —   . . . . 7.372.297 »
En 1907,   —   . . . . 7.802.043 »

CHAPITRE II

Loi du 19 brumaire an VI
(9 novembre 1797)

RELATIVE A LA SURVEILLANCE ET A LA PERCEPTION DES DROITS DE GARANTIE
DES MATIERES ET OUVRAGES D'OR ET D'ARGENT

TITRE Ier

SECTION 1re. — *Des titres des ouvrages d'or et d'argent*

ARTICLE 1er. — Tous les ouvrages d'orfèvrerie et d'argenterie fabriqués en France doivent être conformes aux titres prescrits par la loi, respectivement suivant leur nature.

ART. 2. — Ces titres, ou la quantité de fin contenue dans chaque pièce, s'exprimeront en millièmes. Les anciennes dénominations de carats et de deniers, pour exprimer le degré de pureté des métaux précieux, n'auront plus lieu [1].

ART. 3. — Il est cependant permis pendant un an, à compter de la date de la présente loi, d'employer dans les actes ou écrits qui sont dans le cas de passer sous les yeux d'un officier public, les anciennes expressions de carats, deniers, ou leurs subdivisions, mais seulement à la suite du nombre de millièmes qui devra exprimer la vraie qualité du métal précieux.

ART. 4. — Il y a trois titres légaux [2] pour les ouvrages d'or et deux pour les ouvrages d'argent ; savoir : pour l'or :

---

(1) *Décret du 6 juin 1884* — Article 2. — Pour la fabrication des bijoux à tous titres, l'indication du titre pourra être exprimée soit en carats, soit en millièmes, suivant les exigences du commerce d'exportation, sous la condition que le nombre indiquant les carats sera suivi d'un K et que celui désignant les millièmes sera suivi d'un M. (Voir page 39.)

(2) *Loi du 25 janvier 1884.* — Article 1er. — Par addition à l'article 4 de la loi du 19 brumaire an VI, il est créé, pour la fabrication des boîtes de montres d'or seulement, destinées exclusivement à l'exportation, un quatrième titre légal à 583 millièmes, lequel sera obligatoire.

Article 2 — Par dérogation aux dispositions dudit article 4 et en dehors de celles

Le premier, de 920 millièmes (ou 22 carats 2/32 et 1/2 environ);
Le second, de 840 millièmes (20 carats 5/32 et 1/8) ;
Le troisième, de 750 millièmes (18 carats).

Et pour l'argent :

Le premier, de 950 millièmes (11 deniers 9 grains 7/10) ;
Le second, de 800 millièmes (9 deniers 11 grains 1/2).

ART. 5. — La tolérance des titres pour l'or est de trois millièmes ; celle des titres pour l'argent est de cinq millièmes.

ART. 6. — Les fabricants peuvent employer, à leur gré, l'un des titres mentionnés à l'article 4, respectivement pour les ouvrages d'or et d'argent, quelle que soit la grosseur ou l'espèce des pièces fabriquées.

SECTION 2 — *Des poinçons*

ART. 7. — La garantie du titre des ouvrages et matières d'or et d'argent est assurée par des poinçons ; ils sont appliqués sur chaque pièce, en suite d'un essai de la matière, et conformément aux règles établies ci-après :

ART. 8. — Il y a pour marquer les ouvrages, tant en or qu'en argent, trois espèces principales de poinçons, savoir :
Celui du fabricant,
Celui du titre,
Et celui du bureau de garantie (1).

Il y a d'ailleurs deux petits poinçons, l'un pour les menus ouvrages d'or, l'autre pour les menus ouvrages d'argent trop petits pour recevoir l'empreinte des trois espèces de poinçons précédentes.

Il y a, de plus, un poinçon particulier pour les vieux ouvrages dits de hasard (2) ;
Un autre pour les ouvrages venant de l'étranger ;

énoncées à l'article 1er ci-dessus, les fabricants seuls d'orfèvrerie, joaillerie, bijouterie et boîtes de montres sont autorisés à fabriquer à tous autres titres des objets d'or et d'argent exclusivement destinés à l'exportation. (Voir la loi du 25 janvier 1884, page 36)

(1) Article 4 de l'ordonnance du roi du 7 avril 1838 . « Le poinçon de titre et celui du bureau de garantie ne formeront plus qu'un poinçon unique qui portera un signe particulier pour chaque bureau. » (Voir ces signes au chapitre III, Attributions et Organisation, pages 44, 45, 46)

(2) Article 2 de l'ordonnance du roi du 5 mai 1819 . « Le poinçon dit de vieux, destiné à marquer les ouvrages dits de hasard remis dans le commerce, est et demeure supprimé. »

Une troisième sorte pour les ouvrages doublés ou plaqués d'or et d'argent ;

Une quatrième sorte, dite poinçon de recense, qui s'applique par l'autorité publique lorsqu'il s'agit d'empêcher l'effet de quelque infidélité relative aux titres et aux poinçons ;

Enfin, un poinçon particulier pour marquer les lingots d'or ou d'argent affinés.

Art. 9. — Le poinçon du fabricant porte la lettre initiale de son nom, avec un symbole : il peut être gravé par tel artiste qu'il lui plaît de choisir, en observant les formes et proportions établies par l'administration des Monnaies.

Art. 10. — Les poinçons de titre ont pour empreinte un coq [1], avec l'un des chiffres arabes 1, 2, 3, indicatif du premier, second et troisième titres, fixés dans la précédente section. Ces poinçons sont uniformes dans toute la République. Chaque sorte de ces poinçons a d'ailleurs une forme particulière qui la différencie aisément à l'œil.

Art. 11. — Le poinçon de chaque bureau de garantie a un signe caractéristique particulier, qui est déterminé par l'administration des Monnaies.

Ce signe est changé toutes les fois qu'il est nécessaire, pour prévenir les effets d'un vol ou d'une infidélité.

Art. 12. — Le petit poinçon destiné à marquer les menus ouvrages d'or a pour empreinte une tête de coq ; celui pour les menus ouvrages d'argent porte un faisceau [2].

Art. 13. — Le poinçon de vieux, destiné uniquement à marquer les ouvrages dits de hasard, représente une hache [3].

Celui pour marquer les ouvrages venant de l'étranger contient les lettres E. T. [4].

Art. 14. — Le poinçon de chaque fabricant de doublé ou de plaqué a une forme particulière déterminée par l'administration des Monnaies [5]. Le fabricant ajoute en outre, sur chacun de

---

(1) Les empreintes des poinçons ont été changées par diverses ordonnances et, en dernier lieu, par celle du 30 juin 1835. (Voir les dessins au chapitre VII : « Poinçons et bigornes ».)

(2) Voyez la note précédente.

(3) Voyez la note 2 de la page précédente.

(4) Le poinçon « le Charançon », qui est employé aujourd'hui pour la marque des ouvrages d'or et d'argent, autres que les montres, importés des pays avec lesquels ont été conclus des traités de commerce accordant à ces ouvrages le même traitement qu'aux objets similaires de fabrication française, conservera cette affectation ainsi que ses deux modules actuels (Art. 2 du décret du 29 juin 1893.)

(5) La forme de ce poinçon est un carré parfait. (Arrêté de l'administration des Monnaies du 17 nivose an VI, art 3)

ses ouvrages, des chiffres indicatifs de la quantité d'or et d'argent qu'il contient.

ART. 15. — Le poinçon de recense est également déterminé par l'administration des Monnaies, qui le différencie à raison des circonstances.

ART. 16. — Le poinçon destiné à marquer les lingots d'or ou d'argent affinés est aussi déterminé par l'administration des Monnaies ; il est uniforme dans toute la France (1).

ART. 17. — Tous les poinçons désignés dans les articles 10, 11, 12, 13, 15 et 16 sont fabriqués par le graveur des Monnaies (2) qui les fait parvenir dans les divers bureaux de garantie et en conserve les matrices.

Le poinçon destiné pour les lingots affinés n'est déposé que dans les bureaux de garantie dans l'arrondissement desquels il se trouve des affineurs, et à la chambre de délivrance de la Monnaie de Paris pour l'affinage national.

ART. 18. — Lorsqu'on ne fait point usage de ces poinçons, ils sont enfermés dans une caisse à trois serrures et sous la garde des employés des bureaux de garantie, comme il sera dit ci-après (3).

ART. 19. — Les fabricants de faux poinçons et ceux qui en feraient usage (4) seront condamnés à dix années de fer (5) et leurs ouvrages confisqués.

ART. 20. — Les poinçons servant actuellement à constater les titres et l'acquit des droits de marque seront biffés immédiatement après que les poinçons ordonnés par la présente loi (6) seront en état d'être employés.

---

(1) Ce poinçon n'est plus en usage que pour les lingots qui doivent être tirés aux argues nationales.

(2) L'article 17 de la loi du 19 brumaire an VI est rapporté et il y sera substitue la rédaction suivante : « Tous les poinçons désignés dans les articles 10, 11, 12, 13, 15 et 16, sont fabriqués par le graveur des Monnaies, sous la surveillance de l'administration des Monnaies, qui les fait parvenir dans les divers bureaux de garantie et en conserve les matrices. » (Loi du 26 frimaire an VI)

(3) Articles 45 et 53.

(4) En connaissance de cause. (Voyez l'article 109)

(5) Code pénal, art. 140. — Ceux qui auront contrefait ou falsifie soit un ou plusieurs timbres nationaux, soit les marteaux de l'Etat servant aux marques forestières, soit le poinçon ou les poinçons servant à marquer les matières d'or et d'argent, ou qui auront fait usage des papiers, timbres, marteaux ou poinçons falsifiés ou contrefaits, seront punis des travaux forces à temps, dont le maximum sera toujours appliqué dans ce cas

Art. 141. — Sera puni de la réclusion quiconque s'étant indûment procuré les vrais timbres, marteaux ou poinçons ayant l'une des destinations exprimées en l'article 140, en aura fait une application ou usage préjudiciable aux droits ou intérêts de l'Etat.

(6) De même aussi par les ordonnances ou décrets subsequents

TITRE II

Des droits de garantie sur les ouvrages et matières d'or et d'argent

ART. 21. — Il sera perçu un droit de garantie sur les ouvrages d'or et d'argent de toute sorte, fabriqués à neuf.

Ce droit sera de 20 francs par hectogramme (trois onces deux gros douze grains) d'or, et de 1 franc par hectogramme d'argent, non compris les frais d'essai ou de touchau [1].

ART. 22. — Il ne sera rien perçu sur les ouvrages d'or et d'argent, dits de hasard, remis dans le commerce ; ils ne sont assujettis qu'à être marqués une seule fois du poinçon de vieux ordonné par l'article 8 de la présente loi [2].

ART. 23. — Les ouvrages d'or et d'argent venant de l'étranger devront être présentés aux employés des douanes sur les frontières de la République, pour y être déclarés, pesés, plombés [3] et envoyés au bureau de garantie le plus voisin, où ils seront marqués du poinçon E.T., et paieront des droits égaux à ceux qui sont perçus pour les ouvrages d'or et d'argent fabriqués en France.

Sont exceptés des dispositions ci-dessus : 1° les objets d'or et d'argent appartenant aux ambassadeurs et envoyés des puissances étrangères ;

2° Les bijoux d'or à l'usage personnel des voyageurs et les ouvrages en argent servant également à leur personne, pourvu que leur poids n'excède pas en totalité cinq hectogrammes (seize onces deux gros soixante grains et demi).

ART. 24. — Lorsque les ouvrages d'or et d'argent venant de l'étranger et introduits en France en vertu des exceptions de l'article précédent, seront mis dans le commerce, ils devront être portés au bureau de garantie pour y être marqués du poinçon destiné à cet effet, et il sera payé, pour lesdits ouvrages, le même droit que pour ceux fabriqués en France.

ART. 25. — Lorsque les ouvrages neufs d'or et d'argent fabriqués en France et ayant acquitté les droits, sortiront de la

---

(1) Plus un decime par franc (art 1er de la loi du 6 praimal an VII et 28 avril 1816, art. 232); un second décime temporaire (loi du 14 juillet 1855), et un demi-décime (art 2 de la loi de finances des 30 et 31 decembre 1873)

(2) L'abolition du droit de revente entraînait comme mesure temporaire l'application gratuite d'un poinçon special sur les vieux ouvrages existant alors Le poinçon de vieux a été supprimé le 5 mai 1819

(3) Soumis au paiement d'un droit de douane, selon leur nature ou espece.

République comme vendus ou pour l'être à l'étranger [1], les droits de garantie seront restitués au fabricant, sauf la retenue d'un tiers [2].

ART. 26. — Cette restitution sera faite par le bureau de garantie qui aura perçu les droits sur lesdits ouvrages, ou, à défaut de fonds, par une traite sur le bureau de garantie de Paris [3]. Cette restitution n'aura lieu cependant que sur la représentation d'un certificat de l'administration des douanes [4], muni de son sceau particulier, et qui constate la sortie de France desdits ouvrages.

Ce certificat devra être rapporté dans le délai de trois mois.

ART. 27. — Le Directoire exécutif désignera les communes maritimes et continentales par lesquelles il sera permis de faire sortir de la République les ouvrages d'or et d'argent [5].

ART. 28. — Les ouvrages déposés au mont-de-piété et dans les autres établissements destinés à des ventes ou à des dépôts de ventes, sont assujettis à payer les droits de garantie lorsqu'ils ne les ont pas acquittés avant le dépôt [6].

ART. 29. — Les lingots d'or et d'argent affinés paieront un droit de garantie avant de pouvoir être mis dans le commerce [7].

Ce droit sera :

Pour l'or, de 8 francs 18 centimes par kilogramme (ou 2 francs par marc) ;

Et pour l'argent, de 2 francs 4 centimes par kilogramme (ou 10 sous par marc).

Les lingots dits de tirage ne paieront qu'un droit de 82 centimes par kilogramme (ou 4 sous par marc) [8].

(1) Ainsi qu'aux colonies françaises (Décision du 26 janvier 1815)

(2) La loi du 30 mars 1872, en créant les poinçons d'exportation, a prescrit le remboursement intégral du droit de garantie, lequel doit, par conséquent, être payé en totalité si l'objet est remporté

(3) Comme toutes les autres restitutions de droits, et conformément à l'article 9 de l'ordonnance du 5 mai 1820, celle-ci s'opère maintenant par les caisses de l'administration des contributions indirectes, en vertu d'une ordonnance du Ministre des Finances.

(4) Ou de l'administration des postes. Il est entendu que c'est l'administration elle-même qui, pour les boîtes avec valeur déclarée expédiées de France à destination des colonies françaises et l'étranger, établira le certificat d'exportation. (Décrets du 29 mars 1889 et 26 juin 1892; circulaires nos 556 du 15 avril 1889 et 17 du 17 juin 1893.)

(5) Voir la nomenclature de ces bureaux au chapitre : « Exportation ».

(6) Voir le chapitre « Monts-de-piété et Ventes publiques »

(7) L'accomplissement des formalités voulues par cet article n'est exigé que pour les lingots de tirage (Lettre de l'administration des Monnaies du 28 décembre 1822)

(8) Ces droits sont accrus de deux décimes et demi. (Art 1er de la loi du 6 prairial an VII, art. 232 de la loi du 28 avril 1816, loi du 14 juillet 1855 et art. 2 de la loi de finances des 30 et 31 décembre 1873)

TITRE III

Suppression des maisons communes d'orfèvres

ART. 30. — Les maisons communes d'orfèvres sont supprimées ; leurs biens et effets sont déclarés appartenant à la nation.

ART. 31. — Les employés des bureaux de ces maisons continueront d'exercer leurs fonctions jusqu'au complément de l'organisation prescrite par la présente loi.

ART. 32. — Il sera fait inventaire des registres et papiers à l'usage de ces bureaux, ainsi que des ustensiles et effets ; pour les papiers et registres être envoyés à l'administration des Monnaies et les ustensiles et effets être remis sous la surveillance des administrations de département, jusqu'à ce qu'il puisse en être fait un emploi avantageux à la République.

ART. 33. — Les quatre invalides orfèvres qui habitent actuellement la maison commune des orfèvres à Paris seront placés aux incurables ; le Ministre de l'Intérieur est chargé d'effectuer ce transport.

TITRE IV

Des bureaux de garantie

ART. 34. — Il y aura des bureaux de garantie établis pour faire essai et constater les titres des ouvrages d'or et d'argent, ainsi que des lingots de ces matières qui y seraient apportés, et pour percevoir, lors de la marque de ces ouvrages ou matières, les droits imposés par la loi.

ART. 35. — Ces bureaux seront placés dans les communes où ils seront le plus avantageux au commerce ; le nombre en est fixé provisoirement à deux cents (1) au plus pour toute la France. Le placement de ces bureaux et les lieux compris dans leur arrondissement seront déterminés par le Directoire exécutif, sur la demande motivée des administrations de département et sur l'avis de celle des Monnaies (2).

---

(1) Réduit par divers décrets ou ordonnances Voyez la liste des bureaux existants au chapitre « Organisation », pages 44, 45, 46.

(2) Ainsi que celle de l'administration des contributions indirectes. (Induction de l'ordonnance du 5 mai 1820) Par l'effet de cette ordonnance, la régie des contribu tions indirectes exerce aujourd'hui la plupart des attributions que la loi ci-dessus conférait à celles de l'enregistrement et des monnaies

ART. 36. — Les bureaux de garantie seront composés de trois employés, savoir : un essayeur, un receveur et un contrôleur ; mais à Paris et dans les communes populeuses, le Ministre des Finances pourra autoriser un plus grand nombre d'employés, à raison des besoins du commerce.

ART. 37. — L'administration des Monnaies surveillera les bureaux de garantie relativement à la partie d'art et au maintien de l'exactitude des titres des ouvrages d'or et d'argent mis dans le commerce (1).

ART. 38. — La régie de l'enregistrement (2) surveillera les bureaux de garantie relativement aux dépenses et au recouvrement des droits à percevoir.

ART. 39. — L'essayeur de chaque bureau de garantie sera nommé par l'administration du département où ce bureau est placé ; mais il ne pourra en exercer les fonctions qu'après avoir obtenu de l'administration des Monnaies un certificat de capacité (3) aux mêmes conditions prescrites par l'article 59 de la loi du 22 vendémiaire sur l'organisation des monnaies.

ART. 40. — La régie de l'enregistrement nommera le receveur de chaque bureau de garantie, ou en fera faire les fonctions par l'un de ses préposés, dans les communes où cette cumulation de fonctions ne serait nuisible ni à l'un ni à l'autre service.

ART. 41. — Les contrôleurs des bureaux de garantie seront nommés par le Ministre des Finances, sur la proposition de l'administration des Monnaies (4).

ART. 42. — Les essayeurs n'auront d'autre rétribution que celle qui leur est allouée pour les frais de chaque essai d'or et d'argent (5), ainsi qu'il sera dit dans le titre suivant.

---

(1) Le décret du 10 avril 1888, modifiant l'article 6 de l'ordonnance du 5 mai 1820, définit les attributions de l administration des Monnaies

(2) Des contributions indirectes. (Art. 80 de la loi du 5 ventôse an XII.)

(3) Les citoyens qui se présenteront dans les départements pour y remplir la place d'essayeur dans un bureau de garantie pourront être examinés (l'ordonnance du 5 mai 1820, art. 1er, a conservé cette disposition) par des artistes connus qui se trouveraient le plus a portee et commis à cet effet par l'administration des Monnaies, sous l'autorisation du Ministre des Finances. L'administration des Monnaies, sur le rapport de l'examinateur designé par elle, pourra accorder aux candidats un certificat de capacité qui lui tiendra lieu de celui exigé par l'art. 39 de la loi du 19 brumaire an VI (Art 2 de la loi du 13 germinal an VI)

Aux termes de l'art. 8 de l'ordonnance du 26 décembre 1827, il est toujours dans les attributions de l'administration des Monnaies « de delivrer .. aux essayeurs du commerce et aux essayeurs des bureaux de garantie les certificats de capacité dont ils doivent être pourvus avant d'entrer en fonctions »

(4) Sur la proposition de l'administration des Contributions indirectes, concertée avec la commission des Monnaies. (Sens de l'ordonnance du 5 mai 1820, art. 3)

(5) Art. 1er de la loi du 13 germinal an VI.— Le Ministre des Finances pourra, sous

ART. 43. — Les traitements des receveurs et des contrôleurs seront gradués à raison de l'importance et de l'étendue de leurs fonctions ; ces traitements ne pourront excéder, savoir : 3.000 francs à Paris, 2.400 francs dans les communes au-dessus de cinquante mille âmes, et 1.800 francs dans les autres.

ART. 44. — L'essayeur se pourvoiera, à ses frais, de tout ce qui est nécessaire à l'exercice de ses fonctions [1] ; l'administration des Monnaies fournira aux bureaux les poinçons et la machine à estamper ; les frais de registres et autres seront réglés par la régie de l'enregistrement, sous l'approbation du Ministre des Finances ; l'administration du département procurera un local convenable au bureau, qui devra être placé, autant que possible, dans celui de la municipalité du lieu [2].

ART. 45. — L'essayeur, le receveur et le contrôleur du bureau de garantie auront chacun une des clefs de la caisse dans laquelle seront renfermés les poinçons.

ART. 46. — Les employés des bureaux qui calqueraient les poinçons, ou qui en feraient usage sans observer les formalités prescrites par la loi, seront destitués et condamnés à un an de détention.

ART. 47. — Aucun employé aux bureaux de garantie ne laissera prendre de calque, ni ne donnera de description, soit verbale, soit par écrit, des ouvrages qui sont au bureau, sous peine de destitution.

TITRE V

Des fonctions des employés des bureaux de garantie

ART. 48. — L'essayeur ne recevra les ouvrages d'or et d'argent qui lui seront présentés pour être essayés et titrés que lorsqu'ils auront l'empreinte du poinçon du fabricant et qu'ils seront assez avancés pour qu'en les finissant ils n'éprouvent aucune altération.

---

l'autorisation du Directoire exécutif, accorder aux essayeurs des bureaux de garantie un traitement qui pourra être porté jusqu'à la somme de 400 fr. par an, lorsque le produit des essais faits pendant l'année ne se sera pas élevé à 600 fr., déduction faite des frais.

(1) Voir l'art. 50 de la loi du 19 brumaire an VI.

(2) L'art. 44 de la loi du 19 brumaire an VI voulait que l'administration du département procurât un local convenable pour y établir le bureau et que ce fût, autant que possible, dans le bâtiment occupé par la municipalité. Cette disposition, qui pouvait avoir de l'utilité dans l'origine, à cause de l'isolement du service de la garantie, n'est plus obligatoire, surtout depuis la réunion de ce service à celui des contributions indirectes. (Ordonnance du 5 mai 1820.)

ART. 49. — Les ouvrages provenant de différentes fontes devront être envoyés au bureau de garantie dans des sacs séparés, et l'essayeur en fera l'essai séparément.

ART. 50. — Il n'emploiera dans ses opérations que les agents chimiques et substances provenant du dépôt établi dans l'hôtel des Monnaies, à Paris ; mais les frais de transport de ces substances et matières seront compris dans les frais d'administration du bureau.

ART. 51. — L'essai sera fait sur un mélange des matières prises sur chacune des pièces provenant de la même fonte. Ces matières seront grattées ou coupées, tant sur les corps des ouvrages que sur les accessoires, de manière que les formes et les ornements n'en soient pas détériorés.

ART. 52. — Lorsque les pièces auront une languette forgée ou fondue avec leur corps, c'est en partie sur cette languette et en partie sur le corps de l'ouvrage que l'on fera la prise d'essai.

ART. 53. — Lorsque les ouvrages d'or et d'argent seront à l'un des titres prescrits respectivement pour chaque espèce par l'article 4 de la présente loi, l'essayeur en inscrira la mention sur un registre destiné à cet effet et qui sera coté et parafé par l'administration départementale : lesdits ouvrages seront ensuite donnés au receveur, avec un extrait du registre de l'essayeur, indiquant le titre trouvé (1).

ART. 54. — Le receveur pèsera les ouvrages qui lui seront ainsi transmis et percevra le droit de garantie qu'ils doivent conformément à la loi. Il fera ensuite mention, sur son registre. qui sera coté et parafé comme celui de l'essayeur, de la nature des ouvrages, de leur titre, de leur poids et de la somme qui lui aura été payée pour l'acquittement du droit ; enfin, il inscrira sur l'extrait du registre de l'essayeur le poids des ouvrages, la mention de l'acquittement du droit, et remettra le tout au contrôleur.

ART. 55. — Le contrôleur aura un registre coté et parafé comme ceux de l'essayeur et du receveur : il y transcrira l'extrait du registre accompagnant chaque pièce à marquer, et,

(1) « Considérant que les essayeurs du commerce et de la garantie sont responsables de la déclaration du titre qu'ils accusent, et qu'en raison même de cette responsabilité ils doivent demeurer libres dans le choix du mode d'essai qu'ils emploient. » (Préambule de l'ordonnance du 6 juin 1830, ci-après) ·
Art 1er. — Quel que soit le mode d'essai suivi par un essayeur pour titrer les matières d'or et d'argent, il sera tenu sous sa responsabilité, d'accuser le véritable titre. Il lui sera transmis, par la commission des monnaies, une instruction approuvée par notre Ministre secrétaire d'État des finances sur la manière d'opérer du laboratoire des essais.

conjointement avec l'essayeur et le receveur, il tirera de la caisse à trois serrures le poinçon du bureau et celui indicatif du titre, soit de l'or, soit de l'argent, ou le poinçon dont les menus ouvrages doivent être revêtus, et il les appliquera en présence du propriétaire (1).

ART. 56. — Les ouvrages d'or et d'argent qui, sans être au-dessous du plus bas des titres fixés par la loi, ne seraient pas précisément à l'un d'eux, seront marqués au titre légal immédiatement inférieur à celui trouvé par l'essai, ou seront rompus, si le propriétaire le préfère.

ART. 57. — Lorsque le titre d'un ouvrage d'or ou d'argent sera trouvé inférieur au plus bas des titres prescrits par la loi, il pourra être procédé à un second essai, mais seulement sur la demande du propriétaire.

Si le second essai est confirmatif du premier, le propriétaire paiera le double essai, et l'ouvrage lui sera remis après avoir été rompu en sa présence.

Si le premier essai est infirmé par le second, le propriétaire n'aura qu'un seul essai à payer.

ART. 58. — En cas de contestation sur le titre, il sera fait une prise d'essai sur l'ouvrage pour être envoyée, sous les cachets du fabricant et de l'essayeur, à l'administration des Monnaies, qui la fera essayer dans son laboratoire en présence de l'inspecteur des essais (2).

ART. 59. — Pendant ce temps, l'ouvrage présenté sera laissé au bureau de garantie, sous les cachets de l'essayeur et du fabricant ; et lorsque l'administration des Monnaies aura fait connaître le résultat de son essai, l'ouvrage sera définitivement titré et marqué conformément à ce résultat.

---

(1) *Arrêté du 13 prairial an VII* — Art. 1er. — Le contrôleur du bureau de garantie, chargé essentiellement de surveiller le titre des matières et ouvrages d'or et d'argent et de les poinçonner, l'est également de la direction du service ainsi que de la tenue et police du bureau.

(2) Art. 8 de l'ordonnance du 26 décembre 1827. — Les attributions de l'administration des Monnaies sont : .. 2° de délivrer, conformément aux lois des 22 vendémiaire an IV et 19 brumaire an VI, aux essayeurs de commerce et de garantie, les certificats de capacité dont ils doivent être pourvus avant d'entrer en fonctions ; 3° enfin de statuer sur les difficultés relatives au titre et à la marque des lingots et ouvrages d'or et d'argent qui sont maintenant déférées à l'administration des Monnaies par les lois ci-dessus relatées, et notamment par les articles 58 et 61 de la loi du 19 brumaire an VI.

Art. 2 de l'ordonnance du 6 juin 1830. — Les contre-essais des lingots et matières d'or et d'argent du commerce faits, aux termes de la loi du 19 brumaire an VI, à l'hôtel des Monnaies de Paris, auront toujours lieu, à l'avenir, par le procédé de la voie humide.

2

ART. 60. — Si c'est l'essayeur qui se trouve avoir été en défaut, les frais de transport et d'essai seront à sa charge ; au cas contraire, ils seront supportés par le propriétaire de l'objet.

ART. 61. — Lorsqu'un ouvrage d'or, d'argent ou de vermeil, quoique marqué d'un poinçon indicatif de son titre, sera soupçonné de n'être pas au titre indiqué, le propriétaire pourra l'envoyer à l'administration des Monnaies, qui le fera essayer avec les formalités prescrites pour l'essai des monnaies (1).

Si cet essai donne un titre plus bas, l'essayeur sera dénoncé aux tribunaux et condamné pour la première fois à une amende de 200 francs ; pour la seconde, à une amende de 600 francs, et la troisième fois, il sera destitué.

ART. 62. — Le prix d'un essai d'or, de doré et d'or tenant argent est fixé à trois francs, et celui d'argent à quatre-vingts centimes (16 sous).

ART. 63. — Dans tous les cas, les cornets et boutons d'essai seront remis au propriétaire de la pièce.

ART. 64. — L'essai des menus ouvrages d'or par la pierre de touche sera payé neuf centimes par décagramme (deux gros quarante-quatre grains et demi environ) d'or.

ART. 65. — Si l'essayeur soupçonne aucun des ouvrages d'or, de vermeil ou d'argent, d'être fourré de fer, de cuivre ou de toute autre matière étrangère, il le fera couper en présence du propriétaire. Si la fraude est reconnue, l'ouvrage sera saisi et confisqué, et le délinquant sera dénoncé aux tribunaux et condamné à une amende de vingt fois la valeur de l'objet.

Mais, dans le cas contraire, le dommage sera payé sur le champ au propriétaire et passé en dépense comme frais d'administration.

ART. 66. — Les lingots d'or et d'argent non affinés qui seraient apportés à l'essayeur du bureau de garantie pour être essayés, le seront par lui, sans autres frais que ceux fixés par la loi pour les essais. Ces lingots, avant d'être rendus au propriétaire, seront marqués du poinçon de l'essayeur qui, en outre, insculpera son nom, les chiffres indicatifs du vrai titre et un numéro particulier.

L'essayeur fera mention de ces divers objets sur son registre, ainsi que du poids des matières essayées.

ART. 67. — L'essayeur qui contreviendrait au précédent article sera condamné à une amende de 100 francs pour

---

(1) Voir la note précédente.

la première fois, de 200 francs pour la seconde, et à la troisième fois il serait destitué.

ART. 68. — L'essayeur d'un bureau de garantie peut prendre, sous sa responsabilité, autant d'aides que les circonstances l'exigeront (1).

ART. 69. — Le receveur et le contrôleur du bureau de garantie feront respectivement mention sur leurs registres de l'apposition qu'ils auront faite, soit du poinçon de vieux, soit de celui étranger, soit de celui de recense, sur les ouvrages qui auront dû en être revêtus, ainsi que du poinçon de garantie sur les lingots affinés, de la perception des droits qui aura pu en résulter et du poids de chaque objet.

ART. 70. — Le contrôleur visera les états de recettes et de dépenses du bureau.

ART. 71. — Les employés des bureaux de garantie feront les recherches, saisies ou poursuites, dans le cas de contravention à la présente loi, comme il sera dit au Titre VIII.

TITRE VI

SECTION 1re. — *Des obligations des fabricants et marchands d'ouvrages d'or et d'argent*

ART. 72. — Les anciens fabricants d'ouvrages d'or et d'argent et ceux qui voudront exercer cette profession sont tenus de se faire connaître à l'administration de département et à la municipalité du canton où ils résident, et de faire insculper dans ces deux administrations leur poinçon particulier, avec leur nom, sur une planche de cuivre à ce destinée. L'administration de département veillera à ce que le même symbole ne soit pas employé par deux fabricants de son arrondissement (2).

---

(1) *Ordonnance du 15 juillet 1842.* — Art 1er. — L'essayeur du bureau de garantie de Paris continuera, conformément à l'art 68 de la loi du 19 brumaire an VI, à choisir, sous sa responsabilité, les aides qui lui seront nécessaires.
Ces agents recevront, à partir de la publication de la présente ordonnance, une commission du préfet du département de la Seine et prêteront serment devant le tribunal civil.
Art 2. — Ils continueront d'être sous les ordres de l'essayeur et d'être rétribués par lui.
Ils pourront être révoqués sur sa proposition.
« Attendu (porte l'un des considérants de l'ordonnance) qu'il est utile au bien du service que les aides de l'essayeur du bureau de garantie de Paris aient le caractère de fonctionnaires publics. »
(2) Du même département ou plutôt de la même circonscription administrative.

ART. 73. — Quiconque se borne au commerce d'orfèvrerie sans entreprendre la fabrication n'est tenu que de faire sa déclaration à la municipalité de son canton et est dispensé d'avoir un poinçon.

ART. 74. — Les fabricants et marchands d'or et d'argent ouvrés et non ouvrés auront, un mois au plus tard après la publication de la présente loi, un registre coté et parafé par l'administration municipale, sur lequel ils inscriront la nature, le nombre, le poids et le titre des matières et ouvrages d'or et d'argent qu'ils achèteront ou vendront, avec les noms et demeures de ceux de qui ils les auront achetés.

ART. 75. — Ils ne pourront acheter que de personnes connues ou ayant des répondants à eux connus.

ART. 76. — Ils sont tenus de présenter leurs registres à l'autorité publique toutes les fois qu'ils en seront requis.

ART. 77. — Ils porteront au bureau de garantie, dans l'arrondissement duquel ils sont placés, leurs ouvrages, pour y être essayés, titrés et marqués, ou, s'il y a lieu, être simplement revêtus de l'une des empreintes de poinçon prescrites à la deuxième section du Titre Ier.

ART. 78. — Ils mettront dans le lieu le plus apparent de leurs magasins ou boutiques un tableau énonçant les articles de la présente loi, relatifs aux titres et à la vente des ouvrages d'or et d'argent.

ART. 79. — Ils remettront aux acheteurs des bordereaux énonciatifs de l'espèce, du titre et du poids des ouvrages qu'ils leur auront vendus, en désignant si ce sont des ouvrages neufs ou vieux.

Ces bordereaux, préparés d'avance et qui seront fournis aux fabricants ou marchands par la régie de l'enregistrement, auront, dans toute la République, le même formulaire, qui sera imprimé [1]. Le vendeur y écrira à la main la désignation de l'ouvrage vendu, soit en or, soit en argent, son poids et son titre, désignés par ces mots : premier, second ou troisième, suivant la réalité ; il y mettra de plus le nom de la commune où se fera la vente, avec la date et sa signature.

ART. 80. — Les contrevenants à l'une des dispositions prescrites dans les huit articles précédents seront condamnés, pour la première fois, à une amende de 200 francs ; pour la seconde fois, à une amende de 500 francs avec affiche, à leurs frais, de la condamnation dans toute l'étendue du département ; la troi-

---

(1) Cette disposition est depuis longtemps sans exécution.

sième fois, l'amende sera de 1.000 francs et le commerce de l'orfèvrerie leur sera interdit sous peine de confiscation de tous les objets de leur commerce.

ART. 81. — Les articles 73, 74, 75, 76, 78, 79 et 80 sont applicables aux fabricants et marchands de galons, tissus, broderies ou autres ouvrages en fil d'or ou d'argent.

Ceux qui vendraient pour fins des ouvrages en or ou argent faux encourront, outre la restitution de droit à celui qu'ils auront trompé, une amende qui sera de 200 francs pour la première fois ; de 400 francs pour la seconde, avec affiche de la condamnation, aux frais du délinquant, dans tout le département ; et la troisième fois, une amende de 1.000 francs, avec interdiction de tout commerce d'or et d'argent [1].

ART. 82. — Les fabricants et marchands orfèvres sont tenus, dans le délai de six mois à compter de la publication de la présente loi, de porter au bureau de garantie de leur arrondissement leurs ouvrages neufs d'or, d'argent et de vermeil, marqués des anciens poinçons, pour y faire l'empreinte d'un poinçon de recense, qui sera déterminé à cet effet par l'administration des Monnaies.

Ces ouvrages d'ancienne fabrication ne seront soumis à d'autre vérification préalable que celle de la marque et des poinçons anciens, et cette vérification sera sans frais ; mais, le délai expiré, les ouvrages seront soumis à l'essai, titrés s'il y a lieu, et paieront le droit de garantie.

ART. 83. — Les ouvrages non revêtus de l'ancien poinçon qui opérait la décharge seront pareillement présentés au bureau de garantie de l'arrondissement, à l'effet d'être marqués du poinçon de titre et de celui du bureau. Ces ouvrages paieront alors le droit de garantie.

ART. 84. — Ces droits seront pareillement exigibles pour les ouvrages dits de hasard qui, après le même délai fixé par l'article 82, ne se trouveraient marqués que des anciens poinçons.

---

[1] Art. 423 du Code pénal. — Quiconque aura trompé l'acheteur sur le titre des matières d'or et d'argent, sur la qualité d'une pierre fausse vendue pour fine, sur la nature de toutes marchandises, quiconque, par usage de faux poids ou de fausses mesures, aura trompé sur la quantité des choses vendues sera puni de l'emprisonnement pendant trois mois au moins, un an au plus, et d'une amende qui ne pourra excéder le quart des restitutions et dommages-intérêts ni être au-dessous de 50 fr.

Les objets du délit ou leur valeur, s'ils appartiennent encore au vendeur, seront confisqués. Les faux poids et les fausses mesures seront aussi confisqués et de plus seront brisés.

ART. 85. — La loi garantit les conditions des engagements respectifs des orfèvres et de leurs élèves.

ART. 86. — Les joailliers ne sont pas tenus de porter aux bureaux de garantie les ouvrages montés en pierres fines ou fausses, et en perles, ni ceux émaillés dans toutes les parties. ou auxquels sont adaptés des cristaux (1) ; mais ils auront un registre coté et parafé comme celui des fabricants et marchands d'ouvrages d'or et d'argent, à l'effet d'y inscrire, jour par jour, les ventes et les achats qu'ils auront faits.

ART. 87. — Ils seront tenus, comme les fabricants et marchands orfèvres, de donner aux acheteurs un bordereau, qui sera également fourni par la régie de l'enregistrement, et sur lequel ils décriront la nature, la forme de chaque ouvrage, ainsi que la qualité des pierres dont il sera composé, et qui sera daté et signé par eux.

ART. 88. — La contravention aux deux articles précédents sera punie des mêmes peines portées en pareil cas contre les marchands orfèvres.

ART. 89. — Il est aussi interdit aux joailliers de mêler dans les mêmes ouvrages des pierres fausses avec les fines sans le déclarer aux acheteurs, à peine de restituer la valeur qu'auraient eu les pierres si elles avaient été fines et de payer en outre une amende de 300 francs ; l'amende sera triple la seconde fois et la condamnation affichée dans tout le département, aux frais du délinquant ; la troisième fois, il sera déclaré incapable d'exercer la joaillerie et les effets composant son magasin seront confisqués.

ART. 90. — Lorsqu'un orfèvre mourra, son poinçon sera remis, dans l'espace de cinq décades (2) après le décès, au bureau de garantie de son arrondissement, pour y être biffé de suite.

Pendant ce temps, le dépositaire du poinçon sera respon-

---

(1) *Arrêté du 1er messidor an VI.* — Art. 1er — Les ouvrages de joaillerie dont la monture est très légère et contient des pierres fines ou perles fines ou fausses, des cristaux dont la surface est entièrement emaillee, ou enfin qui ne pourraient supporter l'empreinte des poinçons sans detérioration, continueront d'être seuls dispensés de l'essai et du paiement du droit de garantie, qui a remplacé ceux de contrôle et de marque des ouvrages d'or et d'argent.

Art. 2. — Tous les autres ouvrages de joaillerie et d'orfèvrerie, sans distinction ni exception, auxquels seraient adaptes, en quelque nombre que ce soit, des pierres ou des perles fines ou fausses, des cristaux, ou qui seraient émaillés, seront sujets à l'essai et au paiement du droit dont il s'agit, ainsi qu'il est prescrit par la loi du 19 brumaire an VI

(2) Cinquante jours

sable de l'usage qui en sera fait, comme le sont les fabricants en exercice.

ART. 91. — Si un orfèvre ou fabricant quitte le commerce, il remettra son poinçon au bureau de garantie de l'arrondissement pour y être biffé devant lui ; s'il veut s'absenter pour plus de six mois, il déposera son poinçon au bureau de garantie, et le contrôleur fera poinçonner les ouvrages fabriqués chez lui en son absence.

SECTION 2. — *Des obligations des marchands d'ouvrages d'or et d'argent ambulants*

ART. 92. — Les marchands d'ouvrages d'or et d'argent ambulants, ou venant s'établir en foire, sont tenus, à leur arrivée dans une commune, de se présenter à l'administration municipale ou à l'agent de cette administration dans les lieux où elle ne réside pas, et de lui montrer les bordereaux des orfèvres qui leur auront vendu les ouvrages d'or et d'argent dont ils sont porteurs.

A l'égard des ouvrages qu'ils auraient acquis antérieurement à la présente loi, ou seulement deux mois après sa publication, ils seront tenus de les déclarer au bureau de garantie de l'arrondissement, pour les faire marquer de suite, soit du poinçon de vieux, soit de celui de recense, suivant l'espèce des objets ; et cette obligation remplie les dispensera de justifier de l'origine desdits ouvrages.

ART. 93. — La municipalité ou l'agent municipal fera examiner les marques de ces ouvrages par des orfèvres, ou, à défaut, par des personnes connaissant les marques et poinçons, afin d'en constater la légitimité.

ART. 94. — L'administration municipale, ou son agent, fera saisir et remettre au tribunal de police correctionnelle du canton les ouvrages d'or et d'argent qui ne seraient pas accompagnés de bordereaux, ou ne seraient pas marqués du poinçon de vieux ou de recense, ainsi qu'il est prescrit à l'article 92, ou les ouvrages dont les marques paraîtraient contrefaites, ou enfin ceux qui n'auraient pas été déclarés conformément audit article 92.

Le tribunal de police correctionnelle appliquera aux délits des marchands ambulants les mêmes peines portées dans la présente loi contre les orfèvres, pour des contraventions semblables.

TITRE VII

De la fabrication du plaqué et doublé d'or et d'argent sur tous métaux

ART. 95. — Quiconque veut plaquer ou doubler l'or et l'argent sur le cuivre ou tout autre métal est tenu d'en faire la déclaration à sa municipalité, à l'administration de son département et à celle des Monnaies.

ART. 96. — Il peut employer l'or et l'argent dans telle proportion qu'il juge convenable.

ART. 97. — Il est tenu de mettre sur chacun de ces ouvrages son poinçon particulier, qui a dû être déterminé par l'administration des Monnaies, ainsi qu'il est dit article 14 de la présente loi. Il ajoutera à l'empreinte de ce poinçon celle de chiffres indicatifs de la quantité d'or ou d'argent contenue dans l'ouvrage, sur lequel il sera en outre empreint, en toutes lettres, le mot « doublé ».

ART. 98. — Le fabricant de doublé transcrira, jour par jour, les ventes qu'il aura faites, sur un registre coté et parafé par l'administration municipale. Il lui sera fourni par la régie de l'enregistrement des bordereaux en blanc, comme aux orfèvres et joailliers, et il sera tenu de remettre à chaque acheteur un de ces bordereaux, daté et signé par lui, et rempli de la désignation de l'ouvrage, de son poids et de la quantité d'or et d'argent qui y est contenue.

ART. 99. — En cas de contravention aux deux articles précédents, les ouvrages sur lesquels portera la contravention seront confisqués, et en outre le délinquant sera condamné à une amende qui sera, pour la première fois, de dix fois la valeur des objets confisqués ; pour la seconde fois, du double de la première, avec affiche de la condamnation dans toute l'étendue du département, aux frais du délinquant ; enfin la troisième fois, l'amende sera quadruple de la première, et le commerce ainsi que la fabrication d'or et d'argent seront interdits au délinquant sous peine de confiscation de tous les objets de son commerce.

ART. 100. — Le fabricant de doublé est assujetti, comme le marchand orfèvre, et sous les mêmes peines, à n'acheter des matières ou ouvrages d'or et d'argent que de personnes connues ou ayant des répondants à eux connus.

TITRE VIII

Des formes à observer dans les recherches, saisies et poursuites
relatives aux contraventions a la présente loi

ART. 101. — Lorsque les employés d'un bureau de garantie
auront connaissance d'une fabrication illicite de poinçons, le
receveur ou le contrôleur, accompagnés d'un officier municipal [1], se transporteront dans l'enceinte ou chez le particulier
qui leur aura été indiqué, et y saisiront les faux poinçons, les
ouvrages et lingots qui en seraient marqués, ou enfin les
ouvrages achevés et dépourvus de marque qui s'y trouveraient ;
ils pourront se faire accompagner, au besoin, par l'essayeur ou
par un de ses agents.

ART. 102. — Il sera dressé à l'instant, et sans déplacer, procès-
verbal de la saisie et de ses causes, lequel contiendra les dires
de toutes les parties intéressées et sera signé d'elles ; ledit
procès-verbal sera remis, dans le délai d'une décade au plus,
au commissaire du Directoire exécutif (procureur de la République) près le tribunal de police correctionnelle, qui demeure
chargé de faire la poursuite, également dans le délai d'une
décade (dix jours).

ART. 103. — Les poinçons, ouvrages ou objets saisis seront
mis sous les cachets de l'officier municipal, des employés des
bureaux de garantie présents, et de celui chez lequel la saisie
aura été faite, pour être déposés, sans délai, au greffe du tribunal de police correctionnelle.

ART. 104. — Dans le cas où le tribunal prononcerait la confiscation des objets saisis, ils seront remis au receveur de la
régie de l'enregistrement pour être vendus.

Il sera prélevé, sur le prix qui en proviendra, un dixième
qui sera donné à celui qui aura le premier dénoncé le délit, et
un second dixième partageable, par portions égales, entre les
employés du bureau de garantie [2]. Le surplus, ainsi que les
amendes, seront versés dans la caisse du receveur de l'enregistrement.

ART. 105. — Les mêmes formes et dispositions prescrites par

_____

(1) Maire, adjoint ou commissaire de police, en vertu de la loi du 28 pluviose
an VIII.
(2) La répartition du produit des amendes a été supprimée par la loi de finances
du 17 avril 1906. (Circulaire n° 642 du 18 avril 1906)

les quatre articles précédents auront lieu également pour toutes les recherches, saisies et poursuites relatives aux contraventions à la présente loi.

ART. 106. — Les recherches ne pourront être faites qu'en se conformant à l'article 359 de la Constitution (1).

ART. 107. — Tout ouvrage d'or et d'argent achevé et non marqué, trouvé chez un marchand ou fabricant, sera saisi et donnera lieu aux poursuites par devant le tribunal de police correctionnelle. Les propriétaires des objets saisis encourront la confiscation de ces objets et, en outre, les autres peines portées par la présente loi.

ART. 108. — Seront saisis également et confisqués tous les ouvrages d'or et d'argent sur lesquels les marques des poinçons se trouveront entées, soudées ou contretirées en quelque manière que ce soit, et le possesseur, avec connaissance, sera condamné à six années de fers.

ART. 109. — Les ouvrages marqués de faux poinçons seront confisqués dans tous les cas, et ceux qui les garderaient ou les exposeraient en vente avec connaissance seront condamnés, la première fois, à une amende de 200 francs ; la deuxième, à une amende de 400 francs, avec affiche de la condamnation dans tout le département, aux frais du délinquant ; et la troisième fois, à une amende de 1.000 francs, avec interdiction de tout commerce d'or et d'argent.

ART. 110. — Tous citoyens, autres que les préposés à l'application des poinçons légaux, qui en emploieraient même de véritables, seront condamnés à un an de détention (2).

---

(1) L'art. 106 a été abrogé par l'art. 81 de la loi du 5 ventôse an XII, reproduit ci-après .

« Les employés pourront entrer en tout temps chez les individus sujets aux droits sur la marque d'or et d'argent. »

Cet article l'a été également par les articles 235 et 236 de la loi du 28 avril 1816

Art. 235. — Les visites et exercices que les employés sont autorisés à faire chez les redevables ne pourront avoir lieu que pendant le jour

Art. 236 — Ces visites et vérifications ne pourront avoir lieu que dans les intervalles de temps déterminés par l'article 26 de la présente loi.

Art. 26 — Pendant les mois de janvier, février, novembre et décembre, depuis sept heures du matin jusqu'à six heures du soir.

Pendant les mois de mars, avril, septembre et octobre, depuis six heures du matin jusqu'à sept heures du soir.

Pendant les mois de mai, juin, juillet et août, depuis cinq heures du matin jusqu'à huit heures du soir.

(2) Aux peines portées par l'article 141 du Code pénal. (Voyez la note 5 de la page 10.)

TITRE IX

Art. 111. — La ferme de l'affinage national, qui comprend l'affinage de Paris et celui de Lyon, est et demeure supprimée.

Art. 112. — La profession d'affiner et de départir les matières d'or et d'argent est libre dans toute l'étendue de la République.

Art. 113. — Quiconque voudra départir et affiner l'or et l'argent pour le commerce est tenu d'en faire la déclaration, tant à sa municipalité qu'à l'administration du département et à celle des Monnaies ; il sera tenu registre desdites déclarations et délivré copie au besoin.

Art. 114. — L'affineur ne pourra recevoir que des matières qui auront été essayées et titrées par un essayeur public autre que celui qui devra juger des lingots affinés.

Art. 115. — L'affineur délivrera au porteur de ces matières une reconnaissance qui en désignera la nature, le poids, le titre tel qu'il aura été indiqué par l'essayeur, et le numéro.

Art. 116. — Les affineurs tiendront un registre coté et parafé par l'administration du département, sur lequel ils inscriront jour par jour, et par ordre de numéro, la nature, le poids et le titre des matières qui leur seront apportées à affiner, et de même pour les matières qu'ils rendront après l'affinage.

Art. 117. — Ils seront tenus d'insculper leurs noms en toutes lettres sur les lingots affinés provenant de leurs travaux ; et avant de les rendre aux propriétaires, ils porteront lesdits lingots affinés au bureau de garantie pour y être essayés. marqués et y acquitter le droit prescrit par la loi [1].

Art. 118. — Les lingots affinés apportés au bureau de garantie ne seront passés en délivrance que dans le cas où ils ne contiendraient pas plus de cinq millièmes d'alliage si c'est de l'or et vingt millièmes si c'est de l'argent.

Art. 119. — Lorsque les lingots seront reconnus bons à passer en délivrance, le receveur, après avoir perçu les droits, et le contrôleur tireront le poinçon de la garantie de la caisse où il doit être renfermé, et ce poinçon sera appliqué par le contrôleur en multipliant les empreintes, de manière que l'une des grandes surfaces de chaque lingot en soit entièrement couverte.

---

[1] Cette seconde disposition est sans application aujourd'hui (Voyez la note 1 de la page 28.)

ART. 120. — L'affineur acquittera les frais d'essai et les droits au bureau de garantie et en prendra récépissé pour pouvoir s'en faire rembourser par les propriétaires des lingots.

ART. 121. — L'affineur qui contreviendrait aux dispositions des articles 113, 114, 115 et 116 encourra les mêmes peines portées en l'article 80 contre les marchands orfèvres (1).

ART. 122. — Les lingots et matières d'or et d'argent affinés qui seraient trouvés dans le commerce sans être revêtus du poinçon du bureau de garantie seront confisqués, et l'affineur qui les aurait délivrés sera condamné à 500 francs d'amende (2).

ART. 123. — Le contrôleur du bureau de garantie est autorisé à prélever des prises d'essai sur les matières fines apportées au bureau ; ces prises d'essai seront mises en réserve sous une enveloppe portant le numéro du lingot d'où elles proviennent et scellées du cachet de l'affineur et de celui de l'essayeur.

Le contrôleur aura la garde du paquet contenant ces prises d'essai.

ART. 124. — Si dans le courant d'un mois il ne s'élève aucune réclamation sur la validité du titre indiqué par l'essayeur du bureau de garantie, le contrôleur remettra le paquet cacheté contenant les prises d'essai à l'affineur qui lui en donnera décharge ; dans le cas contraire, le paquet sera adressé à l'administration des Monnaies qui en vérifiera l'essai sans délai.

ART. 125. — Si cette vérification fait connaître une erreur sur le titre indiqué, l'essayeur qui aura commis cette erreur sera tenu de payer à la personne lésée la totalité de la différence de valeur qui en sera résultée.

L'essayeur d'un bureau de garantie qui aura été pris trois fois en faute de cette manière sera destitué.

SECTION 2. — *De l'affinage national*

ART. 126. — L'affinage national est conservé pour le service des monnaies. Le public a la faculté d'y faire affiner ou départir des matières d'or et d'argent contenant or.

---

(1) L'accomplissement des formalités voulues par cet article n'est exigé que pour les lingots dits de tirage. (Lettre de l'administration des Monnaies du 28 décembre 1822.)

(2) *Arrêté du 19 messidor an IX* — Art. 1er. — Les propriétaires et porteurs des lingots d'or et d'argent affinés et mis en circulation avant la loi du 19 brumaire an VI seront tenus de les porter, dans le délai de deux mois a compter du jour de la publication dudit arrêté, au bureau de garantie le plus voisin, pour y être marqués, sans frais, d'un poinçon de recense qui sera déterminé par l'administration des Monnaies.

Art. 2. — Le délai de deux mois expiré, les articles 117. 118, 119, 120, 121 et 122

Le Directoire exécutif pourra établir d'autres affinages nationaux, si les besoins de la fabrication des monnaies l'exigent et sur la demande de l'administration chargée de ce service.

ART. 127. — L'affineur national sera nommé par l'administration des Monnaies, sous l'approbation du ministre des finances.

ART. 128. — Les matières apportées à l'affinage national seront inscrites sur un registre coté et parafé par le commissaire du Directoire exécutif près l'administration des Monnaies.

ART. 129. — L'affineur national se conformera, relativement à l'affinage des matières qui lui seraient apportées par des particuliers, à tout ce qui est prescrit dans la section précédente aux affineurs libres pour le commerce ; les peines portées contre ceux-ci, en cas de contravention, seront applicables à l'affineur national.

ART. 130. — L'affineur national sera tenu d'avoir un fonds en matières d'or et d'argent capable d'assurer le service national.

ART. 131. — Il ne pourra garder les lingots à affiner plus de cinq jours, non compris les jours d'entrée et de sortie de ces lingots.

ART. 132. — L'affineur national fournira un cautionnement en immeubles de la valeur de 100.000 francs pour répondre des matières d'or et d'argent qui lui seront livrées.

ART. 133. — Lesdites matières affinées par l'affineur national seront portées à la chambre de délivrance des Monnaies et remises au caissier, où elles seront empreintes du poinçon national dans toute l'étendue de l'une des grandes surfaces du lingot.

ART. 134. — Les lingots affinés appartenant à la République porteront le nom de l'affineur national et le titre en sera déterminé suivant la forme prescrite par l'article 51 de la loi sur l'organisation des monnaies.

ART. 135. — L'affineur national est autorisé à porter en compte, pour frais d'affinage ou départ des matières nationales, savoir :

Pour les lingots d'or (et sont réputés tels ceux qui contiennent plus que la moitié de leur poids en or), 24 francs 53 centimes par kilogramme d'or fin passé en délivrance ;

de la loi du 19 brumaire an VI sont déclarés applicables aux lingots d'or et d'argent affinés, à quelque époque que ce soit, qui ne porteront pas l'empreinte du poinçon de recense ou de ceux de garantie nationale établis par la loi

Pour les matières d'argent doré contenant or, 10 francs 22 centimes par kilogramme de matière brute, c'est-à-dire telle qu'elle était avant l'affinage ;

Et pour les lingots d'argent, 3 francs 27 centimes par kilogramme d'argent pur.

Lesdits frais seront acquittés par le caissier de la Monnaie.

TITRE X

De l'argue

ART. 136. — Il y a, dans l'enceinte de l'hôtel des Monnaies de Paris, une argue destinée à dégrossir et tirer les lingots d'argent et de doré (1).

Lorsque les besoins de la fabrication l'exigeront, le Directoire exécutif pourra établir des argues dans d'autres lieux, sur la demande motivée de l'administration de département et sur l'avis de celle des Monnaies (2).

ART. 137. — Les tireurs d'or et d'argent sont tenus de porter leurs lingots aux argues nationales pour y être dégrossis, marqués et tirés.

ART. 138. — Ils y paieront pour prix de ce travail, savoir :

Pour les lingots de doré et lorsque les propriétaires auront leurs filières, 50 centimes par kilogramme (trois onces deux gros douze grains), et lorsqu'ils n'auront pas de filières, 75 centimes (3) ;

Pour les lingots d'argent, 12 centimes par hectogramme lorsque les propriétaires auront des filières, et quand ils n'en auront pas, 25 centimes.

ART. 139. — L'administration des Monnaies est chargée de l'établissement en entretien du service de l'argue (4), sans cependant pouvoir ajouter de nouveaux préposés à ceux qu'elle a déjà sous son autorité ; elle passera en dépense les frais de l'argue et en fera verser les produits dans la caisse du caissier de la Monnaie, et, chaque année, elle rendra sur le tout un

---

(1) Cette argue ne fonctionne plus depuis 1830.

(2) Les arrêtes des 17 pluviose et 25 ventôse an VI ont rétabli les argues de Trévoux et de Lyon.

(3) *Extrait de la loi du 4 août 1844.* — Art 13. — Les droits d'argue fixés pour les lingots de doré, par l'art. 138 de la loi du 19 brumaire an VI, sont réduits a trente centimes par hectogramme, lorsque les propriétaires ont leurs filières, et a quarante-cinq centimes par hectogramme lorsqu'ils n'ont pas de filières.

(4) Les dépenses qu'occasionne ce service sont à la charge des contributions indirectes. (Conséquence de l'article 9 de l'ordonnance du 5 mai 1820.)

compte séparé au Ministre des Finances, qui le mettra sous les yeux du Directoire exécutif pour être transmis au Corps législatif.

Extrait de la loi du 10 août 1839

(Budget des recettes de 1840)

ART. 16. — Les ouvrages d'or et d'argent pourront être exportés sans marques des poinçons français et sans paiement du droit de garantie, pourvu qu'après avoir été soumis à l'essai et reconnus au titre légal, ils restent déposés au bureau de la garantie ou placés sous la surveillance de ses préposés jusqu'au moment où l'exportation en sera constatée.

Le gouvernement déterminera par un règlement d'administration publique le mode d'exécution de la présente disposition.

Ordonnance du roi du 30 décembre 1839

RELATIVE A L'EXPORTATION DES OUVRAGES D'OR ET D'ARGENT

ARTICLE 1er. — Tout fabricant qui voudra exporter des ouvrages d'or et d'argent en franchise du droit de garantie et sans application de la marque des poinçons français, pourra les présenter à l'essai sans marque de poinçon du fabricant et après que la fabrication en aura été achevée, pourvu qu'il ait fait au bureau de garantie une déclaration préalable du nombre, de l'espèce et du poids desdits ouvrages et qu'il se soit engagé à les y apporter achevés dans un délai qui ne devra pas excéder dix jours.

ART. 2. — Néanmoins, les ouvrages d'orfèvrerie qui ne pourraient être essayés à la coupelle ou par la voie humide sans détérioration, s'ils étaient achevés, seront apportés bruts au bureau et remis au fabricant après essai, pour en terminer la fabrication, moyennant qu'il souscrive également l'engagement de les rapporter achevés dans le délai de dix jours.

ART. 3. — Les ouvrages ainsi rapportés après l'achèvement et dont l'identité sera reconnue, sans toutefois qu'il puisse être exigé un nouveau droit d'essai, et ceux qui, en vertu de la dispense de l'article 1er, ne seront présentés à l'essai qu'entièrement finis, seront aussitôt après renfermés dans une boîte scellée et plombée et remis au fabricant sur sa soumission de les exporter dans les délais prescrits par la loi.

ART. 4. — Les fabricants qui voudront conserver à leur domicile les ouvrages qu'ils destinent à l'exportation seront admis, sur déclaration, à les faire marquer d'un poinçon spécial dit « d'exportation », en suivant, quant à ces ouvrages, les règles ordinaires d'essai et de contrôle. Ils seront dispensés de payer les droits de garantie, à charge par eux de justifier ultérieurement de la sortie desdits ouvrages.

ART. 5. — Les fabricants qui voudront conserver à domicile les ouvrages qu'ils auront l'intention d'exporter sans aucune marque des poinçons français seront admis, après essai, à faire appliquer le poinçon sur une perle métallique fabriquée suivant un modèle qui sera fourni par l'administration et attachée à l'ouvrage par un fil de soie, et pourvu que l'ouvrage soit disposé de manière que cette marque volante n'en puisse être enlevée. Les ouvrages ainsi marqués seront remis à la disposition du fabricant, à charge par lui de justifier ultérieurement de leur exportation dans les formes prescrites.

ART. 6. — Au moment de la remise aux fabricants, leur compte sera chargé des ouvrages marqués du poinçon d'exportation ou des marques volantes. La décharge s'opérera soit par la justification de l'exportation dans les formes prescrites, soit par la prise en charge au compte d'un négociant, d'un commissionnaire ou d'un marchand en gros, ainsi qu'il sera expliqué ci-après.

ART. 7. — Les manquants reconnus au compte des fabricants lors des recensements et inventaires seront soumis au paiement intégral des droits de garantie. Il sera procédé, pour le décompte et le recouvrement des droits, conformément aux règles prescrites pour les contributions indirectes.

ART. 8. — Les ouvrages déclarés pour l'exportation et pris en compte chez les fabricants pourront être achetés par des négociants, des commissionnaires ou des marchands en gros patentés en cette qualité, lesquels seront tenus, avant d'en prendre livraison, de faire une déclaration descriptive desdits objets au bureau de garantie et de se soumettre à la prise en charge aux mêmes conditions que le fabricant.

Il est interdit, sous les peines de droit, à toutes autres personnes faisant commerce d'ouvrages d'or et d'argent, d'avoir en leur possession des ouvrages marqués du poinçon d'exportation ou de marques volantes. Elles ne pourront avoir, comme par le passé, que des ouvrages empreints des poinçons ordinaires de titre et de garantie.

ART. 9. — Lorsque les ouvrages d'or et d'argent ne seront exportés qu'après avoir été marqués des poinçons de titre et de garantie, la restitution des deux tiers du droit [1] continuera d'être accordée conformément aux dispositions de l'article 25 de la loi du 19 brumaire an VI.

Art. 10. — Tout fabricant, négociant, commissionnaire ou marchand en gros qui exportera des ouvrages d'or et d'argent, marqués ou non marqués, pour lesquels les formalités prescrites par la présente ordonnance auront été remplies, ne les emballera qu'en présence des employés de la garantie, lesquels escorteront le colis et assisteront au plombage en douane. Le compte de l'expéditeur ou la soumission d'exportation seront déchargés, sur la justification, dans le délai de trois mois, de la sortie du colis qu'ils auront vu marquer, ficeler et plomber.

Décret du 26 mai 1860
QUI RÉGLEMENTE LA FABRICATION DES OUVRAGES DORÉS OU ARGENTÉS PAR LES PROCÉDÉS ÉLECTRO-CHIMIQUES

Article 1er. — Sont applicables aux fabricants d'ouvrages dorés ou argentés par les procédés galvaniques ou électro-chimiques, les articles 14 et 95 à 100 de la loi du 19 brumaire an VI, relatifs aux obligations des fabricants de plaqué.

En conséquence, les fabricants d'ouvrages dorés ou argentés par les procédés ci-dessus sont tenus de se servir exclusivement pour marquer leurs produits de poinçons dont la forme est un carré parfait. Néanmoins, par dérogation à l'article 97 de ladite loi, ils sont dispensés d'insculper sur leurs ouvrages le mot « Doublé » et la quantité d'or ou d'argent qui y est superposée.

Art. 2. — Les fabricants de ces sortes d'ouvrages se conformeront immédiatement aux dispositions qui précèdent.

Un délai d'une année, à partir de la promulgation du présent décret, est accordé aux marchands non fabricants pour la vente des ouvrages de l'espèce qui existent en leur possession.

Décret du 27 juillet 1878
RELATIF AU POINÇONNAGE DES MATIÈRES D'OR ET D'ARGENT

Article 1er. — Les poinçons actuels d'exportation à appliquer sur les ouvrages d'or et d'argent sont remplacés par de nou-

---

[1] La loi du 30 mars 1872, en créant les poinçons d'exportation, a prescrit le remboursement intégral du droit de garantie.

veaux poinçons indicatifs de la nature et du titre du métal employé.

ART. 2. — Pour l'application de la loi du 30 mars 1872, un arrêté du Ministre des Finances répartit les ouvrages d'or et d'argent en trois catégories (1). Le remboursement des droits de garantie, lors de l'exportation de ces ouvrages, a lieu moyennant l'accomplissement des formalités suivantes :

Les ouvrages classés dans la première catégorie reçoivent l'empreinte du nouveau poinçon d'exportation, après oblitération des marques des poinçons de titre et de garantie.

Toutefois, lorsque l'empreinte des poinçons de titre et de garantie a été oblitérée, le poinçon d'exportation peut ne pas être appliqué si l'exportateur le demande. Dans ce cas, les ouvrages sont expédiés à l'étranger sans marques.

Les ouvrages classés dans la deuxième catégorie sont frappés de l'empreinte du nouveau poinçon d'exportation, sans oblitération des marques du poinçon de titre et de garantie.

L'arrêté mentionné ci-dessus désignera, s'il y a lieu, les parties des montres et autres bijoux des deux premières catégories, poinçonnés en plusieurs endroits, sur lesquelles pourront exceptionnellement être maintenues les marques existantes sans addition de nouvelles empreintes.

Les ouvrages classés dans la troisième catégorie n'ont à subir ni addition de nouvelles marques, ni oblitération des empreintes existantes.

---

(1) *Arrêté du Ministre des Finances du 5 février 1879.* — Art. 1er —La première catégorie des ouvrages d'or et d'argent revêtus de l'empreinte des poinçons de titre et de garantie, pour l'exportation desquels le remboursement des droits est réclamé, comprend ·

1° Tous les ouvrages en or du poids de 10 grammes et au-dessus, à l'exception de ceux qui sont classés dans les 2° et 3° catégories ;

2° Les montres en or, sans distinction de poids En ce qui concerne les boîtiers exportés à l'état brut, toutes les marques sont oblitérées et remplacées. Quant aux boîtes achevées, l'oblitération et le remplacement n'ont lieu que pour les marques de la carrure et de la cuvette

Les boîtes achevées dont le poids atteint 15 grammes reçoivent en outre la marque du petit poinçon d'exportation sur le fond, lorsque celui-ci n'est pas émaillé ;

3° Les ouvrages en or et en argent marqués du poinçon « le charançon » et appartenant aux deux premières catégories.

La deuxième catégorie comprend :

1° Les bracelets, colliers et autres similaires en or, même ceux d'un poids supérieur à 10 grammes, recevant la marque sur le cliquet du fermoir ;

2° Les ouvrages creux en or, du poids de 2 a 10 grammes, marqués sur le corps, sur un anneau d'attache ou sur un cliquet;

3° Les objets en or plein, tels que chaînes, alliances, bagues, porte-mousquetons, crochets et anneaux d'oreilles, brisures, etc., du poids de 1 a 10 grammes.

Les chaînes marquées de décimètre en décimètre reçoivent les nouvelles empreintes dans les mêmes conditions, et autant que possible sur les mêmes maillons

ART. 3. — Les ouvrages d'or et d'argent des deux premières catégories qui, lors de leur exportation, ont profité du remboursement des droits et qui, par suite, sont assujettis à un nouveau paiement des mêmes droits lorsqu'ils sont réimportés, reçoivent, en ce cas, la marque du poinçon « le charançon ».

Cette disposition est applicable aux objets qui, ayant été primitivement marqués des poinçons d'exportation, sont ensuite livrés à la consommation intérieure.

Les ouvrages de la troisième catégorie qui restent soumis aux droits de garantie lorsqu'ils rentrent en France, sont dispensés alors de recevoir aucune nouvelle marque s'ils portent déjà l'empreinte des poinçons de titre et de garantie.

ART. 4. — Sont, après vérification, admis à la réimportation et à la libre circulation :

1° Les ouvrages des deux premières catégories, soit lorsqu'ils sont revêtus de la marque non oblitérée des poinçons français de titre et de garantie et ne portent pas celle du nouveau poinçon d'exportation, soit, lorsqu'ils sont marqués du poinçon « le charançon », même avec l'empreinte du nouveau poinçon d'exportation ;

2° Les ouvrages de la troisième catégorie qui ont fait l'objet d'une déclaration d'exportation avec réserve de retour dans le délai de six mois et pour lesquels l'exportateur a déclaré renoncer au remboursement des droits.

ART. 5. — La réimportation des ouvrages d'or et d'argent qui ont profité du remboursement des droits, conformément

Les brisures et crochets d'oreilles sont considérés comme pleins, lors même qu'ils portent des boutons creux ;

4° Tous les articles d'orfèvrerie et de bijouterie en argent du poids de 10 grammes et au-dessus, à l'exception de ceux qui sont indiqués dans la 3e catégorie ;

5° Les montres en argent sans exception.

La troisième catégorie comprend :

1° Tous les ouvrages creux en or pesant moins de 2 grammes et ceux de même métal, pleins, d'un poids inférieur à 1 gramme ;

2° Les ciseaux, poinçons de nécessaires et les pièces de même nature en or, marqués sur les ouvertures qui reçoivent les lames ou autres parties complémentaires ;

3° Les objets dans lesquels l'or sert d'ornement ou de monture légère à des corps fragiles, tels que cristal, lapis, onyx, malachite, corail, écaille, émaux, etc, sur lesquels on ne pourrait appliquer de nouvelles marques sans danger ;

4° Les pièces en argent d'un poids inférieur à 10 grammes et les pièces en argent, quel qu'en soit le poids, dans lesquelles ce métal n'entre qu'à titre de garniture ou d'ornement, tels que carafes, burettes, pots à bière ou à tabac, flacons, salières, coffrets, livres, albums, peinture sur porcelaine, émail, etc ;

5° Les manches de couteaux, de fourchettes et autres pièces semblables montées en argent.

aux dispositions de l'article 2, après marque du poinçon d'exportation ou seulement oblitération des marques existantes, peut avoir lieu, moyennant la prise en charge au compte d'un commissionnaire ou d'un fabricant exportateur, sans nouvelle oblitération et sans addition d'aucun poinçon lorsqu'ils sont destinés à être ultérieurement réexportés.

ART. 6. — Les dispositions du paragraphe 1er de l'article 4. relative à la réimportation en franchise et à la libre circulation des ouvrages des deux premières catégories qui ne portent point la preuve du remboursement des droits déjà payés, ne sera applicable qu'un an après la mise en vigueur du présent décret.

Jusqu'à l'expiration de ce délai, ces mêmes ouvrages pourront être réimportés en franchise sous les conditions spécifiées au paragraphe 2 du même article pour les ouvrages de la troisième catégorie.

ART. 7. — Un arrêté du Ministre des Finances déterminera la date à laquelle les nouveaux poinçons d'exportation pourront être mis en service (1). Le présent décret sera exécutoire à partir de cette date.

ART. 8. — Le Ministre des Finances est chargé de l'exécution du présent décret qui sera publié au *Journal officiel* de la République française et inséré au Bulletin des lois.

Loi du 25 janvier 1884

AUTORISANT LA CRÉATION D'UN QUATRIÈME TITRE POUR LA FABRICATION DES BOITES DE MONTRES D'OR EXCLUSIVEMENT DESTINÉES A L'EXPORTATION, ET LA FABRICATION, A TOUS TITRES, DES OBJETS D'OR ET D'ARGENT AYANT LA MÊME DESTINATION.

ARTICLE 1er. — Par addition à l'article 4 de la loi du 19 brumaire an VI, il est créé, pour la fabrication des boîtes de montres d'or seulement, destinées exclusivement à l'exportation, un quatrième titre légal à 583 millièmes, lequel sera obligatoire.

Un poinçon spécial indiquant le titre et une empreinte parti-

---

(1) *Arrêté du Ministre des Finances du 15 mars 1879.* — Art 1er. — Les nouveaux poinçons d'exportation, crees par l'art. 1er du decret du 27 juillet 1878, seront mis en service le 1er avril 1879. Les mesures prescrites par ledit decret seront dès lors exécutoires a partir de la même date.

Art 2. — Le Directeur géneral des Contributions indirectes et le Directeur de l'administration des Monnaies sont chargés, chacun en ce qui le concerne, de l'exécution du present arrêté, qui sera deposé à la division chargée du contre-seing et notifié à qui de droit.

culière montrant qu'elles sont destinées à l'exportation seront appliqués sur ces boîtes par le bureau de garantie.

ART. 2. — Par dérogation aux dispositions dudit article 4, et en dehors de celles énoncées en l'article 1er ci-dessus, les fabricants seuls d'orfèvrerie, joaillerie, bijouterie et boîtes de montres sont autorisés à fabriquer à tous autres titres des objets d'or et d'argent exclusivement destinés à l'exportation.

Les objets ainsi fabriqués à tous titres ne recevront, en aucun cas, l'empreinte des poinçons de l'Etat ; mais ils devront être marqués, aussitôt après l'achèvement, avec un poinçon de maître dont la forme sera déterminée par un règlement ultérieur d'administration publique et qui indiquera, en chiffres, le titre de l'alliage, lequel sera reproduit sur la facture.

ART. 3. — Les fabricants qui voudront user des facultés accordées par la présente loi, les négociants et commissionnaires exportateurs qui voudront exercer le commerce des ouvrages d'or et d'argent à tous titres avec l'étranger devront en faire la déclaration à la préfecture de leur département et à la mairie de leur commune.

A Paris, la déclaration sera faite à la préfecture de police et au bureau de la garantie.

ART. 4. — Les fabricants et les négociants exportateurs de ces ouvrages seront soumis aux visites et exercices des employés des contributions indirectes dans les conditions déterminées par les articles 235, 236, 237, 238 et 245 de la loi du 28 avril 1816.

Ils fourniront au besoin les balances et les poids nécessaires pour effectuer les vérifications.

ART. 5. — Sont applicables à ces fabricants et négociants toutes les dispositions de la législation qui régit le commerce des matières d'or et d'argent, en tant que ces dispositions ne sont pas contraires à celles de la présente loi.

ART. 6. — Les mesures complémentaires que nécessiterait l'exécution de cette loi seront déterminées par un règlement d'administration publique.

ART. 7. — Il est interdit de livrer à la consommation intérieure, sous aucun prétexte, les ouvrages d'or et d'argent dont la présente loi n'autorise la fabrication qu'en vue de l'exportation.

ART. 8. — Ceux de ces ouvrages qui seraient trouvés chez des fabricants, négociants ou commissionnaires n'ayant pas fait la déclaration prescrite par l'article 3 ci-dessus, ou dont la mise en vente à la consommation intérieure sera constatée, seront saisis et donneront lieu aux poursuites par devant le tribunal de police correctionnelle. Les détenteurs des objets saisis encourront la confiscation de ces objets, sans préjudice des autres peines portées par l'article ci-après.

ART. 9. — En cas de contravention aux dispositions de la présente loi et à celles du règlement d'administration publique rendu en vertu de l'article 6 ci-dessus, les ouvrages sur lesquels portera la contravention seront confisqués et, en outre, le délinquant sera condamné à une amende qui sera, pour la première fois, de dix fois la valeur des objets confisqués ; pour la seconde fois, du double proportionnel de la première, avec affiche de la condamnation aux frais du délinquant ; enfin, la troisième fois, l'amende sera quadruple de la première, et le commerce ainsi que la fabrication des ouvrages d'or et d'argent seront interdits au délinquant, sous peine de confiscation de tous les objets de son commerce.

En cas de manquants constatés lors des inventaires ou de sorties non justifiées, l'amende sera de 75 francs par hectogramme s'il s'agit d'objets en or, et de 4 francs par hectogramme s'il s'agit d'objets en argent.

ART. 10. — Les ouvrages d'or et d'argent fabriqués aux titres fixés par la loi du 19 brumaire an VI et destinés soit à l'exportation, soit à la consommation intérieure, continueront à être soumis à la législation actuelle.

Il en sera de même, en tout ce que la présente loi n'a rien de contraire, pour les boîtes de montres, au 4e titre, destinées à l'exportation.

La présente loi, délibérée et adoptée par le Sénat et par la Chambre des députés, sera exécutée comme loi de l'Etat.

Décret du 6 juin 1884

PORTANT REGLEMENT D'ADMINISTRATION PUBLIQUE POUR L'EXECUTION DE LA LOI DU 25 JANVIER 1884, SUR LA FABRICATION DES BIJOUX A TOUS TITRES POUR L'EXPORTATION.

ARTICLE 1er. — Les boîtes de montres d'or fabriquées au 4e titre pour l'exportation, conformément aux dispositions de l'article 1er de la loi du 25 janvier 1884, sont soumises à l'essai et à la marque dans les conditions prescrites par la législation en matière de garantie.

Cette double opération est effectuée en franchise du droit de garantie.

Les frais d'essai sont acquittés par le fabricant.

Le poinçon spécial indiquant le titre a pour sujet une tête égyptienne.

L'empreinte particulière a la forme d'une ellipse dans laquelle sont inscrites les mentions : « Exp. » et en dessous « 583 M ». — Elle sera apposée au centre des fonds des boîtes.

Les dessins de ces deux poinçons sont annexés à la minute du présent décret.

ART. 2. — L'empreinte du poinçon de chaque fabricant d'ouvrages d'or et d'argent fabriqués dans les conditions de l'article 2 de la loi du 25 janvier 1884, doit avoir la forme d'un pentagone irrégulier dont tous les côtés sont égaux et qui représente un carré surmonté d'un triangle, conformément au dessin figuratif ci-contre :

Les proportions de ce poinçon sont établies par le fabricant en raison du genre d'ouvrages qu'il fabrique.

La lettre initiale du nom du fabricant et le symbole prescrit par l'art. 9 de la loi du 19 brumaire an VI seront empreints dans la partie supérieure du poinçon, et l'indication du titre de l'alliage sera gravée en chiffres dans la partie inférieure.

Elle pourra être exprimée, soit en millièmes, soit en carats, suivant les exigences du commerce d'exportation. sous la condition que le nombre indiquant les carats sera suivi d'un K et que celui désignant des millièmes sera suivi d'un M.

Toute autre indication du titre de l'or et de l'argent est interdite. Dès que les agents de l'administration jugent que les empreintes du poinçon ne sont plus suffisamment nettes, ce poinçon doit être mis hors d'usage et remplacé.

ART. 3. — Avant de commencer la fabrication des objets d'or et d'argent à tous titres, l'industriel est tenu de faire insculper à la préfecture de son département et à la mairie de sa commune le poinçon de maître destiné à la marque de ces objets.

A Paris, l'insculpation est effectuée à la préfecture de police et au bureau de la garantie.

ART. 4. — Les ouvrages d'or et d'argent à tous titres doivent être marqués avec le poinçon dont la forme est déterminée par l'article 2 du présent règlement, dès que leur fabrication est terminée et avant tout polissage ou brunissage.

Au fur et à mesure que ces ouvrages sont poinçonnés, le fabricant est tenu de les inscrire sur un registre que l'administration lui remet gratuitement à cet effet, et qui doit être représenté à toute réquisition aux agents de surveillance.

L'inscription au registre présente la nature des objets par espèce de métal (or ou argent), leur nombre, leur titre, leur poids brut et, pour les objets composés de pièces rapportées de métaux différents, le poids de chaque espèce de métal.

Le fabricant est tenu d'inscrire également, après le polissage, le poids net des mêmes objets pour servir de base à la prise en charge.

Le premier de chaque mois, le fabricant doit remettre au bureau de garantie un relevé, certifié par lui, des objets inscrits sur ce registre pendant le mois précédent.

Ce relevé est remplacé par un état négatif quand aucun objet n'a été fabriqué dans le cours de la dernière période mensuelle.

ART. 5. — Les boîtes de montres d'or au 4ᵉ titre, les objets d'or et d'argent à tous titres ne peuvent être confondus dans les magasins avec les bijoux d'or et d'argent destinés au commerce intérieur.

Des emplacements distincts leur sont réservés, soit chez les fabricants, soit chez les commissionnaires ou marchands exportateurs.

Ces emplacements doivent porter les inscriptions suivantes en caractères fixes et apparents :

Exportation. — Boîtes de montres d'or au 4ᵉ titre.

Exportation. — Objets d'or ou objets d'argent à tous titres.

ART. 6. — Sauf en ce qui concerne les échantillons, dont la sortie temporaire des fabriques peut être nécessaire, la libre circulation des boîtes de montres d'or au 4ᵉ titre et des objets d'or et d'argent à tous titres est interdite.

Toutefois, les envois de fabricant à fabricant, ou de fabricant à marchand exportateur, et *vice versa*, sont autorisés.

Ces envois, de même que ceux à destination de l'étranger, sont effectués en vertu de soumissions délivrées sur la déclaration des expéditeurs, qui s'engagent à les rapporter dans un délai de trois mois, revêtues, suivant le cas, soit d'un certificat de prise en charge au compte du destinataire, soit d'un certificat de la douane constatant la sortie du territoire français.

Les envois à destination de l'étranger ne peuvent avoir lieu qu'en caisses scellées et plombées après vérification par les employés des contributions indirectes. A cet effet, les caisses doivent être présentées par les soins et aux frais des exportateurs au bureau de garantie.

En cas de réimportation en France d'objets non placés à l'étranger, ces objets, après constatation de leur identité, seront réintégrés chez le fabricant ou le marchand exportateur et repris en charge à son compte.

Art. 7. — Un compte d'entrées et de sorties est ouvert par l'administration à chaque fabricant ou marchand exportateur tant pour les boîtes de montres d'or au 4ᵉ titre que pour les objets d'or et d'argent à tous titres.

Les charges de ce compte présentent, d'une part, les objets fabriqués sur place ; d'autre part, les objets reçus du dehors en vertu de soumissions régulières.

Tout excédent constaté à la suite d'un recensement est saisi par procès-verbal et ajouté aux charges.

Le compte est successivement déchargé :

1° Des objets régulièrement expédiés, soit à l'étranger, soit à l'intérieur ;

2° Des objets que le fabricant déclare vouloir remettre en fabrication et qui sont préalablement détruits en présence des agents de l'administration ;

3° Des manquants constatés par inventaire dans les conditions prévues par le dernier paragraphe de l'article 9 de la loi du 25 janvier 1884.

Art. 8. — Les contraventions du présent règlement sont constatées, poursuivies et réprimées conformément aux articles 5 et 9 de la loi du 25 janvier 1884.

Art. 9. — Le Ministre des Finances est chargé de l'exécution du présent décret qui sera publié au *Journal officiel* et inséré au Bulletin des lois.

CHAPITRE III

Attributions de l Administration des Monnaies

L'article 37 de la loi du 19 brumaire an VI attribue à l'administration des Monnaies la surveillance des bureaux de garantie, relativement à la partie d'art et au maintien de l'exactitude des titres des ouvrages d'or et d'argent mis dans le commerce.

Cette administration demeure chargée de donner toutes les instructions relatives à l'exactitude des essais et de diriger la confection, l'envoi, l'application et la vérification des poinçons. (Art. 6 de l'ordonnance du 5 mai 1820, § 2.)

Inspecteurs des Monnaies

Des inspecteurs nommés par le Ministre, sur la présentation de l'administration des Monnaies, sont chargés de surveiller l'exécution des lois et règlements sur le titre des matières d'or et d'argent. (Art. 7 de l'ordonnance du 5 mai 1820.)

Ces inspecteurs devront, dans leurs tournées, se faire représenter les registres des divers employés des bureaux et les poinçons de chaque bureau. Ils constateront toutes les infractions aux lois et règlements qui viendraient à leur connaissance.

Ils pourront, au besoin, requérir auprès du directeur des contributions indirectes du département la suspension des agents de la garantie. (Art. 8 de l'ordonnance du 5 mai 1820.)

Attributions de l'Administration des Contributions indirectes

L'article 38 de la loi du 19 brumaire an VI chargeait la régie de l'enregistrement de la surveillance des bureaux de garantie relativement aux dépenses et au recouvrement des droits. Ce rôle fut transféré à l'administration des contributions indirectes par l'article 80 de la loi du 5 ventôse an XII et le décret du 28 floréal an XIII donna aux employés de cette administration, concurremment avec ceux des bureaux de garantie, le droit de constater les délits et contraventions à la loi du 19 brumaire an VI et de poursuivre la condamnation des peines encourues.

Tout ce qui concerne le régime administratif, la proposition et le règlement des dépenses, la perception du droit, l'ordre des bureaux, la surveillance des redevables est dans les attributions de cette administration. (Art. 9 de l'ordonnance du 5 mai 1820.)

Il est bien entendu toutefois qu'il n'appartient pas à l'administration des contributions indirectes de prendre aucune initiative en ce qui touche les instructions qui sont du ressort de celle des Monnaies. Les ordres qu'elle peut être appelée à donner, sous ce rapport, devront toujours émaner de cette administration. En un mot, la modification que le décret du 10 avril 1888 apporte à l'article 6 de l'ordonnance du 5 mai 1820 s'applique spécialement à la correspondance et à la suite du service par les agents de contrôle. (Circulaire n° 516 du 25 mai 1888.)

Brevets de capacité délivrés aux essayeurs

L'administration des Monnaies est chargée de délivrer, conformément aux lois des 22 vendémiaire an IV et 19 brumaire an VI, aux essayeurs de commerce et aux essayeurs des bureaux de garantie, les certificats de capacité dont ils doivent être pourvus avant d'entrer en fonctions. (Art. 8 de l'ordonnance du 26 décembre 1827.)

Contestations sur le titre et la marque

Elle statue, suivant les dispositions des articles 58 et 61 de la loi du 19 brumaire an VI, sur les difficultés relatives au titre et à la marque des lingots et ouvrages d'or et d'argent. Ces prescriptions ont été rappelées par l'article 8 de l'ordonnance du 26 décembre 1827 et l'article 2 de l'ordonnance du 6 juin 1830.

Suppression des hôtels de métier et création des bureaux de garantie

Suivant le but et l'esprit de la loi, les bureaux de garantie ont remplacé les hôtels du métier ou maisons communes où se réunissaient les maîtres de la corporation des orfèvres, où étaient conservées les archives et où il était procédé aux essais par les gardes de l'orfèvrerie.

La suppression de ces maisons a été prononcée et réglée par les articles 30 et 33 de la loi du 19 brumaire an VI. Il y aura, dit l'article 34, des bureaux pour faire essai et constater le titre des ouvrages d'or et d'argent, ainsi que des lingots de ces matières qui y seraient apportés, et pour percevoir, lors de la marque, les droits imposés.

Ces bureaux, fixés d'abord à 200 au plus pour toute la France, mais en réalité établis au nombre de 187 par un arrêté du Directoire du 15 prairial an VI, alors que la Belgique faisait partie du territoire de la République française, avaient été placés, conformément à l'article 35 de la loi, dans les communes où ils avaient paru répondre le mieux aux besoins du commerce.

Le nombre en a été successivement accru ou diminué Voici l'état indicatif des bureaux actuellement existants et de la circonscription de territoire qui leur est assigné, savoir :

Liste des bureaux existants avec leurs emplacements et les circonscriptions administratives

DÉPARTEMENTS	BUREAUX	BUREAUX pourvus d'un contrôleur spécial	DIFFÉRENTS ou SIGNES DISTINCTIFS		CIRCONSCRIPTIONS
Ain	Bellegarde ..	c sp	V	....	Tout le departement de la Haute-Savoie et les arrondissements de Nantua et de Gex.
Alpes-Maritimes .	Nice	.....	n	n italique.. ...	Tout le département des Alpes-Maritimes et l'arrondissement de Draguignan (Var).
Bouches-du-Rhône	Marseille... .	c sp	M	... .	Arrondissements de Marseille, Aix (Bouches-du-Rhône), arrondissements de Digne, Barcelonnette, Castellane, Forcalquier (Basses-Alpes); arrondissements de Toulon et Brignoles (Var)
Calvados.	Caen........	.....	π	t phénicien ...	Calvados, Manche; arrondissements d'Argentan Alençon, Mortagne (Orne), Arrondissement de Bernay (Eure).
Charente..	Angoulême...	.... .	J	... .	Charente, Dordogne, Creuse, Haute-Vienne , arrondissements de Jonzac, Saintes et Marennes (Charente-Inférieure) ; arrondissement de Brives (Correze).
Cher	Bourges... ..	.... .	..	deux points..	Cher ; arrondissements de Châteauroux, Issoudun, La Châtre (Indre).
Côte-d'Or	Dijon	......	β	900 grec ancien	Côte-d'Or, Haute-Marne, arrondissements de Châlon-sur-Saône, Autun, Louhans (Saône-et-Loire), Yonne, arrondissement de Clamecy (Nièvre)
Doubs..........	Pontarlier....	c. ps	P	....	Arrondissement de Pontarlier, moins les cantons de Morteau et Montbenoît
	Morteau......	c sp	D	d renverse....	Cantons de Morteau et Montbenoît

DÉPARTEMENTS	BUREAUX	BUREAUX pourvus d'un Contrôleur spécial	DIFFÉRENTS ou SIGNES DISTINCTIFS	CIRCONSCRIPTIONS
Doubs (suite).....	Besançon.. ..	c. sp	W̄ *tz* phénicien.	Departement du Doubs, excepté les arrondissements de Pontarlier et Montbeliard. Le departement de la Haute-Saône, moins l'arrondissement de Lure. Le département du Jura, arrondissements de Lons-le-Saunier, Dole et Poligny.
	Montbeliard..	.....	⸜ *ph* grec de Virgile.	Arrondissement de Montbeliard (Doubs); arrondissement de Lure (Haute-Saône) et territoire de Belfort.
Drôme..........	Valence......	c. sp	X̄ *n* grec de Virgile..	Drôme, Ardèche.
Gard............	Nîme.........	c. sp.	Φ *ph* grec.......	Gard, arrondissement d'Arles (Bouches-du-Rhône).
Garonne (Haute-).	Toulouse... .	c. sp.	⇸ Sagittaire..... signe du zodiaque	Haute-Garonne, Ariège, Tarn, Tarn-et-Garonne, arrondissements de Lombez, Auch et Mirande (Gers), arrondissements de Carcassonne et Castelnaudary (Aude); arrondissements de Rodez, Espalion et Villefranche (Aveyron).
Gironde..........	Bordeaux... .	c. sp.	Θ *th* grec.......	Gironde, Lot, Lot-et-Garonne; arrondissements de Condom et Lectoure (Gers).
Hérault.........	Montpellier...	.....	Θ̔ *th* dialecte attique..	Herault; arrondissements de Millau et Saint Affrique (Aveyron).
Ille-et-Vilaine ...	Rennes.......	.....	✝ Croix.........	Ille-et-Vilaine, Côtes du-Nord; arrondissements de Brest et Morlaix (Finistère).
Indre-et-Loire....	Tours........	.....	Ͼ Kai grec......	Indre-et-Loire, Sarthe; arrondissement de Vendôme (Loir-et-Cher).
Isère	Grenoble.....	.....	ꝗ *m* phénicien ..	Isère, Hautes-Alpes, Savoie, arrondissement de Sisteron (Basses-Alpes).
Loire-Inférieure..	Nantes.......	c. sp	ⴽ *a* phénicien...	Loire-Inferieure, Mayenne; arrondissements de La Roche-sur-Yon, Sables-d'Olonnes (Vendee); Domfront (Orne); Vannes, Ploermel, Pontivy, Lorient (Morbihan), Quimper, Châteaulin, Quimperle (Finistère).
Loiret	Orléans......	.....	ꝑ *e* dialecte attique ..	Loiret, Loir-et-Cher, excepté les arrondissements de Vendôme et Châteaudun.
Maine et-Loire ...	Angers.......	.....	⅋ *m* bulgare....	Maine-et-Loire, moins l'arrondissement de Saumur.
	Saumur.	c. sp.	꠱ *n* alphabet sanscrit .	Arrondissement de Saumur.
Meurthe-et-Moselle	Nancy........	c. sp	♎ Balance....... signe du zodiaque	Meurthe-et-Moselle, Meuse et Vosges.
Nord	Lille	c. sp.	ⵀ *h* phénicien...	Arrondissement de Lille, arrondissements d'Arras, Bethune et Saint-Paul (Pas-de-Calais).

DÉPARTEMENTS	BUREAUX	BUREAUX pourvus d'un Contrôleur spécial	DIFFÉRENTS ou SIGNES DISTINCTIFS	CIRCONSCRIPTIONS
Nord (suite) ...	Dunkerque...	..	♌ Lion .... signe du zodiaque	Arrondissements de Dunkerque et d'Hazebrouck
	Valenciennes.....		& b dialecte attique .	Arrondissements de Valenciennes, Douai, Cambrai et Avesnes, le département des Ardennes.
Oise......... ..	Beauvais....	.....	Ϛ s grec ancien .	Oise.
Pas-de-Calais	Boulogne....	.....	Ψ ps grec	Arrondissements de Boulogne, St-Omer et Montreuil
Pyrénées (Basses-)	Pau..........	..	Σ s grec.	Basses-Pyrénées, Hautes Pyrénées, Landes.
Pyrénées-Orientl⁰ˢ	Perpignan....	.....	φ ph grec ancien	Pyrénées-Orientales; arrondissements de Limoux, Narbonne (Aude)
Rhône....... .	Lyon	c. sp	m arabe. ...	Rhône, Loire, Haute-Loire, arrondissement de Saint-Claude (Jura), Ain, excepté les arrondissements de Nantua et Gex, arrondissements de Mâcon et Charolles (Saône-et-Loire).
Seine	Paris	c sp	Aucun signe..	Seine, Seine-et-Marne, Seine-et-Oise, Aube, arrondissements de Châlons-sur-Marne, Epernay, Reims et Vitry-le-François (Marne), arrondissements de Chartres, Nogent-le-Rotrou et Dreux (Eure-et-Loir)
Seine-Inférieure.	Rouen.... ..	c sp	o dialecte attique ..	Arrondissements de Rouen, Dieppe, Neufchâtel (Seine-Inférieure); département de l'Eure.
	Le Havre	c. sp	d dialecte attique .	Arrondissements du Havre et Yvetot
Deux-Sèvres... ..	Niort.......	.. .	hh phénicien .	Deux-Sèvres, arrondissement de Fontenay (Vendée), arrondissements de La Rochelle, Rochefort et Saint-Jean-d'Angely (Charente-Inférieure)
Somme	Amiens.. ..	....	✿ Etoile	Somme et Aisne.
Vaucluse	Avignon. ...	c. sp	ious bulgare..	Vaucluse.
Vienne	Châtellerault .	....	♑ Capricorne ... signe du zodiaque	Vienne; arrondissement du Blanc (Indre).

ALGÉRIE

DÉPARTEMENTS	BUREAUX	BUREAUX pourvus d'un Contrôleur spécial	DIFFÉRENTS ou SIGNES DISTINCTIFS	CIRCONSCRIPTIONS
Alger.	Alger.... ...	c. sp	DJ initiale arabe d'Alger	Tout le département
Oran	Oran........	....	OU initiale arabe d'Oran	Tout le département.
	Mostaganem..	...		
	Tlemcen.....	..		
Constantine .. .	Constantine ..	....	Q initiale arabe de Constantine	Tout le département.
	Bône........	..		
	Setif	....		
	Batna........	....		

Etat présentant les jours et heures d'ouverture, ainsi que l'emplacement des bureaux de garantie

DÉPARTEMENTS	BUREAUX	ADRESSES	JOURS ET HEURES D'OUVERTURE
Ain............	Bellegarde......	A la Gare..	Tous les jours, de 8^h à 12^h et de 2^h a 5^h.
Alpes-Maritimes...	Nice...........	21, rue de Paris	Mardi, samedi, 1er et 3e vendredi de chaque mois, 8 à 12 et 2 a 4
Bouches-du-Rhône	Marseille........	9, rue Venture	Tous les jours, 9 à 11 et 1 1/2 à 3 1/2.
Calvados.........	Caen	17, rue Saint-Laurent..	Mercredi, vendredi, 1 à 2
Charente	Angoulême	3, rue Brelat.	Mardi, vendredi, 9 à 11, 2 à 4.
Cher	Bourges.........	2, rue d'Orleans	Vendredi, 1 a 3.
Côte-d'Or........	Dijon...........	Prefecture............	Jeudi, 1 à 2.
Doubs...........	Besançon.......	123, Grande-Rue	Tous les jours, 9 à 4.
	Morteau	Grande-Rue	Tous les jours.
	Pontarlier.......	Route des Granges.....	Tous les jours
	Montbeliard....	23, rue Cuvier.......	Mardi, vendredi, 9 a 12.
Drôme..........	Valence	9, rue des Vieillards..	Tous les jours, 10 à 4
Gard	Nimes..........	65, rue de Rouny	Lundi, jeudi, samedi, 9 à 11.
Garonne (Haute-)..	Toulouse.	4, rue de l'Orient.....	Mardi, jeudi, samedi, 9 a 11.
Gironde	Bordeaux	18, rue Ferrere	Tous les jours, sauf le jeudi, 2 a 3
Herault..	Montpellier	16, rue Baudin........	Mercredi, 2 à 3.
Ille-et-Vilaine.....	Rennes.........	2, rue Duguesclin......	Mardi, 1 1/2 a 2 1/2
Indre-et-Loire.....	Tours...........	19, rue Rouget-de-l'Isle.	Mercredi, 12 à 1.
Isère	Grenoble..... ..	15, rue Malakoff........	Mardi, vendredi, 2 a 4.
Loire-Inferieure...	Nantes..........	2, rue d'Arbefeuille	Mardi, mercredi, samedi, 9 à 11.
Loiret	Orleans..	Place de l'Etape.......	Mardi, 2 à 3.
Maine-et-Loire	Angers	Préfecture............	Jeudi, 2 à 3
	Saumur.........	Mairie..............	Tous les jours, 8 1/2 à 11.
Meurthe-et-Moselle	Nancy...........	8, rue Sellier	Lundi (convocation spéc^{le}), 1 à 5 mardi, jeudi, samedi, 9 a 12.
Nord	Lille	5, rue Gauthier-de-Châtillon	Mardi, jeudi, samedi, 10 a 12
	Dunkerque	35, place Jeanne-d'Arc .	Mardi, vendredi, 9 à 12.
	Valenciennes....	Mairie..............	Mardi, vendredi (convocation speciale), 2 à 4.
Oise...........	Beauvais	12, rue Malherbe......	Sur demande
Pas-de-Calais	Boulogne.......	Boulev^d Dounou (octroi)...	Lundi, jeudi, 10 à 12
Puy-de-Dôme.....	Clermont-Ferrand	19, place du Port......	Mercredi, 2 à 3.
Pyrénées (Basses).	Pau	1, rue Lapouble........	Vendredi, 2 à 3
Pyrénées-Orient^{les}.	Perpignan	Mairie..............	Vendredi, 3 à 4
Rhône..........	Lyon	57, rue Moliere	Tous les jours, 9 à 4.
Seine...........	Paris	4, rue Guenégaud.....	Tous les jours, 9 à 4
Seine-Inferieure...	Le Havre	Mairie..............	Mercredi, vendredi, 1 1/2 à 3 1/2.
	Rouen.........	14, rue Buffon	Mardi, vendredi, 2 à 3.
Sèvres (Deux-).....	Niort	10, rue des Vignes.....	Mardi, vendredi, 1 à 3.
Somme.........	Amiens......... .	2, rue Porion.........	Mardi, jeudi, samedi, 10 a 12
Vaucluse	Avignon	14, rue Peyrollerie.. ..	Mardi, mercredi, 9 à 12, vendredi, samedi, 2 à 4.
Vienne	Châtellerault....	Mairie........	Mardi, vendredi, 12 a 2.

Installation des Bureaux

L'article 44 de la loi du 19 brumaire an VI voulait que l'administration du département procurât un local convenable pour y établir le bureau de garantie et que ce fût autant que possible dans le bâtiment occupé par la municipalité. Cette disposition, qui pouvait avoir de l'utilité dans l'origine à cause de l'isolement du service de la garantie, n'est plus obligatoire, surtout depuis la réunion de ce service à celui des contributions indirectes. (Ordonnance du 5 mai 1820.) Aujourd'hui, comme ce sont généralement les receveurs de cette administration qui font la perception du droit, il s'ensuit que le bureau de garantie est presque toujours attenant à la recette principale ou dans un local spécial loué par l'administration.

Heures d'ouverture des Bureaux

La désignation des heures des bureaux de garantie est fixée par arrêté préfectoral après consultation des convenances et des besoins des contribuables et sur la proposition des directeurs des contributions indirectes. (Circulaire n° 101 du 24 février 1835.)

Locaux des Bureaux

Chaque bureau de garantie doit avoir au moins deux chambres bien éclairées et non humides, l'une pour le laboratoire d'essai et l'autre pour le bureau de la marque. Il est nécessaire même que l'essayeur puisse disposer d'un petit cabinet séparé du laboratoire pour y placer la balance d'essai qui ne doit pas être exposée à la vapeur des acides. (Raibaud.)

Lorsqu'il y a impossibilité de trouver à la portée du bureau du receveur un nombre de pièces suffisant pour la tenue du bureau de garantie, il faut diviser par un retranchement une partie du local et l'affecter exclusivement à ce service. Les employés chargés de la marque, de l'essai et de la perception doivent être placés de manière que la présence des contribuables ne puisse jamais gêner leurs opérations. La partie du local affectée à ce service est séparée par une barrière à hauteur d'appui. (Circulaire n° 58 du 8 octobre 1822.)

Institution des Bureaux. Création

Les bureaux de garantie ont été institués pour faire l'essai et constater les titres des ouvrages d'or et d'argent ainsi que des lingots de ces matières qui y sont apportés, et pour percevoir, lors de la marque de ces ouvrages ou matières, les droits imposés par la loi. (Art. 34 de la loi du 19 brumaire an VI.)

Les bureaux sont créés, par voie de décret, dans les communes où ils sont le plus avantageux au commerce. Les localités comprises dans l'arrondissement de chacun de ces bureaux sont également déterminées par le gouvernement sur la demande motivée des préfets et sur l'avis de l'administration des contributions indirectes et de celle des Monnaies. (Art. 35 de la loi du 19 brumaire an VI et art. 9 de l'ordonnance du 5 mai 1820.)

Suppression des Bureaux

La suppression des bureaux de garantie est effectuée par décret dans les mêmes conditions que la création.

En cas de suppression de bureaux, il convient de se conformer aux dispositions des circulaires n° 101 du 24 février 1835 et n° 838 du 30 avril 1862 qui se résument ainsi qu'il suit :

1° Avis à donner aux fabricants et marchands domiciliés dans la circonscription des bureaux supprimés ;

2° Désignation des jours d'ouverture des bureaux dont la circonscription reçoit de l'accroissement ;

3° Formation de l'état nominatif des assujettis à la garantie compris dans les nouvelles circonscriptions ;

4° Inventaire du matériel et des poinçons des bureaux dont la suppression est prononcée et renvoi immédiat de ces poinçons à l'administration des Monnaies ;

5° Renvoi à l'administration des lois, règlements, circulaires, etc., qui auront été retirés des bureaux supprimés.

Matériel des Bureaux supprimés

Si des bureaux de garantie établis à une certaine proximité de ceux dont la suppression est prononcée étaient dépourvus d'une partie des objets spéciaux à ce service ou avaient besoin de renouveler quelques-uns de ceux qui s'y trouvent, les contrôleurs profiteraient de la suppression des bureaux voisins pour former immédiatement des demandes motivées. Les directeurs, après s'être assurés de l'utilité de ces demandes, les adresseront avec leur avis afin que l'on puisse utiliser, s'il y a lieu, une partie du mobilier. (Circulaire n° 101 du 24 février 1835.)

Vérification des instruments de pesage

Le Ministre de l'Agriculture et du Commerce, après s'être entendu avec son collègue du département des finances, a décidé que la vérification des poids et mesures serait faite à l'avenir gratuitement dans les bureaux de garantie, qui sont de véritables établissements publics dans lesquels des agents commissionnés et assermentés vérifient et contrôlent les matières d'or et d'argent et se servent exclusivement de poids et de balances appartenant à l'Etat. (Décision ministérielle du 15 mai 1841 et circulaire n° 256 du 5 août 1841.)

Instruments de vérification

Par circulaire n° 58 du 8 octobre 1822, l'administration avait décidé que les employés des bureaux de garantie seraient munis d'une loupe, d'un flacon d'eau forte, d'un touchau et d'une pierre de touche. L'administration n'a pas renouvelé ces fournitures. En annonçant par la circulaire n° 14 du 6 décembre 1824, l'envoi de plaques de reconnaissance qui devaient être remises à ceux des employés qu'on ferait concourir aux exercices de la garantie, elle ajouta :

« Il n'a été joint à cet envoi ni touchaux, ni pierre de touche,
» ni flacon d'eau forte, ces différents objets étant devenus
» inutiles aux employés chargés de vérifications chez les
» orfèvres depuis que le Ministre des Finances a décidé que la
» marque légale apposée sur les ouvrages d'or et d'argent en
» garantit toujours le titre. »

Réparations du matériel

Aucune dépense d'achat ou de réparation au matériel ou mobilier des bureaux de garantie, sauf le cas d'urgence, ne pourra être faite sans que le conseil d'administration en ait préalablement autorisé l'exécution. Les états de frais, comme ceux de toute autre dépense relative à la garantie, seront toujours envoyés en double expédition. (Circulaire n° 2 du 16 avril 1823.)

CHAPITRE IV

Dispositions génerales

Les bureaux de garantie sont composés de trois employés, savoir : un essayeur, un receveur et un contrôleur. (Art. 36 de la loi du 19 brumaire an VI.)

Mais à Paris et dans les autres communes populeuses, le Ministre des Finances peut autoriser un plus grand nombre d'employés, à raison des besoins du commerce. (Art. 36 de la loi précitée.)

Le service du bureau de garantie de Paris est dirigé par un sous-directeur ayant sous ses ordres un inspecteur et plusieurs contrôleurs.

Dans les départements, 17 sont dirigés par un contrôleur spécial ; les autres par les chefs locaux des contributions indirectes.

Le bureau de garantie de Paris est complètement spécialisé. Il y a des receveurs spéciaux à Paris, Lyon, Besançon.

Les receveurs de la garantie sont assimilés aux receveurs des contributions indirectes quant à l'assujettissement et à la fixation du cautionnement.

Inspecteurs des Bureaux de garantie

Les inspecteurs nommés par le Ministre des Finances, sur la présentation de l'administration des Monnaies, seront chargés de surveiller l'exécution des lois et règlements sur le titre des matières d'or et d'argent. (Art. 7 de l'ordonnance du 5 mai 1820.)

Leur traitement sera alloué sur le budget de l'administration des Monnaies. (Art. 7 de l'ordonnance du 5 mai 1820.)

Il en sera de même pour le traitement accordé aux chefs et commis employés à la correspondance de la garantie, qui avait été payé, jusqu'à présent, par l'administration des contributions indirectes sur le produit de la garantie.

Ces inspecteurs devront, dans leurs tournées, se faire représenter les registres des divers employés des bureaux et les poinçons de chaque bureau. (Art. 8 de l'ordonnance précitée.)

Ils constateront toutes les infractions aux lois et règlements qui viendront à leur connaissance. Ils pourront, au besoin, requérir auprès du directeur des contributions indirectes la suspension des agents de la garantie. (Art. 8 de l'ordonnance du 5 mai 1820.)

Leurs rapports seront transmis au Ministre des Finances par l'administration des Monnaies, qui les accompagnera de ses observations. (Art. 8 de l'ordonnance du 5 mai 1820.)

Il n'est pas usé de la faculté de nommer des inspecteurs spéciaux.

Essayeurs de la garantie

Les personnes qui se présenteront dans les départements pour y remplir les fonctions d'essayeur, seront, à cet effet, examinées par l'administration des Monnaies. (Art 2 de la loi du 13 germinal an VI.)

Conditions imposées pour l'obtention du certificat
de capacité d'essayeur

ARTICLE 1ᵉʳ. — Les examens à subir par les candidats au certificat de capacité d'essayeur du commerce ou d'essayeur de la garantie auront lieu au laboratoire de l'administration des Monnaies trois fois par an : en mars, en juillet et en novembre.

Les examinateurs seront le directeur des essais ou son suppléant et l'un des essayeurs.

ART. 2. — Les candidats devront produire les pièces suivantes :

1° Une demande d'admission aux examens, qui sera libellée sur papier timbré ;

2° Leur acte de naissance ;

3° L'extrait de leur casier judiciaire (cet extrait devra être de date toute récente).

Les candidats au certificat de capacité d'essayeur du commerce auront à justifier, en outre, de l'acquittement, à la caisse de la Monnaie, du droit d'examen (50 fr. 25 timbre compris).

ART. 3. — La liste d'admission des candidats sera close : le 15 février, à quatre heures du soir, pour la session de mars ; le 15 juin, à quatre heures du soir, pour la session de juillet ; le 15 octobre, à quatre heures du soir, pour la session de novembre.

Quand l'une de ces dates sera jour férié, la liste d'admission sera close la veille à la même heure.

Art. 4. — Les examens à subir par les candidats comprendront :

Une épreuve écrite, une épreuve orale et une épreuve pratique.

L'épreuve écrite sera éliminatoire et le candidat éliminé ne pourra se présenter de nouveau que huit mois après.

Dans le cas où, l'épreuve écrite ayant été satisfaisante, l'une ou l'autre des deux autres épreuves serait jugée insuffisante, le candidat serait ajourné à quatre mois pour subir à nouveau ces deux dernières épreuves.

Mais s'il échouait cette fois encore, à l'une ou à l'autre de ces deux épreuves, il serait ajourné à huit mois et devrait, s'il se représentait, subir à nouveau l'épreuve écrite.

Art. 5. — Tout candidat au certificat de capacité d'essayeur de commerce qui, ayant été éliminé ou ajourné pour quelque cause que ce soit, désire se présenter de nouveau aux épreuves, doit formuler une nouvelle demande sur papier timbré, produire les pièces exigées (voir art. 2) et justifier de l'acquittement d'un nouveau droit d'examen.

Art. 6. — Le programme des matières sur lesquelles portent les épreuves écrites et les épreuves orales est le suivant :

Eléments de chimie minérale : air, eau, leurs composants, leur analyse. Principaux métalloïdes et métaux. Acides, bases et sels usuels. Réactifs, caractères distinctifs des principaux sels.

Essais d'or, d'argent, de platine et des alliages de ces métaux entre eux.

Essais des cendres et des combustibles.

Essais de nickel, fer, cuivre, étain, zinc, plomb, antimoine et de leurs alliages principaux.

L'examen pratique consiste dans la détermination du titre de matières d'or et d'argent unies à d'autres métaux. Ces matières sont confiées dans ce but au candidat qui en est responsable vis-à-vis de l'administration des Monnaies.

Art. 7. — Les candidats devront se préparer aux diverses épreuves en dehors du laboratoire de l'administration des Monnaies.

Art. 8. — Le candidat reconnu apte au certificat d'essayeur du commerce doit donner par écrit, à l'administration des Monnaies, la description du poinçon dont il a fait choix, puis faire insculper ce poinçon sur une planche de cuivre qui reste en dépôt au secrétariat de cette administration.

Il doit, en outre, justifier de l'acquittement à la caisse des Monnaies du droit afférent au certificat de capacité d'essayeur du commerce (50 fr. 25, timbre compris).

Certificat de capacité

Après avoir obtenu de l'administration des Monnaies un certificat de capacité, conformément à l'art. 39 de la loi du 19 brumaire an VI et à l'art. 2 de la loi du 13 germinal suivant, l'essayeur pourra exercer ses fonctions. (Art. 1er de l'ordonnance du 5 mai 1820.)

ESSAYEURS DES BUREAUX DE GARANTIE

Nominations des Essayeurs

L'essayeur de chaque bureau de garantie est nommé par le préfet du département où ce bureau est placé. (Art. 39 de la loi du 19 brumaire an VI ; art. 1er de l'ordonnance du 5 mai 1820.)

Art. 45 de la loi de finances du budget de 1909. — Les essayeurs de tous les bureaux de garantie pour les matières d'or et d'argent sont nommés et révoqués par arrêtés du Ministre des Finances.

Dans les villes où existent un bureau de garantie et un laboratoire du ministère des finances, les fonctions d'essayeur seront, au fur et à mesure des vacances, confiées au chimiste en chef du laboratoire.

Les chimistes en chef du service des laboratoires nommés à l'emploi d'essayeur sont dispensés de produire le certificat de capacité prévu à l'art. 39 de la loi du 19 brumaire an VI et à l'art. 2 de la loi du 13 germinal suivant.

Lorsque les essais seront effectués par le service des laboratoires, les droits d'essai seront perçus, au profit de l'Etat, par l'administration des contributions indirectes.

Une indemnité sera attribuée au chimiste en chef remplissant les fonctions d'essayeur.

Le nombre, les conditions de nomination et la rétribution des auxiliaires pouvant être attachés aux bureaux d'essai placés sous la direction d'un chimiste en chef, seront déterminés par le Ministre des Finances sur la proposition du chef des laboratoires.

Une circulaire de l'administration des Monnaies, du 11 février 1811, recommande d'accorder de préférence les places d'essayeurs aux pharmaciens. Le décret du 22 ventôse an VI soumettait les candidats au concours.

Traitements des Essayeurs

D'après l'article 42 de la loi du 19 brumaire an VI, les essayeurs n'auront d'autre rétribution que celle qui leur est allouée pour les frais de chaque essai d'or et d'argent.

Mais le Ministre des Finances est autorisé à accorder aux essayeurs des bureaux de garantie un traitement qui pourra être porté jusqu'à la somme de 400 francs par an, lorsque le produit des essais faits pendant l'année ne se sera pas élevé à 600 francs, déduction faite des frais. (Art. 1er de la loi du 13 germinal an VI.)

Les Essayeurs sont placés sous les ordres de l'Administration des Monnaies

Conformément aux prescriptions de l'art. 6 de l'ordonnance du 5 mai 1820 et de l'art. 1er du décret du 10 avril 1888, les essayeurs des bureaux de garantie sont placés sous les ordres de l'administration des Monnaies avec laquelle ils correspondent directement. (Circulaire n° 516 du 25 mai 1888.)

Cette administration demeure chargée de donner toutes les instructions relatives à l'exactitude des essais et de diriger la confection, l'envoi, l'application et la vérification des poinçons. (Art. 6 de l'ordonnance du 5 mai 1820, art. 8 de l'ordonnance du 26 décembre 1827 et art. 1er du décret du 10 avril 1888.)

D'après une délibération du pouvoir exécutif du 13 prairial an VII, les essayeurs ne peuvent refuser d'accompagner les contrôleurs dans les visites lorsque leur concours est jugé nécessaire.

Révocation des Essayeurs

Les essayeurs sont révocables par le préfet, sauf approbation du Ministre des Finances. (Art. 5 de l'ordonnance du 5 mai 1820.)

Cette révocation peut être provoquée auprès du préfet par celle des deux administrations qui la croirait utile au bien du service, ainsi que par les plaintes que porterait le commerce ou le public contre l'essayeur auquel on pourrait avoir à reprocher des faits assez graves pour motiver cette peine. (Circulaire n° 51 de l'administration des Monnaies du 10 juin 1820.)

Incompatibilité des fonctions d'Essayeurs

Dans aucun cas, les fonctions d'essayeur ne peuvent être remplies par une personne exerçant la profession de fabricant d'ouvrages d'or et d'argent. (Loi du 13 germinal an VI, art. 4.)

Defaut d'Essayeur

Lorsqu'il ne se sera pas présenté d'essayeur assez instruit, le contrôleur en tiendra lieu en procédant, comme le veut la loi du 13 germinal an VI, art. 3, de la manière suivante : Il fera l'essai au touchau des pièces qui doivent être soumises à ce mode d'essai ; quant aux autres pièces, il formera des prises d'essai et les enverra, sous son cachet et celui du fabricant, au bureau de la garantie le plus voisin qui sera pourvu d'un essayeur ; celui-ci fera les essais et enverra sa déclaration relativement aux résultats. Cette déclaration reçue, les ouvrages seront poinçonnés.

Boutons d'essai

Il va sans dire que les boutons d'essai doivent être renvoyés avec la déclaration de l'essayeur pour être remis au fabricant.

Absence de l'Essayeur

En cas d'absence de l'essayeur, le contrôleur doit reconnaître, par l'essai au touchau, au grain et à la coupelle, l'altération ou la fidélité du titre des ouvrages mis dans le commerce. (Circulaire de l'administration des Monnaies du 5 octobre 1816.)

Ustensiles de laboratoire

L'essayeur se pourvoira à ses frais de tout ce qui est nécessaire à l'exercice de ses fonctions. (Art. 44 de la loi du 19 brumaire an VI.) Les poinçons et machines à estamper leur sont envoyés par l'administration des Monnaies.

Substances et produits chimiques pour les essais

Par circulaire n° 27, de l'administration des Monnaies, du 10 janvier 1859, a été notifiée la suppression du dépôt de produits chimiques et substances que devaient employer les essayeurs dans leurs opérations, et ils peuvent se les procurer où bon leur semble, en dehors de l'administration des Monnaies.

Aides-essayeurs

L'essayeur peut prendre, sous sa responsabilité, autant d'aides que les circonstances l'exigent. (Art. 68 de la loi du 19 brumaire an VI.) Ils sont sous ses ordres, rétribués par lui et peuvent être révoqués sur sa proposition. (Art. 2 de l'ordonnance du 15 juillet 1842.)

Remplacement des Essayeurs. — Conges

L'article 68 de la loi du 19 brumaire an VI est ainsi conçu :

« L'essayeur d'un bureau de garantie peut prendre, sous sa
» responsabilité personnelle, autant d'aides que les circons-
» tances l'exigent. »

S'appuyant sur ce texte et sur la responsabilité qu'il leur
impose, quelques essayeurs croient avoir le droit de se faire
remplacer par qui bon leur semble.

La loi autorise les essayeurs à prendre des aides, c'est-à-dire
des personnes travaillant avec eux, mais non pas à se faire
remplacer. Il y aurait, en effet, une singulière anomalie à exiger
que les essayeurs fussent munis d'un certificat de capacité et à
leur laisser la faculté de ne pas remplir leurs fonctions et
d'en charger des tiers, qui pourraient ne pas avoir les connaissances nécessaires.

En second lieu, il ne faut pas perdre de vue qu'il ne doit pas
dépendre d'un agent, même en engageant sa responsabilité, de
compromettre le service par le choix d'un remplaçant, soit
même un aide inexpérimenté.

Par conséquent, le contrôleur qui est chargé de la surveillance du bureau a non seulement le droit, mais le devoir
d'obliger l'essayeur à changer un aide dont le travail serait
préjudiciable au service, sauf à en référer à l'administration
supérieure. (Circulaire n° 33 du 12 août 1862 de l'administration des Monnaies.)

Etablissement et envoi des demandes de conge

On rappelle également aux essayeurs qu'ils ne doivent pas
prendre de congé sans l'autorisation de l'administration des
Monnaies, que leur demande doit indiquer la personne qui
sera chargée de procéder aux essais pendant leur absence et
que cette demande doit être transmise par le contrôleur avec
les observations dont elle lui paraîtra susceptible. (Circulaire
de l'administration des Monnaies du 12 août 1862, n° 33.) Cette
prescription a été rappelée par la lettre commune n° 9, du
8 juillet 1895, aux termes de laquelle aucun fonctionnaire ou
employé ne doit s'absenter de son poste sans en avoir, au
préalable, obtenu l'autorisation, et que toute demande de congé
doit indiquer la date à partir de laquelle le congé devra commencer.

Le Gouvernement ayant reconnu, par suite de débats judiciaires, qu'il y avait utilité, pour punir correctionnellement les cas de corruption, d'attribuer aux aides de l'essayeur le caractère de fonctionnaires publics.

L'aide d'un essayeur au bureau de garantie est considéré comme agent d'une administration publique et, à ce titre, il est passible des peines prononcées par l'article 177 du Code pénal lorsqu'il s'est rendu coupable du délit prévu et puni par ledit article. (Arrêt de la Cour de cassation du 9 novembre 1845.)

Le principe confirmé par le texte de cet arrêt a été consacré par l'ordonnance du 15 juillet 1842, qui spécifie que ces agents recevront une commission du préfet du département de la Seine et prêteront serment devant le tribunal civil.

Clefs a la garde de l'Essayeur

L'essayeur a la garde d'une des clefs du coffre à trois serrures dans lequel sont conservés les poinçons. (Article 45 de la loi du 19 brumaire an VI.)

Lorsque l'essayeur est absent ou que sa place est vacante, la clef du coffre qui lui appartient est remise au contrôleur et la clef du contrôleur est remise au présenteur. (Circulaire du 5 octobre 1818.)

Les Essayeurs sont exempts du droit de patente

L'essayeur participe des fonctionnaires dans l'accomplissement de son service ; il ne paie donc pas patente s'il se borne à essayer les ouvrages fabriqués et les lingots qui lui sont envoyés en vertu de la loi sur la garantie.

Les essayeurs des bureaux de garantie sont exempts du droit de patente.

En ce qui concerne leurs fonctions, ils rentrent dans l'exception établie par l'article 13 de la loi du 25 avril 1844, en faveur des fonctionnaires et employés des administrations publiques. (Arrêt du Conseil d'Etat du 22 avril 1857.)

L'article 13 ci-dessus visé porte : « Ne sont pas assujettis à la » patente : 1° Les fonctionnaires et employés salariés soit par » l'Etat, soit par les administrations départementales et com- » munales, en ce qui concerne seulement l'exercice de leurs » fonctions. »

Il y avait donc une objection de texte, c'est que les essayeurs ne sont salariés ni par l'Etat, ni par une administration départementale ou communale. L'arrêté a écarté cette objection ; il a considéré le salaire réglé par l'administration, en vertu de la loi, comme devant être assimilé à un salaire reçu de l'administration.

Contrôleurs

Les contrôleurs et autres employés des bureaux de garantie sont nommés par le Ministre des Finances sur une présentation concertée entre le directeur général des contributions indirectes et l'administration des Monnaies. (Art. 41 de la loi du 19 brumaire an VI.)

Recrutement des Contrôleurs

En vertu de l'article 16 du décret du 2 février 1907, les contrôleurs de la garantie sont recrutés parmi les commis principaux aux exercices de ce service qui sont jugés aptes à en remplir les fonctions.

A défaut de candidats de cette catégorie, ces contrôleurs sont recrutés parmi les agents du service général ayant accompli au préalable un stage dans le service de la garantie et dont les aptitudes ont été reconnues. (Circulaire n° 676 du 8 février 1907.)

Il y a sept classes de contrôleurs de la garantie. (Art. 1er du décret du 9 février 1908.) Ceux des 1re et 2e classes sont assimilés aux contrôleurs des autres services. (Lettre commune du 28 juin 1877.)

Révocation des Contrôleurs

Les contrôleurs de la garantie sont révocables par le Ministre des Finances sur la proposition de l'administration des contributions indirectes ou de celle des Monnaies et après avoir consulté celle de ces administrations qui n'aurait pas pris l'initiative. (Art. 5 de l'ordonnance du 5 mai 1820.)

Correspondances des Contrôleurs

Les contrôleurs de la garantie font partie du personnel des contributions indirectes. Ils pourront être chargés d'autres parties du service de cette administration lorsqu'il sera reconnu par celle des Monnaies que cette cumulation ne sera pas nuisible au service de la garantie. (Art. 4 de l'ordonnance du 5 mai 1820.)

Ils continueront à être sous les ordres de l'administration des Monnaies.

Un décret du 10 avril 1888 place les contrôleurs de la garantie sous les ordres immédiats du directeur des contributions indirectes de la circonscription duquel ils relèvent. C'est à ce chef de service qu'ils doivent adresser toute leur correspondance administrative quel qu'en soit l'objet. Le soin de correspondre directement avec l'administration des Monnaies est dévolu aux directeurs. (Circulaire n° 516 du 25 mai 1888.)

Tenue et police des Bureaux — Surveillance

Le contrôleur du bureau de garantie chargé essentiellement de surveiller le titre des ouvrages et de les poinçonner, l'est également de la direction du service, ainsi que de la tenue et police du bureau. (Art. 1er de l'arrêté du 13 prairial an VII ; circulaire de l'administration des Monnaies du 15 septembre 1813 et circulaire n° 58 du 8 octobre 1822.)

Une délibération du Directoire exécutif du 13 prairial an VII impose aux contrôleurs de la garantie l'obligation de surveiller la perception des droits d'essai. Il leur est recommandé d'exercer avec soin cette partie essentielle de leurs attributions. (Ordre général du service de l'administration des Monnaies du 18 floréal an XIII.)

Il est prescrit d'entretenir très exactement l'administration des Monnaies de toutes les affaires qui se rattachent à ses attributions et de lui donner, à cet égard, tous les renseignements qui pourraient avoir quelque utilité ou quelque intérêt. (Ordre général du service de l'administration des Monnaies du 18 floréal an XIII.) Ce soin incombe maintenant aux directeurs des contributions indirectes.

L'arrêté du 13 prairial an VII charge expressément le contrôleur de surveiller l'essayeur et le receveur, mais il n'abroge point les dispositions de la loi du 19 brumaire relativement aux fonctions de contrôleur que l'article 55 charge du poinçonnement et qui, de ce fait, se trouve sous la surveillance de ses deux collègues.

Cette surveillance a aussi pour objet de s'assurer qu'il ne commet aucune erreur et qu'il remet bien exactement les poinçons dans le coffre. (Ordre général de service de l'administration des Monnaies du 18 floréal an XIII.)

Les Contrôleurs doivent assister aux essais

Les contrôleurs doivent assister le plus fréquemment possible aux opérations d'essai, ne fût-ce que pour leur propre instruction, et ils rendent compte des remarques qu'ils ont pu faire sur la manière dont se font les essais, ainsi que des plaintes plus ou moins fondées des fabricants. (Circulaire de l'administration des Monnaies du 15 février 1827.)

Visa des registres de perception

Ils visent les états des recettes et des dépenses du bureau. (Art. 70 de la loi du 19 brumaire an VI et circulaire de l'administration des Monnaies du 15 février 1827.)

Archives

Aux termes d'une circulaire de l'administration des Monnaies du 13 décembre 1806, ils ne doivent jamais se dessaisir des extraits des registres d'essai, à moins que la demande n'en soit faite par les tribunaux. La conservation des archives est dans leurs attributions.

Registres d'ordres. — Journal

Les contrôleurs de la garantie tiennent un registre d'ordres journaliers conforme au modèle établi pour le service ordinaire. Ce registre sert de minute au journal 72 A fourni à l'expiration de chaque mois. (Circulaires n° 58 du 8 octobre 1822, n° 11 du 27 février 1824, de l'administration des Monnaies du 15 février 1827 et n° 203 du 20 février 1897.)

Direction du service

Le contrôleur de la garantie dirige le service lorsqu'on est en opération ; mais ses deux collègues ont le droit de provoquer des actes de surveillance et d'y coopérer chacun sous le rapport de ses fonctions. (Ordre général de service du 18 floréal an XIII.)

Il partage avec les contrôleurs du service général la surveillance chez les marchands et fabricants d'ouvrages d'or et d'argent établis ou vendant sur les foires et marchés dans le lieu de leur résidence. (Circulaire n° 58 du 8 octobre 1822.)

Surveillance par les employés du service général

Les inspecteurs, contrôleurs et receveurs du service général sont personnellement responsables de la manière dont la surveillance est exercée dans l'étendue du ressort qui leur est attribué. (Circulaire n° 58 du 8 octobre 1822.)

Ils doivent tenir un carnet, dit de garantie, où ils inscrivent les principales opérations auxquelles ils se sont livrés dans l'intérêt de ce service. Ils doivent faire une étude particulière des lois et règlements sur la garantie. (Circulaires n° 58 du 8 octobre

1822, n° 2 du 16 avril 1823, n° 11 du 27 février 1824, n° 38 du 10 mars 1832 et n° 368 du 15 septembre 1847.)

Les contrôleurs du service général qui cumulent ces fonctions avec celles de contrôleur de la garantie ont à fournir un journal mensuel n° 72 A.

Instruments mis a la disposition du personnel

Afin qu'ils puissent se livrer utilement à leurs vérifications, les employés du service général sont munis des instruments propres à leur faire reconnaître la légalité des marques. (Circulaire n° 58 du 8 octobre 1822, lettre commune du 26 avril 1824 et circulaire n° 38 du 10 mars 1832.)

Tournées des Contrôleurs de garantie

A la suite de la suppression de bureaux de garantie prononcée par décrets des 18 août 1887 et 31 décembre 1889, les contrôleurs des bureaux subsistants ont été chargés d'effectuer des tournées dans les principales localités de leur circonscription où le commerce des ouvrages d'or et d'argent a une certaine importance.

En vertu d'une décision du conseil d'administration du 18 novembre 1902, ils reçoivent une indemnité de 10 francs par jour pour tous frais de déplacement. Lorsqu'ils ont dû avoir recours à une voiture publique ou de louage, il leur est tenu compte des débours, sur la production d'une quittance motivée.

Les contrôleurs adressent un rapport 72 A spécial indiquant les résultats obtenus en matière de recouvrement de droits et les faits saillants constatés.

Ce rapport est annexé à l'état de proposition d'admission en dépense des frais de route produit trimestriellement.

Le rapport est annoté par le directeur des observations qu'il peut comporter et des extraits sont transmis, s'il y a lieu, aux directeurs des départements visités.

L'administration a rappelé que l'opportunité des tournées ne devait pas être laissée aux contrôleurs. Elle s'est réservé le droit d'en décider le principe ou d'en étendre le rayon. Les directeurs déterminent le nombre, la durée de ces exercices et les localités (fabriques, stations thermales) où ils auront lieu ainsi que les saisons où ils devront se faire de préférence. (Lettre autographiée du 26 décembre 1902.)

Installation

Lors de son entrée en fonctions, le contrôleur dresse, avec ses deux collègues, l'inventaire des poinçons et bigornes. A cet effet, il insculpe les poinçons sur la plaque fournie par l'administration des Monnaies en divisant ces instruments en trois catégories, savoir : 1° poinçons en cours de service ; 2° poinçons en réserve ; 3° poinçons hors de service. Après insculpation, il renvoie la plaque à la Monnaie qui juge de l'état de ces instruments. (Instruction générale du président de la commission des Monnaies.)

Il adresse une expédition certifiée de l'inventaire à la Monnaie afin qu'elle puisse comparer les énonciations avec les écritures tenues dans son bureau. L'ordre d'insculpation des poinçons doit être suivi sur cet inventaire. (Instruction générale du président de la commission des Monnaies.)

Etats a produire

A la fin de chaque mois, le contrôleur fournit les états ci-après :

1° Relevé des objets d'or et d'argent présentés à la marque ou à la vérification pour l'exportation. (Etat n° 191.)

A l'expiration de chaque trimestre :

1° Etat des frais de tournées revenant au contrôleur ;
2° Etat des droits d'essai perçus pendant le trimestre ;
3° Etat des ouvrages importés et exportés au titre légal.
(Produire un second état pour les ouvrages à bas titre.)

En fin d'année :

1° Etat de situation des poinçons et bigornes ;
2° Inventaire des plaques, ustensiles, meubles et effets du bureau ;
3° Etat de la manutention des poinçons et bigornes ;
4° Etat de la manutention des poinçons pour la garantie des marques de fabrique ;
5° Relevé des mouvements de montres portant les lettres A et M transférés dans des boîtiers en or ou en argent.

Et semestriellement :

1° Relevé des visites chez les fabricants de médailles ;
2° Etat de consistance au 30 juin.

Receveurs de la garantie Nominations, révocation

C'est l'administration des contributions indirectes qui nomme les receveurs de la garantie ou qui en fait faire les fonctions par un de ses propres receveurs. (Loi du 19 brumaire an VI, art. 40 ; art. 2 de l'ordonnance du 5 mai 1820.)

C'est elle qui, selon leur rang, prononce ou fait prononcer leur révocation. (Même ordonnance, art. 4.)

Clefs du coffre

Une des clefs du coffre à trois serrures renfermant les poinçons est entre les mains du receveur. (Art. 45 de la loi du 19 brumaire an VI.)

En cas de décès ou d'absence, cette clef est confiée à l'intérimaire désigné par le directeur des contributions indirectes.

Attributions du Receveur

Le receveur pèse les ouvrages et perçoit le droit. Il fait ensuite mention, sur un registre coté et parafé, de la nature des ouvrages, de leur titre, de leur poids et de la somme perçue ; il inscrit sur l'extrait de registre de l'essayeur le poids des ouvrages, la mention de l'acquittement du droit et remet le tout au contrôleur. (Loi du 19 brumaire an VI, art. 54.)

Pesées des Ouvrages

Il ne doit accorder aucune déduction sur les ouvrages présentés au contrôle pour tenir lieu du déchet qu'ils éprouvent en recevant la dernière façon.

La seule déduction due est celle qui résulte du jeu de la balance lorsque le poids faible est au-dessous d'un demi-décagramme pour l'argent ou d'une fraction de gramme pour l'or. (Circulaire n° 4 du 20 mai 1823.)

Toutefois les bijoux qui contiennent des perles fines ou fausses, des cristaux ou tout autre corps étranger ont paru devoir être placés dans un cas d'exception. Le silence de la loi pourrait autoriser l'administration à n'accorder aucune déduction sur le poids de ces ouvrages ; mais ce serait lui donner une interprétation rigoureuse, et comme généralement les tribunaux ordonnent la restitution des pierres trouvées sur les bijoux, il est naturel de se régler sur cette jurisprudence. L'évaluation du poids des matières étrangères doit être faite de gré à gré entre les fabricants d'une part, le receveur et le contrôleur de la garantie de l'autre, sauf à en appeler, en cas de contestation, au directeur du lieu où est situé le bureau de garantie. (Circulaire n° 4 du 20 mai 1823.)

Paiement des Droits

En règle générale, tout paiement ou versement fait au receveur doit donner lieu à la délivrance immédiate d'une quittance détachée d'un registre à souche (30 A).

Les fabricants ne sont pas tenus de représenter ultérieurement leurs quittances, attendu qu'il suffit que les objets en leur possession soient légalement marqués. (Circulaire n° 488 du 19 juillet 1851.)

DIRECTEURS DES CONTRIBUTIONS INDIRECTES

Attributions des Directeurs

Les directeurs correspondent avec l'administration des Monnaies et en reçoivent des instructions. (Art. 2 du décret du 10 avril 1888 et circulaire n° 516 du 25 mai 1888.)

Il leur est recommandé à ce que des abus d'aucune sorte ne se commettent ; ils doivent s'assurer que les registres des essayeurs sont remplis sans ratures ni surcharges : que ceux des receveurs font exactement mention de la nature des ouvrages, de leur titre et de leur poids, en même temps que de la somme payée pour l'acquittement du droit, et qu'enfin le contrôleur tient également avec soin celui qui lui est prescrit. (Circulaire n° 58 du 8 octobre 1822.)

Ils doivent se faire remettre les états nominatifs des assujettis à la garantie, vérifier la situation du matériel, s'assurer du nombre et de l'état des poinçons, reconnaître si le coffre est en bon état, si les clefs existent bien dans les mains des employés que la loi en rend dépositaires, si les plaques de vérification sont gardées avec soin, si le laboratoire de l'essayeur est pourvu de tous les objets qui sont nécessaires aux essais. (Circulaires n° 58 du 8 octobre 1822, n° 11 du 27 février 1824 et n° 172 du 2 mai 1838.)

CHAPITRE V

Observations générales

Le titre ou la quantité de métal fin contenu dans chaque pièce d'orfèvrerie ou d'argenterie s'exprime en millièmes. (Art. 2 de la loi du 19 brumaire an VI.)

Suppression de la dénomination de carats et deniers

Cette dénomination exacte, et qui concorde avec le système décimal, a remplacé celle de carats et de deniers employés précédemment pour exprimer le degré de pureté des métaux précieux et desquelles dénominations il a été défendu de se servir dans les actes publics un an après la promulgation de la loi. (Art. 2 et 3 de la loi du 19 brumaire an VI.)

Pour les ouvrages à tous titres, le titre peut être exprimé en carats

Cependant l'art. 2 du décret du 6 juin 1884, portant règlement d'administration publique pour l'exécution de la loi du 25 janvier 1884 sur la fabrication des bijoux et des boîtiers de montres à tous titres destinés pour l'exportation, a spécifié que l'indication du titre de l'alliage pourrait être exprimée, soit en millièmes, soit en carats, suivant les exigences du commerce d'exportation, sous la condition que le nombre indiquant les carats serait suivi d'un K et que celui désignant des millièmes serait suivi d'un M. Toute autre indication du titre de l'or et de l'argent est interdite.

Titres légaux . Or et argent

Il y a trois titres légaux pour les ouvrages d'or et deux pour les ouvrages d'argent destinés à la consommation intérieure.

Pour l'or :

Le premier, de 920 millièmes (ou 22 carats 2/32 et 1/2 environ);
Le second, de 840 millièmes (ou 20 carats et 1/8) ;

Le troisième, qui est à peu près le seul usité en France, de 750 millièmes (ou 18 carats).

Et pour l'argent :

Le premier, de 950 millièmes (11 deniers 9 grains 7/10e) ;
Le second, de 800 millièmes (9 deniers 11 grains 1/2). (Art. 4 de la loi du 19 brumaire an VI.)

L'article 6 de la loi du 19 brumaire an VI dispose que les fabricants peuvent employer à leur gré l'un des titres mentionnés à l'article 4 de ladite loi.

Tolérance de titre

La tolérance des titres pour l'or est de trois millièmes ; pour l'argent de cinq millièmes. (Art. 5 de la loi du 19 brumaire an VI.)

Création d'un quatrième titre à 583 millièmes

La loi du 25 janvier 1884, art. 1er et 2, a autorisé la création d'un quatrième titre d'or (583 millièmes, ou 14 carats) pour la fabrication des boîtes de montres exclusivement destinées à l'exportation et la fabrication à tous titres des objets et boîtes de montres d'or et d'argent ayant la même destination.

Algérie

Un décret en date du 24 juillet 1857 a établi, en Algérie, les droits de garantie sur les matières d'or et d'argent.

De même qu'en France (art. 4 dudit décret) il y a trois titres légaux pour l'or, 920, 840 et 750 millièmes, et deux pour l'argent, 950 et 800 millièmes.

Les lois, décrets, ordonnances, tarifs et règlements en vigueur en France y sont applicables en ce qui concerne la fabrication et la vente. (Art. 2 du même décret.)

Tolérance des ouvrages creux et soudés

Lorsque les ouvrages d'or sont composés de maillons creux ou formés de beaucoup de pièces de rapport qui empêchent de lever une prise d'essai sans attaquer en même temps les assemblages réunis par la soudure, la tolérance est nécessairement plus large, et l'opinion de la commission des monnaies a toujours été qu'elle pouvait s'étendre jusqu'à 20 millièmes. (Lettre de l'administration des Monnaies du 24 octobre 1838.)

Boîtes de montres, emploi de la soudure, tolerance

L'emploi de la soudure dans la fabrication des boîtes de montres d'or a amené un abaissement du titre légal. Après une enquête qui a porté tant sur les montres de fabrication française que sur les montres de fabrication étrangère, il a été reconnu la nécessité d'arrêter au point actuel l'altération du titre et de déterminer d'une manière fixe la limite de la tolérance qui peut être accordée, eu égard aux besoins de la fabrication. La décision ministérielle du 11 juillet 1887, notifiée par la circulaire n° 13 de l'administration des Monnaies, du 20 juillet suivant, a établi un nouveau régime pour l'essai des boîtes de montres qui doivent être assimilées aux bijoux fabriqués avec des pièces de deux sortes : les unes massives, les autres soudées. Le fond, la cuvette et la lunette des boîtes de montres sont des pièces massives dont le titre doit toujours être conforme à celui prescrit par la loi ; la carrure et le pendant, au contraire, sont des pièces soudées *qui sont admises* au bénéfice de la tolérance administrative de 20 millièmes, accordée depuis 1838 pour ce genre d'ouvrages.

Extension de la tolérance de 20 millièmes aux boîtes de montres d'or

L'industrie horlogère ayant demandé l'extension de la tolérance de 20 millièmes à toutes les parties des boîtes de montres d'or, par ce motif que les procédés nouveaux de fabrication exigent l'emploi de la soudure pour les diverses parties dont ces boîtes sont formées, le Ministre des Finances, par décision du 5 juillet 1890, a admis que le bénéfice de la tolérance de titre de 20 millièmes serait étendu, jusqu'à nouvel ordre, à toutes les parties des boîtes de montres d'or, mais cette concession a été subordonnée aux réserves suivantes :

1° Le plané des boîtes, c'est-à-dire la partie pleine ne comportant pas de soudure, doit toujours être au titre légal ;

2° La boîte entière, soudure comprise, essayée après fusion, doit toujours ressortir au titre minimum de 730 millièmes. (Circulaire n° 602 du 16 août 1890.)

Bagues formées d'un assemblage de fils d'or massifs et soudes

Par application des dispositions de la circulaire n° 16 de la commission des Monnaies du 3 mai 1838, les bagues formées d'un assemblage de fils d'or massifs et soudés ne sauraient être classées dans la catégorie des objets creux. Les fils massifs dont elles se composent sont, il est vrai, soudés en leur point de jonction, mais la nature de l'objet, qui est plein dans toutes ses parties, n'en est pas modifiée.

Beaucoup d'ouvrages massifs comportent des appliques, des pièces de rapport ou des ornements soudés ; il ne s'en suit pas cependant qu'on doive les admettre à la tolérance du creux. Ils ne bénéficient, suivant la règle, que de la tolérance légale de trois millièmes, et il importe, pour le maintien de l'exactitude du titre, de respecter la distinction établie entre les deux catégories d'objets. On ne peut pas davantage assimiler ces bagues aux chaînes admises à la tolérance de 20 millièmes. (Lettre n° 293 de l'administration des Monnaies du 29 janvier 1895.)

On avait demandé, relativement à des chaînes formées de fils d'or soudés ensemble, la tolérance de titre spéciale aux objets creux et soudés. L'administration des Monnaies a exprimé l'avis que les anneaux fermés de ces chaînes, dits maillons, fabriqués en disposant autour d'une tige de cuivre et parallèlement à sa longueur des fils d'or reliés entre eux au moyen de soudure, permettent d'assimiler les chaînes ainsi fabriquées aux bijoux creux et soudés, mais qu'il ne saurait être de même pour les chaînes en or obtenues avec des fils pleins et ayant, par exemple, deux maillons seulement au gramme et que ces chaînes doivent être considérées comme massives avec la seule tolérance du plein (trois millièmes). (Lettre de l'administration des Monnaies du 10 novembre 1894 n° 2750.)

Chaînes en or du genre dit « colonne »

Saisie de la question de savoir si des chaînes en or, du genre dit « Colonne », fabriquées mécaniquement, peuvent être admises à la tolérance de titre de 20 millièmes, l'administration des Monnaies a reconnu que ces chaînes formées de fils d'or massifs et sans soudure ne pouvaient bénéficier de la tolérance spéciale de 20 millièmes. (Circulaire n° 30 du 22 novembre 1900.)

Bijoux creux ayant de nombreuses soudures

Par application de la circulaire du 3 mai 1838, les bijoux creux en or, dont la fabrication nécessite de nombreuses soudures, bénéficient, pour le titre d'ensemble de chaque objet, d'une tolérance spéciale (20 millièmes), mais le métal constitutif ou plané doit ressortir au titre légal minimum, avec tolérance de 3 millièmes seulement, c'est-à-dire 747 millièmes.

Fabrication des objets creux par le procédé de la charnière

A l'époque où cette mesure a été prise, les objets creux étaient fabriqués exclusivement par le procédé de « l'estampé ». Lorsque, plus tard, est apparu le procédé dit « de la charnière », il n'a pas été fait de différence, au point de vue du mode d'essai, entre les bijoux fabriqués par l'un ou l'autre des deux procédés.

Après une enquête que divers incidents de service avaient motivée, l'administration a reconnu que le procédé de la charnière n'exige qu'une très minime quantité de soudure, que cette soudure est à un titre élevé (740 millièmes environ), et que, par suite, à l'exception d'une catégorie de bijoux qui sera désignée plus loin, les objets ainsi fabriqués ne doivent plus être compris au nombre de ceux qu'a visés la circulaire précitée du 3 mai 1838. Les bijoux obtenus par la charnière étant ainsi, en règle générale, assimilés aux objets pleins, et la tolérance de 3 millièmes leur étant seule applicable en ce qui les concerne. il n'y aura plus à procéder qu'à un essai de grenaille.

Les bijoux à la charnière qui sont admis pour le titre de l'ensemble à la tolérance de 20 millièmes, sont les ouvrages dont les maillons ont été garnis de paillettes ou d'autres ornements soudés après coup avec de la soudure basse. La règle de l'essai séparé du plané et de l'ensemble reste en vigueur pour ces objets, la tolérance de 3 millièmes étant seule applicable au métal constitutif. Le corps du bijou devra être au titre de 747 millièmes et la soudure ne doit pas être employée au delà de la limite nécessaire et comme moyen de faire admettre les objets à la tolérance spéciale. (Circulaire n° 32 de l'administration des Monnaies du 4 décembre 1901.)

Chaînes à la charnière chenille, rouleau maïs, etc

La tolérance de 20 millièmes a été accordée, en outre, à des chaînes à la charnière « chenille », « rouleau », « maïs ». « pavé-filet », formées de maillons petits et très légers, dont les maillons comportent de nombreuses soudures faites à la soudure basse après l'opération du rongeage.

Cette mesure n'est d'ailleurs pas limitée aux chaînes dites chenilles, rouleau, maïs et pavé-filet, elle s'applique, abstraction faite de toute dénomination spéciale, aux diverses chaînes en or fabriquées dans les mêmes conditions, c'est-à-dire ayant une grande ténuité, dressées après le rongeage et nécessitant des soudures nombreuses à la soudure basse. (Circulaire n° 34 de l'administration des Monnaies du 20 juin 1902.)

Titre du plaqué et de la dorure

La question est de savoir si la couche d'or qui se trouve à la surface d'un objet en argent doit être au titre légal et si on peut admettre à la marque les ouvrages en argent dont la dorure est à bas titre. En principe, les deux métaux or et argent qui constituent l'ouvrage doivent être au titre légal. En fait, on tolère depuis longtemps la dorure à bas titre, et il y a lieu de maintenir cette tolérance jusqu'à nouvel ordre. Mais la concession ne s'applique pas aux montres en argent plaquées d'or, à l'égard desquelles aucune exception n'est admise. (Lettres adressées au directeur de l'Ain, le 21 septembre 1894, n° 7296, et aux essayeurs de Besançon, le 29 août 1898.)

Exportation. — Montres. — Titre du plaqué

Consultée sur la question de savoir s'il ne serait pas possible d'accepter pour l'exportation des boîtes en argent au titre de la consommation intérieure, mais plaquées d'or à bas titre (583 millièmes), l'administration des Monnaies, par lettre du 10 août 1908 n° 2834, a fait connaître que la réglementation actuellement en vigueur ne permet en aucune manière au service de la garantie d'accepter des boîtes de montres ainsi conditionnées. Il faudrait provoquer une réforme qui ne paraît pas réalisable, car il s'agirait de soumettre le même objet à deux lois qui sont en opposition l'une de l'autre : la loi de 1839 (exportation aux titres de la consommation intérieure) et la loi de 1884 (exportation à tous titres).

Chaînettes formées de fils pleins en or

En vertu d'une décision ministérielle du 24 février 1906, les chaînettes formées d'un fil plein en or, dont l'épaisseur ne dépasse pas quatre dixièmes et demi de millimètre et qui comporte une soudure au moins par deux maillons, sont assimilées aux objets creux et soudés visés dans la circulaire n° 16 du 3 mai 1838. Ces chaînettes sont donc admises à la tolérance de 20 millièmes pour leur titre d'ensemble ; le métal constitutif ne doit, suivant la règle, bénéficier que de la tolérance de 3 millièmes. (Lettre n° 661 de l'administration des Monnaies du 13 mars 1906.)

Les ouvrages poinçonnés ne doivent plus être essayés

Le Ministre des Finances a pris, le 12 juin 1824, une décision de laquelle il résulte que la marque légale apposée sur des ouvrages d'or et d'argent en garantit toujours le titre, et que les employés n'ont le droit ni d'essayer les ouvrages revêtus de cette marque, ni de les briser lorsqu'ils sont exposés en vente par les fabricants et marchands. Cependant, si des soupçons graves s'élevaient sur leur titre, l'administration des Monnaies ou celle des contributions indirectes peuvent, avec l'autorisation du Ministre, les acheter pour leur propre compte et comme moyen de faire appliquer aux essayeurs des bureaux où ils auraient été marqués les dispositions pénales de l'art. 61 de la loi du 19 brumaire an VI.

Les employés devront donc s'abstenir d'essayer les ouvrages revêtus de l'empreinte de poinçons en cours de service ; et si, nonobstant la légalité des marques, le cas de suspicion prévu par la décision ministérielle venait à se rencontrer, ils devraient, sans donner l'éveil au marchand ou fabricant, faire parvenir à l'administration, par l'intermédiaire des directeurs, une note indiquant le nombre, le poids, l'espèce et le prix des ouvrages légalement marqués qui leur auraient paru à bas titre. (Circulaire n° 13 du 2 juin 1824.)

Jurisprudence. — Titre des ouvrages

ARRÊT DE LA COUR DE CASSATION DU 22 JUILLET 1808

Contestation sur le titre

En matière de garantie, les tribunaux doivent, quand il s'élève des contestations sous le rapport du titre ou sous celui de l'art, renvoyer à l'administration des Monnaies et suspendre leur jugement jusqu'à ce que cette administration se soit prononcée.

Note. — Les employés de l'administration auront donc le plus grand soin, lorsqu'il se présentera des affaires de ce genre, de prévenir les parquets qu'ils doivent requérir le renvoi à l'administration des Monnaies et lui transmettre les objets en litige. C'est le seul moyen d'éviter des procédures irrégulières dont les frais peuvent retomber à la charge de l'administration.

ARRÊT DE LA COUR DE PARIS DU 3 DÉCEMBRE 1862

La tolérance de 3 millièmes ne peut être abaissée

La tolérance de 3 millièmes dans le titre des matières d'or ne saurait être abaissée sous prétexte d'usage ou de nécessités commerciales.

Les tolérances pratiques de la garantie, en ce qui concerne les objets soudés présentés à la marque, ne règlent pas les rapports des marchands d'or avec les acheteurs auxquels, sous aucun prétexte, ils ne peuvent vendre au-dessous de 747 millièmes l'or qu'ils déclarent être au titre légal.

Considérant que l'art. 4 de la loi de brumaire an VI a fixé le titre des matières d'or au minimum de 750 millièmes et que l'article suivant admet une tolérance de 3 millièmes.

Considérant qu'en présence des dispositions des lois précitées la tolérance de 3 millièmes ne saurait être abaissée sous prétexte d'usage ou de nécessité commerciale, que ce serait, en effet, substituer l'intérêt particulier à l'intérêt général et préjudicier ainsi au droit des acheteurs sauvegardé par la garantie légale.

Densité des métaux et alliages

On appelle densité ou poids spécifique des métaux le nombre qui exprime combien de fois un métal pèse plus que l'eau distillée à volume égal.

					Densité
Or	à 1.000	millièmes ou 24 carats,	fondu,	19.40
Or	à 1.000	—	—	laminé,	19.50
Argent	à 1.000	—	fondu,	10.52
Argent	à 1.000	—	laminé,	10.62
Cuivre pur	à 1.000	—	fondu,	8.85
Cuivre pur	à 1.000	—	laminé,	8.95

Si, à volume égal, le même métal est plus dense, c'est-à-dire plus pesant, laminé que fondu, cela s'explique par l'action du laminage qui resserre les molécules du métal.

Les calculs ci-après seront basés sur le métal laminé.

Il est admis que le volume d'un alliage d'or avec argent ou cuivre est égal au volume additionné des parties constituantes.

Formule de la densité d'un alliage :

$$\text{Densité} = \frac{\text{poids}}{\text{volume}}$$

Le poids des différents titres d'or diminue progressivement à mesure que ces titres sont plus bas et la diminution est plus forte sur l'or roúge que sur l'or pâle, parce que le cuivre entrant en plus forte proportion dans l'alliage est moins lourd que l'argent.

Alliage pour 1 000 grammes

EN CARATS	OR pur	ARGENT pur	CUIVRE	ENSEMBLE	DENSITÉ ou poids d'un centimètre cube
	grammes	grammes	grammes	grammes	gr cent
18 jaune	750	120	130	1.000	13.56
18 rose.	750	60	190	1.000	15.31
18 rouge	750	40	210	1.000	15.22
14 jaune	583	150	267	1.000	13.54
14 rose.	583	90	327	1.000	13.35
14 rouge	583	40	377	1.000	13.20

L'argent aux divers titres employés au montage des boîtes s'écarte peu de 10 grammes 62 le centimètre cube, qui est son poids à 1.000 millièmes.

Cela s'explique par le fait que le cuivre servant aux alliages n'y entre qu'en quantité restreinte et n'est que de 1 gr. 67 plus léger que l'argent pur par centimètre cube.

TITRES	DENSITE OU POIDS d'un centimètre cube	TITRES pesant moins que l'or 18 kar jaune par centimètre cube	DIFFLRENCE en moins sur un volume pesant 1 gramme en 18 k. jaune
	gr cent	gr. cent	centigr dix de millig
Or 18 k jaune	15.56	»	»
— 18 k. rose.	15.31	0.25	1.60
— 18 k. rouge	15 22	0.34	2.18
— 14 k jaune	13.54	2.02	12.98
— 14 k. rose.	13.35	2.21	14.20
— 14 k. rouge.	13.20	2.36	15.16
— 12 k. jaune	12.75	2 81	18.05
— 12 k rosé	12.54	3.02	19.40
— 12 k. rouge.	12.39	3.17	20.37
— 9 k. jaune	11.50	4.06	26.09
— 9 k. rose.	11.27	4.29	27.57
— 9 k rouge	11.19	4.37	28.08
— 7 k. jaune	11.02	4.54	29.17
— 7 k. rosé.	10.90	4 66	29.95
— 7 k. rouge.	10.68	4.88	31.36
Argent, 800 m/m	10.24	5.32	34.19

Calcul du poids des plaques

On détermine le poids d'une plaque pour fond de boîte en multipliant le volume de la plaque par la densité de l'or ou de l'argent au titre que l'on veut employer, savoir :

Volume × densité = poids.

(Renseignements fournis par un monteur de boîtes de Besançon.)

Volume d'or contenu dans les plaques pour fonds de boîtes à l'épaisseur de 1 douzième, soit 1 dixième 875 de ᵐ/ᵐ

GRANDEURS		VOLUME		GRANDEURS		VOLUME		GRANDEURS		VOLUME	
DIAMETRE				DIAMETRE				DIAMETRE			
Lignes	Millimètres Diamètre	Millimètres cubes	Fraction de millimètres cubes	Lignes	Millimètres Diamètre	Millimètres cubes	Fraction de millimètres cubes	Lignes	Millimètres Diamètre	Millimètres cubes	Fraction de millimètres cubes
10	22.5	74	55	16	36.0	190	·85	22	49.5	360	83
10 ½	23.6	82	16	16 ½	37.1	202	91	22 ½	50.6	377	35
11	24.8	90	21	17	38.3	215	45	23	51 8	394	37
11 ½	25 9	98	47	17 ½	39.4	227	79	23 ½	52.9	411	47
12	27.0	107	35	18	40 5	241	55	24	54 0	429	42
12 ½	28.1	116	44	18 ½	41.6	255	09	24 ½	55.1	447	41
13	29.3	125	99	19	42.8	269	13	25	56.3	465	95
13 ½	30.4	135	74	19 ½	43.9	283	29	25 ½	57.4	484	52
14	31.5	146	12	20	45.0	298	21	26	58.5	503	97
14 ½	32.6	156	70	20 ½	46.1	313	23	26 ½	59.6	523	45
15	33.8	167	73	21	47.3	328	77	27	60.8	543	48
15 ½	34.9	178	95	21 ½	48.4	344	40	27 ½	61.9	563	52

Rapport de la ligne avec le système métrique

Lignes	Millimètres	Lignes	Millimètres	Lignes	Millimètres	Lignes	Millimètres	Lignes	Millimètres
1/2	1 1	5 ½	12.4	10 ½	23.6	15 ½	34.9	20 ½	46.1
1	2.3	6	13.5	11	24.8	16	36.0	21	47 3
1 ½	3.4	6 ½	14.6	11 ½	25.9	16 ½	37.1	21 ½	48 4
2	4.5	7	15.8	12	27.0	17	38.3	22	49.5
2 ½	5.6	7 ½	16.9	12 ½	28.1	17 ½	39.4	22 ½	50.6
3	6.8	8	18.0	13	29.3	18	40.5	23	51.8
3 ½	7.9	8 ½	19.1	13 ½	30.4	18 ½	41.6	23 ½	52.9
4	9.0	9	20.3	14	31.5	19	42.8	24	54.0
4 ½	10.1	9 ½	21.4	14 ½	32.6	19 ½	43.9	24 ½	55.1
5	11.3	10	22.5	15	33.8	20	45.0	25	56.3

Conversion du douzième de ligne en millimètres

Douzièmes de lignes	Millimètres	Douzièmes de lignes	Millimètres	Douzièmes de lignes	Millimètres	Douzièmes de lignes	Millimètres	Douzièmes de lignes	Millimètres
1/4	0.047	4 1/4	0.799	8 1/4	1.551	12 1/4	2 303	16 1/4	3 055
1/2	0.094	4 1/2	0.846	8 1/2	1.598	12 1/2	2.35	16 1/2	3 102
3/4	0.141	4 3/4	0 893	8 3/4	1.645	12 3/4	2.397	16 3/4	3.149
1	0.188		0.940	9	1.692	13	2 444	17	3.196
1 1/4	0.235	5 1/4	0.987	9 1/4	1.739	13 1/4	2.491	17 1/4	3 243
1 1/2	0.282	5 1/2	1.034	9 1/2	1.785	13 1/2	2.538	17 1 2	3 29
1 3/4	0.329	5 3/4	1.081	9 3/4	1.833	13 3/4	2.585	17 3/4	3.337
2	0.376	6	1.128	10	1 880	14	2.632	18	3.384
2 1/4	0 423	6 1/4	1.175	10 1/4	1.927	14 1/4	2 679	18 1/4	3.431
2 1/2	0.470	6 1/2	1.222	10 1/2	1 974	14 1/2	2 726	18 1/2	3.478
2 3/4	0 517	6 3/4	1.269	10 3/4	2 021	14 3/4	2.773	18 3/4	3 525
3	0.564		1.316	11	2.068	15	2.820	19	3 572
3 /4	0.611	7 1/4	1.363	11 1/4	2 115	15 1/4	2.867	19 1/4	3.619
3 1/2	0.658	7 1/2	1.410	11 1/2	2 162	15 1/2	2.914	19 1/2	3.666
3 3/4	0.705	7 3/4	1.457	11 3/4	2 209	15 3/4	2.961	19 3/4	3 713
4	0.752	8	1.504	12	2 256	16	3 008	20	3.760

Poids moyen des anneaux

DIMENSIONS	ANNEAUX PLEINS		ANNEAUX OVALES 1/2 BRLGUET			
	Ovales	Ronds	1/4 plein	1/2 plein	3/4 plein	Plein
10 lignes ..	0.20	0.20	0.25	0.30	0.40	0.50
11 — ..	0.20	0.20	0.30	0.37	0.47	0.57
12 — ..	0.25	0 20	0 35	0.47	0.60	0.72
13 — ..	0.35	0.25	0.42	0.57	0.67	0.92
14 — ..	0.50	0.35	0.65	0.70	0.90	1.18
15 — ..	0.55	0 45	0.72	0.82	1 15	1.42
16 — ..	0.65	0.55	0.77	0.95	1.27	1.82
17 — ..	0.70	0.60	0.92	1.10	1.50	2.05
18 — .	0.90	0 70	1.07	1 37	1.70	2 32
19 —	1.00	0.85	1 20	1.65	2.05	2.75
20 — ..	1 15	1.00	1.30	1.90	2.35	3 00

CHAPITRE VI

Observations générales

L'objet des essais est de reconnaître la quantité de fin contenue dans une masse quelconque d'or ou d'argent en séparant tout l'alliage d'une portion donnée de ces métaux. (Raimbaud.)

Les essais se font au touchau ou par l'analyse des alliages.

Méthodes d'essai

L'analyse peut s'effectuer à l'aide de deux méthodes : la première s'exécute par voie sèche, la seconde porte le nom de voie humide.

Prises d'essai

L'article 51 de la loi du 19 brumaire an VI a prescrit que l'essai doit se faire sur un mélange de matières prises sur chacune des pièces provenant de la même fonte. Ces matières doivent être grattées ou coupées, tant sur le corps des ouvrages que sur les accessoires, de manière que les formes et les ornements ne soient pas détériorés.

Lorsque les pièces ont une languette forgée ou fondue avec leur corps, c'est en partie sur cette languette et en partie sur le corps de l'ouvrage que doit se faire la prise d'essai. (Art. 52 de la loi du 19 brumaire an VI.)

Les objets d'orfèvrerie, de joaillerie et de grosse bijouterie sont toujours soumis à l'essai dit de titre, c'est-à-dire à l'essai par les procédés de précision qui sont :

Pour l'or, la méthode connue sous le nom d'inquartation (coupellation et emploi de l'acide nitrique);

Pour l'argent, l'essai par la voie humide ou par la coupellation. (Riche et Forest, *Art de l'Essayeur.*)

La tolérance est pour l'or de 3 millièmes ; pour l'argent elle est de 5 millièmes en dessous du titre légal.

Opérations d'ess

L'opération doit être faite dans les conditions suivantes :

On prélève de la matière par un grattage sur l'ouvrage à essayer. Lorsqu'il est volumineux, on emploie un demi-gramme s'il s'agit d'or et un gramme ou plus s'il s'agit d'argent. (Riche, *Monnaies, Médailles et Bijoux.*)

Quand l'objet est peu important, on opère sur le quart de gramme sur l'or, sur le demi-gramme, à la coupelle, pour l'argent, quelquefois même sur un décigramme. (Riche, *Monnaies, Médailles et Bijoux.*)

Si le lot renferme beaucoup d'articles peu volumineux, on réunit les produits du grattage de plusieurs d'entre eux ; il est nécessaire de gratter sur chacun des ouvrages. Il convient de ne pas essayer le premier grattage de la surface, parce que les bijoux sont souvent passés à l'acide qui a enlevé une partie du cuivre superficiel. (Riche, *Monnaies, Médailles et Bijoux.*)

Le fabricant doit fournir l'objet propre. S'il y avait de la graisse, on chaufferait au moufle le produit du grattage dans un petit creuset de charbon de cornue et on essayerait le bouton formé.

Le grattage s'opère surtout sur les objets d'argent parce que les objets volumineux en or sont rares. On ne fait que très exceptionnellement des ouvrages d'or au premier titre et rarement au second titre ; au contraire, le bas prix de l'argent amène à produire beaucoup d'articles, tels que ceux que je viens de citer, au premier titre. (Riche, *Monnaies, Médailles et Bijoux.*)

Le grattage se fait pour les parties extérieures avec un outil en acier triangulaire (grattoir). Il est muni d'un manche court, afin qu'on puisse presser fortement sur l'ouvrage, et la portion d'acier qui touche le manche est entourée d'une ficelle serrée qui est tenue à la main en même temps que le manche. (Riche, *Monnaies, Médailles et Bijoux.*)

Pour les parties intérieures, le grattage se fait avec un outil (échoppe) taillé en biseau très coupant, qui est plat lorsqu'il s'agit de gratter une surface plane, et cintré quand l'ouvrage est arrondi. (Riche, *Monnaies, Médailles et Bijoux.*)

L'essayeur doit avoir une petite scie à métaux qui lui permet de faire une entaille très fine dans un ouvrage. Elle sert, notamment, pour les cuillers à café en argent qui, souvent, au lieu d'une seule pièce à la poignée, sont constituées par deux lamelles réunies par de la soudure en cuivre. Si la scie révèle cette soudure, l'essayeur doit scier toute la poignée et en faire une grenaille, laquelle doit ressortir à 795 ou à 945 millièmes, suivant le titre, car cet objet n'a nulle raison d'être creux. Lorsque l'essai fournit moins de 795 ou 945 millièmes, il doit être brisé. (Riche, *Monnaies, Médailles et Bijoux*.)

Les objets de petite bijouterie sont soumis à un examen préalable par le touchau. Trois cas se rencontrent :

Essais des bijoux pleins

Le bijou est plein. — Quand l'objet est assez volumineux et épais, comme une épingle d'or, certains médaillons et bracelets d'or, on serre la partie à essayer entre le pouce et le premier doigt et on frotte sur la pierre de touche.

Lorsque l'objet est petit, tel que le crochet d'une broche, d'une boucle d'oreille, un anneau, les maillons d'une chaîne pleine, on le serre, suivant sa forme et son volume, dans une pince généralement plate, quelquefois ronde, et on fait la touche. (Riche, *Monnaies, Médailles et Bijoux*.)

Essais des bijoux creux

Le bijou est creux. — Bracelets, médaillons, maillons de chaînes creuses, de colliers, ornements d'un bracelet, d'une broche, d'un médaillon, d'une boucle d'oreille, d'un bouton en or, etc. Certains bracelets ou médaillons sont assez forts pour qu'on puisse les frotter contre la pierre de touche, mais ce n'est pas possible pour d'autres, ni pour les maillons des chaînes creuses, pour les ornements divers, parce que le frottement contre la pierre les écrase et empêche d'obtenir une touche ferme, continue Alors, on doit procéder de la façon suivante : Avec une lime fine triangulaire ou avec une lime plate et mince, on entaille le bijou. Supposons le cas le plus délicat, celui d'une chaîne creuse. La chaîne creuse est obtenue en passant à la filière une feuille mince d'or ou d'argent sur un fil de cuivre plein qu'elle recouvre en laissant plus ou moins séparés les deux bords de la feuille (assemblage) qu'on ne soude pas. Avec un fil de fer qu'on serre, on prépare ensuite les maillons. Cela fait, on dissout le cuivre par des bains d'acide nitrique qui laissent l'or inaltéré sur l'intérieur creux. (Riche, *Monnaies, Médailles et Bijoux*.)

L'essayeur examinera le bijou soigneusement ; s'il paraît y avoir beaucoup de soudures, il n'hésitera pas à prendre sur le lot plusieurs maillons, ou sur la chaîne un maillon, et à en

6

faire une grenaille qui sera essayée, comme il sera dit plus loin. (Riche, *Monnaies, Médailles et Bijoux*.)

Il portera son attention spécialement sur l'assemblage et, avec un fil de platine, il y instillera une goutte d'acide à toucher. Si l'or est au titre, l'acide reste incolore et il n'y a pas de dégagement gazeux ; lorsqu'il reste du cuivre, la goutte verdit, du gaz nitreux se dégage. Lorsque l'assemblage est très serré, on donne un trait de lime triangulaire ou plate et l'on ajoute la goutte. Si cet essai laisse quelque doute, on coupe sur le lot de chaînes quelques maillons avec la pince coupante, en diverses places, et on les chauffe isolément sur la plaque de charbon, dans un courant d'air lancé par un chalumeau au moyen d'une bonne soufflerie. (Riche, *Monnaies, Médailles et Bijoux*.)

Le maillon fond aussitôt et, par suite, la goutte obtenue offre la composition réelle de l'alliage ; on ajoute au besoin une trace de borax. Dès que la goutte est solidifiée, on la jette dans de l'eau contenant 5 % d'acide sulfurique, on la lave, on la sèche, on la bat de deux ou trois coups de marteau sur un tas d'acier propre et on passe le bouton aplati à la pierre de touche en le serrant fortement dans la pince coupante qui l'empêche de glisser. S'il y a le plus léger doute, ce bouton est essayé par inquartation. (Riche, *Monnaies, Médailles et Bijoux*.)

On doit aussi sonder les bracelets formés par une lame d'or consolidée sur chaque bord par un tube creux (bâte). Avec la lime fine ou avec un foret, on fera une entaille très déliée ou un trou sur l'un des bouts, et on introduira un fil de laiton flexible qui devra pénétrer jusqu'à l'autre extrémité : ce qu'on déterminera en appliquant le fil à l'extérieur sur le pourtour. (Riche, *Monnaies, Médailles et Bijoux*.)

Essais des bijoux en partie creux, en partie pleins

Le bijou est en partie creux, en partie plein. — Soit une boucle d'oreille à charnière (brisure). Ce bijou est constitué par un fil plein dans deux parties et un ornement creux. On fait une touche des parties pleines en se servant de la pince plate pour serrer la brisure ; l'ornement sera traité comme on vient de l'indiquer pour un maillon creux.

On opérera de même pour une broche, sur l'épingle et le crochet qui sont pleins et sur l'ornement qui est creux, ou encore sur un bouton dont le patin est plein. (Riche, *Monnaies, Médailles et Bijoux*.)

L'essai au touchau consiste à former sur une pierre noire,

dure (pierre de touche), un trait avec l'objet à essayer et à comparer ce trait avec d'autres aussi semblables que possible en dimensions et en force, obtenus avec des alliages d'or et de cuivre, d'argent et de cuivre, de titre connu, touchaux. (Riche, *Monnaies, Médailles et Bijoux.*)

La pierre de touche, pierre lydienne, est un salicate d'alumine et de fer contenant aussi de la chaux, de la magnésie, du charbon et des traces de soufre à un état indéterminé. Les acides ne l'attaquent pas à froid ; chauffée longtemps avec de l'acide chlorhydrique, elle dégage l'odeur d'hydrogène sulfuré. Les alcalis fondus la désagrègent en la décolorant. (Riche, *Monnaies, Médailles et Bijoux.*)

Une bonne pierre de touche doit être très noire, présenter une surface égale, légèrement mate, sans veines, avoir un grain très fin. Elle doit être très dure, parce qu'alors elle sera d'une grande durée et que, d'autre part, le trait manque de netteté si elle présente une certaine mollesse. (Riche, *Monnaies, Médailles et Bijoux.*)

Il est nécessaire, au surplus, d'y passer de temps en temps un peu d'huile et de la frotter ensuite avec un chapeau imprégné de pierre ponce en poudre fine. (*Manuel de la Garantie.*)

Essai au touchau

La détermination approximative du titre de l'or peut être faite avec la pierre de touche et porte le nom d'essai au touchau. Cette opération, entre des mains exercées, donne le titre d'un alliage à moins d'un centième et présente l'avantage de ne pas altérer les pièces dont on veut connaître approximativement le titre. (Pelouze et Fremy.)

L'essai au touchau nécessite l'emploi : 1° de la pierre de touche ; 2° des touchaux ; 3° de l'acide pour les touchaux. (Pelouze et Fremy.)

On a indiqué ci-dessus les conditions que devait remplir une bonne pierre de touche.

Touchaux

Les touchaux sont de petites lames d'alliages d'or et de cuivre dont les titres sont connus. On s'en sert pour comparer leurs traces sur la pierre de touche avant et après l'action de l'acide avec les traces laissées dans les mêmes circonstances par les alliages qu'on examine. (Pelouze et Fremy.)

Acides pour les touchaux

L'acide pour les touchaux se compose de 98 parties d'acide azotique de 1.340 de densité, de 27 parties d'acide chlorhydrique d'une densité de 1.173 et de 25 parties d'eau. L'acide pour les touchaux peut aussi être formé de 123 parties d'acide azotique à 31° Baumé et de 2 parties d'acide chlorhydrique à 21° Baumé. (M. Levol.)

Essais des alliages d'or a la pierre de touche

Pour essayer un alliage d'or à la pierre de touche, on fait sur cette pierre plusieurs touches de 4 à 5 millimètres de longueur sur 2 à 3 millimètres de largeur ; on doit avoir soin de ne pas se servir des premières touches, si l'objet a été fortement déroché ou mis en couleur, parce que sa surface se trouvant à un titre plus élevé que l'intérieur, l'essai fait sur les premières touches serait inexact.

La trace définitive étant faite, on la compare à d'autres laissées par les touchaux dont les titres sont connus, on mouille ces diverses traces avec une baguette de verre trempée dans l'acide, et l'on examine l'effet de l'acide. (M. Levol.)

La trace disparaît entièrement et presque subitement si elle a été faite avec du cuivre ; elle résiste si le bijou est au titre de 750 millièmes ou au-dessus ; dans ce cas, un linge fin passé légèrement sur la pierre n'enlève pas la trace. (M. Levol.)

Avec une certaine habitude, on juge d'une manière très approximative du titre de l'alliage, d'après la teinte verte plus ou moins foncée que prend l'acide, ainsi que d'après l'épaisseur et la couleur de la trace d'or qui reste sur la pierre, et surtout en faisant des épreuves comparatives avec des touchaux dont les titres sont connus. (M. Levol.)

Essais d'argent au touchau

Pour les essais d'argent au touchau on n'emploie pas d'acide, car il attaque l'argent comme le cuivre.

On enlève par une première touche la couche superficielle et on n'essaie que la seconde. Il est nécessaire de comparer le trait, à des traits aussi semblables que possible, obtenus par les touchaux de comparaison. (Riche, *Monnaies, Médailles et Bijoux.*)

S'il y a doute, on enlève la couche superficielle avec le grattoir en un ou plusieurs points et l'on fait tomber sur ces places une goutte de solution de sulfate d'argent : l'alliage à 800 devient brun-marron au bout de quelques instants, tandis que les alliages inférieurs brunissent d'autant plus vite et d'une manière d'autant plus accusée qu'ils sont plus faibles en titre. (Riche, *Monnaies, Médailles et Bijoux*.)

Le même réactif n'attaque pas l'argent au premier titre. (Riche, *Monnaies, Médailles et Bijoux*.)

Il noircit aussitôt en présence du maillechort, alliage avec lequel on a souvent cherché à frauder les bijoux. (Riche, *Monnaies, Médailles et Bijoux*.)

On reconnaîtra le maillechort d'une façon plus sûre en grattant un point du bijou et en y mettant une goutte d'acide nitrique, puis une goutte de sel marin : s'il y a de l'argent, le liquide se trouble par la formation de caillots blancs de chlorure d'argent, tandis que la liqueur ne se trouble pas en présence du maillechort. (Riche, *Monnaies, Médailles et Bijoux*.)

M. Gineston a donné, pour distinguer le premier et le second titre d'argent, un autre procédé qui consiste dans l'emploi de l'acide chromique, lequel donne, en présence de l'argent, un précipité cramoisi de chromate d'argent, d'autant plus rapidement et d'une couleur d'autant plus foncée que l'argent est à un titre plus élevé. On dissout 1 gramme d'acide chromique dans 20 grammes d'eau. (Riche, *Monnaies, Médailles et Bijoux*.)

La liqueur est bonne quand elle attaque immédiatement une touche d'argent à 950 et ne réagit qu'avec lenteur sur une touche à 800 millièmes. (Riche, *Monnaies, Médailles et Bijoux*.)

M. Roubertie, essayeur de garantie à Bordeaux, remplace l'acide chromique par un mélange de cet acide et de bichromate de potasse qu'il obtient en ajoutant un excès d'acide sulfurique à une solution concentrée et chaude de bichromate de potasse et en évaporant à sec. Il dissout 5 grammes de ce mélange dans 100 grammes d'eau. (Riche, *Monnaies, Médailles et Bijoux*.)

Il dépose une goutte de ce produit sur la pièce et sur les touchaux de comparaison et il fait tomber ce liquide après 10 secondes. (Riche, *Monnaies, Médailles et Bijoux*.)

On a deux touches très différentes sur l'alliage à 900 et sur l'alliage à 950. (Riche, *Monnaies, Médailles et Bijoux*.)

On peut opérer aussi sur des touches faites à la pierre. (Riche, *Monnaies, Médailles et Bijoux*.)

Essai par voie sèche ou coupellation

L'analyse par coupellation repose sur la propriété que possède l'argent de ne pas s'oxyder à l'air à la température de

la fusion et de ne pas donner de vapeurs sensibles à cette
température, tandis que dans ces circonstances le cuivre
s'oxyde d'une manière complète. Mais pour obtenir la séparation totale de ce métal à l'état d'oxyde, il est nécessaire d'y
ajouter du plomb qui, sous l'influence simultanée de la chaleur
et de l'air, se transforme en litharge, substance douée de la
propriété de dissoudre l'oxyde de cuivre. L'opération se fait
dans une petite capsule en phosphate de chaux à laquelle on
donne le nom de coupelle. L'oxyde de plomb jouit de la propriété de s'imbiber dans la coupelle, entraînant avec lui
l'oxyde de cuivre formé, tandis que l'argent reste à l'état métallique dans cette coupelle sous forme de bouton. (Cahours.)

Ces boutons ne représentent jamais le titre exact des alliages
d'argent et de cuivre, ils donnent constamment un titre inférieur de quelques millièmes, suivant la température et aussi
suivant les divers titres. C'est cette imperfection du procédé
d'essai à la coupellation qui a motivé l'emploi d'une table de
compensation représentant, en millièmes, une partie seulement
de la perte d'argent éprouvée, parce que les coupelles contiennent environ le double de la perte obtenue. En effet, les
boutons d'essai ne peuvent jamais être parfaitement affinés et
retiennent toujours une quantité de cuivre et de plomb. .
(Cahours.)

Table de compensation pour l'essai des matieres d'argent adoptée au laboratoire des essais de Paris (Riche et Forest, Art de l'Essayeur.)

TITRES EXACTS	TITRES TROUVES par la COUPELLATION	Perte ou quantite de fin a ajouter aux titres correspondants obtenus par la coupellation	OBSERVATIONS
Milliemes	Milliemes	Milliemes	
1.000	998 97	1 03	
975	973.24	1.76	
950	947.50	2.50	
900	896.00	4 00	
850	845.85	4.15	
800	795 70	4.30	
750	745.48	4 52	
700	695 25	4 75	
650	645.29	4.71	
600	595 32	4.68	
550	545 32	4.68	
500	495 32	4 68	
450	445.69	4 31	
400	396 05	3.95	
350	346 73	3.27	
300	297.40	2.60	
250	247.44	2 56	
200	197.47	2 53	
150	148.30	1.70	
100	99 12	0.88	
50	49 56	0.44	

C'est pour obvier à cet inconvénient qu'en 1828 Gay-Lussac eut l'heureuse idée de substituer au procédé de coupellation la méthode par voie humide, qui permet d'apprécier avec certitude la quantité d'argent contenue dans un alliage. (Riche et Forest, *Art de l'Essayeur*.)

Nous compléterons ces indications sur les essais par la coupellation en reproduisant ci-après la notice que l'administration elle-même a publiée dans le *Manuel de la Garantie*.

Essais par la coupellation. — *Définitions*

« On ne fera pas de description du fourneau à coupeller,
» parce qu'on en trouve chez plusieurs fabricants de poterie,
» et que l'on peut s'en procurer un plus ou moins grand, selon
» que l'on a besoin de passer plusieurs coupelles à la fois et
» que l'on veut ménager le combustible. »

Coupelles

« Il faut user de coupelles semblables à celles dont se servent
» les essayeurs du commerce, parce que plus ou moins de
» porosité dans les particules d'os calcinés dont elles sont
» composées ferait absorber du fin, ou rendrait plus difficile
» l'absorption de la vitrification du plomb et du cuivre. »

Plomb

« Le plomb qui doit servir à la coupellation doit être le plus
» pur possible ; et comme tous les chimistes conviennent que le
» plus pauvre contient toujours une petite portion d'argent, il
» faut coupeller seules les portions de plomb que l'on est
» dans l'usage d'employer, selon les titres différents, et
» lorsqu'on pèse le bouton de retour d'un essai, mettre du côté
» des poids la petite graine d'argent que le plomb aura laissée
» après sa coupellation.

» La connaissance du plomb que l'on emploie et de la très
» petite partie d'argent même que la coupelle peut absorber
» pendant l'opération rend cette précaution à peu près inutile
» pour un praticien exercé ; peut-être même doit-on croire
» que ce que le plomb le plus pauvre fournit d'argent au bou-
» ton d'essai compense ce que la coupelle peut absorber de fin.
» Il en est ainsi de l'argent employé à la coupellation de l'or ;
» il est censé contenir toujours une petite portion de ce dernier.
» On ne reconnaît d'argent pur, en général, que celui prove-
» nant de la dissolution par l'acide et que l'on désigne sous le
» nom de « lune cornée ». Au reste, vu l'impossibilité d'arriver
» à une précision mathématique, il y a tolérance de 5 millièmes
» dans le titre de l'argent et de 3 millièmes dans celui de l'or. »

Coupellation de l'argent

« Pour coupeller l'argent, il faut d'abord s'assurer approxima-
» tivement de son titre, ce que l'on parvient à connaître par la .
» couleur au moyen de touches de comparaison faites avec des
» lames d'argent de titres différents sur lesquelles on indique,
» en chiffres gravés, le titre constaté par la coupelle. Il serait
» utile d'en avoir trois par chaque 100 millièmes, en rétrogra-
» dant jusqu'à 600 millièmes. On peut encore employer le
» moyen des orfèvres, qui consiste à couper à l'outil une légère
» épaisseur sur la pièce, que l'on expose ensuite sur le feu
» pour la faire chauffer fortement ; dans cette opération, la
» partie où l'on a coupé prend une teinte plus ou moins noire,
» selon que le titre est moins ou plus élevé.

» Plus l'argent est à bas titre, plus il faut de plomb pour la
» coupellation : ainsi, pour coupeller de l'argent que l'on pré-
» sume ne point contenir 10 millièmes d'alliage, on est dans
» l'usage, consacré par l'expérience, de n'employer que le double
» du poids de la quantité d'argent que l'on soumet à la cou-
» pelle ; quatre fois au moins, s'il est allié à 50 millièmes ; huit
» fois s'il est allié d'un dixième ou 100 millièmes, etc. »

Ci-après le tableau présentant la dose de plomb à employer
pour les divers alliages d'argent. (Riche et Forest, *Art de
l'Essayeur.*)

Tableau présentant les doses de plomb à employer
pour la coupellation de l'argent

TITRES DE L'ARGENT	QUANTITÉS de cuivre alliées à l'argent suivant les titres correspondants	DOSES DE PLOMB nécessaires pour l'affinage complet de l'argent	RAPPORT qui existe dans le bain entre le plomb et le cuivre
Argent a 1 000 millièmes	»	3/10	»
— a 950 —	50	3	60 a 1
— a 900 —	100	7	70 a 1
— a 800 —	200	10	50 a 1
— à 700 —	300	12	40 a 1
— a 600 —	400	14	35 a 1
— a 500 —	500	de 16 a 17	32 a 1
— a 400 —	600	id.	26.666 a 1
— à 300 —	700	id.	22.857 a 1
— a 200 —	800	id.	20 a 1
— a 100 —	900	id.	17 777 a 1
— à 1 —	999	id	16 016 a 1
Cuivre pur..................	»	10 a 11	16 à 1

« Après avoir pesé sa prise d'essai avec beaucoup d'exacti-
» tude, on peut faire fondre le plomb dans la coupelle rougie
» d'avance dans le moufle, ce que l'on désigne ordinairement
» par l'expression : faire le bain ; mais il est préférable d'enve-
» lopper les parties d'argent dans le plomb laminé lorsque
» surtout ce sont des grattures dont le courant d'air ou toute
» autre cause pourrait détourner quelques particules, ce qui
» rendrait fautive l'évaluation du titre d'un bouton de retour,
» même bien conditionné.

» Il faut savoir charger son fourneau de manière à obtenir
» un feu bien intense, afin que des colonnes d'air traversant le
» charbon ne viennent point refroidir le moufle pendant l'opé-
» ration.

» La fumée du plomb, qui doit s'élever vers la voûte du
» moufle et n'être point trop épaisse, indique s'il y a trop ou

» trop peu de chaleur. Celle-ci doit être modérée vers la fin de
» la coupellation, sans quoi une partie de fin se volatiliserait.
» La chaleur se modère en ouvrant plus ou moins la porte du
» moufle et en rapprochant la coupelle de son ouverture
» selon le besoin. Lorsque le bouton se fixe et que l'éclair est
» fait, il faut encore laisser refroidir un instant le bouton pour
» l'empêcher de s'écarter, c'est-à-dire de lancer de petits glo-
» bules en dehors ; car alors l'opération serait peu sûre.

» C'est tout ce que l'on peut indiquer d'essentiel à celui qui
» veut s'occuper de la coupellation de l'argent, opération simple
» mais qui exige beaucoup de méthode et un peu d'habitude
» dans la manipulation, parce que le résultat peut donner un
» bouton de retour contenant encore du plomb ou, au contraire,
» sensiblement diminué par la sublimation de quelques parties
» de fin ; dans ces deux cas, par conséquent, on n'aurait que
» des indications inexactes du titre réel. »

Essai par voie sèche ou coupellation. — Or

« La coupellation de l'or est, sous quelques rapports, moins
» difficile que celle de l'argent ; mais l'opération du départ est
» plus longue et exige une certaine adresse. Les chimistes con-
» viennent unanimement que l'on ne peut déterminer d'une
» manière exacte le titre de l'or par la voie sèche ou la simple
» coupellation et qu'il faut nécessairement recourir à l'opéra-
» tion du départ par l'acide nitrique : c'est donc par une
» addition d'argent fin qu'il faut procéder à cet essai.

» Plus le titre de l'or est élevé, plus il faut d'argent et moins
» il faut de plomb ; la quantité d'argent doit donc augmenter
» et celle de plomb diminuer selon que l'alliage est dans l'or à
» plus forte dose. Ainsi, par exemple, un essai d'or dont le
» titre serait présumé être à 980 millièmes exigerait trois fois
» son poids d'argent fin et autant de plomb, tandis que l'or
» présumé à 750 millièmes, ou 18 carats, exigerait au moins
» vingt fois son poids de plomb et deux fois seulement son
» poids d'argent. Il faut alors, comme pour la coupellation
» d'argent de bas titre, des coupelles plus grandes ou n'opérer
» que sur le demi-gramme, quantité prescrite pour les mon-
» naies même. » (*Manuel de la Garantie.*)

Tableau présentant les doses de plomb nécessaires pour l'affinage
de l'or

TITRES DE L'OR	QUANTITES de cuivre alliees a l'or suivant les titres correspondants	DOSES DE PLOMB necessaires pour l'affinage complet de l'or	RAPPORT qui existe dans le bain entre le plomb et le cuivre
Or a 1.000 millièmes........	»	1/2 gr.	»
— a 900 —	100	10 parties ou 5 gr.	100.000 à 1
— a 800 —	200	16 id. 8	80.000 à 1
— a 700 —	300	22 id. 11	73 333 a 1
— a 600 —	400	24 id. 12	60.000 à 1
— a 500 —	500	26 id. 13	52.600 à 1
— à 400 —	600	34 id. 17	56.666 a 1
— à 300 —	700	34 id. 17	48.571 a 1
— à 200 —	800	34 id. 17	42.500 à 1
— a 100 —	900	34 id. 17	37.777 a 1

Le tableau ci-dessus a été publié par Riche et Forest. (*L'Art de l'Essayeur.*)

« Après avoir fait sa pesée d'or avec exactitude, on y joint
» la quantité d'argent relative et nécessaire, et l'on enveloppe
» le tout dans la lame de plomb du poids indiqué par le titre
» présumé ; on coupelle comme pour l'essai d'argent, en obser-
» vant cependant qu'il faut un peu plus de chaleur et que cet
» essai ne craint point la violence du feu, parce que l'or ne se
» sublime point comme l'argent.

» Lorsque cette opération est faite, le bouton de retour, com-
» posé d'or et d'argent, doit être bien nettoyé à la brosse et
» aplati légèrement à petits coups de marteau. On le recuit
» ensuite, et, au moyen d'un laminoir, on en forme une lame
» de l'épaisseur d'une carte à jouer. Cette lame est recuite de
» nouveau et roulée en spirale autour d'une broche de la
» grosseur d'une plume. On la met en cet état dans un petit
» matras, ou fiole de verre en forme de poire allongée,
» dans lequel on verse environ 25 grammes d'acide nitrique
» à 22°, c'est-à-dire qu'en ayant, par exemple, de l'acide con-

» centré à 44°, il faudrait l'étendre de parties égales en poids
» d'eau distillée. On expose le matras au feu et l'on entretient
» une très légère ébullition pendant 20 minutes. Cette opération
» n'étant point suffisante pour dissoudre jusqu'aux dernières
» particules d'argent, on verse par inclinaison cet acide dans
» un vase à ce destiné et on le remplace par une égale quantité
» d'acide à 32°, que l'on met également sur le feu dix ou douze
» minutes ; après quoi l'on verse de nouveau l'acide avec pré-
» caution, parce que le cornet d'or, criblé en tous sens comme
» un os calciné, est devenu très fragile.

» On remplit alors le matras d'eau distillée, et même à deux
» reprises pour bien laver le cornet ; puis, présentant sur son
» ouverture un petit creuset, on le renverse pour faire
» descendre le cornet, et l'on passe vivement et avec adresse le
» pouce sous l'ouverture pour le retourner.

» Après avoir versé l'eau contenue dans le creuset, il ne reste
» qu'à le recouvrir pour recuire dans le moufle le cornet d'or
» qui, de brun qu'il était devenu, reprend sa couleur jaune et
» sa ductibilité. C'est dans cet état que l'on vérifie par la
» balance de quel poids il est diminué, pour en constater le
» titre.

» Une précaution essentielle à prendre, c'est de ne jamais
» faire de prise d'essai au grattoir sur la superficie des objets
» d'or mis en couleur, ni sur celle des objets d'argent sortant
» du blanchiment, parce que la superficie des pièces d'or est
» affinée par les sels qui composent la couleur et que celle des
» objets d'argent est imprégnée d'acide sulfurique, d'où il résul-
» terait que l'or paraîtrait à un titre plus élevé et l'argent à
» un titre plus bas. » (*Manuel de la Garantie.*)

Essai par voie humide

Les imperfections du procédé de la coupellation, et ce fait
qu'il donne un titre d'autant plus bas au-dessous du titre vrai
que ce titre est plus faible, n'avaient pas échappé aux anciens
expérimentateurs. (Riche et Forest, *L'Art de l'Essayeur.*)

C'est à la suite de vérifications faites par Gay-Lussac que le
procédé par voie sèche fit place en France au procédé par voie
humide.

Le procédé de Gay-Lussac décrit ci-après a été puisé dans
L'Art de l'Essayeur, par Riche et Forest.

« Ce mode d'essai repose sur l'insolubilité du chlorure
» d'argent dans l'eau et dans les acides étendus ainsi que sur
» la solubilité du chlorure de cuivre dans ces agents.

» On se sert d'une liqueur titrée de sel marin que l'on verse
» dans la solution contenant l'alliage d'argent dissous dans
» l'acide nitrique étendu ; du volume de liquide employé, on
» déduit le titre de l'alliage.

» Trois liqueurs différentes sont nécessaires :

» 1° Une liqueur normale de sel N a Cl, dont 100 c.c. préci-
» pitent 1 gramme d'argent pur ;

» 2° Une liqueur décime salée dont 1 c.c. précipite un
» milligramme d'argent ;

» 3° Une liqueur décime d'argent dont 1 c.c. renferme un
» milligramme d'argent. »

Les différentes opérations nécessitées pour les essais d'argent
par la voie humide étant trop compliquées pour être déve-
loppées succinctement on pourra consulter le livre spécial le
plus récent intitulé : *L'Art de l'Essayeur*, par A. Riche et
Forest.

Droits d'essai par la coupellation

La somme à percevoir par les essayeurs des bureaux de
garantie, pour l'essai à la coupelle d'une quantité quelconque
d'ouvrages neufs d'or ou d'argent renfermés dans un seul sac
et déclarés faire partie de la même fonte, est réglée, savoir :

A raison d'un droit d'essai, par chaque pesée de 120 grammes
d'ouvrages d'or, au prix de 3 francs fixé par la loi.

Au-dessus de 120 grammes, on multiplie par 2 fr. 50 le
nombre d'hectogrammes.

A raison d'un droit d'essai par chaque pesée de 2 kilogrammes d'ouvrages d'argent au prix de 80 centimes fixé par la
loi.

Les prix fixés pour les essais faits à la coupelle doivent être
perçus sur une pièce ou sur plusieurs pièces provenant de la
même fonte quand même le poids de ces ouvrages serait inférieur à 120 grammes d'or et à 2 kilogrammes d'argent.

En résumé, le droit d'essai à la coupelle dépend du poids des
objets et du nombre d'essais exécutés. Si le lot pèse moins de
120 grammes pour l'or, ou de 2 kilogrammes pour l'argent, le
droit est de 3 francs ou de 80 centimes comme si le poids était
de 120 grammes ou de 2 kilogrammes, parce qu'un seul essai
serait fait dans l'un et l'autre cas. S'il pèse plus de 120 grammes
pour l'or ou de 2 kilogrammes pour l'argent, le droit d'essai
pourra s'accroître de 3 francs ou de 80 centimes par chaque
quotité de 120 grammes d'or ou de 2 kilogrammes d'argent,

mais c'est à la condition qu'un essai soit fait par chaque quotité.

Droits d'essai au touchau

L'essai des menus ouvrages d'or par la pierre de touche est payé 9 centimes par décagramme d'or. (Art. 64 de la loi du 19 brumaire an VI.)

Pour l'essai des ouvrages d'argent au touchau, le droit est de 20 centimes par hectogramme d'argent. (Lettre de l'administration des Monnaies du 27 janvier 1807.)

Le droit est de 20 centimes par hectogramme d'argent lorsque le poids des ouvrages ne dépasse pas 400 grammes. Au delà de cette limite, les frais d'essai doivent être perçus dans la proportion indiquée pour les essais à la coupelle. (Instruction générale du président de la commission des Monnaies.)

Pour les essais d'une pièce unique de bijouterie ou d'orfèvrerie ou autre qui excéderait, pour l'or, le poids de 120 grammes ou de 240 grammes et plus, et pour l'argent le poids de 2, 4 ou 6 kilogrammes et plus, l'essayeur n'ayant qu'un seul essai à faire pour en déterminer le titre, ne doit percevoir qu'un seul droit d'essai au prix fixé par la loi. (Circulaire de l'administration des Monnaies du 26 décembre 1822.)

Ouvrages munis de leurs accessoires et appliques

Les essayeurs doivent se faire représenter, pour les essayer séparément, les pièces accessoires d'applique et ornements de la même pièce principale ; et pour ces pièces accessoires, si elles sont d'une même fonte, il doit être payé un seul droit d'essai si le poids s'élève et ne dépasse pas 2 kilogrammes d'argent ou 120 grammes d'or, et un prix proportionnel dans le cas où ces pièces excéderaient ce poids. (Circulaire de l'administration des Monnaies du 26 décembre 1822.)

Ouvrages moulés, estampes et forges

Dans le cas où l'on présenterait à l'essai, ensemble ou séparément, des ouvrages moulés, estampés et forgés d'un poids moindre ou plus élevé, l'essayeur doit faire de chaque genre différent de ces pièces réunies dans un même sac des essais particuliers suivant les règles posées ci-dessus et peut exiger autant de droits d'essai qu'il a fait et dû faire d'opérations distinctes et qu'il a trouvé, surtout pour résultat, de titres différents dans le nombre de pièces soumises à sa vérification.

(Circulaire de l'administration des Monnaies du 26 décembre 1822.)

Ouvrages à des titres différents

Quand on présente à l'essai, dans un seul sac, des ouvrages que l'on déclare provenir de la même fonte et que l'essayeur trouve les ouvrages à des titres inférieurs à ceux que la loi détermine ou à des titres différents comparativement à d'autres pièces semblables ou dissemblables, il peut, mais sur la demande du propriétaire seulement, renouveler sur les pièces relativement auxquelles il y a difficulté, l'opération de l'essai à la coupelle, et se faire payer un double prix d'essai, suivant le vœu de l'art. 57 de la loi du 19 brumaire an VI. (Circulaire de l'administration des Monnaies du 26 décèmbre 1822.)

Il est prescrit de couper au moins une pièce sur les apports

Les essayeurs doivent s'assurer d'une manière positive du vrai titre de l'ouvrage qui leur est présenté. Ils ne doivent pas se contenter d'essayer à la pierre de touche. Suivant le désir des articles 65 et 67 de la loi du 19 brumaire an VI, il leur est prescrit de couper au moins une pièce en présence du propriétaire et en faire ensuite l'essai à la coupelle. (Circulaire de l'administration des Monnaies du 13 germinal an X.)

Les ouvrages doivent être présentés au bureau
de la circonscription administrative

Conformément aux dispositions de l'art. 77 de la loi précitée, les marchands et fabricants doivent présenter leurs ouvrages au bureau de leur arrondissement (circonscription territoriale du bureau) pour y être essayés, titrés et marqués, et il est défendu aux essayeurs d'admettre des ouvrages d'or et d'argent qui appartiennent à des marchands ou fabricants d'autres circonscriptions et il leur est prescrit de renvoyer sous cachet, dans les bureaux de garantie de leur circonscription, ceux que des étrangers présenteraient. (Circulaire de l'administration des Monnaies du 1er octobre 1810.)

Titre des ouvrages à indiquer sur les bulletins d'essai

Les essayeurs doivent exprimer sur leurs registres et dans leurs bulletins d'essai le titre des ouvrages d'or et d'argent qu'ils ont essayés par la quantité de millièmes dans chaque pièce. C'est ce que veut l'art. 2 de la loi du 19 brumaire an VI.

Objets brisés pour essai à la coupellation. — Indemnités à payer

On doit payer à l'instant aux propriétaires, sur le simple certificat des contrôleurs et essayeurs, la façon des bijoux que l'on briserait pour les essayer à la coupelle ou en essayer le grain provenant de la fonte, lorsque, par le résultat de l'opération, ils se trouveraient au titre légal. Ainsi il ne doit plus y avoir de difficulté pour le paiement de cette indemnité, déterminée par l'art. 65 de la loi du 19 brumaire an VI, ni de motifs pour arrêter le mode de surveillance du titre ; mais pour avoir droit à une indemnité, il ne suffit pas que le métal précieux présenté au bureau paraisse au titre par l'épreuve de l'essai au touchau de la grenaille provenant de la fonte, il faut qu'il s'y trouve réellement par le résultat de l'essai fait à la coupelle de ce grain et qu'il n'y ait, en outre, dans l'intérieur des ouvrages creux, aucune de ces matières étrangères que l'on peut y introduire pour en augmenter au moins le poids sans en altérer le titre. (Circulaire de l'administration des Monnaies du 10 septembre 1813, n° 23.)

Les ouvrages doivent être présentés à l'essai par les fabricants

Les fabricants doivent présenter leurs ouvrages au bureau de leurs circonscriptions pour les soumettre à l'essai et à la marque ; on ne doit pas permettre qu'ils les livrent avant et que les marchands remplissent pour eux cette obligation. (Art. 77 de la loi du 19 brumaire an VI.)

Etat dans lequel les ouvrages doivent être présentés
au bureau

Suivant les prescriptions de l'art. 48 de la loi de brumaire, les fabricants sont tenus d'apporter leurs ouvrages au bureau de garantie avant qu'ils soient entièrement achevés, mais il faut qu'ils soient assez avancés pour qu'en les finissant les marques légales ainsi que les ouvrages n'éprouvent aucune altération.

Les ouvrages doivent être pourvus du poinçon de maître et munis
de leurs accessoires

Tous les ouvrages susceptibles de recevoir l'empreinte du poinçon du fabricant ne doivent être reçus que lorsqu'ils en sont revêtus et lorsque les accessoires sont présentés avec les pièces principales. (Art. 48 de la loi du 19 brumaire an VI.)

Note a remettre au bureau

Les fabricants et marchands doivent apporter leurs ouvrages dans des sacs ou dans des boîtes et y joindre une note signée d'eux, contenant leurs nom et profession, avec la quantité des pièces et le titre présumé. (Art. 49 de la loi précitée et circulaire de l'administration des Monnaies du 15 septembre 1813.)

Montres. — Poinçon de maître

Les montres d'or ou d'argent fabriquées en France doivent toujours être marquées du poinçon de maître et de celui du titre dans la boîte, et on doit exiger des fabricants qu'ils mettent un support dans les boutons creux des montres pour y apposer la garantie et la contremarque qu'on ne doit jamais placer sur les bélières. (Circulaire de l'administration des Monnaies du 30 juillet 1819.)

Montres de cou. — Poinçon de maître

Les montres de cou émaillées ou unies, trop minces pour recevoir les poinçons de titre et de garantie, devront toujours être revêtues, dans le fond, du poinçon de fabricant. (Circulaire du 30 juillet 1819.)

Les ouvrages sont remis directement au contrôleur ou au receveur par les essayeurs

Lorsque les ouvrages sont présentés et reçus au bureau suivant ces règles, on ne doit jamais les confier aux propriétaires pour qu'ils les donnent au receveur ou au contrôleur, de crainte qu'on y ajoute quelques pièces ou qu'on en substitue quelques-unes à bas titre. (Circulaire n° 24 de l'administration des Monnaies du 15 septembre 1813.)

Les essais doivent être effectués suivant le rang de réception des ouvrages

L'essayeur doit essayer les ouvrages suivant leur rang de réception, selon les procédés indiqués et faire attention si toutes les pièces de rapport sont au même titre et si elles ne sont pas surchargées de soudure ; il doit ensuite les enregistrer sur le champ en indiquant la quantité de millièmes contenue dans chaque essai et les remettre toujours lui-même au receveur en y joignant l'extrait de son registre au bas duquel il inscrira, ainsi que sur la note fournie par le fabricant, les droits qu'il

aura perçus pour les essais. (Circulaire n° 24 de l'administration des Monnaies du 15 septembre 1813.)

Pesées des ouvrages

Le receveur pèsera lesdits ouvrages, à défalquer le plus justement possible les pierres et autres objets dont ils seront garnis ; il les enregistrera tout de suite et les remettra lui-même au contrôleur, après avoir inscrit en abrégé, sur la note du fabricant, les droits qu'il aura perçus.

Poinçonnement des ouvrages

Le contrôleur enregistrera les ouvrages et, conjointement avec ses collègues, il tirera de la caisse à trois serrures les poinçons propres aux ouvrages qu'il aura à marquer. Il en vérifiera le titre ; s'il est légal, il les contrôlera et les remettra au propriétaire avec sa note. (Circulaire n° 24 de l'administration des Monnaies du 15 septembre 1813.)

Contestations sur le titre

En cas de contestation sur le titre, l'essayeur doit, en conformité des dispositions prescrites par les articles 58 et 59 de la loi du 19 brumaire an VI, envoyer sous son cachet et celui du propriétaire, à l'administration des Monnaies, les pièces qui donnent lieu à contestation pour en vérifier le titre. (Circulaire n° 69 du 26 décembre 1822.)

L'administration des Monnaies statue sur les contestations de titre

L'article 58 de la loi du 19 brumaire an VI charge l'administration des Monnaies de statuer sur les contestations relatives au titre des ouvrages d'or ou d'argent présentés aux bureaux de garantie et il est de règle (circulaire du 17 juin 1873, n° 4) que le poids des prises d'essai prélevées dans ce cas soit au moins de 1 gramme pour l'or et de 3 grammes pour l'argent, afin que les vérifications de titre puissent être faites en double. (Circulaire n° 28 de l'administration des Monnaies du 28 juin 1900.)

Responsabilité des essayeurs du titre des ouvrages

Les essayeurs restent responsables du titre des ouvrages qu'ils essaient et passent à la marque ; mais l'essai des menus ouvrages fait par la pierre de touche n'étant qu'approximatif et l'expérience ayant démontré qu'on ne pouvait obtenir par ce moyen la preuve positive que l'ouvrage ainsi essayé fût réellement à l'un des titres déterminés, pas même au dernier fixé par la loi, les essayeurs doivent apporter à cette opération la plus scrupuleuse attention et saisir à la vue et par comparaison l'action des acides sur les touches, afin de reconnaître, autant qu'il est possible, si le titre des ouvrages est ou n'est pas en rapport avec celui exigé par la loi.

Des différents touchaux à employer

Pour obtenir des essais au touchau des résultats plus certains, les essayeurs peuvent, comme on le pratique au bureau de Paris, se servir, outre le touchau de comparaison qui est dans tous les bureaux et qui indique non seulement le titre de l'or à 750 millièmes (18 carats), mais encore les titres de 708 millièmes (17 carats), 667 millièmes (16 carats), 625 millièmes (15 carats), 583 millièmes (14 carats), d'un autre touchau particulier que les essayeurs peuvent fabriquer eux-mêmes au titre de 729 millièmes (17 carats 1/2) ; en employant la touche de ce titre intermédiaire à côté de celle du troisième, titre légal, qui doit toujours être observé, et des touches faites par le frottement des bijoux sur la pierre destinée à l'essai au touchau, l'essayeur distinguera aisément à l'œil la bonté ou la faiblesse du titre des ouvrages et son rapport identique avec l'une ou l'autre touche, et celui-ci lui servira à reconnaître plus sûrement si l'or est au titre légal et doit être délivré à la marque, ou si le titre est inférieur et doit être brisé. (Circulaire n° 69 de l'administration des Monnaies du 26 décembre 1822.)

Ouvrages essayés au touchau. — Mesures à prendre

Le titre des menus ouvrages d'or étant fixé à 750 millièmes et ne devant être vérifié qu'au touchau, les essayeurs doivent examiner avec la plus grande attention toutes les pièces qui sont soumises à l'essai. pour découvrir les surcharges de soudure qui peuvent considérablement altérer le titre des ouvrages.

Excès de soudure — Bas titre

Lorsque l'essayeur trouve dans les ouvrages présentés à l'essai un excès de soudure ou des parties à un titre inférieur à celui du corps principal de la pièce, ou quand le titre n'approche pas 750 millièmes ou qu'il atteint et s'éloigne de 729 millièmes (17 carats 1/2), il peut avec assurance déclarer que l'ouvrage n'est pas au titre légal et doit être brisé.

Dans ce cas, l'ouvrage qui doit être brisé ne peut l'être, suivant l'article 57 de la loi du 19 brumaire an VI, qu'en présence du propriétaire ; mais ce propriétaire a le droit (et il a seul ce droit) de demander qu'il soit procédé à un nouvel essai. S'il en fait la demande, ce second essai doit avoir lieu par la coupelle, qui peut seule faire reconnaître et indiquer le titre précis de l'ouvrage formant objet de la contestation.

Si ce second essai confirme le premier, le propriétaire paiera l'essai au touchau et celui qui aura été fait à la coupelle ; mais si le premier essai est infirmé par le deuxième, il n'aura à payer que l'essai au touchau. (Circulaire n° 69 de l'administration des Monnaies du 26 décembre 1822.)

Essai des ouvrages creux par le touchau

L'essai des ouvrages creux par le procédé du touchau offrant de plus grandes difficultés pour reconnaître les surcharges en soudures, ou en matières étrangères qu'on a pu introduire dans l'intérieur des bijoux, les essayeurs doivent toujours, conformément à l'art. 65, couper une pièce et la fondre en grain pour la toucher et pour s'assurer si elle n'est pas fourrée, ou si le titre reconnu est ou approche de 750 millièmes exigé par la loi. (Circulaire n° 69 de l'administration des Monnaies du 26 décembre 1822.)

Menus ouvrages — Contestations sur le titre

Dans le cas où il y a, relativement au titre des menus ouvrages, des contestations sur lesquelles les propriétaires et essayeurs ne peuvent s'accorder, les bijoux qui en sont l'objet doivent être envoyés à l'administration des Monnaies avec les précautions indiquées à l'art. 58, ainsi conçu : « *En cas de con-* » *testation sur le titre, il sera fait une prise d'essai sur l'ouvrage* » *pour être envoyée, sous les cachets du fabricant et de* » *l'essayeur, à l'administration des Monnaies, qui la fera* » *essayer dans son laboratoire en présence de l'inspecteur des* » *essais.* » Et, conformément à l'art. 60, si c'est l'essayeur qui se trouve en défaut, les frais de transport et d'essai seront à sa charge ; dans le cas contraire, ils seront supportés par le propriétaire des objets. (Circulaire n° 69 précitée.)

Les montres doivent être présentées au bureau complètes et montées

En exécution de l'art. 48 de la loi du 19 brumaire an VI, les essayeurs doivent exiger que les boîtes de montres soient présentées à l'essai dans un état d'achèvement presque complet, c'est-à-dire que toutes les pièces dont elles se composent soient dérochées, passées à la ponce, soudées au fond quand il y a lieu, ou, dans le cas contraire, garnies de leurs charnières et goupillées ; en un mot, il faut que chaque montre soit présentée complète et montée. (Lettre de l'administration des Monnaies aux essayeurs de Besançon, du 21 janvier 1842.)

Toutes les pièces doivent être essayées

Il est recommandé aux essayeurs d'essayer à part toutes les pièces : à la coupelle s'il s'agit de gros ouvrages destinés à recevoir le poinçon de titre, et au touchau s'il n'est question que d'appliquer une petite garantie ; ils doivent sonder avec les tenailles les objets creux pour savoir s'ils ne sont pas garnis de corps étrangers, d'en fondre même pour toucher la grenaille lorsqu'ils reconnaîtront par la forme ou par la présence du même poinçon de maître qu'ils proviennent du même atelier, et enfin briser tous les ouvrages dont le titre ne sortirait pas franchement des épreuves auxquelles il leur est prescrit de les soumettre.

Surveillance à effectuer sur les bijoux creux

Les bijoux creux, que la concurrence a successivement amenés à une légèreté extrême, ont été d'abord la cause et bientôt le prétexte d'un grand relâchement de titre, ou d'une surcharge de matières étrangères destinée à leur donner la solidité qu'ils ne pouvaient recevoir du peu de matière employée à leur confection. S'il a paru juste d'accorder à ce genre d'ouvrages une tolérance plus étendue, en raison de la nécessité des soudures nombreuses dont le bijou plein n'a pas besoin, il faut cependant exiger rigoureusement que le titre de la grenaille s'élève au moins à 730 millièmes. C'est la dernière limite de concession qu'il soit possible d'accorder en pareil cas.

Le plein n'a jamais droit qu'à la tolérance de trois millièmes.

Ouvrages creux émaillés

Le bijou creux émaillé a pris depuis quelques années une grande vogue.

Toute industrie nouvelle a droit à la protection ; on a donc pu avec raison, lorsque la bijouterie émaillée a voulu prendre en France, tolérer à l'intérieur une certaine quantité de contre-émail qui, dans l'enfance de cet art, paraissait nécessaire pour empêcher l'émail de se gercer et pour le défendre contre les chocs extérieurs.

Des expériences ont été faites par des fabricants conscien-
cieux ; il est prouvé qu'avec du soin et en donnant au laminé
la force qu'il n'empruntait qu'au contre-émail, dont le poids est
payé comme or, il est possible de confectionner ces sortes de
bijoux sans l'addition d'aucun corps étranger dans l'intérieur.

Il est juste, par conséquent, de rentrer dans l'exécution
exacte de la loi qui proscrit d'une manière absolue l'emploi de
toute matière étrangère dans la structure intérieure des
ouvrages creux émaillés et on ne doit admettre à l'essai les
ouvrages creux émaillés dont l'intérieur soit renforcé par une
couche de contre-émail, en quelque faible quantité qu'il s'y
trouve. (Circulaire n° 16 de l'administration des Monnaies du
3 mai 1838.)

Ouvrages creux remplis de ciment et de gomme laque

On doit aussi repousser de l'essai les bijoux creux remplis de
ciment ou de gomme laque, sous le prétexte que ces corps sont
indispensables pour soutenir la ciselure ou pour remplir les
rosettes et ornements appliqués ; si parfois ces matières sont
nécessaires à la confection de l'ouvrage, elles deviennent inutiles quand il est achevé, et, cachées aux yeux du consommateur, elles ne servent qu'à l'abuser sur la valeur intrinsèque de
son achat. (Circulaire n° 16 précitée.)

Recommandations relatives à l'admission des ouvrages à l'essai

Il est recommandé de n'admettre à l'essai que les ouvrages
bien lisiblement marqués du poinçon de maître ; d'exiger,
quand ils ne sont pas entièrement terminés, qu'au moins la
place qui doit recevoir la marque soit avivée ou polie ; d'examiner avec soin toutes les parties des ouvrages pour s'assurer
si la fabrication en est loyalement exécutée, s'ils ne renferment
pas des corps étrangers ; si tous les accessoires sont au même
titre ; de reconnaître souvent, par la différence que produit
l'acide sur des touches de 730 et de 750 millièmes, soumises en
même temps à son action, s'il a conservé l'énergie nécessaire ;
de le renouveler quand le flacon qui le contient, resté trop
longtemps ouvert, l'a laissé évaporer ; d'essayer souvent à la
coupelle les pièces de touchau, afin de rectifier des opérations
rigoureuses le jugement quelquefois trompeur des yeux ; de
fondre une pièce creuse pour juger de la fabrication et du titre
de ses analogues toutes les fois que cela sera possible ; enfin
d'appeler à l'aide toutes les ressources de l'art et de l'expérience
pour persuader aux fabricants qu'ils ne peuvent mettre en

défaut la surveillance des essayeurs. (Circulaire n° 16 rappelée ci-dessus.)

Montres d'or — Grattage des cuvettes

L'administration des Monnaies a reconnu que le grattage des cuvettes de boîtes de montres extra-minces présente de grandes difficultés. Il est souvent à craindre que ce grattage, même pratiqué par une main exercée et avec beaucoup de soin, troue les cuvettes qui sont flexibles.

Par mesure exceptionnelle, elle a autorisé l'essai au touchau des cuvettes très légères ne pouvant supporter le grattage sans détérioration. Il convient toutefois de limiter strictement ce régime de faveur aux cuvettes extra-légères, à l'exclusion des autres parties des boîtiers (fond extérieur, carrure, lunette et pendant). La facilité dont il s'agit est subordonnée à la condition expresse que le service des essais coupera, aussi souvent que possible, une cuvette, afin de déterminer par la coupelle le titre du plané.

Il est rappelé, d'ailleurs, que pour vérifier le titre d'ensemble des boîtiers de montres or, il est nécessaire, ainsi que l'a prescrit la lettre par laquelle l'administration a notifié, le 8 juillet 1890, la décision ministérielle du 5 du même mois, de fondre de temps en temps un boîtier, soudure comprise ; le tout doit être dans la tolérance de 20 millièmes. (Lettre de l'administration des Monnaies du 5 septembre 1903, n° 2997.)

Les ouvrages présentés à l'essai ne sont pas saisissables lorsqu'ils sont à bas titre, mais il n'en est pas de même si ces ouvrages sont remplis de soudure

Les ouvrages d'or et d'argent dont le titre est inférieur au plus bas des titres prescrits par la loi ne doivent pas être saisis par procès-verbal lorsqu'ils sont présentés à l'essai. La seule pénalité encourue par les détenteurs de ces objets consiste dans le paiement des droits d'essai et dans la rupture des ouvrages, laquelle doit avoir lieu en présence des intéressés. (Art. 57 de la loi du 19 brumaire an VI.)

Mais il ne s'agit ici que des ouvrages dont la masse entière présente le même titre, à l'exclusion de ceux qui seraient disposés de telle sorte, que les parties extérieures ressortiraient au titre légal, alors que le métal renfermé à l'intérieur serait à bas titre. Les objets ainsi établis, de même que les articles creux remplis de soudure, rentreraient dans la catégorie de ceux que l'article 65 de la loi de brumaire qualifie de fourrés ; ils devraient conséquemment être saisis et confisqués conformément aux prescriptions dudit article. (Lettre du 29 décembre 1877.)

Les essais à la coupelle sont la règle et les essais ou touchau l'exception

Il a été remarqué qu'il existait dans certains bureaux de garantie une tendance à remplacer les essais à la coupelle par des essais au touchau, et, en second lieu, que la perception des droits d'essai n'était pas toujours uniforme.

On ne doit pas perdre de vue que l'essai à la coupelle est la règle et l'essai au touchau l'exception ; les instructions portent formellement que, *quels que soient la forme et le poids des ouvrages, on doit, s'il est possible, les essayer à la coupelle.*

Appliquer les poinçons de titre après un simple essai au touchau serait un grave abus, puisque ce mode de procéder ne permet pas d'avoir l'assurance que l'objet se trouve dans les limites de tolérance (3 millièmes pour l'or et 5 millièmes pour l'argent) fixées par la loi du 19 brumaire an VI.

Un essayeur n'a droit qu'à la rétribution du travail qu'il a réellement effectué ; si donc il percevait le prix de l'essai à la coupelle pour un essai fait au touchau, il réclamerait plus qu'il ne lui est dû. (Circulaire n° 32 de l'administration des Monnaies du 20 juillet 1862.)

Ouvrages provenant des ventes publiques et des monts-de-piété
Droits d'essai

Un second point relatif à la perception des droits d'essai mérite d'appeler l'attention.

Il s'agit des droits d'essai au touchau perçus pour les objets provenant des ventes publiques ou des monts-de-piété.

En général, les essayeurs usent, à cet égard, d'une grande tolérance et ne perçoivent pas les prix fixés par les tarifs ; il en résulte un défaut d'uniformité qui peut faire croire au public que cette perception est arbitraire, ou que les essayeurs qui se conforment au règlement demandent plus qu'il ne leur est alloué.

Ainsi l'art. 64 de la loi du 19 brumaire an VI attribue aux essayeurs 9 centimes par décagramme d'or essayé à la pierre de touche, ce qui signifie que le droit minimum est de 9 centimes ; qu'il est de 18 centimes lorsque le poids dépasse un décagramme, de 27 centimes lorsqu'il excède deux décagrammes, et ainsi de suite.

Au lieu d'appliquer ainsi la loi, quelques essayeurs ne considèrent le rapport de 9 centimes pour un décagramme que comme un terme de comparaison, et fractionnent à tort le prix de l'essai d'après le poids de l'objet.

Il est de principe qu'on ne doit réunir pour un seul essai que des ouvrages provenant d'une même fonte, et cette règle s'applique évidemment aux objets vendus par le ministère des commissaires priseurs. Or, il est souvent difficile de reconnaître si ces objets appartiennent à la même fonte, et il convient d'user d'une certaine tolérance. On doit considérer comme ayant la même provenance, des objets de même nature et portant la même marque de fabrique, une douzaine de couverts, par exemple, ou les diverses pièces d'un même service ; mais quelques essayeurs sont dans l'usage de réunir par lots les divers objets qui leur sont présentés, sans avoir égard à leur provenance, et ils s'écartent en cela des règlements.

Les essayeurs doivent donc faire toutes les épreuves nécessaires pour pouvoir constater le titre des objets qui leur sont présentés et percevoir autant de droits qu'ils ont dû faire d'essais.

Cependant lorsqu'un seul et même objet est composé de plusieurs parties qui exigent par conséquent un certain nombre de touches, il n'y a lieu de réclamer qu'un seul droit d'essai. (Circulaire n° 32 de l'administration des Monnaies du 20 juillet 1862.)

Objets pour lesquels l'essai par le procédé du touchau est autorisé

Par décision ministérielle du 4 octobre 1822, il a été décidé :

ARTICLE 1er. — Conformément à l'article 64 de la loi du 19 brumaire an VI, les menus ouvrages de bijouterie ne seront essayés qu'au touchau.

ART. 2. — Les boîtes de montres et les autres ouvrages de bijouterie qui ne seront point rangés dans la catégorie de ceux désignés en l'article 1er, continueront d'être essayés à la coupelle.

Pour l'exécution de la décision qui précède, le Ministre des Finances a également rendu, le 15 novembre 1822, une seconde décision.

Elle est ainsi conçue :

ART. 2. — Il sera fait usage de l'essai au touchau à l'égard de tous les menus bijoux d'or dénommés en la nomenclature ci-après et de ceux analogues dont la fragilité et l'agencement de leurs ornements ne permet pas d'enlever la faible portion de matière nécessaire pour procéder à un essai plus positif.

Agrafes de toutes sortes.

Alliances à deux et trois branches, à globe et autres.

Anneaux de doigt ou brisés de toute espèce, soit creux, soit pleins.

Bagues unies à chatons, chevalières ; autres avec entourage de feuillage or et de couleur, cannetille, filigrane, etc.

Barrettes.

Bouchons de flacon, toutes formes.

Brosses à dents, à ongles et autres.

Boucles d'oreilles simples ou entourées d'ornements, rondes ou à briquets, soit pleines, soit creuses, avec ou sans pendeloques.

Boucles de ceinture, de bracelet, de chapeau, de cou, etc., unies ou garnies de pierreries, ou composées avec des ornements en or de couleur, en filigrane ou cannetille.

Boutons de cou, de manche, de chemise, de gilet, à l'espagnole et de toute espèce.

Bracelets de toutes sortes, ainsi que leurs chaînes et chaînettes de formes diverses.

Breloques tout or, à fruit, à graine, à pierre, en camée, en composition et de tout genre.

Cachets de chaîne, de bureau, unis ou à ornements, pleins ou creux, fixes ou tournants.

Chaînes de montre, de cou, de sûreté, de fantaisie.

Cadenas unis, ciselés, émaillés, à ornements de toutes sortes.

Ciseaux à branches d'or, pleines ou creuses.

Claviers.

Clefs de montre, tout or ou à monture en corps étranger de toute espèce.

Cœurs à suspendre au cou.

Colliers, quels que soient leurs formes et leurs accessoires.

Coulants et buzettes gros ou petits.

Christs de cou.

Croix de cou, pleines ou creuses, de toutes sortes.

Croix d'ordre.

Cure-dents et cure-oreilles.

Dés à coudre, bord uni, gravé, émaillé, etc.

Etuis de nécessaire et autres, petits.

Epingles unies, à ornements, à tête pleine ou creuse, à comètes fixes ou à charnière.

Galeries de peignes et de tous leurs accessoires.

Garnitures de toutes sortes pour éventails, portefeuilles, lunettes, petits nécessaires et pour tous autres ouvrages de fantaisie, en nacre, cristaux, écaille, ivoire, bois des Indes, etc., etc.

Jaserons de tout calibre.

Lorgnons et binocles en coquilles unies ou garnies de pierreries, à ornements, en or de couleur, etc.

Médailles de piété et autres, avec anneau de suspension.

Ouvrages (tous) dits de fantaisie, isolés ou unis, en faisceau, pour breloques, tels que poissons, lanternes, cors de chasse, instruments aratoires et divers autres représentant des objets qui servent à différents usages.

Passe-lacets.

Pendeloques de sac, de bourse, de châle, toutes sortes.

Plaques de ceinture, de bandeau, etc.

Plumes.

Porte-crayons.

Viroles de cachet, d'étui, de couteau et autres instruments.

Et généralement tous bijoux, simples ou composés, dont la délicatesse ou la forme ne permet point de faire des prises d'essai sans détérioration, ou qui ne peuvent être marqués des gros poinçons garantissant un titre positif.

Essai des ouvrages d'or et d'argent présentés à l'importation

En vertu d'une tolérance ancienne, les ouvrages d'origine étrangère présentés au contrôle ne sont essayés à la coupelle ou par la voie humide que lorsqu'ils sont à l'état brut ; ceux qui sont à l'état fini, et c'est le plus grand nombre, ne sont généralement essayés qu'au touchau. Au contraire, pour les objets de fabrication française qui doivent être, aux termes de la loi du 19 brumaire an VI, soumis à la marque avant leur entier achèvement, l'essai à la coupelle ou par la voie humide est pratiqué dans la plupart des cas.

Le Ministre des Finances a décidé que le service de la garantie n'aura plus dorénavant à tenir compte de la nationalité des produits qui lui seront présentés, et qu'il devra, par suite, appliquer aux ouvrages étrangers les mêmes procédés d'essai qu'aux ouvrages similaires de fabrication nationale.

En conséquence, quel que soit l'état (brut ou fini) dans lequel les objets d'or et d'argent d'origine étrangère seront soumis aux vérifications, on aura soin de les essayer désormais d'après la méthode qu'on emploierait s'il s'agissait de produits français. Cette mesure entraînera le bris des objets étrangers, de quelque

nature qu'ils soient, qui seront reconnus inférieurs au plus bas
titre légal ; mais en cas de contestation sur le titre ainsi déterminé, les fabricants étrangers ou leurs représentants pourront,
préalablement au bris, en appeler à l'administration des Monnaies (art. 58 de la loi du 19 brumaire an VI). Les prescriptions
de l'art. 65 de cette loi concernant les objets fourrés seront
également appliquées aux provenances de l'étranger aussi
bien qu'aux ouvrages de fabrication nationale. (Circulaire n° 25
de l'administration des Monnaies, du 19 juin 1884.)

Couronnes de remontoir en cuivre plaqué d'or adaptées à des boîtiers
de montres en argent

Par circulaire du 30 décembre 1851, n° 20 *bis*, l'administration des Monnaies a autorisé l'emploi de métal commun pour
les cuvettes intérieures des boîtes de montres, à la condition
que ces cuvettes soient empreintes du mot cuivre, métal ou
maillechort suivant le cas.

Cette tolérance est étendue aux couronnes de remontoirs en
cuivre plaqué d'or adaptées à des boîtiers de montres en argent,
sous réserve de la même obligation pour les fabricants qui
devront faire insculper lisiblement sur ces couronnes la mention : métal.

Cette prescription est applicable quelle que soit l'origine,
française ou étrangère, des boîtiers de montres en argent munis
de couronnes de remontoir en cuivre plaqué d'or. (Lettre commune de l'administration des Monnaies du 19 octobre 1899,
n° 15.)

Le noyau des couronnes de remontoir avec coquilles d'or doit être en fer,
en acier ou en nickel, et les deux métaux doivent se distinguer
par leur couleur respective — Épaisseur des coquilles d'or

L'emploi de métal commun dans la fabrication des couronnes
de remontoir de boîtes de montres a été autorisé par l'administration des Monnaies (circulaire du 18 juin 1868, n° 37) et conformément au principe qui a été de tout temps observé, il
importe que les deux métaux (or et acier) se distinguent facilement par leur couleur respective. On ne saurait autoriser la
substitution du cuivre ou du laiton à l'acier ou au fer pour les
couronnes de remontoir dont la coquille est en or, puisque la
confusion se produit dans ce cas.

Quant à l'épaisseur de cette coquille en or, il n'appartient pas
à l'administration de la déterminer expressément, mais le service de la garantie a le devoir d'exiger que cette épaisseur soit

suffisante pour permettre une touche d'énergie convenable en vue de la constatation du titre.

Les coquilles dorées ou en doublé ne sont pas tolérées

Si cette condition n'était pas remplie, l'objet devrait être repoussé ; à plus forte raison en serait-il ainsi si la coquille était en doublé ou simplement dorée. (Lettre de l'administration n° 68, du 8 janvier 1895.)

Le noyau en acier, fer, etc , de remontoir ne doit pas être recouvert d'une couche de cuivre sur laquelle serait appliquée une coquille d'or

La fabrication des couronnes de remontoir dont la coquille supérieure formée d'or serait appliquée sur une autre coquille en cuivre recouvrant un noyau intérieur en acier, en fer ou en nickel ne doit pas être autorisée. Grâce à la malléabilité du cuivre, ce mode de fabrication permettrait d'amener à une épaisseur très faible la couche d'or superficielle.

Les montres qui seraient munies de couronnes fabriquées dans ces conditions seront saisies. (Lettre de l'administration n° 3054, du 1er mai 1895.)

Couronnes de remontoir dont le noyau central est en acier, en fer ou en nickel, est recouvert non pas directement d'or, mais d'une seconde calotte en acier ou en fer

On ne peut tolérer non plus, ni admettre à l'essai les couronnes de remontoir dont le noyau central en acier, en fer ou en nickel est recouvert lui-même, non pas directement d'or, mais d'une seconde calotte en acier ou en fer sur laquelle est adaptée l'enveloppe extérieure en or. Cette seconde calotte paraît avoir pour fonction de renforcer l'enveloppe en métal précieux. Il a toujours été entendu que l'enveloppe extérieure en or devrait recouvrir directement le noyau en fer, en acier ou en nickel. (Lettre de l'administration des Monnaies du 5 novembre 1896, n° 3311.)

CHAPITRE VII

DES POINÇONS ET BIGORNES

Des différents poinçons en usage du 9 novembre 1797 au 10 mai 1838

La garantie du titre des ouvrages et matières d'or et d'argent est assurée par des poinçons ; ils sont appliqués sur chaque pièce, en suite d'un essai de la matière et conformément à certaines règles. (Art. 7 de la loi du 19 brumaire an VI.)

Suivant l'art. 8 de la loi précitée, il y avait, pour marquer les ouvrages tant en or qu'en argent, trois espèces principales de poinçons :

1° Celui du fabricant ;
2° Celui du titre ;
3° Celui du bureau de garantie.

Mais d'après l'art. 4 de l'ordonnance du 7 avril 1838, il n'y en a plus que deux ; celui du titre et du bureau de garantie n'en forment plus qu'un seul.

Les poinçons créés par les articles 10, 11, 12, 13, 15 et 16 de la loi du 19 brumaire an VI ont été mis en vigueur le 9 novembre 1797 : ils ont servi jusqu'au 1er septembre 1809, époque à laquelle eut lieu une recense.

Poinçons établis en exécution de la loi du 19 brumaire an VI (9 novembre 1797) et ayant remplacé ceux des communautés d'orfèvres

DÉSIGNATION DES POINÇONS	PARIS	DÉPARTEMENTS	TITRES
Or premier titre . . *Coq debout, patte levée.*			Millièmes Karats 920 22 et 2/32 1/2 *Coq debout, patte levée*
Or deuxième titre . . *Coq debout, bec ouvert.*			840 20 et 5/32 1/8 *Coq debout, bec ouvert.*
Or troisième titre . . *Coq becquetant a terre.*			750 18 karats *Coq becquetant a terre.*
Argent premier titre . *Coq debout, ailes ouv.*			Deniers 950 11 d. 9 gr. 7/10 *Coq debout, ailes ouvert.*
Argent deuxième titre *Coq en colère, bec ouv.*			800 9 d. 14 gr. 2/5 *Coq en colère, bec ouv.*
Garantie d'or et d'argent, grosse . *Tête de vieillard vue de face.*			*Tête de vieillard avec le n° du département.*
Garantie d'or et d'argent, moyenne . . . *Tête de vieillard.*			*Id.*
Petite garantie d'or *Tête de coq découplé.*			*Tête de coq dans un ovale.*
Petite garantie d'argent *Faisceau avec hache.*			*Faisceau avec hache.*
Recense grosse . . . . *Tête de Liberté à droite.*			*Tête de Liberté a gauche.*
Recense petite . *Tête de Liberté à gauche.*			*Tête de Liberté a droite.*

(Les figures de ce tableau et des suivants ont été puisées dans le livre de Raibaud, 1825-1838).

DESIGNATION DES POINÇONS	PARIS	DEPARTEMENTS
Étranger gros . . . . *E T avec tête de Mercure ornée.*		
Étranger petit		
Hasard		
Horlogerie de Besançon, grosse .		
Horlogerie de Besançon, petite . . .		
Lingots or		
Lingots argent		
Argues		

Dans les poinçons de 1809 ne figurent plus les poinçons pour les lingots affinés, pour l'horlogerie, pour l'argue et le poinçon de hasard.

Le coq fut conservé pour les poinçons de titre, mais la disposition en fut modifiée. Ils ont été mis en service le 1er septembre 1809 et ils ont été retirés le 16 août 1819.

Poinçons établis en exécution du decret du 11 prairial an XI (31 mai 1803)

DESIGNATION DES POINÇONS	PARIS	DEPARTEMENTS	TITRES
Or premier titre . *Coq chantant, tête a droite.*			Millièmes 920 *Coq becquetant a terre.*
Or deuxième titre *Coq buvant, tête levée.*			840 *Coq a droite, regardant derrière.*
Or troisième titre . . *Coq a gauche, regardant en arrière*			750 *Coq fuyant en colère.*
Argent premier titre *Coq attaquant en colère.*			950 *Coq a droite, patte levee.*
Argent deuxième titre . *Coq chantant, ailes ouv.*			800 *Coq a gauche chantant,*
Garantie d'or grosse . *Tête de lion.*			*Main de justice*
Garantie d'or petite . *Tête de coq a droite, bec ouvert*			*Coq a gauche, bec fermé*
Autre garantie d'or petite *Tête de coq a gauche, bec ouvert.*			*Coq à droite, bec fermé.*

DÉSIGNATION DES POINÇONS	PARIS	DÉPARTEMENTS	
Garantie d'argent grosse. *Tête a gauche, casquée avec barbe.*			*Vieillard a gauche.*
Garantie d'argent moyenne. *Minerve à droite.*			*Soldat casqué.*
Garantie d'argent petite *Faisceau avec hache au milieu.*			*Faisceau avec hache a droite.*
Recense grosse . . *Cérès.*			*Mercure.*
Recense moyenne . *Oreille droite.*			*Aigle, bec ouvert.*
Recense petite . . . *Main droite indiquant a gauche.*			*Œil de profil.*
Etranger gros . . . *TE avec couronne impériale.*			*ET avec une couronne impériale.*
Etranger petit . *& fleuronné.*			*& Fleuronné.*

Des poinçons ayant disparu, une nouvelle recense, ordonnée en 1817, eut lieu en 1819. Ceux-ci ont été mis en vigueur du 16 août 1819 au 10 mai 1838.

Poinçons établis en exécution de l'ordonnance royale du 22 octobre 1817

DESIGNATION DES POINÇONS	PARIS	DEPARTEMENTS	TITRES Millièmes
Or premier titre. . . . Levrette.			920 Dogue.
Or deuxième titre. Cheval Pégase.			840 Lion.
Or troisième titre Taureau.			750 Sphinx
Argent premier titre . Tête de Michel-Ange.			950 Tête de vieille.
Argent deuxième titre. Tête de Raphael.			800 Tête de Socrate
Garantie d'or grosse Tête de Sardana-pale			Masque bachique.
Garantie d'or petite Tête de bélier.		Voir les Poinçons Divisionnaires	

(Les poinçons des bureaux de garantie des départements portent un numero qui est gravé dans la figure des gros poinçons de garantie pour l'or. l'argent et ccense)

DÉSIGNATION DES POINÇONS	PARIS	DEPARTEMENTS	TITRES
Garantie d'argent grosse . Tête de Cérès.			Tête d'Hercule.
Garantie d'argent moyenne Masque de face.		Néant pour les Départemens	
Garantie d'argent petite Tête de lièvre.		Voir les Poinçons Divisionnaires	
Recense grosse . Lis fleur.			Tête de levrette.
Recense petite Graine de mouron.		Voir les Poinçons Divisionnaires	
Etranger gros. Tete égyptienne.			Fruit étranger.
Etranger petit Tete de negre.			Feuille étrangère.

Deux modifications principales caractérisent la réforme. La première consiste à ne pas se contenter, comme dans les deux systèmes antérieurs, de faire deux séries de poinçons : l'une pour Paris, l'autre pour les départements, mais à diviser la province en neuf régions, pour lesquelles existait un poinçon différent de petite garantie d'or et d'argent ainsi que de recense. (Riche, *Monnaies, Médailles et Bijoux*.)

Poinçons affectés aux neuf régions dans lesquelles on avait divisé la France

RÉGIONS	PETITE GARANTIE D'OR	DÉSIGNATION	PETITE GARANTIE D'ARGENT	DÉSIGNATION	RECENSE	DÉSIGNATION
1re Nord		Char		Papillon		Cafetiere
2e Nord-Est		Garde d'epee		Tortue		Tour
3e Est		Tiare		Coquille		Ciboire
4e Sud-Est		Eventail		Trombi-dion		Gobelet
5e Sud		Casque		Lysse		Sonnette
6e Sud-Ouest		Lyre		Grenouille		Arrosoir
7e Ouest		Morion		Limaçon		Vase
8e Nord-Ouest		Trompette		Raie		Cuir
9 Centre		Fleur de lys		Cochon d'Inde		Livre

Cette distinction fut malheureuse, car elle établissait un tel nombre de poinçons que leur vérification devenait très difficile, elle a été supprimée en 1838.

Bigornes

La deuxième modification, qui augmentait encore cette complication, et qui est restée, consiste dans l'insculpation d'un poinçon dit « contremarque ». Ce poinçon se nomme bigorne ; il est formé d'une enclume en acier sur laquelle on place les bijoux à marquer. Ce tas d'acier n'est pas uni, il porte, gravés, des caractères extrêmement déliés. Il existe trois sortes de bigornes : la grosse, la moyenne, la petite. Sur les deux premières étaient gravés des insectes très déliés ; sur la petite étaient représentés des dessins spéciaux d'une extrême finesse. (Riche, *Monnaies, Médailles et Bijoux*.)

Peu après la recense de 1819, le 19 septembre 1821, on a créé deux poinçons d'horlogerie, l'un pour l'or, l'autre pour l'argent.

Les poinçons portent le signe distinctif du département
Ceux de Paris portent la lettre P.

En 1835, il circulait depuis quelques années, dans le commerce de la bijouterie, une grande quantité d'ouvrages qui, à la faveur des marques entées ou faussées, et habilement imitées, échappaient à la surveillance du service de la garantie. Pour mettre un terme aux fraudes de ce genre, une ordonnance royale du 30 juin 1835 prescrivit une recense générale et la création d'un nouvel ordre de poinçons et de bigornes.

Cette mesure ne reçut son exécution qu'à partir du 10 mai 1838 ; elle fut précédée d'un examen soigné des marques empreintes sur les pièces de bijouterie et d'orfèvrerie présentées pour jouir de l'application gratuite du poinçon de recense.

Le nouveau système fut caractérisé par la limitation du poinçon de garantie qui, dans les organisations antérieures, faisait double emploi avec le poinçon de titre parce qu'on les appliquait sur le même ouvrage, et dans la suppression des neuf régions établies en 1819. (Riche, *Monnaies, Médailles et Bijoux*.)

Les tableaux suivants représentent le système de 1838 avec les modifications qu'il a subies jusqu'à ce jour.

Tableau des poinçons actuels

DÉSIGNATION DES POINÇONS			TYPES	FORME DES POINÇONS	CHIFFRE indiquant le titre et position DE CE CHIFFRE	PLACE du signe distinctif des bureaux pour les départements
Or .	1er titre . . .	Paris, departements.	Tête de médecin grec . .	8 pans irreguliers . .	1 devant le front	Sous le menton
	2e titre			Ovale tronque . .	2 sous le menton	Derriere la nuque
	3e titre . . .			6 pans irreguliers. .	3 vis-a-vis le nez	
Or . Petite garantie		Paris	Tête d'aigle . .	Découpée . .		Dans la joue.
		Departements.	Tête de cheval . . .			
Poinçon de remarque pour les chaînes d'or et la marque au poids		Paris, departements	Tête de rhinocéros . .	Corne tronquée pour Paris		Entre la corne et le front
Argent.	1er titre	Paris, departements	Tête de Minerve. . .	8 pans irreguliers. .	1 devant le front	Sous le menton
	2e titre .			Ovale tronque . . .	2 sous le menton	Devant le front.
Argent . . Petite garantie .		Paris	Tête de sanglier . .	Découpée . .		Entre les pattes
		Departements .	Crabe.			
Or et argent . – Petite garantie		Paris, départements.	Tête d'aigle et tête de sanglier juxtaposées	Ovale regulier . .		Entre la tête d'aigle et la tête de sanglier Paris, aucun signe
Charançon	Gros or . .	Paris, departements	Charançon.	Ovale regulier . .		Entre les pattes
	Petit or. . .					
	Gros argent .	Paris, departements.	Charançon .	Rectangulaire		Entre les pattes.
	Petit argent .					

DESIGNATION DES POINÇONS			TYPES	FORME DES POINÇONS	CHIFFRE indiquant le titre et position DE CE CHIFFRE	PLACE du signe distinctif des bureaux pour les départements
ET	Gros . . . . Petit .	Paris, departements.	Les lettre ET . .	Rectangulaire . . Le poinçon de Paris a une forme plus allongée		En dessous des lettres
Hibou . . .	Hibou	Paris, departements,	Hibou	Ovale regulier .		Au milieu du ventre,
Cygne . . .	. .	Paris, departements.	Cygne . .	Ovale regulier . .		Au-dessus du dos
Tête de lièvre (retour)	Gros . Petit	Paris, departements.	Tête de lièvre .	Polygone de 8 côtes.		Sous les oreilles.
Ouvrages de fabrication française exportes — Or . .	1er titre	Paris, departements	Tête de Mercure. .	Enfermée dans un perimetre decoupé avec listel .	1 sous le menton 2 sous le menton . 3 sous le menton	Sur le cou.
	2e titre	Paris, departements				
	3e titre .	Paris, departements				
	Petite garantie	Paris, departements	Tête de Mercure .	Enfermée dans un perimetre decoupé avec listel. . .		Sur le cou
Argent .	1er titre. . .	Paris, departements.	Tête de Mercure. .	6 pans irreguliers. .	1 sous le menton	Sur le cou.
	2e titre	Paris, departements	Tête de Mercure. .	Ovale tronque .	2 sous le menton	
	Petite garantie	Paris, departements	Tête de Mercure .	Ovale regulier .		Sur le cou.
Horlogerie exportée — Or . .	4e titre . .	Paris, departements.	Tête egyptienne .	Enfermee dans un perimetre decoupé avec listel . .	4 sous le menton . .	Sur la joue
	Petite garantie .	Paris, departements.	Tête égyptienne . .			Sur la joue.
	Empreinte . .	Paris, departements	583. Exp	Elliptique . .		
Mouvements de montres transferés d'un boitier dans un autre	Or . { Argent{	Paris et departements	R. F. . . . . . . Colombe. . . .			

Poinçons de titre

On entend par poinçons de titre ceux qu'on applique sur les ouvrages d'or après l'essai de l'inquartation, et sur ceux d'argent après l'essai à la coupelle ou par voie humide ; ils garantissent absolument l'exactitude du titre qu'ils représentent.

Petite garantie

On entend par poinçons de garantie ou de petite garantie ceux qu'on insculpe sur les ouvrages qu'on ne peut essayer qu'à la pierre de touche, en raison de ce qu'ils sont creux, formés de parties soudées, de très faible poids ; or, la pierre de touche ne donnant pas le titre à 3 millièmes pour l'or, à 5 millièmes pour l'argent, on ne peut pas affirmer que les ouvrages sont dans les tolérances ; ces poinçons indiquent que les objets sont en métal précieux à un titre voisin du titre légal. (Riche, *Monnaies, Médailles et Bijoux*.)

Bigornes

Les bigornes inaugurées en 1819 n'étaient pas aussi perfectionnées qu'à partir de 1838. Le nombre des insectes a été de beaucoup augmenté, la finesse du travail et les ingénieuses dispositions adoptées en font, aujourd'hui, un instrument d'une absolue perfection, d'une imitation impossible, et, par suite, il permet à un homme expert, à un contrôleur attentionné de reconnaître, à coup sûr, la fraude.

Depuis 1838, la petite bigorne est formée d'insectes assemblés, comme le sont, avec des dispositions diverses, la grosse et la petite bigorne. La petite bigorne est à deux branches ou cornes, l'une ronde, l'autre méplate, afin de se prêter mieux à la marque des plus petits bijoux. On a donné, dans diverses publications, les dessins de ces bigornes. (Raibaud, page 92, 1re partie, 1825, et page 68, 2e partie, 1838.)

La grosse bigorne porte 16 sortes d'insectes disposés en bandes, la moyenne en possède 13 ; il y en a 17 sur la corne ronde de la petite bigorne et 21 sur la corne méplate.

Les insectes d'une même bande, pareils dans leur ensemble, présentent des différences notables et précises dans l'arrangement des parties extérieures.

Les insectes sont vus de profil sur les bigornes de Paris et vus de face sur les bigornes des départements.

Le champ des diverses bigornes n'a pas le même poli ; ce

N°ˢ DES BANDES		NOMS DES INSECTES
1		Ichneumon
2		Hercule.
3		Charançon
4		Scarabée.
5		Sauterelle
6		Copris.
7		Fulgore
8		Capricorne.
9		Fourmi
10		Anthia.
11		Libellule.
12		Perce-oreille
13		Carabe monilis
14		Mante
15		Manticore
16		Frelon.
17		Staphilin.
18		Cicendèle.
19		Mormolis.
20		Clairon.
21		Ecrevisse.

Petite bigorne, corne méplate (grossie 4 fois)

N°ˢ DES BANDES		NOMS DES INSECTES
1		Anthia.
2		Carabe monilis
3		Fourmi
4		Copris.
5		Perce-oreille
6		Fulgore
7		Staphilin
8		Clairon
9		Sauterelle.
10		Charançon.
11		Frelon
12		Scarabée
13		Libellule
14		Capricorne.
15		Mante
16		Hercule.
17		Mormolis.

Petite bigorne, corne ronde (grossie 6 fois)

caractère permet à un contrôleur attentif de distinguer. au premier examen, la bigorne dont on a fait usage.

Les inspecteurs et les contrôleurs possèdent des reproductions de ces instruments, et l'administration a pris des dispositions pour que la vérification en soit efficace entre les mains de fonctionnaires exercés et vigilants. (Riche, *Monnaies et Bijoux*.)

Poinçons pour l'or

1er titre, 920/1000   2e titre, 840/1000   3e titre, 750/1000

Poinçons pour l'argent

1er titre, 950/1000   2e titre, 800/1000

Les poinçons de titre sont les mêmes pour Paris et les départements. un chiffre 1, 2, 3 pour l'or ; 1, 2 pour l'argent, indique le titre ; il n'y a pas de signe particulier pour les poinçons de Paris, tandis qu'il y a sous le menton, derrière la nuque, devant le front, un signe distinctif, différent, pour chaque bureau des départements. En outre, la forme du périmètre n'est pas la même pour les divers titres ; on les distingue donc au premier coup d'œil.

Les poinçons d'or représentent une tête, dite de médecin grec ; les poinçons d'argent une tête de Minerve.

La petite garantie d'or et d'argent n'a pas le même symbole dans les départements qu'à Paris. Elle représente, pour Paris, une tête d'aigle double listel pour l'or, et une tête de sanglier pour l'argent. Dans les départements, une tête de cheval pour l'or et un crabe pour l'argent.

Un signe distinctif dans la joue de la tête du cheval, entre les pattes du crabe, fait reconnaître le bureau des départements.

Paris		Petite garantie	Départements
OR	ARGENT	OR	ARGENT

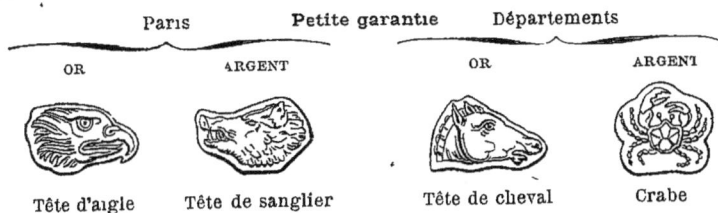

Tête d'aigle	Tête de sanglier	Tête de cheval	Crabe

Un décret du 10 décembre 1905 a créé un poinçon mixte destiné à la marque des ouvrages de fabrication française, composés d'or et d'argent, dans lesquels le poids du métal accessoire dépasse la proportion de 3 % du poids total des deux métaux.

Poinçon mixte or et argent

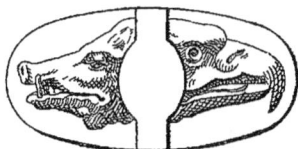

Ce poinçon n'a qu'un seul module. Il porte juxtaposés les deux emblèmes de petite garantie du bureau de Paris affectés aux ouvrages de fabrication nationale (or, tête d'aigle ; argent, tête de sanglier) ; pour les bureaux de garantie autres que celui de Paris, le différent ou signe distinctif de chaque bureau est placé dans un espace de forme ovale ménagé entre les deux emblèmes. La nouvelle empreinte ne garantit donc que le titre légal minimum et ne doit, par suite, être apposée que sur les objets essayés au touchau. Les ouvrages étrangers composés d'or et d'argent ne reçoivent pas l'empreinte du nouveau poinçon. (Circulaire n° 646, du 12 mai 1906.)

Le poinçon pour les bijoux importés de l'étranger était un charançon gros ou petit, suivant le volume de l'objet. La forme du périmètre était un ovale régulier et s'appliquait indistinctement sur les objets d'or ou d'argent.

Par application de clauses insérées dans les traités de commerce, les ouvrages de bijouterie et d'orfèvrerie d'or et d'argent provenant des pays contractants se sont trouvés assujettis aux mêmes formalités et aux mêmes conditions de titre que les ouvrages français.

Un poinçon de titre spécial fut affecté à la marque de ces objets. Il a pour emblème un charançon de forme ovale pour l'or et de forme rectangulaire pour l'argent.

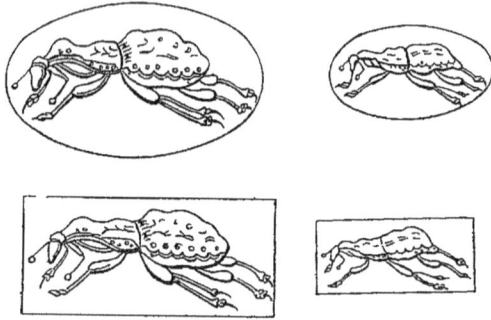

De même que le poinçon créé en 1838, il y a un grand et un petit module pour l'or et l'argent. Le signe distinctif du bureau est sous le ventre. (Art. 2 du décret du 29 juin 1893 et circulaire n° 64 du 12 juillet 1893.)

L'horlogerie nationale est marquée des poinçons ordinaires.

Jusqu'en 1893, les ouvrages d'horlogerie de provenance étrangère étaient soumis à un régime spécial comportant l'obligation du titre et le paiement du droit de garantie. Ces ouvrages étaient revêtus du poinçon spécial : « La Chimère ». Par décret du 29 juin 1893, il a été décidé que les ouvrages d'horlogerie étrangère seraient marqués de nouveaux poinçons : Hibou pour l'horlogerie d'or et cygne pour l'horlogerie d'argent.

Ces deux poinçons, n'ayant qu'un seul module, sont de forme ovale, et le différent de chaque bureau des départements est placé au milieu du ventre du hibou et au-dessus du dos du cygne. L'un et l'autre

ne donnent pas lieu au remboursement des droits en cas de réexportation.

Par l'article 23 de la loi du 19 brumaire an VI, les ouvrages d'or et d'argent venant de l'étranger devaient recevoir l'empreinte du poinçon étranger ET.

Ce poinçon n'a été maintenu que pour poinçonner les ouvrages d'or et d'argent provenant des ventes publiques des monts-de-piété et des ventes publiques après décès et reconnus au-dessous du titre légal.

Il représente un rectangle dont tous les côtés sont égaux et au milieu duquel se trouvent gravées les lettres ET. Il y a un gros et un petit modèle de ce poinçon. Pour les départements, le signe distinctif du bureau se trouve placé au-dessous des lettres.

Le nouveau poinçon dit de retour, créé par le décret du 24 décembre 1887, s'applique seulement sur les ouvrages de fabrication française réimportés de l'étranger après remboursement des droits de garantie et oblitération des marques, ou livrés à la consommation intérieure après avoir reçu l'empreinte du poinçon d'exportation.

Ce nouveau poinçon représente une tête de -lièvre enfermée dans un périmètre à huit côtés inégaux, avec le signe distinctif des bureaux de département sous les oreilles.

Une innovation très heureuse est la création du poinçon de remarque, qui sert aujourd'hui pour la marque au poids, et qui a été créé pour poinçonner les chaînes d'or sur lesquelles s'exerçait une fraude fréquente.

Le poinçon de remarque, qui est figuré par une tête de rhinocéros, porte le signe du bureau entre la corne et le front.

Paris   Départements

La tête du poinçon de Paris est sans corne et elle a un double listel.

L'usage était de marquer les chaînes, tous les trente centimètres, avec le poinçon ordinaire. On pouvait facilement enlever le maillon marqué et le placer sur une chaîne plus lourde ou à bas titre, de telle sorte que ce dernier ouvrage échappait au contrôle ; cette opération criminelle constitue l'enture.

La remarque s'insculpe de dix en dix centimètres sur les

chaînes en pelote, les jaserons, les sautoirs. (Riche. *Monnaies et Médailles*.)

Un décret rendu le 27 juillet 1878 a institué des poinçons d'exportation indicatifs de la nature et du titre du métal employé.

Ils sont au nombre de sept : quatre pour l'or et trois pour l'argent. (Circulaire de l'administration des Monnaies n° 6, du 16 mars 1879.)

Ils ont pour type une tête de Mercure.

| 1er titre, 920/1000 | 2 titre, 840/1000 | 3e titre, 750/1000 | Petite garantie |

Pour les poinçons d'exportation d'or, la nature du métal est caractérisée par un périmètre découpé avec listel suivant les contours de l'effigie et décrivant une courbe sous le menton ; le titre est indiqué par les chiffres 1, 2, 3 dans cet espace courbe.

Un petit poinçon sans numéro est destiné à la marque dite de petite garantie.

Le périmètre du poinçon d'exportation de premier titre d'argent est un hexagone irrégulier, celui du deuxième titre un ovale tronqué ; sous le menton est le chiffre 1 ou 2.

Le petit poinçon de garantie est ovale et sans numéro.

| 1er titre, 950/1000 | 2e titre, 800/1000 | Petite garantie, 800/1000 |

Le différent de chaque bureau est placé sur le cou.

Ces différents poinçons ont été mis en service le 1er juillet 1879.

Pendant de longues années la fabrique française avait demandé que l'on créât un titre inférieur pour les bijoux d'or ou même qu'on laissât fabriquer pour l'exportation des bijoux à tous les titres, afin de lui permettre d'entrer en lutte, dans les autres pays, avec nos concurrents de Genève, d'Allemagne, etc. Une loi du 25 janvier 1884 a fait droit à ces observations en créant, pour les boîtes de montres en or destinées exclusivement à l'exportation, un quatrième titre légal à 583 millièmes (14 carats) avec un poinçon spécial permettant de les distinguer des montres au titre ordinaire.

Ce poinçon est une tête égyptienne sans barbe, dont le périmètre, découpé avec listel, suit le contour de l'effigie en décrivant sous le menton une courbe dont le creux contient le chiffre 4.

4e titre, 583 millièmes

Le poinçon servant aux boîtes délicates de petit calibre ne porte pas ce numéro.

Le différent ou signe particulier des bureaux des départements se trouve placé dans la joue.

De plus, on insculpe au centre des fonds de boîtes de montres une empreinte ellipsoïdale dans laquelle sont inscrites les mentions : EXP. et, en dessous, 583 M.

Les montres finies importées en France sont frappées d'un droit de douane destiné à atteindre simultanément la valeur du mouvement de la montre et celle du boîtier et dont le taux est d'autant plus élevé que la boîte est en métal plus précieux.

Les dispositions de la loi de douane du 11 janvier 1892 spéci-

fient que le mouvement de toute montre importée en France devra porter, à l'endroit le plus rapproché possible du barillet et d'une manière visible, la lettre M pour la boîte en métal commun, A pour la boîte en argent, O pour la montre en or.

A l'intérieur, le transfert d'un mouvement portant les lettres M ou A dans des boîtiers d'un métal plus précieux ne peut se faire qu'après avoir payé le droit de douane complémentaire et avoir fait apposer, à côté de la lettre primitive, à titre d'acquit, un poinçon spécial déterminé ci-après :

Les lettres RF enlacées lorsqu'il s'agira du transfert dans un boîtier en or d'un mouvement portant les lettres A ou M ;

Une colombe à ailes déployées lorsqu'il s'agira du transfert dans une boîte en argent d'un mouvement marqué M.

Montres sans complication de système

NATURE DE L'OPERATION	DROIT PERÇU au moment de l'importation pour la montre en métal correspondant à la marque primitive		DROIT EXIGIBLE à l'importation pour la montre en métal correspondant à celui dans lequel le mouvement doit être placé après poinçonnage par la garantie		COMPLEMENT de DROIT EXIGIBLE	
	Echappement à cylindre	Echappement à ancre ou autre	Echappement à cylindre	Echappement à ancre ou autre	Echappement à cylindre	Echappement à ancre ou autre
	fr.	fr.	fr.	fr	fr.	fr.
Transfert d'un mouvement marqué M dans une boîte en or . . .	4 »	5 »	7 »	13 »	3 »	8 »
En argent.	4 »	5 »	5 »	8 »	1 »	3 »
Transfert d'un mouvement marqué A dans une boîte en or . . .	5 »	8 »	7 »	13 »	2 »	5 »

Montres compliquées, y compris les chronographes et les montres assimilées

	fr	fr.	fr.	fr.	fr.	fr.
Transfert d'un mouvement marqué M dans une boîte en or . . .	15 »	15 »	45 »	45 »	30 »	30 »
En argent.	15 »	15 »	24 »	24 »	9 »	9 »
Transfert d'un mouvement marqué A dans une boîte en or . . .	24 »	24 »	45 »	45 »	21 »	21 »

Les deux poinçons nouveaux auront l'un et l'autre la forme d'une ellipse. (Art. 2 du décret du 2 août 1892.)

Le différent ou signe distinctif de chaque bureau est placé, pour le poinçon à l'emblème RF, à la partie supérieure du monogramme, et, pour le second poinçon, derrière les ailes de la colombe. (Circulaire n° 42, du 6 octobre 1892.)

Le poinçon dit de recense s'applique lorsqu'il s'agit d'empêcher l'effet de quelque infidélité relative aux titres et aux poinçons. (Art. 8 et 15 de la loi du 19 brumaire an VI.)

Tête de girafe   Tête de dogue

Ainsi, quand de fréquentes saisies ont mis en évidence la contrefaçon ou l'abus de marques légales, le gouvernement substitue aux poinçons contrefaits ou volés de nouveaux poinçons de recense. Toutefois, c'est un palliatif plutôt qu'un moyen efficace de garantie, car l'habileté des faussaires n'est mise de la sorte en défaut que pour quelque temps. (Code de la Garantie.)

Les recenses sont, d'ailleurs, onéreuses pour les commerçants ; elles occasionnent des frais de déplacement, des difformités dans la confection des menus bijoux qu'altère la multiplicité des empreintes ; elles entraînent aussi le paiement de nouveaux droits si, par oubli, ou pour tout autre motif, on n'a pas profité de la recense gratuite. (Code de la Garantie.)

Nul autre meilleur moyen n'ayant encore été trouvé, la recense paraît être l'une des conditions inséparables du système actuel. Elle peut être partielle ou générale. (Code de la Garantie.)

Elle a été partielle deux ou trois fois, notamment en 1846, et générale en l'an VI, en 1809, 1819 et 1838. (Code de la Garantie.)

Recense

L'article 1er de l'ordonnance du 7 avril 1838 dispose que le poinçon de recense doit être appliqué sur tous les ouvrages d'or et d'argent existant dans le commerce et portant l'empreinte des marques légales.

Les fabricants, marchands, orfèvres, bijoutiers, horlogers, couteliers, fourbisseurs, armuriers, tabletiers et tous autres fabricants et marchands faisant commerce d'ouvrages d'or et d'argent, sont tenus de porter au bureau de garantie, dans la circonscription duquel ils sont placés, les ouvrages d'or et d'argent en leur possession pour y être marqués, sans frais, des poinçons de recense et de contremarque. (Art. 5 de l'ordonnance du 7 avril 1838)

Après l'expiration du délai fixé pour la recense, les ouvrages d'or et d'argent marqués des anciens poinçons qui seraient trouvés dans le commerce, sans être empreints du poinçon de recense, seront réputés non marqués, et les détenteurs encourront les condamnations prononcées par la loi. (Art. 6 de l'ordonnance précitée.)

Autant que possible, et pour faciliter les vérifications ultérieures, le poinçon de recense doit être appliqué à côté des anciens poinçons et être accompagné de la contremarque. (Circulaire n° 171, du 10 avril 1838.)

L'argenterie et les bijoux à l'usage personnel des fabricants et marchands devront être recensés comme les ouvrages de leur commerce. (Circulaire n° 171, du 10 avril 1838.)

Cette mesure n'a pas été étendue aux ouvrages possédés par les simples particuliers, non plus qu'à ceux qui existent en dépôt dans les monts-de-piété. (Circulaire 171 précitée.)

Ouvrages marqués non soumis à la recense

Arrêt de la Cour de cassation du 4 octobre 1821 :

Les ouvrages d'or et d'argent, quoique marqués des anciens poinçons, sont néanmoins réputés non marqués lorsque, après les délais fixés par un acte du gouvernement, ils n'ont pas reçu l'empreinte du poinçon de recense ; d'où il suit que, lorsqu'ils sont ainsi trouvés chez un marchand ou fabricant, ils doivent être saisis et confisqués.

Autres arrêts analogues des 23 novembre 1821 et 30 mars 1816 sur cette question déjà résolue, dans le même sens, par un arrêt de la Cour de cassation du 23 novembre 1810.

Fournitures des poinçons

Tous les poinçons, à l'exception de celui du fabricant et du poinçon de doublé, sont fabriqués par le graveur des Monnaies, sous la surveillance de l'administration des Monnaies, qui les fait parvenir dans les divers bureaux de garantie et en conserve les matrices. (Loi du 26 frimaire an VI, article unique.)

L'article 2 de l'arrêté des Consuls du 10 prairial an XI, portant règlement sur l'administration des Monnaies, a conservé à cette administration le soin de « surveiller la fabrication des

» poinçons et leur emploi... et généralement de maintenir
» l'exécution des lois sur les monnaies d'or et d'argent. »

Poinçon destiné pour les lingots affinés

Le poinçon destiné aux lingots affinés n'est déposé que
dans les bureaux de garantie dans l'arrondissement desquels il
se trouve des affineurs, et à la chambre de délivrance de la
Monnaie de Paris. (Loi du 19 brumaire an VI, art. 17.) Sans
être légalement supprimé, l'emploi de ce poinçon a cessé pour
les lingots dits de commerce.

Envoi des poinçons aux bureaux de garantie
Renvoi de poinçon à la Monnaie

Les poinçons envoyés par l'administration des Monnaies dans
les bureaux de garantie sont chargés à la poste et parviennent
francs de port aux contrôleurs. Il en est de même pour le renvoi des poinçons à l'administration des Monnaies. (Circulaires
de l'administration des Monnaies des 1er octobre 1813 et
25 mars 1818.)

La boîte qui renferme les poinçons expédiés aux bureaux
de garantie ne peut être ouverte qu'en présence de tous les
employés responsables (essayeur, contrôleur et receveur) et du
directeur des contributions indirectes. (Circulaire de l'administration des Monnaies du 15 février 1827.)

Les poinçons doivent être déposés dans le coffre à trois
serrures en présence des employés qui ont assisté à l'ouverture de la boîte. (Circulaire de l'administration des Monnaies
du 15 février 1827.)

. Il est nécessaire de faire précéder d'une lettre d'avis les
envois et les renvois de poinçons. (Circulaire de l'administration des Monnaies du 6 juin 1828.) La boîte contenant les
poinçons doit être clouée, ficelée et scellée du cachet du bureau.
(Circulaire de l'administration des Monnaies du 25 mars 1818.)

Insculpation des poinçons. — Réception. — Rebut

A mesure de la réception des poinçons, on doit les insculper
sur une plaque destinée à recevoir les empreintes, et une
seconde insculpation doit être faite des mêmes poinçons sur
cette plaque, dans le même compartiment, à son rang de
numéro, à l'instant où, se trouvant hors de service, ils seront
rebutés.

On ne fait usage des poinçons que dans l'ordre de leurs numéros.

Au fur et à mesure que l'on met un de ces instruments en activité, l'empreinte doit être apposée dans la case qui lui est affectée, sur la plaque d'insculpation, et le fait mentionné sur la feuille de service n° 1.

Lorsqu'un poinçon est rebuté, nouvelle annotation à la feuille de service n° 2.

Les poinçons doivent être réformés aussitôt que la gravure en est altérée par quelque cause que ce soit.

Bris de poinçon

Si un accident tel que brisure, par exemple, survenait à un poinçon ou à une bigorne, il serait immédiatement constaté par un procès-verbal détaillé. Les morceaux seraient enveloppés dans du papier scellé du cachet du bureau et renfermés dans le coffre jusqu'au renvoi à l'administration des Monnaies. Ce procès-verbal, signé par les trois employés, reste dans le coffre ; une copie en est adressée immédiatement à l'administration des Monnaies. (Circulaire de l'administration des Monnaies du 21 avril 1827, n° 4.)

Ouverture des boîtes renfermant des poinçons

Pour concilier la nécessité de la prompte reconnaissance des poinçons adressés aux bureaux de garantie, avec l'obligation imposée aux trois employés responsables de n'ouvrir la boîte qui les renferme qu'en présence du directeur des contributions indirectes, la lettre d'avis sera toujours mise à la poste avant la boîte, dont elle annoncera l'envoi ; et ce court intervalle devra suffire pour que le contrôleur puisse prévenir le directeur et prendre ses ordres pour en faire l'ouverture. (Circulaire de l'administration des Monnaies du 6 juin 1828.)

Accusé de réception de poinçons

La lettre d'avis de la Monnaie contiendra un récépissé imprimé dont le contrôleur n'aura qu'à remplir les blancs à l'instant même de la reconnaissance des poinçons. Ce récépissé, uniforme pour tous les bureaux, sera signé sans désemparer par les trois dépositaires des clefs du coffre et devra être renvoyé par le courrier du jour, avec une lettre d'envoi indiquant également le nom et la nature des poinçons reçus. (Circulaire de l'administration des Monnaies du 6 juin 1828.)

La même boîte qui aura servi pour l'envoi des poinçons neufs sera employée pour le renvoi de ceux hors d'usage. (Circulaire de l'administration des Monnaies du 6 juin 1828.)

Lettre d'avis du renvoi de poinçons

Le renvoi des poinçons hors de service doit être précédé d'une lettre d'avis qui en exprimera la quantité et les espèces. (Circulaire de l'administration des Monnaies du 6 juin 1828.)

Surveillance des bureaux par les Directeurs

Le directeur doit s'assurer si les poinçons sont ménagés avec soin par les contrôleurs, s'ils n'en font pas une trop grande consommation en mettant au rebut quelques-uns de ces instruments encore propres au service, et si le renvoi en est soigneusement fait à l'administration des Monnaies. (Circulaire de l'administration des Monnaies du 27 avril 1826.)

Coffre à trois serrures

Lorsqu'on ne fait point usage des poinçons, ils sont enfermés dans une caisse à trois serrures et sous la garde des employés du bureau de garantie. (Art. 48 de la loi du 19 brumaire an VI.)

Agents entre les mains desquels sont confiées les clefs du coffre

L'essayeur, le receveur et le contrôleur du bureau de garantie auront chacun une des clefs du coffre dans lequel seront renfermés les poinçons. (Art. 45 de la loi du 19 brumaire an VI.)

Ces agents ne doivent pas se confier mutuellement les clefs dont ils sont gardiens. Toute infraction de l'espèce entraînerait inévitablement la destitution de ceux qui s'en rendraient coupables. (Instruction n° 5 du 23 prairial an XII et circulaire n° 58 du 8 octobre 1822.)

Toutefois, en cas de décès d'un essayeur, la clef dont il était dépositaire restera, jusqu'à son remplacement, entre les mains du contrôleur. (Circulaire de l'administration des Monnaies du 15 février 1827.)

Mandrins

Les mandrins doivent toujours être enfermés dans le coffre aux poinçons : l'on ne doit les en retirer que pour marquer les ouvrages, et aussitôt qu'on s'en est servi, il faut les replacer dans le coffre. (Circulaire de l'administration des Monnaies du 6 juillet 1819.)

Instruments et documents enfermés dans le coffre

Les états et les pièces constatant la quantité de poinçons envoyés, la planche servant aux insculpations, les feuilles de service doivent être également enfermés avec les poinçons dans le coffre à trois serrures. (Circulaire de l'administration des Monnaies du 15 septembre 1813.)

Usage des clefs et des poinçons

Il importe que la précaution des trois clefs ne soit point illusoire. La loi a eu pour but, en la prescrivant. d'empêcher que, dans aucune circonstance, les poinçons ne fussent à la disposition d'un seul ou de deux des trois employés qui sont chargés de leur conservation. Il faut donc que les choses soient combinées de manière qu'on n'en puisse jamais faire le moindre usage sans le concours simultané de ces trois employés. (Circulaire de l'administration des Monnaies du 15 février 1827.)

L'article 18 de la loi du 19 brumaire an VI prescrit, lorsqu'on ne fait pas usage des poinçons, de les enfermer dans une caisse à trois clefs, sous la garde des employés de la garantie. Cependant, par des abus qui pouvaient avoir les suites les plus funestes, quelques employés de la garantie se sont permis de confier les poinçons aux fabricants pour les apposer eux-mêmes sur leurs ouvrages, et d'autres ont laissé à des tiers les clefs de la caisse où ils doivent être déposés. Ces infractions aux règlements seraient suivies de mesures très sévères contre ceux qui s'en seraient rendus coupables. (Circulaire n° 58 du 8 octobre 1822.)

Soins à donner aux poinçons

Avant de se servir des poinçons, et lorsqu'on en fait usage, on doit les décrasser et les nettoyer souvent afin que les empreintes soient pures et distinctes ; il faut aussi examiner l'effet des marques sur les ouvrages et rebuter les poinçons dont les traits sont affaissés ou altérés, et même ceux qui donnent des marques flou. (Circulaire de l'administration des Monnaies du 15 septembre 1813, n° 24.)

Il convient d'éviter l'emploi des liquides aqueux, des matières humides, savonneusés, et des substances et vapeurs acides qui pourraient altérer la gravure des poinçons. Le nettoyage s'effectuera de préférence avec des morceaux de toile ou de mousseline bien secs, un morceau de mie de pain et une petite brosse. Cette opération devra avoir lieu à l'ouverture et à la clôture de chaque séance, s'il y a lieu. Il ne faut pas que les marques qui en proviennent laissent la moindre incertitude aux vérificateurs. (Circulaire du 15 juillet 1819.)

Bigornes

Les tas ou bigornes gravés formant poinçons servent à contremarquer, par l'effet du contrecoup du poinçon supérieur, les revers des ouvrages soumis à la marque.

Ces poinçons bigornes sont de trois espèces :

1° Une grosse bigorne, formant un carré long, un peu cintré, et couvert de six insectes différents, gravés et placés dans six périmètres de diverses formes, avec deux petits pour remplir les espaces. Tous ces signes sont multipliés et arrangés de manière que la contremarque ne produise jamais sur le revers des ouvrages les mêmes empreintes.

2° Une moyenne bigorne, plus étroite et un peu plus cintrée, portant les mêmes signes que la grosse, mais en moindre quantité, pour contremarquer les gros ouvrages d'or et d'argent dont les formes ne s'accordent pas avec les dimensions de la grosse bigorne.

Ces deux bigornes sont placées sur un support en fer, surmonté d'un tas uni à pans coupés, qui peut servir à l'apposition du poinçon de titre sur les ouvrages essayés. Elles y sont enclavées au-dessous de ce tas poli, dans une languette à rainure, et y sont retenues par une vis à six pans, qui les fixe dans le support avec lequel elles font alors un seul corps.

3° Une petite bigorne à tête ronde, présentant deux parties allongées, l'une plate et l'autre arrondie, qui sont revêtues de signes et périmètres qui diffèrent de ceux des grandes, et qui sont plus petits, pour contremarquer les revers des menus ouvrages d'or et d'argent.

Cette bigorne est posée à plat sur un support de fer poli. Elle est retenue dans la même position par un tenon saillant qui entre dans un petit trou percé en dessous, et s'y trouve fixée et arrêtée par une vis ronde, dont la tête est percée de deux trous qui servent à y introduire les tenons de la clef servant à la faire tourner.

Soins à donner aux bigornes

Les bigornes seront nettoyées avec un soin particulier et avec un linge fin et très sec ; on essuiera les signes et périmètrés de la bigorne. On aura toujours la même attention chaque fois qu'on s'en sera servi pour éviter l'humidité et la rouille, qui dégraderaient la gravure. (Manuel de la Garantie.)

Les bigornes doivent être renfermées dans le coffre à trois serrures avec les poinçons ordinaires et il convient d'observer les mêmes précautions pour l'ordre des envois et des renvois à l'administration des Monnaies, la mise en activité et hors de service de ces bigornes que pour la sûreté des poinçons ordinaires. (Circulaire de l'administration des Monnaies du 15 juillet 1819.)

Mandrins des différentes espèces et de leur emploi

Les sept espèces de mandrins étant coniques, de diverses formes et de différentes grosseurs, peuvent servir pour toutes les formes et façons de chaînes ; le n° 1, rond et aplati, s'emploie pour le jaseron petit, dont les anneaux sont très rapprochés ; le n° 2, pour le jaseron moyen, dont les anneaux sont plus ouverts ; le n° 3, pour le gros jaseron et les chaînettes en fil rond, uni ou taraudé ; le n° 4, pour le jaseron, les chaînes fortes en douilles ou en coulants ; le n° 5, pour les chaînettes plates, découpées, estampées ou en fil ; le n° 6, pour les chaînes en gourmettes, tressées, en fil uni ou taraudé ; le n° 7, pour les grosses chaînes rondes ou plates, estampées ou en fil. (Circulaire de l'administration des Monnaies du 6 juillet 1819.)

Dans l'énumération des jaserons, chaînettes et chaînes qui doivent être contrôlées avec les mandrins, on ne comprendra pas les chaînes de montres, et celles qui sont assez fortes pour être contrôlées et contremarquées sur les bigornes suivant les règles prescrites pour ces sortes d'ouvrages. (Circulaire de l'administration des Monnaies du 6 juillet 1819.)

Pour la marque du jaseron, il suffit d'introduire avec précaution le mandrin, le plus avant qu'on peut, dans l'anneau qui doit supporter le poinçon ; il faut frapper avec attention pour que la marque soit distincte et qu'elle ne coupe ni n'écrase l'ouvrage. (Circulaire de l'administration des Monnaies du 6 juillet 1819.)

Aux termes de la circulaire n° 38 du 23 avril 1830, l'administration a adopté, pour la marque du jaseron. deux instruments dont la combinaison remplace ceux qui étaient en usage et permet de généraliser la marque sur les jaserons qui, d'après l'article 1ᵉʳ de l'ordonnance du 5 mai 1819, doivent être poinçonnés de pied en pied (actuellement de 10 ᶜ/ en 10 ᶜ/).

Tas à mâchoire mobile

L'un de ces instruments est un petit étau dit tas à mâchoire mobile ; il fait point d'appui au second instrument ; celui-ci est connu sous le nom de mandrin conique à coulisse.

Forgé en pointe à son extrémité, afin d'être monté sur un billot, comme toute espèce de bigornes, le tas se partage en deux mâchoires égales : l'une fixe, contre laquelle s'appuient les doigts du présenteur, l'autre mobile et parallèle à la première dont elle s'éloigne et se rapproche à volonté, au moyen d'un conducteur horizontal, et d'une vis de rappel dont le bouton fait saillie vers le marqueur. (Circulaire n° 38 du 23 avril 1830.)

Après avoir assis le tas, à l'aide du maillet, et ayant eu soin, d'abord, de serrer la vis jusqu'au dernier pas, le marqueur choisira, autant que possible, dans le jaseron à contrôler, une maille dégagée des arrêts que forme fréquemment la soudure. Si la chaîne est creuse, on s'attachera particulièrement aux maillons où la soudure, ayant coulé plus abondamment dans le creux du demi-jonc, les rapproche, quant à la solidité, de la maille du jaseron plein. Le marqueur y introduira le mandrin avec précaution jusqu'à ce que le chaînon fasse une légère résistance, et il observera même, au moyen de la loupe, si l'anneau est exactement rempli. (Circulaire n° 38 du 23 avril 1830.)

Ainsi emboîtée sur le mandrin, et l'étau étant ouvert pour la recevoir et l'abriter du contre-coup de marque qu'elle éprouverait si on usait des moyens ordinaires, la maille sera placée par le présenteur, dans le vide du tas, dont les mâchoires seront alors rapprochées peu à peu, jusqu'à ce que le marqueur sente que, sans être ni vacillante ni comprimée, elle s'y trouve fixée. Toute l'attention du présenteur se bornera à tenir le mandrin parfaitement d'aplomb ; de son côté, le marqueur s'appliquera non seulement à poser le poinçon bien perpendiculairement, de façon à couvrir toute la partie apparente de la maille, mais aussi à mesurer son coup de marteau suivant la fragilité du jaseron. (Circulaire n° 38 du 23 avril 1830.)

Il est essentiel d'observer les diverses précautions qui viennent d'être indiquées, car si le mandrin était introduit brusquement, la maille risquerait d'être forcée ; si on le plaçait sur une rainure trop large, il s'encocherait contre les angles des mâchoires et fléchirait en raison de l'étendue du porte-à-faux. Si, au contraire, la maille conservait du jeu sur le mandrin, elle s'aplatirait en proportion du manque d'appui et pourrait même être touchée sous le coup du poinçon. (Circulaire n° 38 du 23 avril 1830.)

La conservation de ces instruments exige qu'on les frotte de temps en temps avec un linge gras ; on aura soin d'enduire d'un peu d'huile le conducteur et la vis, afin que leur mouvement reste moelleux, et de tenir les mâchoires fermées pour que l'ajustement ne prenne pas de jeu. (Circulaire n° 38 du 23 avril 1830.)

Plaques de reconnaissance, loupes et instruments nécessaires aux vérifications

C'est à l'aide des plaques de reconnaissance des différents poinçons en usage que les employés s'assurent de la légalité des marques apposées sur les ouvrages d'or et d'argent. (Circulaire n° 11 du 27 février 1824.)

Ces plaques sont renfermées dans un portefeuille qui porte le numéro d'une série unique, lequel est répété sur les diverses plaques qu'il contient. Ce numéro, qui rend toute substitution impossible, servira à distinguer en même temps les dépositaires des plaques et à faire connaître ceux qui apporteraient de la négligence dans la conservation de ces instruments. (Circulaire n° 172 du 2 mai 1838.)

Outre les plaques, et afin qu'ils puissent procéder à leurs vérifications, les employés sont munis d'une loupe, d'un touchau, d'une pierre de touche et d'un flacon d'eau forte. (Circulaire n° 58 du 8 octobre 1822.)

Par sa circulaire n° 14, du 6 décembre 1824, l'administration a décidé que les employés du service général qui concourent aux exercices de la garantie ne seront détenteurs que d'une loupe seulement.

La distribution des plaques de vérification n'est étendue qu'aux agents ayant le grade de contrôleur au moins et lorsque le bien du service l'exigera. (Circulaire n° 172, du 2 mai 1838.)

Sous aucun prétexte, les plaques ne doivent être communiquées à des personnes étrangères. (Circulaire n° 172, du 2 mai 1838)

Du poinçonnage des ouvrages

La remise des pièces au contrôleur est faite par le receveur. (Art. 54 de la loi du 19 brumaire an VI.)

Registre tenu par le contrôleur

Le contrôleur aura un registre coté et paraphé comme ceux de l'essayeur et du receveur. Il y inscrira l'extrait du registre accompagnant chaque pièce à marquer. (Art. 55 de la loi du 19 brumaire an VI.)

Comme le receveur, le contrôleur devra mentionner sur son registre l'apposition du poinçon sur les ouvrages qui auront dû en être revêtus, le poids de chaque objet et les droits perçus. (Art. 69 de la loi du 19 brumaire an VI et circulaire n° 58, du 8 octobre 1822.)

Ouverture du coffre

Conjointement avec le receveur et l'essayeur, le contrôleur tirera de la caisse à trois serrures le poinçon dont chaque ouvrage doit être revêtu, et il l'appliquera en présence du propriétaire. (Art. 55 de la loi du 19 brumaire an VI.)

Ce n'est de même qu'en présence de ses collègues que le contrôleur marquera les ouvrages présentés. (Circulaires de l'administration des Monnaies du 15 septembre 1813 et du 30 juillet 1819.)

Application des empreintes

Les poinçons doivent être appliqués sur le corps des ouvrages et non sur les parties que l'on peut enlever pour les adapter à des pièces plus pesantes et à bas titre. (Circulaire de l'administration des Monnaies du 15 septembre 1813.)

On doit, en plaçant les ouvrages sur la bigorne, faire prendre aux ouvrages des positions différentes, afin de varier les empreintes de la contremarque. (Circulaire de l'administration des Monnaies du 30 juillet 1819.)

En vue d'assurer l'uniformité désirable dans l'application des marques, en déterminant, pour les diverses espèces d'ouvrages d'or et d'argent, la place assignée aux poinçons, l'administration, par la circulaire n° 172, du 2 mai 1838, a dressé le catalogue des ouvrages désignés par ordre alphabétique et à la suite la nomenclature des menus objets dispensés de la marque.

Diverses modifications au catalogue de 1838 ont été apportées dans la marque de l'horlogerie étrangère, des chaînes, bracelets, sautoirs, etc. (Voir ces articles.)

Catalogue des principaux ouvrages d'or et d'argent qui se trouvent dans le commerce, avec l'indication des points où doivent être appliqués les poinçons

Agrafes de boas. — Les deux parties ouvrantes.

Agrafes de ceinturons. — Les diverses pièces.

Agrafes de jarretières. — Les deux pièces.

Agrafes de manteaux. — Les deux pièces. La petite garantie sur le premier maillon de la chaînette.

Agrafes simples pour ciseaux et clefs. — La queue du crochet, les plaques, anneaux et ses accessoires. (Quant aux chaînes, voir l'article chaînes.)

Aiguières ou pots à l'eau. — Le versoir, le pied et l'anse. (Voir anse, appliques d'ornements, doublures et cuvettes.) Le couvercle sur la bâte, ou le dessous du couvercle. (Voir graines.)

Alliances à deux ou trois cercles. — Le cercle foré, près du trou. La pièce fermée, lorsque le fabricant le demande. Les deux cercles, quand l'un est en or et l'autre en argent, chacun du poinçon particulier qui le concerne.

Anneaux de doigt, à deux cercles vissés. — L'un des deux cercles sans contremarque.

Anneaux de doigt creux. — Le point garni d'un support.

Anneaux de doigt pleins. — A plat ou de champ, près du chaton s'il y en a un.

Anneaux de doigt à globe. — La surface polie de l'un des cercles.

Anneaux d'oreilles carrés, pleins. — La plate-bande, à six millimètres environ de l'ouverture et contre la boule, lorsqu'il y en a une placée à cette distance.

Anneaux d'oreilles, creux. — La partie inférieure garnie d'un support, près de la goupille.

Anneaux d'oreilles pleins ou creux, à ancres soudées dans le cercle. — L'ancre séparément. (Voir boucles d'oreilles.)

Anneaux de couvercles et autres grands anneaux d'orfèvrerie. — Le gros poinçon, sur ceux qui sont pleins et épais.

Anses de déjeuners, de soupières, de cafetières, de tasses à vin, de bougeoirs, de bénitiers, d'aiguières, etc. — Le gros ou le petit poinçon, suivant qu'elles sont pleines ou creuses, fortes ou faibles. Le petit sur celles en fil rond uni.

Anses à coulisses. — La partie pleine. A défaut de partie pleine, le petit poinçon.

Anses, or et argent. — Ne pas marquer celles qui ne sont

pas tout or ou tout argent, à moins qu'elles ne soient mobiles.

Appliques d'ornements. — Le gros poinçon, suivant la force ou la possibilité, sinon le petit.

Les appliques soudées ne sont pas marquées.

Aréomètres. — L'ouverture du tube.

Assiettes. — Le milieu de la plaque sans contremarque sur la face extérieure. La moulure ou bord uni. Le petit poinçon sur les moulures ou bords creux.

Bagues à chatons ornés. — La feuille ou un autre ornement, sinon le cercle près du chaton.

Bagues à chatons ouvrants. — La bâte, à défaut de place sur le cercle ou les ornements.

Bagues à chatons simples. — Le cercle contre le chaton.

Bagues à viroles mobiles ou tournantes. — Le cercle de dessous ou le bord de la virole.

Bagues chevalières creuses. — Le filet du bord.

A défaut de cette place ou d'une autre, elles doivent être garnies d'un support.

Bagues creuses. — Voir anneaux de doigt creux.

Bagues dites colliers de chiens. — La plate-bande, entre les deux carrés, ou l'un des carrés, près du chaton.

Bagues dites semaines. — Chacun des cercles, près du chaton.

Bagues en écaille, émaillées et autres, garnies. — La place la plus disponible.

Celles d'écaille garnies seulement de filets incrustés sont dispensées de la marque. (Voir à la fin les objets dispensés de la marque.)

Bagues-Joncs. — Le plat du cercle.

Bagues ouvrant en dedans. — La plaque fermoir, à défaut d'autre place.

Balances. — Chaque bassin en dedans Les branches ou chaînes de suspension. (Voir chaînes.)

Bandeaux de front. — Les plaques. Les deux bandes de droite et de gauche, soit fixes, soit à charnières.

Bandeaux de peignes. (Voir galeries de peignes.)

Barrettes à réunir diverses décorations. — La plate-bande unie du tour.

Bassinoires. — Le bassin près de la douille du manche. Le couvercle, près de la charnière, en dessus.

Bâton pastoral. — Voir crosses d'évêques.

Bénitiers. — Le bord de l'ouverture et le pied. (Voir anses.)

Bénitiers à accrocher. — Voir croix à bénitiers.

Binocles. — Les deux branches.

Bobêches libres. — La virole ou la plate-bande du tour.

Boîtes à briquet. — Le collet du couvercle ou la bâte de la cuvette sur le bord, en dehors de la place que doit occuper le briquet.

Boîtes à cure-dents. — Voir boîtes de toutes formes.

Boîtes à odeurs. — La gorge. (Voir cassolettes.)

Boîtes d'attaches pour chaînes de bracelets, sautoirs et autres. — Le bord d'ouverture. L'anneau quand elles sont montées et qu'elles ne présentent pas d'autre place.

Boîtes (petites) pour cheveux et menus cordonnets, forme cylindrique et à pans.

Sont généralement dispensées de la marque, celles dont l'ouverture ne dépasse pas 4 millimètres de diamètre, à moins qu'elles ne soient montées sur des chaînes d'or ou d'argent trop délicates pour supporter des empreintes.

Dans ce dernier cas. — Un double coup de poinçon de petite garantie sur l'une des boîtes. Ces deux marques doivent être près l'une de l'autre et sans être séparées par une soudure.

Boîtes d'un diamètre supérieur à 4 millimètres. — Le tube.

Boîtes montées. — L'anneau près de l'assemblage, à défaut de place sur le corps.

Boîtes à thé. — La surface extérieure du fond, sans contremarque, au moyen d'un mandrin introduit dans l'intérieur. Quant à celles dont le cou est trop étroit ou garni de pas de vis, — les couvercles, au-dessus du pas de vis, ou sur le fond.

Boîtes aux hosties. — Voir custodes.

Boîtes aux saintes huiles. — Le pied de la boîte. A défaut de place, la gorge d'ouverture sans contremarque. Le couvercle, sur la croix. Le petit poinçon, sur la croix de la touche. (Voir boîtes doubles aux saintes huiles.)

Boîtes de montre de fabrique nationale. — Le bouton de la queue ou pendant avec les petites contremarques. Le fond en dedans ou en dehors, selon la main d'œuvre. Les boutons creux doivent être garnis d'un support en dedans. La bâte intérieure ou carrure. La cuvette intérieure à charnière ou soudée, sans contremarque. La bélière ou anneau lorsqu'elle est pleine.

Si le fond est décoré ou émaillé on applique un deuxième coup de poinçon sur la carrure. (Marque en garniture.)

Boîtes doubles dites à la turque et boîtes dites savonnettes ou de chasse. — Les deux fonds sans contremarque. Si l'un des deux fonds ne peut recevoir l'empreinte, le petit poinçon double sur l'autre fond, et même au besoin sur la bâte sans contre-marque.

Le petit poinçon remplace le gros où celui-ci ne peut s'appli-quer sur les boîtes de montres.

Les boîtes de montres doivent être garnies de leurs bélières lorsqu'elles sont présentées au bureau.

Boîtes de montres importées sous plomb de douane. — Le poinçon spécial à l'horlogerie étrangère. (Voir l'article précédent.)

Boîtes de toutes formes. — Séparément boîte et couvercle, soit qu'on puisse appliquer le gros poinçon sur les deux parties, soit que l'on ne puisse l'apposer que sur l'une et le petit sur l'autre, comme il sera dit aux tabatières. Contremar-quer les deux parties. ou du moins l'une d'elles.

Le poinçon et le point d'application varient selon que les pièces sont grandes ou petites, pleines ou creuses, chargées ou non d'ornements et de différents modèles.

Boîtes à compartiments et à deux couvercles. — L'un et l'autre couvercle, indépendamment du corps de la boîte.

Boîtes à couvercles vissés. — Le couvercle, en dehors des pas de vis, sans contremarque.

Boîtes pour sceaux de franc-maçonnerie, à vis ou à frotte-ment. — Les deux côtés. Celles à vis sans contremarque. Celles à frottement, avec contremarque, sur la bâte de la cuvette.

Boîtes doubles aux saintes huiles. — Les deux boîtes. (Voir boîtes aux saintes huiles.) Le petit poinçon sur le pont ou traverse qui les réunit. (Voir coffrets de boîtes aux saintes huiles.)

Bols. — Le bord de la coupe, le pied et les anses. (Voir anses.)

Bonbonnières. — (Voir boîtes de toutes formes.)

Bouchons de flacons simples. — Au-dessus du pas de vis.

Bouchons de flacons doubles à charnières. — La virole de dessous et le couvercle. L'anse près de la goupille qui tient à la virole. (Voir flacons.)

Bouchons de liège garnis pour bouteilles. — La calotte ou la boule traversée par l'anneau tournant. L'anneau·près de l'assemblage.

Bouchons de liège pour boîtes de cristal — Le cercle plat qui entoure le liège.

Boucles de ceintures.— La boucle. La chape, sur une bande. La plaque de recouvrement, lorsqu'elle est à coulisse ou à charnière. Un des ardillons, lorsqu'ils sont montés sur des chapes d'un autre métal. Dans ce cas, le charnon ou l'une des pointes.

Boucles de souliers. — L'une des bandes ou l'un des ponts.

Boucles d'oreilles à chatons ornés sans talon. — Le chaton sur un des ornements.

Boucles d'oreilles à talon d'argent et à cliquet d'or. — Les deux parties, chacune du poinçon qui la concerne.

Boucles d'oreilles à talon en jais ou autres matières, avec cliquet d'or ou d'argent. — Le cliquet, près de la jonction avec le talon.

Boucles d'oreilles creuses. — Le talon près de la goupille, sur le support ajusté pour cet effet. Ne marquer sur le cliquet qu'autant qu'il y a nécessité absolue.

Boucles d'oreilles pleines dites brisures. — Le talon, près du chaton.

Bougeoirs. — La soucoupe, sous la moulure. La tige, au bord d'ouverture, ou sur la bobèche fixe. L'anse. (Voir bobèches libres.)

Bouilloires ou bouillottes. — Près de la douille du manche ou près de l'anse, sous le carré de renfort de l'ouverture. Le couvercle, sur la bâte.

Boules à eau servant de réchauds. — Le bord du plat, en dessus, et le fond sans contremarque. Le côté de la boule, près de l'anse. Les anses.

Bouquets de parure pour cheveux et autres bouquets. — Un double coup de poinçon ordinaire sur une feuille, fleur, entourage de pierres ou autre place. Les glands et pendeloques d'ornements, chacun à part. L'une des tiges, quand elles sont d'un métal différent, et, de préférence, la tige principale.

Bourses en mailles ou tresses. — Un double coup de poinçon. — Si les mailles ou fils tressés sont trop délicates, le double coup sur l'un des deux côtés du fermoir. (Voir fermoirs, glands et coulants.)

Boussoles. — Le bouton de la queue. Le fond, sans contremarque.

Boutons de chemises à ressort dits Deleuze. — Le bouton. Le ressort sur le bout recourbé.

Boutons de chemises en nacre, garnis d'or ou d'argent

Ce genre de bijoux est dispensé de la marque, quand le dessus seulement du bouton est garni d'une feuille d'or ou d'argent. (Voir à la fin les objets dispensés de la marque.)

Boutons de chemises simples. — L'une des deux plaques, et,

de préférence, celle de dessous. La chaînette des boutons doubles ou triples se marque à part (voir chaînettes), à moins qu'elle ne soit trop fragile. Dans ce dernier cas, une double empreinte du poinçon ordinaire sur l'un des boutons.

Boutons de manches. — (Voir boutons d'habits ou de gilets.)

Boutons de manches doubles. — La plaque. L'esse ou chaînette.

Boutons d'habits ou de gilets. — La plaque ou l'anneau soudé, lorsque la plaque ne peut se marquer.

Boutons de couvercle (orfèvrerie). — (Voir graines.)

Bouts de table. — (Voir salières doubles.)

Bracelets. — Le cadenas. Les plaques. Les petites plaques qui forment entre-deux. En cas de nécessité, la marque sur une seule plaque ou sur un entre-deux au centre.

Bracelets d'une seule pièce. — Une seule marque. Le cadenas séparément. Les chaînes de bracelets en or ayant au moins 10 centimètres de longueur sont marquées d'un poinçon spécial. (Voir chaînes en pelottes, etc.) A défaut de cette longueur, ou pour cause de délicatesse des chaînes, la marque avec le poinçon ordinaire, sur une pièce d'attache, plaque ou autre accessoire.

Les bracelets d'or sont généralement marqués au poids.

Les chaînes de bracelets en argent sont aussi marquées de dix centimètres en dix centimètres, mais du poinçon ordinaire.

Bracelets à réunir pour former un collier ou un sautoir. — Chaque bracelet séparément. (Voir cadenas.)

Breloques diverses, garnies et non garnies. — Le corps des objets ou les garnitures principales.

Brisures. — (Voir boucles d'oreilles.)

Broches. — (Voir épingles.)

Brochettes. — (Voir hatelettes.)

Brosses à barbe. — L'ouverture qui retient les soies. L'étui de la brosse sur les diverses parties qui se démontent. (Voir étuis de brosses à barbe.)

Brosses à dents, à ongles. — Le côté uni où se fixe le crin.

Brosses à dents, à ongles, avec manches d'ivoire. — La douille qui reçoit le manche.

Burettes. — L'un des côtés du versoir. Le pied. Le couvercle en dessus, près de la charnière. Le bassin sur le fond, sans contremarque, et sur la moulure. (Voir doublures et anses.)

Cachets de bureau. — Le manche. La douille ou la plaque du cachet. Dans ce dernier cas, point de contremarque.

Cachets de chaînes de montres. — Le corps de la pièce. A

défaut de place, la bélière, près de la vis (Voir clefs-cachets.)

Cadenas tournants. — Les deux parties.

Cadenas plats. — L'ansette soudée opposée au fermoir. Le fermoir, sur le corps.

Cadenas ronds à pans et autres. — L'anneau soudé opposé au fermoir. La règle, rarement exécutable, est de marquer le corps du cadenas. Le fermoir, comme à l'article précédent, à moins d'empêchement causé par la forme ou la délicatesse.

Cadenas à double fermoir. — Le corps de la pièce à l'ouverture, à défaut d'autre place comportant la contremarque. Les deux fermoirs.

Cadenas-épingles à double fermoir, l'un à crochet, l'autre monté d'une queue. — La plaque du cadenas. La queue de l'épingle. Le corps du deuxième fermoir.

Cadenas ouvrant à clef. — Le corps, s'il est plein. Dans le cas contraire, le cliquet, près de la charnière. La clef séparément.

Cadres de couvertures de livres. — Les deux parties du cadre. Le dos, s'il est articulé à charnières (Pour les garnitures et ornements, voir portefeuilles.)

Cadres de miroirs. — Le fronton. Les diverses parties qui se détachent. (Voir appliques d'ornements.)

Cadres garnis d'argent. — Chacune des diverses pièces.

Cadres en médaillon pour portraits, etc. — Les deux côtés cadre, s'il ouvre à charnière. Le pendant, s'il est plein.

Cafetières à base plate ou à pied. — En dessous du bord d'ouverture, près de la douille du manche ou des oreillons. Le couvercle sur le collet.

Cafetières à trois pieds — L'un des trois pieds. (Voir l'article précédent.)

Cafetières sans ébullition, dites Dubelloy. — La pièce de dessus, près de l'anse, sous le carré de renfort. La pièce de dessous, près de la douille du manche ou anse. Le fouloir, sur la plaque. La passoire, sur le côté. (Voir anses.)

Cages de tabatières. — La bâte de fermeture, près· de la charnière. L'autre partie, c'est-à-dire la cuvette et le couvercle, comme il est dit au mot tabatières.

Caisses. — (Voir coffres.)

Calices. — Le bord de la coupe en dehors, sans contremarque. Le pied sur la bâte. La tige. (Voir doublures, appliques d'ornements et patènes.)

Calumets. — L'ouverture sur le bourrelet.

Canifs. — Les manches pleins sur une partie unie. Les

manches creux à l'ouverture. (Voir viroles, écussons, cuvettes.)

Cannes. — La pomme et le bout. Pour les pommeaux à cassolettes, une seconde marque sur la grille.

Les viroles d'argent sont dispensées de la marque. (Voir à la fin les articles dispensés.)

Canules pour trois quarts (chirurgie). — La spatule sur le côté convexe ou concave.

Carnets. — (Voir livres, portefeuilles.)

Casques. — La pièce principale ou corps du casque. La grande plaque de devant. Le contre-nœud de derrière. Les deux parties composant le cimier et quelques accessoires d'ornements.

Casseroles. — Le côté, près de la douille du manche.

Casseroles de table. — Le côté, près de l'une des anses. Les doublures, sur le bord d'ouverture. Les couvercles, en dessus ou sur la bâte. (Voir anses, graines, couvercles.)

Cassettes. — (Voir coffres.)

Cassolettes. — La grille La cuvette, sur la bâte ou une autre partie.

Chaînes d'encensoirs (orfèvrerie). — Le gros poinçon de décimètre en décimètre, quand leur force le permet. Les gros accessoires.

Chaînes de lampes d'église, etc. (orfèvrerie). — Le gros poinçon sur les extrémités. Le petit poinçon ordinaire sur les autres maillons et accessoires.

Chaînes d'huissiers. — Comme l'article précédent.

Chaînes en pelottes, en bouts et montées. — Pour celles d'or, le poinçon de remarque. Pour celles d'argent, le poinçon ordinaire. Séparément les coulants, montures et accessoires.

Le poinçon s'apposera de décimètre en décimètre, et sur le corps des chaînes de tout genre. La première marque s'applique au commencement du premier décimètre, et ainsi de suite. Les chaînes seront contremarquées lorsque leur forme ou leur force le permettront.

Chaînes montées or et argent. — Celles qui ne pourront être marquées, ni de décimètre en décimètre, ni maillon par maillon, seront frappées d'un double coup du poinçon ordinaire, sur une pièce d'attache ou autre accessoire. Tels sont les chaînes tressées, creuses, émaillées, jaserons fins, crémaillères à paillettes, etc. (Voir sautoir.)

Les chaînes d'or sont généralement marquées au poids.

Chaînes châtelaines, léontines, etc. — Les garnitures et accessoires. (Voir chaînes en pelottes, etc.)

Chaînes-échelles. — Les maillons de traverse ou échelons.

Chaînes-figaro, à anneaux brisés et autres. — Le poinçon ordinaire sur celles qui pourront être marquées maillon par maillon, comme certaines chaînes-figaro pleines et autres, composées de forts anneaux brisés.

Chaînes de montres. — Comme aux chaînes en pelottes.

Chaînes de montres formées d'anneaux brisés. — Un double coup du poinçon spécial, de décimètre en décimètre, sur celles dont les maillons se suivent par groupes de deux ou trois anneaux réunis. Sur celles d'argent, le poinçon ordinaire.

Chaînes de montres formées d'anneaux brisés, or ou argent. — Selon l'un des cas ordinaires, celles dont les maillons alternent un par un. A part les anneaux brisés des extrémités, les pièces d'attache, coulants et autres accessoires.

Chaînettes en général, pour agrafes de manteaux, pipes, bagues à cassolettes, œufs à infusion, médaillons, coulants de bourses, épingles-jumelles, étiquettes de flacons, boutons de chemises, etc. — Un ou plusieurs coups de ponçon, selon leur longueur. (Voir chaînes.) Un coup, même quand elles n'ont pas la longueur exacte du décimètre, pourvu qu'elles soient montées.

Chandeliers d'église à pieds ronds et triangulaires et chandeliers ordinaires. — Les pieds. Les tiges fixes ou mobiles. Les chapitaux et les bobèches libres. (Voir appliques d'ornements, bobèches libres, flambeaux.)

Chapes. — (Voir boucles.)

Charnières pour tabatières d'écaille, buis, etc. — Les deux bandes.

Chevalets de couteaux. — (Voir porte-couteaux.)

Chiffres de shakos. — Chaque chiffre

Chocolatières. — (Voir bouilloires.)

Christs. — (Voir figures.)

Christs d'applique. — (Voir crucifix.)

Ciboires. — La coupe, sur le bord de l'ouverture, sans contre-marque. Le couvercle. La croix. Le pied, sur la bâte. La croix et la tige du gros ou du petit poinçon, suivant le cas. (Voir appliques d'ornements et doublures extérieures.)

Ciboires-custodes. — (Voir ci-dessus et custodes.)

Ciseaux à branches. — Les deux branches. Celles creuses à l'ouverture qui reçoit les lames. (Voir fourreaux.)

Ciseaux de nacre et autres matières, à sabot d'or ou d'argent — (Voir les articles dispensés de la marque.)

Ciseaux de chirurgie. — Les deux branches, en dedans.

Ciseaux à raisin. — Les deux branches, de préférence au-dessus de l'anneau. Le petit poinçon sur les branches creuses.

Claviers pour fermer les chaînes. — Les deux pièces. Sur le corps si elles sont pleines ; si elles sont creuses, sur l'anneau, près de l'assemblage.

Clefs à bâte. — Le tenon saillant.

Clefs à la bréguet. — La bélière, ou la partie repercée tournante, si la bélière ne peut recevoir la contremarque.

Clefs-cachets tournants. — Les deux pièces, savoir : la clef, sur une partie disponible ; le cachet, sur la contrebâte, près de l'enchancrure.

Clefs-clefs. — Le tube avec un mandrin, ou l'anneau, sur la perle pleine.

Clefs forme soufflet. — La partie unie qui forme le manche.

Clefs de montre en général. — A défaut de place sur le corps, le col ou tenon soudé sur le haut de la clef ou autre partie soudée au corps principal.

Clefs d'instruments de musique. — Au gré du fabricant, et de manière à ne pas les fausser.

Cloches ou couvre-plats. — Le dessus, près du bandeau-pourtour. (Voir anneaux, graines, rosaces, appliques d'ornements.)

Clochettes pour pendeloques en verre, jais, etc. — L'anneau, près de l'assemblage.

On ne poinçonne que les clochettes sur lesquelles l'anneau est soudé. (Voir les articles dispensés de la marque.)

Clyso-pompes. — Les pièces diverses.

Cocardes. — Le bord.

Cœurs (pièces creuses destinées à contenir un cœur humain et formées de deux coquilles.) — Quand les coquilles ne sont pas encore soudées, l'une et l'autre, à quelque distance du bord où sera l'assemblage. Lorsqu'elles sont soudées, l'ouverture à pas de vis et le fermoir.

Cœurs à trois trous (bijoux de campagne). — L'une des ouvertures, sur le bord ou bourrelet du bord.

Cœurs ouvrants. — La bâte polie extérieure ou l'un des fonds. Cette dernière partie sans contremarque.

Cœurs simples en verre garnis. — L'anneau près de l'assemblage.

Coffres, coffrets. — Le couvercle. Le corps du coffre, sur le côté près de la charnière. Les deux portants.

Coffies (garnitures de). — Les encadrements, bordures, angles, écussons, poignées ou anses, plaques, ornements et accessoires. Le gros ou le petit poinçon suivant la force des pièces.

Coffrets pour boîtes aux saintes huiles. — Le bord de l'ouverture. Le couvercle et la croix du couvercle.

Colliers. — D'après l'une des dispositions établie à l'article chaînes. (Voir bracelets pour les colliers qui se démontent en deux ou trois parties.) A part, les bouts de chaînes et accessoires dépendant de la pièce principale.

Colliers formés de plaques. — Autant que possible plaque par plaque, et chaque entre-deux de plaque avec le poinçon ordinaire. S'il y a difficulté, deux coups de poinçon sur la plaque du milieu.

Colliers pour chiens. — Un coup de poinçon s'ils sont d'une seule pièce. Deux coups s'ils ont une charnière. Le petit poinçon sur les accessoires.

Colonnes à vis pour huiliers et autres pièces d'orfèvrerie. — L'ouverture.

Colonnes soudées. — Le petit poinçon sur la tige, quand on ne peut la frapper du gros poinçon, et sur les coulants dans lesquels s'introduisent des soies de colonnes.

Compas. — Les deux branches en dedans.

Coquetiers. — Le bord évasé en dehors. Le pied.

Coquillages garnis. — La bâte du couvercle. La garniture de la cuvette, si elle peut être marquée.

Coquilles d'entremets et autres pièces de cette forme, telles que salières, etc. — Près de l'anse et l'anse. (Voir anses.) Le carré du pied.

Coquilles ou feuilles à thé. — Le bord et l'anse, celle-ci étant tout or ou tout argent.

Corbeilles à fruits, à pain, etc. — Le bord de la corbeille, à l'ouverture. La bâte du pied. L'anse qui, selon les cas, reçoit la petite empreinte.

Cornets acoustiques. — Le bord de l'ouverture. Pour les cornets d'un modèle extraordinaire, se conformer au désir du fabricant.

Cors de chasse pour équipement militaire. — L'issue évasée, ou autre partie pleine du corps de la pièce.

Coulants de bourses. — Le bord poli ou ciselé, ou le dessous du bord.

Coulants de serviettes. — Entre les deux moulures.

Coulants pour chaînes de montres, etc. — Le bord de l'ouverture ou autre place disponible.

Coulants cylindriques et à pans dont le diamètre dépasse 4 millimètres, pour cheveux, tresses, cordonnets. — Avec ou sans mandrin. (Voir aux articles dispensés de la marque.)

Coupes. — (Voir déjeuners.)

Coupes fausses. — (Voir doublures.)

Couteaux à papier et autres. — Les lames, près de l'embase. Les manches seulement garnis, sur un ou plusieurs des ornements. Les viroles ou cuvettes d'or, indépendamment des ornements. (Voir cuvettes et viroles de coutellerie.) Aux lames creuses, la petite marque en bas, sur le bord de l'assemblage.

Couteaux de chasse. — Les montures du manche et du fourreau. Le petit poinçon sur les petites garnitures. Les fourreaux tout argent, à l'ouverture.

Couteaux de table. — La lame, près de l'embase. Le manche, à l'ouverture, sur le bord ou sur la gorge. Le petit poinçon sur les manches faibles et ceux montés. (Voir cuvettes, viroles.)

Couronnes pour figures de vierges ou de christs. — La galerie du bas. La croix du haut qui surmonte la boule. (Voir appliques d'ornements.)

Couvercles de toutes sortes. — Les grands couvercles en dessus, quand ils peuvent se poser sur la bigorne ; autrement, la bâte. Le petit poinçon sur ceux qui ne peuvent supporter la grosse empreinte. (Voir les pièces diverses comportant couvercles.)

Couverts. — (Voir cuillers et fourchettes.)

Couvre-plats. — (Voir cloches.)

Cravaches. — (Voir cannes.)

Crémiers. — (Voir pots à crème.)

Crochets de ciseaux. — (Voir agrafes.)

Crochets pour montres, breloques, etc. — La queue. La comète fixe ou mobile.

Croix de chapelle (orfèvrerie). — Le bras d'en haut. Le pied et la tige, si la croix est tout argent ; sinon, chaque garniture du gros ou du petit poinçon.

Croix de procession. — Chaque douille détachée, sur l'ouverture. Les deux gloires, sur un rayon. Le christ sur le pan de la ceinture. (Voir appliques et ornements.)

Croix à la jeannette et autres analogues (bijouterie). — La patte, contre l'assemblage, quand elles sont creuses ; l'une des branches, quand elles sont pleines. Séparément les poires de suspension dites Mirzas ou autres.

Croix d'écoles. — Près du trou percé pour l'anneau.

Croix de la Légion d'honneur. — Le nœud de la guirlande, ou la croix ou fleuron de la couronne.

Croix de Saint-Maurice et autres ordres (tout émail). — L'anneau de suspension.

On s'expose à faire éclater l'émail en marquant sur la bélière ou autre partie de la croix.

Croix diverses de cou, en coraux, à pierres et autres. — L'anneau soudé près de l'assemblage, si elles ne peuvent être marquées sur le corps.

Croix en bois garnies. — La douille du haut et les ornements d'encoignures.

Croix ouvrantes. — Le corps, en dessus, ou l'un des grains qui terminent les branches. Les christs fixés à l'intérieur si c'est possible.

Croix pastorales. — L'une des branches. Séparément les têtes d'anges placées dans les angles, lorsqu'elles sont d'un autre métal que le corps de la croix.

Croix-reliquaires. — (Voir reliquaires.)

Crosses d'évêques. — L'extrémité de la spirale et les divers tubes à vis qui s'ajustent à la suite. Le petit poinçon sur la spirale, si l'extrémité n'est pas pleine. (Voir appliques d'ornements.)

Crucifix tout argent. — La branche d'en haut. La ceinture du christ. Le bénitier et son couvercle. Le pied ou socle, s'il y en a un.

Crucifix en bois. — Les diverses garnitures.

Crucifix (petits). — Le christ sur le pan de la ceinture ou autre partie pleine. La croix, comme il est dit aux croix ouvrantes.

Cuillers à bouche, à café, oilles, ragoûts, à ornements. — Au gré du fabricant. (Pour les cuillerons, simples ou non, montés sur des manches de coutellerie. — (Voir couteaux.)

Cuillers articulées. — Les deux parties.

Cuillers à pilon pour eau sucrée. — Le cuilleron ou le manche.

Cuillers à punch. — Le cuilleron et le manche, ou la douille du manche.

Cuillers à sel, moutarde et autres petites cuillers. — Comme les cuillers à bouche, etc. — Le cuilleron, si le manche n'est pas tout argent.

Cuillers à sucre, olives, compottes. — Le cuilleron, plus le manche, s'il est tout argent.

Culasses de fusils et armes à feu. — (Voir fusils.)

Cure-dents et cure-oreilles. — La plate-bande. Le manche ou tube sur lequel ils sont montés.

Custodes. — La gorge d'ouverture, sans contremarque. — Le carré du bas ou pied. Le couvercle. La croix du couvercle. Pour les custodes sans couvercles, dont les gorges se vissent sous des coupes de ciboires, le pied.

Cuvettes d'aiguières — Le fond, sans contremarque. — La moulure en dessus. Le petit poinçon sur les moulures creuses.

Cuvettes intérieures de montres. — (Voir boîtes de montres.)

Cuvettes de coutellerie. — On ne marque que celles en or.

Cuvettes de coutellerie en argent. — (Voir les articles dispensés de la marque.)

Décorations de la Toison d'or d'Espagne. — La plaque émaillée du haut. La toison. Les deux coulants. Le trophée qui se passe dans le ruban en sautoir.

Décorations maçonniques. — L'anneau soudé, parce qu'elles sont généralement garnies sur tous les points de portées pour pierres.

Déjeuners (coupes de diverses formes). — Le bord d'ouverture, en dessus. Le pied (voir anses et couvercles). Les soucoupes ou plateaux, commes les assiettes.

Dés à coudre. — Le jonc, ou, au-dessus, sur les filets unis ou molettés, feuillages d'ornements ou parties mates, entre le bord et la piqûre.

Dés de flacons, de fouets. — (Voir bouchons, pommes de cannes.)

Dés percés d'outre en outre ou doigtiers. — Le bord.

Diadèmes (parures). — Les divers chatons ou plaques ; sinon, la double marque sur le chaton du milieu. A part, le corps sur lequel sont rapportés les chatons, de même que les accessoires.

Doublures de tabatière en écaille, buis, tabletterie, etc. — Les deux fonds et le cercle du couvercle ; le tout sans contremarque. Quand ces deux garnitures n'ont pas assez d'épaisseur, le petit poinçon.

Doublures extérieures ou fausses coupes de ciboires, de calices, d'aiguières, etc. — Une partie unie, près du bord.

Doublures intérieures de soupières, de saucières, etc. — Le corps de la pièce, sous le bord.

Douilles de casseroles, etc., destinées à recevoir des manches de bois, d'ivoire, etc. — Ne reçoivent pas de marques. Il n'y a d'exception que pour les douilles qui sont désignées ou qui sont mobiles.

Ecritoires. — L'encrier. Le sablier. Leurs couvercles. Le plateau et les divers accessoires. (Voir encriers, sabliers.)

Ecumoires. — La partie unie, près du manche. — Le manche s'il est tout argent.

Ecussons de coutellerie. — (Voir aux objets dispensés de la marque.)

Encensoirs. — La gorge du fond servant de réchaud. Le carré de renfort du pied. Le couvercle, sur le collet qui entre sur la gorge. Le chapiteau qui soutient les chaînes, sur le bord plat dont il est entouré. Les accessoires et les grands anneaux. (Voir chaînes.)

Encriers. — La pièce principale et le couvercle.

Encriers de cristal à double fermoir. — Les deux parties : couvercle et fermoir de couvercle. (Voir couvercles et bouchons de liège.)

Entonnoirs. — Le bord évasé.

Epées. — La poignée. La garde. Les garnitures, y compris celles du fourreau

Epées (fourreaux d') tout argent. — Près l'ouverture.

Eperons. — L'une des deux branches. Les accessoires.

Epingles à comètes d'argent et queues d'or. — Les deux parties, comme il est dit à l'article épingles avec comètes mobiles à charnières.

Epingles à comètes fixes. — La comète, sur un des ornements. A défaut de place, la queue près de l'assemblage.

Epingles à têtes fixes. — L'épingle, près de la tête, ou la tête, suivant son importance.

Epingles avec comètes mobiles à charnières. — L'un des ornements de la comète. A défaut de place, le crochet. La queue près de la charnière.

Epingles-broches. — (Voir épingles à comètes mobiles.) Séparément les poires d'ornement suspendues à la plaque. (Voir cadenas-épingles pour les broches dont les queues mobiles sont montées sur un cliquet, ou le cliquet sur un crochet.)

Epingles-charbonnières. — L'un des cœurs soudés sur le cercle. A défaut de cœur, le cercle. La queue, au point de jonction avec le cercle. Les cercles creux doivent être garnis d'un support.

Epingles-jumelles. — Comme celles à têtes fixes. (Voir chaînettes.)

Epingles-marinières. — L'ancre. La queue, comme aux épingles-charbonnières.

Epinglettes de fusils. —L'épinglette. La chaînette. Le crochet.

Epinglettes de pipes. — (Voir pipes.)

Epis pour parures. — (Voir bouquets.)

Equipements militaires.— (Voir jugulaires, casques, schakos, hausse-cols, chiffres de schakos, cocardes, tulipes de plumets.)

Erignes (chirurgie). — Les deux pièces vissées.

Esses pour boutons de chemises, chaînes, etc. — Près de la jointure, à l'une des extrémités.

Etaux pour manches de gigots. — Les deux branches. La vis de pression.

Eteignoirs. — Le dessus. L'anse.

Etiquettes de vases, bouteilles et flacons. — Le dessus près du bord. (Voir chaînettes.)

Etuis à aiguilles. — La gorge, ou le corps principal pour ceux qui représentent des figures. Le couvercle.

Etuis de brosses à barbe.. — L'étui. Le couvercle. (Voir boîtes de toutes formes.)

Etuis de lancettes. — Le corps principal. La grille. Le couvercle.

Etuis de porte-pierre. — (Voir porte-pierre.)

Etuis pour manches de gigots. — La douille à l'ouverture, ou le fond à l'extérieur Dans ce dernier cas, sans contre-marque. La vis de pression.

Eventails. — Les deux faces de droite et de gauche.

Faces à main. — Les deux parties de la face articulée. Le tasseau sur le corps. Les deux plaques du manche. Si la face est d'une seule pièce, un seul coup de poinçon.

Fausses-coupes. — (Voir doublures.)

Fausses-montres. — (Voir médaillons.)

Ferrets d'aiguillettes. — La boule pleine du bas. Les coulants.

Fermoirs de bourses. — Les deux parties, à l'un des bouts. (Voir bourses.)

Fermoirs ou cliquets de cadenas. — Le corps de la pièce. Pour ceux montés sur queues d'épingles, voir cadenas-épingles.

Fermoirs de sacs. — Les deux côtés, à l'un des bouts.

Féronnières. — (Voir bandeaux et chaînes.)

Fers pour manches de coutellerie en pied de biche. — Le côté poli.

Figures et gros ornements pour l'embellissement des ouvrages et formant tiges et supports. — Une partie pleine. Le petit poinçon sur les pièces creuses. Sur les christs, le pan de la ceinture. (Voir appliques d'ornements, graines et rosaces de couvercles.)

Flacons de cou. — A l'ouverture et autre place disponible. (Voir bouchons de flacons.) Si le flacon est seulement garni, les garnitures principales.

Flambeaux. — La bâte du pied. La tige. Les bras qui soutiennent les bobèches ou le porte-bobèche simple. (Voir bobèches libres et girandoles.)

Fontaines.—Le col, près de l'une des anses. Le socle ou pied, sur le carré du bas et sur l'ouverture du haut, s'il se démonte. (Pour les fontaines posées sur un socle, contenant une lampe et servant de théières. (Voir lampes.) Le petit poinçon, sur le robinet et ses accessoires. (Voir anses, couvercles, graines, rosaces.)

Fouets. — (Voir cannes.)

Fourches à cheveux pour soutenir des bouquets. — Comme les grilles de peignes. (Voir peignes.)

Fourchettes diverses (petites). — (Voir cuillers (petites.)

Fourchettes à dépecer. — La partie unie, sous les dents. La bascule. Le manche.

Fourchettes à huîtres. — La partie unie, sous les dents. Le manche.

Fourchettes ordinaires. — (Voir cuillers à bouche, etc.)

Fourchettes articulées. — Les deux parties. (Voir cuillers à bouche, à ornements. etc.)

Fourreaux d'épées, de couteaux, de poignards, etc. (Voir épées.)

Fourreaux ou gaînes de ciseaux, de tire-bouchon, de cure-dents. — Le bord, à l'ouverture. Le couvercle, s'il y en a.

Fusils. — La sous-garde. La sous-crosse ou culasse. Le porte-vis et les petites garnitures.

Galeries de peignes. — Les deux parties, quand les bandeaux sont en argent et surmontés de galeries d'or. Les galeries ornées de chatons rapportés, chaton par chaton, ou empreinte double sur le chaton principal. La galerie à part. (Voir diadèmes.) Un seul coup de poinçon sur les galeries d'or d'une seule bande sans chaton.

Galeries de plateaux. — (Voir plateaux et surtouts.)

Garnitures. — (Voir coquillages, portefeuilles, flacons, cadres, cages de tabatières, fusils, sabres, pipes, clefs d'instruments à vent, etc.)

Girandoles. — La tige principale et chaque rameau. (Voir bobèches libres.)

Glands de bourses et autres. — Le corps autant que possible, ou l'anneau soudé près de l'assemblage.

Gloires d'ostensoirs. — (Voir croix de procession et ostensoirs.)

Gobelets à bouillon. — Le bord, en dessus, et l'anse. (Voir couvercles.)

Gobelets à pied. — Le bord, en dessus. Le pied.

Goupillons. — La boule pleine du bout. La pomme repercée et à vis de l'autre bout qui reçoit une éponge en dedans et des crins en dehors. L'anneau de suspension.

Graines et boutons pour petits couvercles, pinces à sucre, etc. — Le collet ou la boule.

Graines et rosaces de couvercle. — Le gros ou le petit poinçon, suivant leur force. Pour les poignées de couvercle figurant des animaux, des feuillages et autres objets de toutes formes, les places pleines ou polies. Quand les rosaces sont soudées, les graines seulement.

Gratte-langue. — L'une des extrémités.

Grattoirs de bureau. — L'ouverture du manche, s'il est tout or ou tout argent. (Voir canifs.)

Grelots de hochets. — L'anneau soudé.

Grilles de peignes. — (Voir peignes.)

Grilles de cassolettes. — (Voir cassolettes.)

Hatelets ou hatelettes, forme de broche, sabre, flèche et autres. — Le haut de la lame. La poignée à vis. L'anneau de suspension.

Hausse-cols. — L'un des bouts cintrés. L'applique si elle n'est pas soudée.

Hochets. — Le corps principal ou la douille du suçoir.

Hochets à robe. — Le pan de la robe. (Voir grelots.)

Hochets en trompette ou cor de chasse. — La partie évasée.

Hochets polichinelle. — Le chapeau.

Huiliers. — Le fond du plateau, sans contremarque. Le carré, galerie ou moulures dudit plateau. Les deux porte-burettes, sur le cercle du haut ou sur les palmes et ornements, et sur le fond mobile ou fixe, sans contremarque. La plaque de jonction des porte-burettes et les porte-bouchons.

Incrustations. — A la demande du fabricant, celles qui seraient fortes et non montées. (Voir les articles dispensés de la marque.)

Instruments de chirurgie. — (Voir les articles, sondes, érignes, canules, spatules, etc.)

Eviter d'apposer les marques sur les portions d'instruments qui pénètrent dans les chairs. Ces parties doivent surtout être affranchies de la contremarque.

Jaserons. — (Voir chaînes.)

Jattes. — (Voir cuvettes d'aiguières)

Joncs. — (Voir bagues.)

Joaillerie diverse. — (Voir pendeloques à anneaux d'or sur portée à jour en argent.)

Jugulaires de schakos. — Toutes les écailles. La rosette séparément. Un seul coup sur les écailles d'une seule pièce.

Lames de couteaux. — (Voir couteaux.)

Lampes à esprit de vin et autres servant de réchauds. — La lampe. Le vase qui reçoit la mèche ou l'alcool. Séparément, les pièces détachées.

Lampes de voyage, pour nécessaires. — Le cercle supérieur ou inférieur. Chacun des montants articulés. Le couvercle.

Lampes d'églises. — La pièce principale ou cul-de-lampe, près de l'un des oreillons qui servent de support aux chaînes. Le chapeau, en dessus, sur le bord de la bâte de renfort. Les chaînes, comme il est dit à cet article. Les gros anneaux du haut et du bas. Les esses. Les figures de chérubins ou autres qui se vissent sur le cul-de-lampe. (Voir appliques d'ornements et figures.)

Lancettiers. — (Voir étuis de lancettes.)

Lorgnettes jumelles dites Beautain. — Le côté convexe de la cassolette. — La plaque du nez.

Lorgnons à tirage — Les deux parties, chacune près de la charnière.

Lorgnons simples (monocles). — Le tenon entre l'anneau et le drageoir. L'anneau contre l'assemblage, à défaut d'autre place.

Lunettes. — Les deux branches près de la charnière. La face. Les deux raquettes ou pièces analogues. Sur les faces articulées, deux coups de poinçon sur chaque pièce.

Lunettes d'approche. — Les diverses garnitures.

Manches de couteaux (voir couteaux). — Séparément ceux destinés pour cueillers à punch, truelles à poissons, cuillers d'entremets, fourchettes, etc.

Médailles religieuses et autres montées. — L'anneau soudé ou forgé avec la pièce. (Voir la lettre commune du 17 mars 1874.)

Médaillons à portraits. — (Voir cadres de portraits.)

Médaillons (fausses montres). — Le charnon de la bouclette ou le fond en dedans ; ledit fond sans contremarque.

Médaillons ouvrants pour portraits et autres. La boule,

quand elle est pleine, ou la bâte, ou le fond principal. Dans ce dernier cas, pas de contremarque.

Médaillons-plaques à réverbère. — Le réverbère et les chaînettes. Si celles-ci ne peuvent être marquées, le double coup sur le réverbère ou sur un accessoire.

Médaillons simples en verroterie. — L'anneau soudé à défaut d'autre place.

Miroirs. — Voir cadres de miroirs.)

Montres. — (Voir boîtes de montres.)

Montures (grosses) pour cristaux et pièces non désignées dans ce catalogue.

A cause de la variété des formes, les points d'application ne peuvent être indiqués avec précision.

Montures pour diverses sortes de petits bijoux en nacre, ivoire, etc. — La place la plus favorable.

Quelques montures sont exemptes de marque à cause de leur fragilité. (Voir garnitures et objets dispensés de la marque.)

Mouchettes. — Le milieu de la plaque tranchante, et la contre-partie sur l'autre branche. Le fond du porte-mouchettes, sans contremarque en dedans. La moulure.

Moulures ou bordures de plats, assiettes et autres pièces désignées. (Voir ces articles.)

Moutardiers. — Le cercle supérieur et le pied. Le couvercle sur le collet et autres places disponibles. La doublure, en dessous du bord d'entourage, ou sur le fond, en dedans. A défaut de place sur le cercle supérieur, les ornements, feuilles ou baguettes à claire-voie. (Voir anses, plateaux libres.)

Navettes d'encensoirs. — Le côté, sous la moulure, près de l'anse, et le pied. (Voir anses.) Le couvercle, en dessus.

Nécessaires. — Toutes les parties qui se détachent. Le gros ou le petit poinçon, suivant le cas.

Les ouvrages destinés pour nécessaires s'écartant des formes usuelles, et se démontant généralement en plusieurs parties, les points d'application ne peuvent être fixés

Œillères. — Le bord évasé et le pied.

Œufs à infusion repercés ou en fil tressé — Les deux moitiés, sous le bord d'ouverture. — La chaînette. Au besoin, le petit poinçon.

Oilles (cuillers à potage.) — Comme les cuillers à bouche.

Ornements. — (Voir appliques d'ornements et figures.)

Ostensoirs. — La croix. La gloire, sur l'un des rayons voisins de la croix. — La contreboîte, sur le corps. Le pied, sur la bâte.

La tige. Les nuages soudés ou goupillés. Les appliques d'ornements, telles qu'agneaux, têtes d'anges et autres principales,
quand elles ne sont pas soudées. Le petit poinçon sur les
parties qui ne comportent pas le gros, telles que le fermoir ou
porte de la contreboîte et le porte-hostie dit croissant.

Paix. — La patène ou plaque. La poignée sur les parties
unies.

Parures. — (Voir colliers, chaînes, etc.)

Passoires ou paniers à thé repercés. — Le dehors sous le
bord. L'anse et la fourchette.

Passoires à trois pieds dites Blaquières. — Comme les précédentes ou sur la moulure. Le petit poinçon sur un des pieds
soudés.

Passoires ovales. — (Voir œufs à infusion.)

Patènes de calice. — Le dessous, près du bord, sans contremarque.

Peignes. — La première dent de droite et la première de
gauche, près de l'assemblage, avec le gros poinçon. Les bandeaux séparément. (Voir galeries et bandeaux.)

Peignes à papillottes. — Comme dessus, plus la galerie fixe
ou mobile.

Pelles à beurre. — (Voir pelles à couper le poisson.)

Pelles à couper le poisson. — La pelle contre la douille. et
le manche, s'il est tout argent. Le petit poinçon sur les manches
tout argent, lorsqu ils ne peuvent être marqués du gros.

Pelle à sel. — Le manche. (Voir cuillers à sel, etc.)

Pendeloques. — Autant que possible les ornements d'entourage. (Voir clochettes pour les poires en verroterie.) Séparément les pièces diverses d'une pendeloque ajustée par emmaillement, crochets, charnières, bouts de chaînettes ; ainsi que
les glands, gourdes et autres pièces de suspension, à moins
qu'ils ne soient trop petits et qu'on ne puisse les poinçonner.
Quant aux pendeloques qui ne pourront être marquées sur le
corps, l'anneau soudé, contre l'assemblage.

Pendeloques à anneau d'or sur portées à jour en argent. —
La petite garantie d'or sur l'anneau. Le poinçon d'argent, au
contraire, sur l'anneau d'or, quand ces portées sont sur fond
argent blanc ou doré.

Pendeloques de sacs, bourses, etc. — (Voir glands.)

Pendeloques suspendues par deux ou trois chaînettes. — Les
chaînettes, indépendamment du corps principal et de ses
accessoires.

Pèse-liqueurs. — (Voir aréomètres)

Pinces à asperges. — Les deux branches et le coulant.

Pinces à charpie (chirurgie). — Les deux branches.

Pinces à cigares. — La tige, près de l'assemblage avec l'anneau.

Pinces à disséquer. — La partie plate où se réunissent les deux lames.

Pinces à serviettes. — L'un des deux côtés.

Pinces à sucre. — Les deux branches près des cuillerons. Le petit poinçon sur le bouton.

Pipes. — Le couvercle sur la galerie ou le fond. Le foyer et le tuyau sur l'ouverture.

Pipes garnies en écume de mer ou autres. — Le couvercle et la virole du foyer. Les garnitures telles qu'épinglettes, colliers de tuyaux, chaînettes et esses.

Pistolets. — Le petit poinçon sur les petites garnitures. (Voir fusils.)

Plaques à réverbères pour colliers.— Le réverbère en dedans, sur un des anneaux soudés, à l'endroit de la jonction. S'il y a impossibilité, le réverbère en dehors.

Plaques de baudriers pour gardes champêtres, etc. — En dehors des écussons destinés à être gravés au milieu.

Plaques de ceintures à barrettes d'attache. — Le corps de la pièce, ou l'une des barrettes près de l'assemblage. Le serpent qui réunit les deux plaques.

Plaques de colliers, bracelets. — Chaque plaque autant que possible et les entre-deux des plaques. (Voir bracelets, colliers.)

Plaques de grand officier. — Le poinçon d'or sur les quatre drapeaux d'applique. Celui d'argent sur la plaque ou sur la queue.

Plaques de Saint-Sauveur (décoration grecque). — **La plaque** et la queue à la charnière.

Plaques de schakos et coiffures militaires. — Le haut, près du bord, ou l'un des angles.

Plaques formant broches. (Voir épingles-broches.)

Plateaux libres. — Le fond, en dessous, sans contremarque. Le cercle de la galerie, près d'une anse (voir anses). Le carré, pour ceux qui n'ont pas de galerie. La moulure ou bord uni, s'il n'y a pas de carré.

Plateaux ou soucoupes de burettes, de déjeuners, saucières. (Voir ces articles et moulures.)

Plats à barbe. — Le fond, en dedans, sans contremarque. Le bord ou moulure.

Plats de table. — Le fond, en dessous, sans contremarque. La moulure. (Voir assiettes.)

Plumes. — En dedans du bec. (Voir porte-plume.) Quand les becs sont à bascule, cette deuxième partie.

Poelons. — Le côté, près de la douille qui reçoit le manche. Les queues de poelons du gros ou du petit poinçon, suivant le cas.

Poignards de marine et autres. (Voir couteaux de chasse.)

Poignées de couvercles — (Voir graines.)

Poinçons de bureau. — Le manche, à l'ouverture.

Poires à poudre pour la chasse. — Le corps principal et le dé.

Poivrières. — Le corps et le couvercle. (Voir boîtes de toutes formes.)

Pommes de cannes. — Le gros poinçon. si leur force le permet. (Voir cannes.)

Pommes de cannes pour tambour-major et tambour-maître. — L'ouverture, sous le carré de renfort.

Porte-bouquets (parure). — L'une des feuilles et le coulant.

Porte-bouteilles et porte-verres. — Le fond, sans contremarque. Le cercle.

Porte-cigares. — La grande ouverture.

Porte-couteaux. — L'un des deux côtés, ordinairement triangulaires. Le petit poinçon s'ils sont creux, et sur chacune des barrettes formant supports de couteaux.

Porte-cure-dents repercés, forme hérisson. — La partie du corps la plus favorable.

Porte-liqueurs. — Les différents cercles à flacons. La plaque supérieure qui les réunit.

Porte-mèche. — Le tube à l'une des ouvertures. Le bouton de fermeture. Le petit crochet et les chaînettes.

Porte-mouchettes. — (Voir mouchettes.)

Porte-mousqueton. — L'anneau ouvrant, sur le côté fixe. L'un ou l'autre quand tous deux sont ouvrants.

Porte-pierre (chirurgie). — Le porte-pierre. Le tube sur lequel il est fixé. L'étui qui enferme le tout. Le couvercle de l'étui.

Porte-pierre non montée. — L'ouverture fendue.

Porte-plume. — L'ouverture du tube (l'une ou l'autre).

Porte-crayons. — L'une des deux ouvertures, au bord. Point de marque sur les coulants.

Porte-crayons à calendrier. — L'ouverture du bas. La virole mobile heptagone où sont gravés les jours de la semaine.

Portefeuilles et livres. — Les diverses garnitures, cercles

d'entourage, angles, écussons, serrures ou plaques de fermeture et clefs. (Voir cadres de livres.)

Pots à crème. — L'un des deux côtés, près de l'anse. Le
carré du pied. (Voir anses et doublures intérieures.)

Pots à l'eau. — (Voir aiguières.)

Pots de nuit. — L'un des bords, près de l'anse. Le carré du
pied. (Voir anses.)

Rasoirs. — (Voir viroles, écussons, cuvettes de coutellerie.)

Réchauds de table. — Les différentes pièces.

*Suivre les règles tracées pour les ouvrages avec lesquels il y
a analogie de formes.* (Voir boules à eau, anses.)

Reliquaires. — La croix. Le corps de la pièce et le couvercle.
A défaut de parties pleines, le petit poinçon sur le corps.

Reliquaires ouvrants (croix). — La bâte, en dessus, et le
couvercle.

Ressorts de sacs. — (Voir fermoirs.)

Rivières (colliers en diamants). — Un double coup du petit
poinçon sur un des anneaux du chaton du milieu. (Voir pendeloques à anneaux d'or sur portées d'argent.)

. Ronds de serviettes. — (Voir coulants.)

Rosaces de couvercles. — (Voir graines.)

Rosettes de schakos. — (Voir jugulaires.)

S pour boutons de chemises, etc. — (Voir esses.)

Sabliers. — La bâte d'ouverture et les couvercles. (Voir
écritoires.)

Sabliers à vis. — Le petit poinçon sur le couvercle et les
pièces principales.

Sabots de ciseaux. — (Voir ciseaux et les objets dispensés de
la marque.)

Sabres. — Toutes les garnitures principales. (Voir épées.)

Saints-Sacrements. — (Voir ostensoirs.)

Salières. — Le cercle d'entourage de l'ouverture. Le carré
du pied. A défaut de cercle d'entourage, la gorge où se fixe le
cristal. (Voir coquilles pour celles ayant cette forme.)

Salières (plateaux de) sans gorge. — Le carré. Quand ils
ont une gorge rivée ou soudée, la gorge et le carré. (Voir
plateaux libres.)

Salières doubles ou bouts de table. — Les deux parties. Le
surplus comme ci-dessus. Le petit poinçon sur la traverse qui
les réunit. (Voir colonnes, plateaux libres.)

Saucières. — Le côté, près de l'anse. Le carré du pied. (Voir
anses et doublures.) Les plateaux, sur le fond, sans contremarque, et sur la moulure.

Sautoirs. — (Voir chaînes.)

Les sautoirs qui ne peuvent se marquer de décimètre en décimètre, soit à cause de leur fragilité ou de leur force, doivent être marqués d'une double empreinte sur un ou plusieurs maillons rendus solides et placés dans l'intérieur de la chaîne. (Circulaire de l'administration des Monnaies du 25 septembre 1840.)

Savonnettes. — (Voir boîtes de montres.)

Schakos. (Voir jugulaires, plaques, cocardes, tulipes de plumets et chiffres, visières.) — Les garnitures et ornements à part.

Seaux à rafraîchir. — Le côté, sous le bord, et le carré du pied. La doublure, aussi sur le côté. (Voir anses.)

Seringues. — Le corps de la seringue, sur la partie polie, près le carré de la vis. Le premier rond du piston. La douille dans laquelle entre le manche. Le petit poinçon sur la canule, quand elle est mobile.

Seringues à injection. — Le tube, sur le cercle saillant. L'anneau du piston. La canule, si elle se démonte.

Soleils ou saints-sacrements. — (Voir ostensoirs.)

Sondes brisées dites hommes et femmes. — La tige, au bord d'ouverture. La grande branche à vis servant pour hommes ; celle-ci sur ou près le pas de vis, sans contremarque.

Sondes canelées. — La spatule.

Sondes de toutes sortes (chirurgie). — L'ouverture, sur le bord. L'aiguille, sur le côté. (Voir instruments de chirurgie.)

Sonnettes. — La cloche. Le battant et la poignée.

Soucoupes. — (Voir assiettes.)

Soucoupes sans moulures pour verres à liqueurs. — Un seul coup de poinçon sur la plaque.

Soupières. — Le côté, près de l'une des anses. Le carré du pied. La doublure, sous la moulure — Le couvercle, en dessus ou sur le collet. (Voir graines, plateaux, anses, appliques d'ornements.)

Spatules (chirurgie). — Le manche.

Stylets (chirurgie.) — (Voir instruments de chirurgie.)

Sucriers. — Le cercle de bordure et le carré du pied. Le petit poinçon sur l'un des anneaux destinés à recevoir les cuillers à café. Le couvercle, sur le collet Le plateau, sur le fond, sans contremarque, et sur le carré du pied. (Voir anses et graines)

Surtouts. — La plaque du fond, sans contremarque. La galerie. — A part toutes les parties qui se démontent. (Voir anses.)

Siphons pour verser les liquides gazeux. — La partie où s'ajustent les spirales en acier.

Tabatières. — Le couvercle et la cuvette. (Voir tabatières tout or ou argent.)

Tabatières-coquillages. — (Voir coquillages garnis.)

Tabatières tout or ou argent. — Le couvercle et la cuvette. L'une des marques sur la gorge de fermeture, l'autre sur la pièce opposée, et, selon les cas, le gros ou le petit poinçon. (Voir cages et doublures de tabatières, pour celles garnies.)

Tasses. — (Voir déjeuners.)

Tâte-vins. — Le bord et l'anse.

Terrasses de couvercles. — (Voir graines.)

Têtes de crayons et de porte-crayons à vis. — (Voir aux objets dispensés de la marque.)

Têtes de crayons et de porte-crayons à frottement. — L'ouverture, quand leur diamètre dépasse 4 millimètres.

Théières. — La bâte de fermeture. Le carré du pied. Le collet ou le dessus du couvercle. (Voir anses, graines.)

Théières-fontaines. — (Voir fontaines.)

Timbales. — Le bord, en dessus. L'anse, s'il y en a. Quant aux timbales de nécessaires qui se démontent en trois parties, chaque pièce avec contremarque sur le bord d'ouverture de la première seulement. (Voir gobelets.)

Tire-bouchons. — La poignée.

Touches pour saintes huiles. — (Voir boîtes aux saintes huiles.)

Trois-quarts (chirurgie). — (Voir canules.)

Truelles à poisson. — (Voir pelles à couper le poisson.)

Truelles de maçon. — La plaque, près de la douille.

Tulipes de plumets. — L'une des feuilles.

Veilleuses. — (Voir lampes.)

Vide-champagne. — (Voir siphons.)

Vierges. — (Voir figures.)

Viroles de cannes. — (Voir cannes.)

Viroles de coutellerie en or. — La place la plus favorable.

Viroles de coutellerie en argent. — (Voir les objets dispensés de la marque.)

Visières de schakos. — La bordure.

Nomenclature des objets dispensés de la marque

Anneaux (petits) de suspension et d'emmaillement.

Bagues en écaille. Celles seulement garnies de filets incrustés.

Boîtes (petites) pour cheveux et cordonnets. Celles qui ont 4 millimètres de diamètre d'ouverture et au-dessus.

Appelées également viroles, bouts de cheveux, tubes.

Boutons de chemises en nacre garnis d'or et d'argent. Ceux qui ne sont que garnis d'une feuille d'or ou d'argent.

Ciseaux de nacre et autres matières, à sabots d'or ou d'argent. Les sabots montés ou qui doivent l'être sur des branches de nacre ou autres.

Clochettes pour pendeloques en verre, en jais, corail, etc. Celles sur lesquelles les anneaux ne sont pas soudés et les anneaux soudés seulement sur les tiges qui traversent l'axe des poires.

Coulants cylindriques et à pans. Ceux dont l'ouverture ne dépasse pas 4 millimètres de diamètre

Cuvettes de coutellerie. Celles en argent seulement.

Ecussons de coutellerie or et argent.

Incrustations. Celles qui sont faibles et montées.

Montures pour bijoux de nacre, etc. Celles qui sont trop fragiles.

Rosaces de couvercles soudées (orfèvrerie).

Sondes à poitrine.

Stylets dits porte-mèche.

Stylets dits à panaris.

Stylets dits à aiguilles.

Têtes de crayons et de porte-crayons. Celles dont l'ouverture ne dépasse pas 4 millimètres de diamètre ou qui sont à vis.

Viroles de couteaux, canifs, fouets, cravaches, etc. Celles en argent.

Il est inutile de faire observer que les règles établies dans ce catalogue ne sont pas invariables ; on change le mode de poinçonnement dans les bureaux de marque, quand cela est jugé nécessaire, soit pour la garantie publique, soit pour la sûreté du droit, soit enfin pour éviter la détérioration de certaines pièces de bijouterie dont le genre de fabrication ne permet pas de suivre la marche ordinaire. (Manuel Roret.)

Quels que soient la forme et le poids des ouvrages, on doit, s'il est possible, les essayer à la coupelle. Les poinçons de titre et de garantie seront appliqués sur ceux qui auront été ainsi essayés, et les poinçons de petite garantie sur les objets essayés au touchau et sur ceux qui, bien qu'ayant subi l'épreuve de la coupelle, ne pourront recevoir la marque du gros poinçon. (Circulaire n° 172 du 2 mai 1838.)

Dans le cas où le poinçon doit être apposé deux fois, comme

pour les plats, couvercles, cuvettes, etc., on mettra sur le bord ou moulure le poinçon supérieur avec la contremarque, et au fond, en dehors, le poinçon sans contremarque.

Il sera fait usage de la contremarque toutes les fois que les ouvrages pourront en supporter l'empreinte sans détérioration. (Circulaire n° 172 précitée.)

Les petits poinçons ne doivent être appliqués suivant leur destination, que sur les menus ouvrages d'or et d'argent, et jamais sur les bijoux qui doivent et peuvent être marqués des poinçons de titre et de garantie ordinaires, ainsi que de celui du fabricant. (Circulaire n° 24 de l'administration des Monnaies. du 15 septembre 1813.)

Marque au poids

A diverses époques, l'administration a fait des tentatives pour déjouer les fraudes qui se pratiquaient sur la bijouterie. C'est à Paris surtout, sous la direction de M. Moreau, et grâce à l'esprit d'initiative et à l'énergie de M. l'inspecteur Garnier, que les principales modifications, celle de la marque au poids notamment, ont été réalisées. (Riche, *Monnaies*, *Médailles et Bijoux*.)

Conformément aux propositions de l'administration, le Ministre des finances a pris une décision qui prescrit de généraliser la marque au poids et de mettre ce système en vigueur dans tous les bureaux de garantie sans exception, aussi bien pour les articles de bijouterie importés qu'en ce qui concerne les ouvrages fabriqués en France spécialement pour la consommation intérieure.

Avec ce mode de marque, la disposition des empreintes combinées des empreintes de petite garantie (Paris. tête d'aigle ; départements : tête de cheval) et de remarque (tête de rhinocéros) indique sur l'anneau ou le cliquet le poids total de l'ouvrage, tout en attestant la légalité du titre.

Pour le poinçonnage des ouvrages de fabrication nationale déclarés pour la consommation intérieure (bracelets, chaînes, colliers, etc.), c'est-à-dire les ouvrages d'or qui sont terminés par un anneau et un cliquet, on se sert du poinçon de petite garantie pour indiquer les unités de gramme, et de celui de remarque pour les dizaines.

Le nombre de dizaines ou d'unités se reconnaît par l'emplacement des empreintes.

Les deux figures ci-contre indiquent les diverses places d'insculpation sur un anneau ou sur un cliquet : une unité et une dizaine se marquent au n° 1 ; deux unités et deux dizaines au n° 2, et ainsi de suite.

Pour le poinçonnage des anneaux, la tête de l'animal doit être placée dans le sens du fil, mais si le poinçon indicatif des dizaines devait se rencontrer vers le même point que celui des unités, comme dans les nombre onze, ving-deux, etc., le premier se placerait dans le sens du fil et le second en travers.

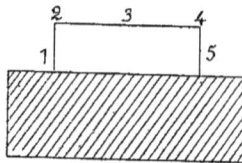

Marque au poids
sur le cliquet d'un bracelet
et d'un collier

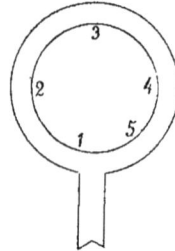

Marque au poids
sur l'anneau plein d'une chaîne

Il est d'usage de marquer de gramme en gramme jusqu'à 20 grammes ; de 20 grammes jusqu'à 50 grammes on ne marque plus que de deux en deux grammes, et de 50 grammes et au-dessus, de cinq grammes en cinq grammes ; lorsqu'on arrive à 100 grammes, on met deux têtes de rhinocéros au n° 1.

Indépendamment des empreintes dont la combinaison indique le poids de l'ouvrage, il doit être appliqué près de l'attache de l'anneau et transversalement un coup de poinçon de petite garantie qui sert de point de repère pour les vérifications et qui est qualifié de coup de soudure.

Il a pour but d'empêcher que le point d'attache d'un anneau puisse être déplacé en vue de changer la valeur des empreintes indicatives du poids et de rendre possible la substitution à l'objet qui a été soumis à l'essai, un autre objet (chaîne, bracelet, collier) d'un poids plus lourd. (Circulaire du 22 juillet 1884, n° 401.)

Marque au poids des ouvrages d'origine étrangère

En ce qui concerne les ouvrages de fabrication étrangère, on doit adopter, comme pour les ouvrages fabriqués en France, l'emplacement des marques indicatives du poids qui est désigné par les chiffres 1, 2, 3, 4 et 5 dans les deux figures ci-dessus. (Voir au chapitre « Importation », page 330.

Marque au poids des ouvrages destinés à l'exportation

Les ouvrages de fabrication nationale, aux titres légaux, destinés à l'exportation, seront soumis à des conditions analogues.

On emploiera pour cette catégorie d'ouvrages, avec la tête de Mercure, les mêmes combinaisons, le profil devant être en dehors quand il s'agira de dizaines, ou en dedans quand il s'agira d'unités, et le coup de soudure devant être appliqué transversalement au moyen de la tête de Mercure. (Circulaire n° 147, du 19 décembre 1895.)

Objets déclarés pour l'exportation et déclarés ensuite pour la consommation intérieure

Lorsque les objets déclarés pour l'exportation seront de nouveau soumis à la marque pour le marché intérieur, ils seront marqués d'un seul coup de tête de lièvre, dans un endroit quelconque, à côté du coup, ou l'un des coups de tête de Mercure préalablement appliqués. (Circulaire n° 147 précitée.)

Bijouterie de provenance de pays non contractants à marquer du hibou

Pour les chaînes, colliers et bracelets de provenance des pays non contractants, qui devront être marquées du hibou, les

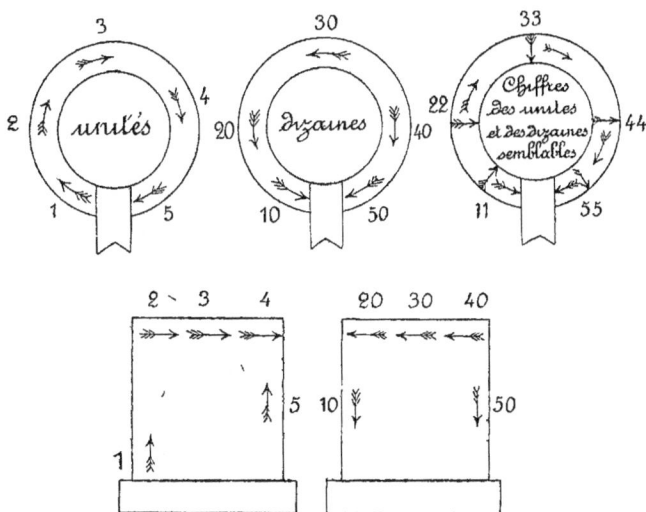

La pointe de la flèche indique la position des yeux du hibou

empreintes figureront des unités lorsqu'elles seront disposées dans le sens des figures 1 et 5 ; pour les dizaines, la tête et les pattes du hibou seront tournées en sens inverse, figures 2 et 6, Enfin, lorsque les marques exprimant le chiffre des unités et celles exprimant le chiffre des dizaines se trouveront au même point d'un anneau ou d'un cliquet, la marque des unités sera appliquée en travers et celle des dizaines dans le sens du fil de l'anneau. Les figures 3 et 4 indiquent, dans ce cas, la position des empreintes. (Circulaire n° 147, du 19 décembre 1895.)

Marque des médaillons de fabrication nationale

Pour la marque des médaillons : application d'un seul coup de poinçon, quand les médaillons sont présentés à la marque sans ornement ni appliques ; de deux coups de poinçon en suivant, quand les médaillons sont présentés avec ornements, mais sans appliques ; de deux coups bec à bec (tête d'aigle) quand les médaillons sont présentés avec appliques, sans ornements ; enfin de deux coups nuque à nuque quand les médaillons sont revêtus d'appliques et d'ornements. (Circulaire n° 401, du 22 juillet 1884.)

Marque au poids des bijoux importés. — Charançon

Les mêmes conditions seront appliquées en ce qui concerne les bijoux importés. La tête et l'abdomen du charançon, d'une part, et la tête et les pattes du hibou, d'autre part, correspondront, selon le cas, au bec et à la nuque de la tête d'aigle pour Paris, et de la tête de cheval pour les départements. (Circulaire n° 147, du 19 décembre 1895.)

Marque des boutons de manchettes et de chemises

Les boutons de manchettes et de chemises devront être marqués de la manière suivante :

En travers quand les calottes ne seront pas apportées à la garantie ;

Dans le sens du rond des patins, quand les boutons seront présentés munis de leurs calottes. (Circulaire n° 147 précitée.)

Montres. — Marque des anneaux pleins en or et en argent

L'article 48 de la loi du 19 brumaire an VI a toujours été interprété dans le sens que les ouvrages doivent être pourvus de tous leurs accessoires en métal précieux lorsqu'ils sont présentés à l'essai. D'ailleurs, l'article 51 de la même loi prescrit d'effectuer les prises d'essai « tant sur le corps principal des » ouvrages que sur les accessoires ».

Or, la pratique s'était depuis longtemps établie de recevoir à l'essai des boîtiers de montres non munis de leurs anneaux ou bélières et de leurs couronnes de remontoirs. Le droit de garantie y était perçu sur ces accessoires, d'après un poids moyen qui était ajouté au poids des boîtiers.

Il a, dès lors, paru qu'il y avait lieu de revenir à l'observation de la règle, sauf les cas où les nécessités de fabrication s'opposent à ce qu'elle soit strictement appliquée

En conséquence, le Ministre des Finances a, par décision du 29 avril 1904, approuvé les mesures suivantes ·

1° Les anneaux pleins seront dorénavant essayés et marqués. Ils devront toujours être présentés à l'essai en même temps que les boîtiers.

S'ils n'ont pas été poinçonnés antérieurement, leur poids effectif sera ajouté à celui des boîtiers pour le calcul de l'impôt et le poinçon de garantie sera apposé sur ces accessoires dans le sens du fil.

Les anneaux pleins pourront être présentés isolément à la garantie par les fabricants qui les produisent. Dans ce cas, ils seront, après constatation de la régularité de leur titre, poinçonnés en travers et imposés d'après le poids reconnu.

Lorsque des anneaux poinçonnés dans ces conditions seront présentés avec les boîtiers par les fabricants de boîtes de montres, leur poids ne sera pas compté pour le calcul du droit de garantie ; mais pour éviter que les mêmes anneaux ne soient présentés indéfiniment avec de nouveaux boîtiers, on leur appliquera un second coup de poinçon dans le sens du fil.

Les anneaux creux et les couronnes de remontoirs sont dispensés de la marque

2° Les anneaux creux et les couronnes de remontoirs seront dispensés de la marque. Pour les accessoires de l'espèce, le droit de garantie sera perçu d'après un poids moyen qui sera ajouté à celui des boîtiers chaque fois qu'ils seront présentés au contrôle non munis de leurs anneaux ou de leurs couronnes de remontoir.

Il appartient aux directeurs de fixer ce poids moyen, d'après les éléments qui leur seront fournis à cet égard par les agents des bureaux de garantie.

Les contrôleurs de la garantie devront prélever fréquemment, au cours de leurs visites chez les fabricants, des échantillons d'anneaux creux et de couronnes de remontoirs, pour en vérifier le titre et le poids.

Les montres importées devront toujours être présentées à l'essai, munies de leurs accessoires, anneaux et couronnes. (Circulaire n° 579, du 15 septembre 1904.)

Anneaux de montres en or ou en argent importés de l'étranger

Les anneaux de montres en or ou en argent importés isolément étaient compris, quelle que fût leur nature, parmi les menus articles dispensés du contrôle, qui, à ce titre, ne sont pas envoyés sur les bureaux de garantie par le service des douanes (Note 495 du tarif, page 1301, paragraphe 7.)

Par décision du 15 novembre 1904, le Ministre a décidé :
1° que les anneaux pleins importés isolément seront envoyés au bureau de garantie par le service des douanes ;

2° Que les dispositions précitées de la note n° 495 du tarif des douanes seront maintenues en ce qui concerne les anneaux creux et étendues aux couronnes de remontoirs. (Lettre de l'administration n° 221, du 15 décembre 1904.)

Ouvrages détériorés par le finissage. — Remplacement sans paiement des droits

Par suite de fautes commises dans l'opération d'achèvement, des ouvrages qui avaient supporté les taxes sont devenus invendables.

Restituer le droit sur ces ouvrages eût été impraticable, la législation en matière de garantie n'admettant le remboursement de l'impôt que relativement aux objets neufs dont l'exportation est justifiée. D'un autre côté, il eût été rigoureux de ne pas avoir égard à la perte de l'impôt et aux frais de main-d'œuvre subies par l'intéressé. Pour concilier ces considérations d'équité avec les exigences de la loi, on admet que l'article détérioré avant le finissage peut, à la condition d'être brisé, être remplacé par un autre article neuf et d'un poids identique, lequel reçoit les empreintes de la garantie sans paiement d'un nouveau droit.

Articles nouveaux modèles — Tolérance

Le Ministre des Finances a, en outre, décidé qu'une tolérance analogue serait autorisée à l'égard des articles qui, après avoir acquitté l'impôt, ne trouvent pas d'acquéreurs, soit parce que la fabrication ne plaît pas à ceux qui les avaient commandés, soit par suite de changements de modes.

Cette tolérance n'est appliquée qu'aux articles nouveaux, c'est-à-dire de fabrication récente, qui, après tentative de vente dans un délai déterminé, n'auraient pas trouvé accueil dans le public.

Les fabricants désireux de profiter de cette concession seront astreints à la tenue d'un carnet spécial sur lequel devront être inscrits :

1° La date de l'admission au contrôle de l'article nouveau modèle, avec mention de la réserve exprimée par le fabricant que cette admission est faite à titre d'épreuve ;

2° La description détaillée de l'ouvrage ;

3° Le délai demandé par le fabricant pour s'assurer de l'acceptation ou de la non acceptation de cet ouvrage par le public, délai qui ne pourra pas, dans tous les cas, excéder six mois.

Le même carnet sera tenu en double au bureau de la garantie.

Lorsque le fabricant demandera la substitution d'un nouveau modèle au modèle non accueilli, l'identité pourra être suffisamment établie, et, par suite, le transfert du droit accordé, sous la condition toujours expresse du bris de l'ouvrage remplacé.

En cas d'abus, le retrait de cette concession sera prononcé. (Circulaire n° 474, du 25 avril 1887.)

Tarif des droits de garantie

Il est perçu au profit du Trésor un droit de garantie sur les ouvrages d'or et d'argent de toutes sortes fabriqués à neuf. (Art. 21 de la loi du 19 brumaire an VI.)

D'après l'article 1er de la loi du 30 mars 1872, les droits de garantie sont élevés en principal de 20 à 30 francs par hectogramme d'or et de 1 franc à 1 fr. 60 par hectogramme d'argent.

Ces droits sont accrus de deux décimes et demi équivalant à 25 % du principal par les lois du 6 prairial an VII, art. 1er ; du 14 juillet 1855, art. 5, et du 30 décembre 1873, art. 2, ce qui porte le total des droits actuellement perçus à :

37 fr. 50 par hectogramme d'or ;

2 francs par hectogramme d'argent.

Un décret en date du 11 juin 1872 rend exécutoire en Algérie la loi du 30 mars précédent qui a élevé les droits de garantie sur les matières d'or et d'argent.

Il ne doit être accordé aucune déduction pour tenir lieu de déchet. La seule qui est due est celle qui résulte du jeu de la balance lorsque le poids faible est au-dessous d'un demi-décagramme pour l'argent ou d'une fraction de gramme pour l'or. (Circulaire n° 4, du 20 mai 1823.)

Ainsi les perceptions doivent s'effectuer sur le poids total sans fraction de gramme pour l'or. et par cinq grammes pour l'argent.

Les ouvrages que les propriétaires, héritiers ou créanciers gardent pour leur service et qui ne sont pas exposés en vente, ne doivent pas le droit. (Circulaire de l'administration des Monnaies du 30 mars 1811.)

Jurisprudence

Menus objets d'orfèvrerie ou de bijouterie — Condition d'exemption de la marque

Arrêt de la Cour de Cassation du 4 septembre 1813 :

Il n'y a d'exempts de la marque de garantie, quelle que soit leur extrême délicatesse, que les ouvrages d'orfèvrerie ou de joaillerie qui ne sont réellement pas susceptibles de recevoir, sans détérioration, l'empreinte du poinçon de garantie.

Il doit être justifié des motifs de cette impossibilité absolue.

Des arrêts identiques au fond ont été rendus les 1er octobre 1807, 26 octobre 1810 et 10 novembre 1815.

Longtemps l'administration avait espéré faire prévaloir l'opinion que celle des Monnaies était seule compétente pour décider si des objets non marqués, sous prétexte de leur ténuité ou de la fragilité de leur confection, sont ou ne sont pas de nature à supporter l'empreinte des poinçons ; l'arrêt ci-dessus ne consacre pas cette doctrine.

Matières d'or et d'argent. — Poinçonnage — Expertise

Arrêt de la Cour de Cassation du 7 mars 1845 :

Les tribunaux qui ont à décider si des ouvrages de joaillerie peuvent recevoir l'empreinte du poinçon de garantie sans détérioration, ne sont point tenus de recourir à une expertise préalable et peuvent, sur la simple représentation des pièces saisies, les déclarer dispensés de la marque, s'ils se trouvent suffisamment éclairés par les débats.

Note. — La question de savoir si certains bijoux peuvent ou non supporter l'empreinte du poinçon de garantie ne saurait guère être décidée en parfaite connaissance de cause que par les employés spéciaux de ce service qui, en perfectionnant leurs procédés comme ils s'efforcent de le faire, réussiront peut-être à empreindre de la marque la totalité des bijoux, même les plus légers.

CHAPITRE VIII

MÉTAUX DIVERS. — OUVRAGES COMPOSÉS D'OR ET D'ARGENT ET DE MÉTAL COMMUN

RÉGIME APPLICABLE A LA FABRICATION NATIONALE ET A LA FABRICATION ÉTRANGÈRE

Montres composées d'or, d'argent et de platine

La fabrication des boîtes de montres composées d'or, d'argent et de platine est autorisée. Dans les montres à répétition, l'intérieur du bouton pourra être d'acier. (Art. 2 de la décision ministérielle du 12 janvier 1829.)

Droits afférents aux ouvrages composes d'or. d argent et de platine

Les parties d'or et d'argent qui entreront dans la composition de ces ouvrages seront, après essai, marquées des poinçons destinés à garantir le titre de chaque métal. (Art. 3 de la décision ministérielle du 12 janvier 1829.)

Elles sont seules passibles du droit ; seules, aussi, elles sont sujettes à la marque. Chaque métal doit être essayé séparément et marqué du poinçon qui lui est applicable. Le droit sera perçu d'après le poids de chaque métal employé. S'il n'était pas possible de connaître ce poids par les moyens ordinaires, on le déterminerait, par évaluation, comme cela se pratique à l'égard des ouvrages d'or et d'argent auxquels sont adaptés des cristaux, des pierres ou des perles. (Même article et circulaire n° 23, du 15 mai 1829.)

L'opération d'évaluation doit toujours être faite par les trois employés du bureau en présence du fabricant ou de son représentant. (Circulaire n° 23, du 15 mai 1829.)

Bijoux composés d'or, d'argent et de platine

La fabrication des bijoux composés d'or, d'argent et de platine est également autorisée. (Art. 4 de la décision ministérielle du 12 janvier 1829.)

La matière formant le corps principal de chaque ouvrage sera essayée et marquée dans la forme ordinaire. Les autres matières ne pourront être employées que comme ornements et elles n'excéderont pas la proportion de 3 %. Leur poids sera confondu avec celui de la matière principale en ce qui concerne le droit. (Art. 4, même décision et circulaire n° 3 précitée.)

Les ouvrages désignés ci-dessus aux articles 2 et 4 devront toujours être présentés aux bureaux de garantie, conformément à la loi du 19 brumaire an VI, sous les peines portées par ladite loi. (Art. 5 de la décision ministérielle du 12 janvier 1829.)

Le platine employé dans la fabrication des bijoux n'est plus frappé du droit de garantie

L'article 4 de la décision ministérielle du 12 janvier 1829 autorise la fabrication de bijoux composés d'or, d'argent et de platine et elle stipule que les matières autres que l'or et l'argent employées comme ornements ne doivent pas excéder la proportion de 3 %. Le tout devait être imposé.

La pratique s'est établie de contrôler des ouvrages d'or dans lesquels le platine entrait dans des proportions atteignant même 50 %, il était entendu que le tout serait soumis au droit de garantie.

Pour donner satisfaction à l'industrie, l'administration a décidé que les ouvrages composés d'or et de platine ne seraient plus frappés du droit de garantie que pour le poids de l'or, sous la réserve de l'article 17 du projet de loi de réforme adopté par le Sénat, le 25 février 1904, que le platine employé extérieurement le soit avec sa couleur propre et que les ouvrages soient revêtus, suivant le cas, de la marque « Métaux divers » ou « M^x div. », « bourré » ou « mécan ». (Lettre de l'administration n° 1518, du 27 février 1904.)

Poinçon mixte pour la marque des ouvrages composés d'or et d'argent

Un décret du 10 décembre 1905 porte création d'un poinçon pour la marque des ouvrages de fabrication française qui sont composés d'or et d'argent et dans lesquels le poids du métal accessoire dépasse, par rapport au poids total, la proportion de 3 %.

Le droit d'essai sera perçu sur chaque métal (or et argent), d'après les tarifs propres à l'un et à l'autre.

Les objets dans lesquels le métal accessoire n'excède pas 3 % continueront à être marqués du seul poinçon correspondant au métal principal, et le droit d'essai ne sera perçu, suivant la règle, que d'après le tarif applicable à ce dernier métal.

Les ouvrages de fabrication étrangère ne sont pas visés par le décret du 10 décembre 1905, le mode de poinçonnement en vigueur pour ces objets est maintenu.

Le nouveau poinçon représente juxtaposées : or, tête d'aigle ; argent, tête de sanglier. Les différents des bureaux de garantie des départements sont gravés dans l'espace de forme ovale qui a été ménagé entre la tête d'aigle et la tête de sanglier. (Circulaire de l'administration des Monnaies n° 38, du 17 avril 1906.)

Ouvrages composés partie métal précieux, partie métal commun

La fabrication d'objets mixtes formés en partie de métal précieux et en partie de métal non précieux n'est pas prévue ni par conséquent autorisée par la loi. Cependant, à la suite de décisions spéciales, on a admis à la marque des objets de bijouterie contenant des parties de vil métal, quand la présence de ce métal est justifiée par des nécessités absolues de fabrication, et quand d'ailleurs le public ne peut pas être induit en erreur sur la nature du bijou composé.

Porte-mines en argent doublé d'or

Ainsi, sous la date du 4 août 1894, le Ministre a décidé qu'on pouvait admettre à la marque des porte-mines en argent doublé d'or, dans lesquels le tube extérieur est formé d'acier bruni. Cette tolérance est subordonnée aux deux conditions suivantes :

1° Le fabricant devra faire insculper lisiblement sur le tube extérieur formé de métal non précieux, la désignation exacte en toutes lettres de la nature de ce métal ;

2° Le tube extérieur devra toujours être indépendant, c'est-à-dire sans adhérence avec les parties du porte-mine qui sont formées de métal précieux. (Lettre de l'administration des Monnaies n° 1779, du 18 août 1894.)

Les essayeurs ne doivent pas hésiter à démonter, dans chaque apport, un ou deux de ces objets, prélevés au hasard dans le lot. Tout porte-mine qui renfermerait, en dehors du mécanisme et du tube qui en fait partie intégrante, d'autres tubes en métal commun, ou bien dans lequel l'enveloppe extérieure, en métal précieux, serait soudée au métal commun, devrait être, suivant le cas, repoussé ou saisi comme objet fourré. (Lettre commune n° 10 de l'administration des Monnaies, du 3 août 1896, et 132 du 22 août suivant.)

*Porte-mines dont l'enveloppe extérieure est en argent, la partie
intérieure en cuivre et la monture en cuivre doublé d'or*

Par lettre du 6 septembre 1901, adressée au sous-directeur de
la Garantie de Paris, l'administration des Monnaies a autorisé
l'admission au contrôle de porte-mines dans lesquels le tube
qui forme la garniture extérieure est seul en argent, la partie
intérieure qui comporte le mécanisme étant en cuivre et la
monture en cuivre doublé d'or. Mais elle a décidé que le tube
extérieur qui est en argent sera revêtu du poinçon de maître,
en forme de losange, ainsi que du poinçon de garantie, mais
que ce tube ne sera pas doré, et que, conformément aux
prescriptions contenues dans les articles 14 et 97 de la loi de
brumaire, ainsi que dans l'arrêté du 17 nivôse an VI, la monture doublée d'or sera empreinte du poinçon de maître en forme
de carré parfait ainsi que du mot « doublé » et que pour éviter
que les acheteurs ne soient trompés, la mention « cuivre » sera
juxtaposée au mot « doublé ».

La règle qui exige que le mécanisme intérieur soit apparent
n'est pas applicable aux porte-mines, porte-plume, etc. (Lettre
de l'administration n° 7296, du 21 septembre 1894.)

La décision du 3 août 1896 est nettement limitée aux porte-
mines et on ne peut en faire application aux porte-crayons,
ces derniers articles ne doivent pas comporter. sous l'enveloppe
extérieure en métal précieux, un tube en métal commun.
(Lettre commune n° 24 de l'administration des Monnaies, du
23 septembre 1908.)

Ornements en acier bruni sur les ouvrages d'or et d'argent

La décision ministérielle du 12 janvier 1829 a autorisé et
réglementé la fabrication des bijoux composés d'or, d'argent et
de platine. Depuis lors, et pour répondre à des besoins nouveaux de l'industrie, d'autres facilités ont été accordées pour
l'emploi de métal commun dans certains ouvrages et chacune
des décisions intervenues a déterminé les règles particulières
à observer.

On a demandé à employer l'acier bruni comme ornement ou
garniture d'épingles et de broches en or ou en argent.

Aux termes de la décision ministérielle du 27 juillet 1896,
cette autorisation est subordonnée aux conditions suivantes :
Indépendamment de leur poinçon de maître, les fabricants
apposeront sur les épingles et les broches ornées d'acier bruni
un poinçon spécial portant lisiblement insculpé en toutes lettres

les mots « métaux divers ». Le poinçon de garantie devra être ensuite juxtaposé à cette indication. Cette empreinte, « métaux divers » est applicable aux ouvrages similaires de fabrication étrangère. (Lettre commune de l'administration des Monnaies, du 7 août 1896.)

Emploi du poinçon réduit Mx Div. pour les petits ouvrages composés de différents métaux

Par une nouvelle décision du 22 septembre 1896, cette mesure a été étendue à tous les ouvrages d'or et d'argent de quelque genre qu'ils soient ; mais elle autorise les fabricants à faire usage d'un poinçon réduit portant l'abréviation « Mx Div. » pour les objets sur lesquels il y aura impossibilité absolue, en raison de leur exiguïté, d'insculper en entier la marque « Métaux divers ». (Lettre commune n° 12 de l'administration des Monnaies, du 28 septembre 1896.)

Coupe-cigares partie en argent et partie en métal blanc argenté

La fabrication et l'importation de coupe-cigares contenant des parties en argent et des parties en métal blanc argenté est également autorisée. On peut les admettre à la marque à la condition expresse que les parties en métal commun porteront lisiblement insculpé le mot « acier », « nickel », « maillechort », etc., suivant le cas.

Quant aux parties en argent qui sont constituées par les deux coquilles fixées au manche au moyen de goupilles, elles devront être empreintes, l'une et l'autre, du poinçon de la garantie. Il en serait de même de l'entonnoir qui termine le coupe-cigare, si cet entonnoir était en métal précieux. (Lettre de l'administration des Monnaies n° 290, du 30 janvier 1895, et lettre de l'administration n° 1679, du 8 mars 1895.)

Présence d'un mécanisme dans la fabrication des ouvrages en métal précieux. — Anneaux à ressort et goupilles

La présence d'un mécanisme, dans la fabrication des ouvrages en métal précieux, est admise quand ce mécanisme est apparent et indispensable pour le bon fonctionnement de l'ouvrage. Les ressorts non apparents ne sont pas tolérés et la dimension du ressort ne doit pas dépasser les limites jugées nécessaires.

Pour les anneaux à ressort qui, dans le principe, comportaient un faible diamètre, la première tolérance accordée en 1885 limitait le poids du ressort à quatre centigrammes. Cette limite a été portée à trente centigrammes en 1887. En 1889, il a été stipulé que le ressort pourrait occuper tout le contour intérieur de l'objet et que le poids de ce ressort serait, autant que possible, limité au dixième du poids de l'anneau, le maximum de trente centigrammes étant maintenu. Le ressort doit être, en outre, indépendant de l'ouvrage lui-même, c'est-à-dire non soudé au métal précieux

Quant aux goupilles en métal commun, on ne doit les admettre que si leur présence est indispensable à la solidité de la charnière. Enfin, les ressorts et goupilles en cuivre ou en laiton ont toujours été interdits pour les objets en or. De même, ne sont pas tolérées les goupilles en maillechort dans les ouvrages en argent. (Lettre de l'administration n° 7296, du 21 septembre 1894.)

Mécanismes et ressorts en acier adaptés aux ouvrages en or et en argent

L'emploi de l'acier pour les mécanismes et ressorts adaptés aux ouvrages en or et en argent est depuis longtemps toléré, sous la double condition que ce métal ne soit ni doré ni argenté et que son utilisation réponde à une réelle nécessité de fabrication.

Par décision du 8 février 1906, le Ministre a admis la fabrication des bracelets en argent, affectant la forme d'un serpent et se composant de deux enveloppes concentriques en métal précieux, à l'intérieur desquelles se trouve placée une lame d'acier, flexible, dorée et invisible extérieurement. Mais il a été spécifié que la lame d'acier porterait lisiblement insculpée, en toutes lettres, la mention « acier doré » et que l'ouvrage devrait être revêtu extérieurement du mot « mécan » [1], de telle sorte que les acheteurs soient exactement renseignés sur leur composition.

Cette décision est applicable aux objets similaires de fabrication nationale aussi bien qu'à ceux de provenance étrangère. Il est bien entendu que les parties d'argent entrant dans la composition des bracelets sont seules passibles du droit de garantie. Par voie de conséquence, le remboursement de l'impôt, en cas d'exportation ou de réexportation, ne devra être accordé que pour le métal précieux.

S'il n'était pas possible de déterminer le poids du métal à soumettre à la taxe, on obvierait à cet inconvénient, soit en démontant un bracelet, soit en évaluant le poids de la lame d'acier. (Lettre de l'administration n° 431, du 24 février 1906.)

(1) Mécanisme.

Canifs dont le manche, formé d'une armature en métal commun, est orné de coquilles en métal précieux

Les canifs, dont le manche, formé d'une armature en métal commun, est orné de coquilles en métal précieux, sont admis à l'essai et à la marque en vertu d'une tolérance qui, comme les mécanismes, se justifie par une nécessité de fabrication. Cette tolérance est toutefois subordonnée à la condition que le métal commun se distingue, par sa couleur propre, du métal précieux qui constitue la garniture extérieure de l'objet.

Par décision du 25 novembre 1901, le Ministre a autorisé l'emploi du nikel ou du maillechort pour l'armature des manches de canifs ornés de coquilles en argent, mais sous la réserve que ces objets porteront la mention « Métaux divers » ou « Mˣ div. » insculpée par les fabricants sur les coquilles en argent qui orneront extérieurement les manches de canif.

L'interdiction d'employer le cuivre ou les alliages de même teinte, pour l'armature des manches de canifs ornés de coquilles en or, reste entière ; la décision ministérielle du 25 novembre 1901 ne concerne que les canifs dont le manche garni extérieurement de coquilles en argent, est constitué par une armature en nikel ou en maillechort. (Lettre commune n° 19 de l'administration des Monnaies, du 9 janvier 1902.)

Etuis à cigarettes dont les faces sont en cuivre et le fermoir en argent

L'admission à la marque d'étuis à cigarettes, dont les deux faces sont en cuivre recouvert complètement d'émail et dont l'encadrement soudé aux parties en cuivre et le fermoir sont en argent, a été décidée par décision ministérielle du 21 juin 1904, à condition qu'ils soient présentés au bureau de la garantie, avant l'émaillage, revêtus de l'empreinte du poinçon de maître et de la marque « Métaux divers ». (Lettre de l'administration des Monnaies n° 4093, du 29 juin 1904.)

Montres avec cuvettes en métal commun et montres en métal précieux avec fonds en acier oxydé

Une circulaire de l'administration des Monnaies a autorisé l'admission à la marque de montres dans lesquelles la cuvette est en métal commun, pourvu que cette cuvette porte l'empreinte du mot « cuivre », « métal » ou « maillechort », suivant le cas.

Une nouvelle concession porte qu'on peut tolérer, pour les montres, que la cuvette, la carrure et **le** pendant soient en argent, mais que le fond et la lunette soient en acier oxydé, mais à condition que les parties en acier oxydé, qui sont réunies aux autres parties par des goupilles, porteront l'empreinte du mot « acier », dont l'insculpation incombera aux fabricants.

En ce qui concerne la lunette qui ne reçoit pas les marques de la garantie, on devra exiger qu'elle soit en métal précieux dans le cas où le fabricant voudrait éviter de faire insculper sur cette lunette le mot « acier », à raison des difficultés que cette insculpation pourrait présenter ou de la détérioration qu'elle pourrait causer.

Toutes les autres parties du boîtier qui sont en métal précieux seront revêtues, suivant la règle, du poinçon de la garantie. (Lettre de l'administration des Monnaies n° 133, du 18 janvier 1895.)

Boîtes de montres en or, en argent et nacre

L'admission à la marque de montres dont les parties visibles (pendant, couronne et anneau) sont seules en or ou en argent, tandis que le boîtier proprement dit est en nacre et la carrure, ainsi que le cercle renforçant intérieurement le fond de nacre, en métal commun, est autorisée ; mais il faut que le métal commun (carrure et cercle intérieur) soit d'une couleur autre que celle du métal précieux et que le mot « métal » y soit insculpé, pour que le public ne puisse se méprendre sur la composition de ces ouvrages.

La mesure s'applique aux ouvrages d'importation comme à ceux de fabrication nationale et le droit ne sera perçu que sur les parties de métal précieux. (Lettre de l'administration n° 20, du 24 septembre 1907.)

L'emploi d'un métal doré ou argenté dans les ouvrages d'or ou d'argent n'est pas autorisé

L'importation et la fabrication des boîtiers de montres dont le fond, la carrure, le pendant, la lunette sont en acier bruni, l'anneau, la couronne et le cercle ornant la lunette en cuivre doré et la cuvette intérieure en argent, ne sont pas autorisés, car il est de principe constant d'interdire l'emploi, dans les ouvrages d'or et d'argent, d'un métal doré ou argenté. (Lettre de l'administration des Monnaies n° 2964, du 2 septembre 1903.)

Boutons de manchettes et de chemises composés de plusieurs métaux

Une décision ministérielle du 25 avril 1905 a autorisé l'admission à la marque de boutons de manchettes et de chemises dans lesquels la plaque formant la tête est en or, la tige et le patin en argent plaqué d'or ; mais il y a lieu d'exiger de ces ouvrages que la partie plaquée de ces boutons soit revêtue du poinçon de maître en forme de carré parfait, accompagné du mot « doublé » et que le mot « argent » soit insculpé au-dessous de ce poinçon.

Par extension de la règle établie dans le catalogue de 1838 à l'égard de boucles d'oreilles à talon d'argent et à cliquet d'or, la fabrication de boutons de manchettes et de chemises formés d'or et d'argent est également autorisée. (Lettre de l'administration n° 271, du 13 mai 1905.)

Couronnes de remontoirs. — Fabrication et composition des ouvrages

La circulaire de l'administration des Monnaies du 18 juin 1868, n° 37, a autorisé l'emploi de métal commun dans la fabrication des couronnes de remontoir, par application de la tolérance admise pour les mécanismes ; mais, conformément au principe qui a été de tout temps observé, il importe que les deux métaux (or et acier) se distinguent facilement par leur couleur respective. On ne saurait autoriser la substitution du cuivre ou du laiton à l'acier ou au fer dans les couronnes de remontoir dont les coquilles sont en or.

Le service de la garantie a le droit d'exiger que l'épaisseur de la coquille d'or soit suffisante pour permettre une touche d'énergie convenable en vue de la constatation du titre. Si cette condition n'était pas réalisée, l'objet devrait être repoussé ; à plus forte raison en serait-il ainsi, si la coquille était en doublé ou simplement dorée. (Lettre de l'administration des Monnaies du 8 janvier 1895, n° 68.)

La fabrication des couronnes de remontoir dont la coquille supérieure, formée d'or, est appliquée sur une autre coquille en cuivre recouvrant un noyau intérieur en acier, en fer ou en nickel, ne doit pas être autorisée. (Lettre de l'administration n° 3054, du 1er mai 1895.)

Il en est de même des couronnes de remontoir dont la calotte est recouverte elle-même, non pas directement d'or, mais d'une seconde calotte en acier ou en fer, sur laquelle est adaptée l'enveloppe extérieure en or ; cette seconde calotte paraît avoir pour fonction de renforcer l'enveloppe en métal précieux. Ce genre de fabrication doit être repoussé par le service de la garantie. (Lettre de l'administration des Monnaies du 5 novembre 1896, n° 3311.)

Couronnes de remontoirs en cuivre plaqué d'or

Par application de décisions antérieures qui ont admis l'emploi de métal commun dans divers ouvrages d'or ou d'argent, cette tolérance est étendue aux couronnes de remontoir en cuivre plaqué d'or adaptées à des boîtiers de montres en argent, sous réserve que les fabricants devront faire insculper lisiblement sur ces couronnes la mention « métal ».

Cette prescription est applicable, quelle que soit l'origine française ou étrangère, des boîtiers de montres en argent munies de couronnes de remontoir en cuivre plaqué d'or. (Lettre de l'administration des Monnaies du 17 octobre 1899, n° 3367, et circulaire n° 15, du 19 octobre suivant.)

CHAPITRE IX

Frappe des médailles dans les ateliers des Monnaies

L'arrêté des Consuls du 5 germinal an XII est ainsi conçu :

« Article 1er. — Il est expressément défendu à toutes per-
» sonnes, quelles que soient les professions qu'elles exercent,
» de frapper ou de faire frapper des médailles, jetons ou
» pièces de plaisir, d'or, d'argent ou d'autres métaux, ailleurs
» que dans les ateliers des Monnaies, à Paris, à moins d'être
» munies d'une autorisation spéciale du Gouvernement.

» Art. 2. — Néanmoins, tout dessinateur ou graveur peut
» dessiner ou graver des médailles et elles sont frappées avec le
» coin qu'ils remettent à la Monnaie. »

La fabrication des médailles à la Monnaie est faite en régie
par l'Etat lui-même. Les frais de fabrication sont fixés par un
tarif soumis à l'approbation du Ministre des Finances. (Art. 2
de l'ordonnance du 24 mars 1832.)

Le tarif actuel a été approuvé par décision ministérielle du
2 avril 1901.

Frappe des médailles dans les ateliers privés. — Titres des médailles

Aux termes de l'arrêté du 5 germinal an XII, la frappe, dans
un atelier privé, de médailles, jetons, ou pièces de plaisir, ne
peut se faire qu'en vertu d'une autorisation spéciale du Gouvernement.

Les autorisations individuelles ainsi accordées concernent
soit les médailles sans bélière, soit les médailles à bélière. Les
premières doivent être au titre fixé pour les médailles que
frappe l'administration des Monnaies, soit 916 millièmes pour
l'or (avec une tolérance de 1 millième) et 950 millièmes pour
l'argent (avec une tolérance de 2 millièmes). Elles doivent se
distinguer nettement des pièces de monnaie et porter sur la
tranche le nom du métal dont elles sont formées. (Décision

ministérielle du 8 septembre 1893. Circulaire de l'administration des Monnaies du 5 avril 1899.)

Médailles munies de bélières ou entourées d'ornementations soudées

Quant aux médailles munies d'une bélière, elles peuvent être fabriquées à l'un ou l'autre des titres déterminés par la loi du 19 brumaire an VI ; mais, en exécution de la décision ministérielle du 2 décembre 1874, elles ne doivent ni sortir de l'atelier dans lequel elles ont été frappées, ni être admises au contrôle par les bureaux de garantie sans que la bélière soit soudée à ces médailles ou fasse corps avec elles.

Il a été spécifié, en outre (décision ministérielle du 31 octobre 1891), que les médailles entourées d'une ornementation soudée, ayant pour effet de dénaturer le caractère de ces médailles et de les transformer en bijoux, peuvent bénéficier, au point de vue du titre, du même régime que les médailles à bélière.

Médailles transformées en broches, épingles, par l'adjonction d'entourages fixés au moyen de simples griffes

L'emploi des médailles dans la bijouterie ayant pris plus d'extension et cet emploi ayant lui-même subi des modifications, la question s'est posée de savoir si les médailles sans bélière, transformées en broches, épingles, etc., par l'adjonction d'un entourage fixé au moyen de simples griffes et, par conséquent, non soudé, pouvaient être admises au titre de la bijouterie comme le sont les médailles munies d'une bélière ou d'un encadrement adhérent.

Par une décision du 20 mars 1899, le Ministre des Finances a voulu, dans l'intérêt de l'industrie de la bijouterie, autoriser cette facilité nouvelle à la double condition que les deux parties des bijoux ainsi composés (médaille et encadrement) seront toujours présentées en même temps au contrôle, et que chacune de ces deux parties sera poinçonnée séparément et d'après une méthode permettant au service de reconnaître que la médaille et son entourage forment un seul objet. (Circulaire de l'administration des Monnaies du 5 avril 1899, n° 26.)

Fabrication illégale de médailles — Mesures à prendre

Par une circulaire en date du 10 avril 1873, le Ministre de l'Intérieur a invité les préfets à prendre les mesures nécessaires pour la répression des fabrications illégales de médailles, en leur rappelant qu'aux termes de l'article 1er de l'arrêté du

5 germinal an XII, il ne peut être frappé de médailles, jetons ou pièces de fantaisie, en or, en argent ou autre métal qué dans les ateliers de la Monnaie, à Paris, à moins d'être muni d'une autorisation spéciale du Gouvernement.

Les médailles, jetons, etc., frappés dans les ateliers des Monnaies doivent
porter, sur la tranche, l'empreinte du différent du directeur de fabrication

Aux termes d'une délibération de la Commission des Monnaies et Médailles du 1er septembre 1841, approuvée par le Ministre des Finances le 21 octobre suivant, toute épreuve de médaille ou jeton, même en cuivre, frappée à l'Hôtel des Monnaies, à Paris, doit porter sur la tranche l'empreinte du différent (marque) du directeur de la fabrication, suivie du nom, en toutes lettres, du métal dont elle est composée, savoir : or, argent, cuivre.

Les marques adoptées par les directeurs pendant leur gestion ont été successivement portées à la connaissance du service par les circulaires de l'administration des contributions indirectes du 29 avril 1842 (un C et une ancre), 20 août 1845 (proue de navire), 7 mai 1847 (main indicative), 31 janvier 1861 (abeille).

Depuis 1880, cette marque est une corne d'abondance. (Circulaire n° 7 de l'administration des Monnaies, du 31 juillet 1880.)

Les médailles et jetons revêtus de l'empreinte de ce poinçon, suivie du nom du métal, doivent circuler librement et ne sont pas soumis à la marque du poinçon de garantie.

Médailles de sainteté à bélières

Il est bien entendu que ces prescriptions ne sont pas applicables aux produits de la bijouterie religieuse, sur lesquels ont été rangées les médailles de sainteté à bélière et de petite dimension et pour lesquelles on doit maintenir la tolérance dont elles ont été l'objet jusqu'à ce jour. Ces objets devront continuer, comme par le passé, à être apportés aux bureaux de garantie et marqués des poinçons de l'Etat.

Les établissements où se fabriquent ces objets sont soumis à la surveillance des agents de la garantie. (Circulaire de l'administration des Monnaies du 16 mai 1873, n° 3.)

Possession d'appareils de frappe. — Autorisations

En raison des abus auxquels aurait pu donner lieu la possession d'appareils de frappe par des particuliers, l'arrêté du 5 germinal an XII a réservé à l'Etat le monopole de la fabrication des médailles.

Toutefois, au cours de ces dernières années, le Gouvernement, usant du droit que lui confère l'article 1er de cet arrêté, a autorisé divers industriels à frapper des médailles et un certain nombre de ces personnes à faire frapper chez ces industriels. (Circulaire n° 55, du 13 février 1904.)

Contrôle de surveillance des fabricants et marchands de médailles

Cette situation a rendu nécessaire un contrôle des fabricants et marchands de médailles.

Déjà l'article 26 de la loi de finances du 25 février 1901 les a soumis, quel que soit le métal utilisé, aux visites des employés, et la lettre commune n° 252, du 9 juin 1903, a indiqué l'intérêt particulier qui s'attache à ces visites au point de vue des frappes illicites et de la répression du faux-monnayage.

Médailles en tous métaux frappées dans les ateliers privés. — Poinçons de maître

L'article 1er de l'arrêté ministériel du 15 décembre 1903 établit à la charge de toutes personnes autorisées à frapper, sur quelque métal que ce soit, des médailles munies ou non de bélières, l'obligation d'apposer, sur leurs produits, un poinçon de maître, et, en outre, s'il s'agit de métal commun doublé ou plaqué d'or ou d'argent, le mot « doublé » en toutes lettres.

Ce poinçon aura, suivant le cas, l'une des formes indiquées ci-après :

Losange pour les médailles en or et en argent ;

Carré parfait pour les médailles en métal commun doublé ou plaqué d'or ou d'argent, ou bien en métal commun doré ou argenté ;

Triangle pour les médailles en métal commun.

Ces dispositions deviennent également applicables à une catégorie d'industriels qui, bien qu'utilisant les mêmes métaux, se sont abstenus, jusqu'à ce jour, de s'y conformer, sous prétexte qu'ils n'étaient que de simples estampeurs et que s'ils frappent des médailles, c'est uniquement pour le compte d'autrui. (Circulaire n° 555, du 13 février 1904.)

Poinçon de maître. — Déclarations à faire à la mairie et à la préfecture

Quant à ceux qui frappent ou font frapper, dans les ateliers particuliers, des médailles en métaux communs, leur poinçon de maître doit avoir la forme d'un triangle, et suivant la règle générale, porter la lettre initiale du nom du fabricant ou de l'industriel avec un symbole.

A quelque catégorie qu'ils appartiennent, les personnes autorisées à frapper ou à faire frapper des médailles, qui ne possèdent pas de poinçon de maître, devront en faire la déclaration à la municipalité et à la préfecture (à Paris, à la préfecture de police et au bureau de garantie), où il sera insculpé sur une planche de cuivre à ce destinée. (Circulaire n° 555, du 13 février 1904.)

Les médailles ne peuvent sortir de l'atelier de frappe sans être revêtues
du poinçon de maître

Aux termes de l'article 2 de l'arrêté du 15 décembre 1903, les médailles ne doivent sortir de l'atelier de frappe qu'après avoir été revêtues du poinçon de maître. Les industriels qui font frapper des médailles chez un fabricant autorisé peuvent y apposer leur propre poinçon, mais ils sont tenus de procéder à cette opération avant de prendre livraison des produits.

Responsabilité du fabricant

Toute contravention à cette disposition engagerait la responsabilité du fabricant en même temps que celle de son client.

Pénalités

La sanction des prescriptions qui précèdent pourra consister, indépendamment des pénalités qui seraient encourues, par application de la loi du 19 brumaire an VI, ou du décret du 26 mai 1860, dans le retrait de l'autorisation de frapper ou de faire frapper des médailles.

Lorsqu'une infraction aura été relevée dans leur département, les directeurs relateront les faits dans un rapport spécial qu'ils adresseront à l'administration des Monnaies et dont ils transmettront copie à l'administration. (Circulaire n° 555, du 13 février 1904.)

Médailles soumises à l'arrêté du 5 germinal an XII

Les médailles soumises à l'arrêté du 5 germinal an XII sont les médailles rondes ou ovales, même munies de bélière, les jetons, les plaquettes rectangulaires ou de toute autre forme, les clichés à revers plat ou uni, qu'ils soient ronds ou d'une autre forme, lorsque ces médailles, jetons, plaquettes ou clichés sont obtenus par le procédé de la frappe.

Estampes, decorations, médailles de sainteté

Ne tombent pas sous l'application de l'arrêté du 5 germinal an XII et peuvent, par conséquent, être frappés sans autorisation, en vertu d'une tolérance ancienne, les simples estampages ou clichés-coquilles, les décorations et les médailles de sainteté de faible module et à bélière.

On ne doit considérer comme estampage que les clichés formés de feuilles métalliques très minces (cinq dixièmes de millimètre) (Note du 8 décembre 1904, n° 3411), sur le revers desquels les creux, correspondant aux reliefs de la face extérieure, ne sont pas obtenus au moyen d'une contre-partie.

Un sujet religieux ne suffit pas à constituer la médaille de sainteté dont les caractéristiques sont, en outre de la nature du sujet, une faible épaisseur, un relief peu élevé, un module réduit et l'adjonction d'une bélière.

Médailles fondues

Les médailles fondues peuvent être fabriquées sans autorisation, mais sont soumises aux règles générales de la loi du 19 brumaire an VI.

Etendue et conditions de l'autorisation de frappe

L'autorisation de frapper ou de faire frapper des médailles est exclusivement personnelle. Elle est, en outre, limitative. Un industriel autorisé à frapper des médailles en métal commun n'en doit pas frapper en métal précieux sans avoir obtenu une nouvelle autorisation. De même, l'autorisation de frapper des médailles munies de bélière ne peut être étendue aux médailles sans bélière que par une nouvelle décision ministérielle.

L'autorisation est essentiellement révocable.

Les médailles frappées dans les ateliers privés doivent se distinguer nettement des pièces de monnaie et porter sur la tranche le nom du métal dont elles sont formées.

Autorisation de posséder des appareils de frappe

Enfin tous les estampeurs et fabricants qui font usage de frappe doivent être pourvus, avant l'installation de ces appareils et alors même que ceux-ci ne devraient pas être employés à la frappe de médailles, de l'autorisation particulière qui est délivrée par le préfet de police, à Paris, ainsi que dans les villes et communes rattachées à la préfecture de police, et par les préfets et sous-préfets dans les départements.

Médailles qui doivent être frappées aux titres de 916 °/° pour l'or
et 950 °/° pour l'argent

Les médailles en or ou en argent non munies de bélière, les jetons, les plaquettes de toutes formes, les clichés de toutes formes, doivent être frappés aux mêmes titres que les médailles, jetons, plaquettes et clichés que frappe l'administration des Monnaies, soit 916 millièmes pour l'or (avec une tolérance de 1 millième) et 950 millièmes pour l'argent (avec une tolérance de 2 millièmes).

Médailles qui peuvent être frappées aux titres de la bijouterie

Les médailles de sainteté, décorations et estampages peuvent être fabriqués à l'un quelconque des titres fixés par la loi du 19 brumaire an VI.

Les médailles à bélière autres de sainteté qu'il n'est permis de frapper qu'en vertu d'une autorisation spéciale, peuvent néanmoins être frappées à l'un ou l'autre des titres de la bijouterie.

La bélière peut faire corps avec la médaille, ou bien y être soudée ; mais il est de règle absolue qu'aucune médaille à bélière ne sorte de l'atelier de frappe et ne soit présentée à l'essai sans que la bélière y ait été fixée. (Décision ministérielle du 2 décembre 1874.)

Les titres de la bijouterie sont autorisés également pour les médailles qui sont entourées d'une ornementation estampée, soudée au corps de ces médailles. (Décision ministérielle du 31 octobre 1891.)

Les médailles sans bélière qui sont exclusivement destinées à être transformées en bijoux (broches, épingles, etc.) par l'adjonction d'un entourage fixé au moyen de griffes, sont admises aux titres de la bijouterie, bien que l'entourage n'y soit pas soudé. Mais, cette facilité est subordonnée à la double condition que les deux parties des bijoux ainsi composés (médaille et entourage) seront toujours présentés en même temps à l'essai et à la marque et qu'elles seront poinçonnées d'après les règles spéciales indiquées ci-après, page 195. (Décision ministérielle du 20 mars 1899 Circulaire de l'administration des Monnaies n° 26 du 5 avril 1899. Circulaire de l'administration des contributions indirectes n° 334, du 27 avril 1899.)

Médailles de la Monnaie — Adjonction de bélière et autres accessoires fabriqués par les ateliers privés

Les médailles avec bélière frappées par la Monnaie sont, comme les médailles sans bélière, aux titres de 916 millièmes pour l'or et de 950 millièmes pour l'argent ; les bélières sont elles-mêmes à ces titres.

Il n'est pas permis d'adjoindre par soudure, aux médailles sans bélière frappées par la Monnaie, des bélières, tiges d'épingles ou autres accessoires d'un titre différent de celui des médailles elles-mêmes.

Médailles fondues en or et en argent

Les médailles fondues sont exclusivement régies par la loi du 19 brumaire an VI au point de vue du titre comme à tous autres points de vue.

Règles relatives à la marque des médailles. — Différent des médailles de la Monnaie. — Médailles ordinaires

Toute médaille frappée dans les ateliers de la Monnaie, qu'elle soit en métal précieux ou en métal commun, est marquée du poinçon particulier de l'administration, ou « différent », suivi du nom du métal.

Petites médailles

Pour les médailles et les jetons en or et en argent de petite dimension, cette indication du nom du métal est remplacée par l'initiale « O » ou « A », qui est insculpée dans le poinçon lui-même. Le poinçon apposé sur les petites médailles en métaux communs ne contient pas de lettre initiale.

Mode d'apposition sur les médailles sans bélière

Le poinçon est apposé en principe sur la tranche des médailles. Lorsque les médailles doivent être ultérieurement employées comme ornements de bijouterie ou comme fonds de boîtiers de montres, le poinçon est appliqué sur le champ même, soit à la face, soit au revers, dans l'espace laissé libre par la gravure et jugé le plus convenable.

Mode d'apposition sur les médailles à bélière

Les médailles en or ou en argent munies d'une bélière ou d'un anneau adhérent formé du même métal précieux que la médaille sont marquées de deux empreintes du poinçon « Corne d'abondance », sur la tranche, ou bien, si la tranche est trop mince, sur le champ, au revers ou même à l'avers de la médaille. Le nom du métal, « or » ou « argent », figure entre les deux empreintes placées en sens inverse de la « Corne d'abondance ».

Les médailles de petit diamètre munies d'une bélière de même métal précieux que la médaille sont marquées d'après la même règle ; mais il est fait emploi, dans ce cas, d'un poinçon de module réduit reproduisant simplement les deux empreintes, juxtaposées en sens inverse, de la « Corne d'abondance », qui porte à sa partie centrale l'initiale « O » ou « A », suivant la nature du métal.

Quand des médailles en or sont pourvues d'une bélière ou d'un anneau en argent, ou bien quand des médailles en argent sont pourvues d'une bélière ou d'un anneau en or, chacune des deux parties reçoit la marque afférente au métal dont elle est formée.

Les médailles en métal commun, frappées avec bélière ou anneau, sont marquées d'une seule empreinte de la « Corne d'abondance », comme les médailles sans bélière.

Marque des accessoires ajoutés dans des ateliers privés aux médailles de la Monnaie — Bélières d'anneaux

Dans certains cas, des médailles en or ou en argent frappées dans les ateliers de la Monnaie reçoivent ultérieurement une bélière ou un anneau de suspension, dont l'adjonction est faite dans l'industrie privée. Cette partie accessoire doit être soumise au contrôle, conformément à la règle générale ; elle doit, d'ailleurs, si elle est soudée, être au même titre que les médailles frappées à la Monnaie : le poinçon de garantie y est apposé sur la bélière ou sur l'anneau, en travers.

Montures

Quand des médailles frappées par la Monnaie sont employées à former la partie centrale des broches, le crochet-fermoir de la broche est marqué, en travers, du poinçon de garantie. (Circulaire n° 334, du 27 avril 1899.)

Marque des médailles frappées dans des ateliers privés. — Médailles à bélière

Lorsque ces médailles ne comportent ni bélière, ni anneau, ni encadrement, elles sont marquées du poinçon de garantie sur la tranche, à côté du poinçon de maître. (Circulaire n° 334, du 27 avril 1899.)

Médailles à bélière

Si elles sont munies d'une bélière, le poinçon de garantie est apposé au point de jonction ou au point de soudure de la médaille et de la bélière. (Même circulaire.)

Médailles montées

Lorsque des médailles frappées dans des ateliers privés entrent dans la composition de bijoux, les règles de poinçonnement ci-après seront appliquées :

Broches dont la partie centrale est constituée par une médaille soudée à l'entourage. — Le poinçon de garantie est apposé, en une seule empreinte, sur le crochet, dans le sens du fil. (Circulaire n° 334 précitée.)

Broches dont la partie centrale est constituée par une médaille non soudée à l'entourage. — On appose, dans ce cas, deux empreintes du poinçon de garantie : l'une en travers, sur le crochet servant de fermoir, et l'autre sur le champ de la médaille. (Même circulaire. Annexe II à la circulaire n° 36 de l'administration des Monnaies du 18 mars 1904.)

Médailles à déposer à la Bibliothèque nationale et au Musée monétaire

L'article 78 de la loi de finances du 31 janvier 1907 a prescrit que « toute personne autorisée à frapper des médailles en » dehors de la Monnaie devra déposer deux exemplaires en » bronze de chaque médaille nouvelle à la Bibliothèque natio- » nale et au Musée monétaire, dans le délai de quarante jours » après la première frappe, sous peine de 100 francs d'amende » pour infraction dûment constatée. »

Médailles en or ou en argent destinées à être transformées en fonds de boîtiers

Aux termes d'une lettre de l'administration des Monnaies n° 1807, du 18 juin 1904, l'extension de la décision ministérielle du 20 mars 1899, qui autorise la fabrication, au titre de la bijouterie, des médailles transformées en broches, épingles, etc., n'était pas applicable à l'horlogerie, et les médailles desti- nées à être transformées en fonds de boîtiers de montres devaient toujours être frappées au titre des médailles, c'est- à-dire 916 millièmes pour l'or, avec une tolérance de 1 millième, et 950 millièmes pour l'argent, avec une tolérance de 2 millièmes.

L'interdiction de frapper au titre de la bijouterie des médailles en or et en argent destinées à former des fonds de boîtiers de montres a été levée par la loi du 21 novembre 1906, mais à la condition que les montres, boîtes, fonds de boîtes de montres soient convexes et n'affectent pas la forme plate d'une médaille.

Ces prescriptions sont également applicables aux fonds de boîtes de montres simplement estampés. (Circulaire n° 682, du 11 mars 1907.)

Les industriels qui frappent des fonds de boîtiers de forme convexe ne doivent pas se munir d'autorisation

Les industriels n'auront plus à se munir de l'autorisation prévue par l'arrêté du 5 germinal an XII, lorsqu'ils frapperont les fonds de boîtes de montres de forme convexe, et les objets de l'espèce en or ou en argent pourront être fabriqués aux titres de la bijouterie et les règles générales de la garantie leur seront applicables. (Circulaire n° 682, du 11 mars 1907.)

Epaisseur que doivent présenter les estampages pour être admis au titre de la bijouterie

Il a été reconnu que des feuilles métalliques d'une épaisseur ne dépassant pas 5 dixièmes de millimètre peuvent être estampées au moyen d'instruments de faible puissance non susceptibles de développer la pression nécessaire pour frapper une pièce de monnaie.

Les estampages dont l'épaisseur ne dépasse pas dans leur partie plane 5 dixièmes de millimètre peuvent donc être admis à la marque lorsqu'ils sont au titre minimum légal de la bijouterie. Lorsque les bords ont été amincis, l'épaisseur de la partie plane doit être mesurée vers le centre de l'ouvrage. L'estampage dont les creux du revers ont été obtenus au moyen d'une contre-partie en acier peuvent être admis, comme tout autre estampage, sous la même condition d'épaisseur.

Médailles de sainteté frappées au titre de la bijouterie. — Diamètre des médailles

En ce qui concerne les médailles de sainteté, l'administration a admis que ces médailles peuvent être contrôlées lorsque leur diamètre ne dépasse pas 17 millimètres. Elles doivent être, en outre, de faible épaisseur. de relief peu accentué et être munies d'une bélière. Les mêmes conditions sont applicables à l'importation des pays contractants. (Note de l'administration des Monnaies n° 3309, du 24 novembre 1904.)

Médaille du Tonkin

La médaille du Tonkin, fabriquée à la Monnaie conformément, au type adopté par le Ministre de la Guerre, porte sur le revers et au-dessous de l'inscription centrale des faits d'armes la « Corne d'abondance ».

Cette marque tient lieu de celle qui est insculpée sur la tranche pour toutes les autres médailles et garantit, de même, le titre de 950 millièmes. (Note de l'administration des Monnaies du 10 avril 1886.)

Médaille du Dahomey

Pour la médaille du Dahomey, la marque est placée à gauche. à la hauteur du sommet de la hampe du premier drapeau. (Note de l'administration du 12 juin 1893, n° 4701.)

Réduction de la médaille du Dahomey

La fabrication des réductions de la médaille du Dahomey par l'industrie privée, sous la réserve du droit de la propriété de l'administration des Monnaies, est autorisée sous la condition que ces réductions seront d'un diamètre maximum de 25 millimètres et qu'elles ne porteront pas les deux marques spéciales (Corne d'abondance et Faisceau de licteur) dont sont revêtues les médailles du module réglementaire frappées à la Monnaie.

Les réductions frappées dans ces conditions seront admises à l'essai et à la marque. (Note de l'administration du 31 juillet 1893, n° 6128.)

Médaille coloniale — Frappe des médailles — Fabrication des agrafes et des bélières — Fabrication en métal blanc — Réduction des modules

Un décret du 6 mars 1894 a édicté les mesures d'application de l'art. 75 de la loi de finances du 26 juillet 1893 concernant la médaille coloniale.

Aux termes dudit décret, cette médaille est en argent et du module de 30 millimètres. Elle porte d'un côté l'effigie de la République avec ces mots : « République française » ; de l'autre côté, en légende : « Médaille coloniale », et au milieu un globe terrestre entouré d'attributs militaires.

La frappe du type et du module officiels s'effectue exclusivement dans les ateliers de la Monnaie ; mais la fabrication des agrafes et des bélières a fait l'objet d'une adjudication.

Sous la date du 4 juin 1895, le Ministre de la Marine a pris, en ce qui concerne les reproductions et les réductions de la Médaille coloniale, ainsi que la bélière et les agrafes, la décision ci-après :

« Le droit de fabrication de la médaille du type officiel et du
» module réglementaire est expressément réservé à l'Etat,
» mais l'administration des Monnaies est autorisée à en vendre
» au commerce. »

» La fabrication en imitation (métal blanc ou autre métal
» commun) de médailles du module réglementaire est formelle-
» ment interdite.

» La fabrication et la vente des réductions de la médaille
» coloniale sont concédées à l'industrie privée sous les seules
» réserves suivantes :

» 1° Le module sera d'un diamètre maximum de 25 milli-
» mètres et les marques de fabrique spéciale dont sont revêtues
» les médailles du modèle réglementaire n'y seront pas appo-
» sées.

» 2° Les réductions devront reproduire fidèlement, toutes
» proportions gardées, les dessins de la médaille réglemen-
» taire, dont elles différeront seulement par les dimensions.

» La fabrication et la vente des bélières, ainsi que des
» agrafes destinées à être portées sur le ruban, sont également
» concédées à l'industrie privée, à la condition :

» 1° Que les bélières seront toujours, comme titre du métal,
» identiques aux médailles auxquelles elles sont adaptées.

» 2° Que les bélières et les agrafes seront la reproduction
» fidèle des modèles réglementaires, sauf, bien entendu, les
» dimensions pour les reproductions. »

Les réductions de la médaille coloniale fabriquées dans les conditions ci-dessus ainsi que les bélières et agrafes ayant soit le module réduit, soit le module réglementaire, pourront être admises à l'essai et à la marque.

Les bélières et les agrafes du module réglementaire doivent être, comme titre du métal, identiques aux médailles auxquelles elles sont adaptées, c'est-à-dire à 950 millièmes, avec une tolé-rance de 2 millièmes.

Si les agents constataient la fabrication d'imitation, en métal commun, de la médaille coloniale, il conviendra de signaler le fait à l'autorité préfectorale qui aurait à prendre toutes mesures utiles. (Lettre commune n° 104, du 19 juillet 1895.)

Médaille de l'expédition de Chine

La loi du 15 avril 1902 qui a créé une médaille nationale, commémorative de l'expédition de Chine 1900-1901 dispose que cette médaille, conforme pour le module à celle de Madagascar, portera au revers les mots « Chine 1900-1901 » et qu'il y sera adapté une agrafe revêtue de la même inscription.

Cet insigne, frappé dans les ateliers de la Monnaie, est en argent, au titre de 950 millièmes ; il se compose : 1° de la médaille proprement dite, diamètre 30 millimètres, à laquelle est soudée une bélière ornementée ; 2° de l'agrafe ou barrette.

La fabrication de cette médaille et de ses accessoires, soit dans le module réglementaire, soit en module réduit, est réservée à l'Etat, et seule l'administration des Monnaies est autorisée à en vendre au commerce.

De même que pour la médaille coloniale, la fabrication en imitation (métal blanc ou autre) est également interdite.

Tous les exemplaires de la médaille de Chine 1900-1901, qu'il s'agisse du modèle réglementaire ou des réductions, sont frappés à la Monnaie et doivent porter la mention du différent « Corne d'abondance » ; sur les médailles du diamètre réduit, cette marque est apposée sur la tranche ; elle comporte, suivant la règle adoptée pour les médailles munies d'une bélière par la décision ministérielle du 29 octobre 1900 et circulaire n° 31, du 24 janvier 1901, deux empreintes de la « Corne d'abondance » placées en sens inverse et séparées par le mot « argent ».

Quant à l'agrafe, elle est poinçonnée au revers dans le haut.

Pour les enseignes du modèle réduit, le poinçonnement de la médaille et celui de l'agrafe se font d'après les mêmes règles, avec cette distinction toutefois qu'au lieu du poinçon complet, on emploiera, quand le faible module de la médaille et de l'agrafe le comportera, le poinçon simplifié, c'est-à-dire la « Corne d'abondance », portant au centre la lettre A, initiale du mot argent.

On ne doit admettre à l'essai et à la marque aucune reproduction de ladite médaille et de ses accessoires, et s'il en était présenté on doit avertir immédiatement le service de surveillance. (Lettre commune n° 20 de l'administration des Monnaies, du 25 mars 1903.)

Medaille d'honneur des agents de la police municipale

Il a été créé, par décret du 3 avril 1903, en faveur des agents de la police municipale et rurale, une médaille d'honneur en argent dont le module officiel est de 27 millimètres. A cette médaille est soudée une bélière qui est également en argent.

Les modules officiels et les réductions sont frappés dans les ateliers de la Monnaie au titre de 950 millièmes ; ils portent tous la marque spéciale du différent de la Monnaie.

Toutes les prescriptions de la médaille commémorative de Chine 1900-1901 sont applicables à celle des agents de police. (Lettre commune n° 22, du 8 janvier 1904, de l'administration des Monnaies.)

Frappe des medailles religieuses

Tout industriel qui frappe ou fait frapper des médailles doit être pourvu de l'autorisation prescrite par l'arrêté du 5 germinal an XII ; mais les médailles religieuses de petit module et à bélière, les décorations et les estampages restent en dehors de cette règle, en raison de leur assimilation, depuis longtemps admise, avec les produits de la bijouterie. (Circulaire n° 26 de l'administration des Monnaies, du 5 avril 1899.)

Prohibition des medailles frappées a l'étranger, a l'exception des medailles de sainteté de petit module et des décorations et estampages

Les dispositions contenues dans l'arrêté du 5 germinal an XII ont pour conséquence la prohibition des médailles frappées à l'étranger, sous réserve toutefois de l'exception autorisée pour les médailles de sainteté de petit module et à bélière frappées dans les Etats ayant droit au tarif minimum des douanes, ainsi que pour les décorations et les estampages. (Circulaire n° 26 de l'administration des Monnaies, du 5 avril 1899.)

Mais il faut, pour que les estampages soient admis à l'importation, qu'ils présentent les caractères distinctifs de l'estampage, c'est-à-dire qu'ils aient une très faible épaisseur et que les reliefs de la face correspondent à des creux au revers. (Circulaire n° 29 de l'administration des Monnaies, du 22 octobre 1900.)

L'estampage se distingue de la médaille par sa faible épaisseur et par le creux qui, en revers, correspond au relief de la face. Lorsqu'un estampage est monté en bijou, le fond qui y est adapté doit être également très mince, et les deux parties composant ainsi l'objet doivent demeurer séparées, sauf sur les points de jonction ou de soudure, de façon qu'en coupant cet objet on en puisse, à première vue, constater la nature et le conditionnement. (Note de l'administration des Monnaies du 24 octobre 1899, n° 3433.)

La facilité ainsi admise pour les estampages montés en bijoux s'étend évidemment aux estampages employés à former des fonds de boîtes de montres et auxquels est soudée, sur le pourtour, une plaquette de même métal que l'estampage ; l'adjonction de cette plaquette est nécessaire pour que le fond de boîtier ainsi constitué présente une solidité suffisante. (Note de l'administration des Monnaies du 20 février 1901, n° 1045.)

La prohibition ne concerne pas les médailles reimportees frappees à la Monnaie

La prohibition ne concerne évidemment pas les médailles frappées en France, soit à la Monnaie, soit chez un fabricant autorisé, et qui seraient présentées à la réimportation encore marquées du poinçon authentique attestant leur origine. (Circulaire n° 29 de l'administration des Monnaies, du 22 octobre 1900.)

L'administration des Monnaies peut frapper des médailles en or ou en argent au titre de la bijouterie

Une décision ministérielle du 4 mai 1906 a étendu à l'administration des Monnaies l'autorisation accordée par des décisions antérieures à l'industrie privée de frapper aux titres de la bijouterie des médailles d'or ou d'argent munies de bélière ainsi que des médailles sans bélière ayant reçu l'adjonction soit d'un estampage soudé, soit d'un entourage fixé au moyen de griffes. (Circulaire n° 697, du 18 juillet 1907.)

Médailles d'or et d'argent destinées à l'exportation, frappées dans les ateliers des Monnaies

Une décision ministérielle du 16 février 1907 a autorisé l'administration des Monnaies à ne pas percevoir sur les médailles d'or et d'argent frappées sur coins particuliers et destinées à l'exportation le montant de la compensation des droits de garantie qui est comprise dans les frais de fabrication.

La même décision ministérielle a créé pour les médailles fabriquées au tarif d'exportation un poinçon spécial, le poinçon « Corne d'abondance » ne devant être insculpé que sur les médailles qui auront acquitté le tarif plein.

Le poinçon d'exportation porte comme emblème deux ailes

éployées entre lesquelles est gravée la lettre O pour les médailles en or et la lettre A pour les médailles en argent.

Pour le premier titre d'or, ce poinçon a la forme d'une ellipse avec le chiffre 1 au-dessus et à gauche de l'O ;

Pour le deuxième titre d'or : celle d'un octogone avec le chiffre 2 au-dessus et à droite de l'O ;

Pour le troisième titre : celle d'un hexagone avec le chiffre 3 au-dessus de l'O.

Pour les deux titres d'argent, la forme du poinçon et la place du chiffre sont les mêmes que pour le premier et le second titre d'or.

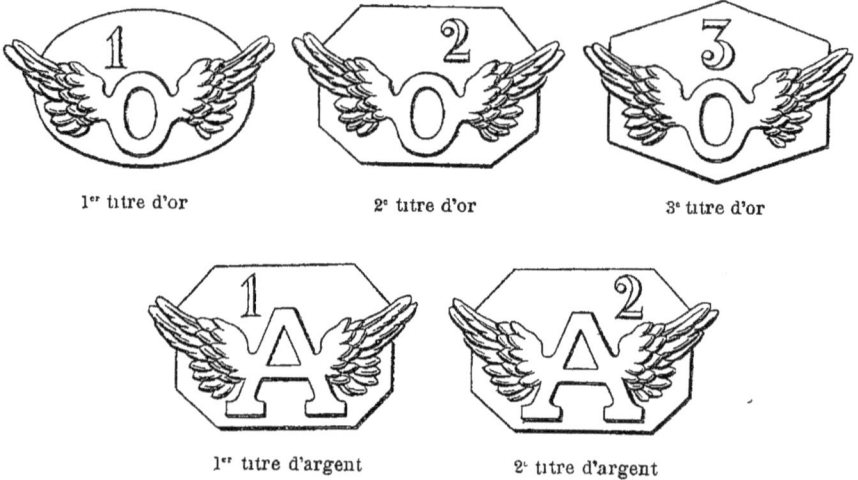

1er titre d'or　　　　2e titre d'or　　　　3e titre d'or

1er titre d'argent　　　　2e titre d'argent

Les médailles ne seront pas poinçonnées si l'exportateur le demande.

En ce qui concerne les médailles qui seraient présentées à la réimportation, il y aura lieu, par suite de l'introduction du nouveau régime, de faire les dictinctions ci-après :

Continueront d'être admises à la réimportation sans avoir à acquitter les droits de garantie, les médailles revêtues du poinçon « Corne d'abondance ».

Les médailles marquées du poinçon spécial d'exportation devront, au contraire, acquitter les droits de garantie et être empreintes du poinçon de retour.

Quant aux médailles qui auront été exportées sans poinçon, leur origine française ne pouvant être établie, elles tomberont naturellement sous le coup de la prohibition qui frappe les médailles étrangères. (Circulaire n° 697, du 18 juillet 1907, et circulaire n° 40 de l'administration des Monnaies, du 4 juin 1907.)

Fonds de boîtiers de montres. — Médailles, estampages, etc. — Imitation de pièces de monnaies étrangères

La question a été posée de savoir s'il était permis de reproduire soit sur des médailles, des estampages, etc., soit sur des fonds de boîtiers de montres, des sujets qui sont des imitations de pièces de monnaies étrangères.

La réponse ne pouvait être que négative, puisque les reproductions dont il s'agit, qu'elles s'appliquent à des monnaies étrangères ou à des monnaies françaises, tombent sous le coup de l'art. 57 de la loi de finances du 30 mars 1902 ainsi conçu :

« Indépendamment des contrefaçons ou altérations prévues par
» les articles 132 et 133 du Code pénal, sont également interdits
» la fabrication, la vente, le colportage et la distribution de
» toutes les imitations des monnaies ayant cours légal en
» France et des monnaies étrangères. »

Cette interdiction est générale et s'applique à tous les procédés d'imitation. Toute infraction est punie d'un emprisonnement de cinq jours à six mois et d'une amende de 16 à 2.000 fr.

Afin que les prescriptions de la loi ne soient pas méconnues, l'administration recommande d'examiner à ce point de vue, avec la plus grande attention, les apports qui seront présentés. En cas de doute, on ne devra pas hésiter à en référer à la Monnaie et communiquer un ou plusieurs spécimens des pièces. (Lettre de l'administration des Monnaies, du 8 janvier 1907, n° 59.)

La reproduction de tout type monétaire est interdite — Les poursuites sont dévolues aux parquets

Les types monétaires sont la propriété exclusive de l'Etat et toute reproduction en demeure interdite. Par suite, les médailles, jetons, etc., dont l'emblème constitue une imitation monétaire sont saisissables.

Toutefois, le droit de saisie en cette matière n'appartient pas aux services des douanes et de la garantie, il est dévolu aux parquets.

De concert avec le département de la justice, il vient d'être décidé que, lorsque des médailles présentées à l'importation paraîtront tomber sous le coup de la prohibition dont il s'agit, un échantillon en sera transmis par le service de la douane au contrôleur du bureau de garantie le plus voisin, qui devra signaler d'urgence, au parquet, ce fait, si après examen du spécimen communiqué il juge la présomption d'interdiction fondée. (Lettre de l'administration n° 11, du 29 janvier 1907.)

Machines susceptibles d'être utilisees dans la fabrication des monnaies

La loi du 29 mars 1904, abrogeant l'arrêté des Consuls du 3 germinal an IX, a interdit, sous peine d'amende et de confiscation, l'emploi et la détention des machines, appareils ou instruments susceptibles d'être utilisés dans la fabrication des monnaies, à moins que le détenteur ne soit muni d'une autorisation délivrée, à Paris et dans les communes rattachées à la préfecture de police, par le préfet de police, dans les départements par le préfet dans l'arrondissement chef-lieu et par le sous-préfet pour les autres arrondissements.

Les machines, appareils et instruments auxquels ces dispositions sont applicables sont énumérés par l'article 1er du décret du 1er septembre 1906, rendu en exécution de l'art. 2 de ladite loi. Ce sont les presses monétaires, les marteaux-moutons, les balanciers et autres appareils à vis (découpoirs à vis ou presses à découper) travaillant par le choc, dont la vis a un diamètre inférieur à 200 millimètres et supérieur à 20 millimètres.

Les laminoirs que nommait expressément l'arrêté de l'an IX ne sont pas visés : ils peuvent donc être employés ou détenus sans autorisation.

Pour les presses monétaires et pour les marteaux-moutons, l'autorisation est nécessaire, quelle que soit la puissance de l'appareil. Elle n'est requise pour les balanciers et autres appareils à vis travaillant par le choc que lorsque le diamètre de la vis est inférieur à 200 millimètres et supérieur à 20 millimètres.

La presse monétaire a pour organe caractéristique une colonne de pression dont la tête est reliée par une articulation en forme de genou à la tête d'un levier. Ce levier se lève et s'abaisse alternativement sous l'action d'une manivelle fixée sur un arbre muni d'un grand volant. L'extrémité de la colonne de pression opposée à sa tête articulée porte sur une boîte coulante à laquelle est fixé l'un des coins. Lorsque le levier s'abaisse, la colonne de pression prend la position verticale : et comme sa tête est contrebutée, l'autre extrémité pousse la boîte coulante et le coin fixé à celle-ci contre le bâti de la machine sur lequel est disposé le second coin. Le flan qui a été placé sur le second coin reçoit ainsi l'empreinte par pression.

On donne souvent dans le commerce le nom de presse à des

appareils à estamper, à découper, etc., qui n'ont rien de commun avec la presse monétaire et qui ne sont pas autre chose que des balanciers. Ils suivent en conséquence le régime de ces derniers appareils, qui sont décrits plus loin.

Le marteau-mouton est constitué par une masse pesante pouvant être élevée entre deux colonnes à des hauteurs variables d'où on la laisse tomber sur une enclume. L'un des coins se fixe à la partie inférieure de la masse ou marteau, l'autre se place sur l'enclume. Les colonnes peuvent être munies de glissières pour diriger la chute du marteau. Celui-ci peut être élevé au moyen d'un câble, d'une chaîne, d'une courroie manœuvrée à la main ou au moteur.

Le marteau-mouton, que l'on appelle quelquefois marteau-pilon, ne doit pas être confondu avec le marteau-pilon des usines métallurgiques. Dans celui-ci, la masse frappante, dont le poids effectif se chiffre en tonnes, est reliée à la tige d'un piston, et c'est la vapeur qui élève le marteau jusqu'au point de chute. Ce marteau-pilon à vapeur n'est pas visé par le règlement d'administration publique qui ne dénomme que le marteau-mouton. Mais il va de soi que le marteau-mouton reste soumis aux dispositions de la loi et du règlement, même si on le dénomme marteau-pilon.

Le balancier se compose essentiellement d'une vis verticale engagée dans un écrou et que l'on fait descendre rapidement dans cet écrou en lui imprimant un mouvement de rotation au moyen soit d'une verge garnie à ses deux extrémités de masses pesantes, soit d'un volant fixé à la partie supérieure. L'un des coins est fixé au bas de la vis ou d'une boîte coulante dans laquelle plonge la vis ; l'autre repose sur le bâti. L'empreinte est donnée au flan placé entre les coins par la percussion de la vis. Le bâti du balancier peut consister soit en deux jambes au centre desquelles est placé l'écrou, soit en une seule jambe dont la partie supérieure reçoit l'écrou. Cette dernière disposition, appelée communément « col de cygne », n'est usitée que pour les appareils d'assez faible puissance. La verge au moyen de laquelle on met en mouvement la vis des balanciers qui en sont munis étant lancée à la main, ces balanciers sont dénommés à verge ou à main. Les balanciers à volant sont aussi appelés balanciers à friction ou à vapeur, parce que le volant est lancé au moyen de plateaux de friction tournant verticalement et mus au moteur, qui sont disposés de part et d'autre du volant et qui en sont rapprochés à volonté de façon à actionner la jante en la frottant.

Le règlement assimile aux balanciers les autres appareils à vis travaillant par le choc. Ces derniers sont principalement les découpoirs à vis ou presses à découper. Il n'y a pas de différence entre un balancier et un découpoir à vis ; les organes sont les mêmes. Mais au lieu de frapper sur les coins, la vis du découpoir pousse un piston dans une lunette à bords tranchants.

Le règlement du 1er septembre 1906 dispense implicitement de l'autorisation plusieurs appareils qui auraient pu y être assujettis en vertu de l'arrêté de l'an IX comme constituant des coupoirs. Ce sont les appareils à vis dans lesquels le découpage est obtenu par le serrage progressif de la vis au lieu de l'être par un choc. Ce sont aussi les découpoirs autres qu'à vis, c'est-à-dire à excentrique ou à levier. (Circulaire du Ministre des Finances du 9 octobre 1906.)

En ce qui concerne les appareils provenant de l'étranger, l'article 9 dispose que les déclarations de mise à la consommation doivent énoncer, outre l'espèce des appareils selon la catégorie du tarif, leur appellation industrielle, leurs dimensions et l'usage auxquels ils sont destinés, ainsi que les noms, prénoms, profession et domicile des destinataires. De plus, l'importateur doit justifier par un certificat émanant de l'autorité chargée de délivrer les autorisations que les destinataires sont pourvus de l'autorisation nécessaire. (Circulaire n° 3619 de l'administration des douanes, du 27 octobre 1906.)

CHAPITRE X

Ouvrages déposés dans les monts-de-piété

Les ouvrages déposés au mont-de-piété et dans les établissements destinés à des ventes ou à des dépôts de vente sont assujettis au droit de garantie lorsqu'ils ne les ont pas acquittés avant le dépôt. (Art. 28 de la loi du 19 brumaire an VI.)

La perception des droits n'a lieu qu'au moment de la vente

Cependant la perception du droit sur ces ouvrages n'a lieu qu'au moment de la vente, parce que, alors seulement, ils rentrent dans le commerce et cessent d'être la propriété de ceux qui en avaient fait le dépôt. (Circulaire de l'administration des Monnaies du 1er prairial an VIII.)

Ventes dans les maisons particulières

Aucun ouvrage d'orfèvrerie et de bijouterie ne pouvant, d'après les dispositions des articles 22, 23, 77, 83 et 84 de la loi de brumaire, rentrer dans le commerce ni être vendu publiquement s'il ne porte l'empreinte des poinçons légaux, l'article 28 ci-dessus mentionné est applicable aux ventes publiques faites dans des maisons particulières par le ministère d'un officier public. (Décision ministérielle du 20 mai 1806.)

Nantissements en or et en argent

L'article 74 du décret du 8 thermidor an XIII stipule que, lorsque des nantissements entièrement composés, ou même simplement garnis d'or ou d'argent, se trouveront compris dans le rôle de vente, il en sera donné avis aux contrôleurs des droits de marque, en service pour le mont-de-piété, avec invitation de venir procéder à la vérification desdits nantissements.

Les contrôleurs se transporteront, à cet effet, au dépôt de vente du mont-de-piété et formeront, après cette vérification, l'état de ceux desdits nantissements d'or ou d'argent qui, n'étant pas revêtus de l'empreinte de la garantie, ne pourront

14

être délivrés qu'après l'avoir reçue, sauf, néanmoins, l'exception dont il sera parlé article 87. (Art. 75 du décret du 8 thermidor an XIII.)

Ouvrages à briser

Les effets adjugés, même ceux composés ou garnis d'or ou d'argent non empreints de la marque de la garantie, mais que l'adjudicataire consentira à faire briser et mettre hors de service, seront remis audit adjudicataire aussitôt qu'il en aura payé le prix. (Art. 87 du décret du 8 thermidor an XIII.)

Ouvrages à poinçonner

Quant à ceux desdits effets d'or ou d'argent non empreints de la marque de garantie que l'adjudicataire désirera conserver dans leur forme, ils seront provisoirement retenus pour être présentés au bureau de garantie et n'être remis audit adjudicataire qu'après l'acquittement fait, par lui, des droits dus. (Art. 88 du décret du 8 thermidor an XIII.)

Droits d'essai à percevoir

L'article 3 de la décision ministérielle du 15 novembre 1822 est ainsi conçu :

« Que tous les ouvrages provenant des ventes publiques du
» mont-de-piété de Paris seront essayés au touchau ; que le
» prix de chaque essai sera payé à raison de 9 centimes pour
» l'or, conformément à la loi ; et que ces ouvrages seront
» empreints des marques de garantie en cours de service, sauf
» à marquer du poinçon étranger ceux dont le titre aura paru
» trop faible ou qui seront reconnus être de fabrication étran-
» gère. »

Une nouvelle décision du 14 juillet 1824 porte que l'article 3 ci-dessus est applicable dans toutes ses dispositions à tous les monts-de-piété qui existent dans le royaume ou qui pourraient être établis. (Circulaire de l'administration des Monnaies n° 79, du 6 octobre 1824.)

Ventes publiques après décès

Seront également essayés au touchau, à Paris et dans les départements, pour être marqués des poinçons français ou étrangers, suivant l'exigence des cas, les ouvrages d'or ou d'argent provenant des ventes publiques faites après décès par des commissaires priseurs, lorsqu'il sera constaté au procès-verbal de vente que lesdits ouvrages ont été adjugés à l'un ou à plusieurs des héritiers appelés aux successions ouvertes par ces décès. (Art. 4 de la décision ministérielle du 15 novembre 1822.)

Déclaration des commissaires-priseurs. — Les ouvrages ne sont poinçonnés qu'après la vente

Cette disposition ne pouvant se concilier avec les instructions qui ont prescrit de saisir tout ouvrage exposé dans les ventes publiques qui ne serait pas revêtu des poinçons actuels, et d'actionner l'officier public qui présiderait à ces ventes, sauf son recours contre son commettant, la question a été posée de savoir si les ouvrages exposés dans les ventes publiques doivent être marqués avant ou après la vente. Par lettre du 11 juin 1823, le Ministre a décidé qu'il suffit d'exiger des commissaires priseurs une déclaration des effets d'or et d'argent qu'ils veulent mettre en vente, et que c'est seulement après l'adjudication que ces effets doivent être essayés, poinçonnés et soumis à la perception du droit, à moins que, pour se dispenser de ces obligations, l'adjudicataire déclare ne pas vouloir conserver, dans leur forme, les objets qui lui ont été adjugés, auquel cas ils doivent être brisés par l'employé qui a été spécialement chargé d'assister à la vente. (Circulaire n° 7, du 28 juin 1823.)

Les ouvrages ne sont plus apportés au bureau avant la vente

Les dispositions ci-dessus ont abrogé la circulaire de l'administration des Monnaies du 30 mars 1811, qui prescrivait d'inviter les huissiers, commissaires priseurs et autres officiers qui ont caractère pour présider à ces ventes, d'apporter au bureau de garantie, avant la vente, tous les ouvrages destinés à être vendus publiquement.

Des peines disciplinaires sont prononcées contre les commissaires-priseurs qui ne font pas les déclarations prescrites

Toutefois, les dispositions de la circulaire n° 7, du 28 juin 1823, n'ayant pas de sanction pénale, les commissaires priseurs et autres officiers publics qui procèdent à des ventes où il se trouve des objets susceptibles d'être poinçonnés, ne sont passibles que de peines disciplinaires lorsqu'ils n'ont fait ni la déclaration prescrite par la décision ministérielle du 11 juin 1823, ni fait marquer lesdits ouvrages. (Arrêt de la Cour de Cassation du 25 février 1837, dont ci-après les dispositions.)

« Attendu qu'il résulte de l'ensemble de la loi de brumaire

» an VI que les obligations qu'elle prescrit sont uniquement
» imposées aux fabricants et marchands d'orfèvrerie ;

» Attendu qu'on .ne saurait assimiler le domicile privé où
» s'effectue accidentellement une vente publique à un établisse-
» ment destiné à ces sortes de ventes, et qu'on ne peut trouver
» d'ailleurs la sanction pénale à la disposition de l'art. 28 dans
» l'art. 80, qui se réfère aux huit articles précédents, lesquels
» ne concernent que les fabricants ou marchands ;

» Attendu que l'art. 77 n'impose qu'à ces deux classes de
» personnes l'obligation de porter au bureau de garantie leurs
» ouvrages pour y être essayés, titrés et marqués ;

» Attendu que l'art. 107 n'a également trait qu'aux fabricants
» ou marchands et aux propriétaires des objets saisis ;

» Attendu qu'au surplus l'omission faite par un commis-
» saire priseur de la déclaration préalable prescrite par la
» circulaire du 28 juin 1823 rend ce fonctionnaire passible de
» peines disciplinaires, ce qui ne laisse pas sans garantie les
» droits du Trésor et l'intérêt d'ordre public lié à la perception
» de ces droits ;

» Par ces motifs, et attendu la régularité de la procédure,
» la Cour rejette le pourvoi. »

Intervention des préfets et des parquets pour l'obtention des déclarations

Il n'y a pas, en effet, de sanction pénale contre l'inexécution
de cette règle ; mais l'intervention des préfets et des magistrats
du parquet n'a jamais été réclamée en vain pour obtenir que
les déclarations nécessaires soient faites par les officiers
publics, avant l'ouverture des ventes.

De même, à l'égard des ventes qui sont ordonnées en certains cas par les administrations de la guerre et de la marine,
des recommandations semblables ont été faites aux intendants
militaires par les ministères respectifs.

Objets d'or et d'argent déposés dans les greffes des tribunaux

Les objets d'or et d'argent déposés dans les greffes des tribunaux à l'occasion des procès civils ou criminels terminés par
jugement définitif, ou à l'égard desquels l'action est prescrite,
étant remis aux receveurs des domaines (ordonnance du 23 janvier 1821, art. 1er) pour être vendus aux enchères, il est enjoint
auxdits receveurs (même ordonnance, art. 2) de ne procéder à
la vente de ces objets qu'après en avoir fait vérifier le titre et
de payer les droits pour ceux qui ne les auraient pas acquittés
avant le dépôt.

Mise en vente d'objets de curiosité

Lorsqu'un cabinet d'objets de curiosité est mis en vente, il est de règle de soumettre à la marque et aux droits les bijoux qui datent des temps les plus anciens, mais non les médailles antiques ; et quand les médailles modernes, conservées dans leur module, sont montées en épingles, bagues, bracelets ou cachets, au gré d'amateurs qui tiennent à porter une gravure en souvenir de quelque grand événement, on défalque ces médailles du poids de l'ouvrage et la monture seule reste passible du droit.

Ouvrages a bas titre mis en vente — Objets anciens ayant un caractère
d'art et de curiosité

Depuis longtemps, la tolérance s'était établie, dans les ventes publiques en général, de marquer du poinçon ET, au lieu de les briser, lorsqu'ils étaient reconnus à bas titre, les objets anciens ayant un caractère d'art ou de curiosité. Le Ministre des Finances a, par décisions des 25 juin 1902 et 18 mai 1903, admis que cette tolérance serait maintenue et, par une autre décision du 12 septembre 1903, il a dispensé les objets antiques du poinçonnement et du paiement du droit de garantie.

L'application de cette concession est subordonnée à la condition expresse que les ouvrages d'or ou d'argent présentés comme objets anciens d'art ou de curiosité, ou comme objets antiques, soient reconnus tels par les agents chargés du contrôle.

Les contestations qui pourraient s'élever à cet égard entre le service et les intéressés devront être soumises à l'administration des Monnaies, qui statuera après avis d'un ou de plusieurs experts assermentés près les tribunaux ou cours d'appel.

La désignation des experts sera faite par les directeurs des départements.

Les frais d'expertise seront à la charge des intéressés qui souscriront, à l'avance, l'engagement de payer les honoraires des experts et toutes autres dépenses. (Circulaire n° 561, du 24 mars 1904.)

Marque des objets anciens avec accessoires modernes

Si les objets anciens en or ou en argent, ayant un caractère d'art ou de curiosité, sont transformés ou complétés par l'adjonction d'accessoires modernes (tiges, anneaux, etc.) en or ou en argent au titre, la partie ancienne à bas titre doit recevoir l'empreinte du poinçon ET et la partie moderne doit être marquée : du poinçon de garantie intérieure, lorsque son origine française est certaine ; du poinçon « le charançon », lorsque l'ouvrage provient, en vertu d'une déclaration régulière, d'un pays contractant ; du poinçon « le hibou » ou « le cygne », lorsqu'il s'agit d'ouvrages provenant des ventes publiques et qu'il n'est pas possible de connaître l'origine de la partie moderne. (Décision ministérielle du 14 juin 1905 et circulaire n° 610, du 29 juin 1905.)

Marque des objets à bas titre provenant des ventes publiques des monts-de-piété

Par application de l'article 3 de la décision ministérielle du 15 novembre 1822, tous les ouvrages d'or et d'argent provenant des ventes publiques du mont-de-piété de Paris et de tous les monts-de-piété en général (décision ministérielle du 14 juin 1824) doivent être empreints des marques de garantie en cours de service, sauf à marquer du poinçon ET ceux dont le titre aura paru trop faible ou qui seraient reconnus de fabrication étrangère. (Circulaire de l'administration des Monnaies n° 33, du 7 février 1902.)

Poinçonnement des ouvrages provenant de ventes publiques après décès. — Ouvrages à bas titre

Pour le poinçonnement des ouvrages d'or et d'argent provenant des ventes publiques après décès, l'art. 4 de la décision ministérielle du 15 novembre 1822 contient une prescription analogue à celle de l'art. 3, mais avec cette restriction que ceux de ces ouvrages qui sont à bas titre ne doivent pas être admis à la marque ET que si le procès-verbal de vente constate qu'ils ont été adjugés à l'un ou à plusieurs des héritiers appelés aux successions ouvertes par ces décès.

Poinçonnement des objets provenant de ventes publiques autres que celles faites après décès

Quant aux objets provenant des ventes publiques autres que celles qui sont faites après décès, la décision ministérielle de 1822 n'a rien spécifié à leur égard : en cas de régularité de titre, ils sont marqués actuellement des poinçons intérieurs, comme les objets provenant des ventes après décès ; mais en cas de bas titre, ils doivent être brisés, puisque l'emploi du poinçon ET n'a pas été autorisé en ce qui les concerne.

*Ventes publiques des monts-de-piété. — Poinçonnement des ouvrages
dont l'origine est inconnue*

Une décision ministérielle du 31 janvier 1902 a modifié
comme suit la décision précitée du 15 novembre 1822.

Les poinçons « le hibou » et « le cygne », créés par le décret
du 29 juin 1893, seront employés désormais aux lieu et place des
poinçons intérieurs pour la marque des ouvrages d'or et
d'argent qui, provenant des monts-de-piété ou des autres ventes
publiques et reconnus au titre légal, ne porteront pas, par la
présence d'un poinçon officiel, la trace authentique de leur
origine française.

Quant au poinçon E T, il continuera à être employé, dans
les cas spécifiés par la décision ministérielle du 15 novembre
1822, pour la marque des ouvrages d'or et d'argent à bas titre.

Essais des ouvrages provenant des ventes des monts-de-piété

L'essayeur devant essayer au touchau tous les ouvrages
provenant des ventes du mont-de-piété, ne doit percevoir le
prix de ses essais qu'à raison de 9 centimes par décagramme
pour l'or ; mais il est nécessaire, pour ne causer aucun préjudice à ces établissements et aux acheteurs, d'observer les
procédés indiqués au chapitre « Essais » pour l'essai au touchau
des menus bijoux. L'essayeur doit en outre distinguer dans
ses bulletins d'essai, et sur son registre, les ouvrages trouvés
au titre légal qui doivent être empreints des poinçons ordinaires et les ouvrages d'un titre inférieur susceptibles de
l'application du poinçon ET.

Tous les ouvrages doublés ou fourrés de matières étrangères
ne doivent recevoir l'empreinte d'aucun poinçon de garantie :
l'intérêt du public et du commerce exige que les ouvrages
reconnus en cet état soient brisés. (Circulaire n° 69 de l'administration des Monnaies, du 26 décembre 1822.)

Les objets provenant des monts-de-piété sont essayés au touchau

Les ouvrages venant du mont-de-piété ne devant être essayés
qu'au touchau, quels qu'en soient la forme, la force ou le poids,
ne doivent être marqués, lorsqu'ils sont au titre, que des petits
poinçons de garantie, comme les menus ouvrages, qui n'indiquent qu'approximativement le dernier des titres de l'or et de
l'argent, ou des petits poinçons ET lorsqu'ils ne sont pas au
titre légal.

Les héritiers sont seuls autorisés à faire poinçonner les ouvrages à bas titre dont ils se sont rendus acquéreurs

L'art. 4 de la décision du 15 novembre 1822 prescrit l'essai au touchau pour tous les ouvrages provenant des ventes publiques faites après décès par les commissaires priseurs en titre, et détermine ainsi que les ouvrages reconnus au titre légal seront marqués du poinçon de garantie ordinaire (voir décision ministérielle du 31 janvier 1902, page 215) et que les pièces trouvées à un titre inférieur recevront l'empreinte du poinçon étranger ; mais les essayeurs doivent remarquer que cette exception n'est admise qu'en faveur des héritiers au profit desquels les successions sont ouvertes par ces décès, lorsqu'ils se rendent adjudicataires de quelques-uns des objets qui en dépendent et que cela est constaté par les procès-verbaux de ventes légalement dressés par les commissaires-priseurs qui y ont procédé, parce que, dans ce cas, l'héritier adjudicataire est considéré comme une seule et même personne avec le défunt et que la propriété, par une fiction que l'on étend de l'héritier partageant en nature les effets de la succession avec ses cohéritiers, à l'héritier adjudicataire, ne semble pas éprouver plus de changement dans un cas que dans l'autre. (Circulaire n° 69 précitée.)

Inscription à faire au registre d'essais. — Définition des personnes pouvant bénéficier des dispositions de la décision du 15 novembre 1822

Ainsi l'essai au touchau et l'application du poinçon, soit de garantie, soit étranger, suivant le résultat de l'essai, ne doivent avoir lieu que lorsque l'essayeur s'est assuré, par le procès-verbal de vente qu'il doit se faire représenter, que les ouvrages pour lesquels on réclame le bénéfice de l'exception ont été réellement adjugés aux héritiers ayant droit à la succession ; dans ce cas, l'essayeur doit suivre, pour ses essais au touchau des ouvrages provenant des ventes publiques après décès et la marque des ouvrages adjugés aux héritiers, les règles concernant ce mode d'essai et distinguer sur son registre et dans ses bulletins les ouvrages au titre qui sont susceptibles de l'apposition des poinçons de garantie et les pièces qui, n'étant pas au titre, sont susceptibles de recevoir l'empreinte du poinçon ET ; il doit y énoncer les noms du défunt de la succession duquel dépendent ces objets, les noms des héritiers qui s'en sont rendus adjudicataires et la date des procès-verbaux de vente, afin de pouvoir justifier ses opérations et celle de la marque des ouvrages, dans tous les temps ,et dans toutes les circonstances.

On ne doit pas faire jouir de la faveur de l'exception accordée aux héritiers adjudicataires les personnes étrangères à l'hérédité, auxquelles peuvent être adjugés des objets d'or et d'argent vendus en public après le décès du propriétaire ; cette exception étant limitée à la personne des héritiers, ne peut profiter à d'autres. Les exceptions, en principe général, doivent être restreintes et non pas étendues par ceux qui, dans la pratique, sont chargés d'en faire l'application ; on ne peut étendre les exceptions établies par la décision ministérielle, des cas qu'elle a prévus et des personnes au profit desquelles elles sont nominativement créées, à des cas non prévus et non spécifiés, à un établissement spécial et à des personnes non désignées. (Circulaire n° 69 de l'administration des Monnaies, du 26 décembre 1822.)

Contestations sur le titre

Si l'adjudicataire de l'un ou de plusieurs des ouvrages trouvés trop faibles de titre par l'essai au touchau croit souffrir quelque lésion par l'application qui serait faite du poinçon ET sur les ouvrages qui lui auraient été adjugés, il peut, aux termes de l'art. 5 de la décision ministérielle du 15 novembre 1822, exiger, conformément à l'art. 57 de la loi du 19 brumaire an VI, qu'il en soit fait un autre essai à la coupelle ; mais il doit, dans ce cas, payer le prix de cet essai suivant le taux fixé. L'essayeur doit procéder à ce second essai dans les formes voulues par la loi et par les règles de l'art. Si l'ouvrage est au titre, les pièces peuvent être revêtues des poinçons indicatifs de leur titre réel et des poinçons de garantie ordinaire ; dans ce cas, on doit biffer l'empreinte du poinçon ET ; dans le cas contraire, il faut la laisser subsister. L'essayeur est fondé à se faire payer le prix de cet essai, qui a été requis par l'adjudicataire. (Circulaire n° 69 de l'administration des Monnaies, du 26 décembre 1822.)

Les ouvrages non mis en vente par les héritiers ne sont pas saisissables

Les ouvrages que les propriétaires, héritiers, créanciers gardent pour leur service, et qui ne sont pas exposés en vente, ne sont pas saisissables. (Circulaire n° 18 de l'administration des Monnaies, du 30 mars 1811.)

CHAPITRE XI

FAUSSE MONNAIE

La circulaire de l'administration du 30 messidor an XII a expliqué que les fabricants de fausse monnaie, comme ceux qui altèrent la monnaie nationale, sont pour la plupart des ouvriers en orfèvrerie ou des orfèvres eux-mêmes ; la police leur permettant de faire usage du laminoir, du découpoir ou emporte-pièce, ils profitent des facilités que leur donnent ces machines, ainsi que les procédés de leur profession, pour faire de la fausse monnaie.

Surveillance à exercer par le service de la Garantie

Les contrôleurs de la garantie doivent, en vertu de l'arrêté du 10 prairial an XI, exercer une surveillance soutenue sur la fabrication et l'émission de la fausse monnaie. L'ordonnance du 5 mai 1820 ayant placé dans les attributions de la régie tout ce qui concerne le régime administratif, la surveillance des redevables, la perception du droit et le règlement des dépenses en matière de garantie, les employés des contributions indirectes qui remplissent les fonctions de contrôleurs de garantie sont tenus, conséquemment, à toutes les obligations imposées par cet arrêté aux contrôleurs spéciaux de ce service.

L'administration des Monnaies insiste pour que les contrôleurs de la garantie concourent, par une surveillance réelle, à la répression d'un crime qui intéresse à un si haut degré l'ordre public. (Circulaire n° 38, du 10 mars 1832.)

Il en est des recherches comme de celles qui ont lieu en cas de soupçon de faux poinçons et dans lesquelles les contrôleurs de la garantie sont secondés par l'officier de police qui les accompagne.

La fausse monnaie ne circule pas seulement dans les villes et lieux voisins de l'endroit où elle se fabrique ; elle se porte au loin et les fabricants ont des agents qui parcourent les départements et qui y distribuent les fausses pièces, notamment dans les foires et marchés. (Circulaire n° 38 précitée.)

Les employés ne borneront donc pas leur surveillance à la fabrication ; ils la porteront aussi sur l'émission des pièces fausses, et lorsqu'ils auront quelques indices à ce sujet, ils s'empresseront d'en faire part aux commissaires de police ou, à défaut de ces fonctionnaires, aux maires ou adjoints qui en remplissent les fonctions (1).

Pièces fausses présentées dans un bureau

Toute pièce de monnaie d'or ou d'argent fausse que l'on présente dans un bureau de change ou autre doit y être percée ou coupée.

Tout particulier est même autorisé à la mettre hors de circulation quand celui qui la présente n'est pas suspect ; car si on le soupçonne de participer à une émission criminelle, la pièce fausse doit être remise et dénoncée aux tribunaux ainsi que la personne qui cherche sciemment à la faire passer.

Les contrôleurs et les préposés chargés du service de la garantie étant tenus de surveiller la contrefaçon des monnaies de l'Etat, devront particulièrement se pénétrer des dispositions contenues à cet égard par la circulaire n° 38 du 10 mars 1832. Les employés du service général doivent donner des soins à cet objet essentiel, notamment les comptables que la nature de leurs fonctions met surtout à portée de découvrir l'émission des pièces fausses et l'altération des monnaies.

L'art. 26 de la loi de finances du 25 janvier 1901 a soumis au droit de visite les fabricants et marchands de médailles en métaux communs. Ce droit a été étendu aux apprêteurs et fondeurs d'or et d'argent par l'art. 20 de la loi du 30 mars 1902.

Par une circulaire du 25 mars 1817, n° 35, l'administration des Monnaies a recommandé de surveiller les changeurs qui font tous le commerce de matières d'or et d'argent ; à ce titre, ils sont soumis aux lois de la garantie. Ils peuvent, d'ailleurs,

---

(1) « Nous avons pensé, dit aussi la circulaire du 30 messidor an XII, que la » surveillance des contrôleurs devait être faite avec le concours des commissaires » impériaux près les hôtels des monnaies Ces fonctionnaires auront souvent l'oc- » casion de transmettre aux contrôleurs de la garantie des renseignements dont » ceux-ci tireront le parti le plus avantageux Il en sera de même des contrôleurs » à l'égard du commissaire impérial. »

mettre en circulation et favoriser l'émission de pièces de monnaies fausses, rognées ou altérées qu'ils doivent arrêter ou biffer.

Les employés doivent agir avec discernement et circonspection, et leur surveillance sur la fausse monnaie doit être restreinte dans de justes limites. Les directeurs se feront rendre compte, par les chefs de service, de toutes les découvertes qui auront lieu à cet égard et en instruiront aussitôt le ministère public. (Circulaire n° 38, du 10 mars 1832.)

Les pièces fausses se reconnaissent à ce qu'elles ont une sonorité relativement faible ; c'est pourquoi l'on s'attache dans les hôtels de monnaies à ne livrer aucune pièce pailleuse.

Le coin obtenu par le contretiré est toujours défectueux parce que le métal n'est jamais assez mou pour pénétrer dans les creux de la pièce originelle ; les cavités des yeux, des oreilles, de la bouche et les autres sont imparfaites, mal venues dans les pièces contretirées ; un œil attentif, même non exercé, ne s'y laissera pas prendre. Le même défaut se reconnaît sans peine dans le grenetis des bords, dans les lettres. Il suffira de gratter légèrement les faces de la pièce avec une pointe de fer pour voir apparaître le métal gris sous-jacent ; d'ailleurs, l'or y est en couche si mince qu'au bout d'un temps très court, le frottement suffit à les dédorer et à rendre leur transmission inexécutable. (Riche, *Monnaies, Médailles, Bijoux.*)

A une époque déjà éloignée, on avait fabriqué des pièces formées d'un flan central en platine sur lequel on soudait les deux faces et le cordon d'une pièce vraie ; ces pièces n'ont pas de son, leur poids s'éloigne du poids légal, on voit à l'œil nu ou à la loupe des traces de soudure. Si on les traite par l'acide nitrique à chaud, la soudure l'attaque et les surfaces se détachent ; on donne le nom de pièces fourrées à celles qui contiennent un corps dissimulé sous le métal précieux.

On a aussi lavé les pièces à l'eau régale faible, ou on leur a enlevé quelques décigrammes d'or par la pile ; des pièces ainsi falsifiées se reconnaissent à l'uniformité du ton sur toutes les parties qui sont dépolies et grenues. Les coins des monnaies sont très polis sur le champ, c'est-à-dire sur le fond, et, au contraire, la gravure est matée ; de telle sorte que les pièces vraies, même ayant beaucoup frayé, ont le champ lisse et poli, sinon brillant, et la gravure mate, tandis que les pièces lavées ont un aspect crevassé et terne. (Riche, *Monnaies, Médailles et Bijoux.*)

Les falsifications des monnaies d'argent sont grossières parce que les pièces sont obtenues par le moulage et qu'elles ont un poids relativement faible. En effet :

L'argent a pour densité	—	.... 10.40.	Il fond vers	....	1.000°.
L'étain	—	.... 7.30.	—	....	225°.
Le zinc	—	.... 6.80.	—	....	410°.
L'antimoine	—	.... 6.70.	—	....	580°.

Le plomb possède, il est vrai, une densité supérieure à celle de l'argent (11.4) ; mais il est d'une mollesse extrême, et il manque de sonorité au point de ne pouvoir entrer dans une fausse monnaie qu'en très faible proportion.

La presque totalité des pièces fausses est en alliage d'étain et d'antimoine, ce dernier entrant dans le mélange pour 2 à 20 % ; les faussaires se procurent sans difficulté ces métaux ainsi que le plomb et le zinc, parce qu'ils entrent dans les soudures et servent à de nombreux usages industriels ; l'étain et l'antimoine mélangés forment même des couverts très communs. Ces alliages possèdent une teinte blanche, une dureté suffisante et un son convenable ; enfin ils fondent à une température assez faible pour être coulés dans des moules en plâtre qui sont d'une fabrication facile.

Les pièces moulées se distinguent immédiatement des pièces frappées en ce que le ton est uniforme, l'aspect grenu, les arêtes arrondies, les caractères plus ou moins empâtés. Le moulage spécial en plâtre se reconnaît à ce que le métal est parsemé de très petites boursouflures qui sont dues à des creux laissés par des bulles d'air qui étaient à la surface du plâtre au moment de sa solidification.

Les pièces fabriquées avec ces métaux se distinguent des pièces en argent par le toucher ; elles sont douces, grasses à la main. Elles sont reconnaissables aussi à la teinte qui est toujours un peu grisâtre ; les faussaires les argentent le plus ordinairement aujourd'hui.

Cette argenture est obtenue par les bains au trempé, par la pile ou par un frottement avec des poudres à argenter qui sont à base de chlorure d'argent.

On reconnaîtra l'argent en frottant sur la pierre de touche la pièce et en versant de l'acide nitrique sur la trace blanche ; s'il y a de l'argent la trace disparaîtra totalement ou en partie. En versant une goutte d'eau salée sur ce liquide, il se forme un précipité blanc de chlorure d'argent, lequel se dissout dans l'ammoniaque.

Les faussaires habiles, pour diminuer la couche d'argent et

pour enlever à la pièce moulée l'aspect grenu, commencent à la recouvrir, à la pile, d'un dépôt de cuivre assez épais, puis ils l'argentent. On s'en aperçoit en traitant la pièce par un mélange froid de :

10 parties d'acide sulfurique concentré et de
1 partie d'acide azotique concentré.

L'argent est enlevé et l'enveloppe de cuivre apparaît.

Certaines pièces sont en métal commun, fusible, recouvert de feuilles minces en argent.

Ces feuilles sont obtenues par la galvanoplastie ou par empreintes sur une pièce de bon aloi et elles sont soudées sur le flan central. Souvent elles se détachent avec une lame de couteau ; on les séparera plus facilement en chauffant la pièce tenue dans une pince et inclinée sur un bec de gaz ou une flamme de lampe : bientôt le métal sous-jacent s'écoule et, lorsqu'on s'y prend adroitement, il reste une carcasse d'argent absolument intacte et creuse. On trouve plus rarement des pièces coulées en sable ; elles sont en métal peu fusible, tel que le cuivre, le bronze, le laiton.

La pierre de touche permet de reconnaître certains alliages par l'addition d'une ou deux gouttes d'acide nitrique.

L'étain et l'antimoine s'attaquent pour donner une poudre blanche. Le plomb se dissout et une goutte d'acide sulfurique produit un trouble blanc dans le liquide. Le cuivre se dissout avec une production d'une liqueur bleue. Le bismuth se dissout et le liquide se trouble par l'eau pure.

Le meilleur procédé d'analyse qualitative rapide consiste à porter des coupelles au rouge vif dans le moufle et à y introduire une petite quantité, un demi-gramme, par exemple, du métal ; on agite avec une tige en fer, de temps à autre, et on retire la coupelle après 20 à 30 minutes.

Les explications concernant les fausses monnaies ont été tirées de l'ouvrage publié par M. Riche, *Monnaies, Médailles et Bijoux.* S'y reporter pour les expériences et analyses.

CHAPITRE XII

Déclaration de profession

Les personnes qui veulent exercer la profession de fabricant d'ouvrages d'or et d'argent sont tenues d'en faire la déclaration à la préfecture du département et à la mairie du lieu où elles résident, et de faire insculper, dans ces deux administrations, leur poinçon particulier, avec leur nom, sur une planche de cuivre à ce destinée.

Les préfets doivent veiller à ce que le même symbole ne soit pas employé par deux fabricants de son département. (Art. 72 de la loi du 19 brumaire an VI. Arrêt de la Cour de Cassation du 30 mai 1806, voir page 254.)

Poinçon du fabricant

Le poinçon du fabricant porte la lettre initiale de son nom, avec un symbole ; il peut être gravé par tel artiste qu'il plaît au fabricant de choisir, en observant les formes et proportions établies par l'administration des Monnaies. (Art. 9 de la loi du 19 brumaire an VI.)

Forme du poinçon

La forme de ce poinçon doit être un losange, mais le fabricant peut en varier la proportion selon le genre d'ouvrages qu'il fabrique.

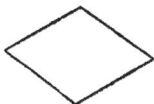

A Paris, les déclarations et les insculpations se font à la préfecture de police et au bureau de garantie.

Décès d'un fabricant

Lorsqu'un fabricant meurt, son poinçon doit être remis, dans l'espace de cinquante jours, au bureau de garantie pour y être biffé. Pendant ce temps, le détenteur du poinçon est responsable de l'usage qu'on en a fait, comme l'eût été l'orfèvre lui-même. (Art. 90 de la loi du 19 brumaire an VI.)

Cessation de commerce ou absence de plus de six mois du fabricant

En cas de cessation de commerce, le poinçon du fabricant doit être remis immédiatement au bureau de garantie pour y être biffé. Si le fabricant s'absente pour plus de six mois, il dépose son poinçon entre les mains du contrôleur qui, en l'absence du maître, fait poinçonner les ouvrages fabriqués par ses ouvriers. (Art. 91 de la loi du 19 brumaire an VI.)

Utilité du poinçon de maître

Le poinçon du fabricant lui sert de signature et de garantie envers celui qui achète les ouvrages de sa fabrique ; lui seul assure la connaissance du fabricant sur lequel pèse la responsabilité du titre de l'ouvrage mis en circulation. Il fallait donc trouver un moyen d'empêcher ce fabricant de changer ou de déguiser le poinçon qu'il aurait une fois adopté et de méconnaître son empreinte sur les ouvrages défectueux ou à bas titre. D'un autre côté, les orfèvres doivent être préservés du danger dont la contrefaçon menacerait leur fortune et leur réputation, des faussaires pouvant contrefaire leurs poinçons pour les appliquer sur des bijoux à bas titre. L'insculpation atteint ce double but en constatant la forme et les différences spéciales de chaque poinçon. L'empreinte originale de ce signe ainsi fixée immuablement est conservée sur des tables de cuivre ; on peut toujours y avoir recours en cas de contestation ou de falsification et vérifier, soit par voie de comparaison, soit par voie de renseignement, si le poinçon présenté par le maître est bien celui qui est insculpé. (Fontaine.)

L'insculpation du poinçon est subordonnée a l'exhibition d'une patente de 6e classe au moins

Suivant la loi du 1er brumaire an VII, l'insculpation du poinçon de fabricant bijoutier était subordonnée à l'exhibition d'une patente de 2e classe ; mais, considérant que cette patente serait hors de proportion avec les faibles bénéfices que peuvent faire les ouvriers bijoutiers à façon en chambre, c'est-à-dire dans leur domicile particulier, le Ministre des Finances a permis, par décision du 7 décembre 1841, que le poinçon de fabrique soit délivré à ceux qui justifient de la patente de 6ᵉ classe ; et, pour éviter que de véritables fabricants ne cherchent à abuser de cette concession, en se faisant délivrer des patentes de 6ᵉ classe, l'administration a pris soin d'expliquer « que les bijoutiers à façon sont ceux qui ne fabriquent que » pour le compte des fabricants proprément dits, dont ils » reçoivent la matière première ; que, ne faisant personnelle- » ment ni achats, ni ventes de matières ou objets d'or et » d'argent, ils n'ont aucun bénéfice à espérer et ne retirent de » leur travail que le prix de leur temps et leur main-d'œuvre. » (Lettre au directeur de la Seine du 17 septembre 1841.)

Aucune distinction n'est faite entre les personnes qui travaillent pour leur propre compte et celles qui travaillent pour le compte d'autrui

La loi n'ayant fait aucune distinction entre les personnes qui travaillent pour leur propre compte et celles qui travaillent pour le compte d'autrui a, nécessairement compris les unes et les autres dans ses dispositions générales. En conséquence, sont réputés fabricants ceux qui possèdent chez eux des métiers ou établis propres à la fabrication des objets d'or ou d'argent, qui se livrent réellement à cette fabrication et qui prennent des ouvriers ou des apprentis, lors même qu'ils prétendraient ne travailler que pour le compte d'autrui. (Cassation, 24 septembre 1830 et 27 août 1831, page 262.)

Il en est de même des ouvriers qui fabriquent chez eux des ouvrages d'or et d'argent pour le compte de marchands ou fabricants. (Cassation, 17 juin 1825, page 261), ou en chambre (Cour royale de Paris, du 18 mars 1842, page 264.)

Fabrication accidentelle d'ouvrages en métaux précieux

Les ouvriers qui travaillent accidentellement chez eux sont soumis aux formalités prescrites par la loi. On ne saurait admettre l'excuse tirée de ce que le travail accidentel avait lieu pendant une maladie de l'ouvrier. (Cassation. 23 juin 1865.)

Déclaration des simples commerçants en orfèvrerie

Le simple commerçant en orfèvrerie n'est tenu qu'à déclarer sa profession à la mairie du lieu qu'il habite ; il est dispensé d'avoir un poinçon. (Art. 73 de la loi du 19 brumaire an VI.)

Définition du fabricant

Doit être considéré comme véritable fabricant celui qui avoue avoir confectionné pour des tiers des ouvrages d'or ou d'argent trouvés chez lui, en employant des ouvriers dont il a la direction exclusive et qu'il rémunère directement. (Arrêt de la Cour d'Aix du 9 août 1888.)

Les dispositions des règlements relatifs à la garantie étant générales et absolues, s'appliquent à tous ceux qui font, d'une manière quelconque, le commerce des matières d'or et d'argent. (Arrêt de Cassation du 2 juillet 1824.)

Personnes astreintes à la déclaration

La loi atteint donc nécessairement tous ceux qui, dans l'exercice d'une profession, emploient ou mettent en œuvre l'or ou l'argent (Cassation, 27 août 1831), même alors qu'ils ne seraient pas munis de patente (Cassation, 21 mars 1823) et quand ils n'achèteraient que des ouvrages destinés à être vendus à l'étranger. (Cassation, 20 mai 1825.)

Industriels divers astreints à la déclaration

Les horlogers, couteliers, monteurs, quincailliers, opticiens, tabletiers, fourbisseurs, chapeliers, colporteurs, qui font le commerce des matières d'or et d'argent, etc., sont également tenus de se faire connaître à la municipalité du lieu de leur résidence. (Code de la Garantie.)

Personnes dispensées de la déclaration

Mais cette disposition n'est pas applicable aux simples brocanteurs qui achètent et vendent de vieux galons et de vieilles hardes brodées de tissus d'or et d'argent, s'ils ne trafiquent jamais sur des montres et autres bijoux.

Elle n'atteint pas non plus les ouvriers sertisseurs ou ajusteurs de pierres fines, ni les ouvriers ciseleurs ou graveurs, lorsque, s'abstenant d'opérations qui modifieraient le titre de ces ouvrages et n'en faisant pas le commerce, ils se bornent au travail de leur profession. (Arrêt de la Cour de Paris du 17 juin 1843.)

D'après un arrêt de la même Cour, en date du 23 août 1822, un estampeur ne peut être assimilé à un fabricant ou marchand.

Ne sont pas soumis aux obligations prescrites par l'art. 73 de la loi du 19 brumaire an VI, les apprêteurs, les tireurs d'or, les lamineurs, les reperceurs, parce que ces différents ouvriers ne finissent pas les ouvrages. Les polisseuses même en sont affranchies, quoiqu'elles les achèvent et y mettent la dernière main. (Fontaine.)

Registre des fabricants et marchands — Tenue d'un registre

Les fabricants et marchands d'or et d'argent ouvrés et non ouvrés auront un registre coté et paraphé par l'administration municipale (le maire, l'un de ses adjoints ou le commissaire de police), sur lequel ils inscriront la nature, le nombre, le poids et le titre des matières et ouvrages d'or ou d'argent qu'ils achèteront ou vendront, avec les noms et demeures de ceux de qui ils les auront achetés. (Art. 14 de la déclaration du 26 janvier 1749, art. 74 de la loi du 19 brumaire an VI et arrêté du 16 prairial an VII.)

Le registre n'est pas soumis à la formalité du timbre. (Art. 4 de la loi du 20 juillet 1837.)

L'arrêté du 16 prairial an VII a rappelé aux tribunaux les dispositions de l'art. 14 de la déclaration du roi du 26 janvier 1749, enregistrée à la Cour des Aides de Paris, le 11 février de la même année, ainsi conçues :

« Art. 14. — Enjoignons à tous orfèvres, joailliers, fourbis-
» seurs, merciers, graveurs et autres travaillant et trafiquant
» des ouvrages d'or et d'argent, de tenir des registres cotés et
» paraphés par un des officiers de l'élection, dans lesquels ils
» enregistreront, jour par jour, par poids et espèces, la vaisselle
» et autres ouvrages vieux ou réputés vieux, suivant l'art. 3,
» qu'ils achètent pour leur compte ou pour les revendre ; ceux
» qui leur seront portés pour raccommoder, ou donnés en nan-
» tissement, pour modèle ou dépôt, ou sous quelque autre
» prétexte que ce puisse être, et ce, à l'instant que lesdits
» ouvrages leur auront été apportés ou qu'ils les auront ache-
» tés ; seront aussi tenus de faire mention dans lesdits enre-
» gistrements, de la nature et qualité des ouvrages, et des
» armes qui y seront gravées, des noms et demeures des per-
» sonnes à qui ils appartiennent, sans qu'ils puissent travailler
» aux ouvrages qui leur auraient été apportés pour raccommo-
» der, qu'ils ne les aient portés sur leurs registres, le tout à
» peine de confiscation et de trois cents livres d'amende. »

Fabricants et marchands de galons

Cette disposition est applicable aux fabricants et marchands de galons, tissus, broderies ou autres ouvrages en fil d'or ou d'argent. (Art. 81 de la loi du 19 brumaire an VI.)

Joailliers

Les joailliers auront un registre coté et paraphé comme celui des marchands et fabricants d'ouvrages d'or et d'argent, à l'effet d'y inscrire, jour par jour, les ventes et les achats qu'ils auront faits. (Art. 86 de la loi du 19 brumaire an VI.)

Affineurs

Un semblable registre sera tenu par les affineurs, qui y inscriront la nature, le poids et le titre des matières qui seront apportées à affiner, et de même pour les matières qu'ils rendront après l'affinage. (Art. 116 de la loi précitée.)

Horlogers

Les dispositions de la loi du 19 brumaire étant d'une application générale et absolue, atteignent nécessairement les horlogers comme tous ceux qui font le commerce d'ouvrages d'or ou d'argent. (Circulaire de l'administration des Monnaies du 1er prairial an VIII.)

Défaut de registre

La contravention résultant du défaut de registre ne peut être excusée, ni par l'allégation que le registre a été perdu, ni par la circonstance qu'il n'a point encore été fait d'achat ni de vente au moment de la saisie. (Arrêt de Cassation du 4 novembre 1820.)

Dissolution de société

Les ouvrages d'or et d'argent qui, par suite d'une dissolution de société, passent dans les mains de l'un des associés, sont saisissables si le possesseur n'est point pourvu d'un registre d'achats et de ventes. (Arrêt de Cassation du 2 juillet 1824.)

Ouvriers en orfèvrerie, bijouterie et horlogerie

Certains ouvriers en orfèvrerie, bijouterie, horlogerie, etc., ont exposé qu'ils ne travaillaient pas pour leur compte, qu'ils n'étaient qu'ouvriers, et que, sous ce rapport, les dispositions de l'art. 72 de la loi de brumaire ne leur étaient pas applicables.

Il ne faut, à cet égard, que consulter la loi sur les patentes. L'article 32 est conçu en ces termes :

« Sont réputés fabricants ou manufacturiers, tous ceux qui
» convertissent des matières premières en des objets d'une
» autre forme ou qualité, soit simple, soit composée, à l'excep-
» tion, néanmoins, de ceux qui manipulent les fruits de leur
» récolte.

» Ils seront tenus de prendre une patente immédiatement
» supérieure à celle des marchands qui vendent en détail les
» mêmes objets du genre de ceux qu'ils fabriquent. »

Le paragraphe 3 de l'article 29, concernant ceux qui sont dispensés de prendre patente, porte ce qui suit :

« Ne sont point réputés ouvriers travaillant pour le compte
» d'autrui, ceux qui travaillent chez eux pour les marchands et
» fabricants en gros, ou pour les particuliers, même sans com-
» pagnons, enseignes ni boutiques. Ils devront être pourvus
» de la patente de la 6e classe ou de celle de leur profession
» désignée au tarif. »

Il est donc bien évident, d'après les dispositions de la loi, que l'on ne reconnaît pour ouvriers en orfèvrerie, bijouterie, horlogerie, etc., que ceux qui travaillent chez les maîtres ; que ceux qui travaillent dans leur domicile pour leur compte ou pour celui d'autrui, sont réputés fabricants, et qu'en cette qualité, ils sont soumis à toutes les obligations que contient la loi du 19 brumaire an VI. (Circulaire de l'administration des Monnaies du 1er prairial an VIII.)

Ouvriers en chambre

Les agents les plus actifs de la fraude sont les ouvriers qui travaillent pour le compte d'autrui, et dont les chambres servent de lieu de recel aux marchands et fabricants de mauvaise foi. En conséquence, les chambres de ces ouvriers devront être visitées fréquemment. (Circulaire n° 58, du 8 octobre 1822.)

Bijoutiers à façon

Les bijoutiers à façon sont assujettis au registre prescrit par l'art. 74 de la loi du 19 brumaire an VI. (Arrêts de Cassation des 17 juin 1825, 24 septembre 1830, 27 août 1831 et 5 février 1847.)

Horlogers. — Montres à raccommoder

Plusieurs horlogers ont prétendu qu'ils ne sont pas tenus d'enregistrer les montres qui leur étaient données à raccommo-

der et ils se fondent sur l'art. 14 de la déclaration de 1749, qui
n'a point été abrogée par la loi du 19 brumaire.

Il est vrai que les horlogers ne sont pas compris dans les
dispositions de cet article ; mais c'est parce que ce qui les concerne est déterminé par l'art. 15 qui s'exprime ainsi :

« N'entendons néanmoins assujettir les horlogers auxdits
» enregistrements, à la charge par eux de ne recevoir aucune
» montre d'or ou d'argent dont les boîtes ne soient contrôlées,
» sous les peines portées par l'article précédent. »

Ainsi, il faut qu'un horloger ne reçoive que des montres
dûment marquées, ou qu'il enregistre, pour ne pas être exposé
à la saisie, celles qui ne seraient pas en règle. (Circulaire de
l'administration des Monnaies du 1ᵉʳ prairial an VIII.)

Montres à réparer. — Inscription au registre

Il résulte des arrêts de cassation des 2 janvier 1806 et 27 avril
1807 que tout horloger, ne fût-il que raccommodeur de montres,
doit inscrire sur son registre celles qui lui sont remises pour
être réparées. Celles qui ne sont pas inscrites immédiatement
sur son registre, l'horloger ne peut présenter aucune excuse
valable, à moins qu'elle ne repose sur un fait de force majeure,
non contredit par le procès-verbal, qui aurait rendu l'enregistrement à l'instant matériellement impossible. (Arrêts de Cassation
des 20 février 1812 et 29 avril 1824.)

L'inscription ne peut être suppléée par des étiquettes

L'inscription ne peut être suppléée par des étiquettes attachées
aux objets reçus en raccommodage et portant le nom des personnes auxquelles ils appartiennent. (Arrêt de Cassation du
29 avril 1824.)

Les mouvements de montres ne sont pas saisissables

La saisie des montres faite dans les cas prévus par les
articles 107 et 109 de la loi du 19 brumaire an VI n'emporte
que la confiscation des boîtiers et non celle des mouvements.
(Arrêt de Cassation du 21 février 1822.)

Une boîte a musique n'est pas un ouvrage d'horlogerie

Une simple boîte en or à musique n'est pas un ouvrage d'horlogerie. (Arrêt de Cassation du 25 octobre 1822.)

Indication du titre sur les registres

Les fabricants et marchands d'ouvrages d'or et d'argent ne sont pas tenus d'indiquer le titre sur le registre pour les objets en dépôt. (Arrêt de Cassation du 10 mars 1809.)

Les objets rendus doivent être biffes

Les orfèvres et autres sont tenus de rayer sur leurs registres les ouvrages qui y auraient été portés en exécution de l'art. 14 de la déclaration du 26 janvier 1749, à mesure qu'ils les rendront ; et au cas où ils ne rendraient pas en même temps tous ceux contenus en un seul article, ils feront mention, à la marge, des pièces qu'ils auront rendues, par espèce, poids et qualité, et représenteront aux employés, lors de leurs visites, le surplus des pièces restantes entre leurs mains, ou indiqueront les ouvriers auxquels ils les auront données. (Art. 16 de la déclaration du 26 janvier 1749.)

Le registre doit être représenté a toute réquisition

Toutes les personnes assujetties à la tenue du registre prescrit par l'art. 74 de la loi de brumaire doivent le présenter à l'autorité publique toutes les fois qu'elles en sont requises. (Art. 76 de la loi de brumaire an VI.)

La sentence réglementaire du bailliage de Rouen, en date du 27 janvier 1779, enjoint à tous brocanteurs de faire viser leurs registres tous les mois par le commissaire de police de leur quartier, sous peine de 10 francs d'amende contre les refusants ou déloyaux.

L'article 29, titre Iᵉʳ, de la loi des 19-22 juillet 1791 a maintenu les règlements alors existants qui établissent des dispositions de sûreté, notamment pour les matières d'or et d'argent, et ces dispositions n'ont pas cessé de conserver leur autorité, ni perdu leur force par la promulgation de la loi du 19 brumaire an VI, qui n'est spécialement relative qu'à la surveillance du titre et à la perception des droits de garantie des matières d'or et d'argent.

L'art. 76 de cette loi qui oblige les fabricants et marchands des mêmes matières à présenter leurs registres à l'autorité publique, toutes les fois qu'ils en seront requis, n'est ni expressément dérogatoire à la disposition différente de la sentence du 27 janvier 1779, ni inconciliable avec celle-ci. (Arrêt de la Cour de Cassation du 24 août 1838.)

Le visa des registres doit être pur et simple

Dans sa séance du 30 octobre 1810, l'administration des Monnaies a décidé que le visa du registre des orfèvres, horlogers, etc., serait pur et simple et non motivé. (Circulaire du 2 novembre 1810.)

On ne peut acheter des matières précieuses que de personnes connues

Les fabricants et marchands ne pourront acheter des matières d'or et d'argent que de personnes connues ou ayant des répondants à eux connus. (Art. 75 de la loi du 19 brumaire an VI ,

Achat d'objets d'or et d'argent à des inconnus

Dans les cas d'achats d'objets d'or et d'argent par un bijoutier à des individus inconnus, le tribunal saisi de l'affaire peut chercher les éléments de sa conviction en dehors du procès-verbal reconnu irrégulier, la loi n'ayant déterminé aucun mode légal pour la constatation de ce délit. (Arrêt de Cassation du 26 août 1848.)

Les faits de cette nature doivent être constatés par un contrôleur de la Garantie, avec l'assistance d'un officier municipal. (Même arrêt.)

L enregistrement des objets donnés à raccommoder doit être fait à l'instant même

Les objets achetés ou apportés pour être raccommodés doivent être enregistrés. La loi veut impérieusement que l'enregistrement soit fait, non seulement jour par jour, mais en outre à l'instant même où les ouvrages sont achetés ou apportés pour être raccommodés. (Arrêts de Cassation des 20 février 1812, 17 décembre 1812, 15 février 1817, 30 juillet 1819, 2 août 1821, 4 octobre 1821, 18 avril 1822, 21 mars 1823 et 19 mai 1838.)

Enregistrement en retard

Les tribunaux doivent écarter toute espèce d'excuse, à moins qu'il ne s'agisse d'un fait de force majeure, non contredit par le procès-verbal, qui aurait rendu l'enregistrement, à l'instant, matériellement impossible. (Arrêts de Cassation des 20 février 1812 et 29 avril 1824.)

Responsabilité du maître sur le défaut d'inscription

Le maître est responsable de la négligence que ses employés peuvent apporter à l'accomplissement de la formalité de l'inscription. (Arrêt de Cassation du 17 décembre 1812.)

Il ne peut non plus être renvoyé des poursuites sous prétexte qu'il ne sait pas écrire. (Arrêt de Cassation du 21 mars 1823.)

Ou bien sous le prétexte qu'il n'avait pas eu le temps d'inscrire les objets sur son registre et qu'il croyait avoir la journée entière pour faire cette inscription. (Cassation, 19 mai 1838.)

Il y a contravention quand même le service aurait toléré plus ou moins longtemps cette infraction. (Cassation, 19 mai 1838.)

Défaut d'inscription d'ouvrages vendus

La contravention existe également lorsqu'un orfèvre n'a pas inscrit sur son registre des ouvrages qu'il a vendus. (Cassation, 2 août 1821.)

Défaut d'inscription d'ouvrages achetés

On ne peut excuser le défaut d'inscription, sur le registre, d'ouvrages d'or et d'argent achetés, sous prétexte que les ouvrages n'étaient pas revêtus de poinçon et qu'on ne pouvait en indiquer le titre. (Cassation, 2 août 1821.)

Ce défaut de marque ne dispense pas l'assujetti de faire mention sur son registre des autres circonstances indiquées par l'article 74 de la loi du 19 brumaire an VI, et propres à faire reconnaître l'identité des ouvrages inscrits. (Même arrêt.)

La tenue des registres est souvent éludée. Il faut en assurer l'usage en verbalisant contre ceux qui, après avoir été dûment avertis, ne rempliraient point l'obligation à laquelle ils sont soumis. (Circulaire n° 58, du 8 octobre 1822.)

La tenue du registre et l'obligation d'enregistrer les achats et les ventes est formelle

L'obligation de tenir le registre et d'y enregistrer les achats et les ventes est formelle. L'article 74 de la loi du 19 brumaire an VI le prescrit aux fabricants et marchands d'ouvrages d'or et d'argent ouvrés et non ouvrés ; l'article 81, aux fabricants et marchands de galons, tissus, broderies ou autres ouvrages en fil d'or ou d'argent ; l'article 86, aux joailliers ; l'article 98, aux fabricants de plaqué ; l'article 116, aux affineurs, et ainsi qu'il résulte de l'article 14 de la déclaration de 1749, cette obligation s'étend aux merciers, graveurs et autres travaillant et trafiquant des ouvrages d'or et d'argent. Ainsi, les contrevenants aux dispositions des articles précités ne peuvent se soustraire à la peine, si la contravention est constatée par un procès-verbal régulier ; mais c'est aux agents de l'administration à distinguer si le défaut de registre ou d'enregistrement des ouvrages n'a pas eu pour objet de couvrir la fraude ou de recéler les pièces d'or et d'argent volées.

« Toutes les lois doivent se rapporter à l'intérêt public, dit » l'orateur romain ; c'est dans ce sens qu'il faut les entendre. » Or, chaque fois qu'un employé parvient à découvrir un faux enregistrement ou qu'il trouve chez un redevable des ouvrages provenant de vol, sans avoir été portés sur le registre légal comme vendus par une personne connue et responsable, c'est une preuve évidente de la culpabilité du contrevenant ; mais lorsqu'il y a simplement omission d'une formalité prescrite et que l'objet enregistré se trouve hors d'état de payer les droits par le brisement qui en a été fait lorsque les pièces entières sont revêtues de poinçons légaux, sans qu'il y ait la moindre réclamation de la part de qui que ce soit sur la légitimité de la vente qui en a été faite, l'employé doit consulter son directeur avant de verbaliser sur la simple omission de cette formalité. (Raibaud.)

Inscription d'achat de monnaies démonétisées

Les achats au poids et comme matières d'or et d'argent, de monnaies démonétisées, destinées à être converties en lingots, doivent être inscrits sur les registres dont la tenue est prescrite pour les achats de vieil or. (Cassation, 26 avril 1862.)

Ouvrages terminés à soumettre à l'essai et a la marque

Les fabricants et marchands porteront au bureau de garantie leurs ouvrages pour y être essayés, titrés et marqués. (Art. 77 de la loi du 19 brumaire an VI.)

Poinçon de maître — Accessoires

Tous les ouvrages susceptibles de recevoir l'empreinte du poinçon du fabricant devront en être pourvus et les pièces accessoires seront présentées en même temps que le corps principal. (Circulaire de l'administration des Monnaies des 15 septembre 1813 et 30 juillet 1819. Circulaire n° 171, du 10 avril 1838.)

Etat dans lequel les ouvrages sont présentés au bureau

Les ouvrages devant être apportés au bureau avant d'être complètement achevés, les fabricants doivent aviver et polir la partie de l'ouvrage qui doit recevoir l'empreinte des poinçons. (Circulaire n° 171, du 10 avril 1838.)

Par qui ils sont présentés

La présentation des ouvrages au bureau doit être faite par le fabricant lui-même ou par une personne qu'il aura déléguée à cet effet.

Déclaration à joindre aux apports

Les ouvrages provenant de différentes fontes devront être envoyés au bureau de garantie dans des sacs séparés et on y joindra une note signée des fabricants et marchands contenant leurs noms et profession, avec la quantité de pièces, leur poids et leur titre présumé. (Circulaire de l'administration des Monnaies du 15 septembre 1813.)

Les ouvrages présentés achevés sont saisissables

Tout ouvrage d'or et d'argent achevé présenté au bureau de la garantie pour être marqué est saisissable, ces ouvrages devant être soumis à la marque avant d'être entièrement achevés et néanmoins assez avancés pour qu'en les finissant ils n'éprouvent aucune altération. (Arrêt de Cassation du 18 juillet 1842.)

Les montres achevées, mais dépolies, soumises à l'essai doivent être saisies

Il y a également contravention si des boîtes de montres achevées avant d'être soumises au contrôle n'ont été dépolies que pour faire croire qu'elles n'étaient pas terminées. Le tribunal doit admettre, dans ce cas, l'expertise demandée par le ministère public et l'administration pour établir les faits. (Arrêt de Cassation du 6 mai 1842.)

Délai accordé aux fabricants pour porter les ouvrages au bureau de garantie

Il appartient aux tribunaux de décider, en fait, si un fabricant ou marchand a eu le temps de porter au bureau de garantie les ouvrages d'or et d'argent pour y être essayés, titrés et marqués. (Arrêt de Cassation du 5 février 1847.)

Tant que les ouvrages en cours de fabrication ne sont pas achevés, le fabricant est le maître de les conserver dans cet état d'imperfection ; mais il ne peut les achever qu'au préalable il ne les ait présentés au bureau de garantie, puisque, aux termes de l'article 107 et de la jurisprudence, il ne peut à aucun instant avoir dans son commerce ou pour son usage personnel des ouvrages finis et non marqués, sans s'exposer à la saisie et à la confiscation. (Fontaine.)

La Cour de Lyon a décidé, le 15 février 1817, qu'une maladie ne pouvait pas empêcher de remplir cette obligation. Le fabricant ou le marchand peut se faire remplacer.

L'article 17 de la déclaration du 26 janvier 1749 a accordé vingt-quatre heures pour l'inscription sur le registre des ouvrages vieux et de hasard.

Les fabricants sont tenus de présenter leurs ouvrages au bureau de leur arrondissement

C'est au bureau de garantie, dans l'arrondissement duquel se trouvent les assujettis, que les fabricants doivent présenter leurs ouvrages (art. 77 de la loi du 19 brumaire an VI ; circulaires de l'administration des Monnaies des 1er octobre 1810 et 15 septembre 1813), et on ne peut permettre qu'ils les livrent avant et que les marchands remplissent pour eux cette obligation. (Art. 77 de la loi du 19 brumaire an VI ; circulaires de l'administration des Monnaies des 1er octobre 1810 et 15 septembre 1813.)

Tout ouvrage achevé et non marqué est saisissable

Tout ouvrage d'or et d'argent achevé et non marqué, trouvé chez un marchand et fabricant, sera saisi et donnera lieu à des poursuites correctionnelles. Les propriétaires des objets saisis encourront la confiscation de ces objets et en outre les autres peines portées par la loi. (Art. 107 de la loi du 19 brumaire an VI.)

Ouvrages non marqués trouvés chez un marchand bijoutier — Responsabilité du fabricant

Quand un marchand bijoutier, chez lequel on trouve des ouvrages d'or ou d'argent au-dessous du titre et dépourvus de marques, indique le fabricant ou représente sa facture, ce dernier peut être poursuivi pour avoir eu en sa possession et mis dans le commerce ces objets sans se conformer aux lois sur la garantie. (Arrêt de Cassation du 30 décembre 1836.)

Bordereaux a remettre aux acheteurs

Les orfèvres, bijoutiers, etc., sont tenus de remettre aux acheteurs des bordereaux énonciatifs de l'espèce, du titre et du poids des ouvrages qu'ils leur auront vendus et désignant si ce sont des ouvrages neufs ou vieux. (Art. 79 de la loi du 19 brumaire an VI.)

Ils y mettront de plus le nom de la commune où se fera la vente, avec la date et leur signature. (Art. 79 de la loi du 19 brumaire an VI.)

Il n'est pas verbalisé par le seul fait que le bordereau n'a pas été signé.

Obligations spéciales des joailliers

Les ouvrages de joaillerie dont la monture est très légère et contient des pierres ou perles fines ou fausses, des cristaux dont la surface est entièrement émaillée, ou ceux enfin qui, après examen, ne pourraient supporter, sans être détériorés, l'empreinte des poinçons, sont seuls dispensés de l'essai et du paiement du droit de garantie. (Art. 86 de la loi du 19 brumaire an VI et arrêté interprétatif du 1er messidor an VI.)

Ouvrages de joaillerie garnis de pierres, de cristaux, etc.

Tous les autres ouvrages de joaillerie et d'orfèvrerie, sans distinction ni exception, auxquels seraient adaptés, en quelque nombre que ce soit, des pierres ou des perles fines ou fausses, des cristaux ou qui seraient émaillés, restent sujets à l'essai et au paiement du droit de garantie. (Art. 2 de l'arrêté du 1er messidor an VI et circulaire de l'administration des Monnaies du 1er prairial an VIII.)

Au reste, l'impossibilité de marquer certains ouvrages de très petite dimension n'est qu'une impossibilité relative, car l'adoption de petits poinçons ou d'autres moyens mécaniques permettent d'assujettir à la marque des objets qui n'auraient pu la supporter sans détérioration.

Ouvrages dispensés de la marque — Compétence

Les juges peuvent se dispenser de recourir à l'expertise si leur conscience a été suffisamment éclairée par les débats et la représentation des objets qui, en vertu des dispositions ci-dessus, n'ont pas été soumis à la marque. (Arrêt de la Cour de Cassation du 7 mars 1845.)

Mais lorsque les tribunaux jugent à propos d'ordonner une expertise, ils ne sont obligés ni de la confier à l'essayeur établi dans le département ou à l'administration des Monnaies, ni de se conformer à l'avis de cette administration. Leurs pouvoirs sont les mêmes que ceux conférés aux tribunaux par l'article 323 du Code de procédure civile ainsi conçu : « *Les juges ne sont pas astreints à suivre l'avis des experts si leur conviction s'y oppose.* » (Arrêt de la Cour de Cassation du 13 mars 1824.)

· Cependant l'expertise est considérée comme chose nécessaire pour l'instruction des affaires et on a l'habitude de la confier à l'administration des Monnaies. On cite parfois, comme contraire à ces précédents, l'arrêt de la Chambre criminelle du 13 mars 1824 ; or il viendrait plutôt les justifier, puisque cet arrêt décide que, dans le cas où l'expertise faite à la Monnaie n'a pas paru concluante aux juges, ils peuvent charger de la vérification d'autres experts que ceux de cette administration. L'utilité, sinon la nécessité absolue de l'expertise, était donc reconnue en principe. Ajoutons qu'avec les procédés que l'administration a à sa disposition et qui permettent l'application des poinçons sur les fils de la ténuité la plus grande, il doit être bien rare que l'impossibilité de leur application se rencontre et surtout que cette impossibilité puisse être constatée à vue d'œil. (Dalloz, Jurisp. gén. 1845, 1-173.)

Registre des fabricants et marchands joailliers

Comme les fabricants et marchands, les joailliers doivent avoir un registre d'achat et de vente. (Art. 86 de la loi du 19 brumaire an VI.)

Bordereaux à remettre aux acheteurs

Ils sont tenus, comme les fabricants et marchands orfèvres. de donner aux acheteurs un bordereau sur lequel ils décrivent la nature, la forme de chaque ouvrage, ainsi que la qualité des pierres dont il est composé, et qui doit être signé et daté par eux. (Art. 87 de la loi du 19 brumaire an VI.)

Les pierres et les perles fausses ne doivent pas être mêlées dans les ouvrages avec les fines, sans le déclarer aux acheteurs

Il leur est interdit de mêler dans les ouvrages les pierres fausses avec les fines sans le déclarer aux acheteurs, à peine de restituer la valeur qu'auraient eue les pierres si elles avaient été fines et de payer en outre une amende de trois cents francs ; l'amende sera triple la seconde fois et la condamnation affichée

dans tout le département, aux frais du délinquant ; la troisième
fois, il sera déclaré incapable d'exercer la joaillerie et les effets
composant son magasin seront confisqués. (Art. 89 de la loi
du 19 brumaire an VI.)

*Pénalités contre le marchand qui a trompé l'acheteur sur la qualité
d'une pierre fausse vendue pour fine*

L'article 423 du Code pénal punit d'un emprisonnement de
trois mois à un an le marchand qui aura trompé l'acheteur sur
la qualité d'une pierre fausse vendue pour fine. Si la pierre,
sans être fausse, n'est pas de la qualité convenue, l'art. 423
n'est plus applicable ; si, sans être fausse, elle est d'une autre
nature, ce fait reprend le caractère de délit, et c'est la disposition de cet article relative aux marchandises en général que l'on
applique. Si pour tromper l'acheteur sur la nature des marchandises le marchand emploie des manœuvres frauduleuses
de la nature de celles qu'énumère l'art. 405 du Code pénal, c'est
la peine de cinq années d'emprisonnement prononcée par cet
article qui est applicable et non plus celle de trois mois à un an
de prison ; le fait constitue alors une escroquerie. (Fontaine.)

Ouvrages finis et non marqués

L'arrêté du 1er messidor an VI ne contient aucune dérogation
aux peines établies par la loi du 19 brumaire an VI. Un orfèvre
chez lequel ont été saisis des ouvrages finis et non marqués ne
doit pas, dès lors, être déchargé de l'amende, sur le motif que
cet arrêté ne prononce aucune amende. (Arrêt de la Cour de
Cassation du 15 février 1817.)

Les ouvrages sont considérés comme finis, sans qu'il soit
nécessaire que le joaillier y ait placé les pierres précieuses
(Arrêt de la Cour de Cassation du 14 mars 1875.)

Tableau à afficher

Tous les fabricants et marchands d'ouvrages d'or et d'argent
sont tenus d'afficher dans leurs magasins ou boutiques le
tableau des dispositions relatives à la vente et aux titres de ces
ouvrages. (Art. 78 de la loi du 19 brumaire an VI.)

Il y a contravention à l'article 78 de la loi de brumaire
lorsqu'on ne trouve pas le tableau affiché, alors même que
l'assujetti allèguerait qu'il a été déplacé par accident et qu'il
le replacerait en présence des employés. (Arrêts de la Cour de
Cassation du 10 janvier 1806 et du 1er octobre 1807.)

*Obligations spéciales des fabricants et marchands de galons, tissus,
broderies et autres ouvrages en fil d'or ou d'argent*

Les articles de la loi du 19 brumaire an VI (73 à 79 inclusivement) (déclaration à la municipalité, tenue du registre, achats. tableau à afficher et bordereau de vente) sont applicables aux fabricants et marchands de galons, tissus, broderies et autres ouvrages en fil d'or ou d'argent. (*Id.*, art. 81.)

La nullité de la vente d'un objet annoncé comme étant en or étranger, orné de garnitures d'or, ne peut pas être demandée, sous prétexte que les ornements de l'objet vendu ne sont pas au titre des ouvrages fabriqués à l'étranger. (Arrêt de la Cour de Cassation du 13 janvier 1864.)

*Obligations des fabricants et marchands exportateurs
Objets aux titres légaux*

Tous les ouvrages aux titres légaux fabriqués exclusivement pour l'exportation, avec ou sans marques de garantie, devront être présentés au bureau de garantie pour y être essayés et, suivant le cas, revêtus du poinçon d'exportation. Les fabricants seront dispensés de payer les droits, à charge par eux de justifier ultérieurement de la sortie desdits ouvrages. (Art. 1er et 4 de l'ordonnance du 30 décembre 1839.)

Déclaration à faire au bureau de garantie

Ils devront faire une déclaration préalable du nombre, de l'espèce et du poids desdits ouvrages, et, pour les objets dépourvus du poinçon du fabricant, ils s'engageront à les apporter achevés au bureau de garantie dans un délai qui ne devra pas excéder dix jours (Art. 1er, même ordonnance.)

Ouvrages sans marque

Les fabricants qui voudront conserver à domicile les ouvrages qu'ils auront l'intention d'exporter sans aucune marque des poinçons français seront admis, après essai, à faire appliquer le poinçon sur une perle métallique et attachée à l'ouvrage par un fil de soie, pourvu que l'ouvrage soit disposé de manière à ce que cette marque volante ne puisse être enlevée. Les ouvrages ainsi marqués seront remis à la disposition du fabricant, à charge par lui de justifier de leur exportation dans les formes prescrites. (Art. 5 de l'ordonnance précitée.)

Obligations des fabricants et marchands exportateurs
4° titre et tous titres

Par addition à l'art. 4 de la loi du 19 brumaire an VI, il a été créé, pour la fabrication des boîtes de montres seulement, destinées exclusivement à l'exportation, un 4° titre à 583 millièmes, lequel est obligatoire. (Art. 1er de la loi du 25 janvier 1884.)

Fabrication

Par dérogation aux dispositions dudit article 4, et en dehors de celles énoncées en l'art. 1er ci-dessus, les fabricants seuls d'orfèvrerie, joaillerie, bijouterie et boîtes de montres sont autorisés à fabriquer à tous autres titres des objets d'or et d'argent exclusivement destinés à l'exportation. (Art. 2 de la loi du 25 janvier 1884.)

Déclaration

Les fabricants qui voudront user des facultés accordées par la présente loi, les négociants et commissionnaires exportateurs qui voudront exercer le commerce des ouvrages d'or et d'argent à tous titres avec l'étranger, devront en faire la déclaration à la préfecture de leur département et à la mairie de leur commune.

A Paris, la déclaration sera faite à la préfecture de police et au bureau de la garantie. (Art. 3 de la loi du 25 janvier 1884.)

Essai

Les boîtes de montres d'or fabriquées au 4° titre, conformément à l'art. 1er de la loi du 25 janvier 1884, seront soumises à l'essai et à la marque dans les conditions prescrites par le législateur en matière de garantie.

Cette double opération est effectuée en franchise du droit de garantie.

Les frais d'essai sont acquittés par le fabricant. (Art. 1er du décret du 6 juin 1884.)

Ouvrages au 4° titre sans marque

La loi du 25 janvier 1884 n'a pas prévu l'exportation des boîtes de montres d'or au 4° titre sans marque des poinçons français. Mais en 1887, sur la demande des fabricants d'horlogerie, le Ministre des Finances a décidé que ces industriels seraient admis à exporter, sans marque de garantie ni de fabrique, les boîtes de montres d'or françaises au 4° titre. A cet effet, le régime édicté par l'ordonnance du 30 décembre

16

1839 leur sera appliqué. De plus, la fabrication de ces boîtes de montres n'ayant été autorisée par la loi qu'en vue exclusivement de l'exportation, leur réimportation, même avec déclaration, sera interdite, à moins qu'il ne s'agisse de réintroduction en entrepôt, en vertu d'une soumission et à charge de réexportation ultérieure. (Circulaire n° 468, du 19 février 1887.)

Poinçon de maître

L'empreinte du poinçon de chaque fabricant d'ouvrages d'or et d'argent à tous titres doit avoir la forme d'un pentagone irrégulier dont tous les côtés sont égaux et qui représente un carré surmonté d'un triangle, conformément au dessin figuratif ci-contre.

Les proportions de ce poinçon sont établies par le fabricant, en raison du genre d'ouvrages qu'il fabrique.

Titre

La lettre initiale du nom du fabricant et le symbole prescrits par l'art. 9 de la loi du 19 brumaire an VI seront empreints dans la partie supérieure du poinçon et l'indication du titre de l'alliage sera gravée en chiffres dans la partie inférieure.

Elle pourra être exprimée, soit en millièmes, soit en karats, suivant les exigences du commerce, sous la condition que le nombre indiquant les karats sera suivi d'un K, et que celui désignant des millièmes sera suivi d'un M.

Toute autre indication du titre de l'or est interdite, telle que or fin, argent fin. (Art. 2 du décret du 6 juin 1884 et circulaire n° 308, du 7 juin 1884.)

Insculpation du poinçon de maître

Avant de commencer la fabrication des objets d'or et d'argent à tous titres, l'industriel est tenu de faire insculper à la préfecture de son département et à la mairie de sa commune le poinçon de maître destiné à la marque de ces ouvrages.

A Paris, l'insculpation est effectuée à la préfecture de police et au bureau de la garantie. (Art. 3 du décret du 6 juin 1884)

Apposition du poinçon de maître

L'article 4 dispose que le poinçon de maître devra être appliqué sur les ouvrages à tous titres aussitôt que leur fabrication est terminée et avant le polissage et le brunissage. Cette prescription a une grande importance. Il est essentiel, en effet, que les objets soient marqués avant leur dernière main-d'œuvre, autrement leur prise en charge pourrait être indéfiniment ajournée au gré du fabricant, puisqu'aucun indice ne permettrait de reconnaître à quel moment a eu lieu le finissage. (Circulaire n° 308, du 7 juin 1884.)

Inscription des ouvrages au registre de fabrication

Au fur et à mesure que ces ouvrages sont poinçonnés, le fabricant est tenu de les inscrire sur un registre que l'administration lui remet gratuitement à cet effet. L'inscription présente le nombre, la nature et le titre des objets par nature de métal (or ou argent), leur poids brut, et, pour les ouvrages composés de pièces rapportées de métaux différents, le poids de chaque espèce de métal. Le fabricant est tenu d'inscrire également, après le polissage, dans les colonnes à ce réservées, le poids net des mêmes objets.

Ces dispositions sont absolument obligatoires pour le fabricant, et l'existence, dans ses magasins, de bijoux achevés et non marqués du poinçon de maître et non inscrits au registre de fabrication le constitue en contravention.

L'inscription au registre de fabrication servira de base à la prise en charge au compte du fabricant. Une disposition de l'art. 4 prescrit à chaque fabricant de remettre, le 1er du mois, au bureau de garantie dont il dépend, un relevé, certifié par lui, des objets inscrits sur son registre pendant le mois précédent. Un certificat négatif sera fourni pour les mois dans lesquels il n'y aura eu aucune fabrication.

Le registre sera coté et paraphé par le directeur, et le fabricant en donnera reçu qui sera conservé au bureau de garantie.

Ce registre devra être tenu avec soin par le fabricant, sans ratures ni surcharges ; il devra être représenté au service à toute réquisition. Les agents du contrôle y apposeront leur visa et y consigneront les résultats des recensements auxquels ils procéderont.

Le même registre servira aux négociants, commissionnaires, entrepositaires, pour les ouvrages à tous titres qu'ils reçoivent des fabricants en vue de l'exportation. (Circulaire n° 308, du 7 juin 1884.)

Emplacements des ouvrages au 4ᵉ titre et à tous titres

L'article 5 dispose que les boîtes de montres d'or au 4ᵉ titre et les objets d'or et d'argent à tous titres ne peuvent être con-

fondus dans les magasins avec les bijoux d'or et d'argent destinés au commerce intérieur.

Des emplacements distincts doivent leur être réservés, aussi
bien chez les fabricants que chez les commissionnaires exportateurs. Ces emplacements doivent porter la mention d'exportation en caractères fixes et apparents. Cette précaution est
indispensable pour éviter toute confusion. (Circulaire n° 308,
du 7 juin 1884.)

Obligations des marchands ambulants

Les marchands ambulants doivent tenir un registre d'achat et
de vente. La contravention résultant du défaut de registre ne
peut être excusée ni par l'allégation que le registre a été perdu.
ni par la circonstance qu'il n'a point encore été fait d'achat ni
de vente au moment de la saisie. (Arrêt de la Cour de Cassation
du 4 novembre 1820.)

Déclaration à l'arrivée dans chaque commune

Les marchands d'ouvrages d'or et d'argent, ambulants ou
venant s'établir en foire, sont tenus, à leur arrivée dans une
commune, de se présenter à l'administration municipale ou à
l'agent de cette administration dans les lieux où elle ne réside
pas, et de lui montrer les bordereaux des orfèvres qui leur ont
vendu les ouvrages d'or et d'argent dont ils sont porteurs.
(Art. 79 et 92 de la loi du 19 brumaire an VI.)

Examen des ouvrages

L'administration municipale fera examiner les marques de
ces ouvrages par des orfèvres ou, à défaut, par des personnes
connaissant les marques et poinçons, afin d'en constater la légitimité. (Art. 93 de la loi du 19 brumaire an VI.)

Ouvrages susceptibles d'être confisqués

Elle fera saisir et remettre au tribunal de police correctionnelle du canton les ouvrages d'or et d'argent qui ne seraient pas
accompagnés de factures ou bordereaux, ceux qui ne seraient
pas marqués ou dont les marques paraîtraient contrefaites, ou,
enfin, ceux qui n'auraient pas été déclarés. (Art. 94 de la loi du
19 brumaire an VI.)

Cette attribution donnée à l'administration municipale est
loin d'exclure la surveillance générale des employés des contributions indirectes ; elle est prescrite pour leur venir en aide

dans les cas nombreux où ils ne se trouveraient point en position de remplir cette tâche. (Circulaire de l'administration des
Monnaies du 13 germinal an X.)

*Par qui sont constatées les contraventions relevées contre
les marchands ambulants*

La loi du 28 pluviose an VIII attribue aux préfets, sous-
préfets, maires, adjoints et commissaires de police les fonctions
qui étaient exercées par les administrations centrales et municipales et par les agents municipaux et leurs adjoints. Ainsi les
fonctions commises aux officiers municipaux par la loi du
19 brumaire an VI doivent être remplies par le commissaire de
police ou, à défaut, par le maire ou l'un des adjoints. (Circulaire de l'administration des Monnaies du 1er prairial an VIII.)

Les agents de police n'ont pas qualité pour dresser des procès-verbaux

Les officiers municipaux et commissaires de police ne
peuvent être remplacés par un simple agent de police pour la
rédaction des procès-verbaux. (Arrêt de la Cour de Cassation du
2 octobre 1818.)

*Les commissaires de police peuvent constater les infractions commises
par les marchands ambulants*

Les commissaires de police ne peuvent constater les contraventions en matière de garantie sans le concours des employés
de la garantie ou des contributions indirectes, qu'à l'égard des
marchands ambulants. (Arrêt de la Cour de Douai du 14 juillet
1873.)

Elles peuvent être constatées par tous les employés des contributions indirectes sans exception. (Arrêt de la Cour de Cassation du 14 mai 1875.)

Commis-voyageurs et marchands ambulants — Registre et bordereaux

Les commis-voyageurs et les marchands ambulants doivent
avoir, comme les marchands domiciliés, le bordereau des
ouvrages qu'ils colportent ; ils doivent également avoir le
registre prescrit par l'art. 74 de la loi de brumaire et justifier,
d'après les dispositions de l'art. 75, qu'ils tiennent leurs
ouvrages de personnes connues ou ayant des répondants à eux
connus. (Circulaire de l'administration des Monnaies du 13 germinal an X.)

La Cour de Douai a décidé, le 24 février 1832, que l'art. 79 de la loi du 19 brumaire an VI n'avait pas de sanction pénale en ce qui concerne les marchands ambulants.

Surveillance des colporteurs et brocanteurs

Les colporteurs et brocanteurs qui viennent s'établir dans les auberges ou sur les foires et qui vendent, parmi un grand nombre d'autres objets, des ouvrages d'or et d'argent, doivent être surveillés avec soin. On doit exiger qu'ils représentent le bordereau énonciatif prescrit par la loi et, le cas échéant, on ne devrait pas se dispenser de verbaliser. (Circulaire n° 58, du 8 octobre 1822.)

C'est à leur hôtel surtout qu'il faut inspecter les marchandises des commis-voyageurs.

La contravention à l'art. 92 n'est pas encourue par les marchands ambulants lorsque, avant d'avoir fait leur déclaration à la mairie, ils vendent ou exposent en vente dans les places publiques des ouvrages en doublé, ou simplement dorés. Tenus qu'ils sont de se présenter à l'administration municipale au moment de leur arrivée, ou du moins un temps moral après leur arrivée dans la commune avec des marchandises d'or ou d'argent, ils se trouvent en contravention par le simple retard de remplir ces devoirs préalables ; autrement la loi serait impuissante contre la fraude de ces industriels, qui ne sont pas dans l'habitude d'étaler leurs marchandises. (Fontaine.)

Défaut de déclaration des marchands ambulants

En fait, un marchand qui expose en vente, sur une place publique, des ouvrages d'or et d'argent, est en contravention s'il n'a pas fait la déclaration de vouloir exercer ce commerce ou si les objets ne sont pas revêtus de la marque de garantie. (Arrêt de la Cour de Cassation du 7 novembre 1811.)

Marchand ambulant étranger

Un marchand venu de l'étranger avec des montres à boîtes d'or ou d'argent, non revêtues des marques de garantie, doit être condamné aux peines portées par les articles 80, 94 et 107 de la loi du 19 brumaire an VI, s'il ne les a déclarées ni au bureau de la douane, ni à l'administration municipale du lieu où il les a mises en vente. (Arrêt de la Cour de Cassation du 7 décembre 1815.)

Marchand ambulant détenteur d'ouvrages non contrôlés.
La bonne foi n'est pas admise

En matière de contravention aux lois sur la garantie, la présomption de bonne foi n'est pas admise par la loi. Ainsi, le marchand ambulant trouvé nanti de montres en or ou en argent non revêtues de marques de garantie, ne peut être acquitté sous le prétexte qu'il s'est présenté au bureau des douanes pour y obtenir une expédition, dans le but présumé de se diriger vers le premier bureau de garantie pour y faire marquer ses montres. (Arrêt de Cassation du 2 juillet 1818 et ordonnance du 7 avril 1838.)

Brocanteurs. — Inscription des achats

Les infractions aux dispositions de l'ordonnance du 8 novembre 1780, qui prescrivent aux brocanteurs d'inscrire sur des registres spéciaux les noms et adresses de ceux à qui ils achètent, doivent être poursuivies devant le tribunal correctionnel. (Arrêt de la Cour de Paris du 21 août 1868.)

Introduction d'ouvrages dans les villes

Lorsque les préposés aux entrées des villes reconnaissent l'introduction d'ouvrages d'or ou d'argent, ils doivent en prévenir immédiatement les employés, afin que ceux-ci puissent opérer, sans retard, les vérifications de ces objets. (Circulaire n° 58, du 8 octobre 1822.)

Obligations des fabricants de plaque et de double d'or et d'argent
sur tous métaux

Quiconque veut plaquer ou doubler l'or et l'argent sur le cuivre ou sur tout autre métal est tenu d'en faire la déclaration à sa municipalité, à l'administration de son département et au bureau de garantie. (Art. 95 de la loi du 19 brumaire an VI.)

Composition des alliages

Il peut employer l'or et l'argent dans telle proportion qu'il juge convenable (art. 96 de ladite loi); mais cette proportion doit être indiquée sur l'ouvrage même. (Art. 97, même loi.)

Poinçon de maître

Il est tenu de mettre sur chacun de ses ouvrages son poinçon particulier qui est insculpé dans les mêmes conditions que celui des fabricants d'ouvrages d'or et d'argent. Il ajoute à l'empreinte de ce poinçon celle de chiffres indicatifs de la quantité d'or ou d'argent contenue dans l'ouvrage sur lequel est

empreint, en toutes lettres, le mot « Doublé ». (Art. 97 de la loi du 19 brumaire an VI.)

Dans la pratique, on n'exige plus l'empreinte des chiffres indicatifs de la quantité de fin.

Ouvrages en double d'or sur cuivre

Les ouvrages en doublé d'or sur cuivre sont affranchis du droit et doivent seulement être revêtus du poinçon particulier du fabricant. (Circulaire n° 62, du 27 mai 1833.)

Aux termes d'un arrêté de la Commission des Monnaies, du 17 nivôse an VI, ce poinçon doit être formé en carré parfait et présenter le symbole choisi par le fabricant.

Feuilles de doublé et de plaqué

Ceux qui emploient les feuilles de doublé et de plaqué doivent soumettre à la marque tous les ouvrages qu'ils fabriquent avec ces feuilles, qu'ils soient fabriqués en entier de plaqué ou doublé, ou qu'ils ne le soient qu'en partie. (Arrêts de la Cour de Cassation des 28 novembre 1811 et 16 avril 1812.)

D'où il suit que la fabrication est interdite des menus ouvrages de doublé ou plaqué qui n'offriraient pas assez de surface pour recevoir l'inscription du mot « Doublé » ou l'empreinte du poinçon de fabrique. (Code de la Garantie.)

Ouvrages en double mis en vente

Il est recommandé de tenir strictement la main à ce que les bijoux en doublé d'or sur cuivre ne soient mis en vente que marqués du poinçon prescrit et à ce que les autres formalités relatives à ce commerce soient exactement remplies. (Circulaire n° 62, du 27 mai 1833.)

Ouvrages en double dépourvus d'un poinçon de maître

Les ouvrages dépourvus du poinçon du fabricant ou ceux qui seraient empreints de marques différentes de celles indiquées doivent être saisis et confisqués. On sévira, de même, contre les fabricants qui chercheraient à se soustraire à quelques-unes des obligations qui leur sont imposées. (Circulaire n° 62, du 27 mai 1833.)

Importation d'ouvrages en plaque et en doublé — Poinçon de fabrique

D'après une décision ministérielle du 6 octobre 1904, les ouvrages en plaqué ou en doublé or ou argent sur cuivre ou autre métal d'origine étrangère ne peuvent être importés qu'à la condition de porter les marques exigées par notre législation intérieure, c'est-à-dire le poinçon de maître et le mot « Doublé ». (Circulaire de l'administration des Douanes n° 3478, du 21 janvier 1905.)

Boîtes de montres en métal commun entièrement dorées. — Insculpation

Par lettre du 20 mai 1908, n° 3484, l'administration des Douanes a décidé que les boîtes de montres en métal commun entièrement dorées, originaires d'un pays bénéficiant du tarif minimum, doivent porter, dans l'intérieur du fond, l'insculpation « métal plaqué or » substituée à l'insculpation légale « métal doré », sous la réserve qu'il s'agisse bien de métal plaqué et non de métal doré au mercure ou par des procédés électro-chimiques.

L'inscription « métal doré » ou « métal plaqué or », selon le cas, doit obligatoirement être gravée à l'intérieur du fond de la boîte et non à l'intérieur de la cuvette.

L'inscription « métal doublé or » n'est pas admise.

Registre d'achat et de vente

Le fabricant de doublé doit transcrire ses ventes jour par jour sur un registre coté et paraphé par l'administration municipale, et il est tenu de remettre à chaque acheteur un bordereau de vente daté et signé par lui et rempli de la désignation de l'ouvrage, du poids et de la quantité d'or et d'argent qui y est contenue. (Art. 98 de la loi du 19 brumaire an VI.)

Achat d'ouvrages

Il est assujetti comme le marchand orfèvre et sous les mêmes peines à n'acheter des matières ou ouvrages d'or et d'argent que de personnes connues ou ayant des répondants à eux connus. (Art. 100 de la même loi.)

Pénalités

En cas de contravention aux dispositions des articles 97 et 98 de la loi du 19 brumaire an VI, concernant les fabricants de plaqué ou de doublé d'or et d'argent, les objets sur lesquels aura porté la contravention seront confisqués, et, en outre, le délinquant sera condamné à une amende qui sera, pour la première fois, de dix fois la valeur des objets confisqués ; pour la seconde fois, du double de la première amende avec affiche de la condamnation dans toute l'étendue du département, aux frais du délinquant ; enfin, la troisième fois, l'amende sera quadruple de la première, et le commerce ainsi que la fabrication d'objets d'or et d'argent seront interdits au délinquant, sous peine de confiscation de tous les objets de son commerce. (Art. 99 de la loi du 19 brumaire an VI.)

Lorsque la confiscation des ouvrages de plaqué ou de doublé a été prononcée pour défaut de poinçon du fabricant, ils ne peuvent être vendus aux enchères publiques qu'après avoir été brisés, à moins que l'acquéreur ne consente à y apposer le poinçon réglementaire. (Girard, *Manuel des Contributions indirectes*.)

Définition des mots « plaqué » et « doublé »

On confond le plus souvent sous le nom de plaqué et sous celui de doublé une sorte d'orfèvrerie à bon marché consistant en pièces métalliques formées à la fois de métal commun et de métal précieux à la superficie. Toutefois, l'usage a consacré le nom de plaqué aux pièces recouvertes d'argent et celui de doublé aux pièces recouvertes d'or.

Le doublé, en bijouterie et en orfèvrerie, remonte au XIVe siècle. C'est un orfèvre parisien, Albert Legrand, qui en est signalé comme l'inventeur en 1396 ; mais il s'en vit interdire l'exploitation par arrêt du Parlement comme chose préjudiciable au commerce, et la liberté du doublé ne fut accordée que beaucoup plus tard.

Le doublé d'or se compose de deux feuilles : l'une d'or, la seconde de cuivre jaune. Elles sont appliquées l'une sur l'autre et rendues adhérentes par une énergique pression exercée à chaud à l'aide de laminoirs à cylindres lisses, de manière à obtenir un ruban d'une épaisseur déterminée et ayant, dans toute sa longueur, des proportions identiques d'or et de cuivre jaune. Au moyen de l'estampage sur matrices d'acier, on donne à ce ruban, convenablement divisé en morceaux, les formes les plus diverses. Les coquilles, ainsi préparées, sont ensuite réunies creux contre creux et soudées à l'étain au moyen du chalumeau.

Le plaqué a été inventé en 1742, à Sheffield, par un coutelier du nom de Thomas Bolsover. Sa fabrication comprend plusieurs opérations : la préparation des métaux, le soudage des planches, le laminage, l'estampage, la rétreinte, le tournage, le montage, le lessivage et le brunissage.

Les lames de cuivre sur lesquelles on applique l'argent doivent être laminées régulièrement. L'argent employé en général est un alliage de cuivre et d'argent à 998 millièmes.

Avant de souder les planches, on pratique ce que l'on appelle l'amorçage, consistant à étendre sur le cuivre une solution concentrée de nitrate d'argent, qui aide au soudage des deux feuilles. On applique alors la plaque de cuivre sur la plaque d'argent, et l'on rabat tout autour de la plaque de cuivre les bords de la lame d'argent en produisant ainsi un véritable agrafage. On porte les deux plaques ainsi superposées dans un four chauffé à la température du rouge-cerise. Quand elles sont arrivées au rouge sombre, un ouvrier promène à leur surface, en appuyant fortement, un outil en forme de T, nommé lissoir. L'argent s'applique ainsi sur le cuivre. Après que la double plaque a atteint le rouge cerise, on l'enlève du four et on la porte sous un laminoir, puis sous d'autres plus serrés, de telle sorte qu'après la dernière passe, les métaux se trouvent soudés l'un à l'autre. On a ainsi le plaqué simple. En recommençant une application analogue sur l'autre surface de la feuille de cuivre, on obtient le plaqué double.

Obligations des fabricants d'ouvrages dorés ou argentés par les procédés électro-chimiques

Les fabricants d'ouvrages dorés ou argentés par les procédés galvaniques ou électro-chimiques sont tenus de se servir exclusivement des poinçons dont la forme est un carré parfait.

Les dispositions de la loi du 19 brumaire an VI, relatives à la fabrication du plaqué ou du doublé (art. 14, 95, 96, 97, 98, 99 et 100), leur sont entièrement applicables. (Art. 1er du décret du 26 mai 1860.)

Néanmoins, ils sont dispensés d'insculper sur leurs ouvrages le mot « Doublé ».

Déclaration des fabricants et insculpation du poinçon de matière

Aux termes de l'art. 95 de la loi du 19 brumaire an VI, les fabricants doivent faire leur déclaration à la mairie du lieu et à la préfecture du département où ils résident. Ils feront insculper dans ces deux administrations et à la garantie leur poinçon, avec leur nom sur la plaque de cuivre à ce destinée. (Circulaire n° 644, du 5 juin 1860, et en conformité de la circulaire n° 101, du 24 février 1835.)

Les marchands non fabricants, lesquels sont astreints seulement à une déclaration de profession, demeurent, de même que les fabricants, soumis aux visites et aux vérifications des employés. (Circulaire n° 644, du 5 juin 1860.)

Ouvrages composes d'argent et de metal commun

Sur l'avis conforme de son collègue au département de l'Agriculture, du Commerce et des Travaux publics, le Ministre des Finances a autorisé la fabrication et la vente d'ouvrages composés avec un alliage qui contient de l'argent et dont MM. de Ruolz et de Fontenay sont les inventeurs.

Cette décision porte que :

1° L'autorisation pourra être retirée en cas d'abus et après un certain temps d'expérience ;

2° Les ouvrages ainsi fabriqués porteront l'empreinte du poinçon des fabricants (lequel devra être de forme carrée) et le mot « Alliage » insculpé en toutes lettres. (Circulaire n° 618, du 17 janvier 1860.)

Les fabricants auront en outre la faculté d'apposer sur leurs ouvrages le chiffre indicatif de la quantité de métal précieux qu'ils contiennent.

Le service veillera à ce que les ouvrages de l'espèce, exposés en vente ou trouvés en circulation, soient revêtus des marques ci dessus prescrites, à l'exclusion de toute autre empreinte présentant quelque ressemblance avec les marques de la bijouterie et de l'orfèvrerie au titre légal et avec celles de la garantie. (Circulaire n° 618 précitée.)

Les ouvrages formés d'un alliage de platine avec un autre métal ne sont plus soumis à la marque à raison de la difficulté, du danger même que l'essai présente. (Avis de la Commission des Monnaies cité par le Code de la Garantie.)

Jugements et arrêts concernant les obligations des fabricants et marchands d'ouvrages d'or et d'argent

Objets non marqués — Appartements — Saisie valable

« La saisie, chez un orfèvre, d'objets non marqués, est
» valable, quand même il serait allégué par le prévenu qu'elle
» a été faite dans son appartement et non dans son atelier.

» La nullité du procès-verbal de saisie ne met pas obstacle
» à la confiscation des objets trouvés en contravention lorsque
» la preuve en est matériellement établie. » (Arrêt de la Cour
de Cassation du 18 nivôse an IX.)

Refus de représenter les ouvrages — Ouverture des coffres et armoires

« Le simple refus, par un assujetti, de représenter les objets
» d'or ou d'argent qui sont en sa possession, ne donne lieu à
» l'application d'aucune amende si rien ne constate que ces
» objets fussent en contravention. C'est aux employés à requé-
» rir par les voies de droit l'ouverture des coffres et armoires
» lorsqu'elle leur est refusée. » (Cass., 29 nivôse an X.)

Simples particuliers — Objets en raccommodage — Non confiscation

« La loi du 19 brumaire an VI n'autorise pas, au préjudice
» d'un individu qui n'est ni fabricant, ni marchand, la confisca-
» tion d'objets donnés en raccommodage. » (Cass., 1er frimaire
an XIV.)

Une chaîne de montre, appartenant à une dame D..., ayant
été raccommodée par le sieur B..., cet orfèvre y mit une boucle
et un portemousqueton d'or sans les faire poinçonner. Lorsque
la chaîne d'or, ainsi réparée, eut passé dans les mains de la
dame D..., un contrôleur de la garantie eut connaissance du
fait ; il dénonça pour contravention à la loi du 19 brumaire
an VI le sieur B..., qui fut condamné à 200 francs d'amende.

Ce qui a fait question, c'est que le tribunal correctionnel ne
prononça pas la confiscation de la chaîne.

Registre — Inscription des montres à raccommoder

« Les montres confiées à un horloger pour les raccommoder
» doivent être confisquées s'il a négligé de les inscrire sur son
» registre, nonobstant qu'il prétende n'être que simple raccom-
» modeur de montres. » (Cass., 2 janvier 1806.)

Attendu que...., horloger, est, par son état, de la classe de ceux qui travaillent ou raccommodent des montres d'or ou d'argent, et qu'il n'a point porté sur son registre les montres à lui confiées pour les raccommoder ; qu'il y a lieu, par conséquent, à la confiscation de ces montres, d'après la loi du 26 janvier 1749, et que l'arrêt attaqué a contrevenu à cette loi en renvoyant X... de la demande en confiscation formulée contre lui.....

Poinçon de fabricant — Insculpation

« Bien qu'un orfèvre ait fait insculper son poinçon à la
» mairie, il est en contravention s'il a omis de remplir la même
» formalité à la préfecture. » (Cass., 30 mai 1806.)

Tableau de la loi. — Défaut d'affichage

« L'orfèvre dans la boutique duquel n'est point affiché le
» tableau prescrit par l'art. 78 de la loi du 19 brumaire an VI,
» encourt l'amende prononcée par l'art. 80 ;
» Il importe peu que ce tableau ait, jusque là, été affiché
» dans sa boutique et que l'orfèvre l'ait affiché de nouveau en
» présence des employés. » (Cass., 10 janvier 1806.)

Ouvrages de coutellerie — Viroles et médaillons d'or et d'argent

» Les viroles et les médaillons d'or et d'argent qui servent à
» la garniture des ouvrages de coutellerie ne peuvent être
» dispensés de l'essai et de la marque du poinçon de garantie »
(Arrêt de la Cour de Cassation du 2 juin 1806.)

Il avait été saisi, chez le sieur H..., coutelier à N..., pour défaut de marques de la garantie, des couteaux et fourchettes garnis de viroles et de médaillons en argent.

Devant le tribunal de police correctionnelle, le sieur H... soutint que, n'étant ni orfèvre, ni bijoutier, on ne pouvait lui appliquer les dispositions de la loi du 19 brumaire an VI. Il fit valoir le moyen tiré de ce que les couteliers ne sont pas dénommés dans la loi sur la garantie ; il ajouta que les viroles et les médaillons, une fois appliqués sur les manches de couteaux et de fourchettes, ne pouvaient, sans détérioration, supporter l'empreinte des poinçons ; enfin, il prétendit que les employés du bureau de garantie refusaient même de marquer ces objets lorsqu'ils leur étaient présentés. Ces moyens furent admis par le tribunal qui rejeta l'action de la Régie ; mais son jugement, déféré à la Cour suprême, a été cassé.

Registre. — Inscription des montres à réparer

« Tout horloger, ne fût-il que raccommodeur de montres, doit
» les inscrire sur un registre. » (Cass., 24 avril 1807.)

Vu les articles 74 et 80 de la loi du 19 brumaire an VI ;

Vu la déclaration de 1749, dont l'art. 15 impose expressément
à l'horloger auquel des montres ont été données à raccommoder, d'inscrire, à peine de confiscation, ces montres sur son
registre ;

Attendu qu'il résulte, de ces différents textes de lois, que
l'horloger, ne fût-il que raccommodeur de montres, doit, à peine
d'amende, comme tout autre marchand et fabricant d'ouvrages
d'or et d'argent, tenir registre sur lequel il est obligé d'inscrire
même les montres qui lui sont confiées pour les réparer ; et
qu'à défaut de cette inscription, ces montres sont dans le cas
de la saisie et de la confiscation, si elles ne sont point revêtues
du poinçon déterminé par la loi.....

Défaut d'affichage de l'extrait de la loi de brumaire

« Un orfèvre chez qui on ne trouve point affiché le tableau
» prescrit par la loi du 19 brumaire an VI est en contravention
» bien qu'il offre de prouver que ce tableau, qui était précé-
» demment affiché, a été momentanément enlevé par accident. »
(Cass., 1er octobre 1807.)

Le sieur L..., prévenu, alléguait pour sa défense que depuis
huit jours environ, et par l'effet d'un accident, le tableau
prescrit par la loi n'était plus affiché. En appel, il fut renvoyé
de la plainte, mais la Cour de Cassation, jugeant qu'il y avait
eu violation de l'art. 78 de la loi du 19 brumaire an VI, cassa
l'arrêt.

Brocanteurs d'objets d'or et d'argent

« La loi du 19 brumaire an VI n'est pas applicable au bro-
» canteur qui se borne à acheter et à vendre de vieux galons
» et de vieilles hardes bordées de tissus d'or et d'argent ; mais
» s'il fait un commerce de montres et bijoux, il se constitue
» marchand de ces sortes d'objets et, comme tel, il est soumis
» à toutes les obligations imposées aux orfèvres et marchands
» d'ouvrages ou matières d'or et d'argent. » (Cass., 15 avril
1808.)

Anciens poinçons

« Les ouvrages d'or et d'argent qui, quoique marqués des
» anciens poinçons, ne sont pas revêtus d'une nouvelle marque,

» doivent être considérés comme n'en ayant aucune, puisque
» celle qu'ils présentent a cessé d'être légale. » (Cass., 23 novembre 1810.)

Marchand ambulant. — Déclaration

« Un marchand qui expose en vente, sur une place publique,
» des ouvrages d'or et d'argent doré, est en contravention s'il
» n'a pas fait la déclaration de vouloir exercer ce commerce ou
» si les objets ne sont pas revêtus de la marque de garantie. »
(Cass., 7 novembre 1811.)

Ouvrages en double et plaqué — Poinçon de maître

« En assujétissant à la marque indistinctement tous les
» ouvrages doublés et plaqués d'or et d'argent, la loi a néces-
» sairement compris dans ses dispositions non seulement les
» simples lames en feuilles de doublé et de plaqué, mais aussi
» tous les autres ouvrages qui sont fabriqués, soit en entier,
» soit en partie, avec ces feuilles. Les marchands doivent
» s'assurer, avant de mettre en vente ces ouvrages, qu'ils ont
» été marqués. » (Cass., 16 avril 1812.)

Changeurs de monnaies — Prêteurs sur gages

« Les changeurs qui ne se bornent pas à l'échange des
» monnaies, mais qui achètent et vendent des bijoux, de
» l'argenterie et même des lingots, sont soumis à toutes les
» formalités imposées par la loi du 19 brumaire an VI aux
» marchands et fabricants d'ouvrages d'or et d'argent.
» Un prêteur sur gage (autorisé ou non autorisé) est réputé
» marchand des ouvrages et matières d'or et d'argent trouvés
» chez lui et passible des peines prononcées par la loi si ces
» objets ne sont pas dûment marqués. » (Cass., 27 juin 1812.)

Registre — Inscription des ouvrages à raccommoder. — Responsabilités

« La loi veut impérieusement que tout individu faisant le
» commerce des matières d'or et d'argent inscrive sur son
» registre les objets de cette nature qu'il reçoit en raccommo-
» dage, et cela à l'instant même où ces objets sont apportés.
» Le maître est responsable de la négligence que ses employés
» peuvent mettre dans l'accomplissement de cette formalité. »
(Cass., 17 décembre 1812.)

« Il n'y a d'exempts de la marque de garantie, quelle que soit
» leur extrême délicatesse, que les ouvrages d'orfèvrerie et de
» joaillerie qui ne sont réellement pas susceptibles de recevoir,
» sans détérioration, l'empreinte du poinçon de garantie. »
(Cass., 4 septembre 1813.)

Voir l'explication donnée, pages 237, 238.

Longtemps la régie avait espéré faire prévaloir l'opinion que
l'administration des Monnaies est seule compétente pour décider si des objets non marqués, sous prétexte de leur ténuité ou
de la délicatesse de leur confection. sont ou ne sont pas de
nature à supporter l'empreinte des poinçons ; mais l'arrêt
ci-dessus ne consacre pas cette doctrine.

Ouvrages achevés et non marqués

« Les ouvrages sujets à la marque de garantie doivent être
» portés au bureau quand ils sont assez avancés pour qu'en
» les finissant ils n'éprouvent aucune altération et par consé-
» quent avant leur entier achèvement.

» Que ces ouvrages soient étalés ou non et qu'ils soient entre
» les mains du prévenu depuis longtemps ou depuis moins de
» vingt-quatre heures seulement, la contravention est réelle. »
(Cass., 8 mai 1815.)

Ouvrages exempts de marque

« Il n'y a d'exempt à la marque de garantie et du paiement
» des droits que les objets dont l'impossibilité absolue de
» recevoir l'empreinte du poinçon est légalement prouvée. »
B. crim. 135. (Cass., 10 novembre 1815.)

Marchand ambulant. — Non déclaration

« Un marchand venu de l'étranger avec des montres non
» revêtues des marques de la garantie est passible d'amende
» et de confiscation desdites montres s'il n'en a fait la décla-
» ration ni au bureau de la douane, ni à l'administration muni-
» cipale du lieu où il les a mises en vente. » (Cass., 7 décembre
1815.)

Inscription sur le registre. — Delai

« Le défaut d'inscription, sur le registre d'achat, d'objets
» marqués ou non marqués trouvés chez un assujetti, ne peut

17

» être excusé sous le prétexte que ces objets sont en sa posses-
» sion depuis moins de vingt-quatre heures et qu'ils n'étaient
» point exposés en vente au moment de la visite des employés.»
(Cass., 18 mai 1815.)

N'est admissible, comme excuse du défaut d'inscription, ni
l'allégation que le registre a été perdu, ni la circonstance
qu'aucun achat, aucune vente n'avaient encore été faits au
moment de la saisie, ni le prétexte que les ouvrages saisis
n'étant pas marqués, le détenteur n'aurait pu, en les inscrivant.
en indiquer le titre, ni l'allégation que le bureau de garantie
étant fermé le jour de la saisie, on aurait porté les objets au
contrôle le lendemain.

Ouvrages de joaillerie. — Contravention. — Pénalité

« L'arrêté du 1er messidor an VI ne contient aucune déroga-
» tion aux peines établies par la loi du 19 brumaire de la
» même année. En conséquence, un orfèvre chez lequel ont
» été saisis des ouvrages (de monture légère) achevés et non
» marqués, ne peut être déchargé de l'amende sous le prétexte
» que ledit arrêté ne prononce aucune peine. (Cass., 15 février
1817.)

(Voir l'arrêt du 4 septembre 1813.)

Ouvrages montés en diamants et autres pierres. — Confiscation

« La confiscation des ouvrages d'or et d'argent, pour défaut
» de marque de la garantie, ne peut être étendue aux diamants
» et pierres qui seraient montés sur ces ouvrages. » (Cass.,
15 février 1817.)

(Voir l'art. 27 de la déclaration du 26 janvier 1749 (1).

Marchands ambulants. — Ouvrages dépourvus de marque. — Bonne foi; excuse inadmissible

« Un marchand ambulant ne peut être déchargé des peines
» encourues pour défaut de marque sur des ouvrages d'or et
» d'argent qu'il colporte, sous le prétexte que, depuis l'achat
» qu'il a fait de ces ouvrages, il n'a passé dans aucun lieu où il
» y eût un bureau de garantie.

» La loi, en cette matière, n'admet point, comme excuse, la
» présomption de bonne foi. » (Cass., 2 juillet 1818.)

(1) Art. 27. — Lorsqu'il echerra d'ordonner une confiscation pour contravention a
nos ordonnances, au sujet des pierres montees en or ou en argent, ladite confiscation n'aura lieu que pour la matiere d'or et d'argent seulement, et non pour les
dites pierres montees.

Ouvrages achevés et non marques. — Défaut d'enregistrement

« Quelle que soit la provenance, les marchands et fabricants
» d'ouvrages d'or et d'argent ne peuvent, dans aucun cas et à
» aucun instant, en recevoir ou en avoir chez eux qui soient
» achevés et non marqués.

» Même alors que le redevable ne pourrait pas, pour des
» ouvrages non marqués, en indiquer le titre sur son registre
» d'achat, comme le prescrit l'art. 74 de la loi du 19 brumaire
» an VI, il doit les y inscrire en y faisant mention des autres
» circonstances énumérées dans ledit article et propres à faire
» reconnaître l'identité des ouvrages entrés chez lui. » (Cass.,
2 août 1821.)

Mouvements de montres. — Confiscation

« La saisie des montres, faite dans les cas prévus par les
» articles 107 et 108 de la loi du 19 brumaire an VI, n'emporte
» que la confiscation des boîtes d'or et d'argent et non celle
» des mouvements. » (Cass., 21 février 1822.)

Deux arrêts antérieurs, des 15 frimaire an XIV et 15 avril
1808, avaient admis que les mouvements de montres et les
boîtes, lorsqu'ils étaient réunis, formaient un seul objet, soumis
tout entier à la confiscation, à défaut de marques sur les
boîtes.

« L'esprit de la loi (disent les rédacteurs du *Mémorial du*
» *Contentieux des Contributions indirectes*, page 170, 10ᵉ vol.)
» est de garantir au public le titre des ouvrages d'or et d'argent
» qui sont mis dans le commerce ; elle ne s'occupe d'aucune
» autre matière. Ce n'est donc pas en raison du mouvement
» (dont la valeur, souvent considérable, est indépendante du
» titre) que l'horloger est assujetti aux formalités prescrites
» par la loi, mais en raison de la boîte, et encore ne l'est-il que
» lorsque cette boîte est d'or ou d'argent. »

Registre. — Non inscription des achats

« L'orfèvre qui n'a pas inscrit sur son registre des ouvrages
» d'or ou d'argent qu'il a achetés, est en contravention et pas-
» sible de l'amende prononcée par l'art. 80 de la loi du 19 bru-
» maire an VI. » (Cass., 30 juillet 1819.)

Registre. — Non inscription des ventes

« L'orfèvre qui n'a pas inscrit sur son registre des ouvrages
» qu'il a vendus est en contravention et passible des peines

» prononcées par l'art. 80 de la loi du 19 brumaire an VI. »
(Cass., 4 octobre 1821.)

Commerce des matières d'or et d'argent — Défaut de registre

« Celui qui, patenté ou non, achète des objets d'or ou d'argent
» pour les revendre, soit dans l'état où il les achète, soit après
» les avoir convertis en lingots, doit être considéré comme
» marchand d'or et d'argent et, comme tel, il est en contraven-
» tion s'il n'a pas un registre d'achat et de vente.
» La disposition de la loi du 19 brumaire, qui prescrit la tenue
» d'un registre, étant générale, celui qui contrevient à cette
» disposition ne peut être excusé sous le prétexte qu'il ne sait
» pas écrire. » (Cass., 21 mars 1823.)

Ouvrages achevés et non marqués

« Est générale et absolue la disposition de l'art. 107 de la loi
» du 19 brumaire an VI, qui soumet à la confiscation tout
» ouvrage d'or ou d'argent achevé et non marqué trouvé chez
» un fabricant ou marchand.
» Le prévenu ne peut pas prétexter qu'au moment de la saisie
» les ouvrages venaient d'être achevés et qu'on n'avait pas
» encore eu le temps de les porter au bureau de la garantie. »
(Cass., 9 mai 1823.)

L'empêchement causé par une maladie n'est pas non plus
une excuse, parce qu'il n'est pas obligatoire que le fabricant
se transporte lui-même au bureau. (Cour royale de Lyon.
15 février 1827.)

Horloger — Registre. — Inscription

« Le défaut d'inscription, sur le registre légal, de montres
» données en raccommodage, est une contravention à l'art. 14
» de la déclaration du roi du 26 janvier 1749.
» La loi voulant que l'inscription soit faite à l'instant, on doit
» écarter toute excuse qui ne serait pas fondée sur un fait de
» force majeure non contredit par le procès-verbal et qui aurait
» rendu l'enregistrement à l'instant matériellement impos-
» sible. » (Cass., 29 avril 1824.)

Commerce d'or et d'argent. — Dissolution de société

« Les dispositions des lois et règlements relatifs à la garantie
» étant générales et absolues, s'appliquent à tous ceux qui font

» d'une manière quelconque le commerce des matières d'or et
» d'argent.

» Ainsi des ouvrages qui, par suite d'une dissolution de
» société, passent dans les mains de l'un des associés, sont
» saisissables s'ils ne sont pas empreints des marques pres-
» crites par la loi ou si le possesseur n'est point pourvu d'un
» registre d'achats et de ventes. » (Cass., 2 juillet 1824.)

Ouvrages non marqués. — Achat et vente. — Défaut de registre

« Celui qui achète des ouvrages d'or et d'argent pour les
» revendre, fût-ce même en pays étranger, est soumis aux obli-
» gations imposées par la loi du 19 brumaire an VI.

» Les ouvrages dépourvus de marques, trouvés entre les
» mains de cet individu, doivent être saisis et confisqués avec
» amende.

» Le défaut d'un registre sur lequel les ouvrages soient
» inscrits donne lieu à une seconde amende. » (Cass., 20 mai
1825.)

Des montres non marquées avaient été saisies en la possession d'un sieur D..., commis négociant, logé au Havre, dans un
hôtel garni, sur le point de s'embarquer pour le Brésil. Son
intention, disait-il, était de les réunir à une pacotille pour les
vendre à l'étranger.

Le tribunal correctionnel du Havre jugea la saisie mal fondée
et la Cour royale de Rouen fut du même avis. (Arrêt du 22 janvier 1825.)

La Cour de Cassation, consultant l'esprit de la loi du 19 brumaire an VI, a pensé que, d'après le préambule de cette loi,
combiné avec les dispositions des art. 1er et 25, le législateur a
eu l'intention d'assurer la garantie du titre, aussi bien pour les
ouvrages envoyés à l'étranger que pour ceux livrés à la consommation intérieure. Il est d'ailleurs à remarquer que la
réponse du prévenu : « qu'il destinait les montres saisies à être
transportées au Brésil », n'était qu'une simple allégation non
justifiée et dont rien ne pouvait faire reconnaître la sincérité.
L'arrêt attaqué a été annulé.

Ouvriers travaillant en chambre

« Les dispositions de la loi du 19 brumaire an VI, relatives
» aux fabricants d'ouvrages d'or et d'argent, sont applicables
» aux ouvriers orfèvres travaillant en chambre pour le compte
» d'autrui. » (Cass., 17 juin 1825.)

La loi du 1ᵉʳ brumaire an VII ne considère comme ouvriers travaillant pour le compte d'autrui, et sous ce rapport exempts de patente, que ceux qui travaillent dans les maisons, ateliers et boutiques de ceux qui les emploient, mais qu'elle excepte formellement de cette classe les ouvriers qui travaillent chez eux pour les marchands et fabricants, ou pour les particuliers, quand même ils travailleraient seuls et qu'ils n'auraient ni boutique, ni enseigne ; que la loi les a donc considérés comme ayant un établissement propre et indépendant, conséquemment tenus de remplir tous les devoirs qui y sont attachés.

Ouvrages dépourvus de marque soit des poinçons anciens, soit des poinçons de recense. — Ouvrages destinés à l'usage particulier des marchands

« Quand un tribunal ordonne la confiscation d'ouvrages d'or » et d'argent non empreints des marques légales, il doit aussi » prononcer la condamnation à l'amende.

» Il en est de même pour les ouvrages marqués d'anciens » poinçons mais qui ne portent pas l'empreinte du poinçon de » recense. (Voir les arrêts des 17 septembre 1841 et 5 février » 1847.)

» Les ouvrages servant à l'usage personnel des marchands » ou fabricants ne sont point exempts de la marque.

» Ceux qu'on veut mettre hors du commerce n'en sont dispen- » sés qu'après qu'on les a brisés ou rompus de manière à les » mettre hors d'état de servir à aucun usage. » (Cass., 21 avril 1827.)

Fabricants pour le compte d'autrui

« Doit être réputé fabricant ou marchand d'or et d'argent, » dans le sens de la loi du 19 brumaire an VI, et comme tel » soumis aux obligations imposées à ces fabricants ou mar- » chands, celui qui entretient chez lui des métiers ou établis et » des ouvriers pour la confection d'objets d'or et d'argent, » encore qu'il n'ait ni forge, ni banc à tirer, ni laminoir.

» La loi du 19 brumaire an VI, imposant certaines obligations » aux fabricants d'or et d'argent, s'applique à ceux qui tra- » vaillent pour le compte d'autrui, comme à ceux qui tra- » vaillent pour leur propre compte. » (Cass., 27 août 1831.)

Objets d'or non marqués, vendus et saisis chez l'acheteur. — Poursuites contre le vendeur

« Le bijoutier qui a vendu des objets en or non revêtus du » poinçon de garantie, et à un titre inférieur au titre légal, ne

» peut être renvoyé des poursuites autorisées par la loi du
» 19 brumaire an VI, sur le motif que ces objets n'ont pas été
» trouvés en sa possession et que la contravention n'était
» constatée contre lui par aucun procès-verbal, la saisie ayant
» eu lieu dans les mains de l'acheteur. » (Cass., 30 décembre
1836.)

Ouvrages d'or et d'argent achevés — Possession

« Les ouvrages d'or et d'argent sujets à la marque de la
» garantie doivent nécessairement y être soumis avant qu'ils
» soient entièrement achevés ; ainsi la seule possession, à un
» moment quelconque, par des marchands, d'ouvrages achevés
» et non marqués, les rend passibles des peines portées par la
» loi. » (Cass., 1er septembre 1837.)

Brocanteurs de matières d'or et d'argent — Registres d'achat et de vente
— Visa mensuel des commissaires de police

« Les anciens règlements qui soumettent les brocanteurs à
» faire viser tous les mois leurs registres par le commissaire
» de police, ont été maintenus par la loi des 19-22 juillet 1791
» et sont toujours en vigueur. » (Cass., 24 août 1838.)
Extrait de la loi des 19-22 juillet 1791 sur l'organisation d'une
police municipale et correctionnelle :
« Art. 9. — A l'égard des lieux où tout le monde est admis
» indistinctement, tels que cafés, cabarets, boutiques et autres,
» les officiers de police pourront y pénétrer, soit pour prendre
» connaissance des désordres ou contraventions, soit pour véri-
» fier les poids et mesures, le titre des matières d'or et
» d'argent.
» Art. 13. — La municipalité, soit par voie d'administration,
» soit comme tribunal de police, pourra, dans les lieux où la loi
» n'y aura pas pourvu, commettre à l'inspection du titre des
» matières d'or et d'argent, etc., un nombre suffisant de gens
» de l'art, lesquels, après avoir prêté serment, rempliront à cet
» égard seulement les fonctions de commissaire de police.
» Art. 29. — Les règlements actuels existants sur le titre des
» matières d'or et d'argent, sur la vérification de la qualité des
» pierres fines ou fausses, la salubrité, etc., continueront d'être
» exécutés jusqu'à ce qu'il en ait été autrement ordonné. Il en
» sera de même de ceux qui établissent des dispositions de
» sûreté, tant pour l'achat et la vente des matières d'or et
» d'argent, des drogues, médicaments, etc.... »

Fabricants pour propre compte et fabricants pour le compte d'autrui

« La loi du 19 brumaire an VI n'ayant pas fait de distinction
» entre les fabricants d'objets d'or et d'argent qui travaillent
» pour leur compte et ceux qui travaillent pour le compte
» d'autrui, a nécessairement compris les uns et les autres dans
» ses dispositions générales. » (Cass., 24 septembre 1830.)

Considérant que cette distinction peut d'autant moins être
admise qu'elle favoriserait la fraude et donnerait aux maîtres
orfèvres le moyen certain d'éluder la prévoyance de la loi, en
faisant fabriquer hors de chez eux leurs ouvrages par des
ouvriers à leurs gages, qui établiraient dans leur domicile
autant d'ateliers particuliers d'orfèvrerie et de bijouterie
exempts de toute surveillance de la garantie.

Que d'ailleurs la loi du 1er brumaire an VII ne considère
comme ouvriers travaillant pour le compte d'autrui, et sous ce
rapport exempts de patentes, que ceux qui travaillent dans les
maisons, ateliers et boutiques de ceux qui les emploient ; mais
qu'elle excepte formellement de cette classe les ouvriers qui
travaillent chez eux pour les marchands ou fabricants, ou pour
les particuliers, quand même ils travailleraient seuls et n'auraient ni boutique, ni enseigne ; que la loi les a considérés
comme ayant un établissement propre et indépendant, conséquemment tenus de remplir tous les devoirs qui y sont attachés.

Objets dans le commerce — Poinçon de recense

« Sont réputés dans le commerce, et par conséquent soumis
» à l'apposition d'un nouveau poinçon de recense prescrite par
» l'ordonnance du 7 avril 1838, les objets d'or et d'argent trou-
» vés chez un orfèvre, bien qu'ils soient placés dans une partie
» non apparente du magasin. » (Cass., 17 septembre 1841.)

Fabricants, ouvriers en chambre — Déclarations et formalités

« Un ouvrier travaillant à façon, en chambre, c'est-à-dire
» dans son domicile particulier, à la fabrication ou au confec-
» tionnement de bijoux, même pour le compte d'un tiers, est
» assimilé au fabricant et tenu, comme lui, à une déclaration
» de profession et aux obligations qui en dérivent, conformé-
» ment aux articles 72, 74, 78 et 80 de la loi du 19 brumaire
» an VI. » (Cour de Paris, 18 mars 1842.)

Montres finies présentées au bureau. — Domicile du marchand

« Pour que des objets d'or et d'argent achevés et non mar-
» qués puissent être saisis et donner lieu à des poursuites
» contre le marchand ou fabricant qui en est détenteur, il n'est
» pas nécessaire qu'ils aient été trouvés à son domicile. La
» saisie peut être opérée, notamment lorsque les objets sont
» présentés au bureau de garantie » (Cass., 18 août 1842.)

*Ouvrier sertisseur — Différence entre sa profession et celle de fabricant
ou marchand*

« Les dispositions du titre 6 de la loi du 19 brumaire an VI
» ne sont pas applicables à l'ouvrier sertisseur ou ajusteur de
» pierreries ou autres objets à des ouvrages d'or et d'argent
» lorsque, s'abstenant d'opérations qui modifieraient le titre de
» ces ouvrages, et n'en faisant pas le commerce, il se borne au
» travail de sa profession. » (Cour de Paris, 17 juin 1843.)

Un arrêt analogue a été rendu le même jour par la même
Cour à l'égard des ouvriers ciseleurs ou graveurs.

Ouvrages d'or et d'argent achevés

« Il y a obligation pour les marchands et fabricants, et non
» simple faculté, de faire essayer et titrer les ouvrages d'or et
» d'argent avant leur entier achèvement.

» Par conséquent, un marchand ou fabricant qui présente au
» bureau de garantie des ouvrages de ce genre complètement
» achevés et non marqués, est en contravention. Il n'est pas
» nécessaire, en effet, que les ouvrages soient trouvés en cet
» état au domicile des assujettis, il suffit qu'ils soient en leur
» possession. » (Cass., 28 février 1845.)

Ouvrages d or et d'argent achevés et non marqués

« Tout ouvrage d'or et d'argent achevé et non marqué, trouvé
» chez un marchand ou fabricant, devant être saisi, il y a con-
» travention si des boîtes de montres achevées avant d'être
» soumises au contrôle n'ont été dépolies que pour faire croire
» qu'elles n'étaient pas terminées. Le tribunal doit admettre
» dans ce cas l'expertise demandée par le ministère public et
» l'administration pour établir les faits. » (Cass., 6 mai 1842.)

Bijoutiers a façon. — Ouvrages non marqués

« Les dispositions de la loi du 19 brumaire an VI sont appli-
» cables aux bijoutiers à façon, c'est-à-dire aux personnes qui
» travaillent chez elles pour le compte d'autrui.

» Lesdites dispositions. et celles de l'art. 14 de la déclaration
» du 26 janvier 1749 sont obligatoires pour tous ceux qui tra-
» fiquent des matières et ouvrages d'or et d'argent.

» Les tribunaux peuvent décider, en fait, qu'un marchand
» bijoutier n'a pas eu le temps de présenter à la marque les
» ouvrages dont il est trouvé détenteur. » (Cass., 5 février 1847.)

Achat de matières d'or et d'argent à des inconnus
Délit. — Constatation

» Dans le cas d'achat d'objets d'or ou d'argent par un bijou-
» tier à des individus inconnus ou n'ayant pas de répondants
» connus, le tribunal saisi de l'affaire peut chercher les élé-
» ments de sa conviction en dehors du procès-verbal dépourvu
» des formes voulues par la loi du 19 brumaire an VI, aucun
» mode légal n'étant prescrit pour la constatation de ce délit. »
(Cass., 26 août 1848.)

Vente pour compte personnel et pour compte d'autrui. — Déclaration
a la mairie — Registre spécial

« Est en contravention l'individu qui, sans avoir fait une
» déclaration à la mairie et tenu le registre exigé par la loi,
» vend en son nom personnel des objets d'orfèvrerie ou de
» bijouterie, même alors qu'il prétend avoir opéré la majeure
» partie de ses ventes en qualité de commis et dans les maga-
» sins d'un marchand ou fabricant exerçant le commerce de la
» bijouterie. » (Cass., 28 février 1856.)

Détention d'instruments de fabrication. — Travail accidentel

« Est soumis à toutes les mesures de garantie prescrites par
» la loi du 19 brumaire an VI, celui qui, muni de tous les
» instruments de fabrication, confectionne chez lui des objets
» d'or ou d'argent. La loi n'admet pas l'excuse tirée de ce que
» ce travail était accidentel pendant une maladie de l'ouvrier. »
(Cass., 23 juin 1865.)

Ouvrages d'or et d'argent non marqués — Tierces personnes

« Les objets d'or et d'argent non marqués sont réputés chez
» le fabricant ou le marchand et, par suite, sont soumis à la
» confiscation, alors même que c'est entre les mains de tierces
» personnes qu'ils ont été saisis, si celles-ci ne les détenaient
» que pour le compte du marchand ou du fabricant qui n'avait
» pas cessé d'en avoir la possession légale. » (Cour d'Aix,
13 juillet 1872.)

Tel est le cas où les marchandises non marquées ont été arrêtées entre les mains d'un commissionnaire de transport chargé de les envoyer à l'étranger, à une époque où elles n'avaient encore été l'objet d'aucune vente à des acheteurs pouvant en réclamer la livraison.

Registres d achat. — Défaut d inscription

« Est passible d'une amende de 200 francs, l'orfèvre qui omet
» d'inscrire un achat sur le registre spécial créé par l'art. 74 de
» la loi du 19 brumaire an VI. » (Cour de Lyon, 17 mai 1876.)

Autorisation pour l'exercice de la profession de brocanteur   .

« Il n'appartient pas aux préfets d'imposer une autorisation
» préalable pour l'exercice de la profession de brocanteur non
» ambulant, ni d'obliger les brocanteurs en exercice à tenir un
» registre d'achat en dehors de celui qui peut leur être imposé
» par la loi du 19 brumaire an VI pour les matières d'or et
» d'argent. En conséquence, c'est à bon droit que le juge de
» simple police relaxe un brocanteur poursuivi pour avoir con-
» trevenu à un arrêté préfectoral de cette nature. » (Cass.,
22 février 1895.)

Substitution d une piece non marquée a une pièce marquée

« Commet une contravention, le fabricant qui substitue à une
» pièce marquée une partie nouvelle qui n'a pas subi le con-
» trôle. Le fabricant est tenu de représenter au préalable, au
» bureau de garantie telles quelles, les pièces d'orfèvrerie
» précédemment contrôlées, 'en même temps que les pièces à
» substituer, afin que la formalité de la marque puisse être
» accomplie à l'égard de chacune des pièces à assembler. »
(Tribunal correctionnel de la Seine, 29 avril 1899.)

Expertise

« Est suffisamment motivé l'arrêt qui, statuant sur une con-
» travention en matière de garantie des objets d'or et d'argent,
» constate souverainement après deux expertises : 1° que l'opé-
» ration dite du drillage, qui doit faire perdre à la pièce ouvrée
» de son or, n'était pas encore faite ; 2° que ces pièces n'ont
» pas encore reçu le poli définitif, et qui en conclut que les pièces
» n'étant pas achevées, la contravention ne peut exister. »
(Cass., 12 janvier 1890.)

CHAPITRE XIII

DL L'EXPORTATION

Exportation d'ouvrages d or et d argent avec poinçon courant oblitere
et remboursement des droits

L'article 25 de la loi du 19 brumaire an VI est ainsi conçu :

« Lorsque les ouvrages neufs d'or et d'argent fabriqués en
» France et ayant acquitté les droits sortiront de la République
» comme vendus ou pour l'être à l'étranger, les droits de
» garantie seront restitués au fabricant, sauf la retenue d'un
» tiers. »

Une décision du Ministre des Finances du 26 janvier 1815
complète l'art. 25 ci-dessus en indiquant que les Colonies françaises bénéficieront de la même faveur que l'étranger.

Mais une disposition plus liberale a été concédee par l art. 2
de la loi du 30 mars 1872. Il a été décidé que la totalité des
droits de garantie perçus sur les objets d'or et d'argent fabriqués en France sera restituée lorsque ces objets seront exportés. Le législateur a voulu favoriser notre industrie et lui
permettre de soutenir avec avantage la concurrence sur les
marchés étrangers. Mais en même temps que le commerce
régulier profitait, dans l'intérêt de son développement, de cette
nouvelle concession, certaines industries en abusaient pour se
créer, au préjudice du Trésor et de leurs confrères honnêtes,
des bénéfices illicites. A la faveur de la restitution intégrale du
droit qui leur assurait une prime assez rémunératrice, ils
avaient organisé, en effet, une spéculation consistant à réintroduire clandestinement les articles de bijouterie exportés avec
la marque des poinçons intérieurs. Une fois la frontière fran-
chie, à leur retour en France, ces articles, qui ne portaient
aucun signe de nature à faire connaître qu'ils avaient bénéficié
du remboursement de l'impôt, pouvaient être livrés impunément à la consommation intérieure, ou même faire l'objet d'une
nouvelle déclaration d'exportation donnant lieu à un second

remboursement. Les efforts du service des douanes pour combattre les réintroductions clandestines, les mesures préventives prescrites sur différents points par l'administration, dans le même but, avaient sans doute contribué à diminuer l'importance des fraudes, mais non à les entraver complètement. (Circulaire n° 266, du 18 mars 1879.)

Dans cette situation, le Gouvernement, d'accord avec les représentants des principaux centres industriels, a jugé qu'il était nécessaire de subordonner à diverses restrictions le remboursement des droits de garantie afférents à des ouvrages d'or et d'argent exportés sous la marque des poinçons courants. A la suite d'études préparatoires concertées entre l'administration des finances, les industriels et le Conseil d'Etat, un règlement d'administration publique a été rendu le 27 juillet 1878.

La principale réforme organisée par ce règlement consiste dans l'obligation de revêtir d'un signe spécial tous les ouvrages exportés avec le remboursement des droits, qui sont susceptibles de recevoir sans dommage l'application de cette marque. Une distinction nette et ostensible est ainsi établie entre les bijoux passés à l'étranger après avoir donné ouverture à la restitution des droits précédemment acquittés et ceux qui, restés en France, n'ont profité d'aucun remboursement. (Circulaire n° 266, du 18 mars 1879.)

Création des poinçons d'exportation

Les poinçons d'exportation à appliquer sur les ouvrages d'or et d'argent, qui avaient été créés par l'ordonnance du 30 décembre 1839, ont été remplacés par de nouveaux poinçons indicatifs de la nature et du titre du métal employé. (Art. 1er du décret du 27 juillet 1878.)

Classification des ouvrages d'or et d'argent en trois catégories

L'article 2 du décret précité a prescrit la répartition, en trois catégories, des ouvrages d'or et d'argent et stipule que le remboursement des droits de garantie, lors de l'exportation, serait subordonné, pour chacune des catégories, à l'accomplissement des formalités ci-après :

Ouvrages de la première catégorie

Tous les ouvrages en or du poids de 10 grammes et au-dessus, à l'exception de ceux classés dans les 2e et 3e catégories.	Oblitération des marques des poinçons de titre et de garantie, et, à défaut de demande contraire de la part de l'ex-

Les ouvrages en or et en argent marqués du charançon et appartenant aux deux premières catégories.

portateur, apposition de l'empreinte du nouveau poinçon d'exportation.

Oblitération des marques à l'aide du matoir, à l'exception des ouvrages de la 3e catégorie. (Circulaire n° 501 du 9 janvier 1888.)

Les montres en or sans distinction du poids

En ce qui concerne les boîtiers exportés à l'état brut, toutes les marques sont oblitérées et remplacées. Quant aux boîtes achevées, l'oblitération et le remplacement n'ont lieu que pour les marques de la carrure et de la cuvette.

Les boîtes achevées dont le poids atteint 15 grammes, reçoivent en outre la marque du petit poinçon d'exportation sur le fond, lorsque celui-ci n'est pas émaillé.

Ouvrages de la deuxième catégorie

Les bracelets, colliers et autres similaires en or, même ceux d'un poids supérieur à 10 grammes, recevant la marque sur le chiquet.

Les bracelets, colliers et autres similaires en or, même ceux d'un poids supérieur à 10 grammes, recevant la marque.

Les ouvrages creux en or, du poids de deux grammes à dix grammes, marqués sur le corps, sur un anneau d'attache ou sur un chiquet.

Les objets en or pleins tels que chaînes, alliances, bagues, porte-mousquetons, crochets et anneaux d'oreilles, brisures, etc , du poids de un à dix grammes.

Tous les articles d'orfèvrerie et de bijouterie en argent du poids de 10 grammes et au-dessus, à l'exception de ceux qui sont indiqués dans la 3e catégorie.

Les montres en argent sans exception.

Application de l'empreinte du nouveau poinçon d'exportation, sans oblitération des marques du poinçon de titre et de garantie.

Les chaînes marquées de décimètre en décimètre reçoivent les nouvelles empreintes dans les mêmes conditions et, autant que possible, sur les mêmes maillons Les brisures et crochets d'oreilles sont considérés comme pleins, lors même qu'ils portent des boutons creux.

Ouvrages de la troisième catégorie

Tous les objets creux en or pesant moins de deux grammes et ceux de même métal, pleins, d'un poids inférieur à un gramme.

Les ciseaux, les poinçons de nécessaires et les pièces de même nature en or, marquées sur les ouvertures qui reçoivent les lames ou autres parties complémentaires.

Les objets dans lesquels l'or sert d'ornement ou de monture légère à des corps fragiles, tels que cristal, lapis, onyx, malachite, corail, écaille, émaux, etc., sur lesquels on ne pourrait appliquer de nouvelles marques sans danger.

Les pièces en argent d'un poids inférieur à dix grammes, quel qu'en soit le poids, dans lesquelles ce métal n'entre qu'à titre de garniture ou d'ornements, tels que carafes, burettes, pots à bière ou à tabac, flacons, salières, coffrets, livres, albums, peintures sur porcelaine, email, etc.

Les manches de couteaux, de fourchettes et autres pièces semblables, montées en argent.

Article 1er de l'arrêté ministériel du 5 février 1879.

Conservation des empreintes existantes, sans addition de nouvelles marques. (Circulaire n° 266, du 18 mars 1879.)

Définition complémentaire des catégories dans lesquelles sont classés les ouvrages

D'une manière générale, la classification a été établie d'après le poids des objets. La première catégorie comprend les ouvrages en or du poids de dix grammes et au-dessus, ainsi que les montres en or, sans distinction de poids.

La deuxième catégorie se compose des ouvrages creux en or, du poids de deux à dix grammes ; des objets en or plein du poids de un à dix grammes ; des articles en argent du poids de dix grammes et au-dessus et des montres en argent sans exception.

Dans la troisième catégorie figurent les objets autres que ceux qui viennent d'être désignés. Diverses exceptions à ces règles générales sont insérées dans l'arrêté du 5 février 1879. Il en est parlé ci-après :

Les pierres cristaux ne sont pas compris dans le poids des objets

Pour déterminer le poids de la matière imposable et, par suite, la catégorie à laquelle appartient chaque ouvrage, on fera abstraction du poids des pierres, cristaux, etc. On ne saurait trop insister pour que les pesées soient faites avec tout le soin désirable et pour que les ouvrages de chaque catégorie soient rigoureusement assujettis aux formalités que comporte leur classification ; il est essentiel, notamment, que des objets appartenant à la première ou à la deuxième catégorie ne soient pas traités comme étant de la troisième, puisque, profitant de cette erreur, les exportateurs auraient la faculté de les réimporter en franchise, après avoir bénéficié du remboursement des droits de garantie. (Circulaire n° 266, du 18 mars 1879.)

Ouvrages marqués sur le cliquet du fermoir

Les ouvrages marqués sur le cliquet du fermoir, même ceux d'un poids inférieur à dix grammes, ont dû être classés dans la deuxième catégorie et assujettis à la simple addition de la marque d'exportation, la nature particulière du métal employé pour la fabrication des cliquets (or recroui) ne permettant pas de pratiquer avec succès l'oblitération des marques apposées sur ces appendices. (Circulaire n° 266, du 18 mars 1879.)

Ouvrages appartenant par leur poids à la 1ʳᵉ ou a la 2ᵉ catégorie et classes dans la 3ᵉ catégorie

Divers ouvrages appartenant, par leur poids, à la première ou à la deuxième catégorie, ont été, en outre, reportés dans la troisième pour éviter les détériorations qui ne manqueraient pas de résulter à leur égard, soit de l'oblitération des marques primitives, soit même de la simple addition d'une empreinte. Ce sont :

1° Les ciseaux, les poinçons de nécessaires et les pièces de même nature en or, marqués sur les ouvertures qui reçoivent les lames ou autres parties complémentaires ;

2° Les manches de couteaux, de fourchettes et autres pièces semblables montées en argent ;

3° Les ouvrages dans lesquels l'or et l'argent n'entrent qu'à titre de garniture, d'ornement ou pour servir de monture légère à des corps fragiles. (Circulaire n° 266, du 18 mars 1879.)

Le service se tiendra en garde contre les abus qui pourraient résulter de ces exceptions. Les garnitures et ornements devront notamment attirer son attention ; lorsque ces objets paraîtront disposés de façon à former, après avoir été séparés de la pièce principale, des bijoux distincts appartenant à la première ou à la deuxième catégorie, les employés ne devront pas hésiter, soit à oblitérer les marques dont ils sont recouverts, soit à les frapper seulement de la marque d'exportation, selon le cas. (Circulaire n° 266, du 18 mars 1879.)

Chaînes marquées de décimètre en décimètre

Pour les chaînes marquées de décimètre en décimètre, l'arrêté ministériel prescrit d'apposer les nouvelles empreintes dans les mêmes conditions, et, autant que possible, sur les mêmes maillons que les anciennes marques. (Circulaire 266 précitée.)

Ouvrages marques du poinçon « Le Charançon »

L'article 2 du décret du 24 décembre 1887 dispose que les ouvrages étrangers introduits en France, puis réexportés, ne recevront plus, ainsi qu'il avait été prescrit par l'arrêté ministériel du 5 février 1879, l'empreinte du poinçon « la tête de Mercure », la marque « du Charançon », qui leur aura été appliquée lors de leur importation, sera oblitérée à l'aide des matoirs en usage. Toutefois, les ouvrages classés dans la troisième catégorie continueront à être dispensés de l'oblitération.

Montres. — Oblitération

En vertu de la disposition contenue dans l'art. 2, 5e paragraphe, du décret du 27 juillet 1878, l'arrêté ministériel du 5 février 1879, art. 1er, 3e paragraphe, stipule que pour les montres achevées l'oblitération et le remplacement ne porteront que sur les marques de la carrure et de la cuvette. Le petit poinçon d'exportation sera, en outre, appliqué sur le fond, si celui-ci n'est pas émaillé, lorsque le poids de la montre sera égal ou supérieur à 15 grammes. Les mêmes règles devront être suivies relativement à l'addition, sur les montres d'argent, de l'empreinte d'exportation.

Lorsqu'il s'agira de montres exportées à l'état brut, c'est-à-dire de boîtiers en cours de fabrication, y compris ceux dont les fonds goupillés et polis ou adouci-polis ne sont ni gravés, ni guillochés, toutes les marques seront oblitérées et remplacées. (Circulaire n° 266, du 18 mars 1879.)

Les montres étrangères ne bénéficient pas du remboursement des droits

Les dispositions ci-dessus, relatives aux montres, concernent exclusivement celles de fabrication nationale. Les montres importées et marquées du poinçon « Le Hibou », pour l'or, et « Le Cygne », pour l'argent, restent en dehors de la nouvelle réglementation. Les conditions particulières dans lesquelles ces montres sont présentées à la marque, en vertu du traité franco-suisse, ne permettent pas, en effet, de les admettre au bénéfice du remboursement des droits. Il n'est donc rien changé au régime qui leur est appliqué.

Les objets marqués du poinçon E T sont exclus de la prime de remboursement

Les ouvrages de toute nature marqués du poinçon E T continuent également à être exclus de la prime de remboursement. Ces ouvrages doivent, par suite, être traités comme les montres de fabrication étrangère.

Précautions à prendre pour oblitérer les empreintes

L'oblitération étant une opération très délicate, il conviendra d'y procéder avec le plus grand soin, de façon à éviter toute détérioration. Les précautions désirables seront prises, dans le même but, lorsqu'il s'agira d'ajouter l'empreinte d'exportation sur les bijoux de la première ou de la deuxième catégorie. (Circulaire n° 266, du 18 mars 1879.)

Application du nouveau poinçon d'exportation

L'empreinte des poinçons d'exportation doit être appliquée immédiatement à côté de celle du poinçon intérieur, que celui-ci soit ou non oblitéré. Cette prescription est essentielle et il convient qu'elle soit toujours exactement observée. Elle exigera, de la part des marqueurs, une attention spéciale. Il est à prévoir que le travail d'oblitération aura quelquefois pour effet d'altérer le fini des ouvrages assujettis à ces formalités. En vue de prévenir toute réclamation de ce chef, les exportateurs devront être admis à remporter, après l'opération, les articles qu'ils jugeraient nécessaires de retoucher. Dans ce cas, la soumission du registre n° 194 sera préalablement libellée et signée à la souche par l'intéressé ; mais elle ne sera remise à ce dernier qu'après une nouvelle reconnaissance de l'assortiment présenté et lorsque les formalités habituelles (emballage en présence du service, fermeture de la caisse, etc.) auront été complètement remplies. (Circulaire n° 266, du 18 mars 1879.)

Ainsi qu'il est expliqué plus haut, les ouvrages d'or et d'argent marqués du poinçon français ou du Charançon bénéficient, en cas d'exportation, du remboursement des droits de garantie :

a) Si les objets sont de la première catégorie, on oblitère les poinçons existants et l'on appose le poinçon d'exportation « Tête de Mercure » ;

b) Si les objets sont de la deuxième catégorie, on laisse subsister les poinçons existants, mais on appose à côté le poinçon « Tête de Mercure » ;

c) Si les objets appartiennent à la troisième catégorie, ils sont exportés tels quels, sans effacer les poinçons existants, ni en insculper aucun autre.

Il est donc possible de pratiquer la fraude sur cette dernière catégorie d'ouvrages ; il suffit qu'ils soient réimportés en France clandestinement et on peut donc les représenter à nouveau devant un bureau de garantie et se faire rembourser une deuxième fois les droits sur les mêmes objets. On pourrait même recommencer indéfiniment la même opération:

L'administration s'est émue de cette situation, et pour y mettre fin, elle a proposé au Parlement une disposition reproduite ci-après, laquelle fait l'objet de l'article 18 de la loi de finances du budget de 1909, du 26 décembre 1908, ainsi conçu :

« Art. 18. — Lorsque des ouvrages neufs d'or ou d'argent, de » fabrication française, revêtus de l'empreinte des poinçons » réglementaires, sont exportés pour être vendus à l'étranger, » le droit de garantie est remboursé à l'exportateur.

» Le fabricant ou le marchand qui demande le rembourse- » ment des droits doit présenter les objets à l'un des bureaux » de garantie spécialement désignés par le Ministre des » Finances. Les poinçons sont oblitérés.

» La restitution n'a lieu que sur la représentation, dans le » délai de trois mois, d'un certificat de l'administration des » douanes ou de celle des postes constatant la sortie de France » des ouvrages exportés.

» Sont abrogés l'art. 26 de la loi du 19 brumaire an VI et » l'art. 2 de la loi du 30 mars 1872. »

Les ouvrages neufs d'or ou d'argent exportés avec remboursement des droits de garantie doivent être présentés dans l'un des bureaux désignés ci-après : Bellegarde, Marseille, Pontarlier, Besançon, Morteau, Valence, Toulouse, Bordeaux, Saumur, Nancy, Lyon, Paris, Niort. (Arrêté ministériel du 11 janvier 1909.)

Formalités à remplir au bureau de garantie

Le remboursement des droits de garantie, lors de l'exportation de ces ouvrages, a lieu sous l'accomplissement des formalités suivantes :

Les exportations peuvent être effectuées soit par la poste, soit par la voie des colis postaux.

Lorsque les exportateurs prétendront au remboursement des droits, ils devront déposer au bureau de garantie une demande de soumission et se faire délivrer une soumission détachée du registre n° 194. Ce titre de mouvement énoncera que la sortie des ouvrages doit avoir lieu par la poste ou par un bureau de douane.

Les exportateurs ne pourront se faire délivrer de soumission d'exportation que dans les bureaux de garantie de leur circonscription.

La restitution n'aura lieu cependant que sur la représentation d'un certificat de l'administration des douanes ou de celle des postes, muni de son sceau particulier, et qui constate la sortie de France desdits ouvrages. (Art. 26 de la loi du 19 brumaire an VI et décret du 29 mars 1889.)

Mais afin d'éviter à l'administration des postes la complication qu'entraînerait pour elle l'accomplissement de la formalité du visa de la sortie de France par la douane, il est entendu que cette administration établira le certificat d'exportation pour les boîtes expédiées, avec valeur déclarée, de France à destination de l'étranger et des colonies françaises. (Circulaire n° 556, du 15 avril 1889.)

Etablissement des demandes en restitution de droits

D'après les prescriptions de la circulaire n° 556, du 15 avril 1889, les exportateurs qui sollicitaient le remboursement des droits sur des ouvrages neufs d'or et d'argent et dont l'envoi devait avoir lieu par la poste, étaient tenus de déposer, au bureau de garantie, une déclaration sur papier timbré en deux expéditions semblables, revêtues de leur signature et donnant la description des ouvrages au sujet desquels ils réclamaient la restitution. Les deux ampliations devaient contenir l'engagement, signé par l'expéditeur, d'acquitter le droit de garantie en prévision du cas où la boîte n'aurait pu être livrée au destinataire, après restitution du droit de garantie, aux mains de l'exportateur. Mais à la suite d'un vœu émis le 9 avril 1907, par le Conseil général du Doubs, l'Administration, par lettre du 11 octobre 1907, a décidé, à la suite de l'examen de la question et par décision ministérielle du 20 septembre 1907, que les intéressés n'auraient plus à fournir, au moment de la déclaration d'exportation, de feuilles de papier timbré à 60 centimes, mais qu'il va sans dire que la demande de remboursement continuera à être assujettie au timbre de dimension.

Une seule demande suffit pour les soumissions mentionnées au même nom dans les propositions de restitution.

Les demandes doivent être établies sur papier timbré

L'obligation d'établir les demandes en restitution des droits de garantie a été prescrite par la lettre commune du 14 octobre 1871, qui a fait connaître que l'article 12 de la loi du 13 brumaire an VII a une portée générale et s'applique aussi bien aux réclamations fondées sur un droit, qu'aux demandes qui n'ont pour objet qu'un avantage ou une faveur. Les demandes d'allocation de la prime d'exportation tombent sous l'action de la loi précitée.

Les ouvrages usagés ne bénéficient pas de la prime de remboursement

A la suite du refus, par un contrôleur de la garantie, d'accepter, au remboursement des droits, des ouvrages usagés, l'Administration, par lettre du 10 décembre 1878, n° 7408, a décidé qu'il est hors de doute que le législateur de 1872, pas plus que celui de l'an VI, n'a entendu faire profiter les ouvrages usagés du bénéfice de la restitution des droits de garantie. La loi du 30 mars 1872 contient, comme celle du 19 brumaire an VI, une réserve absolue à cet égard. Il est à considérer, toutefois, que le bénéfice de la restitution est acquis seulement aux exportations ayant le caractère d'opérations commerciales puisque, aux termes de l'ordonnance du 30 décembre 1839, article 10, que la loi de 1872 n'a pas abrogée, les fabricants, négociants, commissionnaires ou marchands en gros sont seuls admis à souscrire des déclarations d'exportation. Il résulte implicitement qu'on a entendu ne faire profiter de la prime que les ouvrages neufs à l'exclusion des objets usagés.

D'ailleurs, le droit de garantie a le caractère d'une taxe de consommation intérieure. Par suite, dès qu'un bijou d'or ou d'argent a été employé à l'usage, en vue duquel il avait été fabriqué, il doit être considéré comme consommé au point de vue de l'impôt et les droits dont il avait été frappé se trouvant légitimement et définitivement acquis à l'Etat, ne sauraient être restitués. (Circulaire n° 306, du 21 septembre 1898.)

Pays de Gex et zone franche de la Haute-Savoie
Les ouvrages d'or et d'argent sont admis à bénéficier du remboursement des droits

Par décision ministérielle du 6 février 1899, il a été décidé que les ouvrages d'or et d'argent, expédiés de l'intérieur dans les pays neutralisés du pays de Gex et la zone franche de la Haute-Savoie, seront considérés comme exportés à l'étranger.

Les envois de l'espèce, qu'ils soient effectués avec ou sans paiement des droits de garantie, seront désormais soumis aux mêmes règles que les autres objets d'exportation, c'est-à-dire qu'ils devront toujours être précédés d'une déclaration et accompagnés d'une soumission détachée du registre 194, sous la condition expresse que toutes les formalités prescrites auront été régulièrement remplies, tant au départ qu'à la sortie du territoire, les dits envois donneront lieu, soit au remboursement prévu par l'article 2 de la loi du 30 mars 1872, soit à une décharge au compte de l'exportateur. (Circulaire n° 328, du 16 mars 1899.)

Corse — La restitution des droits est autorisée en cas d'exportation

Aux termes d'un décret, en date du 24 avril 1811, qui n'a pas cessé d'être en vigueur, les impôts perçus par l'Administration des Contributions indirectes ont été supprimés en Corse et remplacés par une addition au principal de la contribution personnelle et mobilière

Lors de la publication du décret précité, la perception du droit de garantie était confiée déjà à la Régie, en vertu de l'article 80 de la loi du 5 ventôse an XII, l'impôt dont il s'agit se trouve donc au nombre de ceux qui ne sont pas exigibles en Corse. Par suite, les commerçants qui expédient à destination de ce territoire des ouvrages d'or et d'argent marqués des poinçons courants sont fondés à réclamer la restitution des droits afférents à ces ouvrages, pourvu qu'ils remplissent les formalités prescrites en matière d'exportation de bijouterie. (Lettre de l'Administration du 20 septembre 1880.)

Les droits d'essai ne sont pas restitués

Les objets exportés restent grevés du droit d'essai. (Rapport de M. Teisserenc, inséré au *Journal Officiel*, le 21 avril 1872.)

Les états de proposition de droits sont établis mensuellement

Les remboursements des droits de garantie pour cause d'exportation ne pouvant être effectués sans avoir été préalablement ordonnancés et mandatés, il importe, dans l'intérêt des exportateurs, de hâter le plus possible l'accomplissement des formalités légales.

Les états de proposition de restitution doivent être établis mensuellement et comprendre toutes les soumissions rentrées au moment de leur formation. (Circulaire n° 266, du 18 mars 1879.)

Exportation d'ouvrages d'or et d'argent marqués des poinçons intérieurs non oblitérés avec réserve de retour et sans remboursement des droits

Il résultait d'une lettre du Ministre des Finances, en date du 14 janvier 1825, que tout ouvrage d'or et d'argent marqué des poinçons en cours de service et qui rentrait en France devait être considéré comme ouvrage étranger et, comme tel, assujetti à la marque du poinçon étranger et au paiement des droits de garantie et de douane, mais que la possibilité de réimporter les ouvrages d'or et d'argent, en exemption des droits et de l'application d'une nouvelle marque, restait ouverte aux fabricants qui voudraient les exporter sous acquit-à-caution et avec les autres formalités prescrites par la législation des douanes, c'est-à-dire lorsqu'ils auraient fait l'objet d'une soumission portant réserve de retour. (Décision ministérielle du 20 juillet 1825.)

Jusqu'en 1878, il n'était pas possible d'autoriser la réintroduction en franchise, même de ceux de ces ouvrages qui, en fait, n'avaient pas profité de la restitution des droits.

Le décret du 27 juillet 1878, art. 4, a admis à la réimportation en franchise et à la libre circulation les ouvrages dont il sera parlé au chapitre : « Réimportation », page 303.

La délivrance des soumissions du poinçon intérieur non oblitéré n'est prescrite que pour les ouvrages de la troisième catégorie, lesquels sont admis à bénéficier de la restitution du droit de garantie, à la sortie, tout en conservant intactes les marques du contrôle.

La même formalité n'a pas été établie pour les objets classés dans les deux premières catégories ; ces ouvrages ne peuvent, en effet, être exportés avec remboursement de l'impôt sans avoir été préalablement démarqués, soit par l'oblitération des empreintes du poinçon intérieur, soit par l'application du poinçon d'exportation. Rien ne s'oppose, toutefois, à ce que des soumissions comportant la réserve de retour soient délivrées, pour ces deux catégories, aux exportateurs qui en feraient la demande. Les commerçants peuvent avoir intérêt à se munir de titres de régie, en vue de faciliter et de rendre plus rapide les vérifications de douane et de garantie lors de la rentrée des marchandises en France. (Lettre du 10 septembre 1896 au directeur de l'Ain.)

Declaration descriptive des ouvrages pour lesquels la réserve de retour est demandée

Les expéditeurs qui ne considèrent pas leur exportation comme définitive doivent exprimer, dans leur déclaration, qu'ils se réservent la faculté de faire rentrer ces articles. Cette déclaration descriptive, portant réserve de retour, ne sera reçue que pour des ouvrages qui, indépendamment du poinçon de garantie, auront été revêtus d'une marque de fabrique. (Circulaire n° 27, du 13 septembre 1825.)

Les objets non revêtus du poinçon de maître sont exclus de la faculté de retour

Les ouvrages où ne se trouve point l'empreinte du poinçon du fabricant sont exclus formellement de la faculté de retour en exemption des droits. (Circulaire n° 27 précitée.)

Enonciations que doivent présenter les déclarations descriptives

On énoncera pour les ouvrages de quelque importance tels que vases, huiliers, flambeaux, sucriers, etc., la forme, les ornements et le poids de chacun d'eux, de manière qu'à la réimportation, si elle a lieu, ils puissent être facilement reconnus. Les couverts de même poids et de même forme pourront être confondus dans un même article ; les ouvrages d'argent de faible valeur seront également réunis par espèce et sous un poids commun. Il en sera de même des ouvrages d'or qui

devront figurer soit par un article unique, avec son poids
particulier, soit rassemblés par espèce et sous un poids commun. En tête de la déclaration sera indiquée la marque du
fabricant, telle qu'elle est empreinte sur les ouvrages. (Circulaire n° 27, du 13 septembre 1825.)

Déclaration descriptive relative aux montres

Si la déclaration descriptive se référait à des montres, indépendamment de la dimension des boîtiers et des décorations,
il y aurait lieu de donner dans la soumission la description des
mouvements logés dans ces montres, ainsi que l'indication des
numéros de ces mouvements. Ces mentions sont destinées à
empêcher qu'on introduise en France, en les logeant dans des
boîtiers français, réimportés et régulièrement poinçonnés, des
mouvements d'origine étrangère qui échapperaient ainsi à la
taxe de douane. (Lettre de l'administration n° 6663, du
10 septembre 1896, au directeur de l'Ain.)

Les déclarations descriptives sont établies en triple expédition

Les déclarations descriptives doivent être établies en triple
expédition : la première reste à la souche du registre 194, la
seconde est annexée à la soumission délivrée et la troisième est
remise à l'exportateur qui doit la représenter au service des
douanes pour obtenir l'exonération des taxes d'entrée.

Les exportations dont il s'agit peuvent être effectuées soit par
colis postal, soit par la poste.

Réimportation en franchise des ouvrages de la 3ᵉ catégorie

Les exportateurs pourront également rentrer en franchise les
ouvrages de la troisième catégorie pour lesquels ils auront
renoncé au remboursement des droits, en vertu d'une soumission d'exportation portant réserve de retour. (Art. 4 du
décret du 27 juillet 1878.) Les commerçants qui voudront profiter de cette disposition devront remettre, à cet effet, au bureau
de garantie, une déclaration descriptive établie dans la forme
prescrite par la circulaire n° 27, du 13 septembre 1825 et qui
servira à reconnaître, au retour, l'identité des objets y énoncés.
La soumission du registre 194 qui leur sera délivrée dans
l'espèce, ainsi que la souche elle-même, mentionnera la réserve
de retour et la clause relative à la renonciation au remboursement. Cette renonciation devra être signée par le déclarant.
(Circulaire n° 266, du 18 mars 1879.)

Les exportateurs peuvent faire peser leurs colis au bureau de garantie

Les soumissions délivrées pour l'exportation indiquent le nombre et le poids des objets, mais elles ne font pas mention ni du poids brut ni des numéros et marques des colis qui les renferment. Il s'en suit que le service des douanes, pour être certain qu'un colis se rapporte bien à une soumission, se trouve dans la nécessité de le faire ouvrir, ce qui entraîne des retards et occasionne des réclamations de la part du commerce.

Afin que les vérifications à la sortie puissent être simplifiées, les exportateurs qui en exprimeront le désir devront désormais être admis à faire peser leur colis au bureau de garantie.

Les employés du bureau constateront le poids brut et le relateront, ainsi que les marques et numéros, sur la soumission, à la suite de la mention du poids net des ouvrages dont la reconnaissance aura préalablement été effectuée.

Une affiche préparée à la main devra être apposée dans l'endroit le plus apparent du bureau. (Circulaire n° 505, du 25 février 1888.)

Exportation d'ouvrages d'or et d'argent avec ou sans marque de garantie ni de fabrique

D'après les dispositions de l'art. 25 de la loi du 19 brumaire an VI, il était accordé aux fabricants la remise des deux tiers du droit de garantie sur les ouvrages exportés. Mais l'art. 16 de la loi du 10 août 1839 a spécifié que les ouvrages d'or et d'argent pourront être exportés sans marque des poinçons français et sans paiement du droit de garantie, pourvu qu'après avoir été soumis à l'essai et reconnus au titre légal, ils restent déposés au bureau de la garantie ou placés sous la surveillance de ses préposés jusqu'au moment où l'exportation en sera constatée.

Déclaration d'exportation à déposer au bureau de garantie

Un règlement d'administration publique rendu le 30 décembre 1839 a indiqué dans son article 1er que tout fabricant qui voudra exporter des ouvrages d'or et d'argent en franchise du droit de garantie, et sans application de la marque des poinçons français, pourra les présenter à l'essai sans marque du poinçon du fabricant et après que la fabrication en aura été achevée, pourvu qu'il ait fait au bureau de garantie une déclaration préalable du nombre, de l'espèce et du poids desdits ouvrages et qu'il se soit engagé à les rapporter achevés dans un délai qui ne devra pas excéder dix jours.

La déclaration ne doit être faite que lorsque les ouvrages sont déjà assez avancés pour que le poids puisse en être déclaré avec une exactitude, que la différence entre le poids des ouvrages bruts et celui des ouvrages achevés soit presque nulle et qu'elle n'ait d'autres causes que le polissage, le brunissage ou la mise en couleur, enfin le travail de la dernière main-d'œuvre. (Circulaire n° 236, du 11 juillet 1840.)

Néanmoins les ouvrages d'orfèvrerie qui ne pourraient être essayés à la coupelle ou par la voie humide sans détériorations s'ils étaient achevés, seront apportés bruts au bureau et remis au fabricant après essai, pour en terminer la fabrication, moyennant qu'il souscrive également l'engagement de les rapporter achevés dans le délai de dix jours. (Art. 2 de l'ordonnance du 30 décembre 1839.)

Formalités exigées lors de l'exportation

Les ouvrages ainsi rapportés après l'achèvement et dont l'identité sera reconnue, seront de nouveau essayés, sans toutefois qu'il puisse être exigé un nouveau droit d'essai, et ceux qui, en vertu de la dispense prononcée par l'art. 1er, ne seront présentés à l'essai qu'entièrement finis, seront, aussitôt après, renfermés dans une boîte scellée et plombée et remis au fabricant sur sa soumission de les exporter dans les délais prescrits par la loi. (Art. 3 de l'ordonnance du 30 décembre 1839.)

L'exportateur devra s'engager à rapporter un certificat régulier justifiant la sortie du territoire français dans le délai de trois mois. (Circulaire n° 236, du 11 juillet 1840.)

Exportation des montres

Pour les montres et autres objets exportés par le service des colis postaux, sous le bénéfice de la décharge ou de la restitution des droits, l'exportation aura lieu également sous le plomb des contributions indirectes, dans des caissettes ficelées et scellées. Ils seront préalablement marqués du poinçon d'exportation et devront être accompagnés de soumissions qui seront présentées à la frontière au service des douanes. (Circulaire n° 316, du 9 mai 1881.)

Echange des boîtes, avec valeur déclarée, entre la France, les Colonies françaises et l'étranger

L'exportation des ouvrages d'or et d'argent peut également être effectuée, par la voie postale, entre les colonies françaises et la métropole. (Décret du 29 mars 1889 et circulaire n° 256, du 15 avril 1889.)

Dispositions générales communes a toutes les exportations. — Convention postale du Congrès de Vienne

Aux termes d'un décret du 26 juin 1892, ratifiant une convention adoptée à la suite du Congrès postal de Vienne, et d'un autre décret du 27 du même mois déterminant les mesures relatives à l'exécution de cette convention (*Journal officiel* des 27 et 28 juin), les bijoux et objets précieux peuvent être échangés, par la voie de la poste, dans des boîtes, avec valeur déclarée, entre la France et les pays dénommés ci-après :

Allemagne, République Argentine, Autriche-Hongrie, Bulgarie, Egypte, Italie, Luxembourg, Portugal, Roumanie, Salvador, Suisse, Tanger, Madagascar, Colonies françaises du Sénégal, du Soudan, de la Guinée, de la Côte-d'Ivoire, du golfe de Bénin, du Congo, de la Guadeloupe, de la Martinique, de la Guyane, de Pondichéry, de la Cochinchine (y compris l'Annam et le Tonkin), de la Nouvelle-Calédonie, de la Réunion, de Sainte-Marie, de Madagascar, de Diégo-Suarez, de Mayotte, de Nossi-Bé et d'Obock. (Circulaire n° 60, du 17 juin 1893.)

La Corse et la Tunisie ont été assimilées aux Colonies françaises en ce qui concerne l'échange, par la poste, d'ouvrages d'or et d'argent avec la France continentale. (Circulaire n° 71, du 5 octobre 1893.)

Convention postale universelle de Washington

Le *Journal officiel* du 29 décembre 1898 a publié des décrets en date du 26 même mois, rendus en exécution de la loi du 8 avril 1898 portant promulgation : 1° De la Convention postale universelle ; 2° de l'arrangement concernant l'échange des lettres, des boîtes avec valeur déclarée et des colis postaux, signés à Washington le 15 juin 1897 entre la France et les Colonies françaises, l'Allemagne et les Protectorats allemands, la République majeure de l'Amérique Centrale, la République Argentine, l'Autriche-Hongrie, la Belgique, la Bosnie-Herzégovine, le Brésil, la Bulgarie, le Chili, le Danemark, les Colonies danoises, l'Egypte, l'Espagne, l'Italie, le Luxembourg, la

Norwège, les Pays-Bas, le Portugal et les Colonies portugaises, la Roumanie, la Russie, la Serbie, la Suède, la Suisse, la Régence de Tunis et la Turquie.

L'Angleterre a également adhéré à la Convention postale universelle concernant l'échange des boîtes avec valeur déclarée.

Convention postale universelle. — Dispositions générales. — Poids et dimension des paquets et échantillons

En vertu de l'art. 5 de la Convention postale universelle, les paquets d'échantillons de marchandises ne peuvent renfermer aucun objet ayant une valeur marchande ; ils ne doivent pas dépasser le poids de 350 grammes ni présenter des dimensions supérieures à 30 centimètres de longueur, 20 centimètres de largeur et 10 centimètres de hauteur, ou, s'ils ont la forme de rouleau, à 30 centimètres de longueur et 15 centimètres de diamètre.

D'autre part, l'art. 16 interdit d'insérer dans les correspondances ordinaires ou recommandées consignées à la poste, notamment des objets passibles des droits de douane

. . . .

des matières d'or, d'argent et de platine, des pierreries, des bijoux et autres objets précieux ;
des montres, chronographes, etc.

Echange des lettres et des boîtes avec valeur déclarée

L'échange des lettres contenant des valeurs-papier déclarées et des boîtes contenant des bijoux et objets précieux déclarés avec assurance du montant de la déclaration, peut être effectué entre les pays mentionnés ci-dessus.

Le poids maximum des boîtes est fixé à un kilogr. par envoi.

Les bijoux et objets précieux doivent être renfermés dans des boîtes suffisamment résistantes, en bois ou en métal, n'excédant pas 30 centimètres en longueur, 10 centimètres en largeur et 10 centimètres en hauteur ; les parois des boîtes en bois doivent avoir au moins 8 millimètres d'épaisseur.

Les boîtes de valeurs déclarées doivent être entourées d'un croisé en ficelle solide, sans nœuds, et dont les deux bouts sont réunis sous un cachet en cire fine portant une empreinte particulière, sur les quatre faces latérales, de cachets identiques. Les faces supérieures et inférieures doivent être recouvertes de papier blanc pour recevoir l'adresse du destinataire, la déclaration de la valeur et l'empreinte des timbres de service.

Les lettres et boîtes contenant des valeurs déclarées adressées sous des initiales, ou dont l'adresse est indiquée au crayon, ne sont pas admises.

La déclaration des valeurs doit être exprimée en francs et centimes ou dans la monnaie des pays d'origine et être inscrite, par l'expéditeur, sur l'adresse de l'envoi, en toutes lettres et en chiffres, sans ratures, ni surcharges, même approuvées.

Les boîtes doivent être accompagnées de déclarations en douane conformes au modèle ci-après :

DÉSIGNATION DU CONTENU	VALEUR DU CONTENU	POIDS		OBSERVATIONS
		brut de la boîte	net du contenu	
				Reproduire ci-dessous l'adresse de l'envoi.
				Reproduire ci-dessous l'empreinte du cachet.

Le maximum de déclaration par envoi sera de 10.000 francs.

Le maximum des envois contre remboursement est élevé à 1.000 francs, sauf dans les relations avec le Danemark, le Portugal et la Roumanie, où ce maximum est limité à 500 francs.

Il est interdit d'expédier par la voie de la poste des colis contenant soit des lettres ou des notes ayant le caractère de correspondance. Toutefois, on peut insérer dans l'envoi la facture ouverte réduite aux énonciations constitutives de la facture, de même qu'une simple copie de l'adresse du colis avec mention de celle de l'expéditeur.

Régime des colis postaux — Union postale universelle de 1898

Le poids des colis postaux échangés entre la France, l'Algérie, les Colonies ou établissements français et les pays signataires de la convention ne doit pas dépasser cinq kilogrammes.

Par exception, le poids des colis postaux échangés entre la Bulgarie et l'Espagne est limité à trois kilogrammes.

Les colis pourront être expédiés entre les pays suivants :

Avec déclaration de valeur. — Allemagne et protectorat allemand de Cameroun, Autriche-Hongrie et bureaux autrichiens du Levant, Belgique, Danemark, Egypte, France et Algérie,

Italie, Libéria, Luxembourg, Monténégro, Norwège, Pays-Bas, Roumanie, Russie, Serbie, Suède, Suisse, Tunisie.

Contre remboursement. — Allemagne, Autriche-Hongrie, Belgique, Danemark, Egypte, Algérie, Italie, Luxembourg, Norwège, Pays-Bas, Roumanie, Suède, Suisse, Tunisie.

Formalités relatives aux boîtes renfermant des ouvrages d'or et d'argent expédiées par la voie postale

Après vérification des ouvrages au bureau de garantie, la boîte sera scellée du cachet du bureau et remise à l'expéditeur avec l'ampliation de la soumission.

L'expéditeur remettra la boîte ainsi que la soumission au bureau des postes qui, après avoir constaté que le cachet de la garantie est intact et que la déclaration est complète, affranchira l'envoi et lui donnera cours. Dès que la boîte avec valeur déclarée aura quitté le bureau de poste expéditeur, le receveur des postes en certifiera la sortie sur la soumission de l'exportateur et renverra cette pièce au bureau de garantie. (Circulaire n° 566, du 15 avril 1889.)

Obligations des fabricants et marchands exportateurs

Les fabricants qui voudront conserver chez eux, à découvert, les ouvrages qu'ils destinent à l'exportation seront admis, sur déclaration, à les faire marquer du poinçon d'exportation en suivant, quant à ces ouvrages, les règles ordinaires d'essai et de contrôle. Ils seront dispensés de payer les droits de garantie, à charge par eux de justifier ultérieurement de la sortie desdits ouvrages. (Art. 4 de l'ordonnance du 30 décembre 1839 et circulaire n° 236, du 11 juillet 1840.)

Ouvrages sans marques de garantie ni de fabrique. — Les fabricants peuvent demander l'apposition du poinçon sur une perle métallique

Si la marque du poinçon d'exportation mettait obstacle à l'introduction des ouvrages dans les lieux de destination, les fabricants pourront demander que ce poinçon soit appliqué, après essai, sur une perle métallique fabriquée suivant le modèle qui leur sera fourni au bureau de garantie. Cette perle devra être attachée à l'ouvrage par un fil de soie de manière que la marque volante ne puisse être enlevée. Les ouvrages ainsi marqués seront remis aux fabricants qui seront tenus également d'en justifier l'exportation. (Art. 5 de l'ordonnance du 30 décembre 1839 et circulaire n° 236, du 11 juillet 1840.)

Prise en charge d'objets destinés à être exportés

Les ouvrages marqués du poinçon d'exportation, soit sur le corps même des pièces présentées à l'essai, soit sur une perle métallique, devront être pris en charge au compte des fabricants. La décharge de ce compte s'opérera par la justification de l'exportation dans les formes prescrites ou par la prise en charge au compte d'un négociant, d'un commissionnaire ou d'un marchand en gros. (Art. 6 de l'ordonnance du 30 décembre 1839 et circulaire n° 236, du 11 juillet 1840.)

Manquants au compte des fabricants

Les manquants reconnus au compte des fabricants, lors des recensements et inventaires, seront soumis au paiement intégral des droits de garantie. Il sera procédé, pour le décompte et le recouvrement des droits, conformément aux règles prescrites pour les contributions indirectes. (Art. 7 de l'ordonnance du 30 décembre 1839.)

Ventes de fabricants à fabricants ou commissionnaires et marchands en gros

Les ouvrages déclarés pour l'exportation et pris en charge chez les fabricants pourront être achetés par des négociants, des commissionnaires ou des marchands en gros patentés en cette qualité, lesquels seront tenus, avant d'en prendre livraison, de faire une déclaration desdits objets au bureau de garantie et de se soumettre à la prise en charge aux mêmes conditions que le fabricant. (Art. 8, même ordonnance.)

Il est interdit, sous les peines de droit, à toutes autres personnes faisant commerce d'ouvrages d'or et d'argent d'avoir en leur possession des ouvrages marqués du poinçon d'exportation ou de marques volantes. (Art. 8 de l'ordonnance du 30 décembre 1839 et circulaire n° 236, du 11 juillet 1840.)

Exportation des ouvrages au 4e titre d'or

Par addition à l'art. 4 de la loi du 19 brumaire an VI, il a été créé, pour la fabrication des montres seulement, destinées exclusivement à l'exportation, un quatrième titre légal à 583 millièmes, lequel sera obligatoire. (Art. 1er de la loi du 25 janvier 1884.)

Un poinçon spécial indiquant le titre et une empreinte particulière montrant qu'elles sont destinées à l'exportation seront appliqués sur ces boîtes par le bureau de garantie. (Art. 1er de la loi précitée.)

Exportation des ouvrages d'or et d'argent a tous titres

Par dérogation aux dispositions de l'art. 4 de la loi du 19 brumaire an VI, et en dehors de celles énoncées en l'art. 1er ci-dessus, les fabricants seuls d'orfèvrerie, joaillerie, bijouterie et boîtes de montres sont autorisés à fabriquer à tous titres des ouvrages d'or et d'argent exclusivement destinés à l'exportation. (Art. 2 de la loi du 25 janvier 1884.)

Les objets ainsi fabriqués ne recevront, en aucun cas, l'empreinte des poinçons de l'Etat ; mais ils devront être marqués, aussitôt après l'achèvement, avec un poinçon de maître (art. 2 de la loi du 25 janvier 1884) ayant la forme d'un pentagone irrégulier dont tous les côtés sont égaux et qui représente un carré surmonté d'un triangle (art. 2 du décret du 6 juin 1884), et qui indiquera en chiffre le titre de l'alliage, lequel sera reproduit sur la facture. (Voir le dessin du poinçon, page 39.)

Ouvrages a tous titres — Le titre peut être indiqué en karats
ou en millièmes

Les ouvrages marqués de ce poinçon ont été admis, sur la demande des intéressés, à ce que l'indication du titre pourrait être inscrite au gré du fabricant, soit en millièmes, soit en karats, ce dernier mode de titrage étant seul usité dans divers pays étrangers.

Toute autre désignation générale, telle que : or fin, argent fin, doit être rigoureusement interdite. (Art. 2 du décret du 6 juin 1884.)

Apposition du poinçon de maître

L'article 4 dispose que le poinçon de maître devra être appliqué sur les bijoux à tous titres aussitôt que leur fabrication est terminée et avant le polissage et le brunissage. Cette prescription a une grande importance. Il est essentiel, en effet, que les objets soient marqués avant la dernière main-d'œuvre, autrement leur prise en charge pourrait être indéfiniment ajournée au gré des fabricants, puisqu'aucun indice ne permettrait de reconnaître à quel moment a eu lieu le finissage.

Les boîtes de montres d'or au 4ᵉ titre et les ouvrages à tous titres doivent être séparés dans les magasins des objets destinés à la consommation intérieure

Les boîtes de montres d'or au 4ᵉ titre et les objets d'or et d'argent à tous titres ne peuvent être confondus dans les magasins avec les bijoux d'or et d'argent destinés à la consommation intérieure.

Des emplacements distincts leur seront réservés soit chez les fabricants, soit chez les commissionnaires ou marchands exportateurs.

Ces emplacements doivent porter les inscriptions suivantes en caractères fixes et apparents :

Exportation. — Boîtes de montres d'or au 4ᵉ titre.

Exportation. — Objets d'or et d'argent à tous titres.
(Art. 5 du décret du 6 juin 1884.)

Envois de fabricant a fabricant ou de fabricant a marchand exportateur

La libre circulation des boîtes de montres d'or au 4ᵉ titre et des objets d'or et d'argent à tous titres est interdite. Les envois de fabricant à fabricant ou de fabricant à marchand exportateur et *vice versa*, de même que ceux à destination de l'étranger, sont effectués en vertu de soumissions délivrées sur la déclaration des expéditeurs qui s'engagent à les rapporter dans un délai de trois mois, revêtues suivant le cas, soit d'un certificat de prise en charge au compte du destinataire, soit d'un certificat de la douane constatant la sortie du territoire français, soit d'un certificat de sortie délivré par l'administration des postes. (Circulaires n° 308, du 7 juin 1884, et n° 556, du 15 avril 1889.)

Envois à destination de l'étranger des objets au 4ᵉ titre et a tous titres

Ainsi que cela se pratique déjà pour les objets aux titres légaux exportés avec dégrèvement ou remboursement des droits, les envois à destination de l'étranger ne peuvent avoir lieu qu'en caisses scellées et plombées, après vérification par les agents chargés du contrôle de la garantie. A cet effet, les caisses doivent être présentées, par les soins et aux frais des exportateurs, au bureau de garantie. (Circulaire n° 308, du 7 juin 1884.)

Echantillons de bijoux et ouvrages a tous titres

En stipulant que les bijoux à tous titres destinés exclusivement à l'exportation ne pourront circuler qu'accompagnés de titres de mouvements réguliers, soit pour constater leur exportation, soit pour les envois de fabrique à fabrique ou aux commissionnaires exportateurs, l'art. 6 du règlement du 6 juin 1884 a cependant admis, sur l'instante demande de l'industrie des grands centres, une exception en ce qui concerne les simples échantillons de bijoux destinés à être présentés d'urgence au choix des commissionnaires ou acheteurs étrangers de passage dans ces centres.

Cette tolérance, qui a pour objet de faciliter les transactions commerciales avec l'étranger, ne peut avoir qu'un caractère local et temporaire. Il appartient au service d'en surveiller l'usage, afin qu'il n'en résulte aucun abus. (Circulaire n° 308, du 7 juin 1884.)

La vente de montres au 4ᵉ titre et d'ouvrages d'or et d'argent a tous titres, pour la consommation intérieure, est interdite

Il est interdit de livrer à la consommation intérieure, sous aucun prétexte, les ouvrages d'or et d'argent dont la loi du 25 janvier 1884 n'autorise la fabrication qu'en vue de l'exportation. (Art. 7 de la loi du 25 janvier 1884.)

Ceux de ces ouvrages qui seraient trouvés chez des fabricants, négociants ou commissionnaires n'ayant pas fait la déclaration prescrite par l'art. 3 ci-dessus ou dont la mise en vente à la consommation intérieure sera constatée, seront saisis et donneront lieu aux poursuites prévues par la loi. Les détenteurs des objets saisis encourront la confiscation de ces objets sans préjudice des autres peines portées par l'art. 9 de la loi.

Les contraventions aux dispositions de la loi du 25 janvier 1884 et à celles du règlement d'administration publique rendu le 6 juin suivant, en vertu de l'art. 6, les ouvrages sur lesquels portera la contravention seront confisqués et, en outre, le délinquant sera condamné à une amende qui sera, pour la première fois, de dix fois la valeur des objets confisqués ; pour la seconde fois, du double proportionnel de la première, avec affiche de la condamnation aux frais du délinquant ; enfin, la troisième fois, l'amende sera quadruple de la première, et le commerce ainsi que la fabrication des ouvrages d'or et d'argent seront interdits au délinquant, sous peine de confiscation de tous les objets de son commerce. (Art. 9 de la loi précitée.)

Manquants d ouvrages au 4ᵉ titre et à tous titres

En cas de manquants constatés lors des inventaires ou de sorties non justifiées, l'amende sera de 75 francs par hectogramme s'il s'agit d'objets en or et de 4 francs par hectogramme s'il s'agit d'objets en argent. (Art. 9 de la loi du 25 janvier 1884.)

Les ouvrages d'or et d'argent fabriqués aux titres fixés par la loi du 19 brumaire an VI et destinés à l'exportation ou à la consommation intérieure, continueront à être soumis à la législation actuelle. (Art. 10 de la loi du 25 janvier 1884.)

L exportation d'ouvrages d or et d argent pourra être effectuée dans des colis renfermant d'autres marchandises

Tout fabricant, négociant, commissionnaire ou marchand en gros pourra exporter, dans les mêmes colis que d'autres marchandises, des ouvrages d'or et d'argent, marqués et non marqués, pour lesquels les formalités prescrites auront été remplies. (Art. 10 de l'ordonnance du 30 decembre 1839.)

Mais il devra les emballer en présence des employés de la garantie, qui escorteront le colis et assisteront au plombage en douane. (Art. 10 de l'ordonnance du 30 décembre 1839 et circulaire n° 236, du 11 juillet 1840.)

Decharge des comptes d'exportation

Le compte de l'expéditeur ou la soumission d'exportation seront déchargés sur la justification de la sortie du colis du territoire français.

Registres pour la tenue des comptes d'exportation

Il est tenu dans les bureaux de garantie un registre de soumissions portant le n° 194.

On y inscrira les déclarations que doivent faire les fabricants, négociants, commissionnaires ou marchands en gros :

1° Pour des objets marqués des poinçons intérieurs qu'ils expédient à l'étranger, avec remboursement des droits ;

2° Pour les ouvrages marqués des poinçons intérieurs non oblitérés pour lesquels ils se réservent la faculté de retour et sans remboursement des droits ;

3° Pour les ouvrages marqués du poinçon d'exportation ou exportés sans marque de garantie ni de fabrique ;

4° Pour la vente à d'autres fabricants ou commissionnaires

d'ouvrages affranchis du droit et déjà pris en compte comme destinés à être ultérieurement exportés.

Demandes de soumissions et formalités exigees des exportateurs

Chaque déclaration énoncera exactement le nombre, l'espèce, le titre et le poids des ouvrages, si le droit de garantie a été ou n'a pas été payé. L'ampliation ne sera remise à l'exportateur qu'après que les ouvrages auront été renfermés dans une boîte scellée ou plombée par les employés de la garantie qui certifieront cette opération au bas de la soumission d'exportation ; si la boîte a été scellée, l'empreinte du cachet sera apposée en marge du certificat. (Circulaire n° 236 du 11 juillet 1840.)

Lorsque la déclaration concernera des ouvrages portant la marque volante d'exportation et que la destination sera pour l'étranger ou pour les colonies, cette marque sera biffée et la perle remise à l'exportateur. On mentionnera cette opération dans le certificat dont il vient d'être parlé. (Circulaire n° 236, du 11 juillet 1840.)

Envois a l'interieur d'ouvrages d'exportation

Dans le cas d'envoi à l'intérieur à des fabricants, négociants, commissionnaires ou marchands en gros patentés, d'ouvrages affranchis du droit de marque et marqués du poinçon d'exportation, le destinataire devra remettre sans retard aux employés de la garantie ou des contributions indirectes du lieu d'arrivée, et avant d'ouvrir les colis, la soumission en vertu de laquelle lesdits ouvrages lui auront été expédiés ; il remplira au dos de cette soumission la déclaration constatant qu'il a reçu les objets détaillés dans l'expédition et qu'il s'engage à les représenter à toute réquisition ou à justifier de leur envoi à l'étranger. (Circulaire n° 236, du 11 juillet 1840.)

Prise en charge

Les employés, après avoir reconnu l'identité des colis, ainsi que celle des plombs ou des cachets, vérifieront les ouvrages et les prendront en charge au compte du destinataire. Ils rempliront ensuite le certificat imprimé au-dessous de la déclaration sus-énoncée et remettront la soumission au directeur, qui la renverra dûment visée à son collègue du lieu de départ. Celui-ci la fera passer au contrôleur de la garantie, qui annotera à la souche du registre la date de la décharge et celle de la rentrée. (Circulaire n° 236, du 11 juillet 1840.)

Classement des soumissions

Ces soumissions seront classées avec soin et conservées à l'appui du registre (Circulaire n° 236 précitée.)

*Colis renfermant d'autres marchandises que des ouvrages
en métal précieux*

Pour les exportations d'objets d'or et d'argent qui devront être effectuées dans des colis renfermant d'autres marchandises, les employés, après l'emballage, accompagneront le colis jusqu'à la douane, où ils assisteront au plombage et termineront comme suit le libellé du certificat qui se trouve au bas de l'ampliation de la soumission ·

« Le colis accompagné par nous, à la douane, a été plombé en
» notre présence et expédié avec acquit-à-caution n°....... en
» date de ce jour. »

Cette soumission sera annexée à la souche du registre, sur laquelle on complètera l'annotation des employés ; l'exportateur, pour être libéré de son engagement, devra, par un certificat en due forme, justifier, dans le délai de trois mois, de la décharge de l'acquit-à-caution délivré en douane. Le numéro et la date de ce certificat seront mentionnés à la souche du registre. (Circulaire n° 236, du 11 juillet 1840.)

Aucun changement n'est apporté aux règles suivies jusqu'à ce jour pour les déclarations d'exportation, avec faculté de retour des objets marqués des poinçons de garantie et de fabrique et envoyés par assortiment à l'étranger. La déclaration descriptive des objets à exporter devra être annexée à la soumission d'exportation ainsi que le prescrit la circulaire n° 27, du 13 septembre 1825. (Circulaire n° 236 du 11 juillet 1840.)

*Déclaration de fabrication d'ouvrages destinés à l'exportation
— Registre n° 193*

Il est tenu, dans chaque bureau de garantie, un registre spécial portant le n° 193, destiné à recevoir les déclarations des fabricants en ce qui concerne les ouvrages destinés à l'exportation avec ou sans marque de garantie.

Les fabricants peuvent présenter les ouvrages à l'essai, soit bruts, soit complètement achevés, en s'engageant à les rapporter au bureau dans un délai qui ne pourra excéder dix jours. (Circulaire n° 236, du 11 juillet 1840.)

Registre des essayeurs et ampliation du registre 193

Au moment où les pièces lui seront présentées, l'essayeur en vérifiera le titre et les inscrira sur un registre spécial, qui sera ouvert sur le modèle n° 29 et portera pour titre : *Registre d'enregistrement des matières d'or et d'argent soumises à l'essai et destinées à l'exportation.* Il certifiera sa vérification tant à la souche du registre 193 que sur l'ampliation de la déclaration. Cette ampliation est ensuite remise au fabricant.

L'inscription des pièces ne pourra avoir lieu sur le registre ordinaire d'essai, puisque le droit ne devant pas être acquitté, il n'y aurait plus concordance entre ce registre et ceux de la recette et du contrôle.

Les employés vérifieront avec soin l'identité des ouvrages déjà soumis à l'essai et rapportés au bureau après entier achèvement. Cette vérification sera attestée au bas de la déclaration et au-dessous du certificat de l'essayeur.

Le fabricant devra, au moment qu'il apportera les ouvrages entièrement achevés, signer la soumission libellée au bas de sa première déclaration et faire connaître s'il veut les exporter immédiatement ou s'il désire les faire marquer du poinçon d'exportation, lequel serait apposé, soit sur le corps des ouvrages, soit sur les perles métalliques que, dans ce dernier cas, il aura dû y attacher avec un fil de soie. (Circulaire n° 236, du 11 juillet 1840.)

Comptes d'entrées et de sorties. — Charges

Un compte annuel d'entrées et de sorties est ouvert, par l'administration, à chaque fabricant, commissionnaire, marchand en gros, etc., qui déclarera vouloir exporter des ouvrages d'or et d'argent sans marque de garantie et de fabrique, ou avec marque du poinçon d'exportation, tant pour les ouvrages au titre légal prévu par la loi de brumaire an VI que pour les boîtes de montres d'or au 4e titre avec ou sans marque, ainsi que pour les objets d'or et d'argent à tous titres. (Circulaire n° 236, du 11 juillet 1840, et art. 7 du décret du 6 juin 1884.)

Les charges se composeront tant des ouvrages en cours de fabrication et présentés au bureau et inscrits au registre 193 que de ceux déclarés à tous titres, ainsi que des ouvrages reçus, avec des soumissions n° 194, d'autres assujettis chez lesquels ils avaient été primitivement pris en compte. (Circulaire n° 236, du 11 juillet 1840, et art. 7 précité.)

Excédents

Tout excédent de montres au 4ᵉ titre et d'ouvrages à tous titres constaté à la suite d'un recensement est saisi par procès-verbal et ajouté aux charges.

Tout excédent d'ouvrages au titre légal, c'est-à-dire aux 1ᵉʳ, 2ᵉ et 3ᵉ titres d'or, 1ᵉʳ et 2ᵉ titres d'argent, constaté à la suite d'un inventaire, ne donne lieu, si ces ouvrages ne sont pas complètement achevés, qu'à une prise en charge. Si les ouvrages étaient complètement achevés, la saisie pourrait en être effectuée pour détention et mise en vente d'ouvrages non contrôlés.

Comptes d'entrées et de sorties — Décharges

Le compte est successivement déchargé :

1° Des objets régulièrement expédiés, en vertu de soumissions, soit à l'étranger, soit à l'intérieur ;

2° Des objets que le fabricant déclare vouloir remettre en fabrication et qui sont préalablement détruits en présence des agents de l'administration ;

3° Des objets aux titres prévus par la loi de brumaire an VI et marqués du poinçon d'exportation que le fabricant voudrait livrer à la consommation intérieure après acquittement des droits de garantie et apposition du poinçon de retour ;

Manquants

4° Des manquants constatés par inventaire dans les conditions prévues par le dernier paragraphe de l'art. 9 de la loi du 25 janvier 1884 concernant les montres au 4ᵉ titre et les bijoux d'or et d'argent à tous titres. (Circulaire n° 236 du 11 juillet 1840, et art. 7 du décret du 6 juin 1884.)

Ouvrages pris en charge et marqués du poinçon d'exportation, déclarés ensuite pour être livrés à la consommation intérieure

Relativement aux bijoux et aux montres de fabrication nationale qui, après avoir été marqués du poinçon d'exportation, seront présentés au bureau de garantie pour recevoir les empreintes destinées à leur ouvrir le marché intérieur, on devra laisser subsister la première marque et ajouter le poinçon spécial dit « de retour », créé par le décret du 24 décembre 1887, notifié par la circulaire n° 501, du 9 janvier 1888, dans les mêmes conditions que pour le poinçonnage des ouvrages réimportés. (Circulaires nᵒˢ 401, du 22 juillet 1884, et 501, du 9 janvier 1888.)

Dans ce's cas, l'essayeur déduirait, par un article motivé, du registre spécial d'essai, les quantités et le droit, qu'il reporterait au registre général, et il délivrerait un bulletin comme s'il venait de vérifier immédiatement le titre.

Le receveur percevrait le droit de garantie et le contrôleur en ferait mention sur son registre. Par ce moyen, la concordance existera dans les écritures, et le droit d'essai ne figurera pas par double emploi. (Circulaire nᵒ 236, du 11 juillet 1840.)

Manquants resultant de legeres différences de poids

Les manquants accidentels résultant de légères différences de poids seront également inscrits en décharge au compte ouvert. (Circulaire nᵒ 236, rappelée ci-dessus.)

Recensements et inventaires

Chaque fois que les employés procéderont à un recensement chez un exportateur d'ouvrages d'or et d'argent, ils constateront cette opération par un acte et formeront, s'il y a lieu, le décompte des droits à percevoir sur les manquants reconnus. Ces droits feront partie des droits constatés et seront inscrits à la fin de chaque trimestre sur un état spécial de produit que l'on dressera à la main. (Circulaire nᵒ 236, du 11 juillet 1840.)

Ces droits seront recouvrés par le receveur principal en sa qualité de receveur particulier, même dans les villes où il existe un receveur spécial de la garantie, puisque celui-ci ne reçoit que des droits au comptant et n'a pas de quittances à souche. Le receveur principal enregistrera ce produit comme tous les droits perçus par suite d'exercices aux registres 74, 75 et 76. (Circulaire nᵒ 236, du 11 juillet 1840.)

Manquants constatés sur les ouvrages au 4ᵉ titre et à tous titres
— Imputation des droits

L'article 9, dernier paragraphe, de la loi du 25 janvier 1884, stipule que les manquants reconnus en vertu de la loi dont il s'agit seront frappés d'une amende de 75 francs par hectogramme d'or et de 4 francs par hectogramme d'argent.

Sur plusieurs points on a considéré que le montant de l'amende équivalant au double droit de garantie, il y avait lieu de diviser par moitié les amendes perçues et d'imputer une de ces moitiés au droit de garantie, l'autre étant classée aux recettes accidentelles.

Cette imputation n'est pas conforme à l'esprit de la loi.

La loi du 25 janvier 1884 n'assujettit pas, en effet, les manquants constatés chez les exportateurs d'objets à bas titre au paiement du double droit de garantie ; mais il les frappe d'une amende fixe dont le taux est fixé à 75 francs par hectogramme d'or et à 4 francs par hectogramme d'argent.

D'autre part, il ne paraît pas possible de faire figurer les perceptions ainsi effectuées parmi les amendes et confiscations. Ces perceptions ne résultant pas de contraventions régulièrement relevées par le service, elles ne sont pas non plus la conséquence d'engagements souscrits par les redevables comme en matière d'acquits-à-caution. Il y a donc lieu de les inscrire en entier au cadre du droit de garantie (constaté). (Circulaire n° 140, du 18 novembre 1890.)

Soumissions non rentrees, dechargees dans les délais réglementaires Regles a appliquer

L'ordonnance du 30 décembre 1839, qui a déterminé les mesures d'exécution de la disposition contenue dans la loi du 10 août 1839 et relative à l'exportation, sans paiement du droit de garantie des ouvrages d'or et d'argent, a réglé, par son article 10, que les soumissions d'exportation seraient déchargées, sur la justification, dans le délai de trois mois, de la sortie des colis contenant les objets dont il s'agit.

La circulaire n° 236, du 12 juillet 1840, a donné des instructions au service pour l'application des dispositions qui précèdent. Cette circulaire a décidé que les quantités énoncées aux soumissions non rentrées déchargées dans le délai réglementaire seraient reprises en charge au compte de l'exportateur, et que le droit serait perçu sur les manquants que ferait ressortir la balance de ce compte.

Cette manière d'opérer peut prêter à certains abus.

En conséquence, il a paru qu'il y avait lieu d'appliquer, en matière de soumissions de garantie, les règles en usage pour l'apurement des acquits-à-caution en général.

L'apurement des soumissions d'exportation sera désormais suivi à un registre spécial et les droits devront être directement et immédiatement constatés, en cas de non justification de décharge, dans les délais prescrits. (Circulaire n° 306, du 21 septembre 1898.)

Demandes en restitution de droits perçus sur soumissions en retard
Justifications a produire

Les demandes en restitution du droit de garantie formées par les exportateurs devront être adressées à l'administration avec toutes les pièces à l'appui. (Circulaire n° 236, du 11 juillet 1840.)

On joindra aux états de proposition l'ampliation de la soumission d'exportation, après s'être assuré que les certificats et visa justificatifs de la sortie des ouvrages d'or et d'argent ont été exactement remplis et que les signatures des préposés des douanes ont été légalisées par le directeur ou l'inspecteur. On n'omettra pas de faire dater et signer par l'exportateur, au verso de la soumission, la mention constatant qu'il réclame la restitution des droits. La rentrée de cette soumission devra préalablement être annotée à la souche du registre 194. (Circulaire n° 236, du 11 juillet 1840.)

Tableau des bureaux de douane ouverts a l'exportation dès ouvrages neufs d'or et d'argent

(Decret du 27 juin 1887, annexe à la circ. n° 513 du 18 avril 1888)

NOMS			DATLS DES DÉCRETS
des departements	des arrondissements	des points de sortie	prononçant l'ouverture des bureaux
Ain.	Nantua	Bellegarde.	27 juin 1877
Alpes-Maritimes. . .	Nice	Nice	Id
		Vintimille	Id.
		Menton	Id.
Ardennes.	Charleville	Charleville . . .	Id.
	Rocroi . . . . . . :	Givet	Id.
	Sedan	Givonne.	Id.
Bouches-du-Rhône .	Marseille	Marseille	Id.
Charente-Inferieure .	La Rochelle. . . .	La Rochelle . . .	Id.
Doubs.	Pontarlier.	Pontarlier (gare). .	Id.
		Jougne	Id.
		Morteau	31 juillet 1884
		Verrières-de-Joux . .	27 juin 1877
Gironde.	Bordeaux.	Bordeaux	Id.
Herault.	Beziers	Agde	Id -
	Montpellier	Cette	Id
Ille-et-Vilaine. . . .	Saint-Malo . .	Saint-Malo	Id.
Jura	Saint-Claude. . . .	Les Rousses. . . .	Id.
Loire-Inferieure. . .	Nantes	Nantes	Id.
	Saint-Nazaire	Saint-Nazaire	Id
Manche.	Cherbourg.	Cherbourg.	Id
Morbihan	Lorient	Lorient	Id.
Meurthe-et-Moselle .	Briey	Audun-le-Roman . .	Id.
		Batilly (gare) . .	Id.
		Longwy.	Id
	Luneville . . .	Avricourt	Id
		Ecouviez	4 août 1880
	Nancy.	Moncel (gare) . . .	27 juin 1877
		Pagny	Id.
Nord	Dunkerque	Dunkerque	Id
		Baizieux	Id.
	Lille	Lille . . .	Id.
		Tourcoing.	Id.
		Jeumont	Id.
	Avesnes.	Feignies	Id.
		Blanc-Misseron . . .	Id.
	Valenciennes . . .	Blanc-Misseron (station)	31 juillet 1879
		Valenciennes	27 juin 1877
		Vieux-Conde (gare) .	Id
Pas-de-Calais	Boulogne	Calais.	Id.
		Boulogne	Id.
Pyrénées (B). . .	Bayonne	Bayonne	Id.
		Hendaye	Id.
Pyrenees (O.)	Ceret	Port-Vendres . . .	Id
		Cerberes	31 juillet 1879
Haut-Rhin .- . . .	Belfort	Belfort	27 juin 1877
		Petit-Croix . . .	Id
		Delle	Id.
Savoie.	St Jean-de-Maurienne	Modane.	Id.
Haute-Savoi	Saint-Julien	Le Pont-de-la-Caille .	Id
Seine-Inférieure. . .	Le Havre	Le Havre	Id.
	Rouen.	Rouen.	Id.
Somme	Dieppe	Dieppe	Id.
	Abbeville	St-Valery-s.-Somme	Id.
Var.	Toulon	Toulon	Id.

BUREAU de GARANTIE

de

Nº

Demande de soumission d'exportation

Je soussigné,   *demeurant*

à   *, rue*   *nº*   *, déclare*

expédier à   *, par le bureau des*

       de   *caisse contenant*

pour le quel le droit à été payé.

    Le déclarant s'engage à rendre lesdits ouvrages à leur destination ou à les faire sortir du territoire français et à rapporter la soumission dans un délai de trois mois

            le   *19*

            (Signature)

NOMBRE D'OUVRAGES		DESIGNATION DES OUVRAGES	POIDS	
Or	Argent		Or	Argent

Modèle de demande de rembousement

le   19

Je soussigné,   *demeurant*
a   *rue*   *n⁰*   *, ai l'honneur de*
solliciter de l'Administration des Contributions indirectes le rembour-
sement des droits de garantie sur des ouvrages d'or ou d'argent que
j'ai légalement exportés après oblitération des marques existantes
      Ci-joint   *soumissions.*

(Signature.)

NOTA. — Cette demande doit être libellée en simple expédition sur papier timbré à 0,60 centimes

Modèle de l'état de produit des droits constatés

DÉPARTEMENT

d ———

Direction de

EXERCICE 19 .

° Trimestre 19 ,

ÉTAT *du produit des droits de garantie cons-*
tatés pendant le ° *trimestre 19* *sur les*
ouvrages d'or et d'argent manquant aux
charges des fabricants, marchands, etc.

Numéros d'ordre	Folios des arrêtés	Folios du compte ouvert	NOMS des FABRICANTS	DEMEURE	POIDS NET DES OUVRAGES MANQUANTS				DROITS constatés	Observations
					Or à 37.50	Argent à 2 »	Or à 75 »	Argent à 4 »		

De la réimportation

Observations générales

Une lettre du Ministre des Finances, du 14 janvier 1825, disposait que tout ouvrage d'or et d'argent marqué des poinçons en cours de service, qui rentre en France, doit être considéré comme ouvrage étranger et, comme tel, assujetti à la marque et au paiement des droits de garantie et de douane ; et que la possibilité de réimporter des ouvrages d'or et d'argent en exemption des droits et de l'application d'une nouvelle marque restait ouverte aux fabricants qui voudraient les exporter sous acquit-à-caution et avec les autres formalités prescrites par la législation des douanes, c'est-à-dire lorsqu'ils auraient fait l'objet d'une soumission portant réserve de retour. (Décision du Ministre des Finances du 20 juillet 1825.)

Ces prescriptions ont été mises en vigueur jusqu'au moment de l'application du décret du 27 juillet 1878, qui a fourni au service le moyen de distinguer, en cas de réimportation, les ouvrages qui auront obtenu le remboursement des droits.

La présence sur un ouvrage de la première ou de la deuxième catégorie (voir la classification page 269) de la marque non oblitérée du poinçon français, sans addition du nouveau poinçon d'exportation, indiquera, en effet, que le droit n'a pas été remboursé à l'exportateur.

Réimportation des ouvrages des deux premières catégories

En conséquence, les ouvrages désignés ci-après seront, après vérification, admis à la réimportation en franchise des droits de garantie et à la libre circulation :

1° Les ouvrages des deux premières catégories (voir détail, pages 269, 270, 271), soit qu'ils soient revêtus de la marque non oblitérée des poinçons français en usage pour la consommation intérieure et ne portant pas celle du poinçon d'exportation, soit les ouvrages marqués du poinçon « Le Charançon », même à l'empreinte du poinçon d'exportation ;

2° Les ouvrages de la 3° catégorie (voir page 272) qui ont fait l'objet d'une déclaration d'exportation, avec réserve de retour dans le délai de six mois, et pour lesquels l'exportateur a déclaré renoncer au remboursement des droits. (Art. 4 du décret du 27 juillet 1878.)

Réimportation d'objets de la 3ᵉ catégorie

Les commerçants qui voudront profiter de cette dernière disposition devront remettre, à cet effet, au bureau de garantie, une déclaration descriptive établie dans la forme prescrite par la circulaire n° 27, du 13 septembre 1825, qui servira à reconnaître au retour l'identité des objets y énoncés. Lors de la réimportation, ces objets devront être présentés au bureau qui aura reçu la déclaration, lequel sera seul compétent pour prononcer l'admission en franchise. (Circulaire n° 266, du 18 mars 1879.)

Réimportation d'ouvrages des deux premières catégories ayant bénéficié
du remboursement des droits

Les ouvrages d'or et d'argent des deux premières catégories qui, lors de leur exportation, ont profité du remboursement des droits et qui, par suite, sont assujettis à un nouveau paiement des mêmes droits lorsqu'ils sont réimportés, reçoivent, en ce cas, la marque du poinçon spécial, dit de retour, « Tête de lièvre ». (Décret du 24 décembre 1887.)

Ce poinçon est également appliqué sur les objets qui, primitivement marqués du poinçon d'exportation, sont ensuite livrés à la consommation intérieure. (Art. 1ᵉʳ. paragraphe 2 du décret du 24 décembre 1887.)

Réimportation d'objets de la 3ᵉ catégorie avec paiement des droits

Les ouvrages de la troisième catégorie (voir page 272), qui restent soumis aux droits de garantie lorsqu'ils rentrent en France, sont dispensés alors de recevoir aucune nouvelle marque, s'ils portent déjà l'empreinte des poinçons de titre et de garantie. (Art 3 du décret du 27 juillet 1878.)

Ouvrages ayant bénéficié du remboursement des droits — Prise en charge
lors de la réimportation

La réimportation des ouvrages d'or et d'argent qui ont profité du remboursement des droits conformément aux dispositions de l'art. 2, après marque du poinçon d'exportation, ou seulement oblitération des marques existantes, peut avoir lieu, moyennant la prise en charge au compte d'un commissionnaire ou d'un fabricant exportateur, sans nouvelle oblitération et sans addition d'aucun poinçon, lorsqu'ils sont destinés à être ultérieurement exportés. (Art. 5 du décret du 27 juillet 1878.)

Les ouvrages depourvus de marques peuvent être repris en charge lorsqu'ils sont reimportes

Ainsi les commerçants qui expédient à l'étranger dans les conditions déterminées par l'ordonnance du 30 décembre 1839 et par l'art. 6 du décret du 6 juin 1884, des ouvrages dépourvus de marques ou frappés de l'empreinte d'exportation (Tête de Mercure ou Tête égyptienne), ont la faculté, lorsqu'ils réimportent ces ouvrages, de les faire inscrire à leur compte. (Circulaires nᵒˢ 266, du 18 mars 1879, et 468, du 19 février 1887.)

Ces dispositions éviteront la multiplicité des empreintes sur les ouvrages qui feront l'objet de plusieurs exportations et réimportations successives.

Il est bien entendu, d'ailleurs, que la prise en charge ne pourra être effectuée qu'à un compte ouvert par le bureau de garantie à un exportateur patenté, établi dans la circonscription, et chez lequel le service sera en mesure d'opérer ses inventaires. (Circulaire nᵒ 266, du 18 mars 1879.)

Ouvrages marqués au poids — Reimportation

Lorsque des ouvrages marqués au poids auront été exportés avec remboursement des droits et feront retour en France pour être livrés sur le marché intérieur, ils seront marqués d'un seul coup de Tête de lièvre, dans un endroit quelconque, à côté du coup ou d'un des coups de Tête de Mercure préalablement appliqués et seront de nouveau imposes.

Médailles frappees a la Monnaie — Réimportation

Une décision ministérielle du 16 février 1907 a autorisé l'administration des Monnaies à frapper des médailles destinées à l'exportation.

Les médailles qui seraient présentées à la réimportation devront, conformément à la règle générale, être dirigées sur un bureau de garantie ouvert à l'importation.

Seront admises à la réimportation sans avoir à acquitter les droits de garantie, les médailles revêtues du poinçon « Corne d'abondance ».

Les médailles marquées du poinçon d'exportation devront, au contraire, acquitter le droit de garantie. On leur appliquera le poinçon de retour.

Quant aux médailles qui auront été exportées sans poinçon, leur origine française ne pouvant être établie, elle tomberont naturellement sous le coup de la prohibition qui frappe les médailles étrangères. (Circulaire n° 697, du 18 juillet 1907.)

Les ouvrages reimportés marqués du poinçon d'exportation, sont dirigés
sur le bureau de garantie qui a reçu la soumission de sortie

En résumé, en cas de réimportation, qu'il y ait ou non réserve de retour, les ouvrages marqués du poinçon d'exportation sont dirigés sur le bureau de garantie qui a reçu la soumission de sortie. Au moyen de cette soumission, le service, après s'être assuré de la nationalité et de l'origine des pièces qui lui sont représentées, les reprend en charge au compte du fabricant. Replacées ainsi sous la surveillance des employés, elles ne sauraient y échapper sans être passibles du paiement intégral des droits de garantie ; en d'autres termes, elles sont replacées dans la condition où elles se trouvaient avant leur exportation. Il a paru, dès lors, qu'il était rationnel de les exonérer du droit de douane. (Circulaire n° 48, du 28 septembre 1853.)

Les directeurs des douanes ont le droit de statuer sur les demandes en réadmission des marchandises françaises en retour de l'étranger ou des colonies. (Circulaire n° 589, du 16 mai 1859.)

Qu'il y ait réimportation d'ouvrages d'or et d'argent revêtus soit du poinçon français, oblitéré ou non oblitéré, soit du poinçon d'exportation, le service des douanes doit se borner à se faire représenter les justifications de sortie et à diriger, sous les formalités ordinaires de l'acquit-à-caution et du plombage, les ouvrages d'or et d'argent sur le bureau de garantie qui a reçu la soumission de sortie.

Les agents de ce bureau sont seuls chargés d'appliquer les dispositions qui précèdent, après constatation de l'origine nationale et de l'identité des objets. (Circulaire n° 589, du 16 mai 1859.)

Dispositions douanières — Marchandises de retour

Toute marchandise importée de l'étranger est réputée étrangère. (Loi du 22 août 1791, titre 1er, art. 1.) Par exception à cette règle, les produits de fabrique française restés invendus à l'étranger ou dans les colonies et établissements français hors d'Europe, peuvent être réadmis en franchise lorsque la sortie antérieure en est dûment justifiée et que leur origine nationale est reconnue par le service. Peuvent seuls profiter du bénéfice de la franchise les fabricants et négociants pour le compte et au nom desquels les produits ont été exportés. Les réadmissions n'ont lieu qu'en vertu d'une autorisation spéciale. Cette autorisation est donnée par les inspecteurs sédentaires dans les grandes douanes et dans les autres bureaux par les sous-inspecteurs sédentaires ou par les receveurs principaux ou particuliers, lorsque ceux-ci dirigent le service de la visite, quand les conditions réglementaires pour la réadmission ont été remplies. Dans les autres cas, ce sont les directeurs qui statuent. (Circulaire de l'administration des douanes du 12 avril 1905, n° 3497.)

Délai pour former des demandes de réadmission en franchise

Les délais pour former des demandes de réadmission sont de deux ans à dater de l'exportation. Après ce délai, aucune demande ne peut être accueillie par les directeurs. Mais ceux-ci sont autorisés à passer outre à la péremption du délai à l'égard des marchandises rentrant dans la catégorie auxquelles le bénéfice de retour est régulièrement applicable. (Circulaires n° 2759 et 3497, nouvelle série.)

Justification de sortie antérieure

La justification de la sortie antérieure s'établit par les expéditions ou le certificat de la douane qui a constaté l'exportation, soit par la production d'un extrait sur timbre, portant facture du registre de vente et d'envoi à l'étranger, remis par l'expéditeur. Cet extrait doit être certifié conforme au registre, par un magistrat ou officier public (président du tribunal de commerce, maire, juge de paix, commissaire de police), à qui le registre est représenté à cet effet. Une simple légalisation de signature ne saurait suppléer l'attestation de conformité.

Origine non régulièrement justifiée

Les marchandises françaises en retour de l'étranger dont l'origine n'est pas régulièrement justifiée et qui sont réimportées en colis postaux, comme en colis de messageries, sont soumises d'office aux droits du tarif minimum, au lieu de ceux inscrits au tarif général.

Le bénéfice du retour n'est applicable qu'aux produits fabriqués qui portent des marques de fabrique française, ou dont l'origine peut être reconnue par des signes extérieurs ou inhérents à cette origine tels que...... l'horlogerie......

Marchandises expediées par erreur a l'etranger. — Benefice de retour

Peuvent être réadmises, quelle qu'en soit la nature, et soit ou non qu'elles portent des marques de fabrique, les marchandises françaises qui ont été expédiées à l'étranger par erreur. On n'a plus à exiger alors des expéditeurs un extrait de leurs livres de factures. Mais il faut que l'erreur soit dûment justifiée et qu'il soit établi, par la production d'un certificat authentique de la douane étrangère, que les marchandises sont restées sous sa main depuis leur entrée sur le territoire étranger jusqu'à leur réexpédition en France. (Tarif, obs. prél. n° 311.)

Marchandises nationalisées ou portant des marques etrangeres

Les marchandises étrangères exportées de France après avoir été nationalisées par le paiement des droits, ne peuvent être réadmises en franchise. Pareille exclusion s'applique à tout produit revêtu de marques étrangères.

Marchandises exportées avec reserve de retour

Les échantillons d'objets de fabrique française pouvant avoir un emploi commercial ou industriel, destinés à être rapportés en France, sont présentés, avant l'exportation, à un bureau ouvert au transit ou à l'importation des marchandises tarifées à plus de 20 francs par 100 kilogr. avec une déclaration, en double expédition, qui en indique l'espèce et le nombre. La douane revêt, selon qu'il y a lieu, les objets eux-mêmes ou les cartes sur lesquelles ils sont fixés d'une estampille, cachet ou plomb, et délivre un passavant auquel elle annexe le double de la déclaration annoté. Ce passavant reste valable pendant une année, sans qu'il y ait à le renouveler dans le cas de réimportation ou de sorties successives. Il suffit qu'il soit visé à chaque entrée et à chaque sortie.

Les réintroductions de l'espèce peuvent avoir lieu par tous les bureaux principaux indistinctement, avec faculté d'envoi sur le bureau qui a délivré le passavant.

CHAPITRE XIV

Dispositions générales

Il a été posé en principe, par l'art. 23 de la loi du 19 brumaire an VI, que les ouvrages d'or et d'argent venant de l'étranger seraient dirigés sur le bureau de garantie le plus voisin du lieu d'importation pour y être essayés et marqués des poinçons d'importation.

Afin de donner aux importateurs, ainsi qu'aux réimportateurs, la facilité de remplir par eux-mêmes, au siège ou à proximité de leur résidence, les formalités légales, l'ordonnance du 28 juillet 1840 disposa que par dérogation à l'article précité, les ouvrages présentés à l'importation, à l'exception toutefois de l'horlogerie étrangère, seraient marqués dans tous les bureaux indistinctement.

Cette facilité a donné lieu à des abus. Des importateurs ont choisi intentionnellement, pour y faire présenter les ouvrages à la vérification, des bureaux où ils pouvaient se croire à l'abri d'un contrôle expérimenté, parce qu'ils ne sont pas desservis par des employés du service spécial de la garantie.

Les ouvrages de fabrication étrangère et les objets de fabrication française réimportés sont dirigés sur un bureau pourvu d'un contrôleur spécial

Il n'a pas paru nécessaire, pour couper court à ces tentatives aussi préjudiciables aux intérêts du public qu'à ceux du Trésor, d'en revenir à la stricte application du principe posé par la loi de brumaire, mais un décret du 11 novembre 1890, inséré au *Journal officiel* du 13, a décidé qu'à l'avenir les ouvrages d'or et d'argent de fabrication française réimportés de l'étranger, de même que les ouvrages de fabrication étrangère importés ou réimportés en France, devront être exclusivement dirigés sur l'un des bureaux qui sont placés sous la direction d'un contrôleur spécial du service de la garantie.

Bureaux ouverts a la réimportation des ouvrages de fabrication
et à l'importation d'objets de fabrication étrangère

Les bureaux organisés dans ces conditions sont ceux de Belle-garde, Marseille, Pontarlier, Besançon, Bordeaux, Nantes, Nancy, Lille, Lyon, Paris, Rouen et Le Havre. (Décret du 11 novembre 1890 et circulaire n° 610, du 1er décembre 1890.)

Morteau et Toulouse

Des décrets en date des 29 juin 1907 et 13 octobre 1907 ont également ouvert, dans les conditions définies par le décret du 11 novembre 1890, les bureaux de garantie de Morteau et de Toulouse à l'importation et à la réimportation des ouvrages d'or et d'argent. (Circulaires n°s 701, du 5 septembre 1907, et 712, du 31 octobre 1907.)

La vérification des ouvrages d'or et d'argent de toutes prove-nances présentés à l'entrée en France ne peut plus, dès lors, être effectuée que dans l'un des bureaux ci-dessus désignés. (Circulaire n° 610, du 1er décembre 1890.)

Marques à apposer sur les ouvrages d'or et d'argent importés

En vertu des dispositions de la loi du 19 brumaire an VI, les ouvrages d'or et d'argent importés en France étaient uniformé-ment revêtus du poinçon étranger, c'est-à-dire du poinçon E T, qui ne présente d'ailleurs pas les caractères d'un poinçon de titre.

Plus tard, et par application de clauses insérées dans les traités de commerce, les ouvrages de bijouterie et d'orfèvrerie d'or et d'argent provenant des pays contractants se sont trouvés assujettis aux mêmes formalités et aux mêmes conditions de titre que les ouvrages français. Un poinçon de titre spécial, « Le Charançon », fut affecté à la marque de ces objets. Son apposition impliquait, en cas de réexportation, le bénéfice de la restitution des droits de garantie perçus à l'entrée.

Plusieurs de ces traités n'ont pas été renouvelés à leur expiration et les objets provenant des pays avec lesquels nous n'avons plus de conventions particulières ont cessé, *ipso facto*, d'avoir droit à la restitution de l'impôt en cas de réexportation ; ces objets ne doivent plus, dès lors, être revêtus du poinçon « Le Charançon ».

Mais, d'autre part, la situation faite à ces objets s'est trouvée modifiée, en ce sens que la loi de douane du 11 janvier 1892 (de même que celle du 20 octobre 1906) a expressément spécifié que tous les ouvrages d'or et d'argent importés seront soumis aux mêmes conditions de titre que les objets analogues de fabrication nationale.

L'obligation du titre imposée à ces objets a paru comporter l'application de poinçons garantissant le titre. Mais, d'un autre côté, il n'y avait pas de motif pour leur accorder implicitement, par l'application du « Charançon », le bénéfice de la restitution des droits en cas de réexportation, faveur réservée aux provenances des pays avec lesquels nous avons des conventions stipulant des concessions réciproques.

En conséquence, il a paru nécessaire de créer de nouveaux poinçons de titre réservés à la marque des ouvrages provenant des pays qui n'ont pas de traité stipulant l'entière application à ces objets du régime propre aux articles similaires de fabrication française.

Tel est l'objet principal du décret du 29 juin 1893.

Les emblèmes des nouveaux poinçons sont : pour les objets d'or, *un hibou;* pour les objets d'argent, *un cygne.*

Les ouvrages provenant des pays ne cessant pas de jouir des dispositions prévues par les anciens traités de commerce continueront à être marqués du poinçon « Le Charançon ». Mais pour éviter les inconvénients qui résulteraient de l'apposition d'une marque identique sur les objets de métal différent, il a paru utile de différencier, par la forme du périmètre, le poinçon destiné à la marque des ouvrages d'argent du poinçon réservé à la marque des ouvrages d'or.

En conséquence, la forme actuelle du périmètre (un ovale régulier) est maintenu pour les objets d'or, mais le périmètre devient rectangulaire dans le poinçon destiné à la marque des ouvrages d'argent.

Marques des ouvrages d'horlogerie de provenance étrangère

Jusqu'en 1893, les ouvrages d'horlogerie de provenance étrangère étaient soumis à un régime spécial comportant l'obligation du titre et le paiement du droit de garantie, sans remboursement éventuel de ces droits, en cas de réexportation. Les ouvrages étaient revêtus du poinçon spécial « La Chimère ».

Ce régime n'a subi aucune modification, mais il se confond en réalité aujourd'hui avec celui qui est appliqué aux ouvrages de bijouterie ou d'orfèvrerie provenant des pays non contractants. Il y a intérêt de maintenir des poinçons spéciaux et les ouvrages d'horlogerie étrangère seront revêtus, à l'avenir, des nouveaux poinçons étrangers correspondant à la nature du métal dont ils sont composés.

Suppression du poinçon E T pour la marque des ouvrages importés

Il convient de remarquer enfin que l'emploi du poinçon E T n'est supprimé qu'en ce qui concerne la marque des ouvrages importés ; on continuera à l'appliquer, à l'intérieur, jusqu'à nouvel ordre, au poinçonnement des ouvrages d'or et d'argent vendus dans les ventes publiques et dont le titre sera reconnu inférieur aux titres légaux. (Circulaire n° 64, du 12 juillet 1893.)

Mode d'essai des ouvrages de provenance étrangère

En vertu d'une tolérance ancienne, les ouvrages d'origine étrangère présentés au contrôle n'étaient essayés à la coupelle ou par la voie humide que lorsqu'ils étaient à l'état brut ; ceux qui étaient à l'état fini, et c'était le plus grand nombre, n'étaient généralement essayés qu'au touchau. Au contraire, pour les objets de fabrication française qui doivent être, aux termes de la loi du 19 brumaire an VI, soumis à la marque avant leur entier achèvement, l'essai à la coupelle ou par la voie humide est pratiqué pour la plupart des cas.

Par décision du 19 février 1894, le Ministre des Finances a fait connaître « que le service de la garantie n'aura plus, doré-» navant, à tenir compte de la nationalité des produits qui lui » seront présentés, et qu'il devra, par suite, appliquer aux » ouvrages étrangers les mêmes procédés d'essai qu'aux » ouvrages similaires de fabrication nationale ».

Quel que soit l'état (brut ou fini) dans lequel les objets d'or et d'argent d'origine étrangère seront soumis à la vérification, on aura soin de les essayer désormais d'après la méthode qu'on emploierait s'il s'agissait de produits français. Cette mesure entraînera le bris des objets étrangers, de quelque nature qu'ils soient, qui seront reconnus inférieurs au plus bas titre légal ; mais en cas de contestation sur le titre ainsi déterminé par les essayeurs, les fabricants étrangers ou leurs représentants pourront, préalablement au bris, en appeler à l'administration des Monnaies. (Art. 58 de la loi du 19 brumaire an VI). Les prescriptions de l'art. 65 de cette loi, concernant les objets fourrés. seront également appliquées aux provenances de l'étranger aussi bien qu'aux ouvrages de fabrication nationale (voir objets fourrés). (Circulaire de l'administration des Monnaies n° 25, du 19 juin 1894. et circulaire n° 95 de l'administration, du 16 juin 1894.)

Examen de la composition des ouvrages importés

A plusieurs reprises et notamment par les circulaires des 13 germinal an X et 26 décembre 1822, n° 69, l'administration des Monnaies a appelé l'attention des essayeurs sur le devoir qui leur incombe de vérifier avec soin les ouvrages qui leur sont présentés ; elle leur a prescrit de ne pas hésiter, en cas de doute, quant à la régularité de la fabrication de certains de ces ouvrages, à couper l'une des pièces du lot, afin de s'assurer de sa composition.

Il a été constaté que des bijoux (et plus spécialement des chaînes) présentés à l'importation et déclarés être en argent doré, étaient fourrés de métal commun ; l'enveloppe extérieure était seule en métal précieux.

En signalant cette tentative de fraude, l'administration des Monnaies insiste de nouveau pour que la vigilance des essayeurs soit constamment en éveil. L'art. 65 de la loi du 19 brumaire an VI trace d'ailleurs nettement le devoir de l'essayeur en cas de soupçon de fourré et la circulaire du 19 juin 1894, n° 25, a fait connaître que les dispositions de cet article sont applicables aussi bien aux ouvrages de fabrication étrangère qu'à ceux de fabrication nationale. (Lettre commune de l'administration des Monnaies du 28 septembre 1898.)

Il est prescrit d'essayer les ouvrages étrangers par la coupellation ou par la voie humide — Exception est faite pour les objets présentés isolément

Il a été rappelé aux bureaux de garantie les prescriptions contenues dans la décision ministérielle du 19 février 1894 et dans la circulaire de l'administration des Monnaies du 19 juin de la même année, n° 25, concernant l'essai par la coupellation et par la voie humide des ouvrages d'or et d'argent de fabrication étrangère.

Il ne peut être fait exception à cette règle que dans le cas où une boîte de montre serait présentée isolément au contrôle et à l'état fini et d'une légèreté telle que le prélèvement de la prise d'essai ne soit pas possible sans détérioration.

Mais il importe essentiellement que, même en pareil cas, le service ne soupçonne pas d'abus et qu'il se mette toujours en garde contre la pratique frauduleuse qui consisterait à importer des lots de boîtes de montres à l'état fini, une par une, et à intervalles fréquents, afin de bénéficier indûment de l'essai au touchau. (Lettre adressée par le directeur des Monnaies, le 12 juin 1902, n° 2003, au directeur du Doubs.)

Ouvrages composcs de differents metaua

En avril 1868, il a été adressé à l'administration des Monnaies des spécimens de boîtes de montres en or, recouvertes d'une faible couche d'argent 'que dissimulait une dernière couche d'or.

La couche intermédiaire d'argent paraissait destinée à donner à ces boîtiers de montres une coloration particulière rappelant les nuances de la bijouterie du moyen âge. et pour ne pas entraver l'industrie dans ses recherches et ses applications artistiques, l'administration des Monnaies, de concert avec celle des contributions indirectes, fut d'avis de tolérer cette fabrication tant que la tolérance ne dégénérerait pas en abus.

Depuis lors, le bureau de garantie de Paris a eu occasion de relever, au sujet de montres importées, des faits qui semblent accuser des tendances de fraude bien manifestes. Certaines montres n'avaient que les fonds en argent, leur collier ou carrure ainsi que le pendant étaient en cuivre, à l'exception cependant de la bâte qui était en argent ; enfin le tout était doré Dans ces conditions, il est impossible à l'acheteur de reconnaître la supercherie et il a fallu toute la vigilance des essayeurs pour la découvrir. (Circulaire n° 37 de l'administration des Monnaies, du 18 juin 1868.)

L'attention de la Commission des Monnaies a été attirée sur un fait qui a donné lieu à la circulaire n° 67, du 18 juin 1868 et qui continue à se produire du côté de la frontière suisse. Dans les montres dites à remontoir, ou pendant, les fabricants n'ont pas cessé d'introduire une quantité considérable de cuivre qui, par sa nuance, peut se confondre avec l'or et tromper, par conséquent, l'acheteur en abaissant sensiblement le titre total de l'objet.

Il convient de repousser cette fraude avec la sévérité convenable. (Circulaire n° 38 de l'administration des Monnaies, du 14 janvier 1869.)

Ressorts aduples u des ouvrages d'or et d'argent

Les bracelets à ressort auxquels sont adaptées des plaques d'acier permettant d'obtenir une fermeture solide, ne doivent pas être tolérés et tombent sous l'application de l'art. 65 de la loi du 19 brumaire an VI. (Lettre du directeur de la garantie de Paris du 24 décembre 1879.)

Importation de bijoux a bas titre

Un colis postal renfermant des bijoux et expédié de l'étranger a été arrêté par le bureau de la garantie de Nantes qui, après vérification, a reconnu qu'il s'agissait de bijoux à bas titre devant être brisés.

Cet envoi ayant été accepté à tort par le service de transport, le Mexique ne participant pas à l'échange des colis postaux avec valeur déclarée, M. le Ministre du Commerce a demandé à son collègue des Finances si, en raison de ces conditions irrégulières d'acheminement, il ne serait pas possible d'autoriser la réexportation des bijoux dont il s'agit, sans exiger qu'ils soient brisés.

C'est en conformité des dispositions des art. 57 et 65 de la loi du 19 brumaire an VI que le service de la garantie doit briser les ouvrages d'or et d'argent qui lui sont présentés et qu'il reconnaît inférieurs au plus bas titre légal. L'exigence du service de la garantie se trouve donc justifiée.

Toutefois, eu égard aux considérations invoquées et comme il s'agit d'une importation ne présentant pas le caractère d'une opération commerciale, M. le Ministre des Finances a autorisé la réexportation pure et simple des bijoux sans bris préalable.

Le service de la garantie pourra s'inspirer de la décision précitée lorsqu'il se trouvera en présence d'ouvrages expédiés de l'étranger, en dehors de toute opération commerciale, à de simples particuliers résidant en France.

Il doit être entendu que cette facilité, basée sur la conviction des employés quant à la sincérité de la déclaration, ne peut concerner que les objets présentés soit isolément, soit en très petit nombre, et ne saurait constituer un droit pour l'intéressé. Par suite, le service ne devrait pas hésiter, en cas de soupçon de fraude ou même en cas de doute, à appliquer la règle du bris avant réexportation.

L'administration des Monnaies a, de son côté, adressé des instructions analogues à l'essayeur du bureau intéressé. (Lettre de l'administration n° 1756, du 7 mars 1895, au directeur de la Loire-Inférieure.)

Importation de boîtes de montres à l'état d'ébauches

Par lettre du 7 décembre 1883, n° 26623, l'administration a fait connaître qu'une décision ministérielle du 8 novembre 1883 avait autorisé les fabricants d'horlogerie à recevoir de l'étranger des boîtes de montres à l'état d'ébauches, et qu'à cet effet, la douane, en percevant le droit d'entrée, délivrera, pour accompagner les marchandises, un acquitt-à-caution énonçant le nombre et le poids des boîtiers importés. Ce titre, pris en charge, à l'arrivée au bureau de garantie, sera déchargé au fur et à mesure de la présentation au contrôle des objets terminés qui, dans ces conditions, recevront, non plus l'empreinte du poinçon intérieur, mais celle du poinçon d'importation.

Importation d'ébauches de carrures de boîtes de montres

Par décision du 9 février 1898, le Ministre des Finances n'a pas autorisé l'importation de Suisse d'ébauches de carrures de boîtes de montres en or ou en argent, pour les convertir en France en boîtiers achevés et les soumettre ensuite à l'essai et à la marque comme produits français. (Lettre de l'administration n° 1780, du 17 février 1898, au directeur du Doubs.)

Les déclarations faites à la douane doivent indiquer le titre des ouvrages et leur composition

Aux termes de la loi de douane du 11 janvier 1892 (note n° 495 du tarif), les ouvrages d'or ne peuvent être introduits que s'ils remplissent les conditions de titre exigées par la loi pour les objets de fabrication française destinés à la vente intérieure.

Il en résulte, conformément aux principes généraux qui régissent les déclarations en douane, que le titre des objets importés doit être déclaré et qu'il doit être formé des lots distincts des objets de même titre.

C'est, au surplus, la règle à laquelle sont soumis les fabricants français. La loi du 19 brumaire an VI leur impose l'obligation de présenter leurs objets séparément d'après la fonte dont ils proviennent, c'est-à-dire que les objets de titres différents, ou pour lesquels la tolérance de titre n'est pas la même, doivent former des lots distincts, de façon que, conformément aux prescriptions de la même loi, l'essayeur fasse l'essai séparément.

Dans certains bureaux d'importation, des importateurs présentaient des objets différents de titre en un seul lot, en les désignant, dans la déclaration de douane, sous la dénomination générale de bijoux d'or ou d'argent, de chaînes d'or ou d'argent.

Cette pratique vicieuse facilitait la fraude ; des fabricants étrangers mélangeaient des ouvrages à bas titre à des ouvrages au titre légal ; d'autres présentaient pêle-mêle des objets pleins et des objets creux et soudés dans le but de faire bénéficier les uns et les autres de la tolérance plus large de titre qui est accordée exclusivement aux derniers objets, à raison de la soudure que nécessite leur fabrication.

Afin de ramener les importateurs à l'application de la règle tracée par la loi du 19 brumaire an VI et que maintient le projet adopté par la Chambre des députés, des instructions ont été adressées au service des douanes pour qu'il exige que les déclarations d'importation d'ouvrages d'or et d'argent soient faites d'après les distinctions ci-après :

	1er titre	massifs. / creux.
Ouvrages d'or	2e titre	massifs. / creux.
	3e titre	massifs. / creux.
Ouvrages d'argent	1er titre	massifs. / creux.
	2e titre	massifs. / creux.

L'adoption de cette mesure facilite la tâche des essayeurs et les met à même d'effectuer des prises d'essai distinctes sur chacun des lots. (Lettre du directeur des Monnaies n° 1138, du 25 février 1901, au directeur général des douanes.)

Objets d'or et d'argent appartenant a des ambassadeurs ou envoyés
des puissances étrangères
Bijoux a l'usage personnel des voyageurs — Argenterie de ménage

Les objets d'or et d'argent appartenant aux ambassadeurs et envoyés des puissances étrangères sont affranchis des droits à l'importation. (Art. 23 de la loi du 19 brumaire an VI.)

Il en est de même des bijoux d'or à l'usage personnel des voyageurs qui sont importés de l'étranger. (Art. 23 précité.)

Les ouvrages d'argenterie de ménage à l'usage personnel des voyageurs sont également admis en franchise. L'art. 23 rappelé ci-dessus limitait toutefois à 500 grammes le poids des ouvrages qui pouvaient ainsi être introduits en France.

*Les ouvrages introduits en vertu de l'art 23 doivent être présentés au
contrôle s'ils sont mis dans le commerce*

Lorsque des ouvrages d'or et d'argent venant de l'étranger et
introduits en France, en vertu de l'art. 23 de la loi de brumaire,
sont mis dans le commerce, ils doivent être portés au bureau
de garantie pour y être marqués du poinçon destiné à cet effet
et soumis aux mêmes droits que ceux fabriqués en France.
(Art. 24 de la loi du 19 brumaire an VI.)

*Interprétation de l'art 23 de la loi de brumaire — Importation d'ouvrages
d'or et d'argent par des voyageurs*

Appelée à donner son avis au sujet de l'interprétation à
donner à l'art. 23 de la loi du 19 brumaire an VI qui admet à
l'importation, en franchise des droits de douane et de garantie,
les ouvrages d'or et d'argent à l'usage personnel des voyageurs,
l'administration a fait connaître que l'article précité accorde la
franchise aux objets dont il s'agit, pourvu que leur poids
n'excède pas en totalité cinq hectogrammes. On serait peut-être
fondé à soutenir que la limite fixée par l'art. 23 s'applique à la
totalité des ouvrages importés par les voyageurs, c'est-à-dire
que si ces ouvrages réunis dépassaient le poids de 500 grammes,
la totalité devrait être soumise à la marque et frappée du droit.
Dans la pratique, on a admis la solution la plus favorable aux
voyageurs, et lorsqu'une importation de plus de 500 grammes
est composée de plusieurs objets, on groupe ces objets de
manière à former aussi exactement que possible le poids de
tolérance de 500 grammes et l'on ne soumet au poinçonnage
et au paiement des droits de garantie que les articles restés
en dehors de ce groupe.

Si, au contraire, l'importation ne comprend qu'un seul
ouvrage dont le poids excède 500 grammes, cet ouvrage est
frappé du droit en totalité, avant d'être soumis à la marque.
On garantit ainsi les intérêts du Trésor en ne l'exposant pas à
rembourser, en cas de réexportation, des droits qu'il n'aurait
pas perçus.

Cette manière d'opérer, en usage à la garantie de Paris,
paraît conforme au texte et à l'esprit de la loi. (Lettre du
directeur général à son collègue des douanes du 13 juin 1898,
n° 9557.)

Argenterie de ménage importée par des étrangers

Quant à l'argenterie de ménage importée en France par des
étrangers qui ne doivent y séjourner que momentanément, le

Ministre des Finances a pris en leur faveur, le 5 septembre 1823, la décision suivante, rappelée au service par lettre commune du 17 décembre 1831 :

« ARTICLE 1er. — L'argenterie importée en France par des étrangers sera admise en franchise, à charge de réexportation dans un délai qui ne pourra excéder trois années, et moyennant la consignation, au bureau des douanes, du montant des droits d'entrée et de garantie dont cette argenterie aura été reconnue passible.

» ART. 2. — A l'expiration du délai déterminé pour la réexportation, les sommes consignées seront définitivement acquises au Trésor si la réexportation n'a pas été effectuée. »

Mais une nouvelle décision ministérielle du 28 août 1862 a spécifié que l'argenterie de ménage importée temporairement serait exempte de la consignation du droit d'entrée et qu'elle ne serait plus soumise qu'au dépôt du simple droit de garantie. (Circulaire n° 855, du 15 septembre 1862.)

Droits consignes — Mesures de comptabilité

Dans le cas prévu par l'art. 2 de la décision du 5 septembre 1823, les droits de garantie seront versés par les receveurs des douanes aux receveurs principaux de la régie et inscrits, comme recettes extraordinaires, au registre n° 87 et non sur celui des recettes de la garantie n° 30 A, où cette perception ne pourrait, en effet, être portée sans détruire la concordance qui doit exister entre ce dernier registre et ceux d'essai et de contrôle. (Lettre commune du 17 décembre 1831.)

Argenterie de ménage appartenant à des Français rentrant en France

Sous l'empire de la décision ministérielle du 31 juillet 1817, l'admission de l'argenterie de ménage appartenant à des Français rentrant en France était soumise à des formalités qui avaient de fâcheux inconvénients. D'une part, elles nécessitaient de nombreuses écritures et engageaient la responsabilité de l'administration pour le dépôt prolongé d'objets, souvent de grande valeur, dans les bureaux de douane et dans ceux de garantie ; d'autre part, le retard qu'éprouvaient les propriétaires pour rentrer en possession de leur argenterie était une cause de difficultés sérieuses et souvent de dommages regrettables.

Il a été reconnu que les formalités pourraient être simplifiées avec avantage pour tous les intérêts et le Ministre des Finances a adopté, sous la date du 2 février 1854, les dispositions suivantes :

Tous les bureaux de douane pourront d'office, et sous les formalités actuellement en usage, expédier sur les bureaux de garantie l'argenterie de ménage importée, soit par des Français, soit par des étrangers venant s'établir en France.

Après examen par les agents de la garantie et réintégration au bureau des douanes, toutes les pièces qui auront été reconnues empreintes des poinçons français appliqués soit antérieurement, soit postérieurement à l'an VI, seront remises en franchise des droits de douanes de garantie. (Circulaire n° 185, du 13 février 1854.)

Un certificat sera délivré par le contrôleur de la garantie et permettra de distinguer

1° Si l'argenterie est empreinte des poinçons de garantie créés en vertu de la loi du 19 brumaire an 6 ; dans le cas de l'affirmative, elle a le caractère national et elle est admise en franchise ;

2° Si elle est revêtue des anciens poinçons antérieurs à l'an VI, le Ministre se réserve alors d'examiner s'il peut y avoir lieu de faire exception aux règles générales en autorisant l'entrée avec exemption du droit ;

3° Si elle ne porte que des marques étrangères ou réputées insignifiantes et sans valeur ;

4° Ou si elle n'est empreinte d'aucune marque. (Circulaire de l'administration des Monnaies du 10 janvier 1818.)

Argenterie de ménage de fabrication étrangère

L'argenterie de fabrication étrangère sera immédiatement poinçonnée et soumise aux droits de marque ; renvoyée ensuite au bureau des douanes. elle sera remise en franchise du droit d'importation. (Circulaire n° 185, du 13 février 1854.)

Argenterie de ménage reimportée et revêtue du poinçon d'exportation

Seront également remises en exemption de la taxe de douane, mais sous obligation du poinçonnage et de l'acquittement du droit de marque, les parties d'argenterie de ménage qui auraient été primitivement expédiées de France revêtues du poinçon spécial d'exportation prescrit par les lois en vigueur. (Circulaire n° 185, du 13 février 1854.)

Refus par un importateur de payer les droits

Dans les deux cas déterminés ci-dessus, s'il arrivait que le propriétaire de l'argenterie refusât de payer le droit de garantie, les pièces seraient néanmoins réexpédiées sur la douane pour être, par les soins de celle-ci, ou réexportées à l'étranger, ou brisées selon le vœu de la loi et soumises en cet état au droit de la manière brute. (Circulaire n° 185, du 13 février 1854.)

Ces nouvelles dispositions, dont il sera fait application par les bureaux de douane et de garantie sans qu'il soit besoin de recourir, comme par le passé, à une autorisation supérieure, sont applicables à l'argenterie en cours de service, à l'exclusion de tous objets neufs. (Circulaire n° 185, du 13 février 1854.)

Les importateurs peuvent effectuer l'introduction de l'argenterie de ménage, soit à titre provisoire sous consignation des droits, soit à titre définitif sous l'accomplissement des formalités dont il vient d'être parlé. (Circulaire n° 185 précitée.)

La circulaire du 13 février 1854, n° 185, règle donc ce qui doit être fait à l'égard de l'argenterie de ménage importée à titre définitif. L'intervention de l'administration n'est jamais requise en pareil cas ; mais quand cette argenterie est admise à charge de réexportation et quand le renvoi à l'étranger n'a pu être effectué à l'expiration du délai fixé par la reconnaissance de consignation, l'administration est appelée à statuer sur les demandes de prolongation.

Le pouvoir d'accorder ces prolongations est délégué aux directeurs des douanes. (Circulaire n° 604, du 24 août 1859.)

Importation de l'horlogerie

L'importation de l'horlogerie ne pourra s'effectuer que par les bureaux ouverts au transit des marchandises prohibées. (Loi du 2 juillet 1836.)

Bureaux ouverts à l'importation de l'horlogerie

Au point de vue du régime douanier, les articles d'horlogerie (petit volume) ne peuvent être importés que par les bureaux d'Alger, Bellegarde, Besançon, Bordeaux, Chambéry, Delle, Le Havre, Lyon, Marseille, Morteau, Nancy, Nice, Pontarlier, Toulouse. (Art. 1er du décret du 18 mars 1893 et décrets des 29 juin et 13 octobre 1907.)

Les montres ainsi introduites seront dirigées par acquits-à-caution et sous le plomb des douanes sur les bureaux de garantie pour y être essayées, marquées et y acquitter le droit de garantie. (Loi du 2 juillet 1836.)

Les montres peuvent, comme les autres ouvrages de bijouterie et d'orfèvrerie, être transportées par la voie des colis postaux moyennant l'accomplissement des formalités ordinaires. (Circulaire n° 316, du 9 mai 1881.)

Les montres doivent être présentées munies de tous leurs accessoires

Par une lettre du 8 mai 1860, l'administration a enjoint de mettre fin à une tolérance qui se pratiquait et consistait à permettre que les fabricants d'horlogerie présentassent séparément aux vérifications les boîtes de montres et les bélières qui étaient censées devoir y être attachées. Cette tolérance n'étant ni dans la lettre ni même dans l'esprit de la loi, on exige que les boîtes de montres destinées pour l'intérieur soient garnies de leurs accessoires (bélières, couronnes) comme le sont les boîtes de montres destinées pour l'exportation.

Outre la fraude à laquelle cette absence de vérification peut donner lieu, cette manière d'opérer est contraire aux dispositions de l'art. 51 de la loi du 19 brumaire an VI, qui prescrit que la prise d'essai sera faite à la fois sur le corps des ouvrages et sur les accessoires ; elle sous-entend pour les fabricants l'obligation de présenter à l'essai leurs produits garnis de ces accessoires. (Lettre de l'administration du 8 mai 1860, au directeur du Doubs.)

Montres au-dessous du titre légal

Lorsque l'essai fait reconnaître que les boîtes de montres étrangères, régulièrement importées, sont au-dessous du titre légal, elles doivent être traitées comme les produits nationaux, c'est-à-dire brisées.

Les cuvettes des boîtes de montres peuvent être en métal commun

L'administration des Monnaies a autorisé (circulaire n° 20 bis du 30 décembre 1851) l'emploi de métal commun pour les cuvettes intérieures des boîtes de montres, à la condition que ces cuvettes soient empreintes du mot : « cuivre », « métal » ou « maillechort », suivant le cas.

Couronnes de remontoirs

Cette tolérance a été étendue aux couronnes de remontoir en cuivre plaqué d'or adaptées à des boîtiers de montres en argent, sous réserve de la même obligation pour les fabricants qui devront faire insculper lisiblement, sur ces couronnes, la mention : « métal ».

Ces prescriptions sont applicables, quelle que soit l'origine, française ou étrangère, des boîtiers de montres en argent munis de couronnes de remontoir en cuivre plaqué d'or. (Lettre commune n° 15 de l'administration des Monnaies, du 19 octobre 1899.)

Anneaux de montres

Les anneaux de montres en or ou en argent importés isolément étaient compris, jusqu'à ce jour, quelle que fût leur nature, parmi les menus articles dispensés du contrôle qui, à ce titre, ne sont pas envoyés sur les bureaux de garantie par le service des douanes. (Note 495 du Tarif, page 1301, paragraphe 7.)

Les anneaux pleins devant, à l'avenir, être essayés et revêtus des marques de la garantie (décision ministérielle du 29 avril 1904, notifiée par la circulaire n° 579, du 15 septembre de la même année), le Ministre a décidé, à la date du 15 novembre 1904 :

1° Que les anneaux pleins importés isolément seront envoyés au bureau de la garantie par le service des douanes ;

2° Que les dispositions précitées de la note n° 495 du Tarif des douanes seront maintenues en ce qui concerne les anneaux creux et étendues aux couronnes de remontoirs. (Lettre de l'administration n° 221, du 15 décembre 1904.)

Ouvrages avec accessoires irréguliers

A l'égard des ouvrages qui, formés d'or ou d'argent au titre légal, comportent des accessoires irréguliers, l'administration des Monnaies, par lettre du 29 novembre 1904, n° 3340, a fait connaître que la réexportation pure et simple devait être appliquée aux ouvrages en provenance de pays contractants qui, tout en étant eux-mêmes réguliers quant au titre, ne peuvent être admis à raison de l'irrégularité de leurs accessoires.

Destination à donner aux boîtes avec valeur déclarée importées de l'étranger ou des colonies françaises

Un décret inséré au *Journal officiel* du 31 mars 1889 dispose que les bijoux et objets précieux pourront être échangés par la voie postale et dans des boîtes avec valeur déclarée entre la France et les colonies, ou établissements français desservis par des paquebots-poste français, ainsi que de colonie à colonie, par l'intermédiaire des services métropolitains. Les droits de garantie et de douane exigibles à l'importation seront perçus conformément à la législation en la matière. (Circulaire n° 556, du 15 avril 1889.)

Aux termes de la circulaire 556, du 9 juin 1890, les boîtes avec valeur déclarée, importées des colonies ou des établissements français, devaient être centralisées par le service des postes dans les villes de Marseille, Bordeaux, Nantes et Le Havre.

Un nouveau décret du 26 juin 1892, ratifiant une convention adoptée à la suite du Congrès postal de Vienne et d'un autre décret du 27 du même mois déterminant les mesures relatives à l'exécution de cette convention (*Journal officiel* des 27 et 28 juin 1892), les bijoux et objets précieux peuvent être échangés par la voie de la poste, dans des boîtes, avec valeur déclarée, entre la France et les pays ayant adhéré à ladite convention.

L'Espagne ne participant pas au service des boîtes de valeurs déclarées, aucun objet de cette nature ne sera échangé par la frontière franco-espagnole.

Les boîtes avec valeur déclarée échangées dans ces conditions seront centralisées dans les bureaux de douane des villes ci-après, où il existe également un contrôle spécial de la garantie, savoir :

Nancy, Besançon, Pontarlier, Lyon, Marseille, Bordeaux, Le Havre et Nantes. (Circulaire n° 60, du 17 juin 1893.)

La législation intérieure sur la garantie n'existant pas en Corse et en Tunisie, le Ministre a décidé que ces deux pays doivent être entièrement assimilés aux colonies françaises en ce qui concerne l'échange, par la poste, d'ouvrages d'or et d'argent avec la France continentale, et que les boîtes seront centralisées à Marseille. (Circulaire n° 71, du 5 octobre 1893.)

Pays ayant adhéré à la Convention postale

Liste des pays dont les provenances doivent continuer a être marquées du poinçon à l'emblème du Charançon,
Annexée à la Circulaire n° 64 du 12 juillet 1893

Suède et Norvège.	République Sud-Africaine.
Allemagne.	Bulgarie.
Autriche-Hongrie.	Russie.
Danemark.	Serbie.
Angleterre.	Perse.
Turquie.	Mexique.
Ile de Chypre.	République Dominicaine.

Liste annexée à la Circulaire n° 74 du 4 novembre 1893

Belgique.	Monténégro.
Pays-Bas.	Uruguay.
Espagne.	République Argentine.
Grèce.	Paraguay.
Roumanie.	Madagascar.

Liste annexée a la Circulaire n° 127 du 2 septembre 1895
et 135 du 26 septembre 1895 et Bulletin mensuel des Postes de décembre 1908
et Pontarlier

Suisse. — Angleterre

Boîtes avec valeur déclarée, a destination de Paris, Besançon, Lyon
et Pontarlier

Par décision ministérielle de 1898 et du 29 avril 1905, le Ministre du Commerce, de l'Industrie, des Postes et des Télégraphes a prescrit que les boîtes, avec valeur déclarée, expédiées des colonies françaises ou de l'étranger sur Paris, Besançon, Lyon et Pontarlier seront acheminées directement sur ces villes par le service postal, au lieu d'être dirigées sur le bureau de garantie le plus voisin du point d'introduction.

En conséquence, le double contrôle de la douane et de la garantie sur les envois dont il s'agit sera reporté de la frontière à Paris, Besançon, Lyon ou Pontarlier, toutes les fois que les destinataires auront leur résidence dans l'une ou l'autre de ces villes. (Lettres de l'administration n° 6386, du 21 juin 1898, concernant Paris, et n° 268, du 9 mai 1905, concernant Besançon, Lyon et Pontarlier.)

Vérification des boîtes avec valeurs déclarées, importées par la poste

Les boîtes de valeurs déclarées contenant des objets soumis au contrôle de la garantie et importées des colonies ou de l'étranger en France, par la voie de la poste, sont soumises à une double vérification qui, jusqu'ici, a été successivement effectuée par la douane au bureau de poste et par la garantie dans son propre local.

Après entente avec les trois administrations intéressées, il a été décidé que cette double vérification sera désormais effectuée simultanément dans le bureau de garantie par les agents des deux services financiers, en présence d'un agent des postes représentant l'expéditeur.

Le service des postes transportera les boîtes de valeurs déclarées au bureau de la garantie, après avis préalable de

leur arrivée donné aux agents des douanes et de la garantie ; il
assistera à l'ouverture desdites boîtes qui sera effectuée par la
douane et constatera leur contenu contradictoirement avec les
employés de ce service et celui de la garantie, mais il s'abstien-
dra de prendre part aux manipulations. A l'issue des opérations de visite qui auront lieu, autant que possible, dans une
seule séance, le service de la garantie reconstituera les envois,
fermera les boîtes et les revêtira de son cachet. Ces boîtes
seront ensuite restituées au service des postes qui les rempor-
tera, avec des bordereaux n° 326 dûment remplis, à son bureau.

Si le nombre des envois ne permettait pas de terminer le
contrôle en une seule vacation, les boîtes non vérifiées seraient
conservées au bureau de garantie jusqu'à la séance suivante.

A la fin de chaque vacation, il sera dressé, sous forme de
procès-verbal administratif, un résumé des opérations
effectuées. Ce bordereau, établi par le service de la garantie,
sera signé par les agents des trois services et conservé au
bureau de contrôle.

Les imprimés devant présenter le résumé des vérifications
opérées seront fournis comme papiers de service ; ils prendront
le n° 188 dans la série des modèles. (Lettre de l'administration
n° 4040, du 27 février 1897.)

Les boîtes avec valeur declaree, renfermant des ouvrages en or et en argent
sont seules verifiees a la garantie

L'application des mesures prescrites par la lettre n° 4040, du
27 février 1897, a soulevé certaines difficultés.

L'expérience a permis de constater que l'obligation de trans-
porter au bureau de garantie non seulement les boîtes de
bijoux, mais celles beaucoup plus nombreuses qui contiennent
de l'or non imposable en poudre ou en lingots, retardait les
opérations au point de provoquer des réclamations de la part
du commerce. L'administration a admis que les agents de la
garantie ne vérifieraient, en commun, avec ceux des autres
services intéressés, que les colis paraissant contenir des
ouvrages d'or et d'argent. Cette mesure a été ratifiée, sous certaines réserves, le 13 novembre 1897, par le Ministre, après
entente avec son collègue du Commerce, de l'Industrie, des
Postes et Télégraphes.

Aux termes de cette décision, une distinction est à faire entre
les envois de la Guyane française et ceux des autres colonies.
Conformément aux prescriptions de l'art. 3, paragraphe 3, du
règlement international sur la matière, les premiers sont

accompagnés d'une formule de déclaration (n° 287 de la série des postes) qui indique le contenu des boîtes. La douane trouve ainsi le moyen de les vérifier très efficacement, par épreuves, à la poste même. Dans ces conditions, il est facile de faire le triage entre les colis ne renfermant que des métaux bruts et ceux qui, contenant des ouvrages d'or et d'argent, doivent seuls être portés au bureau de la garantie.

Il est entendu, toutefois, que cette simplification ne s'applique qu'aux provenances de la Guyane, à l'exclusion de celles des autres colonies, notamment de la Martinique ou de la Guadeloupe, lesquelles parviennent, paraît-il, sans formule de déclaration ou avec des formules qui, à défaut d'indications précises, ne permettent pas d'opérer avec quelque sûreté un triage au bureau des postes.

Ce sont les agents des douanes qui font, dans tous les cas, l'ouverture des boîtes de valeurs déclarées. C'est à eux, également, qu'il incombe désormais de resceller celles qui n'auront pas donné lieu à l'application de la taxe. (Lettre de l'administration n° 80035, du 2 décembre 1897.)

Le démontage des montres importées est confié au service de la garantie

Par décision du 12 décembre 1893, le Ministre des Finances a attribué au service de la garantie le soin de faire procéder au démontage des boîtiers de montres importés par la voie postale et prescrit d'ajouter les frais de cette opération à ceux d'essayage, à charge de répétition de ces frais, sur le destinataire, par les soins de l'administration des postes. (Note de l'administration n° 88, du 5 janvier 1894.)

Refus des boîtes par le bureau de garantie

Dans le cas où les ouvrages d'or et d'argent ne présenteraient pas les conditions requises par les lois et règlements en matière de garantie pour pouvoir être admis à la marque, le bureau de garantie refuserait la boîte et adresserait aussitôt une note relatant le motif du refus et destinée au bureau de poste. (Circulaire n° 556, du 15 avril 1889.)

Perception des droits d'essai et de marque

S'il est constaté que l'envoi peut être admis, les ouvrages passibles des droits seront marqués et le bureau de garantie inscrira distinctement le montant de la taxe d'essai et le montant du droit de garantie applicable à ces ouvrages sur le bulletin dressé par la douane.

Quel que soit le résultat de sa vérification, admission ou refus de l'envoi, le bureau de garantie devra immédiatement refermer la boîte, la sceller de son cachet et la remettre à l'agent du service des postes qui l'aura apportée, ou bien, si cet agent n'a pu attendre la fin de l'opération, faire porter aussitôt la boîte au bureau de poste accompagnée, selon le cas, de la note relatant le motif du refus ou du bulletin indicatif des droits de douane, d'essai et de garantie. (Circulaire n° 556, du 15 avril 1889.)

Dès la réception du bulletin indicatif, le service des postes acquittera le montant des droits au bureau de garantie, où ils devront être inscrits, au moment du paiement, sur les registres de comptabilité tenus respectivement par l'essayeur et par le receveur. (Circulaire n° 556 précitée.)

Boîte refusée par le destinataire. — Restitution des droits

Si après l'encaissement de ces droits une boîte avec valeur déclarée ne pouvait être distribuée en France, soit par suite du refus du destinataire, soit pour toute autre cause, devrait être réexportée, les droits qui, en pareille circonstance, auraient été acquittés en pure perte, ne sauraient rester à la charge de l'administration des postes.

En ce qui concerne la taxe d'essai qui constitue la rémunération du travail de l'essayeur et qui, dès lors, doit lui rester définitivement acquise, l'administration des postes a pris les dispositions nécessaires pour en récupérer le montant sur les pays expéditeurs. Il n'y aura donc lieu, en France, à aucun remboursement de la taxe d'essai.

Quant au droit de garantie, le service des postes renverra la boîte au bureau de garantie qui a perçu le droit au moment de l'importation. Le bureau de garantie procédera à l'ouverture de la boîte, en reconnaîtra le contenu et oblitérera les marques ; il refermera la boîte, la scellera de son cachet et la remettra au service des postes contre un certificat dressé par ce service et attestant la réexportation de la boîte. Ce certificat sera revêtu, par le contrôleur du bureau de garantie, de l'attestation de l'oblitération des marques, et sera remis au receveur dudit bureau qui, séance tenante, restituera le montant du droit de garantie, dont la quittance sera rattachée à la souche du registre. Le receveur de la garantie inscrira le montant du droit ainsi restitué au chapitre des dépenses effectuées pour le compte du receveur principal à qui il remettra, lors de son versement de fin de mois, le certificat de réexportation délivré par le service des postes et revêtu, ainsi qu'il a été dit plus haut, de la mention relative à l'oblitération des marques. (Circulaire n° 556, du 15 avril 1889.)

Objets anciens d'art et de curiosité a bas titre, à marquer du poinçon E T

Une tolérance établie depuis longtemps consistait à marquer du poinçon E T, au lieu de les briser, les objets anciens à bas titre, ayant un caractère d'art et de curiosité, provenant des ventes publiques.

Par décisions des 25 juin 1902 et 18 mai 1903, le Ministre des Finances a admis que cette tolérance soit étendue aux objets de l'espèce importés de l'étranger.

Les objets antiques sont dispenses du poinçonnement et du paiement des droits de garantie

Une autre décision ministérielle, du 12 septembre 1903, dispense les objets antiques du poinçonnement et du paiement du droit de garantie.

L'application de ces concessions est subordonnée à la condition expresse que les ouvrages d'or et d'argent présentés comme objets anciens, d'art ou de curiosité, ou comme objets antiques, soient reconnus tels par les agents chargés du contrôle.

Les contestations qui pourraient s'élever à cet égard, entre le service et les intéressés, devront être soumises à l'administration des Monnaies qui statuera, après avis d'un ou de plusieurs experts assermentés près les tribunaux ou cours d'appel.

Dans chaque département, la désignation des experts sera faite par le directeur.

Quant aux frais d'expertise, ils seront, en toute hypothèse, à la charge des intéressés. Les personnes qui réclameront une expertise devront souscrire l'engagement de payer les honoraires des experts, ainsi que toutes les autres dépenses qu'elle pourra occasionner. (Circulaire n° 561, du 24 mars 1904.)

Objets anciens à bas titre transformés ou complétés par l'adjonction d'accessoires au titre legal. — Mode de poinçonnement

La question s'est posée de savoir comment il convient de marquer les objets anciens, en or ou en argent, ayant un caractère d'art ou de curiosité, ayant été transformés ou complétés par l'adjonction d'accessoires modernes (tiges, anneaux, etc., etc.) en or ou en argent.

Une décision ministérielle du 14 juin 1905 a tracé les règles suivantes :

La partie ancienne à bas titre doit recevoir l'empreinte du poinçon E T. La partie moderne doit être marquée du poinçon « Le Charançon » lorsque l'ouvrage provient, en vertu d'une déclaration régulière en douane, d'un pays contractant ; du poinçon « Le Hibou » ou « Le Cygne », lorsqu'il s'agit d'ouvrages d'importation et qu'il n'est pas possible, dès lors, de connaître l'origine de la partie moderne. (Circulaire n° 610, du 29 juin 1905.)

Ouvrages composes d'or et d'argent et dont le metal accessoire ne depasse pas la proportion de 3 % du poids total

Les ouvrages composés d'or et d'argent et dont la proportion n'excède pas 3 % ne tombent pas sous l'application de l'art. 1er du décret du 10 décembre 1905 qui dispense le métal accessoire des droits d'essai et de garantie.

Rien n'est changé en ce qui concerne le poinçonnement de ces ouvrages importés de l'étranger, mais les droits de garantie continueront à être perçus sur chacun des deux métaux, d'après la taxe qui leur est propre, lorsque les ouvrages dont il s'agit ne rentrent pas dans l'exception prévue à l'art. 4 de la décision ministérielle du 12 janvier 1829. (Voir Métaux divers, pages 170, 171, 172.)

Marque au poids

Le décret du 27 juillet 1878 qui a réglementé la marque des ouvrages d'or et d'argent déclarés pour l'exportation, a eu pour objet spécial d'empêcher la réimportation clandestine de ceux de ces ouvrages à l'égard desquels les droits de garantie avaient été remboursés.

Des industriels peu scrupuleux avaient eu recours à des combinaisons d'un autre genre qui n'étaient que préjudiciables au Trésor.

Les abus dont il s'agit reposaient sur l'importation d'ouvrages d'or d'un poids léger qui sont terminés par un anneau ou un cliquet, tels que les bracelets, les chaînes, les colliers, etc. Après que ces ouvrages avaient reçu au bureau de garantie l'empreinte du poinçon d'importation qui était appliquée sur l'anneau ou le cliquet, on détachait habilement la partie revêtue de la marque pour l'adapter à des bijoux d'un poids plus élevé.

Le Trésor était, de la sorte, frustré du droit de garantie affé-

rent à la différence de poids qui existait entre les ouvrages
présentés au bureau et ceux qui étaient livrés à la consommation.

D'un autre côté, l'acheteur français courait le risque d'être
trompé sur le titre, puisque le bijou qui lui était vendu n'avait
pas été soumis à l'essai ; enfin, au moyen de cette manœuvre,
les fraudeurs faisaient aux commerçants honnêtes une concurrence déloyale que ces derniers étaient impuissants à soutenir.

Afin de mettre un terme aux abus dont il vient d'être parlé,
l'administration a rendu obligatoire, pour tous les ouvrages
d'or de provenance étrangère qui sont susceptibles de recevoir,
sans détérioration, la marque sur le corps de l'objet (de décimètre en décimètre), le système de la marque au poids.

Avec ce mode de marque, la disposition des empreintes
indique sur l'anneau ou le cliquet le poids total de l'ouvrage,
tout en attestant la légalité du titre.

L'empreinte du poinçon « Le Charançon » (petite dimension)
sert à exprimer tout à la fois les unités et les dizaines suivant
la disposition qui est donnée à cette empreinte.

L'insecte étant vu de profil, la marque représente des unités
selon que les pattes sont tournées vers l'intérieur, ou des
dizaines selon que les pattes sont tournées vers l'extérieur de
l'anneau ou du cliquet.

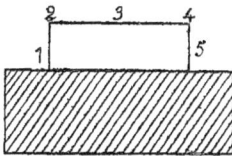

Marque au poids
sur le cliquet d'un bracelet
et d'un collier

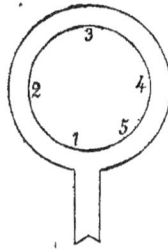

Marque au poids
sur l'anneau plein d'une chaîne

Indépendamment des empreintes dont la combinaison indique
le poids de l'ouvrage, il doit être appliqué près de l'attache de
l'anneau et transversalement un coup de poinçon qui sert de
point de repère et qui est qualifié de coup de soudure.

Il a pour but d'empêcher que le point d'attache d'un anneau

puisse être déplacé en vue de changer la valeur des empreintes indicatives du poids et de rendre possible la substitution à l'objet qui a été soumis à l'essai d'un autre objet (chaîne, bracelet ou collier) d'un poids plus lourd.

Les deux figures ci-dessus indiquent les diverses places d'insculpation sur un anneau, sur un cliquet. Une unité ou une dizaine se marque au point 1, deux unités ou deux dizaines au point 2 et de même jusqu'à cinq.

Soit un objet pesant 10 grammes, on met au point 1 le charançon seul, les pattes dirigées vers l'extérieur.

S'agit-il d'un objet pesant 11 grammes, on place au point 1, l'un à côté de l'autre, le Charançon · l'un les pattes tournées vers l'intérieur de l'anneau ou du cliquet et l'autre les pattes dirigées vers l'extérieur.

Pour la marque au poids, au moyen du Hibou, il convient de suivre la même règle que pour la marque au poids avec le Charançon. Seulement les unités sont marquées en tournant le Hibou, la tête en avant ; les dizaines, en tournant le Hibou les pieds en avant.

Dans le cas où le poinçon des unités et des dizaines devraient se trouver à une place semblable, comme pour 11, 22, 33, 44, etc., on doit placer le poinçon marquant les dizaines le premier, puis le poinçon des unités en travers, le Hibou ayant les yeux tournés en dedans

Combinaison de marque des médaillons

La circulaire n° 401, du 22 juillet 1884, a prescrit d'appliquer aux médaillons une combinaison de marque indiquant l'état dans lequel ces objets avaient été présentés au contrôle.

Quand les médaillons sont présentés à la marque sans ornements ni appliques, application d'un seul coup de poinçon du Charançon ou du Hibou ;

Quand les médaillons sont présentés avec ornements, mais sans appliques, deux coups de poinçon en suivant, soit du Charançon, soit du Hibou ;

Quand les médaillons sont présentés avec appliques, mais sans ornements, deux coups de poinçon du Charançon tête à tête ou deux coups de poinçon du Hibou tête à tête.

Enfin, quand les médaillons sont revêtus d'appliques et d'ornements, deux coups de poinçon du Charançon abdomen à abdomen ou deux coups de poinçon du Hibou patte à patte. (Circulaire n° 147, du 19 décembre 1895.)

Montres étrangères en métal commun doré ou argenté. — Insculpation

Par lettre du 20 mai 1908, n° 3484, l'administration des douanes a décidé que l'insculpation du mot « métal doublé or » sur les boîtes de montres en métal commun entièrement dorées n'était pas admise. Par contre, l'insculpation « métal plaqué or » peut être substituée à l'insculpation légale « métal doré », sous la réserve qu'il s'agisse bien de métal plaqué et non de métal doré au mercure ou par des procédés électro-chimiques.

L'insculpation « métal doré » ou « métal plaqué or », selon le cas, doit obligatoirement être gravée à l'intérieur du fond de la boîte et non à l'intérieur de la cuvette.

Poinçon de maître des ouvrages en métal commun, doublé, plaqué, dorés ou argentés, présentés à l'importation

Les ouvrages en métal commun plaqué ou doublé d'or ou d'argent, de provenance étrangère, ne peuvent être importés qu'à la condition de porter les marques exigées par la législation intérieure, c'est-à-dire le poinçon de maître et le mot « doublé » en toutes lettres.

La forme du poinçon du maître des articles de l'espèce était, jusqu'à ce jour, pour les importations comme pour les produits de l'industrie nationale, celle du carré parfait, déterminée par l'arrêté de l'administration des Monnaies du 17 nivôse an VI.

Pour permettre aux commerçants et aux acheteurs de distinguer la provenance des objets, un décret du 16 juillet 1908 stipule que le poinçon de maître des ouvrages en doublé ou en plaqué venant de l'étranger doit avoir la forme d'un carré dont l'un des côtés est remplacé par un arc de cercle, cet arc de cercle étant obtenu en prenant pour centre le milieu du côté du carré.

Cette nouvelle marque est également applicable aux ouvrages dorés ou argentés présentés à l'importation. (Circulaire n° 759, du 7 août 1908.)

De la réexportation

Les ouvrages d'origine étrangère réexportés avec remboursement des droits ne reçoivent plus l'empreinte du poinçon d'exportation

Aux termes du 3e paragraphe de l'art. 2 du décret du 5 février 1879, les bijoux d'origine étrangère, précédemment importés, devaient recevoir, comme les bijoux français, lors de leur réexportation, l'empreinte du petit poinçon d'exportation « Tête de Mercure », lorsqu'ils bénéficiaient du remboursement des droits.

Ces dispositions ont été abrogées par l'art. 2 du décret du 24 décembre 1887 qui dispose que les ouvrages introduits en France, puis réexportés, ne recevront plus l'empreinte du poinçon la Tête de Mercure ; la marque du Charançon, qui leur aura été appliquée lors de leur importation, sera oblitérée à l'aide des matoirs en usage.

Toutefois, les ouvrages classés dans la troisième catégorie par l'arrêté ministériel du 5 février 1879 continueront à être dispensés de l'oblitération. (Circulaires n° 501. du 9 janvier 1888, et n° 14, de la direction des Monnaies.)

Les montres d'origine étrangère ne bénéficient pas du remboursement des droits

Les montres d'origine étrangère marquées, suivant la nature du métal, du poinçon « Le Hibou » ou « du Cygne » restent en dehors de cette réglementation. En vertu des traités de commerce franco-suisse, les dispositions particulières dans lesquelles ces montres ont été soumises à la marque ne permettent pas de les admettre au bénéfice du remboursement des droits, en cas de réexportation. (Circulaires n° 266, du 18 mars 1879, et n° 64, du 12 juillet 1893.)

Les objets de toute nature marqués du poinçon E T continueront à être exclus de la prime de remboursement. (Circulaire n° 266, du 18 mars 1879.)

CHAPITRE XV

DE L'ADMISSION TEMPORAIRE

Observations générales

L'admission temporaire a été établie par l'art. 5 de la loi du 5 juillet 1836 ainsi conçu :

« Des ordonnances royales pourront autoriser, sauf révo-
» cation en cas d'abus, l'importation temporaire de produits
» étrangers destinés à être fabriqués ou à recevoir un complé-
» ment de main-d'œuvre et que l'on s'engagera à réexporter ou
» à rétablir en entrepôt dans un délai maximum de six mois et
» en remplissant les formalités et conditions qui seront déter-
» minées. »

Le pouvoir parlementaire ne tarda pas à s'offusquer de cette délégation au gouvernement du droit d'autoriser l'admission temporaire.

On fit observer que l'admission temporaire équivalait, en réalité, à la suspension des droits et que le pouvoir législatif qui établissait le tarif devait également intervenir pour en autoriser la suspension par voie de l'admission temporaire en franchise.

En 1870, le gouvernement impérial avait présenté un projet de loi qui supprimait la délégation attribuée au pouvoir exécutif par la loi du 5 juillet 1836 et réservait, désormais, à des lois spéciales la solution des questions relatives à l'admission temporaire en franchise des produits étrangers. Ce projet fut voté le 26 mars 1870 par le Corps législatif ; mais les événements ne permirent pas qu'il fût sanctionné par le Sénat.

Reprise en 1871, la question des admissions temporaires fut portée devant l'Assemblée nationale par MM. Johnston, Fraissinet, André, Feray et Joubert, qui déposèrent une proposition ayant pour but de décider qu'à l'avenir des lois spéciales détermineraient le régime des admissions temporaires en franchise. Renvoyée à l'examen d'une commission spéciale, cette proposition fut l'objet d'un rapport favorable.

Les propositions de la commission ne reçurent aucune suite et les choses restèrent en l'état jusqu'à la mise en vigueur de la loi du 11 janvier 1892.

L'art. 13 de cette loi, modifiant l'art. 5 de la loi du 5 juillet 1836, a décidé que le bénéfice de l'admission temporaire ne pourrait être accordé qu'en vue d'une disposition législative, après avis du comité consultatif des arts et manufactures, sauf dans les cas suivants :

1° Demandes d'introduction d'objets pour réparations, essais, expériences ;

2° Demandes d'introduction présentant un caractère individuel et exceptionnel non susceptible d'être généralisé ;

3° . . . .

Le Gouvernement ayant abandonné sans discussion le droit qu'il tenait de la loi de 1836, l'art. 13 de la nouvelle loi fut voté sans aucune difficulté.

La loi nouvelle a maintenu, sauf de rares exceptions, les facilités concédées à titre permanent et général en vertu de décisions antérieures et elle en a autorisé quelques-unes de nouvelles. (Georges Pallain, *Les Douanes françaises*, tome 1er, page 363.)

Art. 6. — Marchandises pour lesquelles l'admission temporaire a été autorisée par la loi de 1892 :

665. Cages de montres pour monteurs de boîtes. (On entend par cages de montres pour monteurs de boîtes, la platine avec son cadran et un pont pour donner la hauteur, à l'exclusion de toute autre pièce.) La déclaration d'entrée doit contenir une description détaillée des mouvements tels qu'ils sont introduits. Un double de cette déclaration est annexé à la soumission.

666. L'admission temporaire des cages de mouvements de montres pour planteurs d'échappements est soumise aux mêmes conditions que celles des cages de montres pour monteurs de boîtes. (Georges Pallain.)

Importation d'ouvrages d'or et d'argent sous le régime de l'admission temporaire

Aux termes de l'art. 13 de la loi du 11 janvier 1892, ainsi que du n° 195 des observations préliminaires du tarif des douanes, l'admission temporaire a été concédée aux boîtes de montres à décorer, dorer et graver.

Antérieurement à cette loi, le régime de l'admission temporaire était accordé, sur demande et après avis préalable du Comité consultatif des Arts et Manufactures, et par simple décision ministérielle, aux boîtiers de montres destinés à être décorés ou à subir en France un supplément de main-d'œuvre.

Ouvrages d'or et d'argent expédiés de l'étranger ou des colonies françaises, pour être réparés ou pour subir un complément de main-d'œuvre

Par note n° 5444, du 15 juillet 1902, l'administration a fait connaître qu'une décision ministérielle du 26 mai précédent avait autorisé l'admission temporaire des ouvrages d'or et d'argent expédiés de l'étranger ou des colonies françaises pour être réparés ou recevoir un complément de main-d'œuvre, sous la double condition qu'ils seront aux titres légaux admis en France et devront, quel que soit leur état, être soumis, à l'entrée et à la sortie du territoire, à un essai effectué aux frais des importateurs.

Ouvrages destinés à être réparés à destination de Paris, Besançon, Lyon et Pontarlier

Les envois de bijoux, de montres et de boîtes de montres destinés à être réparés ou à recevoir un complément de main-d'œuvre, à destination de localités où il existe un bureau de douane et de garantie, seront soumis à un système de vérification analogue à celui établi par la décision interministérielle du 7 et 24 juin 1898, en ce qui concerne les boîtes et valeurs déclarées à destination de Paris. (Lettre adressée le 28 mai 1903 par le Ministre des Finances à son collègue du Commerce.)

Les boîtes avec valeurs déclarées expédiées de l'étranger ou des colonies françaises, à destination de Besançon, Lyon et Pontarlier, seront acheminées directement sur ces villes au lieu d'être dirigées sur le bureau de garantie le plus voisin du lieu d'introduction. (Décision ministérielle du 29 avril 1905 et lettre de l'administration n° 268, du 9 mai 1905.)

Quant aux localités où il n'existe pas de bureau de douane et de garantie, les expéditions s'effectueront suivant le mode actuellement usité pour l'importation des objets soumis aux droits. (Lettre du 28 mai 1903.)

Pénalités en cas de non réexportation

Les soumissionnaires d'acquits-à-caution d'admissions temporaires s'engagent, en cas de non-réexportation des ouvrages d'or et d'argent introduits en France, sous ce régime de faveur, dans les délais fixés, à payer une amende égale au quadruple

22

des droits d'entrée, conformément à l'art. 5 de la loi du 5 juillet 1836.

Importation de boîtes de montres destinées a être poinçonnees a Pontarlier et Bellegarde

Un décret du 28 novembre 1864 a promulgué divers arrangements conclus entre la France et la Suisse le 30 juin de la même année.

Une des clauses concerne l'admission temporaire des boîtes de montres. L'art. 11 permet l'importation temporaire en franchise, sous soumission cautionnée, des boîtes de montres brutes ou finies, destinées à être réexportées après contrôle et poinçonnage.

Des bureaux spéciaux ont été établis à Bellegarde et Pontarlier pour le contrôle et la marque des objets ci-dessus désignés.

La soumission sera nécessairement exigée toutes les fois que la marchandise devra être dirigée sur un bureau de garantie établi dans une autre résidence que la douane d'importation, ou réexpédiée sur un point différent Mais quand les opérations devront s'accomplir sur place et séance tenante, sans que les montres cessent d'être sous la main du service des douanes ou de celui des contributions indirectes, on pourra dispenser l'importateur de souscrire une soumission et se borner à mentionner la suite de l'opération sur la déclaration primitive. (Circulaire n° 997, du 17 juin 1865.)

Par suite, les fabricants suisses doivent être assimilés aux fabricants français quant au mode de vérification de leurs produits. Les montres importées à l'état brut seront, comme celles de fabrication nationale, essayées par la coupellation ou par la voie humide, et l'on continuera à essayer au touchau celles qui seraient présentées finies. (Circulaire n° 998, du 18 juin 1865.)

Points d'entree des produits

L'entrée et la sortie des produits auxquels le régime de l'admission temporaire est appliqué ne peuvent avoir lieu que par les bureaux désignés à cet effet.

Déclarations et verifications des ouvrages

Les déclarations relatives à l'admission temporaire sont soumises, à l'entrée et à la sortie, aux dispositions générales des règlements. Il en est de même pour les vérifications.

Les déclarations doivent, en outre, presenter les indications spéciales exigées par les décrets qui ont permis l'application du régime de l'admission temporaire, et les vérifications doivent être faites en conséquence.

Décharge des acquits-à-caution

L'admission temporaire n'a lieu que sous la garantie d'une soumission cautionnée. L'acquit-à-caution délivré en vertu de cette soumission est remis à l'importateur. Il doit être représenté au moment de la réexportation ou de la constitution en entrepôt des produits fabriqués. Le point de départ du délai de réexportation est la date de la vérification. (Circulaire de l'administration des douanes du 26 octobre 1899, n° 3065.)

Réexportation des ouvrages admis temporairement

Lorsque les produits fabriqués doivent être réexportés par des bureaux déterminés, il suffit, pour l'accomplissement de cette obligation, que ces produits aient été représentés et vérifiés dans ces bureaux. Les marchandises peuvent ensuite être dirigées sous passavant et plombage sur le bureau par lequel le passage définitif à l'étranger doit se consommer.

Décharge des acquits-à-caution

La décharge des soumissions n'est acquise que par le fait de l'exportation des produits. On considère comme date de la sortie la date de la vérification au bureau frontière.

Réexportations partielles

Les marchandises comprises dans un même acquit-à-caution peuvent faire l'objet de réexportations partielles. Dans ce cas, l'acquit-à-caution reste déposé au bureau, à la première sortie, et il y est annoté au fur et à mesure des réexportations.

Produits constitués en entrepôt

Les produits constitués en entrepôt, après fabrication ou main-d'œuvre, sous le régime de l'admission temporaire, se trouvent placés, pour les destinations qu'ils peuvent recevoir, dans les mêmes conditions que les autres marchandises entreposées. Lorsque ces produits sont livrés à la consommation, ils n'acquittent que le droit applicable à la matière première importée et d'après le tarif en vigueur au moment de la sortie de l'entrepôt. (Arrêt de la Cour de Cassation du 22 juin 1870.)

*Ouvrages admis temporairement et déclarés ensuite pour la consommation
intérieure*

La déclaration pour la consommation des marchandises
admises temporairement en demeure interdite tant qu'elles
n'ont pas été représentées au service dans l'état de fabrication
en vue duquel l'admission temporaire de ces produits a été
autorisée.

Les directeurs des douanes sont autorisés a laisser importer
temporairement les objets en cours d'usage qui sont présentés
isolément et en petit nombre pour recevoir des réparations ou
un complément de main-d'œuvre.

Le chef local de la visite est autorisé à statuer sur les
demandes d'importation temporaire en franchise...... 2° des
articles d'horlogerie destinés à être réparés en France.. (Décisions des 25 mars et 22 octobre 1904.)

*Bureaux de douanes ouverts a l'importation temporaire d'ouvrages d'or
et d'argent*

Les boîtes de montres admissibles au régime de l'admission
temporaire ne peuvent être importées que par les bureaux de
douane de Morteau, Bellegarde, Besançon et Paris.

La réexportation ou la réintégration en entrepôt ne peut avoir
lieu que par le bureau d'importation et le délai de réexportation est fixé à trois mois.

L'importation est subordonnée à l'ouverture d'un crédit
faisant l'objet d'une demande spéciale adressée à l'administration et indiquant la quantité de marchandises à introduire dans
un délai déterminé.

*État dans lequel peuvent être admises les cages de montres
et les mouvements*

Les cages de montres pour monteurs de boîtes, ainsi que
celles pour planteurs d'échappements avec leurs trous percés,
ne sont admises que par le bureau de Morteau.

Le régime des boîtes de montres leur est applicable en ce qui
concerne le délai de réexportation

Cette réexportation ne peut être opérée que par le bureau de
Morteau.

Il est exigé une déclaration contenant une description
détaillée du mouvement tel qu'il est introduit. Le numéro
d'ordre que les fabricants apposent généralement sur leurs

mouvements est obligatoire. Il doit être frappé sur la platine et sur les ponts qui y sont fixés.

Un acquit-à-caution est délivré, décrivant minutieusement les mouvements importés.

Les mouvements seront estampillés par l'apposition sur la platine d'une petite étiquette gommée en papier pelure fournie par l'administration et portant une empreinte ou une figurine ; le prix de cette estampille est de 5 centimes ; au moment de l'importation, le service doit inscrire un numéro d'ordre sur cette estampille, et, lors de la réexportation, la vignette doit être oblitérée et mise hors d'état de servir à une nouvelle importation.

On entend par cages de montres pour monteurs de boîtes la platine avec son cadran et un pont pour donner la hauteur, à l'exclusion de toute autre pièce. (Circulaire de l'administration des douanes n° 2139.)

On entend par cages de montres pour planteurs d'échappement : la platine, le coq avec sa raquette et, le cas échéant, le pont d'ancre ; la barrette et le chariot, le pont et la roue de champ, le pont et la roue de centre, à l'exclusion de toute autre pièce.

Les cages de montres avec leurs trous percés sont admises au bénéfice de l'admission temporaire. (Avis du Comité consultatif des arts et manufactures en date du 31 janvier 1903, circulaire n° 3306.)

CHAPITRE XVI

DU FOURRÉ, DE L'ENTURE, DU CONTRE-TIRÉ ET DES FAUX POINÇONS

Définition du fourré

On désigne sous la dénomination de fourré l'état d'un ouvrage dans lequel on introduit, sans nécessité pour sa fabrication, une matière vile ou même précieuse, mais à bas titre.

Suivant l'art. 65 de la loi du 19 brumaire an VI, l'ouvrage doit être considéré comme fourré, quand il renferme et cache dans son intérieur du fer, du cuivre ou toute autre matière étrangère qui augmente le poids et diminue le titre des pièces soumises à l'essai.

La fraude sur les menus ouvrages d'or appelés bijoux se fait en fourrant ces ouvrages de différentes manières.

Sur une partie d'or mise en bâton, dont le titre ne va pas même à 200 millièmes, on applique par des moyens connus une autre partie d'or qui fait enveloppe et qui est au titre de 750 millièmes. Ce bâton s'allonge ensuite en passant par la filière pour ce qui doit être rond, et sous les cylindres du laminoir pour les autres objets. Il résulte de cette opération que les objets tirés à la filière sont toujours, à la surface, au titre légal, quand même on les réduirait jusqu'à la grosseur d'un cheveu et que les objets passés au laminoir ont le même résultat en les réduisant à la moindre épaisseur connue.

Un autre genre de fraude a lieu sur les ouvrages creux dont la partie extérieure, c'est-à-dire l'enveloppe, présente toujours à la pierre de touche le titre de 750 millièmes, mais qui sont tellement fourrés de soudure qu'à peine reviennent-ils, à l'essai à la coupelle, à 400 millièmes.

Les essayeurs doivent s'assurer d'une manière positive du vrai titre de l'ouvrage qui leur est présenté. Ils ne doivent pas se contenter d'essayer à la pierre de touche, ils doivent, au désir des articles 65 et 77 de la loi du 19 brumaire an VI, couper au moins une pièce en présence du propriétaire et en faire ensuite l'essai à la coupelle. Si la fraude est reconnue, l'ouvrage doit être saisi et confisqué et le délinquant dénoncé aux tribunaux, comme le prescrit l'art. 65. (Circulaire de l'administration des Monnaies du 13 germinal an X.)

Les objets fourrés doivent être coupés

Dans aucun cas, sous aucun prétexte, on ne doit se dispenser de couper les objets soupçonnés d'être fourrés de matières étrangères, à l'instant même et en présence de la personne qui les présente. On ne doit accorder aucun délai pour cette opération, ni consentir à garder ces objets en dépôt dans la caisse aux trois clefs destinée à renfermer les poinçons. (Circulaire n° 58, du 8 octobre 1822.)

Si les employés s'écartaient de cette recommandation et qu'il en résultât quelque contestation sur l'identité des matières, l'administration n'interviendrait pas dans cette contestation, et, le cas échéant, elle prendrait à partie l'employé lui-même. (Circulaire n° 58 précitée.)

Titre des ouvrages altéré par la soudure

Si le titre des ouvrages n'est altéré que par des soudures de même matière que la pièce principale, les objets d'or doivent être brisés quand le titre n'est pas à 750 millièmes et quand il descend à 729 millièmes ou se trouve en dessous. (Circulaire de l'administration des Monnaies du 26 décembre 1822.)

Excès de soudure

L'emploi d'une trop grande quantité de soudure dans la confection des ouvrages d'or, de vermeil ou d'argent, peut constituer le délit de fourré, prévu et puni par l'art. 65 de la loi du 19 brumaire an VI. (Cassation, 30 juin 1843.)

Deux arrêts dans un sens opposé avaient été rendus par la Cour de Cassation les 22 juillet 1808 et 10 mars 1810.)

Néanmoins, l'arrêt qui, reconnaissant que l'excès de soudure peut être attribué à un vice de fabrication, sans intention de la part du fabricant d'altérer frauduleusement le titre de ces ouvrages, a déclaré la non existence du délit de fourré, contient une appréciation de fait qui échappe à la censure de la Cour de Cassation. (Arrêt de la Cour de Cassation du 30 juin 1843.)

Un autre arrêt de la Cour de Cassation du 29 avril 1845 a décidé que l'excès dans l'emploi de la soudure des bijoux peut constituer le délit de fourré et motiver des poursuites contre le fabricant qui les a vendus, lorsqu'il y a eu de sa part intention frauduleuse ; mais dans le fait spécial, l'appréciation de cette intention appartenait aux premiers juges.

Il y a donc lieu de considérer ce point de jurisprudence comme définitivement résolu.

Saisie d'objets fourrés

D'après un arrêt de la Cour de Cassation du 29 août 1842, la saisie des objets fourrés peut être pratiquée, nonobstant la marque, dans le magasin de celui qui en est trouvé détenteur et donner lieu de poursuivre le fabricant.

La cour de Lyon a décidé dans le même sens, le 20 janvier 1842, qu'un objet peut être saisi bien qu'il ait été contrôlé et essayé.

Responsabilité du fabricant

Un nouvel arrêt de la Cour de Cassation du 31 décembre 1885 a décidé que le fabricant de bijoux qui a vendu à un marchand des objets fourrés saisis chez ce dernier doit, en principe, être déclaré coupable.

Confiscation des objets fourrés

En matière fiscale, le jugement d'acquittement n'en doit pas moins ordonner la confiscation des objets saisis, en l'espèce des objets fourrés. (Arrêt de la Cour de Cassation du 30 octobre 1886.)

Les objets fourrés doivent être brisés et saisis

Si l'essayeur soupçonne que l'ouvrage qui lui est présenté soit fourré, c'est-à-dire qu'on y ait introduit une matière vile ou du métal à bas titre, il le fait couper en présence du propriétaire. S'il y a fraude, l'ouvrage est saisi et confisqué et le délinquant est dénoncé aux tribunaux et condamné à une amende de vingt fois la valeur de l'objet. Dans le cas contraire, le dommage est payé sur le champ au propriétaire et passé en dépense comme frais d'administration. (Art. 65 de la loi du 19 brumaire an VI et circulaire n° 58, du 8 octobre 1822.)

En principe les objets fourrés ne peuvent être saisis qu'à la présentation à l'essai

D'après un arrêt de la Cour de Cassation du 9 juin 1820, les ouvrages fourrés ne peuvent être saisis qu'à la présentation à l'essai et non lorsqu'ils sont en fabrication.

Toutefois, il résulte d'un arrêt de la Cour de Lyon, en date du 20 janvier 1842, qu'un objet peut être saisi bien qu'ayant été déjà essayé et contrôlé

Une indemnité est due si un objet coupe est au titre et ne renferme aucune matière étrangère

Lorsqu'il n'y a pas de fourrure dans l'objet coupé, il est dû une indemnité au fabricant ; mais pour payer cette indemnité, il ne suffit pas que la matière du bijou soit reconnue au titre par l'essai au touchau, il faut que la coupellation donne le même résultat et qu'en outre il n'y ait dans l'intérieur aucune matière étrangère. (Circulaire de l'administration des Monnaies du 10 septembre 1818.)

Mélange de bijoux d or avec des ouvrages en métal commun doublés or

Un orfèvre qui chercherait à tromper la bonne foi de l'essayeur et du contrôleur en présentant à l'essai et à la marque, au milieu d'autres bijoux d'or de la même espèce, des ouvrages d'acier, etc., revêtus d'une couche d'or, tomberait sous l'application de la loi du 19 brumaire an VI. En effet, si, en langage d'orfèvrerie, ce n'est pas là ce qu'on appelle fourré, il est hors de doute que, par cette expression, l'art. 65 désigne toute opération, tout fait de fabrication qui a pour objet de dissimuler sous une enveloppe d'or ou d'argent l'emploi de matières étrangères. Peu importe l'épaisseur et le mode de fabrication de cette enveloppe. Il n'y a pas de distinction à faire entre le cas où un bijou creux est garni frauduleusement, à l'intérieur, de matières étrangères, et le cas où, après avoir fabriqué un ouvrage en fer, cuivre, zinc ou toute autre matière, qui n'est ni de l'or, ni de l'argent, le fabricant le revêt d'une feuille, d'une couche plus ou moins épaisse, de l'un de ces derniers métaux. La fraude est donc flagrante et les employés ne doivent rien négliger pour parvenir à faire punir le délinquant (sens des instructions administratives). (Saillet et Olibo et arrêt de la Cour de Paris du 13 février 1886.)

Ouvrages fourrés bien que marqués

D'après l'ancienne jurisprudence, le marchand dans les magasins duquel étaient saisis des ouvrages d'or et d'argent fourrés de matières étrangères à ces métaux, mais qui, néanmoins, étaient marqués du poinçon de garantie, lorsqu'il les avait achetés pour son commerce, n'était pas passible des peines portées contre les fabricants qui se rendent coupables du délit de fourré. (Arrêt de la Cour de Cassation du 12 août 1819.)

Seulement ces ouvrages ne pouvaient lui être rendus sans que préalablement, le contrôleur de garantie eût enlevé et brisé, en sa présence, comme l'essayeur aurait dû le faire dans le principe, les parties dans lesquelles se trouvaient fourrées les matières étrangères à l'or et à l'argent. (Même arrêt du 12 août 1819.)

Le commissionnaire en douane est responsable des ouvrages qu'il présente à la marque

Le commissionnaire en douane qui présente à l'importation des objets fourrés doit être condamné à l'amende et à la confiscation, alors même que sa bonne foi serait reconnue. (Arrêt de la Cour de Paris du 19 novembre 1903.)

Bijoux creux emaillés

Le bijou creux émaillé a pris, depuis quelques années, une grande vogue. On a pu, avec raison, tolérer à l'intérieur des bijoux une certaine quantité de contre-émail qui paraissait nécessaire pour empêcher l'émail de se gercer et pour le défendre contre les chocs extérieurs.

Des expériences ont prouvé qu'avec du soin et en donnant au laminé la force qu'il n'empruntait qu'au contre-émail, dont le poids est payé comme or, il est possible de confectionner ces sortes de bijoux sans l'addition d'aucun corps étranger dans l'intérieur.

Il est juste de rentrer dans l'exécution exacte de la loi, qui proscrit d'une manière absolue l'emploi de toute matière étrangère dans la structure intérieure des ouvrages, et on ne doit pas admettre à l'essai les bijoux creux émaillés dont l'intérieur serait renforcé par une couche de contre-émail, en quelque faible quantité qu'il s'y trouve.

On doit repousser de l'essai et ne pas soumettre à la marque les bijoux creux remplis de ciment ou de gomme laque, sous le prétexte que ces corps sont indispensables pour soutenir la ciselure, ou pour retenir les rosettes et ornements appliqués ; si parfois ces matières sont nécessaires à la confection de l'ouvrage, elles deviennent inutiles quand il est achevé et, cachées aux yeux du consommateur, elles ne servent qu'à l'abuser sur la valeur intrinsèque de son achat.

En un mot, les essayeurs doivent appeler à leur aide toutes les ressources de l'art et de l'expérience pour persuader aux fabricants soumis à la surveillance de la garantie qu'ils ne peuvent espérer la mettre en défaut, et qu'ils ne présenteraient pas impunément des objets fourrés de matières basses ou étrangères, ou fabriquées en dehors des conditions légales du titre. (Circulaire n° 16 de l'administration des Monnaies, du 3 mai 1838.)

Des marques entées, soudées ou contretirées

Définition de l'enture

L'enture consiste à détacher d'un objet minime d'or ou d'argent la partie sur laquelle se trouve l'empreinte du poinçon de l'Etat et à la rapporter ensuite au moyen d'une enture ou d'une soudure sur un ouvrage de même matière, mais d'un poids différent et souvent à un titre inférieur.

L'ouvrage, ainsi revêtu d'une marque légale qui lui donne, dans le commerce et dans le public, une valeur qu'il n'a pas en réalité, est acheté avec toute confiance sur la foi due au poinçon dont il porte l'empreinte, tandis que le fabricant n'y a apposé cette empreinte qu'en frustrant le Trésor des droits qui lui étaient acquis. (Circulaire n° 62, du 27 mai 1833.)

Le transport de la marque a lieu aussi sans enture ni soudure. A cet effet, les fabricants présentent au bureau de garantie, comme des bagues rondes ou des demi-joncs, des anneaux qui, après avoir été poinçonnés, sont adaptés, soit sur des tiges de lorgnons ou de faces à mains, soit sur des porte-cigares ou autres objets comportant un anneau de suspension. (Circulaire n° 62 précitée.)

D'autres fois, les fabricants présentent au bureau de petites épingles ou de petits anneaux à bon titre, et qui, par conséquent, sont poinçonnés. Ces mêmes épingles ainsi marquées servent à faire des cliquets pour des boucles d'oreilles creuses ; ils y tiennent avec des goupilles. Ce genre de fraude est prévu par l'art. 108 de la loi du 19 brumaire an VI, qui ordonne la saisie et la confiscation de tous les ouvrages d'or et d'argent sur lesquels les marques de poinçon se trouvent entées, soudées ou contretirées en quelque manière que ce soit. Il ne se commet pas seulement sur les boucles d'oreilles, mais encore sur les colliers et ouvrages garnis de jaserons ou chaînes d'or. Les fabricants fraudeurs n'apportent jamais ces parties accessoires au bureau ; ils n'y présentent que des anneaux, des claviers ou des cadenas garnis de cordons de soie ou de cheveux, auxquels ils substituent ensuite une garniture d'or. (Circulaire de l'administration des Monnaies du 13 germinal an X.)

Il faut donc que les employés exercent la surveillance avec beaucoup de soin et qu'ils appellent l'essayeur pour examiner les ouvrages soupçonnés. (Circulaire de l'administration des Monnaies du 13 germinal an X.)

Les employés sentiront facilement qu'il ne faut recourir qu'avec une extrême circonspection à ce moyen, qui altérerait bientôt la confiance due à la marque. (Circulaire n° 62, du 27 mai 1833.)

Le possesseur, avec connaissance, d'ouvrages dont les marques des poinçons se trouvent entées, soudées ou contre-tirées de quelque manière que ce soit, sera condamné à six années de fers. (Art. 108 de la loi du 19 brumaire an VI.) Cette pénalité a été modifiée par l'art. 141 du Code pénal (voir page 394), comportant le bénéfice des circonstances atténuantes prévues par le paragraphe 6 de l'art. 463 du même code. La peine de la réclusion peut être réduite à un an.

Faux poinçons

Fabrication illicite de poinçons

L'art. 101 de la loi du 19 brumaire an VI porte que, lorsque les employés de la garantie auront connaissance d'une fabrication illicite de poinçons, ils se transporteront, accompagnés d'un officier municipal, dans l'endroit ou chez le particulier à eux désigné pour y saisir les faux poinçons, les ouvrages et lingots qui en seraient marqués, ou, enfin, les ouvrages achevés et dépourvus de marque qui y existeraient. Ils peuvent se faire accompagner au besoin par l'essayeur ou l'un de ses agents.

Penalités

Les fabricants de faux poinçons et ceux qui en feraient usage sont punis des travaux forcés à temps, dont le maximum sera toujours appliqué dans ce cas.

Les ouvrages empreints de fausses marques sont toujours confisqués. (Art. 19 de la loi du 19 brumaire an VI et art. 140 du Code pénal. (Voir page 10.)

Tout poinçon, quel qu'il soit, est considéré comme contrefait, par cela seul qu'il n'est pas celui qu'emploie le bureau de garantie. Le poinçon calqué sur 'le véritable est un faux poinçon, et, par conséquent, l'apposition de ce poinçon sur des matières d'or ou d'argent constitue le crime puni par l'art. 140 du Code pénal. (Arrêt de la Cour de Cassation du 31 mai 1808.)

Ouvrages marqués de faux poinçons

La connaissance du délit que constitue la possession d'ouvrages d'or ou d'argent marqués de faux poinçons appartient au tribunal de police correctionnelle du lieu où le délit a été constaté, lors même que le prévenu ne réside pas dans le ressort de ce tribunal, qu'il n'y a pas été trouvé et que le délit n'y a point été commis. (Arrêt de la Cour de Cassation du 14 février 1840.)

L'extradition des fabricants de faux poinçons peut être réclamée

La contrefaçon des poinçons de l'Etat servant à marquer les matières d'or et d'argent, alors même que cette contrefaçon aurait eu lieu sur un territoire étranger, est au nombre des crimes à raison desquels l'extradition des coupables peut être réclamée auprès des gouvernements étrangers par la voie diplomatique. (Texte ordinaire des conventions d'extradition.)

Confiscation d'objets marqués de faux poinçons

Les objets marqués de faux poinçons seront confisqués dans tous les cas, et ceux qui les garderaient ou les exposeraient en vente, avec connaissance, seront condamnés, la première fois, à une amende de 200 francs ; la deuxième fois à une amende de 400 francs, avec affiche de la condamnation, aux frais du délinquant ; et la troisième fois, à une amende de 1 000 francs, avec interdiction de tout commerce d'or et d'argent (Art. 109 de la loi du 19 brumaire an VI.)

La confiscation peut être prononcée sans amende

Les tribunaux peuvent prononcer sans amende la confiscation des ouvrages saisis comme marqués de faux poinçons, s'ils jugent que le détenteur de ces ouvrages n'avait pas connaissance de la fausseté des marques. (Arrêt de la Cour de Cassation du 5 novembre 1825.)

Usage illicite des vrais poinçons

Sera puni de la réclusion quiconque s'étant procuré les vrais poinçons en aura fait une application ou usage préjudiciable aux droits ou intérêts de l'Etat. (Art. 110 de la loi du 19 brumaire an VI et art. 141 du Code pénal (voir page 10).

Calque des poinçons

Les employés des bureaux de garantie qui calqueraient les poinçons ou qui en feraient usage sans observer les formalités légales, seraient destitués et condamnés à un an de détention. (Art. 46 de la loi du 19 brumaire an VI.)

Les peines prononcées par cet article ne sont applicables que pour les petites infractions à la loi (art. 55 de la loi du 19 brumaire an VI), car l'usage frauduleux serait puni en vertu de l'art. 141 du Code pénal. (Raibaud et Girard.)

Responsabilité des employés des bureaux de garantie

Aucun employé des bureaux de garantie ne peut laisser prendre de calque, ni donner description soit verbale, soit par écrit des ouvrages apportés au bureau, sous peine de destitution. (Art. 47 de la loi du 19 brumaire an VI.)

Les employés qui laisseraient prendre des calques pourraient être poursuivis également comme complices de ceux qui auraient fait de ces calques un usage frauduleux. (Fontaine)

Poursuites

Dans ces différents cas, les procès-verbaux et les prévenus doivent être mis à la disposition du procureur de la République. Les directeurs se porteront partie civile pour requérir la confiscation des ouvrages marqués de faux poinçons, et elle doit être prononcée même si les prévenus étaient acquittés, si les marques sont réellement reconnues fausses. (Saillet et Olibo.)

Il résulte des termes de l'art. 141 du Code pénal, lequel a abrogé l'art. 110 de la loi du 19 brumaire an VI, que trois conditions sont nécessaires pour son application. Il faut · 1° que l'agent se soit procuré les vrais poinçons ; 2° qu'il en ait fait un usage illicite ; 3° que cet usage soit préjudiciable, non à de simples particuliers, mais aux droits ou intérêts de l'Etat. (Fontaine.)

Confiscation d'ouvrages marqués de faux poinçons

La confiscation ordonnée par l'art. 109 de la loi du 19 brumaire an VI s'étend à tous les ouvrages marqués de faux poinçons ; la bonne foi du détenteur ne peut donner lieu qu'à l'exemption de l'amende.

Quel que fût, d'ailleurs, le résultat du procès criminel pour suivi, les ouvrages marqués de faux poinçons ne peuvent être restitués au propriétaire sur un ordre du président de la Cour d'assises, non plus que de la Cour elle-même. (Arrêt de la Cour de Cassation du 1er juillet 1820.)

Toute personne accusée d'avoir fait usage de faux poinçons et déclarée non coupable par le jury, malgré son acquittement, peut être condamnée par la Cour d'assises à des dommages-intérêts envers la régie, se portant partie civile, si l'existence du fait matériel de poinçons autres que ceux de l'Etat est établie et entraîne, tout en respectant la chose jugée au criminel, la réparation du dommage causé au Trésor. (Arrêt de la Cour de Cassation du 6 mars 1868.)

La gravité des peines infamantes prononcées par le Code pénal, et l'extrême difficulté qu'éprouve souvent l'œil le mieux exercé à discerner une marque altérée, sont des motifs puissants qui commandent la plus grande circonspection aux employés. Lorsqu'ils auront de graves indices pour soupçonner la vérité d'une marque, ils pourront s'assurer du titre de l'ouvrage suspecté, sans le détruire. Si le résultat de cet essai les confirme dans leurs doutes, ils n'hésiteront plus à verbaliser pour infraction aux articles 1er, 7 et 77 de la loi du 19 brumaire an VI, et ils obtiendront l'application de l'art. 109, en observant les formes prescrites par les articles 101, 102 et 103. (Circulaire n° 58, du 8 octobre 1822.)

. Présentation au bureau d'ouvrages marqués de faux poinçons

En règle générale, on ne doit pas admettre au bureau des ouvrages marqués de faux poinçons, ni effacer ou faire effacer les marques fausses, ni faire payer les droits après apposition des poinçons vrais du bureau.

Des actes de cette nature sont tout à fait opposés aux dispositions précises de la loi.

Le faux est un crime dont la poursuite et la répression intéressent l'ordre public et la sûreté générale, car il tend non seulement à frustrer le Gouvernement de la perception du droit de garantie, mais encore à couvrir l'altération du titre, dont la fidélité doit être garantie et maintenue. Il doit, dès lors, être déféré à la justice par les voies de droit.

Si, au moment de la visite, le coupable de ce délit n'est pas connu, et si le possesseur de l'ouvrage ne peut ou ne veut pas le faire connaître aux employés, il pourra être découvert et atteint par suite de l'instruction du procès ; pour en conserver le moyen à la justice, on doit mettre le corps du délit sous sa main.

La saisie est de rigueur ; et comme la confiscation de l'ouvrage marqué d'un faux poinçon doit avoir lieu dans tous les cas, la saisie en doit être faite aussi dans tous les cas, et par conséquent dans tous les lieux où il se trouve, au bureau même où on le présente, ainsi que chez le marchand et le fabricant, où les employés en font ordinairement la vérification. La bonne ou mauvaise foi du marchand, en la possession duquel se trouve l'objet argué de faux, ne peut être, dans l'espèce. d'aucune considération : la raison de décider est la même. La loi ne distingue pas entre un endroit et une personne ou l'autre, et l'on ne peut, en principe de droit, admettre une distinction et une exception qu'elle n'établit pas ; ce serait une transaction arbitraire qui anéantirait la loi en violant ses dispositions. (Circulaire n° 72, du 8 août 1823.)

La confiscation qui est prononcée, dans tous les cas, des ouvrages marqués de faux poinçons, retombe nécessairement sur le faussaire ; car le marchand qui les a achetés dans la confiance qu'ils étaient bien marqués a un recours légal de garantie contre ses vendeurs ; il se trouve, par l'exercice de cette action récursoire, dédommagé de la perte des objets confisqués. (Circulaire n° 72 de l'administration des Monnaies, du 8 août 1823.)

Explications pour la reconnaissance des fausses marques

Pour faire la vérification exacte d'une marque, il faut se tourner vers l'endroit d'où part la lumière afin que celle-ci, tombant à plomb sur la marque, puisse en éclairer toutes les parties.

Après en avoir bien saisi l'ensemble, le caractère et les contours, on fera l'analyse de chaque partie et l'examen de tous les détails, et, faisant ensuite mouvoir en divers sens l'objet à vérifier, on pourra s'assurer par les parties ombrées et celles éclairées si le modèle est identique à son type de comparaison.

On doit toujours examiner une marque sans prévention de faux, ne s'arrêter qu'aux observations du moment, et, s'il y a plusieurs pièces de mêmes ou de différentes natures dont les marques élèveraient quelques doutes, faire attention si les défauts ou les signes présumés faux n'auraient point été occasionnés par une partie de métal fixée au poinçon, par la négligence du marqueur ou par quelque détérioration du poinçon même ; ces connaissances s'acquièrent par un peu d'habitude et d'expérience.

Les signes de la contremarque, quelque légers qu'ils soient, viennent à l'appui de la vérification de la marque, si la bigorne n'est pas détériorée.

On rencontre quelquefois, sur des objets creux, des marques et contremarques qui ne satisferont point complètement. Dans ce nombre sont les marques qui ont été doublées, c'est-à-dire appliquées par deux ou plusieurs coups de marteau, d'autres encore, appliquées sur des pièces ciselées et couvertes de mat ou de pointillé dans toute leur superficie, car on sent qu'un léger coup de marteau ne peut souvent faire rentrer et fondre dans la masse toutes les aspérités de la ciselure.

On sent, d'après ce court exposé, que la vérification la plus scrupuleuse et la mieux raisonnée laisse encore quelquefois des incertitudes sur la légalité de certaines marques. Dans les cas douteux, on doit se contenter de remplir la moitié de l'intention de la loi, en s'assurant, par l'essai, du titre qu'une marque inappréciable n'aura pu constater.

Il n'en est pas des vérifications en garantie comme de celles des autres parties d'exercice qui se réduisent à constater des quantités ou des choses qui exigent plus de surveillance et d'activité que de lumières. En matière de garantie, on se trouve quelquefois dans le cas de faire autant usage d'une vérification morale que de la vérification physique, parce que beaucoup de pièces étroites, minces, ou d'une confection particulière, qui ne présentent point de lieu convenable à l'application, ne peuvent parfois recevoir l'empreinte totale, ou même bien nette d'un poinçon simple, et par conséquent rarement de portions de contremarque suffisantes pour faire une vérification exacte et physiquement certaine.

La vérification de la contremarque qui se trouve apposée d'un même coup au revers du poinçon de garantie exige une méthode et un examen particuliers qui n'ont aucun rapport avec la vérification d'une marque simple et terminée dans ses contours. Ce n'est point seulement dans la ressemblance, le fini et le détail des insectes ou de leurs parties que consiste la vérification ; c'est aussi essentiellement dans l'identité de position, c'est-à-dire dans le rapport entre les distances, les lignes et les angles, parce que c'est dans ce rapport exact que consiste l'impossibilité de recomposer identiquement le tout ou partie de la bigorne, dont tout l'ensemble est multiplié à la fois sur un original, au moyen d'un balancier, et ne peut l'être

23

autrement, d'où il suit que le faussaire, obligé de se servir des poinçons partiels qu'il s'est procuré par contretiré ou autrement, rencontre la difficulté insurmontable de les rassembler sur une fausse bigorne, dans les positions et directions identiques qu'ils ont sur l'original, opération impossible même pour celui qui a composé ce dernier.

On ne parle point de la double opération qu'entraînerait nécessairement le moyen des contretirés, ni de l'altération des signes qui en serait le résultat, en supposant que l'on en puisse rencontrer d'assez entiers et suffisamment terminés dans leurs détails pour la tenter.

Cette seconde vérification n'exige donc aucune connaissance des arts, et consiste seulement à voir si un poinçon de forme triangulaire, losange, pentagone ou autre a pour voisin des fragments de poinçons de forme quelconque dans une position exactement semblable à celle qui existe sur l'original ; or, la moindre habitude suffit pour faire cette vérification, quand même il n'existerait sur les poinçons aucune trace de la gravure des insectes. (Extrait du Manuel de la Garantie, publié en 1822 par l'administration.)

L'art. 11 de la loi de finances du 22 avril 1905 dispose que le droit de transaction est étendu aux délits et contraventions constatées par application de la loi du 19 brumaire an VI sur la garantie des matières d'or et d'argent.

Cette disposition a une portée générale et s'applique à toutes les infractions qui ne tombent pas sous le coup du Code pénal. Par conséquent, sont exclues du droit de transaction les infractions qui ont pour objet des faits qualifiés crimes, savoir : fabrication et usage de faux poinçons, usage abusif de vrais poinçons, délit d'enture, de fourré, de contretiré, etc. (Circulaire n° 599, du 25 avril 1905.)

Les procès-verbaux relatant ces infractions seront transmis au parquet chargé des poursuites. (Circulaire n° 599 précitée.)

Jurisprudence concernant les délits de fourré et d'enture

Les parties d'ouvrages fourrées de matières étrangères doivent être brisées

« Le marchand dans les mains duquel sont saisis des
» ouvrages d'or et d'argent, fourrés de matières étrangères à
» ces métaux, mais qui, néanmoins, étaient marqués du poin-
» çon de garantie, lorsqu'il les a achetés pour son commerce,
» n'est pas passible des peines portées contre les fabricants

» qui se rendent coupables du délit de fourré ; seulement ces
» ouvrages ne peuvent lui être rendus sans que préalablement
» le contrôleur de garantie ait enlevé et brisé en sa présence,
» comme l'essayeur aurait dû le faire dans le principe, les
» parties dans lesquelles se trouvent fourrées les matières
» étrangères à l'or et à l'argent. » (Arrêt de la Cour de Cassation
du 12 août 1819.)

Les objets fourrés en cours de fabrication ne sont pas saisissables

« Les employés ne sont pas fondés à saisir, dans l'atelier
» d'un orfèvre, des ouvrages d'or et d'argent qui sont en fabri-
» cation, bien qu'ils soient fourrés de matières étrangères ; ce
» n'est que quand les ouvrages sont présentés au bureau pour
» être essayés et titrés que l'on peut opérer une semblable
» saisie. » (Cass., 9 juin 1820.)

Il n'y a, d'après les articles 101, 107 et 108 de la loi du 19 brumaire an VI, que trois espèces saisissables d'ouvrages d'or ou
d'argent dans les magasins, boutiques ou ateliers du fabricant,
savoir : 1° Ceux qui seraient marqués d'un faux poinçon ;
2° ceux sur lesquels les marques des véritables poinçons
seraient entées, soudées ou contretirées ; et 3° ceux qui seraient
achevés et non marqués.

Les objets fourrés bien qu'étant marqués sont saisissables

« Si des objets trouvés dans les magasins du fabricant sont
» reconnus fourrés, il y a lieu de les saisir, bien que cette
» fraude ait été découverte après l'essai et la marque. » (Cour
de Paris, 22 mars 1842.)

D'après l'art. 65 de la loi du 19 brumaire an VI, c'est au
moment de la présentation des bijoux à l'essai que le délit de
fourré doit être recherché et constaté, mais aucune disposition
limitative ne fait obstacle à ce que la découverte puisse être
faite utilement postérieurement à l'essai et à la marque dans
les magasins du fabricant ou marchand, lorsque l'introduction
de la matière étrangère avait eu lieu depuis l'application de la
marque.

L'emploi d'une trop grande quantité de soudure peut constituer
le délit de fourré

« L'emploi d'une trop grande quantité de soudure dans la
» confection des ouvrages d'or, de vermeil ou d'argent peut
» constituer le délit de fourré, prévu et puni par l'art. 65 de la
» loi du 19 brumaire an VI.

» Néanmoins l'arrêt qui, reconnaissant que l'excès de soudure
» peut être attribué à un vice de fabrication, sans intention, de
» la part du fabricant, d'altérer frauduleusement le titre de ces
» ouvrages, a déclaré la non existence du délit de fourré,
» contient une appréciation de fait qui échappe à la censure de
» la Cour de Cassation » (Cass., 30 juin 1843.)

Marques entées sur les bijoux — Confiscation

« Bien qu'il y ait eu acquittement d'un individu accusé d'avoir
» possédé, avec connaissance, des bijoux sur lesquels était
» entée la marque du poinçon de garantie, la Cour d'assises
» aurait dû statuer sur la confiscation des bijoux réclamés par
» la partie civile à titre de dommages-intérêts. » (Cassation.
29 novembre 1834.)

Par un arrêt du 5 mars 1835, la Cour d'assises de Versailles
a prononcé la confiscation des bijoux.

Devant la Cour suprême, l'administration avait fait remarquer que, d'après la déclaration du jury, le fait de possession
avec connaissance était seul écarté, mais que celui de l'enture
des bijoux n'en constituait pas moins un délit qui, en tout état
de choses, devait entraîner la confiscation.

La Cour royale de Paris a jugé, le 3 mai 1843, que des ornements à bas titre, ajoutés à un bijou marqué, constituaient le
délit d'enture.

Objets marques et fourres

« L'excès dans l'emploi de la soudure des bijoux peut consti-
» tuer le fourré, qui fait l'objet de l'art. 65 de la loi du 19 bru-
» maire an VI, et la saisie des bijoux ainsi fourrés peut être
» pratiquée, nonobstant la marque, dans le magasin de celui
» qui en est trouvé détenteur et donner lieu de poursuivre le
» fabricant ; mais il appartient au tribunal d'apprécier les faits
» et d'examiner s'il y a intention frauduleuse. » (Cass., 29 août
1845.)

Delit d'enture — Application de l'art 141 du Code penal

« Celui qui, trouvant l'empreinte d'un véritable poinçon de
» l'Etat sur un ouvrage d'or ou d'argent, la transporte fraudu-
» leusement sur un autre ouvrage non marqué, n'encourt pas
» l'application de l'art. 108 de la loi du 19 brumaire an VI, mais
» celle de l'art. 141 du Code pénal, qui comporte le bénéfice des
» circonstances atténuantes prévues par le § 6 de l'art. 463 du
» même code. » (Cass , 26 mai 1876.)

Attendu qu'il est impossible de concilier la disposition de l'art. 108 de la loi du 19 brumaire an VI avec celle de l'art. 141 du Code pénal, puisque prévoyant le même fait, l'une, en des termes formels il est vrai, et l'autre virtuellement quoique implicitement, elles le punissent, la première de six années de fers et la seconde de la réclusion ;

Qu'il est également impossible d'admettre que le législateur de 1810, qui avait sous les yeux la loi du 19 brumaire an VI, ait entendu laisser subsister sous le coup de la peine des fers, qui ne fait plus partie des peines du droit commun, le fait prévu par l'art. 108 de cette loi, alors qu'il a prévu, par les art. 140 et 141 du Code pénal, les faits punis par les art. 19 et 110 de ladite loi de l'an VI, et qu'il en a modifié la pénalité ; qu'il est encore moins admissible qu'il ait voulu, par son silence, abroger la disposition de l'art. 108 sans la remplacer, cette disposition prévoyant l'une des fraudes les plus graves en matière d'or ou d'argent, à raison de la facilité de la commettre et de la difficulté de découvrir l'enture et la soudure ...

Fourre — L'introduction d'or à bas titre ne constitue pas le délit s'il n'y a pas intention frauduleuse

« L'introduction dans un bijou d'une matière présentant le
» caractère d'or à bas titre ne saurait constituer le délit de
» fourré lorsque le fabricant n'a pas eu d'intention frauduleuse
» et a voulu simplement faire une soudure nécessitée par la
» nature de l'ouvrage.

» Une cour d'appel peut décider souverainement que le métal
» à bas titre a été employé pour une soudure, alors, d'ailleurs,
» que cette décision n'est pas en contradiction avec le fait
» matériel constaté dans le procès-verbal.

» Il lui appartient également de constater d'une manière
» souveraine l'absence d'intention frauduleuse de la part du
» prévenu. » (Cass., 10 août 1878.)

Attendu que l'arrêt attaqué déclare que « d'après les cir-
» constances de fait relevées par le procès-verbal, le métal à
» bas titre renfermé dans les anneaux n'y a été introduit qu'en
» vue de les souder et que son emploi était nécessité par la
» nature même de l'ouvrage ; »

Attendu que cette déclaration de l'arrêt n'est pas en contra-
diction avec les termes du procès-verbal de saisie ; qu'en effet, l'arrêt attaqué ne conteste pas le fait matériel constaté par le procès-verbal, l'introduction aux deux extrémités des bélières d'une certaine quantité de métal qui n'était pas au titre légal,

mais qu'appréciant dans quelles circonstances ou dans quel but ce métal a été employé, l'arrêt déclare que ce n'est là qu'une soudure rendue nécessaire par la nature des pièces saisies ; que l'arrêt ajoute qu'il n'y a pas eu de la part du fabricant l'intention d'altérer frauduleusement le titre des objets. (Cassation, 10 août 1878.)

Le fabricant de bijoux fourres est responsable de la contravention

« Le fabricant de bijoux qui a vendu à un marchand dans
» le magasin duquel ont été trouvés des ouvrages d'or ou
» d'argent reconnus fourrés de matières étrangères, doit être
» déclaré coupable de la contravention énoncée en l'art. 65 de
» la loi du 19 brumaire an VI, alors même qu'aucun procès-
» verbal n'a été dressé spécialement contre lui, si la preuve de
» la contravention imputée à ce fabricant résulte soit de l'aveu
» du prévenu, soit de tout autre mode de preuve.
» Mais il ne peut en être ainsi, qu'au cas où la perquisition
» dans les magasins du marchand et la saisie des bijoux
» fourrés ont été valablement opérées et constatées par un
» procès-verbal régulier. » (Cass., 31 décembre 1885.)

Delit de fourre — Intention frauduleuse

« Le délit de fourré, prévu par l'art. 65 de la loi du 19 bru-
» maire an VI, n'existe que dans le cas où il est établi que
» l'inculpé a agi avec intention frauduleuse. » Cour de Paris,
13 février 1886.)

Les ouvrages fourres presentes a l essai sont saisissables

« La saisie des ouvrages d'or ou d'argent soupçonnés de
» fourré peut avoir lieu dans le cas où ces objets sont volontai-
» rement présentés à l'essayeur par le propriétaire, mais cette
» exception qui résulte de la disposition de l'art. 65 de la loi du
» 19 brumaire an VI, ne saurait être étendue au cas où la saisie
» est opérée à la suite d'une perquisition faite chez un particu-
» lier, auquel cas l'assistance d'un commissaire de police est
» nécessaire. » (Cass., 31 décembre 1885.)

L'intention frauduleuse constitue le delit de fourre

« Le délit de fourré prévu et puni par l'art. 65 de la loi du
» 19 brumaire an VI n'est établi qu'autant que la preuve de
» l'intention frauduleuse est rapportée par les poursuivants. »
(Cour de Paris, 13 février 1886)

Responsabilité du Commissionnaire en douane

« Le commissionnaire en douane qui présente à l'importation
» des objets fourrés doit être condamné à l'amende et à la con-
» fiscation, alors même que sa bonne foi serait reconnue. »
(Cour d'appel de Paris, 19 novembre 1903.)

Le tribunal de la Seine faisant état de la bonne foi du commissionnaire qui prétendait ignorer la nature des objets
importés, n'avait prononcé aucune amende et s'était borné à
adjuger la confiscation. L'administration a relevé appel de ce
jugement, car la thèse admise par les juges était de nature à
favoriser les manœuvres des fabricants étrangers. Elle a sou-
tenu devant la Cour d'appel que les commissionnaires dont la
bonne foi serait établie ne doivent pas entièrement être déchargés de l'amende et peuvent tout au plus bénéficier des dispositions de l'art. 19 de la loi du 29 mars 1897 sur les circonstances
atténuantes.

Jurisprudence concernant les faux poinçons

Les ouvrages marqués d'un faux poinçon ne doivent pas être rendus

« La confiscation ordonnée par l'art. 109 de la loi du 19 bru-
» maire an VI s'étend à tous les ouvrages d'or et d'argent
» marqués de faux poinçons, trouvés chez les marchands et
» fabricants ; la bonne foi du détenteur ne peut donner lieu
» qu'à l'exemption de l'amende prononcée par la deuxième
» partie du même article.
» Lorsqu'une Cour d'assises a été saisie d'une procédure
» pour usage de faux poinçons, le président n'a pas qualité
» pour autoriser la remise des ouvrages marqués de faux
» poinçons, par une simple ordonnance émanée de lui seul. »
(Cass., 1er juillet 1820.)

Considérant, d'un autre côté, que le président de la Cour
d'assises n'avait pas qualité pour autoriser, par une simple
ordonnance émanée de lui seul, la remise d'objets saisis et
susceptibles d'être confisqués, puisque, dans le cas même où
il s'agit de remettre au véritable propriétaire les effets volés et
déposés au greffe comme pièces à conviction, cette remise ne
peut, aux termes de l'art. 366 du Code d'instruction criminelle,
être ordonnée que par une décision de la Cour d'assises.....

Ouvrages marques de faux poinçons — Confiscation

« Les tribunaux peuvent prononcer la confiscation d'ouvrages
» marqués de faux poinçons, sans infliger une amende au
» détenteur de ces ouvrages, lorsqu'il n'a pas eu connaissance
» de la fausseté des marques.

» Les contraventions à la loi du 19 brumaire an VI ne peuvent
» être poursuivies par le ministère public (combinaison des
» art. 102 et 105) que lorsque les faits constitutifs de ces contra-
» ventions sont énoncés dans les procès-verbaux des employés »
(Cass., 5 novembre 1823.)

Confiscation d'ouvrages marques de faux poinçons

« La confiscation des objets marqués d'un faux poinçon ne
» doit pas être prononcée tant qu'il n'y a pas chose définitive-
» ment jugée quant à la fausseté des marques. » (Cass ,
10 mai 1838.)

Sur le moyen pris que l'arrêt attaqué n'aurait pas prononcé
la confiscation de certains objets, quoiqu'il eût été reconnu
qu'ils étaient marqués d'un faux poinçon ;

Attendu que le jugement de première instance, dont la Cour
adopte les motifs, réserve à la fois et l'action du ministère
public. quant à la poursuite de cette fausse marque, et les
exceptions qu'invoquent les prévenus pour repousser cette
action ; que, dès lors, il n'y avait pas chose définitivement
jugée quant à la fausseté des marques, ni, par suite, obligation
de prononcer la confiscation des objets dont il s'agit, aux
termes de l'art. 109 de la loi du 19 brumaire an VI...

Detention d'objets marques de faux poinçons — Connaissance du délit

« La connaissance du délit que constitue la possession
» d'ouvrages d'or et d'argent marqués de faux poinçons appar-
» tient au tribunal de police correctionnelle du lieu où le délit
» a été constaté, lors même que le prévenu ne réside pas dans
» le ressort de ce tribunal, qu'il n'y ait point été trouvé et que
» le délit n'y ait point été constaté. » (Cass., 14 février 1840.)

Attendu, enfin que, aux termes de l'art. 109 de la loi du
19 brumaire an VI, les ouvrages marqués de faux poinçons
doivent être confisqués, dans tous les cas, et que ceux qui les
garderaient ou les exposeraient en vente avec connaissance
doivent être condamnés à une amende plus ou moins forte,

suivant qu'il s'agit d'une première poursuite ou de poursuites réitérées ;

Qu'il suit de là que la possession, quelque courte qu'elle soit, d'ouvrages d'or ou d'argent, marqués d'un faux poinçon, constitue une contravention passible, dans tous les cas, de la confiscation et d'une peine plus ou moins sévère, s'il y a mauvaise foi de la part du possesseur, et que la connaissance de cette contravention appartient nécessairement au tribunal de police correctionnelle du lieu où les objets frappés de confiscation ont été trouvés et déposés au greffe du tribunal, et où, par conséquent, la contravention a été découverte et constatée.

Usage de faux poinçons — Acquittement — Condamnation
à des dommages-intérêts

« Un bijoutier, accusé d'avoir fait usage de faux poinçons et
» déclaré non coupable par le jury vu l'absence de toute crimi-
» nalité, peut être condamné par la Cour d'assises, malgré cet
» acquittement, à des dommages-intérêts envers la Régie se
» portant partie civile, si l'existence du fait matériel de l'usage
» de poinçons autres que ceux de l'Etat est établi et entraîne,
» tout en respectant la chose jugée au criminel, la réparation
» du dommage causé au Trésor. » (Cass., 6 mars 1868.)

CHAPITRE XVI

DE L'AFFINAGE ET DES ARGUES

1° Affinage

Les dispositions du Titre IX, art. 111 à 134 de la loi de brumaire, soumettaient les affineurs de lingots d'or et d'argent à certaines obligations particulières et au paiement des droits de garantie sur leurs produits. Elles conservaient un atelier national d'affinage à l'hôtel des Monnaies, à Paris.

Ces dispositions ne sont plus appliquées. L'affinage national a été supprimé vers 1830. Les lingots affinés ne sont plus imposés du droit de garantie qui faisait double emploi avec celui perçu sur la matière lorsqu'on la transforme en bijoux.

La profession d'affineur est libre, mais ces industriels restent soumis aux visites et exercices prévus par l'art. 26 de la loi du 25 février 1901 qui a abrogé les dispositions des articles 71, 101 et 105 de la loi du 19 brumaire an VI. (Circulaire n° 437, du 7 mars 1901.)

2° Argues

L'argue est une sorte de filière à l'usage des tireurs d'or et d'argent, à travers laquelle on fait passer les lingots pour les dégrossir et les étirer.

Aux termes des articles 136 et 137 de la loi du 19 brumaire an VI, les tireurs d'or et d'argent étaient tenus d'apporter leurs lingots pour y être dégrossis, marqués et titrés lorsqu'il existait des argues nationales.

L'argue de Paris a cessé ses travaux en 1830. Il n'existait plus que deux argues nationales : l'une à Trévoux, l'autre à Lyon. Ces deux dernières, rétablies par les arrêtés des 17 pluviôse et 25 ventôse an VI, ont cessé de fonctionner en 1864.

Toutes les argues nationales ont ainsi disparu ; mais s'il en était créé de nouvelles, les dispositions suivantes seraient alors remises en vigueur :

Les tireurs d'or et d'argent seraient tenus aux dispositions des art. 136 et 137 énumérées ci-dessus, paragraphe 2, et payer pour prix du travail, savoir :

Pour les lingots de doré et lorsque les propriétaires auront leurs filières, trente centimes par hectogramme, et lorsqu'ils n'auront pas de filières, quarante-cinq centimes.

Pour les lingots d'argent, douze centimes par hectogramme lorsqu'ils auront leurs filières, et quand ils n'en auront pas, vingt-cinq centimes. (Art. 138 de la loi du 19 brumaire an VI.)

CHAPITRE XVII

Lingots — Reconnaissance du titre

Une délibération a été prise par l'administration des Monnaies, le 14 février 1828, relativement à la vérification du titre des lingots d'or et d'argent appartenant à des particuliers.

Conformément à cette délibération, approuvée par le Ministre des Finances, la Commission des Monnaies ayant arrêté qu'elle ne ferait procéder à la vérification du titre des lingots essayés par les essayeurs du commerce, qu'autant qu'ils lui seraient envoyés par les tribunaux, et qu'elle ferait vérifier, sur la demande du propriétaire, les lingots essayés ou contre-essayés par les essayeurs des bureaux de garantie. (Circulaire de l'administration des Monnaies du 12 juin 1828.)

Essai des lingots

En exécution de l'art. 2 de la délibération précitée, les essayeurs des bureaux de garantie sont appelés à essayer ou à contre-essayer les lingots d'or et d'argent présentés à leur bureau, afin de donner aux propriétaires de ces lingots la faculté de faire vérifier le titre au laboratoire de l'administration des Monnaies. (Circulaire de l'administration des Monnaies du 12 juin 1828.)

Ces lingots, avant d'être rendus au propriétaire, seront marqués d'un poinçon portant le nom ou la marque de l'essayeur et insculpés des chiffres indicatifs du vrai titre et d'un numéro. (Circulaire précitée.)

Responsabilité des essayeurs

La responsabilité qu'assume l'essayeur doit lui faire sentir la nécessité d'apporter la plus sérieuse attention et la plus grande exactitude dans les opérations qu'il fera pour déterminer d'une manière précise le titre des lingots qu'il essaiera ou qui lui seront présentés avec le paraphe d'un essayeur du commerce.

Il devra s'assurer de la justesse des poids et des balances et n'employer, suivant le vœu de l'art. 50 de la loi du 19 brumaire an VI, que des agents et substances chimiques provenant du dépôt établi à l'hôtel des Monnaies de Paris.

Il sentira de quelle importance il est pour lui d'avoir égard à ces recommandations, lorsqu'il réfléchira à la gravité des conséquences qui pourraient résulter d'une erreur commise en ne titrant pas exactement un lingot qui lui serait envoyé en vérification. (Circulaire de l'administration des Monnaies du 12 juin 1828.)

Droit d'essai des lingots

Tous les lingots d'or, d'argent ou de doré qui seront présentés à l'essai ne devront supporter d'autres frais que ceux fixés par la loi pour cette opération, savoir :

Pour un essai d'or, de doré ou d'or tenant argent.... 3$^{fr.}$ »
Pour un essai d'argent............................. 0 80

Les cornets et les boutons provenant de l'essai des lingots seront remis au propriétaire..

Marques à apposer sur les lingots

Un poinçon portant la marque de l'essayeur doit être apposé sur les lingots. L'empreinte de ce poinçon est déposée au tribunal de commerce et à la commission des Monnaies. (Circulaire précitée.)

L'essayeur fera mention des objets sur son registre, ainsi que du poids des matières essayées.

L'essayeur qui contreviendrait à ces dispositions serait condamné à une amende de 100 francs pour la première fois, de 200 francs pour la deuxième fois ; la troisième fois, il serait destitué. (Art. 67 de la loi du 19 brumaire an VI et circulaire de l'administration des Monnaies du 12 juin 1828.)

Cas où il doit être procédé à des vérifications

L'administration des Monnaies ne procédera à des vérifications soit pour les marques, soit pour le titre des ouvrages d'or et d'argent, que dans quatre cas particuliers :

1° Lorsqu'elle y sera provoquée par le Gouvernement dans l'intérêt public ;

2° Lorsqu'elle en sera requise par les tribunaux ;

3° Lorsqu'il y aura plainte portée devant elle par un particulier contre un essayeur ;

4° Lorsqu'il y aura contestation sur le titre entre un fabricant et l'essayeur.

Hors ces cas d'exception, toutes les vérifications de titres ou de marques sont faites par les employés des bureaux de garantie, ou autres agents attachés à ce service, qui sont les premiers juges de l'état de ces ouvrages. (Circulaire de l'administration des Monnaies du 28 février 1824.)

CHAPITRE XVIII

GARANTIE DES MARQUES DE FABRIQUE ET DE COMMERCE

Loi du 26 Novembre 1873

Inserée au *Journal officiel* du 2 Decembre 1873

ARTICLE 1er. — Tout propriétaire d'une marque de fabrique ou de commerce, déposée conformément à la loi du 23 juin 1857, pourra être admis, sur sa réquisition écrite, à faire apposer par l'Etat, soit sur les étiquettes, bandes ou enveloppes en papier, soit sur les étiquettes ou estampilles en métal sur lesquelles figure sa marque, un timbre ou poinçon spécial destiné à affirmer l'authenticité de cette marque.

Le même poinçon pourra être apposé sur la marque faisant corps avec les objets eux-mêmes, si l'administration les en juge susceptibles.

ART. 2. — Il sera perçu au profit de l'Etat, par chaque apposition du timbre, un droit qui pourra varier d'un centime à un franc.

Le droit dû pour chaque apposition du poinçon sur les objets eux-mêmes ne pourra être inférieur à cinq centimes ni excéder cinq francs.

ART. 3. — La quotité des droits perçus au profit du Trésor sera proportionnée à la valeur des objets sur lesquels doivent être apposées les étiquettes soit en papier, soit en métal, et à la difficulté de frapper d'un poinçon les marques fixées sur les objets eux-mêmes.

Cette quotité sera établie par des règlements d'administration publique qui détermineront, en outre, les métaux sur lesquels le poinçon pourra être appliqué, les conditions à remplir pour être admis à obtenir l'apposition des timbres ou poinçon, les lieux dans lesquels cette apposition pourra être effectuée, ainsi que les autres mesures d'exécution de la présente loi.

ART. 4. — La vente des objets par le propriétaire de la marque de fabrique ou de commerce à un prix supérieur à celui correspondant à la quotité du timbre ou du poinçon, sera punie, par chaque contravention, d'une amende de 100 francs à 500 francs.

Les contraventions seront constatées dans tous les lieux ouverts au public, par tous les agents qui ont qualité pour verbaliser en matière de timbre et de contributions indirectes, par les agents des postes et par ceux des douanes lors de l'exportation.

. . . .

Les contraventions seront constatées et les instances seront suivies et jugées, savoir . 1° comme en matière de timbre, lorsqu'il s'agira du timbre apposé sur des étiquettes, bandes ou enveloppes en papier ; 2° comme en matière de contributions indirectes, en ce qui concerne l'application du poinçon.

ART. 5 — Les consuls de France à l'étranger auront qualité pour dresser les procès-verbaux des usurpations de marques et les transmettre à l'autorité compétente.

ART. 6. — Ceux qui auront contrefait ou falsifié les timbres ou poinçons établis par la présente loi, ceux qui auront fait usage des timbres ou poinçons falsifiés ou contrefaits, seront punis des peines portées en l'art. 140 du Code pénal, et sans préjudice des réparations civiles. Tout autre usage frauduleux de ces bandes ou poinçons et des étiquettes, bandes, enveloppes et estampilles qui en seraient revêtues, sera puni des peines portées en l'art. 142 dudit code.

Il pourra être fait application de l'art. 463 du Code pénal.

ART. 7. — Le timbre ou poinçon de l'Etat apposé sur une marque de fabrique ou de commerce fait partie intégrante de cette marque.

A défaut par l'Etat de poursuivre en France ou à l'étranger la contrefaçon ou la falsification desdits timbre ou poinçon, la poursuite pourra être exercée par le propriétaire de la marque.

ART. 8. — La présente loi sera applicable dans les colonies françaises et en Algérie.

ART. 9. — Les dispositions des autres lois en vigueur touchant le nom commercial, les marques, dessins ou modèles de fabrique seront appliquées au profit des étrangers si, dans leur pays, la législation ou des traités internationaux assurent aux Français les mêmes garanties.

Règlement du 25 Juin 1874
Rendu pour être appliqué sur le territoire continental de la France

TITRE PREMIER — *Dispositions generales*

ARTICLE 1er. — Tout propriétaire d'une marque de fabrique ou de commerce qui veut être admis à user de la faculté ouverte par la loi du 26 novembre 1873, doit préalablement en faire la déclaration à l'un des bureaux désignés par les art. 5 et 9 ci-après et y déposer en même temps :

1° Une expédition du procès-verbal du dépôt de sa marque fait en exécution de la loi du 23 juin 1857 et du décret du 26 juillet 1858 ;

2° Un exemplaire du dessin de la gravure ou de l'empreinte qui représente sa marque. Cet exemplaire est revêtu d'un certificat du greffier attestant qu'il est conforme au modèle annexé au procès-verbal de dépôt ;

3° L'original de sa signature, dûment légalisé. Il y a autant de signatures déposées que de propriétaires ou d'associés ayant la signature sociale et qui voudront user de la faculté de requérir l'apposition du timbre ou du poinçon de l'Etat.

En cas de transmission, à quelque titre que ce soit, de la propriété de la marque, le nouveau propriétaire justifie de son droit par le dépôt des actes ou pièces qui établissent cette transmission. Il dépose, en outre, l'original de sa signature, dûment légalisé.

Il est dressé, sur un registre, procès-verbal des déclarations et dépôts prescrits par le présent article. Le procès-verbal est signé par le déclarant, à qui en est délivré récépissé ou ampliation.

ART. 2. — Toutes les fois que le propriétaire d'une marque de fabrique ou de commerce veut faire apposer sur cette marque le timbre ou le poinçon, il remet au receveur du bureau dans lequel la déclaration et le dépôt prévus par l'article précédent ont été effectués, une réquisition écrite sur papier non timbré et conforme aux modèles ci-annexés sous les nos 1 et 2.

La réquisition dressée au bureau sur une formule fournie gratuitement par l'administration est datée et signée. Elle est accompagnée d'un spécimen des étiquettes, bandes, enveloppes ou estampilles à timbrer ou poinçonner. lequel reste déposé avec la réquisition.

Ne peuvent être admises que les réquisitions donnant ouverture à la perception de 5 francs de droits au moins.

ART. 3. — Les déclarations, dépôts et réquisitions prévus par les deux articles précédents peuvent être faits par un mandataire spécial, à la condition de déposer au bureau soit l'original en brevet, soit une expédition authentique de sa procuration, laquelle est certifiée par le fondé de pouvoirs.

TITRE II — *De l'apposition au timbre*

. . . .

TITRE III — *De l'apposition du poinçon*

ART. 8. — Les droits de poinçonnage à percevoir, en exécution des articles 2 et 3 de la loi du 26 novembre 1873, pour les étiquettes et estampilles en métal sur lesquelles figurent les marques de fabrique ou de commerce, ou pour les marques faisant corps avec l'objet lui-même, sont fixées ainsi qu'il suit.

VALEURS		CLASSES	ETIQUETTES et ESTAMPILLES présentées sans l'objet qui doit les porter	MARQUES fixées sur l'objet ou faisant corps avec l'objet lui-même
			fr.	fr.
Pour chaque objet d'une valeur declaree	De 5f 00 et au-dessous .	1re classe	0 05	0 06
	De 5 01 a 10f ».	2e —	0 10	0 12
	De 10 01 a 20 ».	3e —	0 20	0 24
	De 20 01 a 30 ». .	4e —	0 30	0 36
	De 30 01 à 50 ». .	5e —	0 50	0 60
	De 50 01 à 100 ». . .	6e —	1 »	1 20
	De 100 01 a 200 ». . .	7e —	2 »	2 40
	De 200 01 a 350 ». .	8e —	3 50	4 20
	De 350 01 et au-dessus. . .	9e —	5 »	5 »

ART. 9. — La déclaration et le dépôt prescrits par l'article 1er du présent décret, ainsi que l'apposition du poinçon, ne pourront être opérés que dans les bureaux de garantie des matières d'or et d'argent ci-après, au choix du déclarant ·

Avignon.	Lyon.	Paris.
Besançon.	Marseille.	Rouen.
Bordeaux.	Nancy.	Saumur.
Le Havre.	Nantes.	Toulouse.
Lille.	Nîmes.	Valence.

ART. 10. — Les étiquettes, estampilles ou objets fabriqués en aluminium, bronze, cuivre ou laiton, étain, fer-blanc, fer doux, plomb, tôle et zinc, sont seuls admis à recevoir l'empreinte du poinçon de l'Etat, à la condition de présenter assez de résistance pour supporter l'application du poinçon. L'administration est néanmoins autorisée à refuser d'apposer le poinçon dans tous les cas où elle jugerait que cette opération est impraticable.

Les marques doivent présenter dans l'intérieur un espace circulaire nu d'au moins un centimètre de diamètre pour contenir l'empreinte du poinçon.

ART. 11. — Le montant des droits est perçu au moment du dépôt des étiquettes, estampilles ou objets à poinçonner. Il en est délivré quittance.

Les étiquettes ou estampilles en métal avariées pendant l'opération sont oblitérées et remises au propriétaire de la marque ou à son mandataire, et il lui est tenu compte des droits afférents à ces rebuts.

Le propriétaire ou son mandataire donne décharge des étiquettes, estampilles ou objets qui lui sont remis après avoir reçu l'apposition du poinçon, ainsi que des étiquettes ou estampilles avariées pendant l'opération.

ART. 12. — Les préfets régleront par des arrêtés les jours et heures où les bureaux de garantie désignés à l'art. 9 seront ouverts pour le poinçonnage des marques de fabrique ou de commerce.

ART. 13. — Les poinçons seront renfermés dans une caisse à deux serrures, sous la garde du contrôleur et du receveur du bureau de garantie. Ces deux employés auront chacun une clef de ladite caisse.

ART. 14. — Le Ministre des Finances est chargé de l'exécution du présent décret qui sera inséré au *Journal officiel* et au Bulletin des Lois.

TÊTE D'AMPHITRITE

Modèle de réquisition n° 2

Le soussigné (nom et prenoms), (profession), a

département   , déclare présenter au bureau de garantie

de   , pour être revêtues de l'empreinte du poinçon de

l'Etat, les marques de (fabrique ou commerce) dont le modele y a été

deposc le   , sous le n°   , et qui sont indiquées ci-

apres, savoir :

Numeros d'ordre	NATURE DES PRODUITS sur lesquels LES MARQUES doivent être apposees	SLRIL DE VALEURS correspondant à la quotite du timbre	NOMBRE DE MARQUES a poinçonner par serie de valeurs	DROIT du POUR L'UNITL	MONTANT DES DROITS à percevoir	Observations
1	2	3	4	5	6	7
	1° Etiquettes et estampilles presentees sans l'objet qui doit les porter					
	2° Marques fixees sur l'objet ou faisant corps avec l'objet lui-même					
				TOTAL .		

Les marques reconnues conformes au
modèle dépose ont ete poinçonnées.

Le Contrôleur de la Garantie,

A   , le

(Signature du declarant)

Droit payé   N° du reg.

Le Receveur,

Reçu les marques poinçonnees

Signature du declarant.)

Décret du 25 Juin 1874

ART. 3. — Le poinçon destiné à être apposé sur les étiquettes ou estampilles en métal, dans les conditions déterminées par l'art. 1er de la loi du 26 novembre 1873, affecte la forme ronde, son diamètre est de six millimètres et demi et il représente une tête d'Amphitrite d'après l'antique. Il porte l'un des chiffres arabes de 1 à 9, indiquant le numéro de la classe du tarif correspondant à la taxe à percevoir.

Les marques de fabrique ou de commerce sont de trois sortes : ou bien elles sont imprimées sur des étiquettes ou bandes en papier ; ou bien elles sont reproduites sur des estampilles en métal ; quelquefois elles font corps avec l'objet lui-même, ou y sont incrustées.

Dans le premier cas, le contrôle de l'Etat se fera au moyen de l'empreinte d'un timbre ; dans le second et le troisième, au moyen de l'insculpation d'un poinçon.

La partie de la loi et du règlement relative à l'apposition du timbre doit être exécutée par l'administration de l'enregistrement des domaines et du timbre ; c'est la régie des contributions indirectes qui est chargée de l'exécution des dispositions concernant l'apposition du poinçon.

Déclaration

La déclaration prescrite par les articles 1 et 9 du règlement du 25 juin 1874 sera reçue sur le registre 30 C, à la souche duquel le dessin-type de la marque devra être collé, pour que l'on puisse ultérieurement le comparer aux marques à contrôler et s'assurer de la sincérité de ces marques.

Le déclarant devra signer la souche du registre et une ampliation de sa déclaration lui sera délivrée au coût de 10 centimes, prix du timbre. (Circulaire n° 124, du 6 juillet 1874.)

Réquisition

Toute réquisition pour obtenir le contrôle des marques de fabrique ou de commerce devra être rédigée sur une formule n° 30 E dont les exemplaires seront délivrés gratuitement aux intéressés. Ces derniers n'auront à remplir que les colonnes 1 à 4 de cette formule, les colonnes 5 et 6 devant être remplies par le service, lequel n'admettra, d'ailleurs, que les déclarations donnant ouverture à la perception d'au moins 5 francs de droits. (Art. 2 du règlement. Circulaire précitée.)

Contrôle

Après avoir rapproché les estampilles du dessin collé à la souche du registre 30 C, le contrôleur procédera au poinçonnage ; cette opération terminée, il la constatera sur la formule 30 E.

Perception

Au vu de ce certificat, le receveur effectuera la perception (registre n° 30 D) et il remettra ensuite, avec la quittance, les estampilles contrôlées à leur propriétaire, qui en donnera décharge sur la formule elle-même. Toutes les formules 30 E, ainsi déchargées, seront conservées au bureau et classées par ordre de date et de numéro pour être rapprochées par les vérificateurs des registres de perception.

Tarif

Le tarif des droits à percevoir (art. 8 du règlement) est divisé en neuf classes, comprenant des taxes différentes qui ont été établies proportionnellement à la valeur des objets sur lesquels les marques doivent être ou sont appliquées

Poinçon

Chacune de ces classes est représentée par un numéro d'ordre sur le poinçon adopté dont la forme et l'emblème (une tête d'Amphitrite) ont été déterminés par un décret du 25 juin 1874. Ce numéro d'ordre est placé derrière la nuque de la tête d'Amphitrite.

Il est recommandé au service de ne pas commettre d'erreur dans l'apposition sur les estampilles du poinçon correspondant à la classe de la taxe à percevoir, puisque, aux termes de l'art. 4 de la loi du 26 novembre 1873, on doit verbaliser contre tout propriétaire d'une marque qui reconnaîtrait avoir vendu des objets revêtus de cette marque à un prix supérieur à la série de prix déclarée, et que le numéro d'ordre inscrit sur le poinçon fera seul connaître cette série de prix.

On ne perdra pas de vue non plus que le poinçonnage doit être refusé aux estampilles et objets fabriqués avec des métaux autres que ceux dénommés à l'art. 10 du règlement, comme aux marques qui ne présenteraient pas un champ libre suffisant pour recevoir l'empreinte du poinçon et à celles sur lesquelles le service jugerait que l'apposition de la marque est impraticable.

Quand il n'en sera pas fait usage, les poinçons seront renfermés dans un coffre à deux serrures (art. 13 du règlement), dont le contrôleur et le receveur de la garantie auront chacun une clef. Au lieu d'un coffre proprement dit, il suffira, en raison du petit nombre d'instruments formant l'approvisionnement ordinaire et par mesure d'économie, de faire adapter à la table-bureau du contrôleur un tiroir solide à deux serrures. La dépense pour ce tiroir et pour les ustensiles indispensables que ne posséderait pas le bureau de garantie sera faite d'office et portée au compte des avances provisoires.

Toutes les instructions précédemment adressées pour l'ouverture et la fermeture du coffre, la manutention, l'entretien et la comptabilité des poinçons, comme pour la responsabilité qui incombe à cet égard à chaque agent du bureau, sont applicables au service de la garantie des marques de fabrique ou de commerce. Seulement, au lieu d'être transmises par les contrôleurs à l'administration des Monnaies, les demandes de poinçons seront adressées à la direction générale ; il en sera de même pour les poinçons hors d'usage.

En fin d'année, la situation de ces instruments sera établie dans la même forme que l'état de manutention des poinçons et bigornes de la garantie.

Séances de marque

Les préfets doivent fixer les jours et les heures des séances pour le poinçonnage des marques de fabrique (art. 12 du règlement). Les directeurs se concerteront avec ces hauts fonctionnaires pour que les séances, autant que possible, ne coïncident pas avec celles consacrées à la marque des ouvrages d'or et d'argent.

Mesures de comptabilité

Il a été arrêté, de concert avec la direction générale de la comptabilité publique, que les droits perçus en conformité de l'art. 4 du règlement figureraient parmi les droits au comptant, sous la dénomination de : Droits de garantie des marques de fabrique ou de commerce, à la ligne 17 du bordereau 80 A.

CHAPITRE XIX

VISITES ET RECHERCHES

Droit de visite

Aux termes de l'art. 81 de la loi du 5 ventôse an XII, les employés peuvent entrer, en tout temps, chez les individus sujets aux droits de garantie.

Heures pendant lesquelles les visites peuvent être effectuées

Les visites et exercices que les employés sont autorisés à faire chez les redevables ne pourront avoir lieu que pendant le jour. (Art. 235 de la loi du 28 avril 1816.)

Et pendant les intervalles de temps déterminés par l'art. 26 de la même loi. (Art 236 de la loi du 28 avril 1816.)

Pendant les mois de janvier, février, novembre et décembre, depuis 7 heures du matin jusqu'à 6 heures du soir.

Pendant les mois de mars, avril, septembre et octobre, depuis 6 heures du matin jusqu'à 7 heures du soir.

Pendant les mois de mai, juin, juillet et août, depuis 5 heures du matin jusqu'à 8 heures du soir.

L'assistance d'un commissaire de police n'est plus exigée

Antérieurement à 1901, les employés de la garantie devaient être, aux termes des articles 71, 101 et 105 de la loi du 19 brumaire an VI, accompagnés d'un officier municipal ou d'un commissaire de police, lorsqu'ils effectuaient des visites chez les personnes assujetties à la garantie.

Cette obligation a été rapportée par l'art. 26 de la loi de finances du 25 février 1901, qui dispose que « les employés » chargés du service de la garantie sont autorisés à procéder, » sans l'assistance d'un officier municipal ou d'un commissaire » de police, aux visites et vérifications chez les fabricants et » marchands d'ouvrages d'or et d'argent et chez les fabricants » et marchands de médailles en tous métaux »

Ces visites et vérifications sont étendues aux fondeurs et appréteurs d'or et d'argent par l'art. 20 de la loi de finances du 30 mars 1902, qui a rendu applicable à ces redevables l'art. 26 de celle du 25 février 1901.

Sont abrogées les dispositions contraires à la loi du 25 février 1901 contenues dans les articles 71, 101 et 105 de la loi du 19 brumaire an VI. (Circulaire n° 437, du 7 mars 1901.)

Cette suppression d'un officier de police judiciaire impose plus que jamais aux employés le devoir d'apporter beaucoup de tact dans leurs rapports avec les redevables.

Les employés qui ne seraient pas personnellement connus des fabricants ou des marchands devront justifier de leur qualité par la présentation de leurs commissions avant de se livrer à aucune vérification.

D'une manière générale, ils ne doivent procéder à leurs opérations qu'en présence du commerçant ou d'une personne ayant qualité pour le représenter. (Circulaire n° 437, du 7 mars 1901.)

Soupçon de fraude

En exécution de l'art. 237 de la loi du 28 avril 1816, les employés, en cas de soupçon de fraude à l'égard des particuliers non sujets à l'exercice, pourront faire des visites dans l'intérieur des habitations, en se faisant assister du juge de paix, du maire, de son adjoint ou du commissaire de police, lesquels seront tenus de déférer à la réquisition qui leur en sera faite et qui sera transcrite en tête du procès-verbal.

Cet article a été complété, ainsi qu'il suit, par l'art. 19 de la loi de finances du 22 avril 1905 :

« L'ordre de visite prévu au paragraphe 1er devra, à peine de » nullité, indiquer sommairement les motifs sur lesquels la » régie base son soupçon de fraude. Il devra être, avant toute » visite, visé par l'officier de police judiciaire qui accompa- » gnera les agents ; il devra, en outre, avant toute perquisition, » être lu à l'intéressé ou à son représentant qui sera invité à le » viser. En cas de refus par l'intéressé ou par son représen- » tant de viser l'ordre de visite, il sera passé outre, mais » mention du refus sera faite au procès-verbal.

» Sur la demande de l'intéressé ou de son représentant, copie » de l'ordre de visite lui sera remise dans les trois jours.

» Les commissaires spéciaux de police ne pourront, en aucun » cas, assister les employés dans les visites prévues au présent » article. »

Visites dans les locaux d'habitation

L'art. 14 de la loi du 6 août 1905 substitue une procédure nouvelle à celle de l'art. 237. Il est ainsi conçu :

« L'art. 237 de la loi du 28 avril 1816 cesse d'être applicable
» aux visites des employés de la régie dans l'intérieur des
» locaux servant exclusivement à l'habitation des particuliers
» non sujets à l'exercice.

» Toute visite dans les locaux d'habitation devra être préala-
» blement autorisée par une ordonnance du président du tri-
» bunal civil de l'arrondissement ou du juge de paix du
» canton. »

Ordre de visite

L'ordre de visite prévu au paragraphe 1er de l'art. 237 de la loi du 28 avril 1816 est obligatoire pour tous les employés et une dénonciation anonyme ne saurait servir de base à un soupçon de fraude. (Art. 15 de la loi du 6 août 1905 et circulaire n° 612, du 8 août suivant.)

Ouvrages marqués et mis en vente — Soupçons sur le titre

Le Ministre des Finances a pris, le 12 juin 1824, une décision de laquelle il résulte que la marque légale apposée sur des ouvrages d'or et d'argent en garantit toujours le titre, et que les employés n'ont le droit ni d'essayer les ouvrages revêtus de cette marque, ni de les briser lorsqu'ils sont exposés en vente par les fabricants ou marchands.

Cependant, si des soupçons graves s'élevaient sur leur titre, l'administration des Monnaies ou celle des contributions indi-rectes pourraient les acheter pour leur propre compte pour les soumettre à un essai à l'hôtel des Monnaies.

Ouvrages en cours de fabrication

Les employés ne sont pas fondés à saisir, dans l'atelier d'un orfèvre, des ouvrages qui sont en cours de fabrication, bien qu'ils soient fourrés de matières étrangères (Arrêt de la Cour de Cassation du 9 juin 1820.)

Ménagements à apporter dans les vérifications

Un des ménagements que les employés doivent apporter dans leurs vérifications, c'est de ne jamais prendre eux-mêmes dans les magasins les pièces qu'ils veulent soumettre à leurs vérifications ; ils doivent se les faire remettre par le propriétaire lui-même ou par quelqu'un chargé de le représenter. Cette précaution, bonne à observer pour maintenir l'ordre dans les vérifications, est en même temps un moyen assuré d'éviter toute contestation. (Lettre commune du 29 janvier 1877 et circulaire de l'administration des Monnaies du 13 décembre 1872.)

Ouverture des coffres et armoires

Les employés doivent requérir par les voies de droit l'ouverture des coffres et armoires lorsqu'elle leur est refusée. (Arrêt de la Cour de Cassation du 29 nivôse an X.)

Refus de représenter les ouvrages

Le simple refus par un fabricant ou marchand de représenter les objets d'or ou d'argent qui sont en sa possession ne donne lieu à l'application d'aucune amende si rien ne constate que ces objets fussent en contravention. (Arrêt de la Cour de Cassation du 29 nivôse an X.)

Rebellion et voies de fait

Les rébellions ou voies de fait contre les employés seront poursuivies devant les tribunaux, qui ordonneront l'application des peines prononcées par le Code pénal, indépendamment des amendes et confiscations qui pourraient être encourues par les contrevenants. (Art. 238 de la loi du 28 avril 1816.)

Penalites

L amende prononcée en pareil cas est de 200 francs pour la première fois ; pour la seconde, d'une amende de 500 francs avec affiche de la condamnation ; la troisième fois, l'amende sera de 1.000 francs et le commerce de l'orfèvrerie sera interdit au délinquant. sous peine de confiscation de tous les objets de son commerce. (Art. 80 de la loi du 19 brumaire an VI.)

Organisation du service de surveillance dans les localités ou il n'existe pas de Contrôleur spécial de garantie

Dans les localités où il n'y a point de contrôleur spécial de la garantie, ou d'employé qui en remplisse les fonctions, les exercices de la garantie sont faits par les inspecteurs, les contrôleurs et les receveurs du service général. (Circulaire n° 58, du 8 octobre 1822, et n° 14, du 27 février 1824)

L'administration a mis entre les mains des inspecteurs, des contrôleurs et des receveurs des plaques de reconnaissance des différents poinçons en usage, ainsi qu'un certain nombre de loupes. (Circulaire n° 14, du 27 février 1824.)

Les employés non munis d'instruments de vérification n'en devront pas moins faire des visites fréquentes chez les redevables, pour rechercher les ouvrages qui ne sont pas marqués ; ces exercices auront toujours le bon effet de prouver que la fraude est surveillée et il est recommandé aux agents supérieurs de contrôle de vérifier particulièrement les marchands domiciliés ou ambulants dans les recettes où les employés ne sont pas munis d'instruments de la garantie (Circulaire n° 14, du 6 décembre 1824.)

Tout employé qui change de résidence remet le matériel à son successeur et reprend celui de l'employé auquel il succède.

Il est expressément défendu de se dessaisir des plaques ; les employés qui les confieraient à des personnes autres que celles ayant le droit de les posséder deviendraient passibles des peines portées par les art. 46 et 47 de la loi du 19 brumaire an VI. (Circulaire n° 58, du 8 octobre 1822.)

Tournées des Contrôleurs de garantie

A la suite de la suppression des bureaux de garantie prononcée par décrets des 18 août 1887 et 31 décembre 1889, les contrôleurs des bureaux subsistants ont été chargés d'effectuer des tournées dans les principales localités de leur circonscription où le commerce des ouvrages d'or et d'argent a une certaine importance.

Ils reçoivent une indemnité de 10 francs par jour pour tous frais de déplacement. Lorsqu'ils ont dû avoir recours à une voiture publique ou de louage, il leur est tenu compte des débours sur la production d'une quittance motivée.

L'admission en dépense des frais de route a lieu au vu d'états de proposition trimestriels.

A ces états, les contrôleurs joignent un rapport 72 B spécial indiquant les résultats obtenus et les faits saillants constatés. Ce rapport est annoté par le directeur des observations qu'il peut comporter. Des extraits, s'il y a lieu, sont transmis aux directeurs des départements visités.

L'administration a rappelé que l'opportunité des tournées ne devait pas être laissée aux contrôleurs. Elle s'est réservée le droit d'en décider le principe et d'en étendre le rayon. Les directeurs déterminent le nombre, la durée de ces exercices et les localités (fabriques, stations thermales) où ils auront lieu, ainsi que les saisons où ils devront se faire de préférence. (Lettre autographiée du 26 décembre 1902.)

Les employés du service général fournissent à l'expiration de chaque trimestre un carnet de garantie établi à la main et conforme au modèle annexé à la circulaire n° 13, du 2 juin 1824.

CHAPITRE XX

Dispositions generales

Les délits et contraventions concernant la garantie des matières d'or et d'argent doivent être constatés et punis conformément aux dispositions spéciales de la loi de brumaire an VI. (Décret du 28 floréal an XIII.)

Les procès-verbaux relatifs aux droits de garantie ne sont pas soumis aux formalités prescrites par le décret du 1er germinal an XIII, mais seulement à celles qu'indique la loi de brumaire. (Cass., 18 novembre 1808.)

Les dispositions du décret du 1er germinal an XIII sont inapplicables à l'appel des jugements correctionnels rendus en matière de garantie. Cet appel doit être formé par déclaration au greffe et non par exploit de notification sous peine de déchéance. (Cass., 9 juin 1809.)

Toutefois, le décret du 28 floréal an XIII a laissé subsister, en matière de garantie, les dispositions de celui du 1er germinal an XIII, antérieures à l'art. 46. Ainsi, en vertu de l'art. 34 de ce précédent décret, les objets de fraude doivent être confisqués malgré la nullité des procès-verbaux. (Cass., 5 septembre 1806, 18 novembre 1808, et jugement du Tribunal de la Seine du 24 mai 1884.)

Les délits et contraventions à la loi de brumaire sont constatés par les agents de la garantie et ceux des contributions indirectes. (Décret du 28 floréal an XIII. Arrêts de la Cour de Cassation des 15 avril 1826 et 28 avril 1855.)

Tous les employés des contributions indirectes peuvent constater ces contraventions. (Arrêts de la Cour de Cassation du 14 mai 1875 et de la Cour de Paris du 13 février 1886.)

Receveurs de la garantie

L'art. 101 de la loi du 19 brumaire an VI veut que les contraventions soient constatées par deux employés ; le receveur.

qui n'est pas chargé d'autres fonctions publiques, ne peut, sous aucun prétexte, refuser d'accompagner le contrôleur dans les visites et recherches qu'il croit convenable de faire pour découvrir la fraude.

Les dispositions de l'art. 101, en ce qui concerne le contrôleur et le receveur, ne sont applicables qu'aux bureaux ordinaires, qui ne sont composés que d'un contrôleur, d'un receveur et d'un essayeur.

L'art. 36 de la même loi autorise la nomination d'un plus grand nombre d'employés dans les grandes communes, et ces employés n'auraient point de fonctions à remplir s'ils ne faisaient point de visites, attendu que, dans les communes populeuses, le service intérieur du bureau exige la présence continuelle du receveur et presque toujours celle du contrôleur. (Circulaire de l'administration des Monnaies du 1er prairial an VIII.)

L'art. 38 de la loi du 19 brumaire an VI chargeait la régie de l'enregistrement de surveiller les bureaux de garantie, mais l'art. 80 de la loi du 5 ventôse an XII a attribué à la régie des droits réunis la perception des droits de garantie sur les matières d'or et d'argent. (Décret du 28 floréal an XIII. Art. 2 et 5 de l'ordonnance du 5 mai 1824 et art. 9 de celle du 26 décembre 1827.)

Droit de visite

En thèse générale aucune visite ne peut être faite si l'un des deux employés n'a au moins le grade de receveur. (Circulaire n° 58, du 8 octobre 1822.)

Néanmoins, la Cour de Douai a décidé, le 9 décembre 1843, que les saisies sont valables quel que soit le grade des employés saisissants.

En fait, tous les employés des contributions indirectes, indistinctement, ont qualité pour rechercher la fraude en matière de garantie et la constater dans la forme voulue par la loi du 19 brumaire an VI (Saillet et Olibo.)

Les employés peuvent se faire accompagner par l'essayeur

Les employés peuvent se faire accompagner par l'essayeur ou un de ses agents. (Art. 101 de la loi du 19 brumaire an VI.)

D'après un arrêt de la Cour de Dijon du 12 mai 1824, il ne s'ensuit pas que l'essayeur puisse remplacer l'un des employés dont la présence est indispensable pour la validité du procès-verbal.

Préposés des douanes

Les préposés des douanes étant sans qualité pour dresser procès-verbal en matière de garantie, leurs actes seraient radicalement nuls et devraient être considérés comme non avenus. (Arrêt de la Cour de Cassation du 18 août 1827.)

Marchands ambulants — Les contraventions peuvent être constatées par les maires adjoints et commissaires de police

Les maires, les adjoints et les commissaires de police peuvent constater les contraventions commises par les marchands ambulants d'ouvrages d'or et d'argent, ou bien encore par les commis-voyageurs. (Arrêt de Cassation du 15 avril 1826.)

Dans l'espèce, le procès-verbal qui avait donné lieu à l'action du ministère était rédigé par un commissaire de police.

Hors ce cas, leurs procès-verbaux ne peuvent suppléer à ceux des agents de la garantie et des contributions indirectes. (Arrêt de la Cour de Nancy du 19 janvier 1864.)

La compétence des maires, adjoints et commissaires de police, à cet égard, est basée sur ce que le commerce des marchands ambulants et commis-voyageurs se fait pour ainsi dire en courant, les employés de la garantie ou des contributions indirectes n'arriveraient jamais à temps pour constater les contraventions auxquelles ils pourraient se livrer. (Fontaine.)

Serment des employés

La qualité, pour saisir et affirmer un procès-verbal, n'émane que du serment prêté conformément à la loi du 19 ventôse an IV. Il s'en suit qu'un procès-verbal rapporté par des employés non assermentés est nul (Arrêt de la Cour de Cassation du 9 ventôse an VIII.)

L'énonciation de la prestation du serment est obligatoire. Les employés ne doivent donc jamais se dispenser de remplir cette formalité. (Circulaire de l'administration des Monnaies du 1er prairial an VIII.)

Papier timbré

Les employés des bureaux de garantie doivent toujours se servir de papier timbré pour la rédaction de leurs procès-verbaux. (Loi du 13 brumaire an VII, circulaire de l'administration des Monnaies du 1er prairial an VIII et loi du 16 juin 1824.)

Mais les copies de ces actes seront établies sur papier libre, lorsque les contrevenants en feront la demande, et devront porter la mention : « Délivrée à titre de simple renseignement. » (Art. 8 de la loi de finances du 17 avril 1906 et circulaire n° 642, du 18 avril 1906.)

Forme des procès-verbaux

Les procès-verbaux sont soumis aux formalités de la loi de brumaire.

L'intitulé est le même que celui des procès-verbaux ordinaires. (Circulaire n° 58, du 8 octobre 1822.)

Cependant les employés suivent les règles tracées par le décret du 1er germinal an XIII et modifiées par l'art. 24 de la loi de finances du 30 décembre 1903, conçu dans les termes ci-après :

« Art. 24. — Les procès-verbaux des agents des contributions » indirectes feront foi jusqu'à preuve contraire.

» Si le prévenu demande à faire cette preuve, le tribunal » renverra la cause à quinzaine au moins.

» Dans le délai de trois jours francs à compter de l'audience » où le renvoi a été prononcé, le prévenu devra déposer au » greffe la liste des témoins qu'il veut faire entendre, avec leur » nom, prénoms, profession et domicile.

» Sont abrogés les articles 8 de la loi du 27 frimaire an VIII, » 25 et 26 du décret du 1er germinal an XIII et 3 de la loi du » 21 juin 1873. »

En édictant cette disposition, le législateur n'a pas eu en vue de désavouer les actes du personnel, de mettre en doute son honorabilité, ni affaiblir son autorité vis-à-vis des contribuables.

Il n'a eu d'autre but que de rétablir l'harmonie entre les dispositions du décret du 1er germinal an XIII et celles du Code d'instruction criminelle qui a été promulgué à une date postérieure (25 novembre 1808), et enfin de subordonner l'instruction ainsi que la preuve des contraventions aux règles du droit commun.

En conséquence, toutes les énonciations des procès-verbaux, qu'ils aient été dressés par un ou plusieurs agents, seront tenues pour vraies et constitueront la base unique des condamnations, tant que des preuves contradictoirement discutées à l'audience n'auront pas été admises par les juges. (Circulaire n° 549, du 6 janvier 1904.)

Delai de redaction des proces-verbaux

Les procès-verbaux doivent être dressés à l'instant et sur le champ. (Art. 102 de la loi du 19 brumaire an VI.)

Le procès-verbal de saisie est valable lorsque le retard de la rédaction a eu pour cause soit un fait personnel au prévenu, soit des circonstances de force majeure qui n'ont pas permis de le dresser séance tenante. (Arrêt de la Cour de Cassation du 14 mai 1875.)

Clôture des proces-verbaux

Les procès-verbaux dont la clôture a été renvoyée à une autre séance sans nécessité doivent être annulés (arrêt de la Cour de Cassation du 1er août 1834), sauf dans le cas où les employés éprouveraient de la part du contrevenant des violences telles qu'elles en empêcheraient la rédaction (circulaire n° 117, du 2 avril 1807), ou bien qu'il y serait mis obstacle d'une façon ou d'une autre par le fait du saisi (arrêt de la Cour de Cassation du 2 décembre 1824), ou enfin en cas de force majeure. (Arrêt de Cassation du 12 juillet 1834.)

Nullité des procès-verbaux

S'il est de principe que tout acte dans lequel les formalités prescrites par la loi n'ont pas été observées doit être déclaré nul, il n'en peut être de même lorsque l'inobservation de ces formalités est la conséquence d'une force majeure, ou provient du fait de la partie. (Arrêt de cassation du 12 juillet 1834.)

Il n'y a pas de nullité du procès-verbal pour cause de rédaction tardive si l'ajournement de la rédaction a eu lieu du consentement exprès et formel du contrevenant et si cette circonstance a été relevée dans le procès-verbal. (Arrêt de la Cour de Paris du 7 novembre 1885.)

Quand un procès-verbal constate que les employés n'ont pas terminé la rédaction de leur acte séance tenante et que, « d'un commun accord », ils ont remis la suite à une autre heure, à leur bureau, l'adhésion tout au moins tacite du contrevenant à l'ajournement du procès-verbal, résulte de ces mentions. (Arrêt de la Cour de Cassation du 24 mars 1893.)

Causes de la saisie — Declarations des contrevenants

Les procès-verbaux doivent indiquer les causes de la saisie et contenir les dires de toutes les parties intéressées. (Art. 102 de la loi du 19 brumaire an VI.)

Les employés s'attacheront à présenter les faits dans l'ordre où ils se sont produits avec une précision parfaite et un souci scrupuleux d'exactitude dans tous les détails. Ils n'inséreront rien dans leurs actes qu'ils ne soient en mesure de prouver soit par des témoignages, soit par des écrits. Ils devront relater les aveux que les contrevenants feront de la fraude qui leur est reprochée. (Circulaire n° 549, du 6 janvier 1904.)

Causes et dires

Les procès-verbaux doivent indiquer les causes de la saisie et contenir les dires de toutes les parties intéréssées. (Art. 102 de la loi du 19 brumaire an VI.)

Lecture et copie

Les procès-verbaux n'auront plus à faire mention de la lecture et de la copie donnée, mais suivant les recommandations déjà faites, toutes les autres règles posées par le décret du 1er germinal an XIII continueront à être observées. (Circulaire n° 642, du 18 avril 1906.)

Signatures

Les procès-verbaux doivent également être signés des parties intéressées. (Art. 102 de la loi du 19 brumaire an VI.)

Si celles-ci refusent, il sera fait mention de leur refus. (Circulaire n° 117, du 2 avril 1807.)

Si le procès-verbal constate que le prévenu a refusé de signer, cette mention prouve virtuellement que l'interpellation en a été faite. (Arrêt de la Cour de Cassation du 12 janvier 1821.)

Enregistrement

Les procès-verbaux seront également enregistrés dans les délais et d'après les règles prescrites par le décret du 1er germinal an XIII. (Circulaire n° 58, du 8 octobre 1822.)

Dépôt des objets saisis

Les poinçons, ouvrages ou objets saisis seront mis sous les cachets des employés du bureau de garantie présents et de celui chez lequel la saisie a été faite. (Art. 103 de la loi du 19 brumaire an VI.)

Lorsque le contrevenant refusera d'apposer son cachet, on aura soin de l'exprimer dans l'acte. (Circulaire n° 117, du 2 avril 1807.)

Le dépôt des objets saisis doit avoir lieu, sans délai, au greffe du tribunal correctionnel. (Art. 103 de la loi du 19 brumaire an VI et circulaire n° 599, du 25 avril 1905.)

Ils ne peuvent, sous aucun prétexte, être laissés à la garde du prévenu, ni d'une caution, ni même dans la maison où ils ont été trouvés. (Circulaire n° 117, du 2 avril 1807.)

Le saisi ne pourrait se faire un moyen de nullité de ce que le dépôt, au lieu d'être effectué immédiatement au greffe du tribunal, aurait été fait au domicile particulier du greffier, s'il était établi, en fait, que le procès-verbal n'a été terminé qu'après l'heure de la fermeture du greffe, et que dès son ouverture le dépôt a été effectué. (Fontaine.)

Droit de transaction

Aux termes du décret du 28 floréal an XIII, l'administration n'avait pas qualité pour transiger sur les délits et contraventions prévus par les lois sur la garantie.

Tous les procès-verbaux étaient portés en justice ; les poursuites étaient exercées par les contributions indirectes concurremment avec le ministère public, et, après condamnation, le contrevenant ne pouvait obtenir de remise que par le recours en grâce.

L'art. 11 de la loi de finances du 22 avril 1905 dispose « que le » droit de transaction, tel qu'il est dévolu à l'administration des » contributions indirectes par la législation en vigueur, est » étendu aux délits et contraventions constatés par application » de la loi du 19 brumaire an VI sur la garantie des matières » d'or et d'argent. »

Cette disposition a une portée générale et s'applique à toutes les infractions qui ne tombent pas sous le coup du Code pénal.

La loi de brumaire vise, en effet, deux catégories d'infractions :

1° Celles qui ont pour objet des faits qualifiés crimes (fabrication et usage de faux poinçons, usage abusif de vrais poinçons, délit d'enture, etc.) ;

2° Celles qui constituent exclusivement une violation des règlements sur la garantie.

C'est à ces dernières seulement que s'applique le droit de transaction.

Quant aux procès-verbaux relatant des infractions de la première catégorie, ils seront transmis sans retard au parquet chargé des poursuites.

Proces-verbaux termines par transaction

Lorsqu'une transaction sera intervenue et aura été approuvée par l'autorité compétente, le directeur ou le sous-directeur en informera le procureur de la République pour qu'il donne l'ordre de restituer à la Régie les objets déposés au greffe. (Circulaire n° 599, du 25 avril 1905.)

Nullité des proces-verbaux

Lorsque la loi ne détermine aucun mode légal de constatation, comme dans le cas d'achats d'objets d'or et d'argent par un bijoutier à des inconnus, le tribunal saisi de l'affaire peut chercher les éléments de sa conviction en dehors du procès-verbal reconnu irrégulier. (Arrêt de la Cour de Cassation du 26 août 1848.)

En cas de nullité des procès-verbaux, les tribunaux ne peuvent rejeter les preuves qu'on offre de leur donner, cette nullité ne dispensant pas de prononcer la confiscation des objets en contravention. (Arrêt de la Cour de Cassation du 12 juillet 1834.)

Preuves des contraventions

La preuve des contraventions peut résulter de l'aveu du prévenu ou de tous autres renseignements, conformément à l'art. 154 du Code d'instruction criminelle. (Arrêt de la Cour de Cassation du 30 décembre 1836.)

Les contraventions doivent être constatées par des procès-verbaux émanés ou des employés du bureau de garantie, ou des employés des contributions indirectes ; mais la condamnation du prévenu est dûment prononcée si le jugement constate que ni en première instance, ni en appel, le prévenu a opposé l'irrégularité des poursuites en l'absence d'un procès-verbal dressé par qui de droit et qu'il n'a point contesté le fait de contravention. Le jugement de condamnation qui relate ces circonstances est régulier. (Arrêt de la Cour de Cassation du 28 avril 1855.)

Les nullités des procès-verbaux ne peuvent être invoquées dans le cas où il s'agit de faits qualifiés crimes ; alors l'action publique est régie par les lois du droit commun pour la poursuite des crimes, et, devant le jury, ces procès-verbaux n'ont de valeur que comme simples renseignements. (Arrêt de la Cour de Cassation du 21 février 1856.)

Confiscation en cas de nullité des procès-verbaux

Dans le cas où le procès-verbal portant saisie d'objets prohibés serait annulé pour vice de forme, la confiscation desdits objets doit être prononcée sans amende, sur les conclusions du poursuivant ou du procureur de la République. (Art. 34 du décret du 1er germinal an XIII.)

La confiscation des objets saisis en contravention doit être également prononcée, nonobstant la nullité du procès-verbal, si la contravention se trouve d'ailleurs suffisamment prouvée par l'instruction. (Art. 34 du décret du 1er germinal an XIII.)

Suivant la jurisprudence constamment suivie et malgré la nullité d'un procès-verbal en matière de garantie, les juges ne doivent pas se dispenser de prononcer la confiscation des objets saisis. (Arrêts de la Cour de Cassation du 18 nivôse an IX, 5 septembre 1806, 18 novembre 1808, 26 août 1813, 2 octobre 1818 et 12 juillet 1834.)

De l'art. 34 du décret du 1er germinal an XIII, il résulte évidemment que la confiscation n'a pas besoin d'être appuyée sur un procès-verbal et qu'elle doit être prononcée. (Fontaine.)

Au reste, l'absence de marque suffit pour entraîner la confiscation. (Arrêt de la Cour de Cassation du 22 mai 1807.)

Poursuites — Remise des procès-verbaux

Lorsqu'une transaction n'est pas intervenue, les procès-verbaux en matière de garantie doivent être remis au procureur de la République dans le délai de dix jours. (Art. 71 et 102 de la loi du 19 brumaire an VI. Décret du 28 floréal an XIII. Circulaires n° 28, du 17 juin 1820, n° 58, du 5 octobre 1822, et n° 599, du 25 avril 1905.)

A défaut de transaction, l'autorisation d'introduire l'instance ne sera pas demandée à l'administration. (Circulaire n° 339, du 5 juillet 1882.)

Les procès-verbaux relatant des faits qualifiés crimes (fabrication et usage de faux poinçons, usage abusif de vrais poinçons. délit d'enture, etc.), doivent être remis sans retard au parquet chargé des poursuites, attendu que le droit de transaction accordé par l'art. 11 de la loi de finances du 22 avril 1905 ne leur est pas applicable. (Circulaire n° 599, du 25 avril 1905.)

Il y a lieu de disjoindre les faits ayant le caractère de crime et qui sont de la compétence de la Cour d'assises, de ceux qui, constatés par procès-verbaux réguliers, constituent de simples contraventions et doivent être renvoyés devant le tribunal de police correctionnelle. (Lettre du Ministre de la Justice du 20 juin 1821.)

Lorsque le tribunal correctionnel n'a pas été saisi du délit, la confiscation des objets saisis peut être demandée à la Cour d'assises, nonobstant un verdict de non culpabilité. (Arrêt de la Cour de Cassation du 29 novembre 1834.)

Le président de la Cour d'assises n'a pas qualité pour autoriser, par une simple ordonnance émanée de lui seul, la remise d'objets saisis et susceptibles d'être confisqués, puisque, dans le cas même où il s'agit de remettre au véritable propriétaire les effets volés et déposés au greffe comme pièces à conviction, cette remise ne peut, aux termes de l'art. 366 du Code d'instruction criminelle, être ordonnée que par une décision de la Cour d'assises. (Arrêt de la Cour de Cassation du 1er juillet 1820.)

Il n'y a pas obligation de prononcer la confiscation des objets marqués d'un faux poinçon, tant qu'il n'y a pas chose définitivement jugée quant à la fraude des marques et que le ministère public réserve son action. (Arrêt de la Cour de Cassation du 19 mai 1838.)

Initiative des poursuites

Le décret du 1er germinal an XIII, en autorisant la régie des contributions indirectes à poursuivre directement les contraventions commises en matière de droits réunis, n'a point rapporté les dispositions de l'art. 102 de la loi du 19 brumaire an VI, qui charge le ministère public de dénoncer aux tribunaux les contraventions à la marque des ouvrages d'or et d'argent. (Arrêt de la Cour de Cassation du 13 février 1806.)

Lorsqu'elle n'est pas directement poursuivie par l'administration, la condamnation aux peines encourues ne doit l'être par le ministère public qu'en vertu des procès-verbaux et à raison de contraventions constatées. (Arrêts de la Cour de Cassation des 5 novembre 1825 et 25 avril 1855.)

En matière de garantie, aucune des contraventions prévues par la loi spéciale ne peut être constatée légalement par d'autres que les agents institués à cet effet, ni poursuivie en l'absence de procès-verbaux réguliers. (Arrêt de la Cour de Cassation du 28 décembre 1866.)

Toutes les fois que la preuve de la contravention sera acquise au débat, soit par l'aveu du prévenu, soit par tout autre moyen, l'absence d'un procès-verbal de saisie ou son irrégularité n'influe pas davantage sur la condamnation du prévenu. aux frais des poursuites. Le tribunal, tout en prononçant la nullité du procès-verbal, peut, sans violer l'art. 194 du Code d'instruction criminelle, condamner le saisi aux frais si la contravention a, d'ailleurs, été constatée par l'instruction et indépendamment du procès-verbal de saisie (Fontaine.)

L'administration a la faculté de poursuivre concurremment avec le ministère public. (Arrêt de la Cour de Cassation du 22 mai 1807.) Elle peut, au besoin, à défaut du ministère public, soit par son refus, soit par toute autre cause, et d'après la jurisprudence établie par la Cour de Cassation, exercer seule les poursuites. (Arrêt de la Cour de Cassation du 27 mai 1807. Circulaires n° 28, du 7 juin 1820, et n° 58, du 8 octobre 1822.)

Le tribunal de première instance d'Epernay s'est prononcé dans ce sens le 9 octobre 1847.

Une décision ministérielle en date du 10 février 1807 avait défendu à la régie d'intervenir, même civilement, dans les poursuites judiciaires en matière de garantie ; l'esprit de l'ordonnance du 5 mai 1820 s'opposait à ce que cette interdiction fût maintenue, et l'on devait rentrer dans l'exécution du décret du 28 floréal an XIII, portant que les préposés de la régie peuvent constater les délits et poursuivre les condamnations des peines encourues. La décision ministérielle du 10 février 1807 a été rapportée. Depuis, les directeurs adressent au procureur tous les procès-verbaux qui leur ont été remis (à défaut de transaction, ainsi que le prescrit l'art. 11 de la loi de finances du 22 avril 1905) et interviennent dans les poursuites comme partie civile. (Circulaire n° 28, du 7 juin 1820.)

Non seulement en ce qui concerne les procès-verbaux dressés par les préposés de l'administration, mais aussi à l'égard de ceux rédigés par les commissaires de police ou d'autres agents, le recouvrement des condamnations doit être poursuivi au nom et pour le compte de la régie. (Lettre du Ministre des Finances du 19 mai 1820 et circulaire n° 448. du 27 mars 1850)

Délai pour assigner

Les poursuites doivent avoir lieu dans les dix jours de la remise du procès-verbal (Art. 102 de la loi du 19 brumaire an VI.)

En ordonnant que les procès-verbaux de saisie soient remis. dans les dix jours (à défaut de transaction), au procureur de la République près le tribunal de police correctionnelle, et que ce magistrat fasse les poursuites dans les **dix** jours de la remise.

l'art. 102 précité n'attache à l'inobservation de ces délais ni la peine de nullité, ni celle de la déchéance. Cette disposition de la loi est une simple injonction au ministère public, ayant pour objet l'accélération des poursuites ; mais leur retard ne peut mettre les contrevenants à l'abri des peines qu'ils auraient encourues. (Arrêt de la Cour de Cassation du 29 mai 1813.)

Les délais de dix jours impartis par l'art. 102 de la loi du 19 brumaire an VI, pour transmettre au procureur de la République les procès-verbaux en matière de garantie et pour commencer les poursuites, ne sont pas des délais de rigueur dont l'inobservation doive entraîner une peine de nullité ou de déchéance. (Arrêt de la Cour de Lyon du 17 mai 1876.)

La loi du 15 juin 1835 relative au délai dans lequel doit être donnée l'assignation ne concerne pas la garantie lorsque les poursuites sont faites à la requête du ministère public. (Circulaire n° 119, du 28 décembre 1835.)

Assignations

Les assignations en police correctionnelle ne sont assujetties, quant à l'énonciation de l'objet des poursuites, à aucune formalité spéciale ; l'omission, dans cet acte, d'un chef de poursuite constaté dans le procès-verbal ne s'opposerait pas à l'application de la loi. (Arrêt de la Cour de Cassation du 17 septembre 1841.)

Conformément aux prescriptions de l'art. 68 du Code de procédure civile, modifié par la loi du 15 février 1899, lorsque l'exploit (assignation ou contrainte) est remis à toute autre personne que la partie elle-même, les employés doivent avoir soin de consigner, tant sur l'original que la copie, la mention suivante : « Remis sous pli fermé », contenant au recto la suscription et au verso le cachet apposé sur la fermeture du pli.

Cette formule n'a rien de sacramentel et il a été jugé que la mention : « Je lui ai laissé copie sous enveloppe fermée contenant au recto la suscription et cachet conformément à la loi », suffit à constater l'accomplissement des prescriptions de la loi du 15 février 1899. (Lettre autographiée n° 278, du 17 juin 1905.)

Tribunal compétent

En matière de garantie et alors même que le prévenu aurait sa résidence dans un autre arrondissement, la connaissance de la contravention appartient au tribunal de police correctionnelle du lieu où elle a été constatée. (Arrêt de la Cour de Cassation du 14 février 1840.)

Contestation sur la perception des droits

En cas de difficulté, non point sur le montant du droit d'essai ou de garantie, mais sur la question de savoir si le droit est dû, c'est le tribunal civil qui, seul, est compétent. (Fontaine.)

Circonstances atténuantes

Des arrêts de la Cour de Cassation des 29 septembre 1904 et 17 décembre de la même année avaient décidé que l'extension de l'art. 463 du Code pénal n'était pas applicable aux contraventions à la loi de brumaire, loi de police qui a pour objet d'assurer la loyauté de la fabrication et du commerce des ouvrages d'or et d'argent.

Mais l'art. 23 de la loi du 6 août 1905 a modifié ainsi qu'il suit le deuxième paragraphe de l'art. 19 de celle du 29 mars 1897 :

« En matière de contributions indirectes et par application de » l'art. 463 du Code pénal, si les circonstances paraissent atté- » nuantes, les tribunaux sont autorisés, lorsque la bonne foi du » contrevenant sera dûment établie, à modérer le montant des » amendes et à libérer le contrevenant de la confiscation, sauf » pour les objets prohibés, par le paiement d'une somme que » le tribunal arbitrera et qui ne pourra en aucun cas être infé- » rieure au montant des droits fraudés.

» Cette disposition cessera d'être applicable en cas de réci- » dive dans le délai d'un an. »

Le troisième paragraphe du même article 19 de ladite loi de 1897, ainsi que le deuxième paragraphe de l'art. 34 de la loi du 25 février 1901 sont et demeurent abrogés.

Sursis

La loi de sursis du 26 mars 1891 a eu pour but d'adoucir le sort des condamnés primaires en leur évitant les funestes effets du régime pénitentiaire et, par contre, d'aggraver le sort des délinquants d'habitude dont la peine est augmentée en cas de récidive.

Cette loi visant les pénalités répressives laissait, en dehors du système, les amendes fiscales. La disposition ci-après que le Parlement a adoptée, par l'art. 24 de la loi du 6 août 1905, étend, sous certaines restrictions, le bénéfice de la loi de sursis aux lois et règlements concernant les contributions indirectes :

« En cas de condamnation pour infraction aux lois et règle-
» ments qui régissent les contributions indirectes, si l'inculpé
» n'a jamais été l'objet d'un procès-verbal suivi de condamna-
» tion ou de transaction pour une infraction punie par la loi
» d'une amende supérieure à 600 francs, les tribunaux pour-
» ront, dans les conditions établies par la loi du 26 mars 1891,
» décider qu'il sera sursis à l'exécution de la peine. » (Circulaire
n° 630, du 10 janvier 1906.)

A quelles conditions le sursis peut être accordé

Le nouveau système peut se résumer ainsi :

a) Le bénéfice du sursis peut être accordé par les juges à tous
les contrevenants non pourvus d'antécédents en matière de
contributions indirectes et à ceux qui ont été l'objet de procès-
verbaux suivis de condamnations ou de transactions définitives
intervenues sur des infractions passibles d'une amende qui ne
dépasse pas 600 francs.

Il n'est pas nécessaire que la condamnation antérieure ait été
subie ; il suffit qu'elle soit définitive.

Une condamnation éteinte par l'amnistie ne fait pas obstacle
au sursis.

b) Sauf l'exception ci-dessus indiquée, le sursis peut être
accordé pour tout procès-verbal, quels que soient la nature et
l'importance de l'affaire et le chiffre des pénalités encourues.

c) Le bénéfice du sursis s'appliquant dans les conditions
établies par la loi du 26 mars 1891 concerne l'emprisonnement
et l'amende en principal et décimes.

Cette loi laisse en dehors du sursis les peines accessoires, les
frais, les dommages-intérêts et les restitutions.

Le bénéfice du sursis ne s'étendra donc pas aux frais, à la
confiscation... (Circulaire n° 630, du 10 janvier 1906.)

Effets de la loi de sursis

Le bénéfice du sursis a pour objet de suspendre l'exécution
de la peine pendant cinq ans.

Ce délai court à dater du jugement ou de l'arrêt qui a accordé
le sursis.

Si pendant la période d'épreuve le délinquant a été l'objet d'un
nouveau procès-verbal et de poursuites suivies d'une condamnation à l'emprisonnement, ou à des pénalités plus graves que
l'emprisonnement, la révocation du sursis se produit de plein
droit. Cette déchéance rend exécutoire la peine suspendue

et rend définitive la précédente condamnation jusque là affectée d'une condition résolutoire.

Au contraire, si le condamné reste cinq ans sans être l'objet, soit en matière fiscale, soit en toute autre matière, d'une condamnation à l'emprisonnement ou à des pénalités plus graves, il est, à l'expiration de cette période, affranchi d'office des peines dont l'exécution était simplement suspendue et la condamnation est réputée non avenue. (Circulaire n° 630, du 10 janvier 1906.)

Jugements portant condamnation au principal des amendes. — Décimes

L'art. 33 de la loi de finances du 30 mars 1902, remplaçant les dispositions de l'art. 5 de la loi du 13 avril 1900, porte : « La » condamnation à l'amende entraîne de plein droit l'obligation » de payer les décimes et demi-décimes dont la perception est » autorisée par les lois du 6 prairial an VII, art. 1er ; 28 avril » 1816, art. 17 ; 14 juillet 1855, art. 5 ; 30 décembre 1873, art. 2, » et par les lois annuelles de finances.

» Les décimes et demi-décimes seront recouvrés en vertu des » mêmes titres et dans les mêmes formes et conditions que le » principal de l'amende. » (Circulaire n° 486, du 1er avril 1902)

Dépens

L'art. 158 du décret impérial du 18 juin 1811, inséré au Bulletin des Lois, n° 377, porte que la condamnation aux frais aura lieu contre toute régie ou administration publique, relativement aux procès suivis soit à sa requête, soit même d'office. Ainsi, c'est à la régie des droits réunis, ou à l'administration des Monnaies, à acquitter ces sortes de dépenses. L'administration des Monnaies ne faisant aucune recette et n'ayant point de caisse, elle ne peut être tenue d'acquitter ces frais, et ils doivent être supportés par la régie des droits réunis, qui perçoit le droit de garantie, les amendes, etc., et qui est chargée par la loi de payer toutes les dépenses de cette partie de l'administration publique. (Lettre du Ministre des Finances du 11 juillet 1811.)

Dommages et intérêts

Si le tribunal juge la saisie mal fondée, il peut condamner la régie non seulement aux frais du procès, et à ceux de fourrière le cas échéant, mais encore à une indemnité qui ne peut excéder un pour cent par mois de la valeur des objets dont le saisi a été privé depuis la saisie jusqu'à leur remise ou l'offre qui en a été faite. (Art. 29 du décret du 1er germinal an XIII.)

Si par l'effet de la saisie et leur dépôt dans un lieu et à la garde d'un dépositaire qui n'aurait pas été choisi par le saisi, les objets avaient dépéri avant leur remise ou les offres valables de les remettre, la régie pourrait être condamnée au paiement de la valeur ou à une indemnité de dépérissement. (Art. 30 du décret du 1er germinal an XIII.)

Appels

Les dispositions de l'art. 76 de la loi du 5 ventôse an XII, concernant les condamnations qui doivent être prononcées contre les contrevenants aux droits réunis, et celles de l'arrêté d'organisation de ces droits du 5 germinal de la même année, ne sont point applicables aux délits et contraventions concernant la garantie des matières d'or et d'argent à l'égard desquelles la loi du 19 brumaire an VI, relative à la surveillance du titre des matières et des ouvrages d'or et d'argent, doit être exécutée, sauf en ce qui concerne la perception des droits de garantie, qui a été attribuée à la régie des droits réunis, dont les préposés peuvent néanmoins eux-mêmes, ou concurremment avec les employés des bureaux de garantie, constater les délits et contraventions à la loi du 19 brumaire an VI et poursuivre la condamnation des peines encourues, en remplissant les formalités prescrites par cette loi. (Article unique du décret du 28 floréal an XIII.)

L'art. 32 du décret du 1er germinal an XIII n'est pas applicable à l'appel des jugements correctionnels en matière de garantie.

Le Code des délits et des peines du 3 brumaire an IV, qui détermine la forme de procéder en matière criminelle et correctionnelle. doit servir de règle pour les poursuites en matière de garantie. (Arrêt de la Cour de Cassation du 9 juin 1809. Arrêt de la Cour de Paris du 18 décembre 1902.)

L'appel doit être déclaré au greffe du tribunal qui a rendu le jugement

L'appel en matière de garantie doit être déclaré au greffe du tribunal qui a rendu le jugement et dans le délai fixé par l'art. 203 du Code d'instruction criminelle (dix jours). Il est non recevable s'il est déclaré après l'expiration de ce délai, bien qu'il soit déclaré dans le délai fixé par l'art. 32 du décret du 1er germinal an XIII, lequel n'est plus applicable depuis le décret du 28 floréal suivant. (Arrêt de la Cour de Cassation du 9 juin 1809.)

Cet appel doit être formé par déclaration au greffe et non par exploit de signification, sous peine de déchéance.

C'est en vain que l'appelant soutiendrait qu'il s'est présenté au greffe et que le greffier a refusé de recevoir sa déclaration. (Arrêt de la Cour de Paris du 18 décembre 1902.)

Il lui appartenait de prendre les mesures nécessaires pour vaincre la résistance du greffier et former appel selon les règles prescrites par l'art. 203 du Code d'instruction criminelle. (Arrêt de la Cour de Paris du 18 décembre 1902.)

L'appel peut être fait par ministere d'avoué

La déclaration d'appeler du prévenu ou de la partie civile peut être faite par le ministère d'un avoué. (Arrêts de la Cour de Cassation des 28 mai et 17 août 1821.)

Moyens d'appel

La requête contenant les moyens d'appel doit être signée de l'appelant, d'un avoué ou de tout autre fondé de pouvoir. (Art. 204 du Code d'instruction criminelle.)

Requête à l'appui de l'appel

La production d'une requête à l'appui de l'appel est purement facultative. (Arrêt de la Cour de Cassation du 29 juin 1815.)

En matière de garantie, le recours devant être déclaré au greffe dans les dix jours du prononcé du jugement, les directeurs sont autorisés à interjeter appel d'office, afin de ne jamais laisser périmer l'action de la régie, à la condition d'en informer sans retard l'administration. (Circulaire n° 7, du 7 juin 1869.)

Nullité de l'appel

L'appel est nul si au lieu d'avoir été fait par déclaration au greffe, il a été fait par exploit signifié au procureur de la République. (Arrêt de la Cour de Cassation du 22 mai 1835.)

Omission d'appel

L'omission d'appel dans les délais prescrits entraîne de plein droit la déchéance. Elle ne peut être couverte, ni réparée, par aucun acte de procédure. (Arrêt de la Cour de Cassation du 20 mars 1812.)

Dans tout autre cas que dans celui prévu par l'art. 205 du Code d'instruction criminelle, la notification de l'acte d'appel et des moyens à l'appui n'est exigée par aucune disposition de ce code, sous peine de déchéance. (Arrêt de la Cour de Cassation du 29 juin 1815.)

Notification d'appel — Délais

Le ministère public près le tribunal ou la cour qui doit connaître de l'appel, devra notifier son recours, soit au prévenu, soit à la personne civilement responsable du délit, dans les deux mois à compter du jour de la prononciation du jugement. (Art. 205 du Code d'instruction criminelle.)

Si le jugement lui a été également notifié par l'une des parties, le délai ne sera plus que d'un mois, à peine de déchéance, à partir du jour de cette notification (Art. 205 du Code précité.)

Non recevabilité de l'appel

Si le ministère public exerce des poursuites en vertu d'un procès-verbal dressé par un commissaire de police sans avoir le droit de constater la contravention, le prévenu, quand même il n'aurait pas relevé la fin de non recevoir devant les premiers juges, est recevable à l'opposer en appel. (Arrêt de la Cour de Douai du 14 juillet 1873.)

L'appel interjeté par l'administration peut suffire en l'absence d'un appel du ministère public pour donner à la Cour d'appel le droit de réparer l'omission des premiers juges relativement à la confiscation. (Arrêt de la Cour de Cassation du 14 mai 1875.)

Prescription

Les infractions à la loi du 19 brumaire an VI sont rangées parmi les délits ; la prescription leur est applicable après trois ans révolus, à partir du jour où elles auront été commises. (Art. 638 du Code d'instruction criminelle.)

Les peines portées par les jugements et arrêts se prescriront par cinq années révolues, à compter de la date de l'arrêt rendu en dernier ressort. (Art. 636 du Code d'instruction criminelle.)

Et à l'égard des peines prononcées par les tribunaux de première instance, à compter du jour où les jugements ne pourront plus être attaqués par la voie de l'appel. (Art. 636 du Code précité.)

Récidive

L'affichage du jugement ne peut être prononcé pour une première contravention, mais seulement pour les récidives. (Arrêt de la Cour de Cassation du 9 vendémiaire an VIII.)

Vente des objets saisis

Les objets confisqués seront remis à l'administration des contributions indirectes pour être vendus. (Art. 104 de la loi du 19 brumaire an VI.)

Tous les objets d'or et d'argent déposés dans les greffes des tribunaux et dont la confiscation aura été prononcée judiciairement pour contravention aux lois sur les droits de garantie, seront remis, conformément à ce qui s'est pratiqué depuis l'an XII (1804), à la disposition des préposés de l'administration des contributions indirectes, qui continueront de faire procéder à la vente de ces objets et de compter du montant de leur produit. (Décision du Ministre des Finances du 29 juin 1821.)

Les objets saisis ne peuvent rentrer dans le commerce, ni être vendus publiquement sans être revêtus des poinçons légaux. (Décision du Ministre des Finances du 20 mai 1806.)

Vu l'impossibilité de mettre le poinçon du fabricant sur les objets plaqués ou doublés (art. 97 de la loi du 19 brumaire an VI), ces objets doivent être brisés avant la vente.

Le prix d'essai et autres frais sont acquittés par l'acheteur en sus du principal de la vente.

Les ouvrages ne sont livrés à l'acheteur qu'après application des poinçons et acquit du droit.

Ceux qui ne sont pas à l'un des titres légaux sont brisés.

Lorsque, en vertu de jugements préparatoires, des ouvrages d'or et d'argent saisis comme marqués de faux poinçons ou inférieurs au titre légal sont envoyés à l'administration des Monnaies pour y être expertisés, on doit joindre les procès-verbaux énonçant le nombre et la désignation de ces ouvrages. Les directeurs doivent avoir soin, aussitôt qu'ils sont informés d'un jugement préparatoire rendu dans une affaire de ce genre, de faire déposer au greffe une copie certifiée du procès-verbal pour être annexée aux ouvrages qui doivent être envoyés à l'administration des Monnaies, à la diligence du ministère public. (Circulaire n° 57, du 5 octobre 1822.)

Les débris des ouvrages brisés seront envoyés, avec un extrait du jugement et du procès-verbal de saisie en ce qui les concerne, à l'administration des Monnaies, à Paris. (Décision du Ministre des Finances du 3 mai 1822 et circulaire n° 57, du 5 octobre suivant.

Formalités avant la vente

La vente des objets saisis doit être indiquée par une affiche. Cette affiche est apposée tant à la porte de la maison commune qu'à celle de l'auditoire du juge de paix. (Art. 33 du décret du 1ᵉʳ germinal an XIII.)

Cette affiche est dispensée du timbre. (Décision du Ministre des Finances du 22 mars 1820 et circulaire n° 234, du 2 juillet 1840.)

La vente a lieu cinq jours après. (Art. 33 du décret du 1ᵉʳ germinal an XIII.)

Les affiches annonçant la vente doivent toujours indiquer que tous les frais (timbre, enregistrement, etc.) seront acquittés par l'acheteur, en dehors du prix d'adjudication. (Lettre commune du 21 novembre 1877.)

Les préposés des contributions indirectes sont autorisés à procéder à la vente. (Décision du Ministre des Finances du 22 mars 1820.)

Modèle d'acte de vente d'objets saisis

L'an (comme aux procès-verbaux), je soussigné (nom et grade), assermenté en justice, certifie qu'en conformité de l'art. 33 du décret du 1ᵉʳ germinal an XIII, après affiches signées de moi et apposées tant à la porte de la maison commune qu'à celle de l'auditoire du juge de paix, le............. j'ai procédé, aujourd'hui, à.... heures de........... comme il est dit ci-après, et en présence du public assemblé, dans.............. à la vente au plus offrant et dernier enchérisseur, de...................... saisi par procès-verbal du.............. sur le sieur.............. et acquis à l'administration en vertu du jugement rendu le.................... Ladite vente faite à la charge par l'acquéreur d'acquitter, avant l'enlèvement, en outre du prix auquel il aura porté les objets qui lui auront été adjugés, les droits dont ils sont passibles et les frais de vente. Lesdits.............. ayant été mis à prix successivement par diverses personnes, ont été adjugés à M.................... demeurant à.................... pour la somme de.............. qu'il a payée comptant, ainsi que les droits et les frais. La vente étant terminée, j'ai signé avec ledit sieur........................

Jurisprudence

Nullités des procès-verbaux. — Confiscation

« Depuis la loi du 5 ventôse an XII, les employés de la régie » des droits réunis ont qualité pour rechercher les contraven-

» tions aux lois sur la garantie des matières d'or et d'argent,
» faire les visites et dresser procès-verbal.

» La nullité d'un procès-verbal de contravention aux lois sur
» la garantie des matières d'or et d'argent n'empêche pas que
» le tribunal ne doive prononcer la confiscation des objets non
» revêtus de la marque. » (Arrêt de la Cour de Cassation du
17 ventôse an XIII.)

Montres — Saisie des mouvements

« Les mouvements des montres, une fois réunis aux boîtes,
» doivent être compris dans la confiscation, qui est prononcée,
» pour défaut de marque et de contrôle, comme ne formant
» qu'un seul tout. » (1) (Cass., 15 frimaire an XIV.)

Attendu que lesdits mouvements et les montres, une fois
réunis, forment, dans la main de l'horloger auquel ils appartiennent, un tout qui a soumis les mouvements à la confiscation
encourue par les boîtes, à défaut de marque lors de la saisie ;
d'où il suit que la distinction faite, dans l'espèce, entre les
mouvements et les boîtes, qui étaient réunis et ne formaient
qu'un tout lors de la saisie, pour ne soumettre à la confiscation
que les boîtes, comme seules susceptibles, à raison de leur
matière, de la marque exigée par la loi, est contraire au vœu
de l'art. 107 de la loi du 19 brumaire an VI.)

Droit de poursuites

« La régie des droits réunis a le droit d'exercer des poursuites
» en matière de garantie.

» Les objets de fraude doivent être confisqués, malgré la
» nullité des procès-verbaux, lorsque la contravention est
» constatée. » (Cass., 5 septembre 1806.)

Poursuites — Faculté attribuee à la régie

« La régie des droits réunis (contributions indirectes) a la
» faculté de poursuivre, concurremment avec le ministère
» public, les contrevenants aux lois sur la garantie. » (Cass,
22 mai 1807.)

Les procès-verbaux ne sont pas soumis aux formalités du décret du 1er germinal an XIII

« Les procès-verbaux relatifs au droit de garantie, qui sont
» rapportés par les préposés des droits réunis, ne sont pas

---

(1) Voir l'arrêt du 21 février 1822.

» soumis aux formalités prescrites par le décret du 1er germinal
» an XIII, mais seulement à celles qu'indique la loi du 19 bru-
» maire an VI.

» Malgré la nullité d'un procès-verbal en matière de garantie,
» les juges doivent prononcer la confiscation des objets saisis. »
(Cass., 18 novembre 1808.)

Procès-verbaux — Qualités des verbalisants — Affirmation

« Les préposés des droits réunis (contributions indirectes)
» peuvent procéder aux visites et saisies relatives au droit de
» garantie sans la présence d'un employé spécial de ce service.

» En cette matière, les procès-verbaux ne sont point assu-
» jettis à la formalité de l'affirmation. » (1) (Cass., 26 janvier
1809.)

Néanmoins la circulaire n° 28, du 17 juin 1820, recommande,
au point de vue de la sincérité des actes, de faire affirmer les
procès-verbaux dans le délai et selon les règles prescrites par
le décret du 1er germinal an XIII.

Procès-verbal — Formes de procedure

« Le code des délits et des peines, du 3 brumaire an IV, qui
» détermine la forme de procéder en matière criminelle et
» correctionnelle, doit servir de règle pour les poursuites en
» matière de garantie. » (Cass., 9 juin 1809.)

Les pierres précieuses ne sont pas saisissables

« Les pierres précieuses, enchâssées dans des ouvrages d'or et
» d'argent, non revêtus de la marque prescrite, ne sont pas
» saisissables et ne doivent pas être comprises dans la confisca-
» tion. » (Cass., 2 juillet 1812.)

Delai pour les poursuites

« L'inobservation des délais fixés par l'art. 102 de la loi du
» 19 brumaire an VI, pour les poursuites à faire par le
» ministère public, ne peut donner lieu ni à la nullité, ni à la
» déchéance des poursuites. » (Cass., 29 mai 1813.)

Foi due aux proces-verbaux

« Les procès-verbaux de contravention aux lois sur la marque
» d'or et d'argent, rédigés par les employés du bureau de

_____

(1) La formalité de l'affirmation a été supprimée par l'article 8 de la loi de finances du 18 avril 1906.

» garantie, ont foi en justice jusqu'à inscription de faux. » (1)
(Cass., 27 août 1813.)

Les diamants et pierres précieuses ne doivent pas être compris dans la saisie

« La confiscation des ouvrages d'or et d'argent, pour défaut
» de marque de la garantie, ne peut être étendue aux diamants
» et pierres qui seraient montés sur ces ouvrages. » (Cass.,
15 février 1817.)

Procès-verbaux — Simple agent de police — Nullité — Confiscation

« Les officiers municipaux et les commissaires de police ne
» peuvent être remplacés par de simples agents de police pour
» la rédaction des procès-verbaux en matière de garantie, mais,
» bien que pour ce vice de forme un procès-verbal soit annulé,
» la confiscation des ouvrages trouvés en contravention doit
» être prononcée si la preuve de cette contravention résulte de
» l'instruction de l'affaire. » (Cass., 2 octobre 1818.)

Confiscation — Mouvements de montres

« La saisie des montres faite dans les cas prévus par les
» art. 107 et 109 de la loi du 19 brumaire an VI n'emporte que
» la confiscation des boîtes d'or et d'argent et non celle des
» mouvements. » (Cass., 21 février 1822.)

Deux arrêts antériéurs, des 15 frimaire an XIV et 15 avril
1808, avaient admis que les mouvements de montres et les
boîtes, lorsqu'ils étaient réunis, formaient un seul objet soumis
tout entier à la confiscation, à défaut de marques sur les boîtes.

L'esprit de la loi est de garantir au public le titre des
ouvrages d'or et d'argent qui sont mis dans le commerce, elle
ne s'occupe d'aucune autre matière ; ce n'est donc pas en raison
du mouvement (dont la valeur, souvent considérable, est indépendante du titre) que l'horloger est assujetti aux formalités
prescrites par la loi, mais en raison de la boîte, et encore ne
l'est-il que lorsque cette boîte est en or ou en argent.

Procès-verbaux — Formalités

« Les procès-verbaux constatant les délits et contraventions
» en matière de garantie, dressés par les employés de la régie,
» ne sont soumis qu'aux formalités prescrites par la loi du
» 19 brumaire an VI. » (Cass., 18 avril 1822.)

(1) Les procès verbaux des agents des Contributions indirectes feront foi jusqu'à
preuve contraire. (Art. 24 de la loi de finances du 30 décembre 1903.)

En première instance et en appel, un procès-verbal de saisie avait été annulé par le motif que, contrairement à l'art. 21 du décret du 1ᵉʳ germinal an XIII, les employés n'y avaient indiqué ni l'administration à la requête de laquelle était faite la saisie, ni le nom de la personne chargée des poursuites.

Objets saisis. — Vérification par experts. — Pouvoir des tribunaux a ce sujet

« S'il est jugé nécessaire que des objets saisis soient soumis » à une vérification par experts, les tribunaux qui ordonnent » cette vérification ne sont tenus ni de la déférer exclusivement » à l'administration des Monnaies, ni de se conformer dans » leurs décisions à l'avis qu'elle aurait exprimé. » (Cass., 13 mars 1824.)

Considérant que les tribunaux, juges de l'existence et de la répression des délits et contraventions en matière de garantie d'or et d'argent, ont essentiellement et nécessairement le droit de soumettre à la vérification des experts les faits contestés dont l'appréciation peut dépendre des règles de l'art ; qu'aucune disposition légale ne les oblige de ne soumettre cette vérification qu'à l'administration des Monnaies ; que du droit de surveiller les bureaux de garantie relativement à la partie d'art, que l'art. 37 de la loi du 19 brumaire an VI, attribué à la dite administration, ne résulte nullement celui de prononcer exclusivement et souverainement sur les faits de cette nature et d'astreindre ainsi les tribunaux à se conformer à son avis, contrairement au principe établi par l'art. 323 du Code de procédure ; que la nouvelle vérification par experts qui, dans l'état des faits, a été ordonnée par jugement du 1ᵉʳ juillet 1822, confirmé par l'arrêt attaqué, n'est donc en contravention à aucune loi.....

Amendes — Réduction

« Les peines établies par la législation spéciale des contribu- » tions indirectes ne peuvent être réduites par les tribunaux » en vertu de l'art. 463 du Code pénal. » (1) (Cass., 23 avril 1824.)

Procès-verbal de saisie. — Receveur supplée par l'essayeur. — Cas de nullité

« L'essayeur d'un bureau de garantie est sans caractère pour » suppléer le receveur dans l'attribution que la loi donne à ce

---

(1) En matière de contributions indirectes et par application de l'article 463 du Code pénal, les tribunaux sont autorisés, lorsque la bonne foi est reconnue, à modérer le montant des amendes. (Art. 23 de la loi du 6 août 1905.)

» dernier de concourir aux saisies en cas de contravention aux
» lois sur la garantie ; en conséquence, un procès-verbal rédigé
» par l'essayeur et le contrôleur du bureau, seuls et sans le
» concours d'aucun autre employé ayant le droit de verbaliser,
» est nul. » (Cour de Dijon, 12 mai 1824.)

Ouvrages non achevés — Expertise

« Les procès-verbaux des employés font foi des faits matériels
» de contravention, mais non des faits et qualifications résul-
» tant de l'opinion personnelle des verbalisants ; ainsi, sur la
» question de savoir si des bijoux étaient entièrement achevés,
» les tribunaux peuvent ordonner qu'une vérification soit faite
» par des experts. » (Cass., 16 juillet 1824.)

Procès-verbaux — Rédaction sur place — Nullité

« L'omission des formalités prescrites par la loi du 19 bru-
» maire an VI opère la nullité des procès-verbaux lorsqu'il
» n'est pas prouvé qu'elle provient d'obstacles apportés par les
» prévenus.
» Dès lors, un procès-verbal est justement annulé lorsqu'il n'a
» pas été rédigé sans déplacer. » (Cass., 2 décembre 1824)

Qualité des saisissants

« Ne peuvent, en matière de garantie, être poursuivies devant
» les tribunaux, que les contraventions constatées soit par les
» employés spécialement chargés de ce service, soit par ceux
» des contributions indirectes, à l'exception, néanmoins (art. 92
» de la loi du 19 brumaire an VI), de celles qui seraient com-
» mises par les marchands ambulants ou venant s'établir en
» foire. » (Cass , 15 avril 1826.)
Dans l'espèce, le procès-verbal qui avait donné lieu à l'action
du ministère public était rédigé par un commissaire de police.

Ouvrages non achevés — Expertise

« Lorsque des montres étrangères sont saisies pour défaut de
» marques sur les boîtes, une expertise peut être ordonnée par
» les tribunaux pour s'assurer si ces montres étaient achevées
» et en état d'être vendues » (Cass., 27 octobre 1826.)

Ouvrages devant être brisés — Expertise — Foi due aux procès-verbaux

« Les ouvrages non marqués, mais hors d'état d'être vendus,
» que les bijoutiers ne veulent pas employer à leur usage per-

» sonnel en les faisant poinçonner, doivent être immédiate-
» ment brisés.

» Bien qu'un rapport d'experts ait déclaré que ces objets
» devaient être considérés comme brisés et rompus, si le
» procès-verbal de saisie porte qu'ils ne l'étaient pas, il y
» aurait, dans toute décision contraire, violation de la foi qui
» est due à cet acte. » (Cass., 10 juin 1830.)

Procès-verbaux sans déplacer — Nullité — Preuves de la contravention

« Il y a nullité lorsque les procès-verbaux, en matière de
» garantie, ne sont pas dressés de suite et sans déplacer, à
» moins qu'il n'y ait force majeure, comme, par exemple,
» lorsque l'officier de police qui assiste les employés est obligé,
» sur un ordre supérieur, de se rendre dans un autre lieu.

» Lorsqu'un procès-verbal est nul en la forme, la régie est
» admise à faire la preuve de la contravention par tous les
» moyens à en établir l'existence. » (Cass., 12 juillet 1834.)

Procès-verbaux. — Rédaction sans déplacement

« L'obligation de dresser procès-verbal sans déplacement,
» imposée par l'art. 102 de la loi du 19 brumaire an VI, est
» prescrite à peine de nullité, à moins qu'un cas de force
» majeure ou un obstacle provenant du fait du contrevenant ne
» s'oppose à la rédaction immédiate du procès-verbal. » (Cass.,
1er août 1834.)

Montres neuves — Ouvrage terminé

« Lorsqu'il résulte d'un procès-verbal, non attaqué, que des
» boîtes de montre étaient terminées avant d'être soumises au
» contrôle et qu'elles avaient été déposées au bureau pour faire
» croire qu'elles étaient inachevées, l'administration des contri-
» butions indirectes et le ministère public doivent être admis à
» faire vérifier les faits allégués, et le tribunal commet un
» excès de pouvoir en renvoyant les prévenus par le motif que
» les boîtes de montre, réellement achevées, ont pu être rame-
» nées à l'état d'ouvrage non fini. » (Cass., 6 mai 1842.)

Employés des contributions indirectes — Foi due

« Les préposés de l'administration des contributions indi-
» rectes ont le droit de constater, concurremment avec les
» employés des bureaux de garantie, les contraventions rela-
» tives aux matières sujettes aux droits sur la marque.

» Les procès-verbaux dressés par suite de ces contraventions
» font foi jusqu'à inscription de faux (1) des déclarations et
» aveux émanés des contrevenants ; il n'y a pas lieu de distin-
» guer, à cet égard, entre les différents grades des agents
» qui les ont constatés. » (Cass., 22 novembre 1851.)

Quel que soit leur grade, les employés de la garantie et des contributions
indirectes ont le droit de constater les contraventions

« Les employés des contributions indirectes sont compétents,
» quel que soit leur grade, pour constater, concurremment
» avec les receveurs ou contrôleurs du bureau de garantie,
» les délits et contraventions commis en matière de garantie
» des ouvrages d'or et d'argent et prévus par la loi du 19 bru-
» maire an VI. Telle est la conséquence des art. 80, 81 et 84 de
» la loi du 5 ventôse an XII et de l'art. 1er du décret du
» 28 floréal an XIII. » (Cass., 16 décembre 1853.)

Le ministère public ne peut poursuivre les contraventions que sur la
remise des procès-verbaux

« L'art. 105 de la loi du 19 brumaire an VI, aux termes
» duquel les contraventions en matière de garantie ne peuvent
» être poursuivies par le ministère public que sur la remise à
» lui faite des procès-verbaux émanés des employés des contri-
» butions indirectes ou des bureaux de garantie, est général
» et absolu. Il s'applique à toutes les contraventions et par
» conséquent à celle que prévoit l'art. 74 de ladite loi relative-
» ment à la tenue d'un registre d'achat.

» Si le prévenu n'a excipé ni devant le tribunal correctionnel,
» ni devant le tribunal d'appel, de l'irrégularité des poursuites
» exercées contre lui pour fait de vente de bijoux non poin-
» çonnés, contravention que, d'ailleurs, il ne conteste pas. les
» juges ont pu statuer sur les poursuites et prononcer la con-
» damnation. » (Cass., 28 avril 1855.)

Faits qualifiés crimes — Action publique — Nullité des procès-verbaux

« Les nullités des procès-verbaux dressés en matière de
» garantie du titre des objets d'or ou d'argent ne peuvent être
» invoquées dans le cas où il s'agit de faits qualifiés crimes ;
» alors l'action publique est régie par les lois du droit commun
» pour la poursuite des crimes, et, devant le jury, ces procès-
» verbaux n'ont de valeur que comme simples renseigne-
» ments. » (Cass., 21 février 1856.)

(1) Voir le renvoi à la suite de l'arret du 27 août 1813.

Commissaires de police — Qualité pour verbaliser

« Les contraventions en matière de garantie doivent, dans
» tous les cas, être constatées par un procès-verbal, et la loi
» du 19 brumaire an VI n'a investi que les employés de la
» garantie et des contributions indirectes du droit de les
» dresser.

» Un commissaire de police est sans qualité pour saisir chez
» un horloger une montre en or revêtue d'une marque illégale
» et un procès-verbal émanant d'un fonctionnaire incompétent
» ne peut être l'objet d'aucune poursuite. » (Cour de Nancy,
19 janvier 1864.)

Marchands ambulants. — Commissaires de police

« A moins qu'il ne s'agisse de contraventions commises par
» les marchands ambulants, les commissaires de police ne
» peuvent pas constater les contraventions en matière de
» garantie sans le concours des employés de la garantie ou des
» contributions indirectes.

» Si le ministère public exerce des poursuites en vertu d'un
» procès-verbal dressé par un commissaire de police sans avoir
» le droit de constater la contravention, le prévenu, quand
» même il n'aurait pas relevé la fin de non recevoir devant les
» premiers juges, est recevable à l'opposer en appel. » (Cour
d'appel de Douai, 14 juillet 1873.)

Délai de rédaction des procès-verbaux

« L'obligation de dresser à l'instant et sans déplacer procès-
» verbal de la saisie faite chez un orfèvre ou bijoutier, confor-
» mément à la loi du 19 brumaire an VI, cesse en cas de force
» majeure. L'obstacle de force majeure peut résulter de ce que
» le lieu de la saisie était, par sa disposition, impropre à la
» rédaction du procès-verbal.

» La question de savoir si les ouvrages d'or ou d'argent
» saisis, non marqués, chez un marchand ou fabricant, étaient
» ou non achevés, rentre dans l'appréciation souveraine des
» juges du fait et échappe au contrôle de la Cour de Cassation. »
(Cass., 22 avril 1875.)

Retard dans la rédaction des procès-verbaux

« En matière de garantie, tous les employés des contributions
» indirectes peuvent constater les contraventions.

» Le procès-verbal de saisie est valable lorsque le retard de
» la rédaction a eu pour cause soit un fait personnel au pré-
» venu, soit des circonstances de force majeure qui n'ont pas
» permis de le dresser séance tenante.

» Des boucles d'oreille qui ont reçu le poli définitif doivent
» être considérées comme ouvrage achevé au point de vue de
» l'orfèvrerie, bien que le joaillier n'y ait pas encore placé les
» pierres précieuses qu'elles doivent recevoir comme orne-
» ments.

» L'appel interjeté par l'administration peut suffire, en
» l'absence d'un appel du ministère public, pour donner à la
» Cour d'appel le droit de réparer l'omission des premiers
» juges relativement à la confiscation.

» La Cour d'appel n'a pas à statuer sur le délit de fourré
» quand il n'a fait l'objet ni de l'ordonnance de renvoi, ni de
» la citation qui a saisi de l'affaire le tribunal correctionnel. »
(Cass, 14 mai 1875.)

Poursuites précédées d'un procès-verbal

« Les poursuites exercées en vertu de la loi du 19 brumaire
» an VI doivent, à peine de nullité, être précédées d'un procès-
» verbal dressé par les employés du bureau de garantie ou des
» contributions indirectes. » (Tribunal correctionnel de la Seine,
29 mai 1884.)

Procès-verbaux — Contrôleur et receveur de garantie

« Les contraventions aux lois sur la garantie des ouvrages
» d'or et d'argent sont valablement constatées non seulement par
» le receveur et le contrôleur du bureau de garantie, mais
» encore par tous les employés des contributions indirectes sans
» distinction de grade.

» A cet égard, depuis que les employés des bureaux de
» garantie, sauf les essayeurs, font partie des employés des
» contributions indirectes, on ne doit point distinguer entre les
» agents attachés à un bureau de garantie et les préposés des
» autres branches » (Cour de Paris, 13 février 1886.)

Les pierres fines ne sont pas saisissables

« En cas de contravention à la loi du 19 brumaire an VI, le
» tribunal doit, en validant la saisie, prononcer la confiscation
» des matières d'or et d'argent qui font l'objet de la contraven-
» tion, mais il doit excepter les pierres fines ou autres ornant

» les bijoux confisqués. » (Tribunal correctionnel de la Seine, 21 novembre 1891.)

Circonstances atténuantes

« Les peines encourues pour contravention à la loi du 19 bru-
» maire an VI relatives à la garantie des matières d'or et
» d'argent sont susceptibles d'être modérées en raison des cir-
» constances atténuantes. » (Tribunal correctionnel de la Seine,
21 novembre 1891.)

Appel des jugements — Formes de procédure

« La poursuite des contraventions en matière de garantie des
» ouvrages d'or et d'argent, exercée même par les agents des
» contributions indirectes, doit être faite dans les formes géné-
» rales de procédure déterminées par le code du 3 brumaire
» an IV, et non dans celles du décret du 1er germinal an XIII.
» Ainsi, l'appel rendu en cette matière par le tribunal correc-
» tionnel doit, pour être valable, être déclaré au greffe du tri-
» bunal ; il est nul s'il a été seulement notifié à l'administration
» des contributions indirectes. » (Cour de Paris, 27 novembre
1902.)

Appel

« En matière de garantie, l'appel doit être formé selon les
» règles prescrites par l'art. 203 du Code d'instruction crimi-
» nelle. » (Cour de Paris, 18 décembre 1902.)

Circonstances atténuantes

« La disposition de l'art. 19 de la loi de finances du 29 mars
» 1897, qui étend aux contributions indirectes l'art. 463 du Code
» pénal, est spécial aux contributions indirectes et ne peut être
» appliquée aux contraventions à la loi du 19 brumaire an VI.
» En conséquence, doit être cassé et annulé, dans l'intérêt de
» la loi, un jugement qui a accordé le bénéfice des circonstances
» atténuantes à un prévenu d'infraction à ladite loi du 19 bru-
» maire an VI. » (Cass., 17 décembre 1904.)

DEUXIÈME PARTIE

CHAPITRE XXII

LÉGISLATION ÉTRANGÈRE

J'ai reproduit ci-après le texte des lois et règlements concernant le titre et le contrôle des matières d'or et d'argent des différents Etats d'Europe, ainsi que du Canada et des Etats-Unis d'Amérique. A la suite de chaque état a été annexée une planche présentant l'empreinte des différents poinçons officiels en usage.

Je tiens à remercier, ici, les personnes qui ont bien voulu me faire parvenir des renseignements et en particulier M. le directeur de l'Office national du commerce extérieur, à Paris, M. Savoie, directeur du contrôle fédéral de Berne (Suisse), et M. Franz Chudoba, ingénieur et essayeur de la garantie impériale, à Vienne (Autriche), pour les documents qu'ils m'ont confiés ou autorisés à reproduire et m'ont facilité la tâche difficile que je m'étais imposée.

Certaines erreurs ont bien pu se glisser dans ce travail malgré les précautions prises, et j'aime à croire qu'elles me seront pardonnées.

ALLEMAGNE

Loi du 16 juillet 1884

Appliquee le 1ᵉʳ janvier 1888

§ 1ᵉʳ. — La fabrication et la vente d'ouvrages à tous titres est autorisée. L'indication du titre est réglée conformément aux prescriptions énumérées ci-après.

§ 2. — Le titre de fin ne peut être indiqué sur les ouvrages d'or que lorsqu'il atteint 585 millièmes et sur les ouvrages d'argent à 800 millièmes et au-dessus.

Il y a une tolérance de 5 millièmes pour l'or, de 8 millièmes pour l'argent, pour les ouvrages fondus en entier avec la soudure comprise. L'indication du titre doit s'appliquer à l'ouvrage lui-même et à toutes ses parties.

§ 3. — L'indication de titre sur les ouvrages d'or et d'argent résulte d'une empreinte indiquant le nombre de millièmes et la raison commerciale de la maison qui présente les objets.

L'empreinte comprend :

1° La couronne impériale ;
2° Le signe solaire pour l'or et le signe lunaire pour l'argent ;
3° L'indication du titre en millièmes ;
4° Le nom, ou une marque déposée de garantie du fabricant ou de la société.

La couronne doit être placée, pour les articles d'or, au milieu de l'emblème du soleil, et pour les articles d'argent, à droite de l'emblème de la lune.

§ 4. — Ces dispositions s'appliquent également aux montres d'or ou d'argent.

§ 5. — Les bijoux d'or ou d'argent peuvent être fabriqués à n'importe quel titre, mais dans ce cas, le titre doit être indiqué en millièmes. Les marchandises d'or ou d'argent, importées de l'étranger, qui n'ont pas été pourvues d'avance d'un poinçonnage s'accordant avec les lois allemandes, ne peuvent être vendues que si on leur a ajouté un poinçon s'accordant avec la loi du pays.

La limite de la tolérance pour les ouvrages de bijouterie s'étend à 10 millièmes, l'objet étant fondu en entier.

§ 6. — Les articles pour l'exportation ne sont pas soumis à l'obligation du poinçonnage. Ceux à un titre inférieur au titre légal minimum, paragraphe 2, ne doivent pas recevoir le poinçon officiel. Il en est de même pour la bijouterie en or ou en argent.

Lorsque les ouvrages ont reçu une marque de titre, ils sont soumis à toutes les prescriptions appliquées aux objets nationaux. Si des articles d'exportation, dont le titre est exprimé par des désignations non conformes à la loi, sont réimportés en Allemagne, ils doivent être soumis au régime des articles étrangers.

§ 7. — Le vendeur est rigoureusement responsable à l'égard de l'acheteur, soit qu'il s'agisse d'un objet national ou d'un objet étranger.

La même responsabilité incombe au fabricant dont la marque est sur l'ouvrage vendu, parce que cette marque le rend garant du titre indiqué.

§ 8. — Pour les ouvrages d'or et d'argent qui sont fourrés d'autres métaux communs, la marque indicative du titre ne peut être apposée.

La même interdiction s'étend aux ouvrages auxquels sont adaptés ou appliqués des métaux ou alliages communs.

Elle excepte les mécanismes nécessaires à la confection de l'ouvrage.

Les accessoires divers sont autorisés à la condition qu'ils soient d'un autre aspect que le métal précieux, visibles, et qu'ils ne fassent pas corps avec l'ouvrage lui-même.

§ 9. — Sont punis d'une amende pouvant s'élever jusqu'à 1.000 marks et de prison pouvant aller jusqu'à six mois :

1° Ceux qui insculpent le titre sur des ouvrages qui ne doivent pas en être revêtus ;

2° Ceux qui déclarent un titre supérieur au titre réel ;

3° Ceux qui appliquent les poinçons officiels à des articles qui ne doivent pas les recevoir ;

4° Ceux qui inscrivent des désignations non conformes à la loi.

La condamnation entraîne la destruction de la fausse indication et, si cette fausse indication ne peut pas être enlevée, elle entraîne la destruction complète de la marchandise.

Au sens de la loi sont soumis aux dispositions qui précèdent les objets de table de toutes sortes, tels que cuillers, fourchettes, couteaux, assiettes, plats, etc., services de table, les objets en or ou en argent gros ou petits.

On considère comme bijouterie les menus objets de parure qui sont habituellement compris sous cette dénomination.

L'indication en karats ou en onces est interdite, elle doit être exprimée en millièmes.

L'indication du titre peut être apposée par le fabricant ou par le marchand.

Monnaies allemandes converties en monnaies françaises

Droppo Krone (20 marks), or	24ᶠ 50
Krone (10 marks), or	12 25
5 marks, argent	5 50
1 mark (100 pfennig), argent	1 10
Pfenning, cuivre	0 125
Sillergros, —	0 125
Kroutzer, —	0 035

Poinçons de l'Allemagne

Pour l'*or*, la couronne impériale dans le signe solaire.

Pour l'*argent*, la couronne impériale tout à côte du croissant lunaire.

ANGLETERRE

D'après les lois qui furent établies en Angleterre, avant 1854, pour la réglementation du titre des matières d'or et d'argent, il n'y avait, jusque-là, que trois titres pour l'or et trois titres pour l'argent.

Les titres de l'or étaient 22 karats = 916.66 millièmes, 20 karats = 833.33 millièmes (pour Dublin seulement), et 18 karats = 750 millièmes

Les titres de l'argent étaient 11 onces 10 deniers = 958 millièmes, et 11 onces 2 deniers = 925 millièmes.

La fabrication du plus haut titre a complètement cessé et tous les ouvrages en argent ont été fabriqués au titre de 925 millièmes.

Avec la loi du 11 décembre 1854, trois nouveaux titres furent autorisés 15, 12 et 9 karats pour l'or.

Il y a donc actuellement six titres pour l'or. savoir :

22 karats = 916,66 millièmes
20 — = 833,33 —
18 — = 750 —
15 — = 625 —
12 — = 500 —
9 — = 375 —

Et deux titres pour l'argent :

11 onces 10 deniers = 958 millièmes.
11 onces 2 deniers = 925 —

Tous les ouvrages en argent, au titre légal, doivent être essayés et poinçonnés.

Sont exceptés de l'essai et du poinçonnage, les petits objets d'argent suivants · boîtes de montres [1], chaînes, colliers de

---

(1) Dispositions modifiées par la loi du 6 août 1907 (Voir page 421)

perles, pendants d'oreilles, ouvrages en filigrane, broches, boucles, médaillons, pendants et autres objets analogues d'un poids inférieur à 10 deniers.

Parmi les objets d'or, les ouvrages de parure et différents petits articles ne sont pas soumis à l'essai et au poinçonnage, ainsi que les objets d'or ci-après, quand ils sont aux trois derniers titres : boîtes de montres (1) et ouvrages qui ne pourraient supporter le poinçon sans détérioration, bijoux, chaînes, anneaux (à l'exception des anneaux de mariage et de deuil), boutons de manchettes, boucles, porte-mines, brosses à ongles et autres objets pesant moins de 5 deniers.

Cependant un grand nombre de sociétés d'orfèvres font poinçonner des ouvrages de cette catégorie, bien que n'étant pas soumis au contrôle, et pour lesquels la preuve du titre est nécessaire.

Les taxes de contrôle sont : pour les objets d'or, 17 shillings par once troy (21 fr. 25 par 31 gr. 103), et pour les objets d'argent, 1 shilling 6 deniers par once, soit 6 fr. 03 par hectogramme, avec une déduction de 1/6 pour déchets de fabrication.

A l'exportation des objets d'or et d'argent, le droit intégral est remboursé, sauf pour certaines pièces déterminées, de petit volume généralement, quand les ouvrages neufs ne doivent pas être réimportés.

On doit apposer sur les ouvrages la marque spéciale du fabricant.

L'essai des objets se fait toujours par le procédé de la coupellation.

Par acte de finance de 1883, il a été décidé que les ouvrages d'or et d'argent importés de l'étranger dans le Royaume-Uni doivent être fabriqués aux mêmes titres que ceux de fabrication nationale, puis essayés, poinçonnés et marqués.

Les marques sont les mêmes que pour les marchandises anglaises avec l'addition d'un F.

Les ouvrages en métaux précieux importés de l'étranger doivent être déclarés en entrepôt à la douane, puis dirigés sur le bureau de contrôle le plus voisin par l'importateur accompagné d'un agent des douanes, pour être essayés et marqués et, après constatation du titre et acquittement des droits, ils peuvent être mis dans le commerce.

Les objets trouvés au-dessous du titre légal ne doivent pas

---

(1) Dispositions modifiées par la loi du 6 août 1907. (Voir page 421.)

être conservés au bureau de contrôle, mais faire retour sur le bureau des douanes.

Si les ouvrages dont il s'agit ne sont pas réexportés dans le délai d'un mois, la confiscation en est prononcée par la douane.

Il n'y a rien à payer pour les ouvrages déposés à la douane pendant un mois.

Les ouvrages en métaux précieux importés de l'étranger sont soumis au même traitement que ceux similaires de fabrication nationale dispensés de l'essai et de la marque.

Les objets d'or et d'argent importés et destinés à un usage personnel, sans intention de vente, sont libérés de l'essai.

Si un tel objet se trouve ultérieurement soumis à l'examen de l'agent de contrôle et s'il n'est pas au titre, on doit le traiter exactement comme un objet arrivant de la douane au contrôle.

Les objets d'or et d'argent d'origine étrangère soumis à la vérification des douanes tels que les ouvrages en émail, objets bronzés, filigrane à l'orientale, paient des droits, mais sont dispensés du poinçonnage. (Acte de finance de 1884.)

Le privilège de l'essai des métaux précieux s'effectue dans les villes suivantes : Londres, Birmingham, Chester, Sheffield, Edimbourg, Glasgow, Dublin.

Les exemples suivants font comprendre la marque dans la Grande-Bretagne :

Londres :

(Or 22 K.) Poinçon de maître.
— Marque en karats (22).
— Poinçon de titre (Couronne).
— Poinçon de l'office de Londres (Tête de léopard).
— Lettres de l'année (en capitales romaines).
— Poinçon de paiement des droits (Tête de la reine).

Le même mode de poinçonnage a lieu pour les offices de Chester, Exeter, Newcastle, Birmingham, Edimbourg, Glascow, Dublin.

La lettre de l'année ainsi que le poinçon de l'office sont seuls changés ; celui-ci est représenté ainsi :

Chester. — Un glaive au milieu de trois gerbes.
Exeter. — Un château à trois tours.
Newcastle. — Trois châteaux.
Birmingham. — Une ancre.
Edimbourg. — Un château.
Glascow. — Un arbre, un poisson et une cloche.
Dublin. — L'Hibernia (Irlande).

En outre, la couronne est remplacée à Edimbourg par un chardon, à Glascow par un lion rampant, à Dublin par une harpe couronnée.

L'office de Dublin contrôle des alliances à 20 karats. La marque est la même que la précédente, sauf que la harpe couronnée fait place à un poinçon formé d'un cimier de plumes.

Les ouvrages à 18 karats, assujettis au droit, se différencient des ouvrages à 22 karats en ce que le chiffre 18 remplace le chiffre 22. Cependant, à Dublin. la harpe couronnée est remplacée par une tête de licorne.

Pour les ouvrages à 15 karats, il y a cinq poinçons pour ce titre à Glascow seulement ; à côte de 15 ne figure pas l'indication 625, mais on y trouve le poinçon le lion rampant.

De même pour les ouvrages à 12 karats et à 9 karats, les mentions 500 et 375 sont remplacées à Glascow par le poinçon le lion rampant.

Il y a cinq ou six marques pour l'argent (958 $^{m}/^{m}$).

Londres :

Poinçon de maître
Poinçon de titre (Britannia).
Poinçon de l'office de Londres (Tête de lion arrachée).
Lettre de l'année (en capitale romaine).
Poinçon de paiement du droit (Tête de la reine).

Le poinçon de l'office est le Glaive avec les Gerbes de blé à Chester, l'Ancre à Birmingham, la Couronne à Sheffield.

A Newcastle, outre ces cinq marques, il y en a une sixième qui est la Tête de léopard couronnée.

A Edimbourg et à Glascow, la marque pour les ouvrages d'argent est la même que celle de l'or à 22 karats, sauf que la Britannia remplace le titre exprimé en karats.

Il y a également cinq ou six marques pour l'argent à 925 $^{m}/^{m}$.

Londres :

Poinçon de maître.
Poinçon du titre (Lion passant).
Poinçon de l'office de Londres (Tête de léopard).
Lettre de l'année (en capitale romaine).
Poinçon de paiement du droit (Tête de la reine).

La marque est analogue pour Chester, Exeter, Newcastle, Birmingham, Sheffield, sauf que la tête de léopard est remplacée par le poinçon spécial à ces offices et que la lettre de l'année est différente.

Il en est de même sur ces deux points pour Edimbourg, Glascow et Dublin. En outre, le Lion passant est remplacé à Edimbourg par le Chardon, à Glascow par le Lion rampant, à Dublin par la Harpe couronnée.

Pour les figures des différents poinçons apposés sur les ouvrages de fabrication nationale, ainsi que sur ceux d'importation, voir les planches ci-après.

Les renseignements concernant les différentes empreintes ont été puisés dans l'ouvrage *Monnaies, Médailles et Bijoux*, par M. Riche.

Monnaies anglaises converties en monnaies françaises

Livre sterling (20 shill.), or.	25f »
Demi-souverain (10 shill.), or.	12 50
Couronne (5 schill.), argent.	6 »
Shilling (12 pence), argent.	1 20
Penny, cuivre.	0 10
Demi-penny, cuivre.	0 05

Loi du 6 août 1907 sur l'importation des boîtes de montres en Angleterre

Depuis plusieurs années, il avait été admis que le mot « Plate » — objets d'or et d'argent — mentionné dans les actes de 1842 et de 1883, ne comprenait pas les boîtes de montres, et cette interprétation de la loi avait été acceptée par les douanes et les autres autorités, telles que la Compagnie ou Société des Orfèvres. Toutefois, il a été décidé récemment par la Cour d'appel que cette interprétation est inexacte et que les boîtes de montres sont des objets d'or et d'argent et qui doivent être soumis aux stipulations des actes de 1842 et de 1883.

Après plusieurs années de discussion et de procès, le point délicat, disant que les boîtes de montres d'or et d'argent importées dans le pays sont des « Plates », objets d'or et d'argent suivant le sens des actes de 1842 et de 1883, a été fixé selon toute probabilité.

Cette décision est satisfaisante pour les industriels anglais et pour le commerce en général.

Voici la note officielle donnée par la Chambre de commerce :

« Toutes les boîtes de montres d'or et d'argent importées dans
» le pays (en Angleterre) à partir du 1er juin prochain inclus,
» devront être considérées par la douane comme objets d'or et
» d'argent, suivant le sens de l'art. 10 de l'acte de 1883, qui

» stipule que les objets d'or et d'argent ne doivent pas être
» vendus, pour un usage personnel, sans avoir été essayés,
» timbrés et marqués suivant la loi »

Il est évident, d'après cette notification de la Chambre de
commerce, que l'appel interjeté aux Lords par certaines maisons qui se trouvaient poursuivies par la Société des Orfèvres
de Londres, a été retiré.

Ce qui est surprenant, c'est qu'on ait aussi longtemps toléré
la concurrence déloyale des industriels étrangers pour notre
propre commerce de montres, lequel a considérablement
souffert de la vente dans ce pays de marchandises importées
non contrôlées par nos bureaux d'essai. On aurait dû faire
cesser cet abus depuis plusieurs années. J'espère sincèrement
que c'en est la fin.

Je pense d'ailleurs que cette nouvelle loi ne doit pas s'appliquer aux montres bon marché envoyées ici pour l'exportation,
car ce fait même nuirait au commerce du pays, sans bénéfice
pour personne.

Nota. — A l'avenir, toutes les boîtes de montres contenant
ou non leurs mouvements, importées dans le Royaume-Uni,
devront passer par la douane et être envoyées par elle aux
bureaux des essais pour y être essayées et marquées avant
d'être livrées à l'importation.

A la Cour du palais de Buckingham, à la date du 7 mai 1907,
en Conseil devant Sa Très Excellente Majesté le Roi.

Vu que le Code de commerce de 1887 (50 et 51 vict. C. 28)
stipule entre autres articles que :

Section 8. — 1. — Quiconque, après la date fixée par ordre du
Conseil, envoie ou apporte une boîte de montre, importée ou
non. à un bureau d'essai du Royaume-Uni, dans le but d'être
essayée, timbrée ou marquée, doit faire une déclaration disant
en quel pays ou lieu la boîte a été fabriquée. S'il résulte de cette
déclaration que la boîte de montre a été fabriquée dans un pays
ou lieu en dehors du Royaume-Uni, l'essai doit apposer sur la
boîte un signe différent de celui qu'il place sur une
boîte de montre fabriquée dans le Royaume-Uni et d'après le
mode qui pourra être, de temps à autre, indiqué par ordre du
Conseil.

2. — La déclaration doit être faite par devant un fonctionnaire
ou un employé de l'essai, nommé à cet effet par le bureau
(lequel employé est, de cette façon, autorisé à recevoir cette
déclaration) ou devant un juge de paix ou un juge assermenté

devant une Cour suprême de juridiction d'Angleterre ou
d'Irlande, ou à la Cour d'assises d'Ecosse, et d'après le mode
qui pourra être de temps à autre indiqué par ordre du Conseil.

3. — Quiconque fait une fausse déclaration d'après les articles
ci-dessus sera passible de condamnation et poursuivi pour faux
et, après un jugement sommaire, condamné à une amende ne
dépassant pas 20 livres (500 francs) pour chaque délit.

Et vu que, par ordre du Conseil, en date du 28 novembre 1887,
Sa Majesté ordonna et indiqua les marques que les autorités
diverses doivent apposer, dans l'ordre suivant, sur les boîtes de
montres fabriquées à l'étranger ;

Et vu qu'il semble facile d'altérer les marques prescrites par
ordre du Conseil, en date du 28 novembre 1887 ;

En conséquence, il a plu à Sa Majesté, par et avec avis de
son Conseil privé, et en vertu des pouvoirs qui lui ont été
dévolus par les stipulations dudit acte, d'ordonner et de déclarer, et par conséquent être ordonné et déclaré que, lorsqu'il
résulte de la déclaration exigée par les stipulations précitées
que telles boîtes de montres ont été faites dans des pays ou
villes en dehors du Royaume-Uni, les autorités suivantes,
c'est-à-dire :

Les directeurs et ministres du Ministère des Orfèvres de la
ville de Londres ,

Les administrateurs du titre de l'argenterie façonnée de Birmingham ;

La Compagnie des orfèvres de la ville de Chester ;

Les administrateurs du titre de l'argenterie façonnée de
Sheffield ;

La Corporation des orfèvres de la ville d'Edimbourg ;

La Compagnie des orfèvres de la ville de Glascow ;

La Fraternité ou Compagnie de la ville de Dublin,

doivent faire apposer sur chaque boîte de montre les
marques plus particulièrement décrites et représentées à
l'annexe II ci-après, et ces marques doivent remplacer celles
prescrites par ledit Conseil du 28 novembre 1887.

Et par conséquent, il est déclaré et ordonné. de plus, que la
déclaration doit être faite dans la forme arrêtée dans l'annexe I
ci-dessous.

Et par conséquent, il est de plus déclaré et ordonné qu'à
partir de la mise à exécution de cet arrêté, l'ordre du Conseil
date du 28 novembre 1887 est abrogé.

Cet ordre devra être mis à exécution le 14 mai 1907.

ANNEXE I — *Modele de declaration*

Je (nom et prénom) *de* (adresse et qualité du déclarant) *déclare par la présente que la* (boîte de montre ou les boîtes de montres) *apportées ou envoyées par moi, ce jour, au bureau d'essai de*................ *au nombre de*................ *et dans un paquet marqué* (a été ou ont été) *fabriquées à*................

Déclaré à................*le*............. *19*....

Signature du déclarant

Devant moi (Signature de la personne devant laquelle la déclaration est faite et description appropriée d'apres la note ci-dessous).

Nota. — Cette déclaration peut être faite devant un employé de l'essai, nommé à cet effet par le bureau, ou devant un juge de paix ou un juge assermenté d'une Cour suprême de juridiction d'Angleterre ou d'Irlande, ou à la Cour d'assises d'Ecosse.

ANNEXE II. — *Marques a apposer*

1° Sur les boîtes de montres d'or étrangères :

Le contrôle particulier à chaque bureau d'essai, comme l'expose la figure I de l'appendice ci-après ; la valeur de l'or en karat, avec le décimal équivalant à la valeur du karat, comme le montre la figure II de l'appendice.

2° Sur les boîtes de montres d'argent étrangères

Le contrôle particulier à chaque bureau d'essai, comme le montre la figure I de l'appendice ci-après, avec le décimal équivalant à la valeur du titre de l'argent comme l'indique la figure II de l'appendice.

La date en lettres doit être ajoutée par chaque bureau d'essai, après la marque du contrôle particulier et la marque du titre.

Appendice

N.-B. — Les marques décrites dans cette annexe sont identiques à celles prescrites par ordre du Conseil en date du 11 mai 1906, faites suivant les stipulations de l'acte du contrôle des objets d'or et d'argent provenant de l'étranger, acte de 1904.

Fig. I. — **Marques particulières à chaque bureau**

Londres   Birmingham   Chester   Sheffield

OR

ARGENT

Edimbourg   Glascow   Dublin

OR

ARGENT

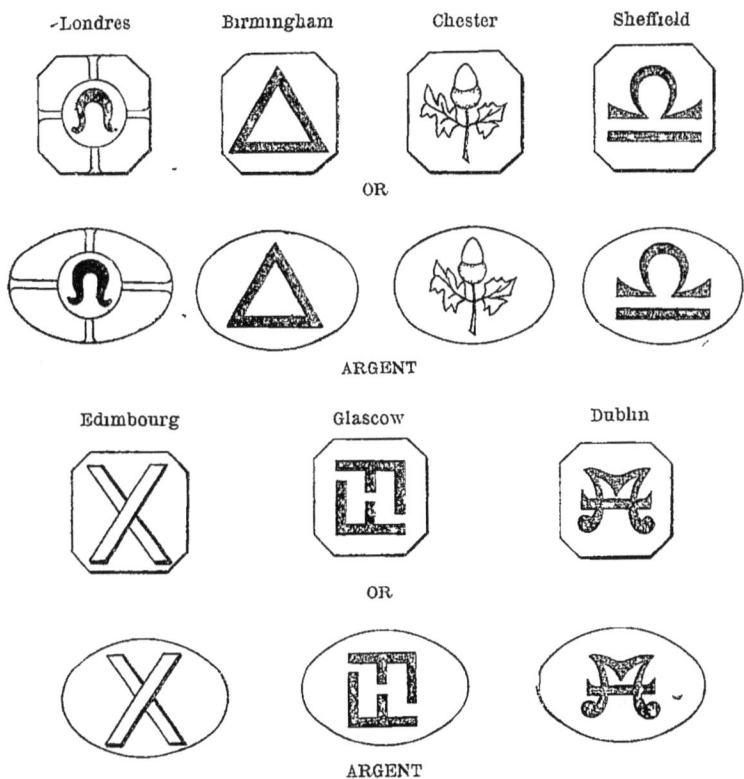

Fig. II. — **Valeur de l'or en karat, avec décimal équivalent**

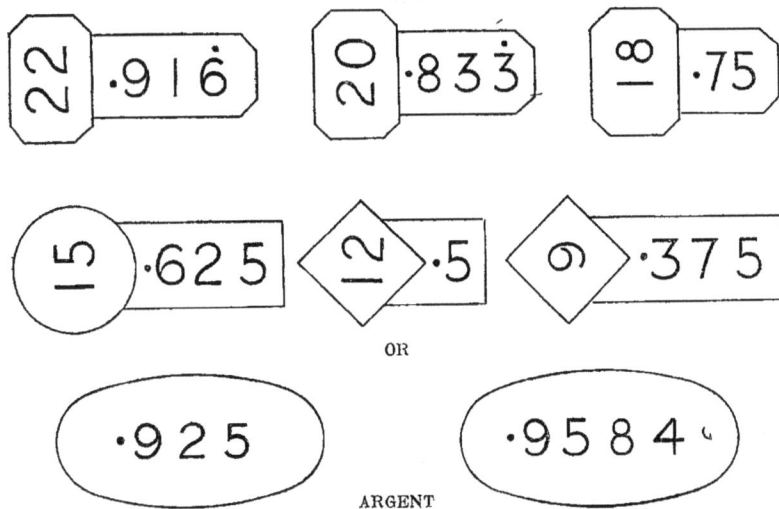

22 · 9 1 6̇   20 · 8 3 3̇   18 · 7 5

15 · 6 2 5   12 · 5   9 · 3 7 5

OR

· 9 2 5   · 9 5 8 4

ARGENT

Marque des objets étrangers reconnus au titre
dans les offices d'essai

Londres	Birmingham	Chester	Scheffield

OR

Londres	Birmingham	Chester	Scheffield

ARGENT

Edimbourg	Glascow	Dublin

OR

Edimbourg	Glascow	Dublin
		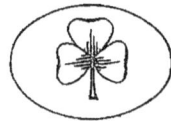

ARGENT

En exécution des dispositions de « l'Imported watch cases Act. 1907 », loi adoptée le 7 mai 1907 par le Parlement anglais relativement au régime de contrôle auquel sont soumises les montres et boîtes de montre d'or et d'argent en Grande-Bretagne, les autorités douanières britanniques viennent d'élaborer un règlement ayant trait aux formalités à remplir en vue d'obtenir que les boîtes de montres importées de l'étranger dans le Royaume-Uni avant le 1er juin 1907, et qui en seraient exportées pour subir des réparations ou pour tout autre motif, soient exemptes de l'obligation du contrôle anglais lors de leur réimportation dans ce pays.

Ce règlement renferme les dispositions suivantes ·

1° Toute personne possédant une boîte de montre importée de l'étranger dans le Royaume-Uni avant le 1er juin 1907, et qui, le 2 septembre ou postérieurement à cette date, désirerait l'exporter du Royaume-Uni en vue d'y faire faire des réparations ou dans tout autre but, devra, pour obtenir l'exemption de l'essai lors de la réimportation ultérieure de ladite boîte dans le Royaume-Uni aux fins d'y être vendue ou échangée, satisfaire aux formalités suivantes :

a. Elle devra, avant d'exporter la boîte de montre, la soumettre à l'inspection du bureau de contrôle compétent, en vue de rendre son identification possible lors de sa réimportation.

b. Elle devra, lors de la présentation de la boîte de montre, produire aux fonctionnaires du bureau de contrôle, par une déclaration en due forme ou de toute autre manière, la preuve que ladite boîte a été importée dans le Royaume-Uni avant le 1er juin 1907.

c. Elle devra, lors de la présentation de la montre, remettre aux fonctionnaires du bureau de contrôle un formulaire en double, rédigé dans la forme n° 1 exposée dans l'annexe, contenant tous les renseignements qui y sont demandés et dûment signé d'elle. L'un de ces formulaires, contresigné par le fonctionnaire du bureau de contrôle, devra être envoyé à l'étranger avec la ou les boîtes de montres qu'il concerne et devra être retourné avec celles-ci au bureau de contrôle lors de la réimportation.

Toute personne qui, possédant une boîte de montre importée dans les conditions exposées plus haut, l'aurait exportée du Royaume-Uni pour la faire réparer ou dans tout autre but, avant le 2 septembre 1907, désirerait obtenir pour ladite boîte, lors de sa réimportation — après la date du présent règlement dans le Royaume-Uni, aux fins d'y être vendue ou échangée — l'exemption du poinçonnement, devra fournir au bureau de contrôle compétent la preuve qu'elle bénéficie de cette exemption.

Toute boîte de montre réimportée dans ce but et de cette manière après le 1er juin 1907, et actuellement consignée dans les dépôts des douanes, sera censée avoir été réimportée postérieurement à la date du présent règlement.

2° Le fonctionnaire du bureau de contrôle pourra exiger, dans la mesure où il le jugera nécessaire, la production de billets et de lettres de voiture accompagnant la boîte de montre.

3° La restitution par le bureau de contrôle des boîtes qui lui seront soumises avec leur expédition ou de celles dont l'exportation aura été antérieure au 2 septembre 1907, ne pourra être obtenue que moyennant paiement des émoluments suivants, à savoir :

Pour chaque montre d'or · 2 pence.
Pour chaque montre d'argent . 1 penny.

4° En cas d'importation d'une boîte de montre, pour laquelle l'exemption du poinçonnement sera demandée en application des dispositions de ladite loi, le fonctionnaire du bureau de contrôle au port de l'exportation fera envoyer la boîte de montre aux conditions habituelles applicables aux objets d'or et d'argent importés au bureau de contrôle compétent, accompagnée d'un avis rédigé selon le n° 2 de l'annexe ci-jointe.

Si la boîte, après identification, est reconnue comme ayant été importée dans le Royaume-Uni avant le 1er juin 1907, le fonctionnaire du bureau de contrôle retournera le formulaire audit officier des douanes avec un certificat rédigé selon le n° 3 de ladite annexe.

5° Jusqu'à nouvel avis, la « Goldsmiths Hall », à la Cité de Londres, sera considérée comme le bureau de contrôle compétent pour tout ce qui a trait à la loi et au règlement dont il s'agit.

Daté du 6 août 1907.

FORMULAIRE N° 1

Formulaire d'identification

Monsieur le fonctionnaire-délégué (ou essayeur-chef), office du Contrôle.

Monsieur,

Conformément aux prescriptions du règlement établi par les Commissaires des Douanes, en exécution de la loi de 1907, relatives aux boîtes de montres importées (exemption des stocks existants), j'ai l'honneur de vous adresser pour identification

a)   *montres telles qu'elles sont spécifiées sur le bordereau ci-après et que j'ai l'intention d'exporter à*

b)

c) *Dans le but de*

d) *Signature   Adresse*

a) Indiquer le nombre des montres expédiées.
b) Indiquer le nom exact et l'adresse de la personne à laquelle la ou les montres sont expédiées.
c) Indiquer quel est le motif de l'exportation
d) Nom et adresse exacts de l'exportateur.

BORDEREAU

Nos	DESCRIPTION DES MONTRES	NOM et Nos insculpés dans les boîtes	NOM et Nos insculpés sur le mouvement	MARQUES QUELCONQUES insculpées dans les boîtes ou sur le mouvement	NATURE de la RÉPARATION
	Indiquer s'il s'agit de montres savonnettes, mi-savonnettes (grand guichet), lépines, etc				Indiquer s'il s'agit de la boîte ou du mouvement

Contrôle des montres expédiées en transit en Angleterre

Les montres et boîtiers de montres introduits en transit peuvent être réexpédiés sans contrôle. Toutefois, si des articles de ce genre sont à livrer dans le pays pour être ensuite réexportés, ils devront être placés en entrepôt et ne pourront échapper au poinçonnage qu'aux conditions énumérées ci-après :

1° Une demande écrite donnant la description détaillée des marchandises devra, dans chaque cas, être adressée à l'administration des douanes anglaises ;

2° On devra rédiger un engagement, sous forme légale, que l'exportation desdits articles s'effectuera dans un délai de six mois, ou bien, on pourra déposer une caution égale à la valeur des marchandises ;

3° Pour l'enlèvement des marchandises, un certificat suffisamment détaillé pour l'identification ultérieure des articles sera délivré et ce certificat devra être produit au moment de l'exportation ;

4° Pour être libéré de l'engagement cité plus haut, ou pour recouvrer la somme déposée, il suffira de présenter pour leur identification et l'embarquement les montres, boîtiers, au fonctionnaire du contrôle, ou bien, dans le cas d'expédition par colis postal, à l'officier de douanes à Mount Pleasant (à Londres), à qui on fournira la preuve de l'envoi ultérieur par la poste. — 22 janvier 1908.

Les exportateurs de montres pour l'Angleterre doivent indiquer chaque fois dans leur déclaration, pour les montres ou boîtes de montres en or ou en argent, si celles-ci sont destinées pour le contrôle ou sont déjà contrôlées.

Il suffit de mettre, selon le cas : « to be hall marked » ou « already hall marked ».

A défaut de cette inscription, la douane anglaise fait ouvrir chaque colis pour en vérifier très exactement le contenu, et les retards et complications seront évités en se conformant à cette prescription.

Poinçons de titre

Pour Londres, Chester, Exeter, New-Castle, Birmingham, Sheffield.

Pour Edimbourg

Pour Glascow

Pour Dublin

III. Poinçons de l'office

De Londres

De Birmingham

De Chester

D'Edimbourg

De Glascow

De Dublin

Marque des objets étrangers

Pour l'or
a 18 k. ou 750/1000

Marque a l'office de Londres

Pour l'argent
a 925/1000

Pour l'or
a 18 k. ou 750/1000

Marque a l'office de Edimbourg

Pour l'argent
a 925/1000

Marque a l'office de Birmingham

Marque a l'office de Glascow

Marque a l'office de Chester

Marque a l'office de Dublin

AUTRICHE-HONGRIE

Ordonnance impériale du 26 mai 1866

§ 1er. — Les objets d'or et d'argent fabriqués à l'intérieur et ceux qui sont importés de l'étranger sont soumis à un contrôle pour leur titre.

§ 2.— Le contrôle est effectué par des contrôleurs nommés par le Ministre des Finances.

§ 3. — Il est perçu une taxe pour le contrôle des ouvrages d'or et d'argent.

§ 4. — Le titre des ouvrages d'or et d'argent s'exprime en millièmes ($\frac{11}{1000}$) de leur poids.

§ 5. — L'unité des poids établie par la loi, pour les objets d'or et d'argent, est la livre de 500 grammes, subdivisée en 10.000 grains, prise pour base du système monétaire.

Une livre représente 1 'mark 12 onces 2 gros et 0.0933824 deniers.

Un grain correspond à 0.0456093824 deniers du poids du mark viennois.

§ 6. — Pour le contrôle et le poinçonnage, on distingue les ouvrages d'or et d'argent :

a) En lingots ;

b) En objets travaillés d'or et d'argent (vaisselle, bijoux) ;

c) En fils, ou objets travaillés avec du fil d'or et d'argent.

CHAPITRE 2 — Des lingots d'or et d'argent

§ 7. — Les lingots d'or et d'argent fabriqués à l'intérieur de l'Empire, pour le commerce, seront empreints du nom du fabricant et présentés au bureau d'essai pour en reconnaître le titre.

§ 8. — Pour déterminer le titre des lingots d'or et d'argent, la décision ministérielle du 26 mai 1850 a prescrit la méthode de Gay-Lussac ; les essais d'argent se font en particulier par le procédé de la voie humide.

§ 9. — Si le titre donné par le bureau d'essai est contesté, il sera prélevé un morceau du lingot, en présence des deux parties, et celui-ci, après avoir été cacheté, sera envoyé au bureau central des essais, à Vienne, pour la vérification du titre.

Le résultat de l'analyse du bureau central est décisif. Si l'essai est confirmé, le propriétaire paiera la taxe d'essai, plus les frais d'expédition.

§ 10. — Il est prescrit d'insculper, sur le lingot, le poinçon du bureau d'essai, ainsi que le numéro d'ordre et l'indication du titre.

§ 11. — La taxe d'essai est d'un florin par livre pour les lingots d'or et de 50 kreutzer pour les essais d'argent

Si le lingot pèse plus de 5 livres, il sera payé la moitié de la taxe en plus.

§ 12. — Les lingots provenant d'un établissement monétaire seront empreints du poinçon de la Monnaie, du numéro d'ordre et du titre exprimé en millièmes.

§ 13. — Les lingots provenant de l'étranger et portant la marque d'essai d'une autorité publique étrangère ne seront soumis ni à la taxe ni au contrôle

Si les lingots importés ne portent pas de marque d'essai, ils devront être soumis au contrôle, à moins que l'importateur ne préfère les renvoyer à l'étranger.

CHAPITRE 3. — *Bijoux en or et en argent*

§ 14. — Il est défendu de fabriquer des objets d'or et d'argent à des titres inférieurs à ceux indiqués au paragraphe 20 ci-après :

§ 15. — Tout article neuf d'or et d'argent sera soumis à l'essai de son titre par le bureau de garantie et au poinçonnement.

§ 16.— Les ouvrages présentés au bureau de garantie doivent être pourvus du poinçon du fabricant, c'est-à-dire de sa marque de fabrique déposée au bureau de contrôle ; ils doivent être dans un état d'achèvement tel que ce poinçon ne puisse être modifié et que le poinçon de l'Etat ne subisse aucune détérioration.

§ 17. — Toutes les parties d'un objet d'or et d'argent qui sont susceptibles d'être enlevées (vissées, clouées, à charnières, soudées) seront soumises à un essai séparé, et le titre sera indiqué, si c'est possible, sans endommager l'objet.

§ 18. — Ne sont pas soumis au contrôle :

a. Les instruments de physique, chimie, mathématiques, chirurgie et autres analogues ;

b. Les médailles frappées dans les établissements monétaires ;

c. Les objets recouverts totalement d'émail.

d. Les montures de pierres précieuses (mosaïques ou perles) dans lesquelles le poids de l'or ou de l'argent est insignifiant ;

e. Les objets d'or qui ne pèsent pas plus de 40 grains ou 0,004 de la livre monétaire, et les objets d'argent qui ne pèsent pas plus de 60 grains ou 0,006 de la livre monétaire.

§ 19. — Les objets d'or et d'argent destinés à l'exportation seront affranchis du poinçonnage officiel et du paiement de la taxe, à la condition qu'ils aient été déclarés en nombre et en poids et qu'ils aient été présentés au bureau de contrôle après achèvement, non empreints du poinçon officiel suivi du nom du fabricant. Leur exportation est effectuée sous la surveillance des employés de contrôle.

§ 20. — Les titres légaux sont :

Pour les objets d'or :

1er 920 millièmes (22 karats 0,96 grains).
2e 840   —   (20   —   1,92   —
3e 750   —   (18   —
4e 580   —   (13   —   11,04   —

Pour les objets d'argent :

1er 950 millièmes (15 lotti 3,6 grains).
2e 900   —   (14   —   7,2   —
3e 800   —   (12   — 14,4   —
4e 700   —   (12   —

Les objets ayant des titres autres que ceux ci-dessus, sans que ces titres descendent au-dessous du minimum fixé par la loi, sont marqués au titre légal immédiatement inférieur.

Les objets d'argent doré ou recouverts d'or seront poinçonnés comme objets d'argent.

La couche d'or sur les objets en plaqué doit être assez épaisse pour que l'épreuve à la pierre de touche soit possible sans détérioration de l'ouvrage. (Décision du Ministre des Finances du 8 janvier 1896.)

§ 21. — Ne sont pas considérés comme ouvrages d'or et d'argent ceux qui sont formés par d'autres métaux et alliages, qui sont simplement dorés, argentés ou recouverts d'or ou d'argent lorsque le métal précieux ne constitue pas plus d'un quart (250 millièmes) du poids total de l'objet.

Ces objets ne peuvent être mis en vente comme objets d'or et d'argent.

Il n'est pas permis, dans les ouvrages au-dessous de 250 millièmes, de désigner le titre, par exemple or 6 karats. (Décision ministérielle du 19 avril 1895.)

Toutes les pièces rapportées aux boîtes de montres d'or (charnières, olivettes, canons de poussettes, verrous de répétitions, etc.) doivent être au même titre que la boîte. Les couronnes et les anneaux dorés ou de plaqué doré ne sont pas admis.

Le plaqué et le galonné des boîtes d'argent doivent résister à l'action de l'acide azotique à 32° Baumé. Les appliques et incrustations, les verrous et les charnières d'or aux boîtes d'argent doivent être au titre de 580 millièmes au minimum. Les charnières en métal plaqué argent sont prohibées.

Les cuvettes en métal aux boîtes de montres sont admises, mais elles doivent porter l'indication « métal » (metall) visible à l'extérieur de la cuvette et non gravée dans des ornements. (Ordonnance du 22 février 1889.)

§ 22. — Les objets d'or et d'argent qui sont formés par des parties soudées ne doivent pas être à un titre inférieur à celui indiqué par le poinçon, ni dans leur ensemble, ni dans aucune de leurs parties.

§ 23. — La soudure employée dans la fabrication des ouvrages d'or et d'argent doit contenir, en métal fin, une quantité au moins égale à la moitié de celle renfermée dans le métal précieux dont est composé l'objet.

§ 24. — Toutefois, la quantité de soudure employée doit être telle que le titre de l'objet essayé fondu ne descende pas au-dessous de 10 millièmes pour l'or et de 15 millièmes pour l'argent. En outre, il n'est accordé aucune tolérance pour les ouvrages d'or mis en couleur; ils doivent accuser à l'essai, fondus en entier, y compris la mise en couleur, 10 millièmes en moins que les différents titres indiqués paragraphe 20.

Comme alliage, il n'est permis d'employer pour les soudures, pour l'or, que l'argent et le cuivre, ou l'argent et le cuivre réunis, et, pour l'argent, le cuivre seulement. Les autres mélanges de métaux sont interdits.

§ 25. — Les titres des objets d'or et d'argent se déterminent généralement par la pierre de touche. Cependant, pour une exactitude plus rigoureuse, on applique le mode d'essai par la coupellation ou la voie humide.

§ 26. — Quand l'objet n'a pas même le titre légal le plus bas et s'il n'y a pas de protestation contre cette décision, l'objet, après avoir été brisé, sera rendu au propriétaire.

§ 27. — Si le particulier ne se soumet pas à la décision du bureau d'essai, il peut demander un nouvel essai, et si, après ce second essai, il proteste, l'objet sera envoyé sous double cachet à Vienne, au bureau central; le résultat de cet essai sera sans appel. Si les résultats de ce dernier essai sont contraires aux prétentions de l'intéressé, celui-ci paiera, outre les frais pour le second essai, les frais d'expédition.

§ 28. — Les fabricants et marchands d ouvrages d'or et d'argent sont tenus de soumettre les marchandises non poinçonnées qui sont en leur possession — celles du moins qui contiennent plus du quart de leur poids de métal précieux — à la marque officielle (sans paiement des droits) dans le délai d'un an après l'entrée en vigueur de la présente loi.

L'action administrative ne se borne cependant pas à accepter les déclarations, elle recherchera par une constatation exacte que le poids du métal précieux contenu dans les ouvrages est supérieur au quart du poids total de l'objet.

Les marchandises d'or et d'argent non encore poinçonnées, trouvées chez les fabricants et marchands à l'expiration du délai fixé ci-dessus, seront soumises au poinçonnement légal et au paiement des droits indiqués dans cette loi.

§ 29. — Ce paragraphe concerne les stocks existant lors de la promulgation de la loi.

§ 30. — Les ouvrages d'or et d'argent d'origine étrangère. importés dans la zone douanière, sont soumis au contrôle.

Les bureaux de douane ne peuvent soumettre au contrôle que les ouvrages destinés au commerce intérieur.

§ 31. — Sont exceptés de cette disposition :

a) Les objets désignés au paragraphe 18 ;

b) Les objets d'or et d'argent qui ne sont pas soumis au droit d'entrée, par exemple, les ouvrages à l'usage personnel des voyageurs.

§ 32. — Après reconnaissance, la douane doit diriger, par la voie administrative, les marchandises à soumettre au contrôle sur le bureau le plus proche ou sur le bureau désigné par l'importateur

§ 33. — Pour les objets d'or et d'argent importés, le service du contrôle doit vérifier et exiger que les ouvrages possèdent au moins le plus bas titre permis pour le pays. (Paragraphe 20.)

Si à l'essai on s'aperçoit que la marchandise importée ne possède pas ce titre, elle doit être brisée avec le consentement de l'importateur et lui être retournée ; au cas où il n'y consentirait pas, la marchandise serait renvoyée à l'étranger à ses frais. Si l'importation a eu lieu par un bureau de douane, le renvoi sera effectué par le même bureau importateur.

Mais si la marchandise a le titre exigé, elle doit être pourvue de la marque étrangère (paragraphe 40) et elle peut être livrée au commerce intérieur.

§ 34. — Les marchandises d'or et d'argent présentées au contrôle et introduites dans la zone douanière sont assujetties aux droits établis par le paragraphe 44.

§ 35. — Tous les objets fabriqués à l'intérieur et soumis au contrôle officiel doivent être munis d'un poinçon indiquant le nom du fabricant ou la marque de fabrique autorisée par l'administration

Le poinçon du fabricant doit indiquer le prénom et le nom de l'industriel, ou tout au moins ses initiales, et il peut le faire graver par le bureau de contrôle contre remboursement des frais de fabrication.

Le bureau de contrôle doit veiller à ce que la forme du poinçon soit différente au cas de ressemblance des initiales de deux ou de plusieurs fabricants

§ 36. — Les objets d'or et d'argent trouvés au titre légal sont marqués au bureau de la façon suivante :

a) Du poinçon de titre ;

b) Du poinçon distinctif du bureau.

§ 37. — Le poinçon de titre pour les objets d'or et d'argent portera le titre indiqué en millièmes et un signe particulier déterminé par le Ministre des Finances.

§ 38. — Les signes distinctifs des bureaux de contrôle devront être portés à la connaissance du public d'une façon particulière.

§ 39. — Le poinçon prescrit pour les objets désignés au paragraphe 28 se compose des lettres VR et il sera apposé sur les ouvrages lorsque ceux-ci pourront le supporter.

§ 40. — Pour la marque des ouvrages d'origine étrangère, le poinçon contiendra les lettres réunies AN où est gravé le signe distinctif du bureau.

§ 41. — Les ouvrages d'or et d'argent qui, par suite de leur délicatesse ou pour quelque autre cause, ne peuvent être poinçonnés directement sur leurs parties principales, doivent être munis d'une petite feuille de même nature que l'objet, ou bien être munis d'un plomb sur lesquels sont apposées les empreintes du poinçon officiel.

§ 42. — Le poinçon que les fabricants doivent appliquer sur les objets désignés au paragraphe 21 doit exprimer très clairement l'espèce de métal dont ils sont formés (bronze, cuivre, métal blanc, métal anglais, alpaca, etc.), mais cette marque ne doit, en aucune façon, ressembler aux marques officielles prescrites pour les ouvrages d'or et d'argent aux paragraphes 37 à 41.

§ 44. — Les droits de contrôle sont, pour les ouvrages d'or, de 12 gulden par livre, et pour les ouvrages d'argent, d'une gulden 50 kreutzer par livre. Pour les objets d'un poids inférieur à 100 ass ou 10/1000 de la livre, il y a un droit spécial à acquitter.

(D'après le système de poids actuel, les droits sont respectivement de 24 florins par kilogr. d'or et de 3 florins par kilogr. d'argent ; 100 ass = 5 grammes. Les objets de plus de 5 grammes sont taxés par fractions de 1 gr. 25. Les anneaux pleins en or, les bracelets d'or et les couverts d'argent présentés à l'état brut, bénéficient d'une réduction de poids de 3 %. (Décision du Ministre des Finances du 2 mai 1897.)

§ 45. — Le droit doit être payé avant le poinçonnement.

§ 46. — Il n'y a pas de droit à acquitter pour un nouveau poinçonnement.

§ 47. — Les industriels qui s'occupent de la fabrication ou de la transformation des objets d'or et d'argent sont tenus, avant l'ouverture des travaux, de faire une déclaration indiquant le lieu de leur fabrique. Chaque changement doit également être porté à la connaissance du bureau dans un délai maximum de huit jours.

§ 48. — Chaque fabricant désigné au paragraphe 47 doit afficher la présente loi à l'endroit le plus apparent de son magasin et en permettre la lecture aux acheteurs.

§ 49. — Chaque marchand d'ouvrages d'or et d'argent est tenu de délivrer, sur la demande des acheteurs, un bordereau devant contenir :

a) Le nom du vendeur et la désignation exacte du magasin de vente ;

b) Le nom de l'acheteur, s'il le réclame ;

c) La description de l'objet vendu et l'indication si cet objet est en or ou en argent ;

d) Le poids brut de l'or ou de l'argent ;

e) Le titre de l'or ou de l'argent ;

f) Le lieu et le temps de la mise en vente ;

g) La signature du vendeur.

§ 50. — Les objets désignés au paragraphe 21 doivent être placés dans les magasins de vente ou à l'étalage dans des compartiments séparés portant une inscription très apparente. Ils ne doivent pas être mélangés avec les marchandises d'or et d'argent.

§ 51. — Quand un fabricant ou un commerçant cesse son commerce, il doit en faire la déclaration dans l'espace de huit jours au bureau de contrôle et remettre son poinçon ou sa marque de fabrique. Si le commerce cesse par la mort du fabricant, la déclaration et la remise du poinçon doit être faite par le président de la corporation, s'il y en a une, et à défaut, par les autorités locales

§ 52. — Les fabricants sont placés sous la surveillance des agents du contrôle.

§ 53. — Les agents de contrôle doivent procéder, aussi souvent qu'ils le jugent utile, à des vérifications chez les fabricants ci-dessus désignés et exiger l'application des prescriptions légales.

(Les chapitres IV et V contiennent de longs détails sur la fabrication des fils, les taxes et les pénalités.

La mise en vente d'articles non contrôlés entraîne une amende représentant la valeur réelle de ces articles et la taxe du contrôle. Si les ouvrages ne sont pas au titre, l'amende représenterait cinq fois la valeur du métal précieux et la taxe.

Il existe un bureau central à Vienne. Des bureaux d'essai sont établis en outre dans les villes suivantes : Linz, Prague, Brunn, Troppau, Teschen, Cracovie, Léopoli, Graz, Hall, Klagenfurt, Lubiana, Trieste, Pesth, Cassovia, Temesvar, Carlsburg, Agram.)

Nota. — Les autorités austro-hongroises ayant exprimé le désir d'être mises à même de reconnaître l'authenticité des poinçons suisses insculpés dans les boîtes de montres, des plaques portant les empreintes des poinçons officiels suisses ont été remises auxdites autorités.

Conversion des monnaies autrichiennes en monnaies françaises

Quadruple ducat, or..............................	47ᶠ·20
Ducat, or..	11 80
Huit florins, or..................................	20 »
Un florin ou gulden, argent.............	2 40
1/4 florin..	0 55
10 kreutzers.....................................	0 30

Poinçons de l'Autriche

OR

0 920   0,840   0,750   0,580

ARGENT

0,950   0,900   0,800   0,750

Poinçons de titre pour les petits objets de fabrication nationale

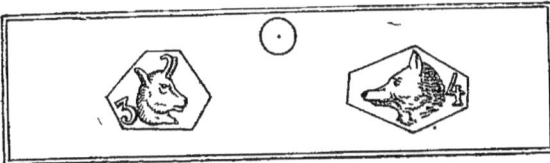

OR

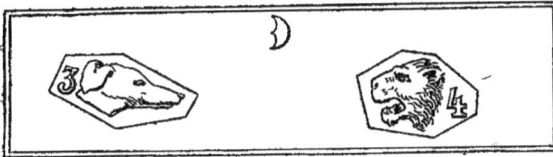

ARGENT

Poinçons pour anciens stocks

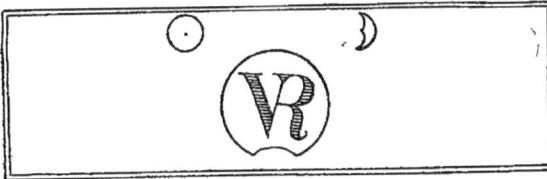

OR et ARGENT

Nouveaux poinçons

Pour l'or   Pour l'argent

BELGIQUE

La loi du 5 juin 1868, rendue applicable le 1ᵉʳ juillet 1869, a supprimé le contrôle obligatoire de l'Etat et déclaré libre la fabrication à tous les titres des objets d'or et d'argent.

Toutefois les ouvrages d'or et d'argent fabriqués à l'un des titres indiqués ci-après peuvent être soumis, par le vendeur ou par l'acheteur, à la vérification et au contrôle de l'essayeur nommé par le gouvernement.

Ces titres sont :

Pour l'or......	1ᵉʳ titre....	800	millièmes.
—	2ᵉ —	750	—
Pour l'argent..	1ᵉʳ —	900	—
— ..	2ᵉ — ...	800	—

Les ouvrages d'or ou d'argent qui, sans être au-dessous du plus bas des titres fixés par la loi, ne sont pas précisément à l'un d'eux, sont marqués au titre légal immédiatement inférieur à celui qui est constaté par l'essai.

Les objets d'or et d'argent destinés à l'exportation peuvent être fabriqués à tous les titres et sont exempts de l'essai et du poinçonnement. Tous ceux destinés à la consommation intérieure ne peuvent être à un titre inférieur à 750 millièmes pour l'or et à 800 millièmes pour l'argent.

La tolérance des ouvrages pleins est de trois millièmes pour l'or et de cinq millièmes pour l'argent. Si l'objet est soudé. cette tolérance peut atteindre 20 millièmes.

L'impôt de poinçonnement est fixé à :

10 francs par hectogramme d'or ;
50 centimes par hectogramme d'argent.
Les formes des poinçons sont :
Un O gothique pour l'or ayant au milieu les chiffres 1 ou 2 ;
Un A gothique pour l'argent ayant au milieu les chiffres 1 ou 2 dans des positions différentes

Dans toute vente ayant pour objet des ouvrages d'or ou d'argent, le vendeur est tenu de délivrer à l'acheteur qui en fait la demande une facture indiquant l'espèce, le poids, le titre et le prix des objets vendus.

La marque du fabricant n'est pas exigée, et il n'y a pas de formalités spéciales à remplir pour obtenir le poinçonnage.

Poinçons de la Belgique

Poinçons pour l or
Gros et petits ouvrages

Poinçons pour l'argent
Gros et petits ouvrages

| 800/1000 | 750/1000 | 900/1000 | 800/1000 |

BULGARIE

Loi sur le contrôle et la vente des ouvrages d'or et d'argent

Votée par l'Assemblée nationale a Sofia, le 29 novembre 1906, et promulguee au *Journal Officiel* du 10 mai 1907, n° 99

1re Section — *Dispositions générales*

Article 1er. — Tous les objets d'or et d'argent fabriqués dans le pays ou importés de l'étranger sont soumis à l'essai et au poinçonnement dans le but de déterminer le titre, c'est-à-dire la quantité de fin de l'or et de l'argent. Tous les lingots, barres, plaques, débris, fils d'or et d'argent et les objets destinés au commerce et fabriqués avec ces matières doivent être également essayés et poinçonnés (1).

Art. 2. — Sont exempts de l'essai et du poinçonnement les ouvrages en or et en argent :

a) Appartenant à la famille royale ;

b) Ceux qui sont adressés aux représentants diplomatiques des puissances étrangères résidant en Bulgarie ;

c) Ceux destinés à l'usage personnel des voyageurs ;

d) Les décorations envoyées des pays étrangers ;

e) Les instruments de chirurgie, de physique, mathématiques et d'autres sciences, ainsi que leurs garnitures ;

f) Les médailles commémoratives frappées dans les établissements de l'Etat ;

g) Les ouvrages d'un faible poids, jusqu'à 2 grammes pour l'or et jusqu'à 3 grammes pour l'argent (2).

Art. 3. — Le titre des ouvrages d'or et d'argent s'exprime en millièmes, de la façon suivante :

a) Pour les ouvrages d'or :

1° 920 millièmes (22 karats).

(1) A la suite de conférences entre la Suisse et le délégue du Ministère bulgare des Finances, cette dernière disposition est appelée à disparaître.

(2) La nouvelle redaction sera ainsi conçue . *g*) les ouvrages d'un faible poids jusqu'à 2 grammes d'or et jusqu'à 2 grammes d'argent.

2° 840 millièmes (20 karats).
3° 750 — (18 —
4° 583 — (14 —
5° 500 — (12 — (1)
6° 330 — (8 — (1)

b) Pour les ouvrages d'argent :

1° 950 millièmes.
2° 900 —
3° 850 — (2)
4° 750 — (2)
5° 500 — (2)

ART. 4. — Les objets qui n'ont pas un des titres indiqués ci-dessus, mais qui ne se trouvent pas au-dessous du plus bas titre légal, sont poinçonnés du titre immédiatement inférieur. Les objets dorés ou plaqués (c'est-à-dire recouverts d'une mince feuille d'or) sont poinçonnés comme objets en argent.

ART. 5. — Pour chaque titre existe une tolérance : jusqu'à 20 millièmes pour les objets d'or et jusqu'à 30 millièmes pour les objets d'argent (3)

ART. 6. — Tous les objets d'or et d'argent sont poinçonnés de trois marques distinctes (4) : le poinçon du fabricant, l'indication du titre et le poinçon du contrôle de l'Etat.

Remarque : Les petits objets d'or et d'argent, fils et autres qui ne peuvent être poinçonnés, sont munis d'un plomb (4).

ART. 7. — Les personnes qui se livrent à la vente des objets d'or et d'argent, mais qui n'en fabriquent pas, sont dispensées de l'obligation d'avoir une marque de fabrique particulière. Les ouvrages vendus par elles sont seulement pourvus de l'indication du titre et de la marque du contrôle.

ART. 8. — Les objets d'or et d'argent se composant de plusieurs parties séparées ne peuvent avoir, soit en tout, soit dans les différentes parties, un titre inférieur à celui donné par le poinçon.

---

(1) Ces deux derniers titres sont appe'es a disparaître
(2) Le titre de 850 millièmes sera abaissé a 800, et les titres de 750 et 500 millièmes seront supprimés
(3) Rédaction proposée « La tolérance des titres pour l'or est de 3 millièmes ; celle des titres pour l'argent est de 5 millièmes. Elle peut atteindre 20 millièmes pour les objets d'or et d'argent, soudure comprise, sous la condition que l'alliage corresponde au titre indiqué. »
(4) Les mots « de trois marques distinctes » et le paragraphe de la remarque seront supprimés

Art. 9. — La matière employée à la soudure des objets d'or et d'argent doit contenir, dans sa composition, au moins la moitié du titre du métal fin. Cette matière ne doit pas être employée en quantité supérieure à celle qui est nécessaire pour la soudure.

Art. 10. — L'alliage doit consister, pour les objets d'or, en or et argent, ou bien or et cuivre, ou or, argent et cuivre. Pour les objets d'argent, il doit consister en argent et cuivre.

Art. 11. — Les marques doivent être disposées et placées de telle façon que l'objet ne puisse être détérioré (1).

Art. 12. — Tout objet d'or ou d'argent fabriqué dans le pays doit, avant d'être mis en vente, être porté sur un registre, soumis au contrôle et au poinçonnement dans le bureau principal ou dans ses succursales.

Art. 13. — La présentation des objets au bureau de contrôle, pour le poinçonnement, doit être faite soit personnellement par le fabricant ou par des personnes munies de procuration, ou au moyen d'envoi postal recommandé. En même temps qu'a lieu la remise des ouvrages, la taxe afférente doit être payée.

Art. 14 — Les objets sont poinçonnés et essayés dans l'ordre de leur arrivée. Ils doivent être rendus au propriétaire au plus tard dans les vingt-quatre heures (2).

Art. 15. — Les objets que l'essai fait reconnaître au titre légal sont poinçonnés ; quant à ceux qui n'ont pas un titre égal au plus bas titre légal, ils sont détruits et renvoyés à leur propriétaire (3).

Art. 16. — Les objets d'or et d'argent importés de l'étranger ne peuvent être introduits dans le pays que par les bureaux de douane auxquels sont annexés des bureaux de contrôle, pour y être essayés et poinçonnés.

Art. 17. — Les objets d'or et d'argent importés de l'étranger ayant un titre inférieur au plus bas titre légal ne peuvent être introduits dans le pays. En pareil cas, le droit de douane prélevé est restitué.

Art. 18. — Quand le personnel du contrôle soupçonne que dans un objet déclaré comme or ou argent se trouve contenu du cuivre, du fer ou un autre métal vulgaire, l'objet est détruit

(1) L'article 11 en entier est appelé à disparaître.
(2) Cette dernière disposition sera abrogée.
(3) Il faut lire : « Quant à ceux qui n'ont pas un titre égal au plus bas titre, ils sont renvoyés à leur propriétaire contre paiement d'une double taxe d'essai et après oblitération de l'indication du titre. »

en présence du propriétaire ou d'un fondé de pouvoir (1). Si en pareil cas une contravention est constatée, le propriétaire est puni des peines portées à l'art. 39 de la présente loi. Si le soupçon n'est pas fondé, la caisse de l'Etat doit au propriétaire une indemnité égale à la valeur des frais de fabrication de l'objet.

2ᵉ Section. — *Service du contrôle*

Art. 19. — Auprès du ministère du commerce et de l'agriculture est institué un bureau de contrôle des matières d'or et d'argent, qui a pour devoir d'essayer et de poinçonner les objets d'or et d'argent avant qu'ils soient mis dans le commerce.

Le personnel se compose d'un directeur et du nombre d'essayeurs nécessaires.

Art. 20. — Le Ministre du Commerce et de l'Agriculture peut créer des succursales de ce bureau, dans les villes où la nécessité s'en fait sentir.

Art. 21. — Le directeur du bureau, les chefs des succursales, ainsi que les essayeurs doivent posséder les connaissances techniques. Ces derniers ne sont installés dans le service qu'après un concours dont le programme est déterminé par une ordonnance spéciale.

Art. 22. — Les employés du bureau et des succursales prêtent serment, avant leur entrée en fonctions, de remplir avec conscience leurs obligations.

Art. 23. — Dans le bureau et dans les succursales sont installés des laboratoires, conformément au but qu'ils se proposent.

Art. 24. — Les fonctions du bureau et des succursales sont :

a) L'essai et le poinçonnement de tous les objets d'or et d'argent provenant de l'intérieur ou de l'étranger ;

b) La perception des taxes et droits prévus par la loi pour l'essai et le poinçonnement et le versement de ces fonds à la caisse de l'Etat ;

c) L'inspection des ateliers et magasins dans lesquels sont fabriqués ou vendus des objets d'or et d'argent lorsqu'il est jugé nécessaire ou que les circonstances y obligent.

---

(1) Les mots : « L'objet est détruit en présence du propriétaire ou d'un fondé de pouvoir » seront supprimés.

ART. 25. — Il appartient aussi au service du bureau de contrôle de surveiller le travail des succursales au cas où une contestation s'élèverait au sujet de l'essai ou du poinçonnement.

ART. 26. — Il est défendu aux employés du bureau ou des succursales de fabriquer des objets d'or et d'argent et d'en faire le commerce en leur nom propre ou sous un nom supposé.

3ᵉ SECTION — Taxes

ART. 27. — Pour l'essai et le poinçonnement des objets d'or et d'argent, les taxes suivantes sont perçues .

a) Pour les objets d'or, 10 francs par 100 grammes ;
b) Pour les objets d'argent, 1 franc par 100 grammes ;
c) Pour les montres en or, 4 francs par pièce (1) ;
d) Pour les montres en argent, 1 franc par pièce (1) ;
e) Pour les lingots d'or, 1 franc par hectogramme (2) ;
f) Pour les lingots d'argent, 40 centimes par hectogramme (2).

ART. 28. — Pour les objets d'or et d'argent exportés et fabriqués dans le pays, la moitié de la taxe perçue sera restituée.

ART. 29. — Les taxes sont perçues même au cas d'un second essai lorsqu'il est demandé par le propriétaire de l'objet et que ce nouvel essai indique le même résultat.

4ᵉ SECTION — Fabricants et marchands de matières d'or et d'argent

ART. 30. — Il est défendu de fabriquer, d'importer et de vendre comme ouvrages d'or et d'argent des objets qui ont un titre plus bas que le titre légal ou des objets qui sont simplement dorés, argentés ou plaqués.

ART. 31. — Les objets d'or et d'argent au titre légal doivent être exposés dans les magasins et ateliers, dans des compartiments séparés sur lesquels on peut pouvoir lire l'inscription : or et argent.

Les objets qui ne sont pas au titre légal et ceux qui sont composés d'autres métaux ou alliages doivent être placés dans des compartiments séparés avec l'inscription : « Imitation ».

ART. 32. — Si dans les ouvrages d'or et d'argent présentés au contrôle il se trouve aussi des objets en imitation, ces objets sont confisqués (3).

ART. 33. — Les personnes qui fabriquent, vendent ou exposent

---

(1) Nouvelle rédaction : Montres en or jusqu'a 15 lignes, 1 fr., au-dessus, 2 fr. Montres en argent jusqu'a 15 lignes, 25 cent , au-dessus, 50 cent.
(2) Les taxes sur les lingots d'or et d'argent seront supprimées.
(3) Au lieu de « ces objets sont confisqués », il y aura dans la nouvelle rédaction « ces objets sont passibles d'une amende ».

des objets d'or et d'argent, sont obligées d'en faire la déclaration
au bureau de contrôle de la circonscription en indiquant le lieu
où se trouve l'atelier ou le magasin. Cette déclaration doit être
faite avant que commence la fabrication ou le commerce.

Chaque changement postérieur de l'atelier ou magasin doit
être déclaré dans les quinze jours.

Art. 34. — Chaque vendeur est obligé de délivrer à l'acheteur
d'un objet d'or et d'argent, d'une valeur de 20 francs [1] et au
delà, une facture qui doit contenir exactement :

a) Le nom du vendeur et la désignation exacte du magasin
et de l'atelier ;

b) La description de l'objet, s'il est en or ou en argent :

c) Son titre et son poids ;

d) La signature du vendeur.

Art. 35. — Les fabricants, artisans et commerçants en objets
d'or et d'argent sont responsables des actes de leurs agents et
représentants.

Art. 36. — Toutes les personnes qui vendent des objets d'or
et d'argent sur les foires et marchés ou qui en font le colportage sont obligées, avant de se livrer à la vente, d'indiquer au
préfet et à l'administration locale la désignation des objets
qu'elles mettent en vente [2].

Art. 37. — Chaque fabricant ou négociant d'objets d'or et
d'argent est obligé de tenir un registre dont le nombre de
feuillets est constaté par l'autorité administrative qui y appose
son sceau. Sur ce registre doivent être inscrits tous les objets
fabriqués, achetés et vendus avec l'indication de l'espèce, du
nombre, du poids et du titre.

Art. 38. — Lorsque le propriétaire d'un objet conteste les
résultats de l'essai et du titre de l'objet, il a le droit de demander un nouvel essai.

Quand le premier essai a été effectué dans une succursale, le
nouvel essai a lieu au bureau de contrôle, et quand le premier
essai a eu lieu au bureau de contrôle lui-même, il sera procédé à
un nouvel essai dans le même bureau, mais en présence d'un
chimiste désigné par le propriétaire.

5ᵉ Section. — *Pénalités*

Art. 39. — Les personnes qui imitent les poinçons admi-
nistratifs, effacent les empreintes ou les transforment de quelque

---

(1) D'une valeur de 20 fr. et au-d la pour l'or, et de 10 fr pour l'argent
(2) Le colportage des matieres d'or et d'argent sera interdit dans la loi revisee

façon, et celles qui fabriquent, importent ou vendent comme objets d'or et d'argent, des objets à un titre inférieur au plus bas titre légal ou qui sont seulement dorés ou plaqués, ou dans lesquels se trouvent des métaux vulgaires ou d'autres matières, sont punies des peines prévues à l'art. 307 du Code pénal. Lorsque le délinquant est une personne du service du contrôle, il est révoqué et livré à la justice. La punition entraîne la privation des droits civils.

Art. 40. — Les personnes qui vendent ou exposent en vente des objets d'or et d'argent qui ne sont pas poinçonnés suivant les dispositions de la présente loi ; celles qui exposent dans les compartiments réservés aux objets d'or et d'argent des ouvrages imités (voir art. 31) ; celles qui vendent des objets d'or et d'argent sur les foires, marchés, sans déclaration préalable aux autorités administratives ; celles qui ne facilitent pas ou empêchent la vérification de leurs ateliers ou magasins, sont punies d'une amende de 30 à 1.000 francs. En cas de récidive, l'amende est double.

Art. 41. — En cas de contravention aux articles 33, 34 et 37 de la présente loi, les délinquants sont punis d'une amende égale au double de leur patente annuelle.

Art. 42. — Les employés du bureau de contrôle ou des succursales qui copient ou permettent de copier un objet présenté au bureau sont punis d'une amende de 20 à 200 francs et révoqués. La personne lésée a le droit de réclamer des dommages-intérêts (1).

Art. 43. — Tous les objets trouvés sans poinçon officiel ou avec des poinçons imités doivent être confisqués (2).

Art. 44. — Toutes les amendes et la valeur des objets confisqués reviennent à la caisse de l'Etat.

Art. 45. — Toutes les contraventions aux dispositions de la loi ci-dessus sont constatées par des actes judiciaires qui sont certifiés par le Ministre du Commerce et de l'Agriculture. Le recours contre ces actes peut être porté devant le tribunal du district, dans les quinze jours de la notification.

6ᵉ Section. — *Dispositions transitoires*

Art. 46, 47 et 48. — . . . .

(1) L'article 42 sera complété ainsi qu'il suit « Est également punissable de la même peine l'indication donnée par un employé à une tierce personne, du résultat d'une vérification ».

(2) A l'article 43 sera ajouté le paragraphe suivant . « Les objets qui sont trouvés sans poinçon, tout en étant au titre légal, sont frappés d'une taxe equivalente à cinq fois la taxe ordinaire. »

DANEMARK

La loi du 5 avril 1888, qui a été mise en vigueur le 1er janvier 1893, rend le contrôle facultatif des ouvrages d'or et d'argent.

§ 1er. — Les ouvrages nationaux d'or et d'argent pourront être poinçonnés si le titre est au moins de 585 millièmes pour l'or et de 826 millièmes pour l'argent.

Le titre sera indiqué en millièmes avec un S s'il s'agit d'argent et l'objet devra porter le nom du fabricant.

Si un marchand appose sa marque personnelle, il devient responsable de l'ouvrage, comme s'il l'avait fabriqué lui-même.

§ 2. — Il est défendu d'employer des quantités exagérées de soudures et d'ajouter des métaux communs dissimulés sous l'or ou l'argent ; la marque leur sera refusée, ainsi qu'aux ouvrages plaqués, dorés ou argentés.

§ 3. — Les ouvrages en argent doré, aux titres indiqués au premier paragraphe, sont poinçonnés comme argent ; ceux en métaux communs dorés, argentés ou plaqués ne se contrôlent pas.

§ 4. — Contrairement aux dispositions de la loi du 2 juillet 1880, la marque du fabricant doit être déposée au bureau de contrôle.

§ 5. — Le marchand qui vend des produits étrangers est obligé d'insculper son poinçon, lorsque ces ouvrages sont destinés à la vente intérieure. Dans ce cas, le poinçon du vendeur remplace celui du fabricant.

§ 6. — Les ouvrages de fabrication nationale, de même que ceux d'importation, peuvent être présentés au bureau de contrôle pour recevoir l'empreinte des poinçons officiels s'ils remplissent les conditions énoncées aux paragraphes 1 à 5.

§ 7. — Le vendeur est responsable de l'apposition de sa marque ainsi que de l'indication du titre. Cette responsabilité s'étend aussi aux ouvrages énoncés au troisième paragraphe, lesquels ne doivent pas être revêtus de la marque indicative du titre.

§ 8 à 10. — Pénalités.

§ 11. — L'ordonnance du 4 novembre 1892 règle les prescriptions concernant la marque de fabrique.

Par décision du Ministre de la Justice, les droits à percevoir au bureau de contrôle de Copenhague ont été fixés, le 1er février 1875, de la façon suivante :

1 couronne (1 fr. 390) = 100 œre (œre, 0 fr. 014) = fl. 0.66 œ. W.

1° Pour l'essai et le poinçonnement d'argent, on perçoit pour :

a) Cuillers à thé, 9 œre pièce (13 cent.) ;

b) Pour cuillers, couteaux et fourchettes à dessert, 12 œre pièce (17 cent.) ;

c) Pour cuillers, couteaux et fourchettes de table, 15 œre pièce (21 cent.) ;

d) Pour autres ouvrages jusqu'à 60 grammes, 15 œre pièce (21 cent.), avec une surtaxe d'un œre par 4 grammes ou fraction de 4 grammes jusqu'au poids maximum de 1.500 grammes ;

e) Pour les ouvrages au-dessus de 1.500 grammes, par 15 grammes ou fraction de 15 grammes, 2 œre par pièce.

2° Pour l'essai et le poinçonnement d'ouvrages d'or, le droit est de 85 œre (1 fr. 19) pour les ouvrages fondus, ou de 1 couronne 30 (1 fr. 81) pour les ouvrages soudés composés de plusieurs pièces.

Le poinçon officiel du Danemark représente trois tours des armes de la ville de Copenhague, au pied desquelles on voit des ondes, et les deux derniers chiffres de l'année courante.

Monnaies danoises converties en monnaies françaises

Pièce de 20 couronnes, or...........................	27f 50
— 10 —	13 75
— 1 couronne, argent......................	1 30
— 50 œre, argent...........................	0 65
— 5 œre, cuivre...........................	0 07

Poinçons du Danemark

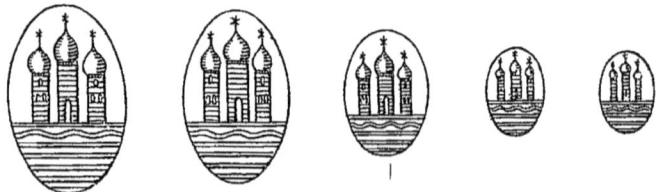

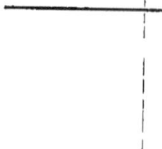

ESPAGNE

Les prescriptions aujourd'hui en vigueur se rapportent aux décrets royaux du 28 février 1730, 1er mai 1756, 23 janvier 1790, 13 octobre 1792, 2 septembre 1805, 17 octobre 1825, 25 janvier 1837, 21 décembre 1840, 6 août 1853 et du 11 août 1881, aux circulaires du 21 juillet 1785, 4 décembre 1787 et de janvier 1791, et enfin à la décision de la Cour suprême du 3 juin 1891. A ces dates a été introduit en Espagne le poinçonnement obligatoire.

L'art. 4 du décret royal de 1881 est ainsi conçu :

« Tous les fabricants d'or et d'argent sont obligés de faire » poinçonner officiellement tous les ouvrages se trouvant dans » leurs magasins et destinés à la vente, afin que l'acheteur ait » une garantie parfaite sur la valeur de la marchandise » achetée. »

La disposition la plus essentielle de ces prescriptions comporte les titres auxquels les matières d'or et d'argent peuvent être fabriquées et leur classement en deux classes.

A la première classe appartiennent les objets d'or et d'argent d'un titre minimum de 916 millièmes ; à la deuxième classe, ceux dont le titre n'est pas inférieur à 750 millièmes.

En Espagne, il n'y a pas de bureaux de contrôle ; mais dans chaque grande ville se trouve un agent dont les fonctions consistent à poinçonner les objets et en général à exercer le contrôle prescrit.

Monnaies espagnoles converties en monnaies françaises

Doublon, 25 pesetas, or............................	25f.	»
20 pesetas, or.....................................	20	»
10 pesetas, or.....................................	10	»
Duro, 5 pesetas, argent............................	5	»
2 pesetas, argent..................................	2	»
Peseta, argent.....................................	1	»
Media peseta, argent...............................	0	50

Poinçons de l'Espagne

ROVIRA

Argent, 916/1000

Argent, 750/1000

Or, 750/1000

R R

Or, 518/1000

HOLLANDE

Par ordonnance royale du 5 décembre 1901, le texte de la loi néerlandaise sur le titre des ouvrages d'or et d'argent, publié le 18 septembre 1852, modifié par les lois des 15 avril 1886, 31 décembre 1887, 15 avril 1891 et 28 mai 1901, dont les dispositions reposent sur la dernière loi, sont entrées en vigueur le 1er janvier 1902.

Cette loi décide que le titre des marchandises d'or et d'argent fabriquées dans l'intérieur du pays (garantie donnée par la marque royale) ne peut être déclaré qu'aux titres ci-après :

916, 833, 750 et 583 millièmes pour l'or, et

934 et 833 millièmes pour l'argent,

avec une tolérance sur le titre de 3 millièmes pour l'or et de 5 millièmes pour l'argent.

Tout ouvrage ayant un titre qu'on ne peut égaler à l'un de ceux indiqués ci-dessus, sera poinçonné au titre immédiatement inférieur.

Les ouvrages creux dont le titre ne peut être déterminé que par la fonte, bénéficient d'une tolérance de 20 millièmes.

Les ouvrages à un titre inférieur à ceux ci-dessus sont exclus de la garantie de l'Etat ; on les marque seulement pour constater le paiement de la taxe.

Les ouvrages formés de plusieurs métaux, c'est-à-dire de métaux précieux et de métaux communs, ne sont imposés qu'en raison de la quantité d'or et d'argent qu'ils contiennent.

Les marchandises au-dessous de 250 millièmes ne sont pas considérées comme des ouvrages en métaux précieux.

La perception de la taxe précède le poinçonnage.

Dans les bureaux de garantie, il est ordonné de prélever sur les objets d'or et d'argent soumis au poinçonnage un droit de 15 gulden (30 fr.) par once d'or et de 75 cent. (soit 1 fr. 50) par once d'argent.

Les agents des bureaux de contrôle sont chargés d'encaisser les taxes d'essai et de poinçonnage.

Les voyageurs de commerce d'ouvrages d'or et d'argent sont

passibles d'une amende de 100 gulden (200 fr.) si, à leur arrivée dans chaque commune qu'ils visitent dans un but commercial, ils ne font une déclaration à l'employé du contrôle (Kantoor van Waarborg), s'il s'en trouve dans la ville, ou à défaut au maire.

Les ouvrages importés ne sont astreints à aucune déclaration de titre et n'ont pas besoin d'être pourvus de marques étrangères.

Les objets d'or et d'argent importés de l'étranger ou des possessions néerlandaises d'outre-mer tombent sous le coup des mêmes taxes que les marchandises indigènes, sans préjudice du droit d'entrée.

Sont exemptés de l'essai, de la taxe et du poinçonnage .

1° Les objets d'or et d'argent qui sont importés par ou pour les envoyés des puissances étrangères, si dans les mêmes Etats il y a réciprocité ;

2° Les objets d'or et d'argent que les voyageurs importent avec eux, pour leur usage personnel ;

3° Les marchandises usagées appartenant aux familles néerlandaises qui rentrent dans le royaume et les mêmes marchandises appartenant à des étrangers qui veulent se fixer en Hollande.

Néanmoins, les objets visés à l'art. 3 devront ultérieurement être soumis à l'employé de contrôle pour l'essai et les vérifications nécessaires.

Les prescriptions légales sur l'importation, l'exportation et le transit en général sont applicables aux objets d'or et d'argent, sauf les dispositions particulières ci-après :

Les objets d'or et d'argent importés de l'étranger sont conservés, scellés et plombés aux frais de l'intéressé ; ils sont acheminés par l'administration des douanes sur le bureau de contrôle, où ils sont soumis à une vérification de leur titre en vue de la perception du droit.

Lors de l'importation, on doit faire la déclaration dans un rapport en double expédition, lequel doit contenir les indications suivantes .

1° L'indication du poids brut de chaque objet séparement, que cet objet soit fabriqué tout or ou tout argent ou des deux métaux ;

2° L'indication du bureau de contrôle où doit s'effectuer le poinçonnage et la perception des taxes.

Au moment de la déclaration d'importation, il est prescrit de déposer un cautionnement représentant le quart de la valeur des objets, pour couvrir les droits d'entrée et autres droits prescrits par cette loi.

Lors de l'exportation d'ouvrages d'or ou d'argent empreints des marques prescrites pour les marchandises néerlandaises, les droits de contrôle sont remboursés.

Pour indiquer que le remboursement des taxes a eu lieu, les ouvrages d'or et d'argent exportés sont pourvus d'une marque spéciale.

Les marchandises déclarées pour le transit ne sont dirigées sur aucun bureau. Celles qui se trouvent en entrepôt à la douane ne sont acheminées sur le bureau de contrôle que lorsqu'elles doivent passer du dépôt dans le commerce intérieur.

Les poinçons officiels des ouvrages en métaux précieux sont :

1° La marque indiquant le titre ;

2° La marque du bureau de contrôle qui a poinçonné l'ouvrage ;

3° La lettre désignant l'année ;

4° La marque des petits objets d'or d'une pièce ou composés de plusieurs pièces pouvant être séparément marquées.

5° La marque des petits ouvrages d'or pourvus d'accessoires non susceptibles d'être marqués séparément.

6° La marque des petits ouvrages d'argent ;

7° La marque des objets dont le titre est inférieur à ceux fixés par la loi ;

8° La marque des ouvrages importés ;

9° La marque des objets exportés contre remboursement des droits.

Les ouvrages qui ne peuvent supporter l'empreinte du poinçon sans détérioration sont exempts de marque.

Monnaies hollandaises converties en monnaies françaises

Double guillaume, or	41f.70
Guillaume (10 florins), or	20 50
Ducat (5 florins, 50 cents), or	11 57
Demi-guillaume (4 florins), or	10 25
Rixdaler (2 demi-florins), argent	5 »
Florin ou gulden, argent	2 »
Demi-florin, argent	1 »
Quart-florin, argent	0 50

Poinçons de la Hollande

OR (petits et gros ouvrages)

916/1000

750/1000

833/1000

ARGENT (petits et gros objets)

1   2

934/1000

833/1000

Poinçon d'importation

ITALIE

La loi du 2 août 1872 a rendu, en Italie, le contrôle facultatif.

La fabrication et le commerce des bijoux nationaux et étrangers, à tous les titres, est libre.

Pour l'essai de ces ouvrages et des lingots est institué un service de vérification. Les bureaux d'essai sont situés dans les villes suivantes :

Gênes, Milan, Naples, Rome, Florence, Palerme, Turin, Alexandrie, Bari, Bologne, Catane, Messine, Plaisance, Trapani, Venise, Brescia, Campobasso, Yesi, Perouse, Novare, Padoue, Teramo, Udine, Vérone, Cagliari.

Les essayeurs et autres fonctionnaires sont rétribués par l'Etat.

Ne sont poinçonnés sur demande, avec le poinçon officiel, que les ouvrages aux titres suivants :

Or......	1er titre....	900 millièmes.	
—......	2e —	750	—
—......	3e — .. .	500	—
Argent..	1er titre....	950	—
— ..	2e —	900	—
— ..	3e —	800	—

Tout objet ayant un titre qu'on ne peut égaler à l'un de ceux indiqués ci-dessus sera poinçonné au titre immédiatement inférieur.

L'ouvrage n'est marqué que s'il est reconnu à un titre supérieur au plus bas titre légal.

On ne poinçonne · 1° Que les ouvrages homogènes et massifs ; 2° que les objets creux ne contenant ni métal commun, ni matières étrangères.

La tolérance de titre pour l'or et l'argent, sans soudure, est de 5 millièmes ; elle est de 10 millièmes pour les objets n'ayant qu'une simple soudure, et pour les filigranes et autres ouvrages où se trouvent de nombreuses soudures, elle est portée à 20 millièmes.

Les droits à acquitter pour l'essai et le poinçonnage des ouvrages en or et en argent sont de 170 francs par kilogr. d'or et de 12 francs par kilogr. d'argent ou d'argent doré.

Pour le seul essai des ouvrages en or ou en argent pour lesquels le poinçonnage n'est pas demandé ou n'est pas consenti par le propriétaire des objets, les droits sont de 10 francs par kilogr. d'or et de 2 francs par kilogr. d'argent ou argent doré. Ce droit ne pourra, en aucun cas, être inférieur à 10 centimes.

Les droits suivants sont fixés pour l'essai des lingots et des petits morceaux :

	Or	Argent
Pour tout petit morceau ou lingot ne dépassant pas un hectogr.	2f. »	1f. »
Pour chaque lingot au-dessus d'un hectogr. mais ne dépassant pas un kilogr.	2 50	1 50
Pour chaque lingot d'un poids supérieur à un kilogr.	3 »	2 »

Toute personne qui présente des lingots ou des ouvrages en or ou en argent doit les accompagner d'une note, en double expédition, sur modèle prescrit par le ministère, contenant le détail des objets présentés ; l'agent en vérifie le poids et, si possible, le nombre, et remet, après vérification, une des notes signée par lui à l'intéressé. Lorsque celui-ci retire les objets, il restitue cette note.

Les essais de titre sont exécutés toutes les fois que la nature des objets le permet, en opérant sur les diverses parties de l'article : l'or par inquartation, l'argent par la voie humide. En cas de contestation sur le titre, il est procédé à un deuxième essai, éventuellement à un troisième par le bureau central.

Les ouvrages en argent doublé d'or sont taxés comme or, et l'argent doré comme argent.

Il y a six poinçons, trois pour l'or et trois pour l'argent :

Or. — 1er titre, la tête de Jupiter.
    2e — la tête de Minerve.
    3e — une tête de cheval.

Argent. — Les trois poinçons ont comme emblème la tête « Italie couronnée », avec périmètres différents.

Chaque poinçon porte, en outre, le numéro correspondant 1, 2 ou 3, ainsi qu'un signe caractéristique de chaque bureau.

Le poinçon est insculpé sur le corps principal de l'ouvrage, aussi près que possible des soudures ou des jonctions. Lorsqu'il existe plusieurs parties séparées, chacune d'elles sont marquées.

Il y a deux dimensions de chaque poinçon : l'une pour les gros, l'autre pour les petits ouvrages.

Les personnes qui donnent de fausses déclarations, emploient ou fabriquent de faux poinçons, font de l'enture, sont punies de peines sévères, de la prison, et lorsqu'une assimilation est possible, elles sont passibles des peines établies par le Code pénal pour l'altération des monnaies, diminuées d'un degré. (Riche, *Monnaies, Médailles et Bijoux.*)

La liberté des titres existant en Italie, les ouvrages français peuvent y pénétrer sous toutes les marques et même sans marque. (Riche, *Monnaies, Médailles et Bijoux.*)

Monnaies italiennes

Pièces de 20 lires, or...............................	20^f	»
— 5 — argent	5	»
— 2 — —	2	»
— 1 — —	1	»
— demi-lire, argent	0	50

Poinçons pour l'or

1	2	3
		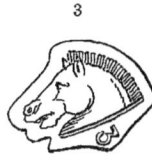
900/1000	750/1000	500/1000

Poinçons pour l'argent

1	2	3

950/1000	900/1000	800/1000

PORTUGAL

Depuis 1887, le contrôle des ouvrages d'or et d'argent est obligatoire en Portugal.

Les objets d'or et d'argent fabriqués en Portugal et destinés au commerce intérieur doivent être aux titres suivants .

Or...... 916,66 millièmes.
— .....: 800 —
Argent.. 916,66 —
— .. 833 —

La tolérance comporte, pour les objets et lingots d'or, par la coupellation, 2 millièmes, et 5 millièmes pour l'essai approché, et elle s'élève jusqu'à 10 millièmes pour les objets soudés.

Pour les objets et lingots d'argent, par l'essai exact, 2 millièmes, et par l'essai approché, 10 millièmes, et atteint 15 millièmes pour les objets comportant de la soudure.

Sont exceptés les ouvrages destinés à l'exportation, qui peuvent être fabriqués à des titres inférieurs jusqu'à 333 millièmes pour l'or et 800 millièmes pour l'argent.

Pour l'indication du titre, il y a deux sortes de poinçons .

1° Pour la pleine garantie ;
2° Pour la garantie approchée.

Pour la pleine garantie d'or, il y a deux poinçons de titre pour les gros objets et deux pour les plus petits objets qui n'offrent pas assez de surface pour les gros poinçons.

Pour l'argent, il y a également deux gros et deux petits poinçons et un poinçon pour la garantie des lingots d'or et d'argent.

Pour la garantie approchée, il y a deux gros poinçons pour les gros objets d'or et d'argent et deux pour les petits ouvrages d'or et d'argent.

En plus, il y a un poinçon officiel spécial pour l'essai approché des gros objets d'or présentés séparément et un second pour l'essai approché des gros objets d'argent présentés séparément.

Un poinçon pour les objets usagés, un poinçon pour les

ouvrages importés, un poinçon (couronne royale) avec douze poinçons de chiffres pour les ouvrages exportés.

Les droits de poinçonnage sont de 5 reis par gramme d'or (0 fr. 025).

Sont exceptés les chaînes et les ouvrages en filigrane sur lesquels on ne prélève que 3 reis par gramme.

Pour les objets jusqu'à 4 grammes, 20 reis par pièce (0 fr. 10).

Pour les lingots d'or, le droit est de 1.500 reis, sans égard au poids (7 fr. 50) et s'élève à 1.800 reis (9 fr.) pour l'indication de l'argent contenu dans les lingots.

Pour les ouvrages d'argent, le droit d'essai et de poinçonnage est de un demi-reis au-dessus de 40 grammes.

Sont exceptés les objets d'un poids de 40 grammes et au-dessous pour lesquels le droit est de 20 reis par objet (0 fr. 10).

Le droit pour les lingots d'argent est de 600 reis (3 fr.), sans égard au poids, et s'élève à 1.500 reis (7 fr. 50) pour l'indication de l'or contenu dans le lingot.

Les objets d'or et d'argent importés sont traités pour le contrôle et la perception des droits, comme les ouvrages de fabrication nationale.

Sont exceptées les marchandises plaquées d'or ou d'argent pour lesquelles il n'est perçu que la moitié des droits.

Les ouvrages d'or et d'argent importés de l'étranger sont reçus comme tels par les bureaux de contrôle, sans indication de titre et sans aucune garantie, sauf les objets au titre légal sur lesquels le poinçon de titre est appliqué sur la demande de l'importateur.

Pour les montres de poche, on exige les titres de 750 et 580 pour les boîtes d'or et 800 millièmes pour celles en argent.

Les montres en plaqué d'or doivent être déclarées comme telles.

Les droits de poinçonnage sont de 160 reis (0 fr. 80) par montre d'or, 100 reis (0 fr. 50) par montre d'argent et 80 reis (0 fr. 40) par montre en plaqué.

Monnaies portugaises converties en monnaies françaises

Couronne (10.000 reis), or	55f »
Demi-couronne (5.000 reis), or	27 50
1/10e de couronne (1.000 reis), or	5 50
Cinq testons (500 reis), argent	2 50
Deux testons (200 reis), argent	1 »
Teston (100 reis), argent	0 50

Poinçons du Portugal

Or

GARANTIE EXACTE — GRANDES MARQUES

Lisbonne	Porto	Braga

| 1er titre | 2e titre | 1er titre | 2e titre | 1er titre | 2e titre |

GARANTIE EXACTE — PETITES MARQUES

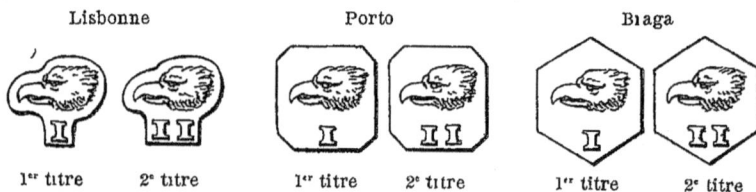

Lisbonne	Porto	Braga

| 1er titre | 2e titre | 1er titre | 2e titre | 1er titre | 2e titre |

GARANTIE APPROXIMATIVE — GRANDES MARQUES

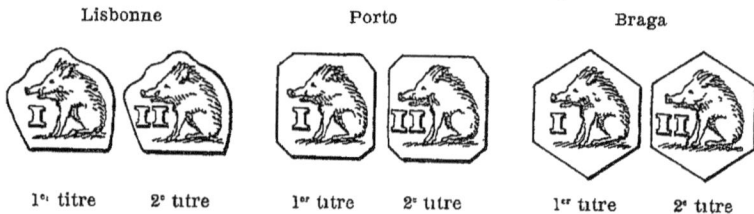

Lisbonne	Porto	Braga

| 1er titre | 2e titre | 1er titre | 2e titre | 1er titre | 2e titre |

GARANTIE APPROXIMATIVE — PETITES MARQUES

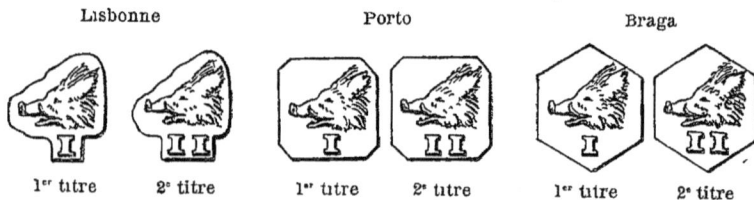

Lisbonne	Porto	Braga

| 1er titre | 2e titre | 1er titre | 2e titre | 1er titre | 2e titre |

RECONNAISSANCE

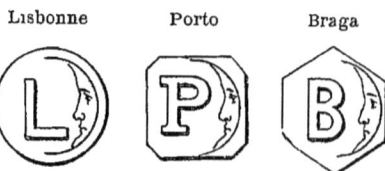

Lisbonne · Porto · Braga

RECONNAISSANCE DE L'HORLOGERIE

Porto

EXPORTATION

Argent

GARANTIE EXACTE

Lisbonne · Porto · Braga

1er titre   2e titre   1er titre   2e titre   1er titre   2e titre

GARANTIE APPROXIMATIVE

Lisbonne · Porto · Braga

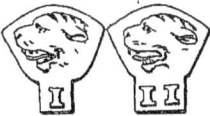  

1er titre   2e titre   1er titre   2e titre   1er titre   2e titre

RECONNAISSANCE

Lisbonne · Porto · Braga

GARANTIE APPROXIMATIVE DE L'HORLOGERIE D'OR

Lisbonne · Porto

1er titre   2e titre   1er titre   2e titre

POINÇONS DE VIEUX

Lisbonne · Porto · Braga

30

Montres

GARANTIE APPROXIMATIVE DE L HORLOGERIE D'ARGENT

Lisbonne   Porto

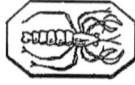 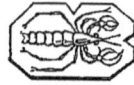

EXPORTATION

Lisbonne   Porto   Braga

Lingots

Lisbonne   Porto   Braga

Particuliers

Lisbonne   Porto   Braga

Plaqué   **Horlogerie fausse**

Lisbonne   Porto   Lisbonne   Porto

ROUMANIE

Loi du 28 février 1906

ARTICLE 1er. — Tous les objets d'or et d'argent fabriqués en Roumanie ou importés de l'étranger sont soumis au contrôle fiscal quant à leur titre.

ART. 2. — Les titres légaux sont :

Pour les objets d'or :

1er 900/1000.
2e 850/1000.
3e 750/1000
4e 583/1000.
5e 500/1000.

La cinquième catégorie est admise seulement pour : a) les icônes ; b) les parties d'ombrelles ou de cannes, et c) les articles de ciselure pesant un quart de kilogr. au moins.

Pour les objets en argent :

1er 950/1000.
2e 800/1000.
3e 750/1000.

Les objets ayant des titres autres que ceux ci-dessus, sans que ces titres descendent au-dessous du minimum fixé par la loi, sont marqués au titre légal immédiatement inférieur.

Les objets en argent, dorés ou plaqués en or, sont marqués comme objets d'argent.

ART. 3. — La tolérance admise est de 4 millièmes pour l'or et de 6 millièmes pour l'argent. Pour les menus objets qui ne peuvent être déterminés qu'au moyen de la pierre de touche la tolérance admise est de 15 millièmes pour l'or et de 20 millièmes pour l'argent.

ART. 4. — Ne peuvent être offerts ou vendus comme objets d'or ou d'argent, les objets ayant un titre inférieur à celui prévu par la loi, ainsi que ceux qui sont seulement dorés, argentés, plaqués, ou qui sont associés à l'or ou à l'argent, de telle sorte que le métal précieux ne constitue pas le quart, au moins, du poids total de l'objet.

Les contraventions au présent article sont punies conformément à l'art. 336 du Code pénal.

Les objets d'or et d'argent ayant le titre légal sont exposés dans les magasins, fabriques ou ateliers, dans des vitrines spéciales, avec l'indication : or, argent.

Les objets qui n'ont pas le titre légal et ceux qui sont faits d'autres métaux ou alliages sont exposés dans une vitrine à part avec l'indication « imitation ».

Si, à l'occasion du contrôle, il est prouvé que parmi les objets d'or et d'argent il se trouve aussi des imitations, les objets imités sont confisqués et les commerçants ou industriels sont punis d'une amende de 200 lei. En cas de récidive, l'amende peut être élevée jusqu'à 1.000 lei.

ART. 5. — Les objets d'or et d'argent dont les parties sont soudées entre elles ne peuvent avoir, ni dans leur total, ni dans les parties qui les composent, un titre inférieur à celui indiqué par la marque.

ART. 6. — La matière qui est employée pour réunir les objets d'or et d'argent doit être, pour moitié au moins, du même métal précieux ; elle ne peut pas dépasser la quantité nécessaire pour effectuer la soudure.

ART. 7. — Comme alliage, il n'est permis d'employer, pour l'or, que l'argent et le cuivre, ou l'argent et le cuivre réunis, et, pour l'argent, le cuivre seulement.

ART. 8. — Le contrôle des objets d'or ou d'argent est fait à Bucarest, par un service de vérification, près la direction générale des douanes.

ART. 9. — Le Ministre des Finances peut, au besoin, établir des services de vérification dans d'autres villes.

Pour le moment, il en sera institué à Jassi et à Craiova.

ART. 10. — Les industriels et commerçants qui s'occupent de la fabrication ou de la vente des objets d'or ou d'argent sont placés sous la surveillance du service de vérification.

ART. 11. — Le service de vérification est tenu d'inspecter les ateliers et magasins des industriels et commerçants chaque fois qu'il en trouvera l'occasion.

ART. 12. — Tous les objets d'or et ceux d'argent sont marqués de trois signes différents, savoir : celui du fabricant, celui qui indique le titre du métal et celui du service de contrôle. La forme de la marque du service de contrôle est établie par un règlement.

Ceux qui vendent seulement des objets d'or et d'argent, sans les fabriquer, sont dispensés d'avoir un signe ; les objets que vendent ces derniers ne portent que deux signes : celui qui indique le numéro correspondant du titre et celui du service du contrôle.

ART. 13. — Les signes avec lesquels les objets sont marqués doivent être de telle sorte que l'aspect de l'objet n'en soit pas modifié.

ART. 14. — Les droits de marque sont fixés à 15 lei l'hectogramme pour les objets en or et 1 leu 50 bani pour les objets en argent. Pour les montres en or, la taxe est de 4 lei par pièce et de 1 leu pour celles en argent.

En dehors des droits ci-dessus, il y a une taxe de 10 bani par pièce.

ART. 15. — Tout objet d'or ou d'argent fabriqué dans le pays doit être présenté, à fin de contrôle, au service de vérification avant d'être mis en vente, exposé ou conservé en magasin et passé à l'inventaire.

ART. 16. — La présentation est faite, soit par les intéressés en personne, soit par des fondés de procuration, soit par envois postaux recommandés. Dans tous les cas, les objets sont déposés, avec l'attestation du paiement de la taxe afférente, dans les formes qui seront établies par règlement. Si la taxe n'est pas suffisante, le requérant sera invité à la parfaire.

Quand il est prouvé que les objets ont le titre légal, ceux-ci sont marqués du signe officiel ; ceux qui n'atteignent pas le titre le plus faible prévu par la loi sont détruits et restitués à leur propriétaire.

La restitution a lieu, soit directement au propriétaire, soit par la poste, dans un délai de dix jours de la réception au laboratoire ou du paiement intégral des taxes.

ART. 17. — Les objets d'or et d'argent provenant de l'étranger sont envoyés, par la douane de l'entrée, au service de vérification, où ils sont soumis aux mêmes contrôle et règles que les objets fabriqués dans le pays.

Les objets détruits peuvent, à la demande de leur propriétaire, lui être réexpédiés à l'étranger à son compte. Dans ce cas, les droits de douane sont restitués.

Sont exempts de ces formalités :

a) Les objets d'or et d'argent adressés à la famille royale ;

b) Ceux adressés aux ministres plénipotentiaires accrédités auprès de notre gouvernement ;

c) Ceux que les voyageurs emploient à leur usage quotidien ; dans ce cas, les objets d'argent ne peuvent dépasser la quantité de 5 hectogrammes ;

d) Les décorations envoyées par les gouvernements étrangers ;

e) Les instruments de chirurgie, de physique et de mathématiques, ainsi que leurs garnitures ;

f) Les médailles commémoratives frappées dans les ateliers de l'Etat ;

g) Les objets entièrement recouverts d'émail ;

h) Les objets et les bijoux importés comme échantillons.

ART. 18. — Si l'agent de contrôle a des soupçons qu'un objet déclaré comme étant fabriqué d'or ou d'argent contiendrait à l'intérieur du cuivre, du fer ou d'autres métaux communs, il peut le couper en présence du propriétaire. Si la contravention est constatée, le propriétaire de l'objet sera frappé de la peine prévue à l'art. 22 ci-dessous. Dans le cas contraire, le fisc paiera immédiatement une indemnité égale à la valeur de l'objet.

ART. 19. — Les industriels et les commerçants qui s'occupent de la fabrication ou de la vente des objets d'or et d'argent sont tenus d'en informer le service de contrôle avant d'exercer leur profession, en indiquant où se trouvent leur atelier et leur maison de commerce.

Tout changement sera annoncé dans un délai de quinze jours.

ART. 20. — Tous ceux qui fabriquent des objets d'or et d'argent sont tenus d'afficher dans l'endroit le plus apparent et le plus accessible de leur magasin ou de leur atelier, un extrait de la présente loi et du règlement, rédigé dans la forme qui sera déterminée par le règlement.

ART. 21. — Tout vendeur est tenu de délivrer à l'acheteur, à l'occasion de la vente des marchandises dépassant la valeur de 30 lei, une facture qui contiendra, écrits de la main et sous la propre signature du vendeur :

a) Le nom du vendeur et la désignation exacte du magasin ;

b) La description de l'objet avec l'indication exacte s'il est d'or ou d'argent ;

c) Le poids brut de l'or ou de l'argent ;

d) Le titre de l'or ou de l'argent ;

e) Le lieu et le temps de la livraison ;

f) La signature de la personne qui a fait la vente.

Les factures sont établies par les commerçants, ou les fabricants, d'après un formulaire qui sera déterminé par le règlement.

ART. 22. — Ceux qui auront en dépôt, en marchandises ou en magasin, ceux qui mettront en vente ou livreront, même sur commande, un objet d'or ou d'argent non contrôlé par le service de vérification, sont punis conformément aux dispositions de l'art. 193, alinéa 8, de la loi générale des douanes.

Les industriels et commerçants sont responsables des faits des commis, agents, ouvriers et, en général, de leurs représentants quelconques.

Les commerçants qui vendent des objets d'or et d'argent dans les marchés ou dans les foires et les commerçants ambulants qui vendent d'autres objets semblables, par les villages et par les villes, sont tenus de se présenter, avant de commencer la vente, à la préfecture du district et de faire voir les objets qu'ils vendent, en justifiant qu'ils se sont conformés aux exigences de la présente loi. La préfecture délivre le permis de vente d'après un formulaire établi par le règlement.

Les contraventions sont punies conformément aux dispositions prévues au premier alinéa de cet article.

ART. 23. — Les contraventions aux dispositions des art. 19 et 20 sont punies d'une amende égale au double de la patente annuelle à laquelle sont soumis, suivant les rôles, les commerçants, industriels et fabricants. En cas de récidive, l'amende est élevée au quintuple de la patente annuelle.

ART. 24. — Quiconque mettra sans droit, imitera, détériorera, modifiera ou changera d'une façon quelconque le poinçon officiel appliqué sur les objets soumis au contrôle, sera puni conformément aux dispositions prévues dans le Code pénal pour la falsification des monnaies.

ART. 25. — En dehors des fonctionnaires du service de vérification, l'administration des douanes pourra charger tous autres agents du fisc de faire des vérifications dans les magasins. dépôts, boutiques, ateliers, fabriques, et de constater les contraventions. Il est accordé aux dénonciateurs et à ceux qui constatent les contraventions une prime des deux tiers du prix auquel auront été vendus les objets confisqués et des deux tiers des amendes restées définitives.

Les contraventions prévues par la présente loi sont constatées par des procès-verbaux qui sont soumis à l'approbation du Ministre des Finances.

Il peut être fait appel au tribunal contre l'approbation, dans les quinze jours de la communication, avec droit de recours dans le délai d'un mois à dater de la sentence du tribunal.

Dans le cas où, en dehors de l'amende et de la confiscation, la loi prévoit également de la prison, le procès-verbal sera dressé en deux exemplaires, dont l'un sera envoyé au tribunal compétent pour qu'il se prononce sur la peine de la prison.

L'action pénale est absolument indépendante des condamnations civiles.

ART. 26. — Dans les six mois à dater de l'application de la présente loi, tous les commerçants et fabricants qui font commerce d'objets soumis au contrôle ou qui les ont fabriqués sont tenus de se présenter au contrôle. Pour ces objets, le taux de l'art. 14 sera de moitié.

Le ministère enverra dans les grands centres de population des agents pour procéder au contrôle et au poinçonnage.

Les objets en or déjà fabriqués et qui seront dans le pays au moment de la mise en application de la présente loi, et qui ont un titre inférieur à celui qui est prévu dans cette loi, mais supérieur à 330/1000e, seront poinçonnés avec une marque spéciale. Le commerce de ces objets sera permis dans les mêmes conditions que les objets ayant le titre légal, s'ils ont été marqués au moins dans le délai de six mois fixé par cet article.

ART. 27. — La présente loi sera mise en application à partir du 1er avril 1906.

ART. 28. — Un règlement d'administration publique en déterminera le mode d'application.

Donné à Bucarest, le 13 février 1906.

Règlement

ARTICLE 1er. — a) Le titre des objets en métaux précieux signifie la quantité de métal fin (or ou argent) qui se trouve dans un seul gramme de l'alliage dont l'objet est fabriqué.

Cette quantité est exprimée en milligrammes ou millièmes ;

b) Les objets d'or et d'argent laissés en héritage, ainsi que ceux qui sont déposés en gage dans les différentes maisons de crédit, sont également soumis à la présente loi.

ART. 2. — La dénomination plaqué d'or ou plaqué d'or véritable ne peut être employée que pour les objets d'argent qui ont un des titres légaux.

ART. 3. — Quand la différence en moins entre le titre déclaré et celui constaté n'est pas supérieure à 4 millièmes pour l'or et à 6 millièmes pour l'argent, l'objet est marqué avec le poinçon légal du titre déclaré.

Ce qui précède se réfère aux gros objets dont le titre est vérifié d'après des méthodes chimiques exactes.

Pour les objets qui ne peuvent être éprouvés qu'au moyen de la pierre de touche, la différence en moins admise sera de 15 millièmes pour les articles d'argent.

ART. 4. — Quand un objet est composé de différentes parties, dont quelques-unes n'ont même pas le titre le plus faible admis par la loi, ou sont faites de métaux communs et unies entre elles d'une façon tout à fait apparente, c'est-à-dire rivées ou vissées, de telle sorte que les différents éléments en puissent être séparés, il faut que la quantité du métal fin que contient un objet de ce genre représente le quart au moins du poids total de l'objet.

L'emploi de dénominations telles que : « or nouveau », « or de Nuremberg », « argent de Chine » et autres désignations similaires dans lesquelles entrent les mots or ou argent, est contraire à la présente loi. Les vitrines dans lesquelles sont exposés ou gardés les objets devront porter l'inscription « or », « argent » ou « imitation », faite de telle sorte qu'elle soit claire et visible pour tout acheteur.

ART. 5. — Le service de vérification de Bucarest aura un laboratoire spécial, doté de tous les appareils et instruments nécessaires au contrôle pour la vérification des objets d'or et d'argent.

Les bureaux de vérification de Jassi, Craiova et autres villes seront également dotés, dans la mesure du possible, de tout ce qui est nécessaire à ce service.

ART. 6. — Les inspections sont faites par le chef du service de vérification ou par une autre personne déléguée par le ministère, tant dans les magasins des commerçants en articles d'or et d'argent que chez ceux qui s'occupent de la fabrication de ces objets.

Aux inspections, on tiendra compte des détails suivants :

a) L'extrait de la loi et du présent règlement doit être exposé dans un lieu approprié ;

b) Les balances et les poids doivent être justes ;

c) Les factures doivent être dressées conformément à la loi et délivrées à l'acheteur à l'occasion de la vente ;

d) Les objets d'or et d'argent seront bien séparés des imitations ;

e) Les substances employées pour la soudure auront le titre exigé par la loi ;

f) Les objets qui n'ont pas été contrôlés à l'occasion de l'inspection sont scellés et envoyés au service de vérification.

Les personnes qui font l'inspection devront être munies d'une pièce attestant leur qualité.

En cas de contravention, il sera dressé procès-verbal et les objets saisis seront empaquetés et scellés de deux sceaux : celui du contrôleur et celui du propriétaire du magasin.

Ces objets seront envoyés au service de vérification en même temps que le procès-verbal.

Art. 7. — Quand il est constaté que l'objet possède un des titres admis par la loi, il sera poinçonné avec une des marques suivantes :

a) La marque pour les objets d'or sera une tête d'aurochs.

La différence entre les titres de l'or est exprimée par un encadrement varié et par le numéro d'ordre en chiffres romains placé entre les cornes.

Suivent cinq vignettes.

b) La marque pour les objets d'argent sera deux dauphins. La différence entre les titres de l'argent est exprimée également par un encadrement varié et par le numéro d'ordre en chiffres romains placé entre les dauphins.

Suivent trois vignettes.

La marque du fabricant sera fixée et procurée par le service de vérification à son compte.

Le service de vérification tiendra un registre spécial pour ces marques.

Art. 8. — Les objets qui ne supportent pas l'application du poinçon légal, par frappe ou pression, sont marqués au moyen d'un plomb qui est attaché à l'objet par un fil mince.

Art. 9. — La taxe réclamée pour la vérification et le poinçonnage est calculée conformément au tableau annexe (modèle 1 et modèle 2) (1).

Pour les fractions inférieures à 5 grammes, la taxe minimum perçue est la taxe correspondante pour 5 grammes.

Les montres d'or, aussi bien que d'argent, seront présentées au service de vérification, démontées (sans leur mécanisme).

---

(1) Les modèles ou formulaires visés dans le présent reglement peuvent être consultés sur place à la Direction du Commerce et de l'Industrie, 80, rue de Varenne, à Paris.

ART. 10. — Les objets d'or ou d'argent fabriqués dans le pays devront porter la marque du fabricant, conformément à l'article 12 de la loi, avant d'être présentés au service de vérification.

Pour ces objets, le vernissage ou la peinture avec de l'or sera fait après l'apposition de la marque officielle.

ART. 11. — Le dépôt des objets à fin de vérification se fait suivant un livret à souche du format et du genre de celui ci-annexé (modèle 3) (1).

Un des récépissés reste au bureau du contrôle, l'autre reste dans le livret et est muni du cachet du service de vérification.

A la réception des objets, l'agent récepteur en vérifie le poids et le passe dans le récépissé qui reste dans le livret.

Sur le récépissé qui reste au service de vérification, le déposant est tenu d'indiquer le titre, aussi bien que le poids des objets qu'il dépose.

Tout déposant devra avoir deux livrets : l'un pour les objets en or, l'autre pour les objets en argent ; ces livrets leur seront délivrés à leurs frais par le service de vérification.

ART. 12. — Tous ceux qui fabriquent des objets d'or et d'argent, ainsi que ceux qui s'occupent de leur vente, sont obligés de tenir, dans l'endroit le plus apparent et le plus accessible de leur magasin ou de leur atelier, l'extrait suivant de la loi et du règlement pour l'établissement du contrôle sur les objets fabriqués avec des métaux précieux (formulaire n° 1) (1).

ART. 13. — Les factures pour la vente des objets d'or et d'argent qui ont le titre légal seront imprimées sur du papier blanc, tandis que les factures pour la vente des objets portant la marque de tolérance, conformément à l'art. 26 de la loi, seront imprimées sur papier jaune.

Le formulaire des factures est celui qui est prévu suivant le modèle 4 ci-joint (1).

ART. 14. — Le formulaire du permis aux commerçants ambulants qui vendent des objets d'or et d'argent est celui du modèle 5 ci-joint (1).

Les commerçants des foires et marchés, de même que les marchands ambulants, sont tenus de délivrer à l'acheteur une facture en règle, conformément à l'art. 21 du présent règlement

ART. 15. — Les objets d'or déjà fabriqués et se trouvant dans le pays au moment de la mise en application de la présente loi,

(1) Voir le renvoi de la note précédente

qui ont un titre inférieur à 500/1000ᵉ, mais supérieur à 330/1000ᵉ, seront poinçonnés avec la marque suivante :

Un soleil, avec, au milieu, la lettre I, qui signifie « or toléré » (ingàduit).

Suit une vignette.

Les factures pour la vente des objets d'or de cette catégorie seront imprimées sur papier jaune, conformément à l'art. 13 du présent règlement.

Art. 16. — Le présent règlement sera mis en application à partir du 1ᵉʳ avril 1906.

RUSSIE

Ordonnance du 13 juin 1861

En Russie existe le contrôle obligatoire sur les matières d'or et d'argent.

Pour l'établissement du titre de l'or et de l'argent circulant dans le commerce, qu'ils soient en lingots ou en articles fabriqués, ces métaux sont soumis à l'essai et au poinçonnement, pour lesquels un ou deux jours par semaine sont fixés.

Les titres sont établis de la façon suivante :

(Les titres ci-après indiquent le nombre de zolotniques contenus dans une livre d'alliage. Une livre russe contient 96 zolotniques et pèse 409 gr. 496 ; un zolotnique = 4 gr. 26559.)

1° Pour les articles d'or : 56, 72, 82 et 92 (583 $^{m/m}$ 1/3, 750 $^{m/m}$, 854 $^{m/m}$ 1/6, 958 $^{m/m}$ 1/3). Pour les lingots d'or, comme pour l'or en feuilles, laminé et forgé, les mêmes titres que ci-dessus jusqu'à 96 zolotniques inclusivement 1000/1000° ; pour l'or employé pour la soudure, pas moins de 36 zolotniques (375 $^{m/m}$).

2° Pour les articles d'argent blanc ou doré : 84, 88, 91 (875 $^{m/m}$, 916 2/3 et 947 11/12). Pour les lingots d'argent et pour les feuilles laminées, les mêmes titres que ci-dessus jusqu'à 96 zolotniques (1000/1000°).

3° Pour l'argent blanc ou doré en fils : 94 à 96 (979 $^{m/m}$ 1/6 à 1000/1000°).

4° Pour l'argent plaqué : 84, 88 et 91 (875 $^{m/m}$, 916 $^{m/m}$ 2/3 et 947 $^{m/m}$ 11/12) ; pour l'argent employé pour la soudure, pas moins de 64 zolotniques (666 $^{m/m}$ 2/3).

5° Pour les lingots d'or et d'argent, comme pour ceux d'argent contenant de l'or et ceux d'or contenant de l'argent qui sont destinés à l'échange contre de la monnaie, tout titre est permis.

Remarque. — Les ouvrages en broderies d'argent (filigrane) peuvent être fabriqués aux titres de 81, 88, 94 zolotniques (916 $^{m/m}$ 2/3, 947 $^{m/m}$ 11/12, 979 $^{m/m}$ 1/6), avec l'empreinte, sur ces objets, du poinçon correspondant au titre du métal.

Pour le mélange ou l'alliage de l'or, seul le cuivre rouge ou l'argent sont permis ; pour l'argent, le cuivre rouge seulement.

La tolérance de titre accordée pour les objets d'or est de un quart de zolotnique (2 $^{m}/^{m}$ 6), et pour les objets d'argent un demi-zolotnique (5 $^{m}/^{m}$ 2) par livre.

Pour les objets d'or composés de plusieurs parties soudées, la tolérance est permise jusqu'à un demi-zolotnique (5 $^{m}/^{m}$ 2) par livre.

Les fabricants sont tenus de faire exécuter les mélanges ou alliages, par fusion, de l'or et de l'argent pour former des lingots, la séparation de l'or et de l'argent des lingots qui se composent d'or contenant argent et d'argent contenant or, et le travail de l'argent en petites barres pour les fabricants de canetille :

Dans les bureaux d'essai établis dans les gouvernements de Saint-Pétersbourg, Moscou, Varsovie, Kiew, Kherson, Kostroma, Wilna, Livonie le mélange ou l'alliage d'or et d'argent seuls est encore permis à toute personne dans ces bureaux d'essai.

Les fabricants doivent également faire exécuter dans les bureaux d'essai la séparation de l'or et de l'argent des métaux dorés ou argentés, de même que la fusion des résidus de ces métaux.

La monnaie russe, l'or brut, le sable aurifère et les lingots non poinçonnés ne peuvent être fondus ensemble.

L'or et l'argent destinés à la fusion sont reçus des fabricants sans indication de provenance. Toutes les autres personnes doivent fournir un certificat de la police locale attestant que celle-ci ne met aucun obstacle à la fusion desdits métaux.

Le lingot sorti de la fusion ne peut être rendu au propriétaire qu'après que l'alliage a été reconnu à un des titres légaux et empreint des poinçons établis (à l'exception des lingots donnés en paiement).

Les lingots trouvés à un titre inférieur peuvent être alliés de nouveau ou donnés en paiement.

Tous les objets d'or et d'argent, aussi bien ceux de fabrication nationale que ceux d'importation, ainsi que les lingots de ces métaux, aussi bien ceux qui ont cours comme articles de commerce que ceux qui sont employés par les fabricants pour confectionner des objets de toute nature, doivent être aux titres légaux et être soumis au poinçonnage dans un bureau de contrôle.

Sont exceptés du contrôle et du poinçonnement (1) :

1° Les pièces d'un poids inférieur à un demi-zolotnique, 2 gr. 1 ;

2° Les objets de bijouterie où sont serties des pierres précieuses, ou les ouvrages employés par les dentistes pour des râteliers, quand ces objets ne pèsent pas plus de un demi-zolotnique :

3° Les boîtes de montres importées avec leurs mouvements, de même que les lorgnons d'or et d'argent ;

4° Les objets à l'usage personnel des voyageurs, qui sont importés conformément aux règlements des douanes.

Toutes les marchandises d'or et d'argent dispensées du poinçonnement doivent cependant n'avoir pas un titre inférieur à ceux établis pour la fabrication intérieure et de plus toutes leurs parties doivent être au même titre.

Il est expressément défendu de remplir les objets creux de quelque matière étrangère que ce soit, pour en augmenter le poids.

La fabrication des médailles de toutes sortes et de tous métaux n'est permise qu'après autorisation et acceptation des dessins projetés.

Les objets d'or et d'argent fabriqués en Russie doivent être soumis à l'essai et au poinçonnement inachevés et non polis.

Pour le dépôt des objets destinés à être poinçonnés, on exige :

1° Que le certificat délivré après la fusion du métal soit déposé ;

2° Que tout objet soit muni du poinçon du fabricant ;

3° Qu'il soit présenté avec tous ses accessoires ;

4° Que toutes les parties d'un objet ancien qui ont été ajoutées récemment soient présentées avec cet objet déjà poinçonné.

Les objets d'or et d'argent importés de l'étranger et dont l'introduction en Russie est autorisée doivent avoir les mêmes titres que ceux exigés pour les mêmes objets fabriqués en Russie et leur introduction n'est pas permise sous une autre forme que celle sous laquelle ils sont livrés à la vente, c'est-à-dire complètement terminés. L'importation doit avoir lieu par la voie de la douane.

Les marchandises importées qui sont renvoyées à la douane pour insuffisance de titre restent à la disposition de l'impor-

(1) Voir l'ordonnance de 1896, art 3 et 4 plus loin.

tateur, c'est-à-dire qu'ils ne sont pas confisqués, mais ils ne peuvent être livrés au commerce qu'après avoir été réexportés.

Au cas où des objets d'un titre inférieur ne sont pas réexportés dans l'espace d'un certain délai fixé, ils sont livrés à une vente publique.

Les objets d'or et d'argent destinés à être vendus publiquement par la douane pour un motif quelconque, doivent être, auparavant, envoyés au bureau de contrôle.

Les bureaux de contrôle ne reçoivent des objets d'or et d'argent destinés à être essayés et poinçonnés que des fabricants, à l'exclusion de toute autre personne.

Un nombre prescrit d'essais est effectué sur les objets fabriqués, suivant l'espèce et le poids.

Les objets d'or sont répartis en trois classes : 1° de un demi-zolotnique jusqu'à 8 zolotniques ; 2° de 8 zolotniques jusqu'à une livre, et 3° de une livre et au-dessus.

Les objets d'argent sont divisés en deux classes . 1° de une livre à 5 livres ; 2° de 5 livres et au-dessus.

Les lingots affinés sont soumis à deux essais.

Sur les lingots et sur les objets essayés sont apposées les empreintes suivantes .

1° Sur les lingots : le numéro du registre, le titre, les armes de la ville, le millésime de l'année et le nom de l'essayeur ;

2° Sur les objets · les armes de la ville, le titre, le millésime de l'année et le nom de l'essayeur ;

3° Sur les petites pièces : les armes de la ville et le titre ; sur les toutes petites pièces, les armes de la ville seulement ;

4° Quand un objet est composé de plusieurs pièces, les différents poinçons désignés ci-dessus sont apposés sur la pièce principale ; sur les autres, les armes de la ville et le titre, ou simplement les armes de la ville.

Les objets qui ne peuvent supporter l'empreinte du poinçon sont garnis d'un plomb sur lequel on appose ledit poinçon.

Le poinçon de titre est formé de deux chiffres représentant le nombre de zolotniques par livre d'alliage.

Le poinçon du bureau est formé par l'écusson armorial de la ville où est situé ce bureau

Le poinçon dit de composition indique le numéro de l'alliage et le titre en millièmes.

Les ouvrages formés de parties à plusieurs titres ne reçoivent que le poinçon du plus bas titre.

S'il y a des parties d'or et d'argent, on insculpe sur chacune le poinçon correspondant.

Quand une des parties seulement d'un lot n'est pas au titre, le tout est considéré comme ne répondant pas au titre légal.

Le commerce des objets d'or et d'argent, soit en lingots, soit en objets fabriqués de toutes sortes, peut être exercé dans des magasins ou boutiques, ouverts pour ces objets particulièrement ou concurremment avec d'autres marchandises.

Ce commerce est cependant interdit dans les baraques en planches placées à l'extérieur des lieux de vente, sur des tables, dans des balles de colporteurs, sur les marchés, les foires, dans les rues, à l'exception toutefois des boucles d'oreilles d'or et d'argent, des anneaux, des croix de cou, d'un poids inférieur à un zolotnique.

Les objets en or et en argent ainsi que les lingots présentés à l'établissement d'essai pour être poinçonnés sont soumis aux taxes suivantes :

1° Pour la fusion et l'alliage d'or et d'argent en lingots :

    a) Pour les lingots d'or du titre 94 et au-dessus, 3 roubles or 75 kopecks par livre ;

    b) Pour les lingots d'argent de 94 et au-dessus, 25 kopecks par livre ;

    c) Pour les lingots d'or d'un titre inférieur à 94, 75 kop. par livre ;

    d) Pour les lingots d'argent d'un titre inférieur à 94, 5 kop. par livre.

2° Pour chaque essai, sur des lingots ou objets en argent, 10 kop., d'argent contenant de l'or, 20 kop.; et d'or, 30 kop.

Pour les lingots importés, la moitié de ces droits seulement.

3° Pour le poinçonnement des objets d'argent ou d'argent doré, 20 kop. par livre ; pour ceux d'or, 3 roubles argent par livre.

4° Pour le poinçonnement d'or et d'argent laminé ou forgé : argent, 10 kop. par livre ; or, un rouble argent par livre.

5° Pour la taxe de poinçonnement du filigrane en argent ou en argent doré, 10 kop. par livre.

6° Pour le poinçonnement d'or en feuilles, d'argent en feuille ou du doublé : argent, 10 kop. par livre ; or, un rouble argent.

Un nouveau règlement russe sur le contrôle des ouvrages d'or et d'argent est entré en vigueur le 1er juillet 1896 ; nous lui empruntons les dispositions principales suivantes :

ART. 2. — A l'exception des objets mentionnés aux art. 3 et 4, tout objet d'or ou d'argent doit correspondre à un des titres légaux et être poinçonné dans un des bureaux de contrôle.

ART. 3. — Sont affranchis du poinçonnage et de l'essai :

a) Les médailles frappées sur l'ordre du Gouvernement ;

b) Les objets antiques ayant une valeur au point de vue historique, archéologique, etc. ;

c) Les incrustations d'or et d'argent sur les armes, harnachements et objets analogues.

ART. 4. — Sont exemptés du poinçonnage, mais néanmoins doivent être au titre légal :

a) Les instruments de physique et de chirurgie, les dentiers ;

b) Les marchandises d'or et d'argent d'un poids inférieur à un demi-zolotnique ;

c) Les feuilles d'or et d'argent ayant le caractère de matières brutes ;

d) Les objets en fil.

ART. 5. — Les objets mentionnés aux paragraphes b et c de l'art. 3 et ceux indiqués à l'art. 4 peuvent, cependant, être déposés au bureau de contrôle en vue du poinçonnement, dans les mêmes conditions que les marchandises soumises au poinçonnement obligatoire.

ART. 18. — Les ouvrages d'or et d'argent sont à des titres déterminés. Ils sont poinçonnés en chiffres donnant le nombre de zolotniques contenus dans une livre d'alliage.

Il y a 96 zolotniques dans une livre de métal précieux et la livre russe pèse 409 gr. 496.

ART. 19. — Les titres légaux sont :

a) Pour les marchandises d'or, 56, 72, 82, 92, 94 (= 583 1/2, 750, 854 1/6, 958 1/3 et 979 1/6) ;

b) Pour les marchandises d'argent, 84, 88, 91, 95 (= 875, 916 2/3, 947 11/12 et 989 7/12) ;

c) Pour les ouvrages en fil d'argent ou d'argent doré, 94 et 96 (= 980 et 1.000 millièmes) ;

d) Pour les marchandises en plaqué d'or, 87 à 96 (= 906 1/4 à 1000/1000es) ; pour l'or vert, 72 (= 750/1000es).

ART. 20. — Quand l'objet remis pour le poinçonnement n'a pas le titre déclaré, mais cependant dépasse le titre immédiatement inférieur, c'est ce dernier qui est insculpé.

ART. 22. — Aucune partie isolée des matières d'or et d'argent ne doit être inférieure au plus bas titre, exception n'est faite à cette règle que lorsqu'on veut donner aux parties accessoires la force et la résistance suffisantes. Dans ce cas, les parties accessoires peuvent être fabriquées en tout ou en partie à un titre inférieur.

Dans tous les autres cas, le mélange de métal commun avec du métal précieux est autorisé dans un objet lorsque les parties de métal commun ne peuvent induire l'acheteur en erreur. Un poinçon spécial doit être apposé sur les parties en métal commun indiquant qu'elles ne sont pas en métal précieux.

Pour les boîtes de montres, les titres sont, pour l'or, 56 et 72, équivalant à 583 millièmes et 750 millièmes ; et pour l'argent, 84, qui correspond à 875 millièmes.

Les anneaux et couronnes des boîtes de montres ne peuvent être à un titre inférieur à celui indiqué dans la boîte ; pour les boîtes d'argent, les anneaux et couronnes d'or à 56 (583 millièmes) sont admis.

Pour les boîtes d'or au titre de 72 (750 millièmes), le titre de 750 plein est exigé ; pour celles au titre de 56 (583 1/2) le titre de 585 plein est exigé, et pour les boîtes d'argent, le titre 84 (875 millièmes), le titre plein de 875.

ART. 23. — La tolérance est, par livre d'alliage :

a) Matières d'or massives, 1/3 de zolotnique = 3 $^{m/m}$ 2/3) ;

b) Matières d'or ayant des parties minces et soudées, un demi-zolotnique = 5 $^{m/m}$ 5/24 ;

c) Matières d'argent à l'exception de celles désignées au paragraphe *d* suivant, un demi-zolotnique = 5 $^{m/m}$ 5/24 ;

d) Matières d'argent pesant moins de 3 zolotniques et composées de parties soudées, objets en filigrane d'argent et analogues, 3 zolotniques = 31 $^{m/m}$ 1/4

Il est accordé pour l'objet fondu en entier, une tolérance de 5 millièmes pour l'or et de 8 millièmes pour l'argent.

Les appliques d'or aux boîtes d'argent, y compris les charnières, doivent être au titre minimum de 56 (585 millièmes).

ART. 24. — Pour l'alliage des métaux, on ne peut employer que l'or, l'argent, le platine et le cadmium.

Pour la soudure, l'or, l'argent, le cuivre, le zinc et le cadmium. L'emploi d'autres métaux pour les alliages et la soudure ne peut être autorisé que par le Ministre des Finances.

ART. 25. — Le titre moyen d'un objet ne doit pas dépasser, y compris la soudure, la limite de la tolérance accordée.

Suivant une ordonnance du 13 avril 1905, les droits de contrôle perçus au profit du Trésor ont été fixés, savoir :

a) Pour les montres d'or jusqu'à 15 lignes, 2 roubles par pièce ;

b) Pour les montres d'or au-dessus de 15 lignes, 4 roubles par pièce ;

c) Pour les montres d'argent, 50 kop. par pièce ;

d) Pour la bijouterie d'or, 60 kop. par zolotnique ;

e) Pour la bijouterie d'argent, 3 kop.

Monnaies russes converties en monnaies françaises

Demi-impérial, 5 roubles, or......................	20f 50
Rouble, argent....................................	3 92
Poltnick ou 1/2 rouble, argent....................	1 96
Polpoltnick ou 1/4 rouble, argent.................	0 98
Kopeck	0 04

Poinçons de la Russie

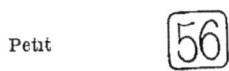

Gros

Petit

Poinçons pour les objets de provenance nationale ou étrangère et pour les alliages

Gros

Petit

Poinçons pour les objets de fabrication nationale, or, 56 et 72, argent, 84 et 88 zolotniques.

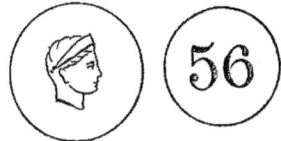

Gros

Petit

№ 123

C 3

SERBIE

Pour le contrôle de la fabrication des objets d'or et d'argent mis dans le commerce, existe la loi du 17 juin 1882.

Les bureaux sont placés sous la direction des finances de la province et le contrôle effectué par des agents spéciaux.

Sont soumis au contrôle : l'or et l'argent bruts en lingots, les montres, les objets en fils, les parures, ainsi que les objets qui s'y rapportent.

Les titres prescrits sont :

Pour l'or : 1° 18 karats, ou 750 millièmes ;
— 2ᵃ 14 — 583 —
Pour l'argent : 1° 800 millièmes ;
— 2° 750 —

La tolérance de titre est, pour l'or, de 3 millièmes, et de 5 millièmes pour l'argent.

Pour le filigrane le titre doit être de 997 millièmes pour l'or et de 985 millièmes pour l'argent.

Les objets d'or et d'argent à un titre inférieur au plus bas titre légal ne doivent, en aucun cas, être fabriqués, vendus ou importés.

Les ouvrages composés de plusieurs métaux ou plaqués dans lesquels l'or ou l'argent n'entrent pas pour plus d'un cinquième du poids total de l'ouvrage, peuvent être fabriqués ou importés, mais ils ne sont pas traités comme des objets d'or et d'argent . en outre, ils doivent, dans les magasins de vente, être séparés des marchandises d'or et d'argent.

Les petites feuilles d'or au titre de 997 millièmes, destinées à la dorure des fils d'argent, doivent avoir un poids minimum de 1 gramme 1765.

Le fil d'argent doré peut être fabriqué en trois compositions différentes :

1° Entre 33 et 30 millièmes de dorure ;
2° Entre 24 et 21 millièmes 5 de dorure ;
3° Entre 14 et 13 millièmes,

et exceptionnellement pour l'exportation, est autorisée une quatrième sorte de 7 à 6 millièmes 4.

Tous les objets d'or et d'argent fabriqués dans le pays ou importés à l'état brut doivent porter le nom du fabricant ou la marque de fabrique, avant d'être présentés au contrôle.

Sont exemptés du contrôle les mêmes objets que ceux prévus par la loi autrichienne et les ouvrages d'or d'un poids inférieur à un demi-gramme et ceux d'argent, d'un poids inférieur à 2 grammes.

A l'essai, les ouvrages trouvés à un titre inférieur au plus bas titre légal sont brisés en présence du propriétaire ; s'il y a contestation sur le premier essai, il est procédé à un deuxième essai par une commission composée de trois membres compétents.

Les poinçons officiels à apposer sont :

1° Le poinçon du titre ;

2° Le poinçon du contrôle ;

3° Pour les objets étrangers, le poinçon d'importation.

Les assortiments des marchands d'ouvrages d'or et d'argent sont munis du poinçon de titre et soumis à la taxe quand ils contiennent du métal commun ; lorsqu'ils sont trouvés au titre légal, ils sont marqués du poinçon de contrôle.

Les droits de contrôle sont :

Pour 1 kilogr. d'or en lingot......................	5f	»
— d'objets bruts en argent..............	2	»
— de filigrane d'argent.................	10	»
— de filigrane d'argent doré...........	15	»
— d'objets d'or........................	50	»
— d'objets d'argent...................	5	»

Les fabricants et les marchands sont placés sous la surveillance administrative ; ils sont obligés de faire une déclaration lors de l'ouverture ou de la cessation des travaux de fabrication, d'afficher la loi dans l'endroit le plus apparent de leurs magasins et de remettre aux acheteurs des bordereaux de vente.

Les objets d'or et d'argent importés de l'étranger sont présentés à la douane qui les remet au bureau de contrôle avec toutes les indications nécessaires.

Les ouvrages d'or et d'argent doivent être importés par les seuls bureaux de douane désignés par le Ministre des Finances.

Les marchands qui exposent ou mettent en vente des marchandises non poinçonnées sont passibles d'une amende égale à 10 fois la taxe ; les ouvrages au-dessous du titre légal ou ceux qui ont plus du cinquième du poids total en métal précieux, ou la mise en vente de fils dorés de la quatrième sorte, les pénalités comportent une amende de 200 à 2.000 francs ; et, enfin, pour le mélange d'objets en métal commun avec les ouvrages d'or et d'argent, il est exigé une amende de 30 à 300 francs.

Poinçons de la Serbie

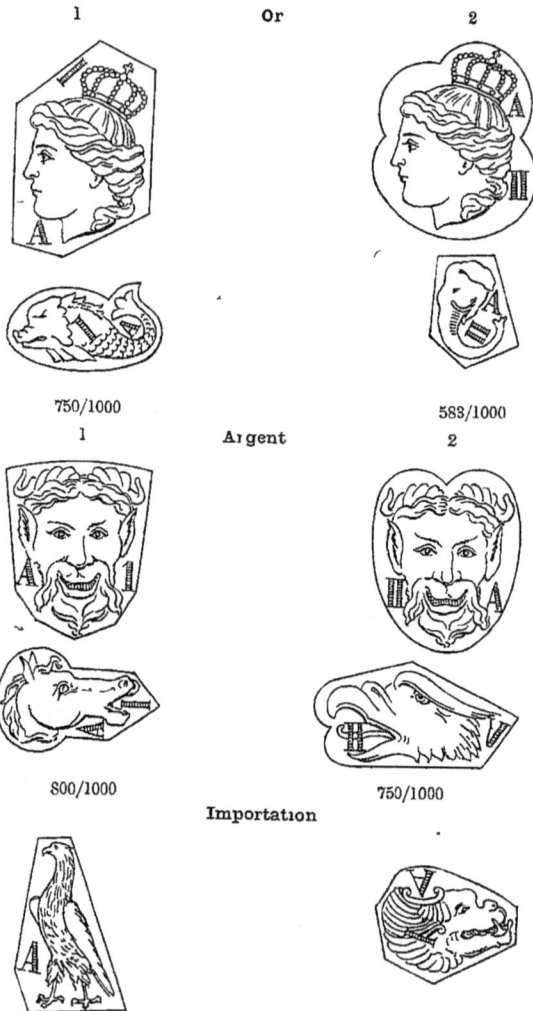

1	Or	2
750/1000		583/1000

1	Argent	2
800/1000		750/1000

Importation

SUÈDE

Les dispositions légales existant en Suède, en ce qui concerne le contrôle des matières d'or et d'argent, sont les suivantes :

ARTICLE 1ᵉʳ. — Les matières d'or et d'argent fabriquées à l'intérieur ou importées de l'étranger (à l'exception des lingots, filigranes et objets filés) sont soumises, au point de vue de leur titre, au poinçonnement administratif exercé par le bureau de contrôle dépendant du ministère des finances, à Stockholm, et par les autorités municipales ou par des agents spéciaux, dans les provinces.

Peuvent seulement être fabriqués ou importés les ouvrages d'or et d'argent qui possèdent un titre au moins égal au plus bas mentionné sous l'art. 2. Tous ces ouvrages sont soumis au contrôle et marqués d'un poinçon officiel représentant trois couronnes.

Sont exemptés du poinçonnement, les montures et les objets très petits, tels que bagues, dés et boucles d'oreilles en argent, de même que les objets en or d'un poids non supérieur à 17 décagrammes.

ART. 2. — Les titres légaux sont :

Pour l'or :

1° 976 millièmes, avec une tolérance allant jusqu'à 969 millièmes ;

2° 847 à 840 millièmes, avec une tolérance allant jusqu'à 833 millièmes ;

3° 764 à 757 millièmes, avec une tolérance allant jusqu'à 750 millièmes.

Pour l'argent :

828 à 820 millièmes, avec une tolérance allant jusqu'à 812 millièmes 1/2.

La tolérance n'est permise que contre paiement du double droit de contrôle.

ART. 3. — Les ouvrages d'or et d'argent fabriqués à Stockholm sont essayés au bureau de contrôle ; les objets en or, au moyen de la pierre de touche, ceux d'argent par le procédé de Gay-Lussac.

Les ouvrages trouvés à l'essai au-dessous du plus bas titre légal sont brisés et remis à leurs propriétaires.

Des échantillons des objets d'or et d'argent fabriqués dans les provinces sont prélevés par des agents spéciaux et réunis ensuite pour être dirigés, tous les trimestres, au bureau de contrôle de Stockholm pour y être soumis à l'essai.

Quand un de ces échantillons se trouve à un titre inférieur au plus bas titre légal, une amende de 25, 50 ou 100 couronnes est infligée au fabricant, selon qu'il s'agit d'une première, d'une deuxième ou d'une troisième contravention, la troisième fois avec perte du droit d'exercer cette industrie en son propre nom.

Art. 4. — Les objets d'or et d'argent importés de l'étranger sont expédiés par la douane au contrôle de Stockholm pour y être soumis à l'essai. Les ouvrages d'or au moyen de la pierre de touche et les ouvrages d'argent au moyen de la coupellation.

Quand les ouvrages importés n'ont pas le plus bas titre légal, ils sont réexportés aux frais de l'importateur par la voie de la douane.

Art. 5. — Tout ouvrage d'or et d'argent fabriqué à l'intérieur, présenté au contrôle administratif, doit être muni des poinçons suivants :

a) Poinçon du fabricant ;

b) Poinçon de la ville ;

c) Poinçon du millésime de l'année (lettre ou chiffre) ; les objets doivent, en outre, porter les marques ci-après :

d) Poinçon du titre (23 karats, 20 karats ou 18 karats).

Art. 6. — Les ouvrages d'or et d'argent d'origine nationale ou étrangère, trouvés à l'essai au titre légal, sont marqués du poinçon de contrôle. Ceux fabriqués dans les provinces sont munis du poinçon de contrôle immédiatement après le prélèvement des échantillons.

Art. 7. — Les droits de contrôle sont : pour les ouvrages d'or, de 5 œre par gramme (50 couronnes par kilogramme), et pour les ouvrages d'argent, de 5 œre par 15 grammes (trois couronnes 1/2 par kilogramme). Ces droits doivent être payés avant le poinçonnement.

En outre, pour les objets d'importation, il est prélevé un droit de 80 œre pour chaque essai d'or et de 40 œre pour chaque essai d'argent.

ART. 8. — Les droits de douane pour l'or et l'argent sont de 15 couronnes par kilogramme.

Monnaies suédoises converties en monnaies françaises

Pièce de 20 couronnes, or	27f »
— 10 — —	13 50
— 2 — argent	2 65
— 1 — —	1 32
— 50 œre, argent	0 65
— 5 œre, cuivre	0 07

Poinçons de la Suède

Pour ouvrages d'or . . .

Pour ouvrages d'argent. .

Poinçons de l'année 1902

NORVÈGE

En Norvège, sont en vigueur des prescriptions à peu près analogues à celles de la Suède.

Le poinçon de l'Etat n'est pas obligatoire. Les fabricants poinçonnent eux-mêmes leurs ouvrages sous leur propre responsabilité.

On peut fabriquer à tous les titres, mais le titre n'est pas indiqué sur l'objet fabriqué.

Le seul titre auquel les objets sont poinçonnés est de 830 millièmes pour l'argent et de 585 millièmes pour l'or. Les objets fabriqués à ces titres portent l'indication du titre avec le **nom** ou les initiales du fabricant.

Par exemple, la maison J. Trestup :

Pour l'or : $\frac{585}{J.\,T}$

Pour l'argent : $\frac{830\ S}{J\ \ TRESTUP}$

Aucun ouvrage d'un poids égal ou supérieur à 3 loths ne doit être fabriqué ou vendu sans avoir un titre inférieur à 18 karats (750 millièmes) ; pour un poids moindre, le titre exigé est 14 karats (585 millièmes).

Il n'y a ni droit de contrôle, ni droit d'essai. Le « stadsgwarden » (contrôleur municipal) vérifie les objets sur la demande des particuliers ou de la police.

La marque du fabricant n'est pas exigée, mais, en général, ledit fabricant l'appose sur ses articles.

SUISSE

———

**Loi fédérale concernant le contrôle et la garantie du titre
des ouvrages d'or et d'argent**

(Du 23 decembre 1880)

L'Assemblée fédérale de la Confédération suisse,

En application des articles 31, lettre *c* (actuellement litt. *e*) et
64 de la Constitution fédérale ;
Vu le message du Conseil fédéral du 28 novembre 1879,

Décrète :

Article 1er. — La fabrication et la vente d'or et d'argent à
tous les titres sont soumises aux dispositions suivantes :

A. Pour les boîtes de montres portant, dans une langue quelconque ou en chiffres, en entier ou en abrégé, l'une des indications suivantes ou toute autre correspondante, savoir :

Pour l'or : 18 karats ou 750 millièmes et au-dessus ;
— 14 — ou 583 millièmes ;
Pour l'argent : 875 millièmes et au-dessus ;
— 800 millièmes.

Le contrôle est obligatoire ; elles doivent être munies, suivant
les prescriptions du règlement fédéral d'exécution, du poinçon
fédéral de contrôle, à moins qu'elles ne portent le poinçon
officiel, reconnu équivalent, d'un autre Etat.

B. Pour les autres ouvrages d'or et d'argent (orfèvrerie et
bijouterie), le contrôle est facultatif. Ceux de ces ouvrages aux
titres supérieurs, savoir : or, 18 karats ou 750 millièmes et
au-dessus ; argent, 875 millièmes et au-dessus, peuvent être
poinçonnés officiellement lors même qu'ils ne contiennent pas
d'indication de titre.

ART. 2. — Les ouvrages quelconques d'or et d'argent (boîtes de montres, orfèvrerie, bijouterie) non contrôlés officiellement ne peuvent porter d'autre indication, quant à leur composition ou alliage, que celle de leur titre réel. S'ils portent cette indication, ils doivent, en outre, être munis de la marque ou du signe du producteur, conformément aux dispositions du règlement d'exécution.

Il est accordé pour les essais une tolérance de 3 millièmes pour l'or et de 5 millièmes pour l'argent, quel qu'en soit le titre.

Aucune partie des ouvrages quelconques d'or et d'argent ne peut être à un titre inférieur à celui poinçonné ou indiqué. Le règlement d'exécution édictera les dispositions de détail en statuant les exceptions nécessaires. (Voir art. 34 du règlement d'exécution, page 507.)

Il est interdit d'insculper, sur des ouvrages d'un autre métal ou sur des objets plaqués, des indications tendant à tromper l'acheteur.

ART. 3. — La création de bureaux de contrôle est l'affaire des cantons, sous réserve des dispositions suivantes concernant leur organisation.

Les essayeurs-jurés doivent avoir un diplôme fédéral. Ils sont soumis, pour la partie technique de leur art, aux directions et à la surveillance de l'autorité fédérale.

Les bureaux doivent être pourvus d'un nombre suffisant d'essayeurs et d'autres employés, ainsi que des installations et du matériel nécessaires pour les essais, suivant les prescriptions fédérales.

Ils ont l'obligation d'essayer et de poinçonner, dans l'ordre de réception, les objets qui leur sont envoyés, de quelque partie de la Suisse qu'ils proviennent, ainsi que de les retourner sans frais d'emballage. Le règlement fédéral pourra prescrire des mesures en vue d'obvier à l'encombrement des bureaux.

Les taxes à percevoir pour les essais et poinçonnements sont fixés par le règlement fédéral. Elles ne peuvent avoir un caractère fiscal.

Les recettes appartiennent aux cantons ou communes qui ont à subvenir à l'entretien et aux charges des bureaux.

Les bureaux de contrôle sont responsables de leurs essais et poinçonnements ; ils le sont pour ce qui concerne les objets qui leur ont été confiés, conjointement avec les communes et les cantons auxquels ils sont subordonnés.

ART. 4. — Il sera institué, à l'Ecole polytechnique suisse, un bureau fédéral de contrôle spécialement destiné à former des essayeurs possédant les connaissances nécessaires, ainsi qu'à réviser, en cas de contestation, les essais d'autres bureaux.

Les recettes et les dépenses de ce bureau figureront au budget du département fédéral du commerce.

ART. 5. — Le département fédéral du commerce et de l'agriculture exerce la surveillance réservée à l'autorité fédérale par l'art. 3.

Il fournit aux bureaux de contrôle les poinçons fédéraux contre remboursement des frais.

ART. 6. — Ceux qui auront fabriqué, vendu ou mis en vente des boîtes de montres portant l'indication de titres légaux sans poinçon officiel auront à payer cinq fois la valeur de la taxe de poinçonnement, si l'essai officiel démontre que l'indication n'est pas frauduleuse. Dans ce cas, l'apposition du poinçon sera faite d'office et sans autres frais.

Ceux qui auront fabriqué, vendu ou mis en vente des boîtes de montres à d'autres titres que les titres légaux ou d'autres ouvrages d'or ou d'argent non contrôlés officiellement, avec des indications de titres, mais sans la marque ou le signe du producteur, auront à payer une amende représentant quatre fois la valeur de la taxe de poinçonnement des titres légaux si l'essai officiel démontre que l'intention n'est pas frauduleuse.

Dans les deux cas ci-dessus, le total de l'amende ne pourra excéder la somme de 500 francs.

Ceux qui, dans un but frauduleux, auront fabriqué, vendu ou mis en vente des objets, en contravention aux dispositions de la présente loi, seront punis d'une amende de fr. 30 à 2.000 ou d'un emprisonnement de trois jours à une année, ou à des deux peines réunies, dans les limites indiquées.

Sont réputées frauduleuses :

a. En ce qui concerne les ouvrages quelconques d'or ou d'argent :

1° Toute indication autre quant à leur composition ou alliage, que celle de leur titre réel, faite soit sur les ouvrages, soit à l'occasion de leur vente ou mise en vente ;

2° La présence, dans un ouvrage, de parties à un titre inférieur à celui poinçonné ou indiqué, sous réserve des dispositions et exceptions prévues par le règlement (art. 2, 3e alinéa, de la loi) ;

b. En ce qui concerne les ouvrages d'un autre métal ou les objets plaqués, toute indication tendant à tromper l'acheteur, faite soit sur les ouvrages, soit à l'occasion de leur vente ou mise en vente.

Art. 7. — Toute personne qui aura contrefait, entièrement ou en partie, les marques officielles, ou qui aura appliqué sciemment les marques contrefaites, ou qui aura dénaturé ou fait dénaturer, dans un but frauduleux, les marques officielles, sera condamnée à un emprisonnement d'un mois à une année et à une amende de 100 à 1.000 francs.

Toute personne qui, en connaissance de cause, aura fait un usage illicite des poinçons officiels, sera condamnée à un emprisonnement de 14 jours à une année et à une amende de 50 à 1.000 francs. Si c'est un employé du contrôle, il s'ensuivra en outre la destitution et le retrait du diplôme fédéral.

Toute personne attachée à l'administration d'un bureau de contrôle, qui copierait ou laisserait copier les ouvrages déposés au contrôle, sera punie d'une amende de 20 à 200 francs ; s'il y a eu de sa part dol ou négligence grave, il s'ensuivra en outre la destitution et, le cas échéant, le retrait du diplôme fédéral.

Art. 8. — Le Conseil fédéral pourra toujours prononcer l'interdiction de marques ou signes particuliers qui donneront lieu à une confusion avec les poinçons officiels.

Art. 9. — En cas de récidive, ces peines peuvent être portées au double de celles prononcées la fois précédente.

Le produit des amendes et confiscations entre dans la caisse désignée par le canton.

En prononçant une amende, le juge doit fixer un emprisonnement équivalant à l'amende pour le cas où celle-ci ne serait pas payée.

L'indemnité civile demeure réservée pour tous les cas prévus aux art. 6 et 7.

Art. 10. — Les poursuites sont intentées à la demande de l'autorité de surveillance locale, cantonale ou fédérale, ou de la partie lésée.

Les tribunaux ordonneront, conformément aux lois de procédure, les perquisitions et mesures conservatoires nécessaires. Ils pourront prononcer la confiscation des objets saisis, jusqu'à concurrence des dommages-intérêts à payer à la partie lésée et des amendes dues. Ils pourront aussi ordonner, aux frais du condamné, l'insertion du jugement dans les feuilles publiques.

Dans tous les cas, les faux poinçons seront confisqués et détruits, et les objets portant des insculpations frauduleuses seront coupés.

Art. 11. — La présente loi entrera en vigueur le 1er janvier

1882 ; elle abrogera, dès cette date, les dispositions de même nature des lois et ordonnances cantonales.

. . . .

Art. 12. — Le Conseil fédéral est chargé de publier la présente loi, conformément aux dispositions de la loi fédérale du 17 juin 1874, concernant la votation populaire sur les lois et arrêtés fédéraux.

Ainsi décrété par le Conseil national.

Berne, le 23 décembre 1880.

<table>
<tr><td>Le président.</td><td>Le secrétaire,</td></tr>
<tr><td>Dr C Burckpardt</td><td>Schiess.</td></tr>
</table>

Ainsi décrété par le Conseil des Etats.

Berne, le 23 décembre 1880.

<table>
<tr><td>Le président</td><td>Le secrétaire,</td></tr>
<tr><td>Sahli.</td><td>Gisi</td></tr>
</table>

Le Conseil fédéral arrête :

La loi fédérale ci-dessus, publiée le 8 janvier 1881, entrera en vigueur le 1er janvier 1882, à teneur de l'art. 11.

Au nom du Conseil fédéral suisse :

Le vice-président, Bavier.

Le chancelier de la Confédération, Schiess

Loi ¦ federale apportant des adjonctions a la loi féderale du 23 décembre 1880 sur le contrôle et la garantie du titre des ouvrages d'or et d'argent

(Du 21 decembre 1886)

L'Assemblée fédérale de la Confédération suisse,

Vu le message du Conseil fédéral en date du 23 novembre 1886,

Décrète :

Article 1er. — Les adjonctions suivantes sont apportées à la loi fédérale du 23 décembre 1880 concernant le contrôle et la garantie du titre des ouvrages d'or et d'argent, savoir :

A l'article 1er. — Après les mots « pour l'or, 14 karats ou 0.583 », il est ajouté : « et au-dessus ».

A l'article 2. — Le Conseil fédéral peut, en ce qui concerne la tolérance, édicter des prescriptions spéciales à l'égard des ouvrages destinés à des pays dont la législation renferme des prescriptions autres que celles de la loi fédérale du 23 décembre 1880.

Article 2 *bis*. — Le Conseil fédéral détermine les conditions et garanties à requérir des personnes qui présentent des ouvrages au poinçonnement.

A l'article 6. — Les pénalités ci-dessus sont applicables à toute personne qui fabrique, met en fabrication, présente au poinçonnement, vend ou met en vente des ouvrages reconnus en contravention avec la loi, que ce soit pour son propre compte ou pour celui d'autrui.

Si ces ouvrages ont été reconnus frauduleux et qu'il soit néanmoins établi que cette personne a agi sans intention coupable, elle sera passible d'une amende de 20 à 50 francs. En cas de récidive, l'amende pourra s'élever jusqu'à 1.000 francs.

ART. 2. — Le Conseil fédéral est chargé, conformément aux dispositions de la loi fédérale du 17 juin 1874 concernant la votation populaire sur les lois et arrêtés fédéraux, de publier la présente loi fédérale et de fixer l'époque où elle entrera en vigueur.

Ainsi décrété par le Conseil national.

Berne, le 11 décembre 1886.

Le président,
MOREL

Le secrétaire.
RINGIER.

Ainsi décrété par le Conseil des Etats.

Berne, le 21 décembre 1886.

Le vice-président,
SCHERB

Le secrétaire,
SCHATZMANN.

Le Conseil fédéral arrête :

La loi fédérale ci-dessus, publiée le 30 décembre 1886, entrera en vigueur, en vertu de l'art. 89 de la Constitution fédérale, et sera exécutoire à partir du 1er avril 1887.

Berne, le 1er avril 1887.

Au nom du Conseil fédéral suisse :

Le président de la Confédération, DROZ.
Le chancelier de la Confédération, RINGIER

Loi fédérale sur le contrôle des ouvrages d'or et d'argent

(Du 21 novembre 1892)

Le Conseil fédéral suisse,

En exécution de la loi fédérale du 23 décembre 1880 (Rec. off., nouv. série, V. 332), concernant le contrôle et la garantie du titre des ouvrages d'or et d'argent ;

Sur la proposition de son département des affaires étrangères, bureau fédéral des matières d'or et d'argent ; '

En abrogation des règlements, ordonnances et arrêtés suivants :

Règlement d'exécution concernant le contrôle et la garantie du titre des ouvrages d'or et d'argent, du 17 mai 1881 (Rec. off., nouv. série, V. 356) ;

Ordonnance d'exécution de l'art 11 de la loi fédérale concernant le contrôle et la garantie du titre des ouvrages d'or et d'argent, du 17 mai 1881 (Rec. off., nouv. série, V. 364) ;

Règlement sur l'organisation et les attributions du bureau fédéral du contrôle pour les ouvrages d'or et d'argent, du 26 août 1881 (Rec. off., nouv. série, V. 468) ;

Arrêté du Conseil fédéral prorogeant le terme fixé pour le poinçonnement *ad hoc* des ouvrages d'or et d'argent, du 29 novembre 1881 (F. féd. 1881, IV, 401) ;

Arrêté du Conseil fédéral concernant les désignations des titres admises au contrôle pour les ouvrages d'or et d'argent, du 30 décembre 1884 (Rec. off., nouv. série, VII. 709) ;

Arrêté du Conseil fédéral concernant la vérification des essais contestés, du 8 mai 1885 (F. féd. 1885, II. 888) ;

Arrêté du Conseil fédéral relatif au contrôle des boîtes de montres d'or et d'argent destinées à l'Allemagne, du 1er avril 1887 (Rec. off., nouv. série, X. 48) ;

Arrêté du Conseil fédéral concernant le poinçonnement des anneaux de montres, du 24 décembre 1887 (Rec. off., nouv. série, X. 359) ;

Arrêté du Conseil fédéral relatif au contrôle des boîtes de montres d'or et d'argent destinées à l'Angleterre, du 24 décembre 1887 (Rec. off., nouv. série, X. 360) ;

Arrêté du Conseil fédéral modifiant l'art. 3, lettre a, du règlement sur l'organisation et les attributions du bureau fédéral de contrôle pour .les ouvrages d'or et d'argent, du 28 avril 1891 (Rec. off., nouv. série, XII. 94) ;

ARRÊTE :

A. — PREMIÈRE PARTIE

I. — Dispositions générales

ARTICLE 1ᵉʳ. — La surveillance du Conseil fédéral sur l'exécution de la loi fédérale concernant le contrôle et la garantie du titre des ouvrages d'or et d'argent est exercée par celui de ses départements auquel ressortit le bureau fédéral des matières d'or et d'argent.

ART. 2. — Le bureau fédéral des matières d'or et d'argent forme une division spéciale chargée directement de l'expédition des affaires courantes, de la correspondance et de l'exécution des mesures et instructions ordonnées par le département dont il relève.

II. — Organisation des bureaux de contrôle

ART. 3. — Les cantons fixent ce qui a trait à l'organisation administrative des bureaux de contrôle. Il y aura, pour chaque bureau, une commission de surveillance (administration), dans laquelle le département fédéral a le droit de se faire représenter par un délégué.

Les cantons doivent pourvoir à ce que des locaux convenables soient mis à la disposition des bureaux, de manière que les employés puissent travailler commodément et que le public n'ait pas accès dans les laboratoires et les bureaux des essayeurs.

Le département fédéral donne aux cantons les instructions nécessaires quant aux installations, matériel, registres et formulaires, appareils, outils, produits chimiques, etc., dont les bureaux de contrôle doivent être pourvus.

ART. 4. — Les cantons ne peuvent accorder l'autorisation d'ouvrir un bureau de contrôle à une commune, association de communes ou réunion d'intéressés qu'après entente avec l'autorité fédérale. Cette autorisation ne sera accordée que lorsque la commune, l'association de communes ou la réunion d'intéressés respectifs aura fourni la preuve qu'elle est en mesure de se conformer strictement à la loi, aux règlements et aux ordonnances sur la matière et moyennant que le canton s'engage à supporter le déficit éventuel que le bureau pourrait procurer.

Les statuts de ces bureaux devront être sanctionnés par l'autorité cantonale.

L'ouverture d'un nouveau bureau pourra toujours être refusée si le besoin n'en est pas suffisamment démontré.

L'autorité fédérale peut ordonner la fermeture d'un bureau qui ne serait pas organisé dans des conditions offrant des garanties suffisantes.

Art. 5. — Les cantons, soit les communes ou les associations qui ont à subvenir à l'entretien et aux charges des bureaux, déterminent librement l'emploi des excédents de recettes que les bureaux peuvent produire, toutefois, en affectant ces bénéfices, en première ligne, à l'amélioration des installations et des traitements du personnel du bureau et à la création d'un fonds de réserve. L'emploi et la répartition de ces excédents devront, chaque fois, être préalablement soumis à l'approbation du département fédéral ; celui-ci a le droit de s'opposer à toute répartition de bénéfices qui ne serait pas en harmonie avec les exigences du service.

Art. 6. — Les bureaux transmettent chaque trimestre au département fédéral, sur un formulaire qu'il leur fournit, un rapport sur le nombre des objets contrôlés, sur les recettes et les dépenses du bureau, ainsi que, le cas échéant, sur la manière dont la loi est exécutée dans l'arrondissement industriel pour lequel le bureau travaille principalement.

Art. 7. — Le département fédéral a le droit de prendre connaissance, quand il le juge convenable, des budgets, de la comptabilité, de la correspondance et de toutes les parties de l'administration, soit par une inspection périodique, soit par un délégué spécial au sein de la commission de surveillance.

Les budgets des administrations sont soumis à la sanction du département fédéral.

III — *Essayeurs-jurés*

Art. 8. — Le titre d'essayeur-juré appartient exclusivement aux essayeurs porteurs du diplôme fédéral.

Le diplôme fédéral est délivré à la suite d'examens. Exceptionnellement il pourra être délivré sur titres, d'après le préavis conforme de la commission d'examens.

Le département fédéral fixe le règlement et le programme des examens.

Les diplômes sont délivrés par le département.

Art. 9. — Les bureaux doivent être pourvus d'un nombre suffisant d'essayeurs et d'autres employés pour que le service soit fait convenablement et ne subisse jamais d'interruption. Le département fédéral déterminera les principes généraux suivant lesquels le personnel des bureaux doit être composé et rétribué et son traitement amélioré suivant les circonstances.

La nomination des essayeurs et autres employés a lieu d'après les règles fixées par le canton et après entente avec l'autorité fédérale. Celle-ci a le droit de s'opposer à la nomination d'essayeurs ou d'autres employés qui, à ses yeux, n'offriraient pas toutes les garanties nécessaires pour l'accomplissement de ces fonctions délicates. De même, la révocation d'un essayeur ne pourra être prononcée qu'après que le département aura été mis dans le cas d'apprécier les motifs de cette mesure.

Le canton, après entente avec le département fédéral, fixe le mode de rétribution des essayeurs et employés, le cautionnement à exiger d'eux, ainsi que les obligations qui leur incombent quant à la durée et à la répartition du travail. Pour l'application stricte de la loi, du règlement ou des instructions qui en découlent, les essayeurs relèvent uniquement de l'autorité fédérale. (Art. 3 de la loi, 2e alinéa.)

Dans la règle, les heures de travail ne devront pas dépasser le nombre de huit par jour.

Un règlement d'ordre intérieur pour chaque bureau sera établi par les commissions de surveillance et soumis à l'approbation du département fédéral.

Si un bureau de contrôle juge utile d'avoir un élève-essayeur, il doit en informer le bureau fédéral des matières d'or et d'argent qui, après examen, décidera s'il peut être accédé à cette demande sans inconvénient. Le recours au département est réservé.

Les essayeurs et employés du contrôle ne peuvent, dans aucun cas, s'occuper du commerce d'ouvrages ou de matières d'or et d'argent.

Le département peut exiger la suspension ou la révocation d'un essayeur ou d'un employé qui ne s'acquitterait pas régulièrement de ses fonctions. Dans le cas de négligence grave de la part d'un essayeur-juré ou si, pour favoriser un industriel, il acceptait, au poinçonnement, des boîtes de montres ou d'autres objets au-dessous des titres légaux, le département aurait le droit de lui retirer son diplôme, sous réserve de recours au Conseil fédéral.

.Art. 10. — Il est expressément interdit aux essayeurs et employés, ainsi qu'aux membres des commissions de surveillance, de prendre et de donner des calques, des indications verbales ou écrites, de copier ou laisser copier des types, dessins et décorations des ouvrages envoyés au bureau pour être soit simplement essayés, soit essayés et contrôlés.

IV. — *Commission fédérale des cours et examens pour essayeurs-jurés*

1. Organisation de la Commission

ART. 11. — La commission fédérale procède sous la surveillance du département fédéral et conformément aux directions qu'elle en reçoit.

Elle est composée de trois membres qui sont :

a) Un délégué du département auquel incombe l'exécution de la loi fédérale sur le contrôle, comme président ;

b) Un professeur de l'Ecole polytechnique ;

c) Un essayeur-juré.

Ces deux derniers membres sont nommés par le Conseil fédéral pour une période de trois ans ; ils sont rééligibles.

ART. 12. — Les attributions de la commission des cours et examens des essayeurs-jurés pour les ouvrages d'or et d'argent consistent :

a) A organiser des cours d'enseignement théorique et pratique pour les candidats essayeurs-jurés ;

b) A faire subir des examens pour l'obtention du diplôme fédéral ;

c) A vérifier, en cas de contestation, les essais des bureaux de contrôle.

2 Des cours d'essayeurs

ART. 13. — Lorsque les besoins des bureaux de contrôle l'exigent, il est organisé à l'Ecole polytechnique, à une époque à déterminer, un enseignement théorique et pratique pour les personnes qui se proposent de subir l'examen pour le diplôme d'essayeur fédéral.

Ne seront admises à suivre ce cours d'enseignement que les personnes ayant produit des certificats d'études (théoriques et pratiques) et de bonne conduite, jugés suffisants par le département.

ART. 14. — La durée du cours et le programme sont fixés par le département sur la proposition de la commission fédérale.

ART. 15. — Ces cours sont placés sous la direction du professeur de l'Ecole polytechnique membre de la commission. La partie scientifique est confiée à ce professeur et, en cas de besoin, à un autre membre du corps enseignant de l'Ecole. La partie technique de l'art des essais (théorie et pratique) est confiée à l'essayeur membre de la commission ou, en cas d'empêchement, à un autre essayeur fédéral.

Le département exerce sur ces cours la surveillance générale.

Art. 16. — Les honoraires des personnes qui sont chargées de ces cours sont fixés par le Conseil fédéral.

Art. 17. — Les élèves paient, pour ces cours, une finance en rapport avec la durée du cours. Cette finance est versée dans la caisse fédérale. Ils supportent, en outre, les frais des matières employées pour les expériences et ceux de la casse.

3 Des examens d'essayeurs

Art. 18. — Lorsqu'il se présente un nombre de candidats que le département juge suffisant, il est organisé des examens en obtention du diplôme fédéral d'essayeur-juré. En cas de besoin, à la demande d'un canton et à ses frais, un examen pourra avoir lieu à une autre époque fixée également par le département.

Si, conformément aux dispositions des articles 13 à 17 ci-dessus, un cours d'enseignement a eu lieu, les examens seront organisés à la fin du cours.

Art. 19. — Les personnes âgées d'au moins dix-neuf ans, qui se sont fait inscrire dans les délais fixés et qui ont produit les certificats d'études (théoriques et pratiques) et de bonne conduite jugés suffisants par le département, sont admises à subir cet examen, qu'elles aient suivi le cours ou non.

Art. 20. — Elles paient, pour l'examen, une finance de 20 francs, qui sera versée dans la caisse fédérale.

Art. 21. — Les trois membres de la commission fédérale sont chargés de faire subir cet examen. Ils sont indemnisés par la caisse fédérale.

Le département peut se faire représenter directement à l'examen par un délégué pris dans son personnel ou en dehors.

Art. 22. — Après les examens, la commission fédérale remet son rapport au département fédéral, qui décerne les diplômes.

Art. 23. — La finance pour le diplôme est de 50 francs, versés dans la caisse fédérale.

4. De la vérification des essais faits par les bureaux de contrôle

Art. 24. — En cas de contestation sur le titre et à la demande de l'intéressé. les ouvrages sur lesquels porte le différend seront envoyés au bureau fédéral des matières d'or et d'argent, à Berne.

Le bureau de contrôle respectif enverra ces ouvrages sous son sceau, en présence des parties ou de leurs fondés de pouvoirs, au bureau fédéral, qui fera procéder à la vérification demandée.

Le résultat de ces essais de vérification fait règle et demeure sans appel.

Il sera pris connaissance des résultats de l'opération en appel dans le bureau de contrôle expéditeur, en présence des parties ou de leurs représentants.

Ne sont pas admis en appel : les pendants de boîtes de montres, ainsi que la bijouterie et les objets et pièces détachées ou rapportées qui, par la nature des procédés employés à leur fabrication ou par leur poids restreint, doivent servir en entier à la détermination du titre. Il en est de même pour les boîtes d'or qui auraient été fondues en entier.

ART. 25. — Les objets déjà contrôlés ou ceux pourvus de la marque insculpée sur les pièces refusées ou coupées (voir art. 34, 2e alinéa, ci-après) qui seraient présentés aux bureaux de contrôle pour être vérifiés devront également être envoyés au bureau fédéral, à Berne.

ART. 26. — La finance pour les essais en appel sera payée par le recourant si le recours est mal fondé ; en cas contraire, par le bureau respectif.

5 Dispositions diverses

ART. 27. — En cas d'empêchement momentané du professeur ou de l'essayeur, le département les remplace. Il leur donnera des suppléants si leurs fonctions l'exigent.

ART. 28. — Outre les attributions qui lui sont conférées par l'art. 11 du présent règlement, la commission fédérale peut être entendue par le département, à titre consultatif, sur tout ce qui concerne le contrôle.

ART. 29. — Les honoraires et indemnités des membres de la commission sont ceux que l'arrêté du conseil fédéral du 26 novembre 1878 alloue aux membres des commissions consultatives.

Les recettes et les dépenses pour cet objet figurent au budget de ce département.

ART. 30. — Le département fédéral édicte les instructions ultérieures que comporte la matière.

B — Deuxième partie

I — *Essais et poinçonnements*

ART. 31. — Les poinçons pour le contrôle des différents titres sont les suivants :

POUR LES GRANDES PIÈCES

Or

18 karats ou 750 millièmes et au-dessus *(Helvetia)*	14 karats ou 583 millièmes et au-dessus *(Ecureuil)*

Hauteur du poinçon : 2^{mm} Largeur — : 1^{mm}1/2	Hauteur du poinçon . 2^{mm} Largeur — 1^{mm}1/2

Argent

875 millièmes et au dessus *(Ours)*	800 millièmes *(Coq de bruyère)*

Hauteur du poinçon . 2^{mm}3/4 Largeur — 1^{mm}3/4	Hauteur du poinçon : 2^{mm} Largeur — 3^{mm}

En outre, le département est autorisé à créer, le cas échéant, un poinçon d'origine qui serait apposé sur les boîtes d'or et d'argent de provenance étrangère.

ART. 32. — Les ouvrages envoyés aux bureaux de contrôle pour être essayés et contrôlés doivent être classés et séparés par titres. Les boîtes de montres doivent être apportées dans les bureaux, complètement ouvertes dans les cases qui les renferment; mais il est facultatif aux fabricants ou monteurs de boîtes de mettre toutes les pièces ensemble · fonds, cuvettes, carrures, lunettes et anneaux. Chaque apport doit être accompagné d'une déclaration signée du producteur, indiquant le nombre et la nature des objets, le titre et les numéros qui seront, dans la règle, immédiatement vérifiés par le bureau. Celui-ci inscrira dans son livre de bordereaux tous les numéros des pièces ou des séries. Dans la règle, les numéros devront être insculpés dans les fonds et dans les cuvettes ; les couvercles des boîtes savonnettes doivent en porter au moins les deux derniers chiffres.

La bijouterie, l'orfèvrerie, les boîtes de montres et toutes pièces sans numéros devront, pour pouvoir être contrôlées, porter la marque du fabricant ou un signe distinctif connu du bureau. Le numéro sous lequel cette marque est insculpée sur la planche métallique prescrite par l'art. 67 ci-après sera consigné dans le registre des bordereaux du bureau.

Lorsque, au lieu d'être distinguées par leurs numéros, les pièces portent la marque du producteur, celle-ci doit être insculpée partout où les numéros sont exigés.

Les objets d'orfèvrerie et de bijouterie au titre de 0.800 d'argent pourront être poinçonnés s'ils justifient leur titre et s'ils en portent l'indication.

ART. 33. — Les ouvrages d'or ou d'argent présentés pour être contrôlés seront essayés dans toutes leurs parties. Pour éviter qu'ils soient détériorés par la prise d'essai, ils seront apportés entièrement montés, non achevés, mais assez avancés dans leur fabrication pour qu'au finissage les marques insculpées et les ouvrages ne puissent subir aucun changement ni altération.

Une instruction spéciale du département pourra préciser davantage cette disposition, en tenant compte des différentes catégories d'ouvrages.

ART. 34. — Aucune des parties qui composent un ouvrage d'or ou d'argent ne peut être d'un titre inférieur à celui déclaré et insculpé, quelle que soit la couleur des alliages employés à sa fabrication ou à sa décoration. Sont exceptés : les appliques et ornements en platine ou en argent placés extérieurement, les charnières aux boîtes d'argent et les canons de poussettes soudés après le passage des boîtes au contrôle, sous réserve, toutefois, des dispositions de l'art. 46 ci-après.

Il est interdit aux bureaux de contrôle de rendre intactes au producteur des parties d'ouvrages présentés au contrôle, trouvées à un titre inférieur à celui indiqué, sous prétexte de changer l'indication de titre et de les employer ensuite pour des ouvrages à un titre inférieur Les ouvrages munis d'une indication de titre et présentés au contrôle doivent sortir des bureaux ou poinçonnés ou coupés ; dans ce dernier cas, les pièces coupées seront insculpées d'une contremarque appartenant en propre au bureau opérateur.

Le lot entier des pièces coupées sera remis à leur propriétaire ou à son fondé de pouvoirs, lorsque celui-ci aura attesté, en apposant sa signature sur la souche du bordereau, qu'il accepte le jugement du bureau de contrôle.

Les correspondants externes seront prévenus, par le bureau, du résultat des opérations qui pourraient être contestées ; ils donneront leur adhésion par correspondance ; jusque là, le lot entier des pièces coupées sera consigné dans le bureau de contrôle.

Art. 35. — Le poinçon sera appliqué sur toutes les parties essentielles de l'ouvrage, savoir :

Pour les boîtes de montres :

    a) Dans les fonds ;
    b) Dans les cuvettes ;
    c) Sur la carrure ;
    d) Sur le pendant.

Une instruction du département précisera l'endroit où le poinçon doit être apposé sur chacune de ces pièces et fixera le mode de poinçonnement des boîtes de montres, genres spéciaux (telles que boîtes contours, boîtes pommeaux de cannes, montres bracelets, boîtes de petites dimensions, de fantaisie et autres nouveautés).

Si la demande en est faite, le poinçon pourra aussi être apposé sur l'anneau, à condition :

    a) Que cet objet soit massif ;
    b) Qu'il porte la marque du fabricant.

Des poinçons, avec la même image que ceux ci-haut, mais plus petits, serviront à poinçonner la bijouterie, l'orfèvrerie, les carrures, pendants, etc.

Si la cuvette est d'un autre métal que celui poinçonné, elle devra porter en toutes lettres l'indication exacte de ce métal ou simplement le mot « métal » bien visible.

Il en est de même pour les cuvettes métal aux boîtes qui ne peuvent être contrôlées officiellement (boîtes à bas titres), si ces boîtes portent l'indication de leur titre. (Art. 2 de la loi fédérale du 23 décembre 1880.)

Pour l'orfèvrerie et la bijouterie, le poinçon sera appliqué sur le corps de l'ouvrage. Cette application sera faite à l'endroit le plus convenable et le plus solide pour supporter l'empreinte

du poinçon. Le département édictera les instructions nécessaires à ce sujet.

Les adjonctions à l'indication des titres 18 karats pour l'or ou
0.875 pour l'argent de premier titre « first silver », « first gold »,
« erster Feingehalt » et traduction identique dans les autres
langues, seront admises au poinçonnement fédéral.

POUR LES PETITES PIÈCES (Art. 35)

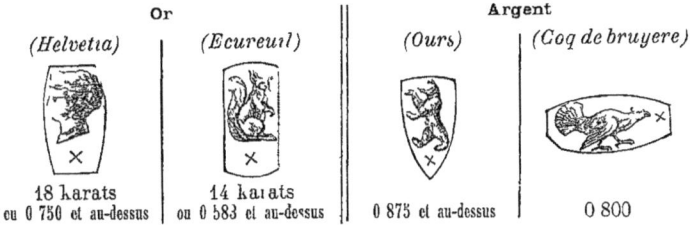

Or		Argent	
(Helvetia)	*(Ecureuil)*	*(Ours)*	*(Coq de bruyere)*
18 karats ou 0 750 et au-dessus	14 karats ou 0 583 et au-dessus	0 875 et au-dessus	0 800

× indique l'endroit ou se trouve, sur le poinçon, le *signe distinctif* permettant de reconnaître dans quel bureau les objets ont été poinçonnes (art 48)

ART. 36. — Pour pouvoir être admises au contrôle, les désignations de titres marquées sur les ouvrages d'or et d'argent
doivent indiquer le degré de fin du métal en fractions déci-
males.

Sont toutefois admises, pour l'or, les désignations suivantes,
savoir :

« 18 karats » (18 k. ou k. 18), ou « $\frac{72}{16\,k}$ », pour le titre 0.750 ;

« 18 c. », pour le titre 0 755 ;

« 14 karats » (14 k. ou k. 14), ou « $\frac{51}{14\,k}$ », pour le titre 0.583.

ART. 37. — Les chiffres indiquant le titre doivent être encadrés, à moins que l'encadrement ne résulte de la disposition,
autour des chiffres, des mots qui les accompagnent

ART. 38. — La hauteur minimale des chiffres est fixée à un
millimètre pour les montres au-dessus de 12 lignes ; elle peut
descendre à un demi-millimètre pour les montres au-dessous
de 12 lignes.

ART. 39. — Toute marque ou signe particulier qui pourrait
donner lieu à une confusion avec les désignations officielles de
titres ou avec les poinçons officiels de contrôle est interdite.
(Art. 8 de la loi fédérale du 23 décembre 1880.)

ART. 40. — Une instruction du département précisera davantage les conditions diverses auxquelles les marques de désignations de titres seront admises au poinçonnement et les
endroits où elles devront être insculpées.

ART. 41. — Les ouvrages en plaqué or ou argent pourront porter l'indication « plaqué or » ou « plaqué argent » ; mais, à côté de ces mots, aucune adjonction de nature à induire l'acheteur en erreur sur le titre ou la valeur du métal ne pourra être insculpée. Ces ouvrages ne devront donc pas porter d'indications telles que « plaqué or 18 karats », « plaqué or 18 karats métal », « plaqué or 14 karats », « plaqué argent 0.800 », attendu que les désignations « 18 karats », « 14 karats » et « 0.800 » ou toute autre analogue sont seulement réservées, d'après les art. 1 et 2 de la loi fédérale sur le contrôle, aux ouvrages qui sont en or ou en argent plein et sur lesquels l'application du poinçon officiel est obligatoire.

ART. 42. — Si des ouvrages d'or ou d'argent contiennent extérieurement ou intérieurement des parties d'un titre inférieur à celui énoncé dans la déclaration ou l'insculpation, ces parties seront coupées par l'essayeur-juré, après que le fait aura été dûment constaté, sans préjudice des pénalités prévues par la loi.

ART. 43. — Sont déclarés fourrés, les ouvrages d'or ou d'argent contenant, à l'intérieur, des parties à des titres inférieurs, un excès de soudure, des métaux, alliages ou substances étrangères à ceux qui composent le corps de l'ouvrage. Seront exceptés les objets de bijouterie qui seront mentionnés dans des instructions spéciales du département.

Il y a excès de soudure toutes les fois que des boîtes de montres d'or de 7 grammes et au-dessus perdront, fondues en entier, plus de 10 millièmes, et celles au-dessous de 7 grammes, plus de 15 millièmes, calculés sur les titres pleins. Cette disposition n'est pas applicable aux boîtes destinées à l'Allemagne.

ART. 44. — Les objets reconnus fourrés seront coupés par l'essayeur-juré, sans préjudice des pénalités prévues par la loi

ART. 45. — Après le passage au contrôle et sous peine des poursuites légales, il est absolument interdit d'ajouter à un ouvrage quelconque, soit de la soudure, soit des pièces à un titre inférieur, soit enfin toute nouvelle insculpation.

ART. 46. — Lorsque des ouvrages soumis au poinçonnement sont destinés à un pays qui exige des titres pleins ou légèrement supérieurs à ceux fixés par la loi fédérale, ou qui n'admet pas les exceptions prévues à l'art. 34 (1er alinéa), c'est au producteur à prendre à cet égard les précautions nécessaires. Le bureau de contrôle suisse n'encourt aucune responsabilité si, ayant apposé le poinçon fédéral en tenant compte de la tolérance légale ou des exceptions prévues à l'art. 34, les ouvrages en question étaient ensuite coupés ou refusés par un bureau de contrôle étranger.

ART. 47. — Le tarif pour le poinçonnement est fixé comme suit :

1° Pour l'horlogerie :

a) Pour une boîte or à verre........................ 0f 15
b)   —   savonnette 0 20
c) Pour une boîte argent à verre.................... 0 05
d)   —   savonnette 0 10
e) Pour un anneau or............................. 0 05
f)   —   argent 0 025

Les boîtes genre guichet, dont le plein des couvercles mesure, dans sa plus grande largeur, 9 millimètres ou 48 douzièmes, sont considérées comme boîtes savonnettes et traitées comme telles, qu'elles aient ou non une lunette intérieure.

La taxe est doublée pour le poinçonnement des boîtes de montres présentées à l'état fini.

2° Pour la bijouterie :

g) Par pièce, jusqu'à 10 grammes................... 0f 05
h)   —   de 10 grammes et au-dessus.......... 0 15

3° Pour l'orfèvrerie :

i) Par pièce, jusqu'à 150 grammes.................. 0 05
j)   —   de 150 à 300 grammes............... 0 15
k)   —   de 300 grammes et au-dessus.......... 0 50

Ces taxes doivent être strictement observées.

La réexpédition des ouvrages doit avoir lieu sans frais d'emballage et pourra être effectuée franco de port.

Pour les objets présentés au bureau et qui ne pourraient pas être poinçonnés parce que l'une ou l'autre de leurs parties seraient inférieures au titre du corps de l'ouvrage indiqué sur le bordereau d'accompagnement, le contrevenant paiera une double taxe à titre d'amende et remplacera les parties défectueuses qui auront été coupées selon le mode prescrit à l'art. 42. Ces objets essayés à nouveau paieront alors, s'ils sont au titre voulu, la taxe réglementaire.

ART. 48. — Chaque poinçon aura un signe distinctif qui permettra de reconnaître dans quel bureau de contrôle les objets auront été poinçonnés.

ART. 49. — Les poinçons seront mis hors de service dès que le

signe distinctif ne sera plus assez visible ; ils seront renvoyés
au département, qui les remplacera aux frais des bureaux.

Le département fera procéder à l'inspection des poinçons
fédéraux dans les bureaux de contrôle lorsqu'il le jugera convenable.

*II. — Prescriptions spéciales concernant le contrôle des boîtes de montres
destinées à l'Allemagne et le contrôle des boîtes or « 0.585 » en général*

Art. 50. — Pour les boîtes de montres d'or portant l'indication de titre 0.585, le contrôle est obligatoire dans tous les
cas. .

Art. 51. — Les boîtes de montres d'or et d'argent destinées à
l'Allemagne et portant, en millièmes, l'une des indications
légales de titre, savoir :

Pour l'or : 0.585 ;
— 0.750 et au-dessus ;
Pour l'argent : 0.800 ;
— 0.875 et au-dessus,

ne peuvent recevoir le poinçon officiel que lorsque l'essai pratiqué a fait constater que, tant dans leur ensemble que dans leurs
parties séparées, elles sont réellement au titre plein indiqué.
Une tolérance de 5 millièmes pour l'or et de 8 millièmes pour
l'argent est accordée pour l'objet fondu en entier avec la soudure.

Les indications de titres doivent être encadrées.

Art. 52. — Le fabricant ou le monteur de boîtes qui présente
au poinçonnement des boîtes de montres destinées à être
exportées en Allemagne en fera la mention expresse sur la
déclaration prescrite par l'art. 32.

Il devra, en outre, conformément au chiffre 4 de la publication allemande du 7 janvier 1886, munir ces boîtes de sa
marque de fabrication.

Art. 53. — Le poinçonnement des ouvrages mentionnés à
l'art. 51 doit s'effectuer de la manière suivante :

Pour le titre or 0.585, par deux empreintes symétriquement
placées : l'une, le « grand écureuil », au-dessus ; l'autre, le
« petit écureuil », au-dessous de l'indication de titre ;

Pour le titre or 0.750 et au-dessus, par deux empreintes
symétriquement placées : l'une, la « grande Helvétia »,
au-dessus : l'autre, la « petite Helvétia », au-dessous de l'indication de titre ;

Pour le titre argent 0.800, par deux empreintes symétriquement placées : l'une, le « grand coq », au-dessus ; l'autre, le « petit coq », au-dessous de l'indication de titre ;

Pour le titre argent 0.875 et au-dessus, par deux empreintes symétriquement placées : l'une, le « grand ours », au-dessus ; l'autre, le « petit ours », au-dessous de l'indication de titre.

Ces empreintes doivent être frappées dans les fonds et dans les cuvettes. Il est aussi loisible de les frapper à droite et à gauche de l'indication du titre, suivant la place dont on dispose.

Pour le reste, on devra se conformer aux prescriptions de l'art. 35 du présent règlement.

Une instruction spéciale du département précisera davantage les dispositions des art. 50, 51, 52 et 53.

Art. 54. — Si des boîtes d'or ou d'argent présentées au contrôle ne répondent pas au titre indiqué, les bureaux doivent procéder conformément aux dispositions légales et réglementaires.

Art. 55. — Les dispositions qui précèdent sont applicables aux boîtes d'or ou d'argent à exporter en Allemagne, que ces boîtes soient ou non pourvues du poinçon allemand (couronne impériale).

Art. 56. — Les boîtes or au titre de 0.585 destinées à d'autres pays seront, quant au titre, au mode de poinçonnement et aux marques de fabrique, traitées absolument comme si elles étaient destinées à l'Allemagne.

III — *Prescriptions spéciales concernant le contrôle des boîtes de montres destinées à l'Angleterre*

Art. 57. — Pour les boîtes de montres d'or portant l'indication de titre 18 c. ou 0.755, ou ces deux indications ensemble, et pour les boîtes de montres d'argent portant l'indication de titre 0.935 ou sterling silver 0.935, le contrôle est obligatoire.

Les indications de titres doivent être encadrées.

Art. 58. — Les boîtes de montres d'or et d'argent destinées à l'Angleterre et portant l'une des indications de titres ci-dessus ne peuvent recevoir le poinçon officiel que lorsque l'essai pratiqué a fait constater que, tant dans leur ensemble que dans leurs parties séparées et soudées, y compris les cuvettes, elles sont réellement au titre indiqué, sous réserve de la tolérance légale (voir art. 61 ci-après) et des dispositions de l'art. 34 relatives aux appliques, ornements et charnières des boîtes d'argent.

Le poinçonnement des anneaux est obligatoire.

33

ART. 59. — Le fabricant qui présente au poinçonnement des boîtes de montres destinées à être exportées en Angleterre en fera la mention expresse sur la déclaration prescrite par l'art. 32.

ART. 60. — Le poinçonnement des ouvrages mentionnés à l'art. 58 doit s'effectuer de la manière suivante :

Pour le titre or 18 c. ou 0.755 : par deux empreintes du poinçon « grande Helvétia » et une empreinte du poinçon « petite Helvétia » ;

Pour le titre argent 0.935 : par deux empreintes du poinçon « grand ours » et une empreinte du poinçon « petit ours ».

Ces empreintes doivent être frappées dans les fonds et dans les cuvettes. Une instruction du département fixera, d'une manière précise, comment les indications de titres et les poinçons devront être disposés pour former un dessin régulier et uniforme.

Les anneaux d'or destinés aux boîtes 0.755 et les anneaux argent destinés aux boîtes 0.935 porteront : les premiers, deux empreintes du poinçon « petite Helvétia » ; les seconds, deux empreintes du poinçon « petit ours ». Les anneaux doivent, en outre, porter la marque du fabricant, conformément aux prescriptions de l'art. 35 (4e alinéa) du présent règlement.

Pour le poinçonnement des autres parties de la boîte, il n'est rien de changé aux dispositions en vigueur.

ART. 61. — Si des boîtes d'or ou d'argent présentées au contrôle ne répondent pas au titre indiqué, en tenant compte de la tolérance accordée pour les essais par l'art. 2 de la loi du 23 décembre 1880, les bureaux doivent procéder conformément aux dispositions légales et réglementaires.

C — TROISIÈME PARTIE

I — *Contraventions à la loi*

ART. 62. — Un commissaire spécial pour la recherche des contraventions à la loi est désigné par le département, qui édictera les instructions ultérieures que comporte la matière.

ART. 63. — Les contraventions à la loi qui, par leur nature, doivent faire l'objet de poursuites judiciaires, seront immédiatement signalées au commissaire prévu à l'art. 62, soit par les administrations, soit par les bureaux eux-mêmes.

ART. 64. — Le commissaire se mettra immédiatement en rapport avec le bureau fédéral, en vue des mesures à prendre à l'égard de chaque contravention.

II — *Divers*

ART. 65. — Les boîtes de montres d'or ou d'argent qui portent une des indications légales de titres pour lesquelles le contrôle fédéral est obligatoire ne sont pas affranchies du poinçonnement par le fait de l'insculpation d'un poinçon officiel de contrôle d'un autre état. En conséquence, le contrôle suisse est également obligatoire pour cette catégorie d'ouvrages. Par contre, les boîtes de montres munies d'un poinçon officiel étranger, mais ne portant pas d'autre indication spéciale de leur titre, ne pourront être admises au contrôle fédéral.

ART. 66. — Les bureaux de contrôle veilleront à ce que les poinçons fédéraux soient serrés dans un endroit sûr (coffre-fort ou armoire bien fermée), à l'abri de l'humidité et des acides. Ces poinçons seront nettoyés et huilés chaque fois que les besoins l'exigeront.

Les bureaux doivent tenir un carnet de contrôle (inventaire) des poinçons fédéraux qui sont en leur possession. Ce carnet, qui leur est délivré par le département, sera vérifié et visé lors de chaque inspection des poinçons.

ART. 67. — Dans chaque bureau de contrôle est déposée une planche métallique destinée à recevoir, suivant un numéro d'ordre, l'empreinte de marques ou signes distinctifs des producteurs d'ouvrages d'or ou d'argent relevant de ce bureau (art. 2 de la loi). Le département édictera les dispositions d'après lesquelles ces marques seront admises.

Tout producteur appelé à faire le dépôt de sa marque est tenu de déclarer, en même temps, son domicile et son industrie. Cette déclaration est consignée dans un registre *ad hoc*, qui contient aussi l'indication du numéro d'ordre de l'empreinte. Le producteur déclarera également que la marque déposée est celle qu'il adopte pour être insculpée sur ses produits, conformément aux dispositions de la loi et des règlements sur le contrôle.

ART. 68. — Les bureaux de contrôle pourront s'occuper d'essais de commerce (lingots, etc.) et, en général, d'essais et fontes de matières précieuses ; mais il ne devra pas en résulter des retards pour les essais et le poinçonnement des ouvrages d'or et d'argent.

Une instruction du département fixera uniformément le tarif de ces essais sur le préavis des administrations de contrôle.

III. — *Disposition finale*

ART. 69. — Le présent règlement entrera en vigueur le 1er janvier 1893 ; il sera inséré au Recueil officiel des lois.

ART. 70. — Sont abrogés les règlements, ordonnances et arrêtés divers mentionnés dans le préambule du présent règlement.

Berne, le 15 novembre 1892.

Au nom du Conseil fédéral suisse.

Le président de la Confédération, HAUSER.

Le chancelier de la Confédération, RINGIER.

Instructions
pour les bureaux de contrôle des ouvrages d'or et d'argent
(Du 21 novembre 1892)

Le département fédéral des affaires étrangères, bureau fédéral des matières d'or et d'argent,

En exécution des art. 3, 30, 33, 35, 40, 43, 53, 60, 67 et 68 du règlement d'exécution concernant le contrôle et la garantie du titre des ouvrages d'or et d'argent du 15 novembre 1892,

ARRÊTE :

I. — *Du titre*

ARTICLE 1er. — Le titre, soit la quantité de fin contenue dans les ouvrages présentés au contrôle, sera exprimé en millièmes sur les bordereaux d'essais signés des essayeurs.

ART. 2. — Ces bordereaux seront remis aux employés chargés du poinçonnement.

ART. 3. — Lorsque tout ou partie d'un ouvrage d'or ou d'argent aura été trouvé inférieur au titre indiqué par la déclaration signée du propriétaire ou producteur, ce titre devra toujours être confirmé par une deuxième opération avant de prononcer définitivement et d'appliquer l'art. 42 du règlement d'exécution du 15 novembre 1892.

Pour les ouvrages d'argent, l'essai comme deuxième opération devra être fait par la voie humide.

ART. 4.— Lorsqu'un apport d'ouvrage quelconque : horlogerie, bijouterie, orfèvrerie, contiendrait une ou plusieurs pièces d'un titre inférieur à la déclaration, le propriétaire devra en opérer le classement sous sa responsabilité.

Ces irrégularités seront mentionnées sur le registre du bureau.

ART. 5. — Les objets ne contenant pas un sixième de leur poids de métaux précieux seront considérés comme objets d'art, quincaillerie et coutellerie de fantaisie, et ne seront pas contrôlés ; tel est le cas des clefs de montres, porte-crayons, cure-dents, cure-oreilles, etc., garnis d'acier ou de laiton, et des manches de couteaux, services de table, à découper et à salade qui ne sont formés que de minces coquilles d'argent remplies de ciment.

ART. 6. — Les pendants des boîtes de montres dont l'essai préalable au touchau donnerait un résultat douteux seront coupés aussi près que possible de la carrure et essayés en entier. La tolérance prévue à l'art. 2 de la loi fédérale du 23 décembre 1880, soit 3 millièmes pour l'or et 5 millièmes pour l'argent, est applicable aux pendants faits d'une seule pièce, c'est-à-dire sans soudure.

Quant aux pendants d'or — exceptés ceux destinés à l'Allemagne et à l'Angleterre — pour la fabrication desquels la soudure est nécessaire, il leur est accordé une tolérance maximum de 10/1000e calculée sur les titres pleins.

Ceux reconnus à un titre inférieur seront écrasés ; le contrevenant paiera une double taxe comme amende et remplacera les pendants ; les boîtes seront ensuite contrôlées au tarif légal, le tout sans préjudice des résolutions prises à l'égard des récidives et en conformité de l'art. 6 de la loi.

ART. 7. — Dans la manière de procéder à l'application des amendes pour les pendants trouvés à un titre inférieur à celui des boîtes auxquelles ils sont soudés, il y a lieu d'établir la distinction suivante :

Lorsque, dans un lot de boîtes présentées au poinçonnement, des pendants sont trouvés à un titre inférieur à celui insculpé dans les boîtes auxquelles ils appartiennent, et que ce titre ne correspond pas à un des titres officiels, il y a contravention, et, dans ce cas, l'amende doit être infligée sur toutes les boîtes composant le lot. Par contre, il s'agit d'une erreur si, dans un lot, un ou plusieurs pendants sont trouvés à un titre inférieur, mais qui répond toutefois à l'un des titres officiels présentant des écarts suffisants pour que le démêlement des pendants de titres différents se fasse rapidement par l'essai au touchau. Dans ce dernier cas, ceux qui accusent un titre inférieur doivent seuls être écrasés et passibles de l'amende.

Art. 8. — Les anneaux des boîtes de montres dont l'essai à la coupelle ou à la voie humide serait jugé nécessaire seront soumis au même régime que les pendants ; ils seront donc essayés et écrasés s'ils ne répondent pas au titre indiqué et, dans ce cas, paieront une double taxe comme amende.

Art. 9. — Lorsque toutes les parties rapportées, savoir : olivettes, charnières, porte-charnières et couvre-oreilles, ne sont pas au titre, la boîte sera coupée. Les boîtes d'or ou d'argent munies d'olivettes de bronze ne seront pas admises au contrôle. En revanche, pour les boîtes d'argent, les olivettes et les canons de poussettes pourront être en or à bas titre, mais la valeur de l'or employé ne devra pas être inférieure à celle de l'argent dont se composent les boîtes.

Si le porte-charnière intérieur seul n'est pas au titre, la carrure sera coupée.

Pour les autres parties, la commission de surveillance de chaque bureau détermine, sous sa responsabilité, le traitement à appliquer, selon que la contravention sera jugée par elle être le fait d'une erreur ou d'une fraude. L'erreur est considérée comme fraude dans les cas de récidive.

Les contraventions jugées comme étant le fait d'une erreur sont soumises, sans exception, à l'amende de la double taxe (art. 47 du règlement d'exécution, 6e alinéa) : lorsqu'elles sont jugées frauduleuses par suite du renouvellement fréquent des mêmes erreurs ou pour tout autre motif, elles doivent être poursuivies comme telles, conformément à l'art. 6, a, 2°, de la loi.

Les parties des boîtes qui contiennent un excès de soudure et où la soudure n'est pas indispensable seront coupées, lorsque le titre déterminé par un essai est inférieur à la tolérance. (Voir art. 42 du règlement d'exécution.)

Les mêmes dispositions s'appliquent à la bijouterie, et dans le cas où l'objet, après avoir été fondu en entier pour l'essai, serait au titre indiqué, ce fait ne légitimerait néanmoins pas l'infériorité du titre de l'une des parties. (Art. 2, 3e alinéa, et art. 6, a, 2°, de la loi.)

Art. 10. — Pour les boîtes de montres, l'indication du titre doit être insculpée d'une manière bien visible :

a) Dans les fonds (et couvercles des boîtes-savonnettes) ;

b) Dans les cuvettes.

Tableau général des désignations de titres admises au poinçonnement dans les bureaux de contrôle des ouvrages d'or et d'argent

1° BOITES D'OR

A. 1er titre. — 18 karats ou 750 millièmes et au-dessus

18 K | 0,750 | 72 18 K | 18K | Garan 18 K | ranted 18 K | First Gold 18 K

Fine Gold 18 K | Warranted * 18 K * Gold | 0750 | Warranted * 18 K * Fine | GARANTI K18

0,750 | K 18 | OR 0,750 | K 18 | Warranted 18 K | K 18 | K 18 | 18 K

K 18 | K 18 | K18 | 18K | K 18 | K18 | 18K | K 18 | K 18

K 18 | K18 | 18 K | K 18 | WARRANTED GOLD 18 K | 0 750 | K18 | 18 K | K 18

K 18 | Warranted K 18 * Fine | 0,750 | K 18 XX | K 18 72

Pour les boites de montres destinées a l'Angleterre

18 C | 18 C | 18C | 0,755 | 0,755 | 0,755

B. 2e titre. — 14 karats ou 0.583 et au-dessus

14K | 14 K | 0,583 | 56 14 K | Garanti 14 K | Warranted 14 K | K14

K 14 | K 14 | K 14 | 14 K | K 14 | K 14 | 56 K14 | 14K | K 14

0,583 | OR 0,583 | K 14 | 56 K14 | K14 | K14 | 56 K14 | K14

K14 | 0,583 | 0,583 | WARRANTED 14 K | GARANTI K14 | 0,583 | K 14 | 14 K

0,583 | 14 K | K 14 | 14 K | K 14 | X 0 583 X | K 14 56

A B — Pour les boîtes de montres destinées a l'Allemagne, l'indication du titre en millièmes est seule admise, par conséquent, les désignations en karats sont absolument interdites

Pour les boîtes de montres destinées a l'Allemagne, titre spécial 0 585

2° BOITES ARGENT

A. 1er titre. — 0 875 millièmes et au-dessus

1° 0 875

2° 0 900

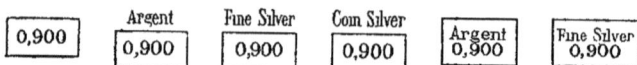

3° 0 935

(Que les boîtes soient destinées a l'Angleterre ou a d'autres pays)

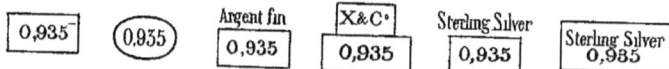

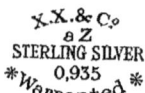

B. 2e titre. — 800 millièmes

ART. 11. — Les désignations de titres insculpées sur les boîtes de montres devront, pour pouvoir être admises au contrôle, être conformes aux dispositions du tableau général précédent, pages 519 et 520 (Art. 40 du règlement d'exécution.)

ART. 12. — Les chiffres indiquant le titre doivent être encadrés, à moins que l'encadrement ne résulte de la disposition, autour des chiffres, des mots qui les accompagnent. (Art. 37 du règlement d'exécution.)

La hauteur minimale des chiffres est fixée à un millimètre pour les montres au-dessus de 12 lignes ; elle peut descendre à un demi-millimètre pour les montres au-dessous de 12 lignes (art. 38 du règlement d'exécution).

Relativement à la forme de l'encadrement des marques, le département ne prescrit aucun genre spécial et laisse, sur ce point, la faculté aux fabricants de choisir la forme qui leur conviendra le mieux (rectangle, losange, ovale, écusson, cône tronqué, etc.). Les marques portant en dehors de l'encadrement du titre les initiales ou le nom du fabricant sont également admises.

ART. 13. — Les marques doivent être frappées d'une manière bien apparente et lisible, afin qu'elles ne soient pas susceptibles d'être effacées au polissage des boîtes.

ART. 14. — Les marques de désignation de titres dont tout le texte est disposé en ovale, laissant ainsi un espace libre au centre. ne peuvent être admises au contrôle.

Les indications « garanti » et « warranted » peuvent être portées à toutes les désignations officielles de titres.

Les marques $\boxed{56}$ et $\boxed{72}$ peuvent être frappées séparément et indépendamment des marques $\boxed{14\ k}$ et $\boxed{18\ k}$ ou $\boxed{0\,583}$ et $\boxed{0\,750}$; par contre, l'indication de titre russe $\boxed{56}$ ne peut être frappée dans les boîtes portant la désignation $\boxed{0\,585}$, à laquelle elle ne correspond pas.

La marque $\boxed{84}$ peut être frappée séparément et indépendamment de la marque $\boxed{0\,875}$; mais son adjonction à la désignation $\boxed{0\,900}$, à laquelle elle ne correspond pas, n'est pas admise.

La marque $\boxed{\text{Sterling Silver}}$ peut être frappée séparément et indépendamment de la marque $\boxed{0\,935}$.

Il est loisible au fabricant d'ajouter dans l'encadrement renfermant les désignations « 18 k. » et « 14 k. », leurs équivalents en millièmes, soit « 0.750 » et 0.583 ». Il peut aussi insculper séparément dans ses boîtes l'indication de leur titre en karats et celle correspondante en millièmes.

ART. 15. — Les chiffres indiquant le titre doivent être en chiffres arabes. En aucun cas, les chiffres romains ne pourront être admis, même en ce qui concerne les indications de titre insculpées sur les ouvrages d'or et d'argent (à bas titre), non ·contrôlés officiellement, visés par l'art. 2 de la loi. Ainsi, une marque de désignation de titre constituée par ⎡ K IX ⎤, au lieu de ⎡ K. 9 ⎤, n'est pas autorisée.

ART. 16. — Chaque fois que l'on demande à un bureau de contrôle d'admettre au poinçonnement une désignation de titre qui n'est pas conforme aux dispositions ci-dessus, ce bureau doit soumettre cette demande au département fédéral, qui examine si elle peut être prise en considération. Dans l'affirmative, le département fait connaître à tous les bureaux de contrôle la désignation de titre nouvellement admise.

II — *Essais au touchau*

ART. 17. — Pourront être essayés au touchau, avant d'être admis au poinçonnement, les ouvrages dont la fragilité des ornements, la joaillerie, les émaux, ou la décoration ne permettraient pas une prise d'essai suffisante pour pratiquer l'opération de la coupellation.

Les boîtes de montres dont l'essai au touchau aura donné un résultat douteux seront essayées à la coupelle, conformément aux prescriptions ci-après.

III. — *Essais à la coupelle ou par voie humide*

ART. 18. — Les prises d'essai pour les ouvrages d'or : boîtes de montres ou bijouterie, ne seront pas inférieures à 125/1000e, soit 1/8e de gramme.

Les prises d'essai pour les boîtes de montres argent ou la petite orfèvrerie seront de 500/1000e, ou un demi-gramme.

Elles seront de 250/1000e, soit un quart de gramme, pour les objets de menue bijouterie argent.

ART. 19. — Les prises d'essai seront pratiquées sur les boîtes de montres en raclant de petites quantités de métal sur les différentes parties qui composent la boîte et, s'il y a lieu, sur les différentes boîtes composant un apport présenté pour être essayé et contrôlé. Il est loisible de couper telle ou telle partie pour faciliter l'essai, suivant les circonstances. Avant de procéder à la prise d'essai sur les ouvrages dérochés ou mis en couleur, ils seront raclés pour enlever toutes les parties affinées par l'une de ces opérations, et la prise d'essai ne sera faite qu'après avoir mis l'alliage entièrement à découvert, afin d'éviter toute cause de surcharge à l'essai.

Cette opération devra donc précéder toute prise d'essai quelconque et être pratiquée avec beaucoup de soin, surtout sur les alliages au-dessous de 18 k., qui s'affinent plus facilement par le déroché ou la mise en couleur.

Les porte-charnières, charnières, plots d'emboîtage (chiquets), etc., devront être essayés, afin de s'assurer que leur titre est conforme à celui de l'ouvrage.

Pour la bijouterie, on procédera, autant que les ouvrages le permettront, par prise d'essai à la raclure ou en en coupant de petites parties, telles que les angles des cliquets, les bouts de crochets de brisures, de broches, queues d'épingles, etc., ou enfin en coupant une pièce pouvant être facilement remplacée, par exemple un ou plusieurs maillons à une chaîne.

ART. 20. — En pratiquant la prise d'essai, on devra éviter autant que possible de couper ou de racler sur des parties soudées ; on tiendra compte, d'une manière équitable, de la quantité de soudure comprise dans l'essai, particulièrement lorsque les ouvrages sont composés de parties creuses ou formés d'un grand nombre de pièces soudées, qui rendent impossible de pratiquer une prise d'essai sans attaquer les assemblages réunis par la soudure ; mais, dans aucun cas, cette compensation ne pourra excéder 20/1000e sur tout ou partie de l'ouvrage essayé et fondu.

Cette disposition ne s'applique qu'aux ouvrages de bijouterie, dont les pièces de rapport sont si nombreuses qu'il est impossible de prendre l'essai sans soudure : chaînes, jaserons, etc.

Avant de procéder à la prise d'essai sur les ouvrages de bijouterie, les parties seront recuites, les maillons ou les anneaux vides ouverts et soigneusement grattés pour enlever les substances grasses (huile, tripoli, rouge) qui auraient pu, lors du polissage, s'introduire dans les parties creuses.

ART. 21. — Les ouvrages présentés au contrôle seront rendus à leurs propriétaires avec les cornets. boutons de retour, et sans autres déchets que ceux résultant de l'opération d'essai.

Il ne sera tenu aucun compte des déchets résultant des opérations par voie humide pour les essais d'argent.

IV — *Poinçonnement de l'horlogerie*

ART. 22. — Afin d'obtenir autant que possible l'uniformité dans le poinçonnement et faciliter les recherches, les bureaux de contrôle auront à se conformer aux prescriptions qui suivent :

Les boîtes de montres seront contrôlées sur les parties suivantes :

1° Dans les *fonds* (et couvercles des boîtes-savonnettes), le poinçon sera insculpé, autant que possible, près de l'indication du titre ou en observant la symétrie.

Pour les pièces centriques et excentriques, le producteur indiquera la place où devra être apposé le contrôle, afin que les empreintes ne soient pas coupées par les guichets de cadrans.

Le petit poinçon (poinçon pour les carrures, les pendants et la bijouterie) ne peut être appliqué ni dans les fonds, ni dans les cuvettes. Toutefois, une dérogation à cette règle pourra être autorisée en faveur des boîtes 10 lignes et au-dessous. Les cas exceptionnels devront préalablement être soumis à l'autorité fédérale.

Dans certains cas spéciaux, les plaques ou fonds argent non montés seront admis au contrôle, mais le fabricant ou le monteur de boîtes devra remettre au bureau de contrôle une déclaration par laquelle il s'engage à présenter à nouveau les boîtes au contrôle entièrement montées. Les numéros des pièces seront consignés sur cette déclaration. Le bureau de contrôle poinçonnera alors le reste de la boîte conformément aux dispositions réglementaires. Cette faculté n'est pas applicable aux fonds de boîtes or.

Les boîtes d'argent ou d'or avec fonds billés (estampés pour être niellés ou émaillés) seront présentées au poinçonnement sans indication de titre dans les fonds, mais avec une double insculpation du titre dans la cuvette ; ces deux insculpations seront disposées en symétrie.

Le poinçon de contrôle correspondant au titre indiqué sera frappé à côté de chaque insculpation de titre et en symétrie ; le double poinçonnement dans les cuvettes justifiera le titre des fonds, que les boîtes soient à verre ou savonnettes.

Le titre des pendants sera, de même, certifié par l'empreinte répétée du poinçon des carrures, devant le pendant, aussi près que possible de la place où il a été soudé.

2° Les *cuvettes* seront contrôlées en dehors d'un rayon suffisant pour que les trous qui s'y pratiquent, lorsqu'il s'agit de pièces se remontant à clef, ne coupent pas l'empreinte du poinçon.

Les cuvettes métal devront toujours être présentées avec les pièces à contrôler et porter, outre le mot « métal » (ou cuivre), exigé par l'art. 35 du règlement d'exécution, les mêmes numéros d'ordre que ceux insculpés dans les fonds, s'il y en a. Si les boîtes ne portent aucun numéro, les cuvettes devront être munies d'une marque déposée au bureau de contrôle.

Lorsque l'on présente au contrôle des cuvettes or ou argent ayant remplacé des cuvettes métal dans des boîtes or ou argent contrôlées, le bureau garde par devers lui ces dernières cuvettes afin qu'elles ne puissent être remises aux mêmes boîtes. Il les conserve pendant un certain temps pour pouvoir les restituer à leurs propriétaires s'il y a lieu. Toutefois, les bureaux rendront immédiatement ces cuvettes intactes, si le fabricant s'engage par écrit à les mettre à d'autres pièces.

Il est permis de mettre des cuvettes d'argent à des boîtes d'or 14 k. ou 18 k., à la condition qu'elles portent en entier les mêmes numéros que les fonds des boîtes auxquelles elles sont adaptées et que le mot argent y soit insculpé en toutes lettres et d'une manière bien visible.

Elles ne pourront avoir aucune indication de titre et, par conséquent, recevoir aucun poinçon de contrôle.

Aucune des parties d'ouvrages quelconques d'or et d'argent ne pouvant être à un titre inférieur à celui poinçonné ou indiqué (art. 2, 3° alinéa de la loi), les cuvettes à un titre inférieur à celui poinçonné ne seront pas admises, lors même que ces dernières porteraient l'indication de leur titre, par exemple : cuvettes « or 9 k. », dans des boîtes or 14 k. ou 18 k.

3° Les *carrures* seront contrôlées sur le bord de fond, à gauche du pendant, du côté opposé à l'onglette et à la même distance que celle-ci.

Les canons de poussettes seront essayés comme les autres parties de la boîte, s'ils sont soudés lors de la présentation des boîtes au contrôle.

4° Les *pendants* seront contrôlés au centre de la boule ou canon, du côté du bord de couvercle (glace), ou, suivant les cas, du côté du fond.

Lorsque les pendants seront trop faibles pour supporter l'empreinte du contrôle, ils en seront affranchis ; mais, en revanche, la carrure devra être poinçonnée une seconde fois en face du pendant.

5° Le poinçonnement des *anneaux* est facultatif, sauf pour les boîtes destinées à l'Angleterre, où il est obligatoire (voir art. 47 des présentes instructions).

Les anneaux seront poinçonnés au centre, conformément à l'art. 35 du règlement d'exécution ; ils devront être massifs et porter la marque du fabricant.

Les anneaux peuvent être présentés seuls au contrôle ou avec les boîtes auxquelles ils appartiennent ; ils sont soumis à une taxe spéciale de poinçonnement. (Voir art. 47 du règlement d'exécution.)

Parties d'ouvrages remplacées (rhabillages)

ART. 23. — En cas de remplacement pour cause d'avaries ou pour tout autre motif de l'une ou de plusieurs des parties d'ouvrages d'or et d'argent sur lesquelles la marque de contrôle a été appliquée, l'objet monté doit être représenté dans l'un des bureaux de contrôle pour que les parties nouvelles y soient essayées et poinçonnées.

Les bureaux font ces opérations sur la présentation des anciennes pièces, qu'ils aient ou non essayé et poinçonné antérieurement les autres parties du même objet. Pour ces rhabillages, les bureaux sont autorisés à réclamer une taxe spéciale de poinçonnement de la moitié du tarif général.

Le poinçon apposé sur les anciennes pièces doit être oblitéré par le bureau. Toutefois, les pendants pourront être rendus non oblitérés moyennant la garantie écrite donnée par les intéressés qu'ils présenteront de nouveau, dans le même bureau, ces pendants soudés à d'autres boîtes.

Les ouvrages d'or et d'argent qui ne porteraient pas la marque de contrôle sur toutes les parties désignées dans la loi, les règlements et les instructions qui s'y rapportent seront sequestrés d'après les dispositions réglant le mode de procéder à la constatation des contraventions à la loi du contrôle.

ART. 24. — Lorsqu'il s'agit de réinsculpation de marques de contrôle effacées par le finissage et le polissage, le poinçonnement à nouveau ne peut être effectué que par le même bureau qui a déjà essayé et poinçonné les ouvrages, attendu que les bureaux de contrôle sont responsables de leurs essais et poinçonnements.

Boîtes de montres argent galonné

ART. 25. — Les boîtes de montres argent galonné sont admises au poinçonnement aux conditions suivantes :

1° Le résultat des essais doit donner, y compris l'or, le titre d'argent prévu par la loi ;

2° La différence entre le titre du galonné (or et argent réunis) et le titre de l'argent ne doit pas excéder 10 millièmes ;

3° Est réservée la limite de la tolérance pour les essais ;

4° Il est interdit d'introduire entre la matière d'or et celle d'argent une couche quelconque de cuivre ou autre métal analogue.

Boîtes de montres genres spéciaux

A. Boîtes contours, sphéromètres, boules avec glaces de deux côtes, et boîtes pour quantièmes et genres similaires

ART. 26. — Les boîtes contours, sphéromètres, boules avec glaces de deux côtés sont admises au poinçonnement aux conditions suivantes :

1° L'indication du titre, encadrée, sera insculpée sur le pendant ; elle doit être bien lisible ;

2° La carrure portera la marque ou signe distinctif du fabricant ;

3° Le poinçon sera apposé sur le pendant et sur le bord de la carrure ;

4° Les bureaux se feront présenter, lorsqu'ils le jugeront à propos, un échantillon des pièces poinçonnées finies, et ils les soumettront au bureau fédéral, si la construction recouvrait des parties en métal susceptibles de tromper l'acheteur.

ART. 27. — Lorsque dans les boîtes de montres pour quantièmes et genres similaires se trouvent des cadrans sertis dans des lunettes en métal fermant sur les carrures, ces lunettes devront porter le mot « métal » insculpé ou gravé d'une manière bien apparente.

Les dispositions du chiffre 4 de l'art. 26 ci-dessus sont également applicables aux boîtes de cette catégorie.

B. Boîtes genre guichet et grand guichet

ART. 28. — Les boîtes genre guichet, dont le plein des couvercles mesure, dans sa plus grande largeur, 9 millimètres ou 48 douzièmes, seront poinçonnées comme boîtes savonnettes, qu'elles aient ou non une lunette intérieure.

ART. 29. — Les boîtes grand guichet, c'est-à-dire celles dont le plein des couvercles ne rentre pas dans les limites de la catégorie précédente, seront poinçonnées comme boîtes lépines.

C. Boîtes de montres pommeaux de cannes

ART. 30. — Les boîtes pommeaux de cannes sont admises au poinçonnement aux conditions suivantes :

1° Les fonds et couvercles seront soumis au même traitement que les boîtes savonnettes ;

2° La carrure ou porte-mouvement sera poinçonnée sur le bord plat du côté du cadran ;

3° La douille, cannelée intérieurement et soudée à la calotte ou au fond, sera poinçonnée à l'extérieur comme un pendant.

Pour le contrôle des titres or 0.755 et argent 0.935, le triple poinçon sera insculpé au centre de la calotte ou du fond, autour de l'ouverture percée pour la vis au centre de cette calotte. L'indication de titre sera frappée au-dessus du centre réservé aux poinçons de contrôle, c'est-à-dire dans le haut de la calotte ; les numéros ou la marque du fabricant seront insculpés dans le bas.

D. Montres bracelets

ART. 31. — Les boîtes de montres destinées à être montées en bracelets sont admises au contrôle aux conditions suivantes :

1° L'indication de titre et le numéro de la pièce (ou la marque de fabrique) doivent être insculpés dans le fond de la boîte ;

2° Le poinçon de contrôle sera apposé :

 a) Dans le fond de la boîte, conformément aux prescriptions en vigueur ;

 b) Sur la carrure (bord plat ou bord extérieur) ;

3° Le bracelet proprement dit doit être conforme aux prescriptions en vigueur concernant les objets de bijouterie. Il ne pourra être poinçonné que lorsqu'il sera soudé à la boîte de montre.

La faculté de contrôler le bracelet n'est accordée que pour ceux de ces objets qui sont au premier titre pour l'or, soit 18 k. ou 0.750 et au-dessus, et au premier titre pour l'argent, soit 0.875 et au-dessus. Les bracelets argent 0.800 ne pourront être contrôlés que s'ils portent, outre la marque de fabrique réglementaire, l'indication de leur titre.

Les montres-bracelets sont, en outre, soumises aux dispositions de l'art. 45 du règlement d'exécution.

E. Boîtes de montres argent dont les fonds sont incrustés d'un autre métal ou sont plaqués d'or extérieurement

ART. 32. — Les boîtes d'argent dont les fonds sont incrustés, pour leur ornementation, avec un métal qui se distingue de l'argent par sa couleur et dont la valeur ne lui est pas inférieure sont admises au poinçonnement aux mêmes conditions que les autres boîtes d'argent

ART. 33. — Les boîtes d'argent dont les fonds sont plaqués d'or extérieurement seront contrôlées aux conditions suivantes :

a) La matière fondue doit donner, en additionnant l'or et l'argent dont elle se compose, une somme de millièmes équivalente au titre d'argent insculpé dans la boîte ;

b) L'insculpation du mot « argent » ou sa traduction dans une autre langue est obligatoire ; elle sera placée bien en évidence au-dessus de l'indication du titre ;

c) L'intérieur des fonds ne subira, après le contrôle, aucune transformation de nature à tromper l'acheteur.

F. Contrôle des boîtes de montres argent 0.935 qui ne sont pas destinées à l'Allemagne ou à l'Angleterre

ART. 34. — A la demande de l'intéressé, les boîtes argent 0.935 destinées à d'autres pays que l'Allemagne et l'Angleterre recevront une seule insculpation du poinçon « grand ours » dans les fonds et couvercles et dans les cuvettes.

Les autres parties de la boîte seront poinçonnées conformément aux prescriptions en vigueur. (Pour le poinçonnement des boîtes argent 0.935 destinées à l'Allemagne — voir l'art. 53 du règlement d'exécution — et pour celles destinées à l'Angleterre, l'art. 60 du règlement.)

G. Boîtes de montres genres spéciaux qui ne sont pas réglés d'une manière générale

ART. 35. — Chaque fois qu'il sera présenté, dans les bureaux de contrôle, des boîtes de montres genres spéciaux, telles que boîtes sans pendants ni cuvettes, boîtes dont les fonds sont à deux battants, boîtes dont les fonds et carrures sont d'une seule pièce, boîtes forme croix, boîtes platinées, boîtes dont les fonds sont gravés ou frappés d'avance, etc., pour lesquelles les conditions d'admission au poinçonnement ne sont pas fixées, les bureaux devront soumettre un échantillon au département, qui prescrira les instructions nécessaires pour chaque cas spécial.

Prescriptions spéciales pour le contrôle des boîtes de montres destinées à l'Allemagne

A. Poinçonnement obligatoire

ART. 36. — Les boîtes d'or et d'argent destinées à l'Allemagne doivent porter l'indication de leur titre en millièmes, conformément à l'art. 51 du règlement d'exécution et au chiffre 3 de la publication allemande du 7 janvier 1886.

34

ART. 37. — Le poinçonnement spécial prescrit par l'art. 53 du règlement d'exécution est obligatoire pour les boîtes destinées à l'Allemagne, lors même que ces dernières sont déjà revêtues du poinçon allemand (voir art. 36 ci-dessus). L'Allemagne accepte le poinçon suisse de contrôle, soit seul, soit à côté du poinçon allemand. En conséquence, toute boîte portant l'une des désignations légales de titre prescrites par l'art. 51 du règlement d'exécution, avec ou sans poinçon allemand, doit être présentée à l'un des bureaux suisses de contrôle.

ART. 38. — Les chiffres 1 et 2 de la publication allemande précitée prescrivent que le poinçon allemand (apposé sur les ouvrages par le fabricant) doit être le suivant :

Pour l'*or*, la couronne impériale dans le signe solaire.

Pour l'*argent*, la couronne impériale tout à côté du croissant lunaire.

Les chiffres 3 et 4 de la publication allemande exigent que les objets ainsi poinçonnés portent encore l'indication du titre en millièmes, comme le prescrivent l'art. 36 des présentes instructions et l'art. 51 du règlement d'exécution. Conformément à l'art. 52, 2e alinéa, de ce règlement, la raison de commerce ou la marque du fabricant est obligatoire. L'Allemagne exige, en outre, que la marque du fabricant soit déposée à Berne et enregistrée au tribunal de commerce, à Leipzig.

ART. 39. — L'existence du poinçon allemand sur des boîtes ne dispense pas le producteur de l'obligation de fournir au bureau la déclaration écrite qu'elles sont destinées pour l'Allemagne. (Art. 52 du règlement d'exécution.)

ART. 40. — Conformément aux dispositions de la publication allemande précitée, il n'est pas permis d'insculper la couronne ou poinçon allemand sans indication du titre. En conséquence, toute boîte portant seulement le poinçon allemand sans indication de titre sera traitée comme étant en contravention à la loi suisse sur le contrôle.

ART. 41. — Le mode de poinçonnement établi par l'art. 53 du règlement d'exécution, pour les boîtes destinées à l'Allemagne, doit être strictement observé. Toutefois, lorsqu'il s'agit :

a) De boîtes estampées en forme de coquilles, feuilles de

vigne, etc., dont les ronds de bosse ne se prêtent pas à la disposition des poinçons selon le mode fixé ;

b) De cuvettes de pièces à clef qui devraient recevoir l'empreinte des poinçons près des places où ces cuvettes sont percées,

les poinçons peuvent être frappés suivant la place dont on dispose ou aux endroits indiqués par le fabricant.

ART. 42. — Les dispositions qui précèdent (art. 36 à 41) sont aussi applicables aux boîtes d'argent 0.935 destinées à l'Allemagne.

B. Titre des différentes parties de la boîte

ART. 43. — Conformément à l'art. 51 du règlement d'exécution, les boîtes de montres d'or et d'argent destinées à l'Allemagne et portant l'une des indications légales de titre, ne peuvent recevoir le poinçon officiel de contrôle que lorsque l'essai pratiqué a fait constater que, tant dans leur ensemble que dans leurs parties séparées, elles sont réellement au titre plein indiqué. Une tolérance de 5 millièmes pour l'or et de 8 millièmes pour l'argent est accordée pour l'objet fondu en entier avec sa soudure.

Les diverses parties de la boîte, telles que pendants et anneaux, charnières, olivettes, etc., devront être au titre plein indiqué, pour que le titre de la boîte, fondue en entier avec la soudure, ne descende pas au-dessous de la tolérance accordée par l'Allemagne.

C. Responsabilité du producteur

ART. 44. — Conformément à l'art. 46 du règlement d'exécution, c'est au producteur à prendre, s'il y a lieu, le surplus de précautions nécessaires pour se mettre d'accord avec les prescriptions de la loi allemande. En exigeant les titres pleins et le poinçonnement obligatoire, l'autorité fédérale a fait ce qu'elle pouvait, dans la limite de sa compétence, pour donner des garanties sérieuses au commerce des ouvrages dont il s'agit. Les bureaux de contrôle n'assument donc aucune responsabilité pour le cas où des ouvrages qui accuseraient, sur toutes leurs parties, le titre plein indiqué, descendraient, à la fonte, au-dessous de la tolérance prévue par la loi allemande.

Prescriptions spéciales pour le contrôle des boîtes de montres destinées
à l'Angleterre

A. Indication du titre

ART. 45. — Le titre sera indiqué conformément aux modèles ci-dessous, savoir :

Pour l'or : [18 c.] ou [0.755] ou encore [18 c.] [0 755]

Pour l'argent : [0 935] ou [Sterling Silver 0 935] ou encore [0 935] [Sterling Silver 0 935]

B. Poinçonnement

ART. 46. — Pour l'or, l'insculpation de deux empreintes de la « grande Helvétia » et une empreinte de la « petite Helvétia » ;

Pour l'argent, l'insculpation de deux empreintes du « grand ours » et d'une empreinte du « petit ours »,

Caractérisent le poinçonnement spécial prescrit par l'art. 53 du règlement d'exécution.

Les poinçons respectifs seront accouplés pour former un triangle, à l'angle du sommet duquel on placera le petit poinçon, les deux grands poinçons devant être placés aux angles de la base (voir art. 48 ci-après) ; les poinçons auront entre eux un écartement de 3 $^{m/m}$.

ART. 47. — Il est facultatif de présenter, au contrôle, les anneaux avec les boîtes ou séparément ; mais le poinçonnement des anneaux étant obligatoire pour cette catégorie de boîtes, celles dont les anneaux ne seraient pas poinçonnés feraient l'objet d'une contravention.

Les deux empreintes que les anneaux doivent porter seront insculpées de chaque côté de la marque du fabricant.

C. Composition du mode de poinçonnement spécial

ART. 48. — Le poinçonnement prescrit par l'art. 60 du règlement d'exécution devra s'effectuer de la manière suivante :

Or

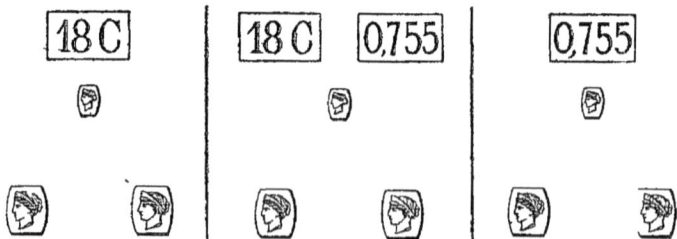

Argent

| 0,935 | 0,935 | STERLING SILVER | STERLING SILVER 0,935 |

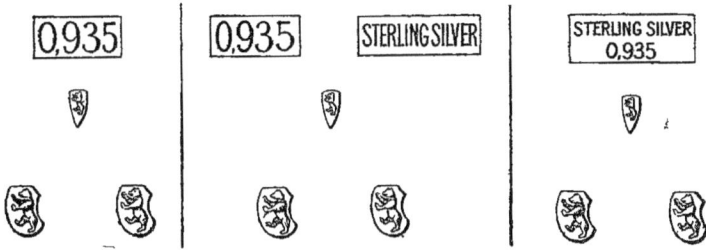

Art. 49. — Pour les boîtes estampées en forme de coquilles, feuilles de vigne, etc., dont les ronds de bosse ne se prêtent pas à la réception rigoureuse des poinçons selon le mode fixé, et pour les cuvettes de pièces à clef, qui devraient recevoir l'empreinte des poinçons près des places où ces cuvettes seront percées, les poinçons pourront être frappés suivant la place dont on dispose ou aux endroits indiqués par le fabricant.

D. Insculpations diverses

Art. 50. — Les diverses marques qui doivent être insculpées dans les boîtes argent 0.935 et or 0.755 destinées à l'Angleterre seront disposées de la manière suivante :

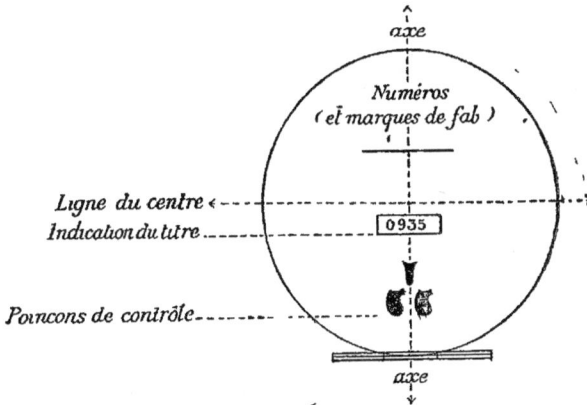

axe

Numéros
(et marques de fab)

Ligne du centre
Indication du titre 0935

Poinçons de contrôle ....

axe

Fonds, couvercles de savonnettes et cuvettes
(sauf celles de montres à clef)

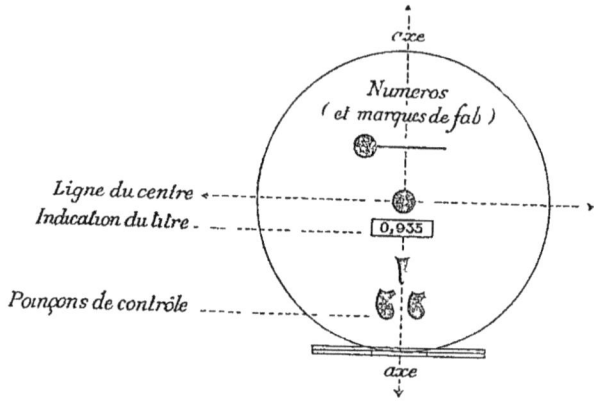

Cuvettes de montres à clef

L'indication du titre et les marques correspondantes doivent donc être insculpées très peu au-dessous de la ligne du centre dans les fonds et dans les cuvettes, sur l'axe de la charnière, l'espace au-dessus de la ligne du centre demeurant réservé pour recevoir les numéros et marques de fabricants. Toutefois, pour les grandes boîtes, il est loisible d'insculper les numéros dans le bas, vers la charnière, à condition qu'ils ne donnent lieu à aucune confusion avec les poinçons de contrôle.

Les couvercles des boîtes guichets recevront, en haut, sur la ligne du pendant, l'empreinte de l'indication du titre ; en face, sur l'autre partie du plein, l'empreinte des trois poinçons, ainsi :

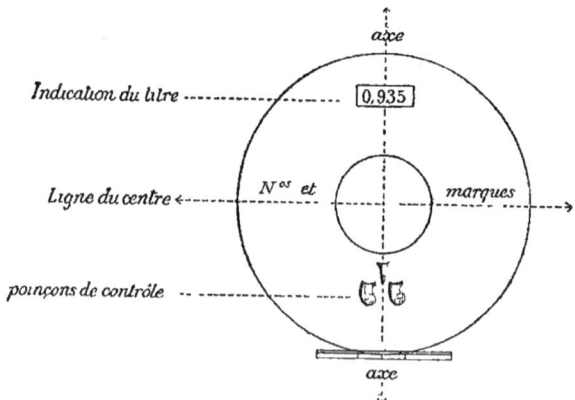

Couvercles de savonnettes à guichet

Si deux marques sont employées comme [0 935] et [Sterling Silver] elles doivent être insculpées de chaque côté de l'axe de la charnière, en symétrie, ainsi :

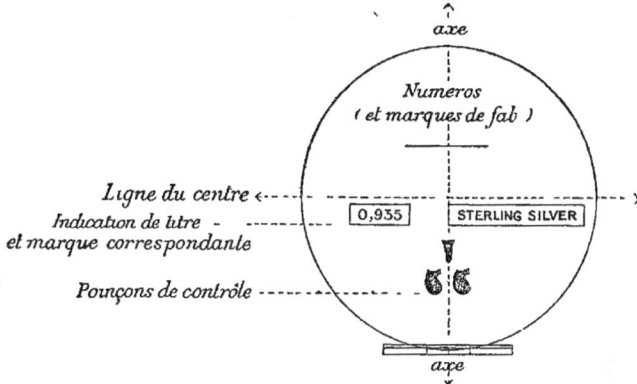

Si, par suite d'autres combinaisons, la disposition des marques devait différer de celle prescrite par les figures ci-dessus, les types seront soumis au département, qui statuera sur ces exceptions à la règle générale.

Art. 51. — Les exportateurs de montres suisses en Angleterre sont rendus attentifs au fait que ce dernier pays exige les mots « Manufactured in Switzerland », ou « Swiss made », ou simplement « Swiss », sur tous les articles portant des inscriptions anglaises, telles que « Sterling silver », « first silver », « warranted silver », « fine gold », « first gold », etc., etc.

E. Ouvrages de bijouterie et d'orfèvrerie destinés à l'Angleterre

Art. 52. — En Angleterre, les objets de bijouterie et d'orfèvrerie n'étant, d'une manière générale, pas soumis au contrôle, il n'est établi aucun mode de poinçonnement spécial pour les articles suisses de cette catégorie destinés à être exportés dans ce pays.

Ceux de ces articles qui seront présentés au contrôle seront donc traités conformément aux prescriptions actuellement en vigueur, c'est-à-dire qu'ils recevront une seule empreinte du poinçon correspondant à leur titre ; il va sans dire que ceux marqués « fine silver » devront être réellement à 0.900 et que ceux marqués « sterling silver » devront tenir 0.935, sous réserve de la tolérance légale ; dans le cas où il s'en trouverait qui porteraient une indication quelconque en langue anglaise, sans être, en même temps, munis de la désignation de leur pays d'origine, les bureaux devront avertir les intéressés que les objets se trouvant dans ces conditions ne répondent pas aux prescriptions de la loi anglaise sur les marques de marchandises et que, pour être en règle vis-à-vis des exigences de cette loi, ils doivent encore être pourvus des mots « Manufactured in Switzerland » ou simplement du mot « Swiss ».

V. — *Poinçonnement de la bijouterie*

ART. 53. — Le poinçon ne sera appliqué que sur le corps de l'ouvrage ou sur les parties apparentes soudées à cette pièce ; il ne sera pas appliqué sur les bâtons, porte-mousquetons, anneaux, coulants, garnitures de chaînes ou de bijoux quelconques, non montés, ni soudés.

ART. 54. — Ne sont pas considérées comme soudées les pièces appliques, chatons, bâtes, ornements ou décorations quelconques, rivées, goupillées, vissées, tenues avec des crochets ou des griffes, de la gomme laque, du ciment, ou même celles soudées à l'étain.

ART. 55. — Le poinçon de contrôle ne sera apposé sur les ouvrages de bijouterie, chaînes, etc., qu'autant qu'ils ne contiendront pas un excès de soudure, de métaux ou substances étrangères et que le cuivre employé pour la fabrication aura été complètement dissous.

On procédera en perforant ou en sciant la partie de l'objet soupçonné fourré, et l'on introduira dans l'intérieur de l'acide nitrique ou une petite sonde d'acier ; enfin, dans les cas douteux, on coupera une partie d'un ouvrage ou d'une pièce prise au hasard, tant pour l'examiner au point de vue de la fabrication que pour en faire l'essai.

ART. 56. — Sont considérés comme fourrés les ouvrages de bijouterie d'or et d'argent contenant un excès de soudure, des métaux ou substances étrangères quelconques, tels que contre-émail, ciment, gomme laque, cire, etc.

ART. 57. — Toutes les pièces de bijouterie sans numéros insculpés doivent porter la marque du fabricant avant d'être essayées et contrôlées.

ART. 58. — Tout objet ou partie de bijouterie qui sera présenté dans les bureaux, accompagné d'une déclaration de titre, pour y être poinçonné, tombera, par ce fait, sous le coup des dispositions légales ; en conséquence, les pièces qui ne justifieraient pas le titre déclaré seront coupées conformément aux prescriptions en vigueur.

ART. 59. — Le poinçon de contrôle devra toujours être apposé sur la partie de l'ouvrage qui porte la marque du fabricant et à côté de cette marque.

Pour les bracelets et colliers, le contrôle sera apposé sur le corps de l'ouvrage et sur le cliquet.

Pour les broches, sur le corps de l'ouvrage et sur les crochets.

Pour les médaillons et les croix, sur le corps de l'ouvrage et, sur l'anneau massif qui tient la bélière.

Pour les lorgnons (face à main), sur le corps de l'ouvrage et sur l'anneau.

Pour les bagues, alliances, joncs, sur le corps de l'ouvrage ou à l'intérieur.

Pour les chaînes, sur les anneaux massifs soudés à chaque bout.

Pour les boutons quelconques, de chemises ou de manchettes, etc., sur le patin ou pied, ou sur le fil en spirale.

Pour les porte-bouquets, sur la bâte du pied ou sur le crochet.

Pour les bijoux-montres, sur l'anneau massif et dans le fond.

Pour les brisures, boutons ou pendants d'oreilles et pour les médaillons, broches, croix, etc., dont le corps est trop léger pour recevoir l'empreinte du poinçon, sur le talon, le crochet ou la vis d'écrou.

Pour les épingles, sur la queue.

Pour les crochets de montres, sur le corps de l'ouvrage et sur le crochet proprement dit.

ART. 60. — Dans le cas où les spatules des châtelaines et crochets de porte-montres seraient en autre métal que le corps du bijou, ils devront en porter l'indication en toutes lettres.

VI. — *Objets de fantaisie or ou argent*

ART. 61. — Les prises d'essai et le poinçonnement s'effectueront :

Pour les nécessaires à ouvrage et de toilette, coffrets, tabatières, bonbonnières, boîtes à oiseaux, pièces à musique, boîtes d'allumettes, étuis à cigares, porte-monnaie, portefeuilles, livres d'heures, etc., sur le corps de l'ouvrage et sur la bâte de fermeture.

Pour les ciseaux, dés, étuis, porte-cigares, cadres à portraits, boîtes, flacons et bouchons à parfums, etc., sur la bâte ou à un endroit apparent et non décoré.

ART. 62. — Pour la grosse orfèvrerie, la prise d'essai sera d'un gramme pour deux essais.

Pour la vaisselle, plats, plateaux, assiettes, la prise d'essai se fera à la raclure, sur la partie inférieure et après en avoir enlevé le blanchiment ; le poinçon de contrôle sera appliqué sur le bord des ouvrages et sous le fond, à côté du poinçon du fabricant.

Pour les couverts, services de table, cuillères à pots (pochons), à ragoût, à soupe, à crème, à café, à sirops, à compote, à sel et à moutarde, pilons, fourchettes à escargots, couteaux à beurre et à fruits, pinces à sucre, passoires à sucre et à thé, la prise d'essai sera faite à la raclure sur le manche, et le poinçon de contrôle sera apposé au milieu du manche, à côté de la marque du fabricant, en observant la symétrie.

Pour les liens ou anneaux de serviettes, la prise d'essai se fera à la raclure à l'intérieur, et le poinçon de contrôle sera appliqué sur le bord, à une place sans décoration.

Pour la vaisselle creuse ou montée, milieux de table, soupières, coupes à fleurs et à fruits, seaux à glace, cafetières, théières, sauciers, pots, sucriers, coquetiers, compotiers, coupes, burettes, calices, beurriers, ostensoirs, timbales, flambeaux - bougeoirs, huiliers, salières, sonnettes, timbres, samowars, appliques murales, etc., la prise d'essai se fera sur la partie inférieure et à l'intérieur ; le poinçon de contrôle sera appliqué sur le fond, en tant que les ouvrages permettront d'y introduire une bigorne, et sur la bâte du pied à l'extérieur.

ART. 63. — Pour toute pièce d'orfèvrerie, les appliques et ornements, ainsi que les vis et écrous, doivent être au même titre que l'objet principal.

ART. 64. — Les ouvrages d'argent qui auront subi l'opération du blanchiment devront être raclés avant de procéder à la prise d'essai.

Dans certains cas, les essayeurs devront même racler ou limer très fortement ces ouvrages avant de procéder à la prise d'essai pour s'assurer qu'ils ne sont pas en ruolz (métal blanc ou autre, solidement argenté).

ART. 65. — Tous les ouvrages quelconques en argent doré, vermeil, soit : coupes, calices, vaisselle plate ou creuse, services de table, objets d'art, de toilette et de fantaisie, chaînes, bijoux, peignes, diadèmes, etc., seront contrôlés avec le poinçon correspondant à leur titre d'argent, en ne tenant compte de l'or que comme poids et non comme valeur.

Exemple : Une coupe de vermeil tenant argent 0.865, or 0.005, soit 0.870, sera contrôlée au premier titre argent (0.875, tolérance légale réservée).

VIII. — *Essais de commerce (lingots, etc.)*

ART. 66. — Conformément aux dispositions de l'art. 68 du règlement d'exécution, les bureaux de contrôle sont autorisés à faire les essais de lingots, soit de lingots de travail et de lingots de commerce, et, en général, les essais qui leur seraient demandés sur toute matière précieuse.

ART. 67. — Le tarif de ces essais est le suivant :

1° Essai d'argent par coupellation.................. 0f.75
par prise d'essai ; le nombre des prises d'essai est limité à quatre et laissé à l'appréciation des essayeurs.

2° Essai d'or, jusqu'à 500 grammes................. 1 »
Essai d'or, de 501 grammes et au-dessus (deux prises d'essai) 1 50

3° Essai d'analyse ou mélangé :
Jusqu'à 150 grammes 1 50
De 151 à 500 grammes (deux prises d'essai)........ 2 »
De 501 grammes et au-dessus (trois prises d'essai).. 3 »
4° Pour un pesage................................ 0 15
5° Pour le calcul d'un lingot or ou argent.......... 0 15
6° Pour le calcul d'un lingot analyse (mélangé)...... 0 20

Les contre-essais, c'est-à-dire les essais faits sur des lingots de plaque ou de fil provenant de la refonte de lingots de masse, dont le titre a déjà été déterminé, devront également être soumis au tarif ci-dessus.

ART. 68. — Les bureaux de contrôle sont astreints à avoir le matériel nécessaire pour faire les essais d'argent par voie humide. Ils sont tenus d'opérer par ce procédé chaque fois que la demande leur en est faite. Les bureaux fixeront eux-mêmes le tarif de ces essais, en ne tenant pas compte des déchets résultant de ces opérations.

ART. 69. — L'essai sur échantillon étant un essai dont le résultat n'indique que le titre de la partie soumise à l'examen, les bureaux de contrôle n'encourront aucune responsabilité résultant de la fonte et du mélange de matières essayées sur échantillon si, une fois travaillées, ces matières donnaient lieu à une contravention pour infériorité de titre.

Art. 70. — L'art. 2, 2ᵉ alinéa de la loi accorde, pour les essais, une tolérance de 3 millièmes pour l'or et de 5 millièmes pour l'argent, quel qu'en soit le titre.

La disposition légale précitée a été introduite, ainsi que cela résulte d'une manière explicite de son texte, en faveur des essayeurs et pour couvrir leur responsabilité En conséquence, lorsque, dans un essai sur un titre quelconque, un bureau de contrôle ne s'écarte pas de cette limite de 3 millièmes pour l'or et de 5 millièmes pour l'argent, il ne peut être exercé aucun recours contre ce bureau

Tous les essais, quels qu'ils soient, sont soumis à cette même disposition ; si, dans un essai de lingot, le résultat ne concordait pas avec celui que l'intéressé attendait d'après ses calculs, le bureau opérateur fera un essai de vérification, si la demande lui en est faite. Si le résultat de cet essai corrobore le précédent, le requérant en paiera les frais.

Art. 71. — Les bureaux de contrôle pourront également s'occuper de la fonte de matières précieuses et d'essais de cendres aurifères ou argentifères, mais, comme pour les essais de commerce proprement dits, il ne devra pas en résulter des retards dans les essais et le poinçonnement des ouvrages d'or et d'argent (art. 68 du règlement d'exécution). Les bureaux fixeront eux-mêmes le tarif de ces opérations.

IX. — *Divers*

Art. 72. — Le signataire de la déclaration prescrite par l'art. 32 du règlement d'exécution, pour les ouvrages remis au contrôle, est responsable des ouvrages qu'il présente, lors même qu'il ne serait ni monteur de boîtes, ni fabricant, ni négociant en horlogerie, attendu que, s'il en était autrement, la loi se trouverait privée de sanction et que, par conséquent, les contraventions ou fraudes ne pourraient être poursuivies.

Les administrations des bureaux de contrôle prendront donc les mesures nécessaires pour s'assurer que ces signataires présentent les garanties voulues.

Art. 73. — Lorsqu'il sera alloué une indemnité pour des ouvrages coupés en cas d'erreur, cette indemnité ne pourra être supérieure aux frais de travail de l'objet détruit, c'est-à-dire la valeur du prix de façon.

Art. 74. — Vu l'art. 3 du règlement d'exécution qui prévoit la tenue de certains registres, les bureaux devront organiser la comptabilité ayant trait aux essais et poinçonnements de façon que le résultat de ces opérations puisse être transmis rapidement à l'autorité fédérale et que les recherches soient faciles en tout temps.

Art. 75. — Les rapports trimestriels concernant les opérations des bureaux de contrôle (voir art. 6 du règlement d'exécution) devront, chaque fois, porter exactement le nombre d'essais faits à la coupelle ou à la voie humide, pendant le trimestre, sur les ouvrages présentés au poinçonnement.

Les essais à la coupelle et les essais par voie humide, avec indication du titre trouvé, seront également mentionnés dans les registres des bureaux, de manière que les chiffres relatifs au nombre de ces essais puissent facilement être vérifiés lors de l'inspection des bureaux de contrôle.

Art. 76. — Toute correspondance relative au contrôle des ouvrages d'or et d'argent devra être adressée au bureau fédéral des matières d'or et d'argent, à Berne. (Voir art. 2 du règlement d'exécution.)

X. — *Disposition finale*

Art. 77. — Les présentes instructions seront insérées dans la feuille fédérale et entreront en vigueur le 1er janvier 1893.

Art. 78. — Toutes les dispositions actuellement en vigueur sur la matière seront, dès lors, abrogées.

Berne, le 21 novembre 1892.

Instructions complémentaires pour les bureaux de contrôle des ouvrages d'or et d'argent (1)
(Du 27 decembre 1895)

Le Département fédéral des Affaires étrangères,

En modification et en complément des instructions pour les bureaux de contrôle des ouvrages d'or et d'argent du 21 novembre 1892 ;

Sur la proposition de son bureau des matières d'or et d'argent ;

Arrête :

I. — *Du titre*

§ 1er. — Les dispositions de l'art. 4 des instructions du 21 novembre 1892 sont abrogées et remplacées par les suivantes :

---

(1) Les chapitres non indiqués restent sans changement.

(Art. 4.) Celui qui remet des ouvrages au contrôle doit en opérer le classement sous sa responsabilité.

Lorsqu'un lot d'ouvrages quelconques : horlogerie, bijouterie, orfèvrerie, contiendra une ou plusieurs pièces non conformes à la déclaration ou à l'insculpation, le bureau examinera s'il y a contravention. Dans l'affirmative, il procédera selon les prescriptions des art. 42 et 47 (dernier alinéa) du règlement d'exécution. Pourront être exceptés, toutefois, les cas d'erreurs dûment constatées, qui rentreraient dans la catégorie de celles prévues à l'art. 7 des instructions.

Ces irrégularités seront mentionnées dans les registres des bureaux.

§ 2. — Le premier alinéa de l'art. 9 des instructions est modifié et complété par les dispositions suivantes :

(Art. 9.) Lorsque toutes les parties rapportées, savoir : olivettes, charnières, porte-charnières, oreilles de pendants, etc., ne sont pas au titre, la boîte sera coupée. Les boîtes d'or ou d'argent munies d'olivettes de bronze ne seront pas admises au contrôle. En revanche, pour les boîtes d'argent, les olivettes, les gouttes, les oreilles de pendants et les canons de poussettes [1] pourront être en or à bas titre, toutefois pas inférieur à 12 karats (0.500) [2]. Il en est de même pour les rehauts aux boîtes d'argent, quel que soit leur ajustement, qu'ils soient soudés au corps de la boîte ou mis à cran. (Les cercles « garde-poussière » qui entourent les mouvements et qui sont fixés à cran à l'intérieur des boîtes ne sont pas compris dans cette catégorie. Ces derniers peuvent être en métal.)

IV. — *Poinçonnement de l'horlogerie*

§ 3. — L'art. 22, chiffre 1 (4e alinéa) des instructions, est modifié en ce sens que, dans certains cas spéciaux, les plaques ou fonds or non montés seront admis au contrôle aux mêmes conditions que celles auxquelles le sont les fonds d'argent [3].

---

(1) Voir l'arrêté du 5 juillet 1906, concernant le titre des canons de poussettes

(2) Pour les boîtes destinées à des pays qui exigent des titres pleins ou supérieurs aux nôtres, voir les réserves stipulées à l'article 46 du règlement d'exécution, page 532

Sont aussi comprises parmi ces appliques, pour lesquelles on exige un titre d'or minimum de 12 karats, les incrustations d'or aux boîtes d'argent, etc

(3) Voir article 22, chiffre 1 (4e alinéa) des instructions du 21 novembre 1892, page 525.

§ 4. — Les dispositions de l'art. 25 des instructions sont abrogées et remplacées par les suivantes :

(Art. 25.) Les boîtes de montres d'argent galonné sont admises au contrôle (poinçon argent) aux conditions suivantes :

1° Le titre de l'argent employé pour la fabrication du galonné ne doit pas donner, à l'essai, un titre inférieur à celui qui est insculpé sur l'objet à poinçonner, tolérance légale réservée [1].

2° L'or du galonné doit, dans toute son épaisseur, être à un titre assez élevé pour résister à l'action de l'acide azotique à 32° Baumé (= Az O³ H, à 1.27 de densité), employé à la température ordinaire.

3° Seront refusés et soumis à la double taxe, le galonné qui ne remplirait pas les conditions ci-dessus ainsi que le galonné qui contiendrait, entre la matière d'or et celle d'argent, une couche quelconque de cuivre ou d'autre métal analogue.

4° Une marque « galonné » pourra être insculpée, par le fabricant ou le monteur de boîtes, dans les boîtes de montres d'argent galonné, mais elle devra être apposée indépendamment de l'indication de titre [2] et assez loin de celle-ci pour ne · pas prêter à confusion.

5° Il est interdit, sous peine des poursuites légales, d'insculper la marque « galonné » après passage au contrôle (art. 45 du règlement d'exécution) ou dans des boîtes qui ne rempliraient pas les conditions exigées pour le galonné. Il est également interdit de galonner ou dorer des parties de boîtes (par exemple lunettes, carrures) après passage au contrôle (ar. 45 précité).

§ 5. — Le poinçonnement des « lunettes-couvercles » des boîtes grand guichet, prescrit par l'art. 29 des instructions du 21 novembre 1892, est définitivement abrogé. La première partie de cet article 29 reste donc seule en vigueur. Elle est la suivante :

(Art. 29.) Les boîtes grand guichet, c'est-à-dire celles dont le plein des couvercles ne rentre pas dans les limites de la caté-

---

[1] Il est à remarquer que pour les boîtes de montres d'argent galonné, destinées à un pays (tel que l'Allemagne, par exemple) qui exige des titres pleins ou légèrement supérieurs a ceux fixés par la loi fédérale, c'est au producteur a prendre à cet égard les précautions nécessaires, conformément aux dispositions de l'article 45 du règlement d'exécution sur le contrôle, page 532.

[2] Toutefois les marques ainsi constituées sont admises, mais, en aucun cas, l'indication « galonne » ne peut être insculpee au dessus de la designation du titre en millièmes.

Argent
0,800
Galonne

Argent
0,800
galonne

gorie prévue à l'art. 28, seront poinçonnées comme boîtes lépines.

§ 6. — Les dispositions de l'art. 33 des instructions sont abrogées et remplacées par les suivantes :

(Art. 33.) Les boîtes d'argent dont les fonds sont plaqués d'or extérieurement pourront être admises au contrôle (poinçon argent) aux mêmes conditions que les boîtes d'argent galonné (art. 25) — voir § 4 ci-dessus — avec cette différence, toutefois, qu'au lieu de la marque « galonné », c'est la marque « plaqué » ou « plaqué or » (sans indication de titre : voir art. 41 du règlement d'exécution) qui pourra y être insculpée. En outre, il est à observer que :

a) L'insculpation du mot « argent » ou sa traduction dans une autre langue est obligatoire ; elle sera placée bien en évidence au-dessus de l'indication du titre ;

b) L'intérieur des fonds ne subira, après le contrôle, aucune transformation de nature à tromper l'acheteur.

§ 7. — L'art. 45 du règlement d'exécution reçoit le commentaire suivant :

Il est évident qu'après passage au contrôle, toute transformation d'un ouvrage quelconque d'or ou d'argent, de nature à tromper l'acheteur, est également interdite. Ainsi, il n'est pas permis de dorer, soit extérieurement, soit intérieurement, des boîtes de montres d'argent portant une indication de titre et contrôlées sans y insculper les mots « argent » ou « argent doré » ou leur traduction dans une autre langue (art. 33 des instructions), afin que l'acheteur ne soit pas induit en erreur sur la nature et le métal de l'objet. (Art. 2, 4e alinéa de la loi.)

VIII. — *Essais de commerce (lingots, etc.)*

§ 8. — L'art. 67 des instructions est complété par les deux alinéas suivants :

La valeur de l'or des lingots sera calculée d'après le tarif conventionnel de l'or à 1000/1000, soit invariablement à 3.437 fr. 46 le kilogramme. Celle de l'argent sera calculée d'après le cours de ce métal remis chaque semaine aux bureaux de contrôle par le bureau fédéral des matières d'or et d'argent.

Les essais à la touche (essais approximatifs ou d'occasion) se paient suivant le nombre de touches effectuées ; l'on compte habituellement 10 centimes par touche.

IX. — *Divers*

§ 9. — L'art. 75 des instructions est complété par l'alinéa suivant :

Le résultat du poinçonnement des boîtes de montres de chaque mois sera communiqué au moyen de bulletins mensuels *ad hoc*, qui seront adressés par les bureaux de contrôle au bureau fédéral des matières d'or et d'argent, pour le 1er (au plus tard) du mois suivant. La statistique du contrôle des boîtes de montres sera ensuite publiée par le bureau fédéral des matières d'or et d'argent dans la feuille officielle suisse du commerce. Les résultats complets (poinçonnement et essais) du trimestre, communiqués par les bureaux de contrôle au moyen des rapports trimestriels (art. 6 du règlement d'exécution), seront publiés de même, à la fin de chaque trimestre.

X — *Disposition finale*

§ 10. — Les présentes instructions complémentaires seront insérées dans la feuille fédérale et entreront en vigueur le 1er juillet 1896.

Berne, le 27 décembre 1895.

Le chef du Département fédéral des Affaires étrangères, A. LACHENAL.

Arrêté concernant le titre des canons de poussettes des boîtes de montres
(Du 5 juillet 1906)

Le Département fédéral des Finances et des Douanes,

Vu les préavis unanimes qui lui sont parvenus de tous les groupes intéressés ;
Sur la proposition de son bureau des matières d'or et d'argent,

ARRÊTE :

ARTICLE 1er. — Les canons de poussettes sont assimilés, quant au titre, aux autres parties de la boîte de montre.

ART. 2. — Lorsque les canons de poussettes des boîtes d'argent sont en galonné ou en or, ils doivent répondre aux exigences auxquelles sont soumis le galonné et les appliques d'or aux boîtes d'argent.

Art. 3. — Le présent arrêté, qui abroge celui du 18 février 1898, entrera en vigueur le 1er septembre 1906.

Le chef du Département des Finances et des Douanes, COMTESSE.

Instructions concernant l'essai des boîtes de montres d'or présentées au poinçonnement dans les bureaux de contrôle
(Du 6 juillet 1906)

Le Département fédéral des Finances et des Douanes,

Dans le but d'assurer la stricte application des dispositions de l'art. 43 du règlement d'exécution concernant le contrôle et la garantie du titre des ouvrages d'or et d'argent, du 15 novembre 1892 ;

Sur la proposition de son bureau des matières d'or et d'argent,

ARRÊTE :

ARTICLE 1er. — Les boîtes de montres d'or soumises au contrôle obligatoire doivent, pour être admises au poinçonnement, réunir les conditions suivantes :

Pour les boîtes dont le poids, dans les différentes catégories de grandeur, est inférieur aux normes fixées dans le tableau ci-annexé et dont le titre de l'alliage constitutif n'accuse pas à l'essai 0.600 plein pour l'or à 14 karats et 0.765 plein pour l'or à 18 karats, les bureaux de contrôle sont tenus de procéder à des essais sur chaque partie de l'ouvrage fondue avec la soudure, puis sur l'objet en entier. Dans le cas où une partie de boîte de montre, fondue pour elle-même avec la soudure, accuserait un titre inférieur au minimum prévu et que, néanmoins, le titre de la boîte fondue en entier avec la soudure atteigne la limite exigée, la boîte sera poinçonnée. Si l'objet essayé fondu n'accuse pas le titre minimum exigé, chaque partie de l'objet reconnue à un titre insuffisant sera brisée, quel que soit le titre de l'alliage constitutif.

La grandeur (en lignes) et le poids de la boîte doivent être indiqués sur les bordereaux qui accompagnent les boîtes au contrôle.

ART. 2. — Pour les boîtes de montres d'or autres que celles mentionnées au tableau ci-annexé, les bureaux de contrôle veilleront, par des essais sur l'objet fondu en entier ou sur ses parties, à ce qu'elles soient de même strictement conformes aux exigences réglementaires.

ART. 3. — Le producteur de boîtes a le droit d'exiger une indemnité pour les boîtes ou parties de boîtes essayées fondues et reconnues au titre ; toutefois lorsqu'il est constaté que l'or constitutif ne répondait pas aux conditions fixées par les présentes instructions, il ne sera accordé qu'une indemnité équivalant à la moitié des frais de réfection de l'ouvrage.

ART. 4. — Il n'est apporté aucune modification aux règles établies pour l'essai des pendants.

ART. 5. — Les présentes instructions entreront en vigueur le 1er septembre 1906.

Le chef du Département des Finances et des Douanes, COMTESSE.

N. B. — Il est rappelé que les législations étrangères exigent pour les soudures un titre minimum de 0.290 pour les ouvrages d'or à 14 karats et de 0.375 pour ceux à 18 karats.

Tableau-annexe des instructions pour les bureaux de contrôle

(Du 6 juillet 1906)

14 k. (0.583) Poids	Grandeurs	18 k. (0.750) Poids
Gr. 4.50	10 lignes	Gr. 5 00
6.00	11 —	6.50
7.00	12 —	14.00
12.50	13 —	17.00
14.50	14 —	19.50
16.50	15 —	22.50
18.50	16 —	25.50
20.50	17 —	28.00
22.50	18 —	31.00
24.50	19 —	33.50
28.50	20 —	39 00
32.50	21 —	45.00
36.50	22 —	50.50

Arrêté du Conseil fédéral concernant le contrôle
des boîtes de montres d'or destinées à l'Autriche - Hongrie
(Du 23 octobre 1906)

Le Conseil fédéral suisse,

Dans le but d'assurer la concordance des dispositions réglementaires concernant le titre des boîtes de montres d'or à destination de l'Autriche-Hongrie avec les prescriptions en vigueur
dans ce pays ;

En exécution de l'art. 1er de la loi fédérale concernant le contrôle et la garantie du titre des ouvrages d'or et d'argent, du
23 décembre 1880 ;

Faisant, en outre, usage de la compétence que lui confère la
disposition complémentaire ajoutée par la loi fédérale du
21 décembre 1886 à l'art. 2 de la loi fédérale du 23 décembre
1880, concernant le contrôle et la garantie du titre des ouvrages
d'or et d'argent ;

Vu la consultation favorable de la majorité des intéressés ;

Sur la proposition de son Département des Finances et des
Douanes, bureau des matières d'or et d'argent,

ARRÊTE :

ARTICLE 1er. — Les boîtes de montres destinées à l'Autriche-
Hongrie et portant l'indication du titre « 14 k.-0.58 », ou toute
autre correspondante, doivent accuser, à l'essai pratiqué sur
chacune de leurs parties fondues, avec la soudure, le titre
minimum de 0.573.

ART. 2. — Des instructions du Département aux bureaux de
contrôle fixeront le mode de procéder destiné à assurer l'exécution stricte des dispositions de l'art. 1er.

ART. 3. — Le présent arrêté sera inséré au Recueil officiel des
lois et entrera en vigueur le 1er décembre 1906.

Berne, le 23 octobre 1906

Au nom du Conseil fédéral suisse :

Le président de la Confédération suisse : L. FORRER.
Le chancelier de la Confédération : RINGIER.

**Instructions concernant l'essai des boîtes de montres d'or au titre
de 14 k -0,58 destinées à l'Autriche-Hongrie**
(Du 25 octobre 1906)

Le Département fédéral des Finances et des Douanes,
En exécution de l'arrêté du Conseil fédéral du 23 octobre
1906, concernant le contrôle des boîtes de montres d'or au titre
de 14 k.-0.58 destinées à l'Autriche-Hongrie ;
Sur la proposition de son bureau des matières d'or et
d'argent,

ARRÊTE :

ARTICLE 1er. — Les boîtes de montres d'or portant l'indication
du titre « 14 k.-0.58 » ou « 14 k.-0.580 », dont le degré de fin de
l'alliage constitutif n'accuserait pas, dans les différentes catégories de grandeurs et de poids, celui prévu à l'un des tableaux
ci-annexés et dans la fabrication desquelles il aura été employé
de la soudure ne résistant pas à l'action de l'acide azotique
à 22° Baumé (alliage tenant 0.290 d'or fin au minimum), seront
soumises à des essais sur chaque partie de l'ouvrage fondue
avec la soudure. Chaque partie d'un ouvrage doit accuser,
essayée fondue, le titre minimum de 0.573. Si elle accuse un
titre inférieur, toutes les autres parties identiques seront brisées, quel que soit le degré de fin de l'alliage constitutif.
ART. 2. — Le producteur de boîtes n'a droit à aucune indemnité pour les parties de boîtes reconnues au titre après avoir été
essayées fondues avec la soudure, lorsque cette dernière ou
l'alliage constitutif de l'or employé ne répondait pas, quant au
titre, aux conditions fixées à l'art. 1er.
ART. 3. — Il n'est apporté aucune modification aux règles
établies pour l'essai des pendants.
ART. 4. — Le fabricant qui présente au poinçonnement des
boîtes de montres destinées à être exportées en Autriche-Hongrie en fera la mention expresse sur le bordereau qui accompagne les boîtes au contrôle.

Ce bordereau mentionnera, outre les indications d'usage :

a) La grandeur de la boîte, calculée selon le diamètre intérieur de la carrure ;
b) Le poids de la boîte ;
c) Le titre de l'alliage constitutif.

ART. 5. — Les présentes instructions entreront en vigueur le 1er décembre 1906.

Le chef du Département des Finances et des Douanes, COMTESSE.

———

Tableaux-annexes des instructions du 25 octobre 1906 concernant l'essai des boîtes de montres d'or au titre de 14 k.-0.58 destinées à l'Autriche-Hongrie

Or à 0.580 à employer pour les boîtes suivant les différentes catégories de grandeurs et à partir des poids minima suivants :

Grandeurs			Poids	
10 lignes,	depuis		6gr.21	
11	—	—	8	28
12	—	—	10	35
13	—	—	12	42
14	—	—	14	50
15	—	—	16	57
16	—	—	18	64
17	—	—	20	71
18	—	—	22	78
19	—	—	24	85
20	—	—	29	00
21	—	—	33	14
22	—	—	37	28

N. B. — Les données de ce tableau ne sont pas applicables aux boîtes fantaisie et facettes estampées.

Or à 0.585 à employer pour les boîtes dont les poids, dans les différentes catégories de grandeurs, se trouvent être dans les limites suivantes :

Grandeurs			Poids			
10 lignes,	de	3gr	68	à	6gr	20
11	—	—	4	91	8	27
12	—	—	6	14	10	34
13	—	—	7	37	12	41
14	—	—	8	60	14	49
15	—	—	9	83	16	56
16	—	—	11	06	18	63
17	—	—	12	29	20	70
18	—	—	13	52	22	77
19	—	—	14	75	24	84
20	—	—	17	20	28	99
21	—	—	19	66	33	13
22	—	—	22	12	37	27

N. B. — Les données de ce tableau ne sont pas applicables aux boîtes fantaisie et facettes estampées.

Or à 0.600 à employer pour les boîtes dont les poids, dans les différentes catégories de grandeurs, sont inférieurs aux suivants :

Grandeurs		Poids
10 lignes,	depuis	3^{gr} 68
11 —	—	4 91
12 —	—	6 14
13 —	—	7 37
14 —	—	8 60
15 —	—	9 83
16 —	—	11 06
17 —	—	12 29
18 —	—	13 52
19 —	—	14 75
20 —	—	17 20
21 —	—	19 66
22 —	—	22 12

N. B. — Ces données sont applicables aux boîtes fantaisie et facettes estampées, de n'importe quel poids.

Arrêté du Conseil fédéral concernant le poinçonnement des boîtes de montres destinées à la Russie
(Du 8 juin 1896)

Le Conseil fédéral suisse,

Vu les inconvénients résultant des récents et nombreux retours de montres expédiées en Russie, retours motivés par l'insuffisance de titre des boîtes et de leurs appliques ;

Vu les dispositions du nouveau règlement russe sur le contrôle des matières d'or et d'argent, entrant en vigueur le 1/13 juillet 1896 ;

En exécution de l'art. 1er de la loi fédérale concernant le contrôle et la garantie du titre des ouvrages d'or et d'argent, du 23 décembre 1880 ;

Faisant, en outre, usage de la compétence que lui donne la disposition complémentaire ajoutée par la loi fédérale du 21 décembre 1886, à l'art. 2 de la loi fédérale du 23 décembre

1880 concernant le contrôle et la garantie du titre des ouvrages d'or et d'argent ;

Vu l'art. 46 du règlement d'exécution du 15 novembre 1892 et en complément des dispositions de l'art. 36 de ce règlement ;

Sur la proposition de son Département du Commerce, de l'Industrie et de l'Agriculture, division des matières d'or et d'argent,

ARRÊTE :

ARTICLE 1er. — Les boîtes de montres portant des indications de titres russes sont soumises aux prescriptions suivantes :

1° Les boîtes d'or portant la marque russe 72 doivent accuser à l'essai le titre plein de 0.750 sans tolérance ;

2° Les boîtes d'or portant la marque 56 doivent accuser à l'essai le titre plein de 0.585 sans tolérance ;

3° Les boîtes d'argent portant la marque 84 doivent accuser à l'essai le titre plein de 0.875 sans tolérance.

ART. 2. — Des instructions du Département préciseront davantage ces dispositions.

ART. 3. — Le présent arrêté sera inséré au Recueil officiel des lois et entrera en vigueur le 1er juillet 1896.

Berne, le 8 juin 1896.

Au nom du Conseil fédéral suisse :

Le président de la Confédération : A LACHENAL
Le chancelier de la Confédération : RINGIER

———

Instructions pour les bureaux de contrôle des ouvrages d'or et d'argent concernant le poinçonnement des boîtes de montres destinées à la Russie.

(Du 10 juin 1896)

Le Département fédéral du Commerce, de l'Industrie et de l'Agriculture,

En exécution de l'art. 2 de l'arrêté du Conseil fédéral du 8 juin 1896, concernant le poinçonnement des boîtes de montres destinées à la Russie ;

En modification et en complément des instructions pour les

bureaux de contrôle des ouvrages d'or et d'argent du 21 novembre 1892 ;

Sur la proposition de son bureau des matières d'or et d'argent,

Arrête :

Article 1er. — Les boîtes de montres portant des indications de titres russes sont soumises aux prescriptions suivantes :

1° Les marques russes 72, 56 et 84, prévues à l'art. 1er de l'arrêté du Conseil fédéral du 8 juin 1896, devront être accompagnées de leurs équivalents en karats pour l'or [1] et en millièmes pour l'argent, soit :

Pour l'or 72... 18 k.
— 56 .... 14 k.
Pour l'argent 84................................... 0.875

2° Les désignations en karats et en millièmes devront former une seule et même marque avec les indications de titres russes, ainsi : $\boxed{\frac{72}{18\ K.}}\ \boxed{\frac{56}{14\ K.}}\ \boxed{\frac{84}{0.875}}$. Relativement à la forme de l'encadrement des marques, les dispositions des art. 11 et 12 des instructions du 21 novembre 1892 (Tableau général des désignations de titres admises au poinçonnement) restent en vigueur. Par contre, la première partie du 3e alinéa de l'art. 14 (mêmes instructions), qui stipule que les marques 56 et 72 peuvent être frappées séparément et indépendamment des marques 14 k. et 18 k. ou 0.583 et 0.750 est abrogée. Il en est de même de la première partie du 4e alinéa du même article, concernant les marques 84 et 0.875, qui est aussi supprimée.

3° Toutes les parties de la boîte, y compris les charnières, olivettes, canons de poussette et autres appliques, soudées ou non, lors du passage des boîtes au contrôle, devront être au titre plein indiqué dans la boîte, soit de 0.750 et 0.585 pour l'or et de 0.875 pour l'argent.

4° Les anneaux doivent être également au titre plein indiqué dans la boîte ; ceux garnis d'acier ou de métal ne sont donc pas admis. La coiffe (coquille) des couronnes doit aussi être au titre plein, l'intérieur de ces dernières devra être en fer, acier ou nickel pour l'or, et en fer, acier ou laiton pour l'argent. Il en est de même pour toutes les poussettes.

---

[1] Les équivalents en millièmes pour l'or sont toutefois aussi admis

5° Pour les boîtes d'argent, les charnières, olivettes, canons de poussettes et autres appliques pourront être en or ; toutefois, leur titre ne devra pas être inférieur à 0.585. Les couronnes et les anneaux d'or, fabriqués aux conditions stipulées au chiffre 4 ci-dessus, sont également admis aux boîtes d'argent.

6° Le galonné répondant aux exigences du § 4 des instructions complémentaires du 27 décembre 1895 est aussi admis pour les boîtes d'argent portant la marque russe 84.

Art. 2. — Le fabricant qui présente au poinçonnement des boîtes de montres destinées à être exportées en Russie en fera la mention expresse sur le bordereau qui accompagne les boîtes au contrôle.

Art. 3. — Les présentes instructions seront insérées dans la feuille fédérale et entreront en vigueur le 1er juillet 1896.

Berne, le 10 juin 1896.

Le chef du Département, Deucher.

TUNISIE

Louanges à Dieu !

Nous, Mohamed El Hadi Pacha-Bey, possesseur du Royaume de Tunis,

Vu notre décret du 2 juin 1904 (18 rabia-el-aoual 1322), portant dégrèvement des droits de mahsoulats sur les fruits et légumes frais et dont l'art. 8 est ainsi conçu :

« Les diverses taxes perçues au bureau de la garantie de Tunis, en vertu de la législation actuellement en vigueur, sont unifiées et seront désormais perçues conformément au tarif suivant :

» Ouvrages en or, 100 francs par kilogramme ;

» Ouvrages en argent, 13 francs par kilogramme.

» Les ouvrages d'or et d'argent importés en Tunisie doivent être, aussi bien que les ouvrages de la fabrication locale, indigène ou européenne, obligatoirement présentés au bureau de la garantie pour y être essayés et poinçonnés.

» Un décret ultérieur déterminera le mode d'exécution du présent article et la date de l'entrée en vigueur de ses dispositions » ;

Vu le décret de ce jour portant dégrèvement des droits de mahsoulats sur la paille ;

Sur le rapport de notre Directeur des Finances, de notre Directeur de l'Office des Postes et des Télégraphes et de notre Directeur général des Travaux publics et la présentation de notre Premier Ministre,

Avons pris le décret suivant :

TITRE Iᵉʳ — *Des titres. de la tolerance et des poinçons*

ARTICLE PREMIER. — Les ouvrages d'or et d'argent, fabriqués ou importés en Tunisie, ne peuvent être à un titre inférieur aux minima indiqués à l'article suivant, le titre d'un ouvrage étant la quantité d'or et d'argent fin contenue dans les pièces, exprimée en millièmes. Ils doivent être essayés et porter l'empreinte d'un poinçon faisant connaître le titre sous lequel ils sont classés.

Peuvent être exemptés de l'essai et de la marque :

1° Les ouvrages qui ne pourraient supporter sans détérioration l'empreinte des poinçons ;

2° Les objets anciens d'art ou de curiosité et reconnus comme tels par le bureau de la garantie. En cas de contestation sur le caractère desdits objets, il est statué par la commission d'arbitrage prévue à l'art. 32 et complétée, pour le cas particulier, par un représentant du service des antiquités et arts.

Sont exemptés de l'essai et de la marque les objets d'importation limitativement décrits à l'art. 16, 2° alinéa.

Les objets dorés ou argentés autres qu'en argent ou en or ne sont pas considérés comme ouvrages d'or ou d'argent et sont, par suite, exempts de l'essai et de l'apposition du poinçon de la garantie.

ART. 2. — Les titres légaux sont les suivants :

Pour l'or :

Premier titre, 840 millièmes.
Deuxième titre, 750 millièmes.
Troisième titre, 583 millièmes.
Quatrième titre, 375 millièmes.

Pour l'argent :

Premier titre, 900 millièmes.
Deuxième titre, 800 millièmes.

Toutefois, ne pourront être à un titre inférieur à 900 millièmes les objets en argent « tari », c'est-à-dire en argent massif, sans soudure, en usage chez les indigènes, et les « kholal » (broches arabes) comprenant une soudure. La nomenclature des objets en argent « tari » est dressée par le Directeur des Finances suivant des arrêtés publiés au *Journal officiel*.

Tout ouvrage ayant un titre compris entre deux des titres légaux est considéré comme appartenant au plus faible de ces titres.

ART. 3. — Il est admis, sur le titre des ouvrages d'or, une tolérance de 3 millièmes pour les objets massifs et pour les objets creux fabriqués par le procédé de la charnière avec assemblage et soudés à la soudure forte avant le rongeage, le titre étant calculé sur l'ensemble de l'ouvrage, soudure comprise. Pour les boîtiers de montres et pour les objets creux ou assimilés, contenant des parties soudées à la soudure faible, la tolérance est portée à 10 millièmes si le titre de ces objets est de 375 millièmes, et à 20 millièmes si le titre est supérieur, le titre étant calculé sur l'ensemble de l'ouvrage, soudure comprise. Toutefois, dans l'un et l'autre cas, la tolérance de 3 millièmes est seule applicable au métal constitutif.

Pour les ouvrages d'argent, les règles applicables à la tolérance sont les mêmes que pour les ouvrages d'or. Toutefois, la tolérance de titre applicable aux objets en argent plein ou au métal constitutif des objets en argent contenant des parties soudées est de 5 millièmes

Les boîtiers de montres en argent ne sont pas admis à la tolérance de 20 millièmes.

Art. 4. — Les objets composés uniquement d'or et d'argent sont marqués du poinçon correspondant au métal principal, lorsque la proportion de l'autre ne dépasse pas 3 %.

Dans le cas contraire, les objets sont marqués des poinçons juxtaposés propres à chaque métal.

Les parties d'or et d'argent entrant dans la composition de ces objets ne peuvent, dans tous les cas, être au-dessous du titre légal minimum.

Art. 5. — Tout ouvrage doublé par un procédé quelconque ou plaqué d'or ou d'argent doit porter un poinçon sur lequel est empreint, lisiblement insculpé, en toutes lettres, selon le cas, le mot « doublé » ou le mot « plaqué ».

Les ouvrages en métal commun doré ou argenté peuvent ne porter aucune marque.

Des arrêtés du Directeur des Finances établiront la liste des ouvrages qui pourront comporter des parties en métal doré ou argenté, réunies par une monture à des parties en métal précieux. Ces ouvrages devront recevoir sur chacune de leurs parties le poinçon afférent au métal employé. Le nom du métal commun devra être insculpé lisiblement et en toutes lettres sur la partie formée de ce métal.

Art. 6. — L'emploi simultané de l'or, de l'argent et d'autres métaux dans un même objet est autorisé dans les conditions ci-après :

Lorsque les métaux, autres que l'or et· l'argent, employés pour l'ornementation, sont nettement visibles à l'extérieur, avec leurs couleurs propres, le fabricant doit apposer sur ces objets un poinçon portant, lisiblement insculpés et en toutes lettres, les mots « métaux divers », ou, pour les pieces de petites dimensions, les lettres « M D ».

Lorsque les objets comprennent une substance étrangère ou un mécanisme non visible, ils doivent porter, lisiblement insculpés et en toutes lettres, suivant le cas, le mot « bourré » ou « mécan ».

Si la proportion de 5 % d'or ou de 15 % d'argent est atteinte, les objets sont soumis au contrôle et le fabricant peut faire précéder les mots « métaux divers », « bourré » ou « mécan » des mots « or » ou « argent ».

Dans le cas contraire, il ne peut pas faire cette addition et les objets sont dispensés de tout contrôle.

Les indications « métaux divers », « bourré » ou « mécan » doivent être apposés dans des conditions telles que le poinçon de garantie puisse leur être juxtaposé.

ART. 7. — La garantie des ouvrages d'or et d'argent est assurée par l'apposition de poinçons dont les types et la destination sont déterminés par arrêtés.

Des arrêtés peuvent également déterminer les conditions dans lesquelles sera constaté, au moyen de l'apposition des poinçons, le poids des objets présentés à la marque.

Les poinçons de garantie sont fabriqués par l'administration des Monnaies, à Paris, qui en conserve les matrices.

La garde des poinçons en cours de service et de ceux en réserve est assurée par les employés du bureau de la garantie, à Tunis, qui les enferment dans un coffre-fort à deux serrures.

Dès la mise en usage des nouveaux poinçons, les fabricants, marchands et importateurs sont tenus, dans un délai de trois mois après la promulgation du décret déterminant les nouveaux types, de déposer au bureau de la garantie de Tunis ou aux bureaux désignés par le Directeur des Finances les ouvrages qu'ils ont dans leurs magasins ou ateliers pour y faire mettre l'empreinte d'un poinçon de recense.

En cas de présomption d'emploi de faux poinçons, l'administration peut procéder à des vérifications dont le résultat est constaté par l'apposition d'un poinçon de recense.

Les amines de la bijouterie continueront à marquer du poinçon « à l'étoile » dont ils seront désormais pourvus par les soins de l'administration des finances, suivant un type uniforme, tous les objets neufs vendus avec leur concours ; mais l'usage de tous autres poinçons, ainsi que l'exercice du droit de contrôle du titre des ouvrages d'or ou d'argent que l'usage leur a attribué dans certaines localités, leur est interdit, et ils devront remettre, contre récépissé, au bureau de la garantie ou aux bureaux désignés par le Directeur des Finances, dans le mois de la mise en vigueur du présent décret, tous les poinçons particuliers dont ils sont détenteurs, ainsi que leurs anciens poinçons « à l'étoile », en échange desquels il sera remis à chacun d'eux le poinçon dont ils se serviront à l'avenir.

TITRE II. — *Règles applicables à la fabrication et a la vente locales*

ART. 8. — Tout fabricant ou marchand d'objets d'or ou d'argent et d'ouvrages en métal commun dorés ou argentés ou plaqués d'or ou d'argent, ainsi que d'ouvrages dorés ou argentés par des procédés galvaniques ou électrochimiques doit, dans les trois jours qui précèdent l'ouverture de son atelier ou magasin, faire par écrit la déclaration de chaque atelier ou magasin : à Tunis et dans sa circonscription, au bureau de la garantie ; partout ailleurs, à la recette des contributions diverses de la circonscription de sa résidence.

Le récépissé de cette déclaration, dont la souche, revêtue de la signature du déclarant, est conservée par l'administration, devra être représenté à toute réquisition aux agents désignés à cet effet. Les fabricants ou marchands installés au jour de la promulgation du présent décret devront fournir cette déclaration dans le mois qui suivra l'entrée en vigueur du présent décret.

Tout fabricant ou marchand est soumis dans ses ateliers et magasins, pendant la durée du jour, aux visites des agents de l'administration des finances désignés à cet effet et porteurs de leurs commissions.

Il doit tenir affiché dans un lieu apparent de ses ateliers ou magasins un tableau fourni par l'administration au prix d'un franc, reproduisant les divers poinçons anciens et en cours. Il doit immédiatement inscrire sur un registre, coté et parafé par le chef du bureau de la garantie de Tunis, l'entrée et la sortie des ouvrages qui lui sont donnés en réparation ; ce registre doit être représenté à toute réquisition des agents désignés à cet effet.

Les marchands ambulants, y compris les voyageurs de commerce munis d'échantillons et vendant au public, doivent, avant toute mise en vente, en faire par écrit, sur formules à souche et contre récépissé, une déclaration générale, soit au bureau de la garantie de Tunis s'ils doivent opérer dans plusieurs cir-

conscriptions, soit à la recette des contributions diverses de la
circonscription. Ils sont également soumis aux autres prescriptions du présent article. Les factures remises aux acheteurs
doivent indiquer, si la demande en est faite, le titre des objets
vendus.

ART. 9. — En dehors des exceptions prévues aux numéros 1
et 2 du deuxième alinéa de l'art. 1er, et des ouvrages reçus en
réparation, dont le régime est déterminé au deuxième alinéa
de l'article précédent, tout ouvrage d'or ou d'argent, achevé et
non poinçonné, trouvé chez un fabricant ou marchand, est saisi
et donne lieu aux poursuites déterminées par les art. 34 et 35.

Il en est de même des ouvrages marqués de faux poinçons,
tant ceux anciens que ceux en cours, ou de ceux sur lesquels
les marques des poinçons seraient entées, soudées, contretirées
ou imitées, de quelque façon que ce soit.

ART. 10. — Les ventes d'ouvrages d'or et d'argent, vieux et
neufs, aux enchères publiques, ne peuvent avoir lieu que par
l'intermédiaire : 1° des officiers ministériels et agents en faisant
fonctions ; 2° des crieurs des souks spéciaux au commerce de la
bijouterie pourvus d'amines ; 3° des fonctionnaires et agents de
l'Etat à ce autorisés par les règlements.

ART. 11. — Les ouvrages d'or et d'argent remis pour être
vendus en vente publique et qui ne porteraient point les poinçons réglementaires sont soumis, après la vente, aux règles
applicables aux objets fabriqués en Tunisie.

Les commissaires-priseurs, huissiers, greffiers ou courtiers
assermentés et tous fonctionnaires et agents chargés de la vente,
sont responsables de la présentation de ces objets au contrôle
de la garantie.

Exception est faite pour les objets décrits aux numéros 1 et 2,
deuxième alinéa, de l'art. 1er.

Les officiers ministériels et fonctionnaires chargés de procéder aux ventes sont tenus d'en faire la déclaration : à Tunis et
dans sa circonscription, au bureau de la garantie ; partout
ailleurs, à la recette des contributions diverses de la circonscription, quarante-huit heures au moins avant l'heure fixée
pour la vente ; ce délai est réduit à quatre heures pour les
ventes faites par autorité de justice.

Le service a le droit d'assister à ces ventes.

Dans le cas où l'acquéreur déclarerait vouloir exporter les
objets vendus, ces objets peuvent ne pas être présentés à la
garantie ; mais dans ce cas, ils sont assujettis, sous la responsabilité du préposé à la vente, à l'accomplissement des forma-

lités prévues à l'art. 17, sauf en ce qui concerne l'oblitération des marques et le remboursement des droits de garantie.

Si l'acquéreur déclare qu'il ne veut pas conserver les objets vendus dans leur forme, il n'y a pas lieu à présentation au contrôle de la garantie, mais les objets ne sont remis à l'acquéreur qu'après avoir été brisés.

Les objets d'un titre inférieur au plus bas titre légal ne peuvent être vendus que brisés.

Il en est de même des ouvrages visés par l'art. 13 ci-après.

ART. 12. — Les droits de mahsoulats proportionnels de 6 fr. 25 et de 1 fr. 25 % et les droits accessoires actuellement perçus au profit du Trésor à l'occasion de la vente des matières d'or et d'argent dans les divers souks de Tunis et dans les autres villes et marchés de la Régence sont transformés en un droit unique de 1 fr. 25 % *ad valorem*, à percevoir sur le prix des ouvrages d'or et d'argent, vieux ou neufs, de toute provenance, vendus à la criée dans toute la Régence.

Le même droit sera perçu sur le prix des ouvrages vendus à l'amiable par l'intermédiaire des amines des bijoux.

Il est également exigible, indépendamment des droits d'enregistrement du procès-verbal, sur les ventes publiques effectuées par les officiers ministériels et agents en faisant fonctions.

Il doit être, sous réserve des dispositions de l'alinéa suivant, acquitté au comptant entre les mains de l'agent des contributions diverses désigné à cet effet, au moment de la vente et avant la remise à l'acheteur des objets vendus. Il est dû par le vendeur, mais l'acheteur est solidairement responsable de son acquittement.

Le droit dû à l'occasion des ventes publiques faites par les officiers ministériels et agents en faisant fonctions est perçu par eux et versé au Trésor sous leur responsabilité, en même temps que le droit d'enregistrement.

Les crieurs et amines sont également responsables vis-à-vis du Trésor du droit exigible sur les ventes faites avec leur concours.

ART. 13. — Est maintenue l'interdiction du réouvrement des ouvrages en argent ayant la forme et le genre des objets de caractère oriental et en usage chez les indigènes.

Par suite, lesdits objets ne peuvent être mis en vente et vendus que s'ils sont brisés.

ART. 14. — Les vieux ouvrages, autres que ceux désignés à l'article précédent et que ceux visés au numéro 2 du 2e alinéa de l'art. 1er, ne peuvent être mis en vente ou vendus, soit en magasin, soit dans les rues et souks, avec ou sans publicité, que s'ils sont revêtus des poinçons légaux en cours.

ART. 15. — Sont supprimés les droits actuellement perçus sur l'argent à tirer en fil, ainsi que les obligations auxquelles sont astreints les industriels qui se livrent à cette fabrication.

Toutefois, toute personne qui voudra exercer la profession de tireur d'or ou d'argent, en traits filés ou non filés, sera tenue de faire la déclaration prévue à l'art. 8 du présent décret.

TITRE III — *Règles applicables à l'importation*

ART. 16. — Les ouvrages d'or et d'argent importés en Tunisie doivent être présentés et déclarés aux employés des douanes du bureau d'entrée, lesquels, après les avoir pesés, en constatent contradictoirement le dépôt dans les formes prévues aux art. 19 et 20, et les envoient au bureau de la garantie où ils sont soumis aux règles applicables aux objets de fabrication tunisienne, sous réserve de l'obligation de réexportation énoncée à l'art. 22 en cas d'infériorité de titre. Pour l'importation opérée par la voie de la poste, les formalités d'introduction sont déterminées par des arrêtés du Directeur des Finances et du Directeur de l'Office des Postes et des Télégraphes.

Sont exceptés des dispositions qui précèdent :

1° Les objets importés par les représentants des puissances étrangères appartenant à la carrière diplomatique ou consulaire ;

2° Les bijoux d'or et d'argent à l'usage strictement personnel des voyageurs, jusqu'à concurrence de 500 grammes pour les objets d'or et de 3 kilogrammes pour les objets d'argent ;

3° Les objets usagés d'argenterie de ménage ou d'orfèvrerie importés avec elles par des personnes autres que des fabricants ou marchands d'ouvrages d'or et d'argent établies ou venant s'établir dans la Régence.

Les objets introduits en Tunisie en vertu des exceptions qui précèdent ne peuvent être mis dans le commerce qu'après avoir été présentés au contrôle, reconnus à l'un des titres légaux, poinçonnés et soumis au paiement des droits de garantie et des frais d'essai.

Les ouvrages en doublé, en plaqué, en métaux divers, en métal commun doré ou argenté, importés en Tunisie, sont soumis aux règles applicables aux objets de même nature de fabrication tunisienne. Les marques prescrites par les art. 5 et 6 doivent être insculpées, soit avant leur importation, soit par l'importateur lui-même, avant tout enlèvement du bureau des douanes ou des postes.

Sont autorisés, à charge de déclaration spéciale en double et contre consignation des droits de garantie et des frais d'essai exigibles, l'admission temporaire des echantillons introduits par des voyageurs de commerce et celle des ouvrages importés pour être présentés au choix d'un acquéreur. La déclaration contient la description des objets ; l'un des doubles, revêtu de la signature et du cachet de l'agent de l'administration, est remis à l'importateur qui doit le représenter à toute réquisition et le faire revêtir par le bureau de la garantie de la mention de ces objets successivement présentés au contrôle.

La durée de l'admission temporaire est de trois mois pour les échantillons des voyageurs de commerce et d'un mois pour les autres objets.

La consignation n'est remboursée dans ces délais, à due concurrence, que sur constatation, soit de la sortie effective de tout ou partie des objets hors du territoire tunisien, soit de leur présentation au contrôle. Le remboursement a lieu contre la remise du double de la déclaration et du récépissé dûment déchargé de la consignation.

Il est fait application aux produits budgétaires des sommes consignées et non restituées dans les délais ci-dessus.

Les objets rentrant en Tunisie et revêtus des poinçons originaux en cours dans la Régence sont réadmis en franchise après vérification par la douane et, en cas de doute, par le bureau de la garantie, de la régularité des poinçons.

TITRE IV. — *Règles applicables a l'exportation*

ART. 17. — Lorsqu'un fabricant ou négociant voudra exporter des ouvrages neufs d'or ou d'argent, portant les poinçons réglementaires, pour les vendre à l'étranger, il devra souscrire une soumission d'exportation en double et présenter ces objets au bureau de la garantie qui oblitérera les marques et apposera un poinçon spécial.

La restitution prévue à l'art. 28 pour le cas d'exportation demeure subordonnée aux formalités décrites à l'alinéa précédent et à la justification de l'exportation, qui ne peut avoir lieu que par le bureau de Tunis, en boîtes scellées au bureau de la garantie, et qui doit être dûment constatée par la douane sur celui des doubles de la soumission d'exportation remis à l'exportateur par le bureau de la garantie.

TITRE V. — *Du bureau de la garantie*

ART. 18. — Un bureau est institué, à Tunis, avec la mission de faire les essais et d'apposer les poinçons. Il est composé d'un contrôleur, chef de bureau, d'un essayeur et d'un collecteur, assistés d'agents en nombre suffisant pour assurer le service.

Le contrôleur, le collecteur et les agents sous leurs ordres appartiennent à l'administration des finances ; l'essayeur appartient à l'administration des travaux publics. Il y a incompatibilité entre les fonctions d'essayeur de la garantie et l'une des professions auxquelles s'appliquent les dispositions de la présente loi.

ART. 19. — Les dépôts d'ouvrages à contrôler autres que ceux importés, présentés au moment de leur introduction, ne peuvent être faits qu'au bureau de la garantie.

Le dépôt est constaté contradictoirement avec le déposant ou son mandataire régulier, qui signe la déclaration de dépôt et auquel il en est délivré un récépissé extrait d'un carnet à souche.

La déclaration indique le poids des ouvrages. Si le même objet comprend à la fois de l'or et de l'argent, ou l'un ou l'autre de ces métaux, avec des garnitures en matière étrangère, les poids respectifs de l'or et de l'argent sont indiqués dans la déclaration. Si ce poids est contesté par le bureau de la garantie, il est statué par la commission d'arbitrage prévue à l'art. 32.

Les fabricants installés dans l'intérieur peuvent adresser par la poste les produits de leur fabrication au bureau de la garantie, auquel ils font tenir simultanément les déclarations ci-dessus prévues, établies sur des formules fournies par l'administration. Les ouvrages sont renvoyés, sans frais, après le contrôle, au bureau des contributions diverses de la circonscription, d'où le déposant est tenu de les retirer sur sa décharge et contre paiement des droits de garantie et des frais d'essai.

ART. 20. — Les ouvrages d'or et d'argent ne sont admis au contrôle que s'ils sont assez avancés pour qu'ils n'éprouvent aucune altération par le fait du travail complémentaire. En cas de contestation sur le degré d'achèvement d'un ouvrage, les objets sont soumis à la commission d'arbitrage prévue à l'art. 32.

Les ouvrages doivent être présentés avec tous leurs accessoires ; toute pièce incomplète ou toute partie d'ouvrage présentée séparément ne serait pas contrôlée. Les montures de bijoux (broches, agrafes, aigrettes, bracelets, etc.) en or ou en argent, que des bijoutiers importent pour les terminer, soit en y ajoutant des garnitures en métal précieux, soit en y sertissant des pierres fines, sont soumises au contrôle au moment de leur importation. Mais dans le cas où il y est ajouté des parties de métal précieux, une nouvelle présentation au contrôle doit être faite ; dès que ces parties ont été appliquées, le complément des droits est réclamé et une nouvelle empreinte est apposée.

Les ouvrages renfermant des parties soudées doivent contenir toute leur soudure ; ceux composés de différentes pièces doivent être présentés montés *ne varietur*.

Les exceptions qu'il sera nécessaire d'apporter à ces règles pour les besoins du poinçonnage seront fixées par arrêtés du Directeur des Finances.

La déclaration que le fabricant ou importateur souscrit au moment de chaque présentation au contrôle contient indication du titre pour lequel il demande la marque ; chaque déclaration ne doit comprendre que des objets de même titre, en ce qui concerne les ouvrages importés, et de même titre et de même fonte, pour les objets fabriqués dans la Régence.

Pour les ouvrages transmis par la poste par les bijoutiers de l'intérieur, la déclaration est signée par le contrôleur de la garantie.

Toutefois, la déclaration de titre ne lie pas les déposants pour les ouvrages importés et présentés au moment de leur introduction, ainsi que pour ceux soumis au contrôle dans les cas prévus aux articles 11, 14 et 16, troisième alinéa ; ces objets peuvent être poinçonnés à un titre inférieur à celui déclaré, pourvu qu'ils ne soient pas au-dessous du plus bas titre légal.

Art. 21. — Les conditions dans lesquelles seront effectués les essais seront déterminées par arrêtés du Directeur des Finances et du Directeur général des Travaux publics.

Les prises d'essai sont faites sur les parties non soudées, de manière à constater le titre du métal constitutif. L'essayeur s'assure, au besoin, par la fonte de l'objet, que l'emploi de la soudure n'a pas été abusif et ne dépasse, dans aucun cas, la proportion déterminée à l'art. 3.

Art. 22. — S'il résulte des vérifications faites par l'essayeur que les ouvrages sont au titre déclaré ou à un titre supérieur, sous réserve des exceptions énoncées à l'art. 20, ces ouvrages sont, après paiement des droits de garantie et des frais d'essai, tels qu'ils sont fixés par l'art. 28, revêtus de l'empreinte du poinçon correspondant au titre déclaré et remis à l'intéressé.

Dans le cas contraire, c'est-à-dire lorsque l'essai donne un résultat inférieur au titre déclaré, en ce qui concerne les ouvrages fabriqués ou au plus bas titre légal pour les ouvrages visés au dernier alinéa de l'art. 20 précédent, les objets compris dans la déclaration sont ou retournés au bureau des douanes pour être réexportés immédiatement, s'il s'agit d'ouvrages présentés au contrôle au moment de leur introduction, ou remis après avoir été brisés, s'il s'agit de tous autres ouvrages.

Les ouvrages ne peuvent être brisés qu'après avis donné à l'intéressé et en sa présence ; si cet intéressé en fait la demande écrite sur la souche de la déclaration de dépôt, il est procédé à un nouvel essai. Si ce nouvel essai infirme les résultats du premier, les poinçons sont apposés dans les conditions prévues ci-dessus. Si les résultats du nouvel essai et de l'essai sont concordants, les objets sont remis, après avoir été brisés, contre versement du prix du second essai fixé comme il est dit à l'art. 28, à moins que le déposant ne réclame, également par écrit, un essai définitif de contrôle par les soins de l'administration des Monnaies, à Paris.

En vue de l'essai de contrôle, il est fait par le contrôleur, en présence de l'essayeur et de l'intéressé, une prise d'essai sur les objets ; cette prise d'essai est envoyée, sous les cachets du service et de la partie, à l'administration des Monnaies.

Si l'essai définitif est favorable au réclamant, il est procédé au poinçonnage dans les conditions ci-dessus prévues, et les frais du second essai et de l'essai définitif sont à la charge du Trésor tunisien.

Dans le cas contraire, les objets sont remis, après avoir été brisés, à l'intéressé contre paiement des frais du second essai et de l'essai définitif liquidés comme il est dit aux alinéas 4 et 5 de l'art. 28.

La faculté de demander le second essai et l'essai de contrôle est limitée aux dépôts effectués directement par le propriétaire des ouvrages ou par son représentant au bureau de la garantie de Tunis.

ART. 23. — Pendant le temps des essais, les ouvrages sont laissés au bureau de la garantie sous la garde et la responsabilité du contrôleur.

ART. 24. — Dans tous les cas d'essai par coupellation, les cornets et boutons d'essai sont remis au propriétaire des ouvrages, qui ne peut élever aucune contestation du fait de la différence de poids résultant de l'élimination des alliages dans ces cornets et boutons.

ART. 25. — Si l'essayeur soupçonne un objet présenté comme homogène d'être fourré d'une matière étrangère ou d'une matière d'un titre insuffisant, il le fait couper en présence du propriétaire. Si le fait est reconnu exact, l'ouvrage est saisi et confisqué et procès-verbal est dressé.

Dans le cas contraire, le prix de la main-d'œuvre de l'óuvrage, fixé par le contrôleur, le collecteur et l'essayeur du bureau de la garantie est ordonnancé sur les crédits budgétaires au profit du propriétaire. En cas de contestation sur l'évaluation de la main-d'œuvre de l'ouvrage coupé, il est statué par la commission d'arbitrage prévue à l'art. 32.

ART. 26. — Le retrait des ouvrages poinçonnés ou brisés ne peut avoir lieu que contre restitution du récépissé de dépôt revêtu de la décharge du déposant.

Les ouvrages poinçonnés, qui ne sont pas retirés dans le délai de trois mois à partir de la date de l'avis donné par acte extrajudiciaire d'avoir à les retirer, sont vendus aux enchères publiques par les soins de l'administration des finances. Le produit de la vente est, après prélèvement des droits de garantie et des frais d'essai, versé en consignation à la recette générale des finances, où il est tenu, sans intérêts, à la disposition du propriétaire.

Il en est de même pour ceux qui, reconnus de titre inférieur, soit après le premier essai, soit après le second essai, soit après l'essai de contrôle, ne sont pas réclamés dans ledit délai ; ces ouvrages sont brisés à l'expiration de ce délai, s'ils ne l'ont pas déjà été après décision de l'administration des Monnaies, sans que l'intéressé puisse se prévaloir de ce qu'ils n'ont pas été soumis à un nouvel essai et à un essai de contrôle, si l'une ou l'autre de ces vérifications n'ont pas eu lieu, faute de demande formulée en temps utile. Les frais de ces essais sont prélevés, le cas échéant, sur le montant du prix déposé.

ART. 27. — Tout propriétaire d'un ouvrage portant le poinçon de titre établi par le présent décret peut, moyennant le versement préalable du prix de l'essai calculé comme il est dit à l'art. 28, 4e alinéa, demander la vérification de ce titre par l'administration des Monnaies.

Le procès-verbal de l'essai est remis au propriétaire. La demande ne peut être faite qu'au bureau de la garantie, à Tunis.

Si la vérification a donné un titre plus bas, et s'il est établi que l'ouvrage n'a subi aucune réparation, modification ou addition, et qu'aucune manœuvre de fraude n'a empêché les agents du bureau de la garantie de reconnaître le titre réel, l'administration est tenue, sauf son recours contre le vendeur, au remboursement des frais de la vérification, ainsi qu'au paiement de la différence entre la valeur intrinsèque du métal constitutif de l'objet à son titre exact et cette même valeur au titre pour lequel l'objet a été poinçonné, sans que cette différence puisse excéder 600 francs pour un même objet.

La disposition ci-dessus ne préjudicie en rien au droit que peut avoir le propriétaire de l'objet de réclamer en outre et directement des dommages-intérêts à son vendeur.

TITRE VI. — *Droits à percevoir par le service de la garantie*

ART. 28. — Il est perçu au profit du Trésor, indépendamment des frais d'essai, sur les ouvrages d'or et d'argent fabriqués à neuf, et, d'une manière générale, sur tous les ouvrages soumis à la garantie en exécution du présent décret, un droit fixé ainsi qu'il suit :

Ouvrages d'or, 100 fr. par kilogr., alliage et soudure compris.
Ouvrages d'argent, 13 fr. par kilogr., alliage et soudure compris.

Le prix d'essai est fixé ainsi qu'il suit :

Ouvrages d'or, 25 fr. par kilogr., alliage et soudure compris.
Ouvrages d'argent, 0 fr. 40 par kilogr., alliage et soudure compris.

Le droit de garantie et les frais de premier essai sont exigibles sur tous les ouvrages poinçonnés ; ils sont liquidés sur le poids des ouvrages, sans minimum de perception. Ils sont acquittés avant le retrait des ouvrages.

Les frais du second essai prévus par l'art. 22 sont fixés comme suit par kilogramme de métal, alliage et soudure compris :

Ouvrages d'or, 25 fr., avec minimum de perception de 3 fr.
Ouvrages d'argent, 0 fr. 40 avec minimum de 0 fr. 80.

Les frais de l'essai définitif prévu au même article sont calculés de la même façon que ceux du second essai. Toutefois, le minimum de perception est porté à 6 fr. pour les ouvrages d'or et à 1 fr. 60 pour les ouvrages d'argent ; en outre, ils sont majorés d'une somme forfaitaire de 2 fr. représentant les frais que l'administration prend à sa charge, de l'envoi à Paris et du retour à Tunis des prises d'essai.

Dans le cas prévu à l'art. 17, les frais d'essai sont retenus, sans que cette retenue puisse être inférieure, pour chaque exportation, à 3 fr. pour les ouvrages d'or et à 0 fr. 80 pour les ouvrages d'argent. Le droit de garantie est restitué à l'exportateur, sous déduction, le cas échéant, de la portion excédant les frais d'essai du minimum de retenue ci-dessus prévu.

TITRE VII. — *De la recense*

ART. 29. — A partir de la date de la mise en vigueur du présent décret et pendant une durée de trois mois, les fabricants et commerçants devront soumettre à l'application d'un poinçon de recense tous les ouvrages d'or et d'argent existant dans le commerce. Cette application aura lieu sans frais si les ouvrages portent l'empreinte entière et en bon état des marques légales. Les particuliers peuvent, s'ils le désirent, demander pendant le même délai, le bénéfice de ces dispositions.

Le dépôt et le retrait des ouvrages présentés à la recense sont soumis aux mêmes règles que celles applicables aux objets à contrôler.

A partir de la même date et pendant la même durée de trois mois, les ouvrages d'or et d'argent importés antérieurement à cette date, existant dans le commerce et qui ne sont pas revêtus des marques légales, devront être soumis par leurs détenteurs au contrôle de la garantie, contre paiement des droits fixés par les deux premiers alinéas de l'art. 28, dans les mêmes conditions que s'ils provenaient de la fabrication locale. Ceux de ces objets qui, après essai, seront reconnus d'un titre égal ou supérieur au plus bas titre légal, seront revêtus du poinçon de la garantie ; ceux qui seraient reconnus ne posséder qu'un titre inférieur au plus bas des titres légaux seront revêtus seulement du poinçon de recense, mais ils seront néanmoins soumis au paiement du droit de garantie et des frais d'essai.

Pour le paiement des droits dus en vertu de l'alinéa qui précède, des délais seront accordés aux détenteurs des objets qui en feront la demande à l'administration des finances en souscrivant une obligation des droits exigibles. Ces délais, d'une durée maximum d'un an à partir de la date de la présentation au contrôle, seront proportionnés à l'importance des sommes exigibles et aux garanties offertes par les demandeurs.

A l'expiration du délai de recense, tous les ouvrages, neufs ou vieux, trouvés dans le commerce non revêtus, soit des nouvelles empreintes, soit du poinçon de recense, soit à la fois du poinçon de recense et des anciennes marques, seront saisis et leurs détenteurs poursuivis conformément aux 'dispositions de l'art. 35.

Dans le délai de trois mois fixé au premier alinéa du présent article, les fabricants ou marchands d'objets en doublé ou plaqué d'or ou d'argent devront se conformer à l'obligation imposée par l'art. 5 pour les ouvrages de l'espèce.

TITRE VIII — *Répression des infractions*

SECTION Ire. — Constatation des infractions

ART. 30. — Les agents des contributions diverses et des douanes, depuis et y compris le grade de collecteur, ainsi que les agents du bureau de la garantie, sont chargés de la surveillance, sur les ouvrages d'or et d'argent, tant au point de vue du titre et de la marque qu'au point de vue de la vente.

Les visites et vérifications prévues par l'art. 8 ne peuvent être faites que par deux agents français, dont l'un ayant au moins le grade de contrôleur, ou en faisant fonctions, et porteurs de leurs commissions.

La constatation des infractions est faite conformément aux dispositions du décret du 3 octobre 1884 (14 hidjé 1301), sauf en ce qu'elles auraient de contraire aux prescriptions du présent décret.

Ceux des agents désignés ci-dessus ayant au moins le grade de contrôleur peuvent, en se conformant aux dispositions de l'art. 78 du décret précité, procéder à des perquisitions dans les locaux autres que ceux soumis à leurs visites en vertu de l'art. 8 du présent décret, où sont supposés exister de faux poinçons en cours ou anciens, ou des poinçons de fantaisie, visiblement faits pour imiter les uns ou les autres.

Les faux poinçons ou poinçons de fantaisie sont saisis ; il en est de même des ouvrages d'or et d'argent existant dans lesdits locaux, non marqués ou supposés marqués de faux poinçons ou de poinçons de fantaisie.

ART. 31. — Les poinçons, ouvrages et objets saisis sont placés sous les cachets de l'administration. La personne chez laquelle la saisie a été opérée est invitée à y apposer également son cachet, et sur le refus de cette personne il y est suppléé par le cachet du représentant de l'autorité présent à la saisie.

Ils sont déposés dans les quarante-huit heures au bureau de la garantie ou à la recette des contributions diverses de la circonscription, qui les fait parvenir dans le délai de dix jours au greffe du tribunal compétent.

ART. 32. — En cas de contestation d'ordre technique, le procès-verbal et les objets saisis sont transmis au directeur général des travaux publics de la Régence pour être soumis à l'examen de la commission d'arbitrage.

Cette commission est composée de l'ingénieur chef du service des mines à la direction générale des travaux publics, président ; du chef du service des contributions diverses, d'un essayeur de commerce et d'un négociant désignés chaque année par le Directeur des Finances sur la proposition de la Chambre de Commerce de Tunis.

L'avis de cette commission est nécessairement transmis au tribunal appelé à juger le crime ou le délit.

La voix du président est prépondérante en cas de partage.

ART. 33. — Lorsque le tribunal a prononcé la confiscation des objets saisis, ou que ces objets ont été attribués par une transaction faite, avant ou après jugement, à l'administration des finances, celle-ci les fait vendre après un poinçonnage, s'il y a lieu, ou détruire s'ils sont au-dessous du titre minimum.

Le produit des amendes et confiscations est reparti entre le Trésor et les agents verbalisateurs et, s'il y a lieu, les indicateurs, conformément aux dispositions de l'art. 133 du décret du 3 octobre 1884. Les amines ayant coopéré à la découverte ou à la répression d'une infraction au présent décret concourent à la répartition avec les agents verbalisateurs sur la part revenant à ces derniers.

SECTION II. — Pénalités

ART. 34. — La fabrication, la détention ou l'usage de faux poinçons de la garantie est puni de dix ans de réclusion. Cette peine est réduite de moitié lorsque, au lieu de faux poinçons, on a fabriqué des poinçons de fantaisie destinés à imiter les poinçons véritables.

La détention ou la vente par un fabricant ou négociant d'ouvrages sur lesquels les marques des poinçons se trouvent entées, soudées ou contretirées, ou d'ouvrages revêtus soit de l'empreinte de faux poinçons anciens, soit de l'empreinte de poinçons de fantaisie imitant les poinçons anciens ou les poinçons en cours, est punie, indépendamment de la confiscation des objets saisis, d'une amende de 200 à 5.000 francs et d'un emprisonnement d'un mois. Est puni des mêmes peines tout individu reconnu coupable d'avoir présenté à la garantie ou de détenir dans une intention de fraude des bijoux fourrés.

L'apposition par une personne n'appartenant pas au contrôle

du bureau de la garantie, ou en dehors du bureau, des poinçons légaux est punie de cinq ans de prison.

Tout employé du bureau de la garantie qui fournit par écrit ou verbalement, ou laisse prendre des renseignements quelconques sur les ouvrages apportés au bureau, est passible de destitution.

Art. 35. — La détention ou la vente, par un fabricant ou négociant, d'ouvrages terminés non poinçonnés par la garantie ou ne portant pas les indications prévues aux art. 5 et 6, est punie d'une amende de 480 francs, indépendamment de la confiscation des objets saisis. Sont punis des mêmes peines : 1° les infractions aux dispositions de l'art. 16 relatives au régime des objets importés ; 2° la détention ou la vente d'ouvrages revêtus du poinçon d'exportation par un fabricant ou marchand qui ne peut justifier qu'il les détient dans les conditions prescrites à l'art. 17 ; 3° le fait par un fabricant ou négociant d'être trouvé détenteur d'ouvrages en argent réouvrés, si ces ouvrages rentrent dans la catégorie de ceux dont le réouvrement est interdit par l'art. 13 du présent décret.

Seront punis de la même peine de 480 francs : 1° les infractions commises par les officiers ministériels, ou agents en faisant fonctions, aux dispositions de l'art. 11 ; 2° le fait d'opposition par les assujettis aux visites et vérifications des agents désignés à cet effet ; 3° toutes infractions aux prescriptions des art. 8 et 29 ; 4° la non apposition par les amines du poinçon « à l'étoile » sur les ouvrages vendus par leur intermédiaire.

Les infractions aux prescriptions du présent décret pour lesquelles il n'est pas prévu de pénalités spéciales, ainsi que les contraventions aux dispositions des arrêtés réglementaires pris pour son exécution, seront punies de la même amende de 480 francs et, le cas échéant, de la confiscation des objets en contravention saisis.

Art. 36. — Le droit de transaction est accordé à l'administration des finances, avant comme après jugement, pour les délits et contraventions constatés par application du présent décret.

Titre IX. — *Mesures générales et d'exécution*

Art. 37. — Les dispositions de la législation actuellement en vigueur, qui ne sont pas contraires à celles du présent décret, et notamment les prescriptions relatives à l'organisation des souks de la Berka et de la Siegha, à Tunis, et au concours que les amines doivent prêter à l'administration pour la surveillance du commerce des ouvrages d'or et d'argent, sont maintenues et étendues à toutes les localités actuellement pourvues, ou qui pourraient l'être par la suite, d'amines de la bijouterie.

ART. 38. — Le Directeur des Finances, le Directeur de l'Office des Postes et des Télégraphes et le Directeur général des Travaux publics sont chargés, chacun en ce qui le concerne, de l'exécution du présent décret, qui entrera en vigueur à partir du 15 août 1905.

Ils sont autorisés à y pourvoir par voie d'arrêtés réglementaires.

Vu pour promulgation et mise à exécution :

Tunis, le 18 juillet 1905

Le Ministre plénipotentiaire,
Résident général de la République française à Tunis,

S. PICHON.

Poinçons de la Tunisie

I. — Poinçons créés en exécution du décret du 2 juin 1904 en service depuis le 15 août 1905 (décret du 18 juillet 1905)

Or, 1er titre   Or, 2e titre   Or, 3e titre   Or, 4e titre

 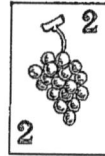

Argent, 1er titre   Argent, 2e titre

Or, 1re petite garantie   Or, 2e petite garantie   Argent, petite garantie

Remarque et marque   Exportation   Recense   Poinçon
au poids   des amines (1)

(1) Les poinçons des amines portent chacun un numéro spécial

II. — *Anciens poinçons légaux en usage jusqu'au 15 août 1905*

| Or, 18 karats | Or, 16 karats | Or, 12 karats | Or, 9 karats |

Argent, titre unique (900/1000)

| Poinçon
Saha ou de contrôle | Poinçon
khales ou d'acquit | Poinçon
des amines de Tunis | Poinçon spécial
aux Croix
du Nichan-Iftikhar |

III. — *Anciens poinçons employés pour le contrôle par les amines de l'intérieur*

DJERBA

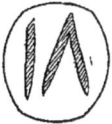   

| Or, 18 karats | Or, 12 karats | Or, 9 karats | Argent |

GABES   SFAX

SOUSSE

Or   Argent

TURQUIE

Le poinçonnement est facultatif en Turquie et n'a pour objet que les matières d'argent et seulement d'argent fin à un titre supérieur à 900 millièmes. L'argent à un titre moindre n'est pas poinçonné.

Le poinçonnement est effectué par la Monnaie impériale ; mais les marchandises dont il s'agit doivent être remises au président de la Corporation des orfèvres, qui a son bureau sur le marché, et ce dernier les porte à la Monnaie.

La taxe de poinçonnement est de 6 paras par gramme (0 fr. 033).

Le poinçon représente une petite Toughra impériale et le mot « Sah » (vrai).

Pour les marchandises d'or, on peut faire établir le titre à la Monnaie, mais pas en vue du poinçonnement. La marche à suivre serait longue et coûteuse.

Monnaies turques converties en monnaies françaises

500 piastres ou bourse, or........................	112f 40
Medjidieh (100 piastres), or..................... ..	22 25
20 piastres, argent..............................	4 40
Piastre (40 paras), argent.	0 22

CANADA

Loi du 13 juillet 1906
(Entree en vigueur le 13 mars 1908)

ARTICLE 1er. — La présente loi sera citée sous le titre suivant : « Loi de 1906 sur le poinçonnage de l'or et de l'argent ».

ART. 2. — A moins d'une indication particulière fournie par le texte,

a) Le terme « article », dans l'esprit de la présente loi, désigne une marchandise et comprend toute fraction de ladite, qu'elle constitue ou non un élément de valeur distincte ;

b) Le terme « marque » comprend les marques, devises, empreintes, signes imprimés ou gravés au feu, étiquettes. lettres, mots, figures, et en général tous les procédés dont il peut être fait usage pour indiquer la qualité, la quantité ou le poids de l'or, de l'alliage, ou d'un alliage d'or ou d'argent contenu dans un article ;

c) Les termes « s'appliquent » et « appliqués » comprennent toute méthode ou tous moyens d'appliquer ou de fixer à, d'employer à l'égard de, ou en connexion ou en relation avec un article, soit que cette application ou ce fixage concerne :

1° L'article lui-même ;

2° Ou un objet assujetti à cet article ;

3° Ou un objet auquel cet article est assujetti ;

4° Ou un objet dans ou sur lequel cet article est placé ;

5° Ou enfin un objet employé ou disposé de telle façon que l'on puisse raisonnablement penser que la marque apposée sur cet objet concerne l'article lui-même.

d) Le terme « négociant » désigne toute personne, corporation, association ou maison de commerce s'adonnant à la fabrication ou à la vente, soit en gros, soit au détail, de bijouterie d'or ou d'argent, d'articles en or ou plaqués d'or, d'articles en argent ou plaqués d'argent, ou d'articles similaires, ainsi que tout directeur, administrateur, fonctionnaire ou agent d'une telle corporation, association ou maison de commerce ;

e) Le terme « vendre » qualifie le fait de « disposer d'un article contre une compensation appréciable », « d'offrir pour la vente », « d'offrir de disposer d'un article contre une compensation appréciable », et « d'avoir en sa possession un article avec l'intention de le vendre ou d'en disposer contre une compensation appréciable ».

Art. 3. — La présente loi ne s'appliquera pas aux articles fabriqués au Canada avant la date de son entrée en vigueur, ni aux articles importés au Canada avant ladite date, ni aux articles qui, en vertu d'un règlement édicté par le Gouverneur en Conseil, sur les bases de la présente loi, pourront être exemptés de son application.

Art. 4. — Il ne sera pas légal de fabriquer, ni de vendre, ni d'importer, ni de tenter d'importer au Canada un article composé entièrement ou en partie d'or ou d'argent, ou d'un alliage d'or ou d'argent, en dehors de ceux mentionnés à l'art. 11 de la présente loi, si cet article porte une autre marque que l'une des suivantes :

a) Marques de fabrique enregistrées conformément à la loi sur les marques et dessins de fabrique, chapitre 63 des statuts révisés du Canada ;

b) Lettres spécifiées par le tableau A annexé à la présente loi, et exigées en vue de connaître l'époque à laquelle l'article qui les porte a été manufacturé ;

c) Marques indiquant avec exactitude, suivant les prescriptions de la présente loi, la qualité de l'or ou de l'argent, ou de l'alliage d'or ou d'argent employé à la fabrication dudit article.

Art. 5. — En ce qui concerne les articles composés entièrement ou en partie d'or ou d'un alliage d'or :

a) Les marques exigées par le paragraphe *c* de l'art. 4 de la présente loi et indiquant la qualité, spécifieront la finesse de l'or en karats ; ainsi, selon les cas, 10 karats, 18 karats, etc. ;

b) Le nombre de karats ainsi spécifié sera, par rapport au chiffre de 24 karats, dans la même relation que l'or contenu dans l'alliage, par rapport à l'or pur. Ainsi 18 karats signifiera que, dans la composition, il se trouve 18 parties d'or pur et 6 parties d'alliage ;

c) La finesse réelle de l'or ou de l'alliage d'or dont l'article est constitué ne devra pas être inférieure à la proportion suivante :

1° De plus d'un demi-karat, s'il est fait usage de soudure ;

2° De plus d'un quart de karat, s'il n'est pas fait usage de soudure.

ART. 6. — Tout négociant, dans le sens de la présente loi, est coupable d'un délit et passible des pénalités prévues par la présente loi s'il fabrique, vend, importe, ou tente d'importer au Canàda un article donné pour être entièrement ou en partie composé d'or ou d'un alliage d'or, si l'article, au moment de sa fabrication ou de sa mise en vente, porte une marque :

a) Indiquant que l'or contenu dans ledit article est inférieur à 10 karats en finesse ;

b) Ou bien contenant les mots « or », « or massif », « or pur », « U. S. essai » ou tout autre terme ayant pour objet de spécifier l'or ou l'alliage dont l'article est composé.

ART. 7. — Tout négociant, au sens de la présente loi, est déclaré coupable d'un délit et passible des pénalités prévues par la présente loi, s'il fabrique, vend, importe ou tente d'importer au Canada un article portant une marque dont les termes indiquent, se proposent d'indiquer ou donnent raisonnablement à penser que le métal ou l'alliage dont l'article est fait est du pur argent, si le métal ou l'alliage dont ledit article est réellement composé contient de l'argent en proportion moindre que 925 parties d'argent pur sur 1.000 parties de ce métal ou d'alliage :

1° Dans la proportion de plus de 25 parties sur mille, s'il est fait usage de soudure ;

2° Dans la proportion de plus de 10 parties sur 1.000, s'il n'est pas fait usage de soudure.

ART. 8. — Les dispositions de l'art. 4 de la présente loi ne s'appliqueront pas aux articles en or de moins de 10 karats de finesse, ni aux articles en argent, ou en alliage d'or et d'argent qui portent :

a) Une marque de contrôle légalement appliquée conformément aux lois du Royaume-Uni de Grande-Bretagne et d'Irlande ;

b) Ou bien une marque indiquant la qualité de l'or ou de l'argent, ou de l'alliage, et appliquée par le gouvernement d'un Etat étranger, s'il a été satisfait, d'ailleurs, en ce qui concerne l'article en question, à toutes les autres dispositions de la présente loi.

ART. 9. — La présente loi ne s'appliquera pas aux parties des articles manufacturés que peut rendre nécessaires leur adaptation aux usages du commerce, c'est-à-dire aux ressorts, aux tiges, aux manches, aux noyaux, aux épingles, aux broches de charnière, ni aux autres articles similaires qu'un règlement édicté par le Gouverneur en Conseil, sur la base de la présente loi, aura favorisés d'une exemption.

ART. 10. — Une marque appliquée à une boîte ou couverture attachée à, ou faisant partie intégrante de tout article composé d'un mécanisme, ressorts ou mouvements, ou destinée à lui être appliquée ou à en faire partie, ne sera pas considérée comme appliquée au mécanisme, aux ressorts, ni aux mouvements.

ART. 11. — Dans le cas d'articles faits entièrement ou en partie d'un métal commun, portant déposée ou plaquée, braisée ou autrement fixée, une feuille de couverture en or ou en argent, ou en alliage d'or ou d'argent, et connue dans le commerce sous le nom de plaque laminée d'or, de feuille d'or ou d'argent, ou sous toute autre appellation similaire, ainsi que dans le cas d'articles de nature analogue, rangés, en vertu d'un règlement du Gouverneur en Conseil, sous les dispositions du présent article :

a) Aucune marque ne sera appliquée, sauf celles qui ont trait à la finesse, au poids réel de l'or ou de l'argent, ou de l'alliage d'or ou d'argent contenu dans l'article, ainsi qu'à la proportion décimale de l'or, de l'argent, ou de l'alliage d'or ou d'argent par rapport au poids brut de l'article au moment de sa vente ou de sa remise par le fabricant ;

b) Par contre, une marque indiquant que l'article ou une partie de l'article est en feuille d'or laminée, en plaque d'or ou d'argent ou d'une matière analogue, le cas échéant, devra être accompagnée d'une marque de fabrique dûment enregistrée, conformément aux dispositions de la loi sur les marques et dessins de fabrique, chapitre 63 des statuts révisés du Canada ;

c) Bien que la finesse ou le poids réel ou proportionnel de l'or ou de l'argent, ou de l'alliage d'or ou d'argent contenu dans un article soit indiqué par une marque spéciale, l'article et ses accessoires n'en devront pas moins être marqués, ainsi qu'il est requis par les art. 5, 6 et 7 de la présente loi ;

d) Le poids réel ou la proportion décimale d'or, d'argent, ou d'alliage d'or ou d'argent ne devra pas être inférieure au poids réel ou à la proportion décimale par la marque, de plus de 10 % du poids réel ou de la proportion décimale indiquée.

1° Tout négociant, au sens de la présente loi, est coupable

d'un délit et est passible d'une des pénalités prévues par la présente loi :

a) S'il contrevient aux dispositions du présent article ;

b) S'il fabrique, vend, importe ou tente d'importer au Canada un article à l'occasion duquel il a été contrevenu a l'une des dispositions du présent article ;

c) S'il fait usage d'un document écrit ou imprimé, ou s'il applique une marque, certifiant ou ayant pour objet de certifier que l'or ou l'argent appliqué sur ou contenu dans un article de la catégorie à laquelle se réfère la présente section, est susceptible de durer un temps déterminé.

Art. 12. — Tout négociant, dans le sens de la présente loi, est coupable d'un délit et est passible d'une des pénalités prévues par la présente loi, s'il fabrique, vend, importe ou tente d'importer au Canada un article d'argent galvanisé, ne portant pas correctement et véridiquement apposées les indications suivantes :

a) Nature du métal sur lequel le revêtement galvanique est appliqué ;

b) Nature du métal dont est fait le dépôt ;

c) Degré, qualité et description commerciale du revêtement.

Art. 13. — Quiconque aura été convaincu d'un délit aux termes de la présente loi, ou d'une contravention aux prescriptions de la présente loi, sera passible d'une amende de 100 dollars au maximum pour chaque article à l'occasion duquel le délit aura été relevé. D'autre part, aussitôt après déclaration du délit, l'article en question sera brisé ou détérioré, de façon à être rendu impropre à la vente, sauf quant à la valeur du métal.

Art. 14. — Le Gouverneur en Conseil pourra, périodiquement, édicter tels règlements qu'il jugera nécessaires, en ce qui concerne tel ou tels points suivants :

a) Assurer la mise en vigueur et l'application efficace de la présente loi, y compris l'imposition de pénalités n'excédant pas 50 dollars d'amende, à recouvrer après enquête sommaire, aux dépens de toute personne ayant contrevenu à une prescription ;

b) Décider de la nomination, des pouvoirs et des droits des fonctionnaires employés à cette œuvre de mise en vigueur et d'application de la loi ;

c) Désigner les articles susceptibles d'être exemptés des dispositions des sections 3 et 9 de la présente loi ou d'être soumis aux dispositions de la section 11 ;

d) Accomplir, d'une manière générale, tous les actes en conformité avec la présente loi.

ART. 15. — La présente loi n'entrera en vigueur que douze mois après que le Gouverneur en Conseil aura fait connaître son approbation de la part du roi.

Tableau A

A indique la période du 30 juin 1906 au 1ᵉʳ juillet 1910

B	—	—	1910	—	1915
C	—	—	1915	—	1920
D	—	—	1920	—	1925
E	—	—	1925	—	1930
F	—	—	1930	—	1935
G	—	—	1935	—	1940
H	—	—	1940	—	1945
I	—	—	1945	—	1950

ÉTATS-UNIS D'AMÉRIQUE

Extrait de la loi approuvée le 13 juin 1906, prohibant l'importation, l'exportation et le transport des articles d'or et d'argent et des alliages d'or et d'argent frauduleusement poinçonnés.
(Circulaire du département du Trésor n° 52, du 22 juin 1906)

En vertu de la loi susnommée, qui entrera en vigueur un an après la date de son approbation, sont prohibés l'importation, l'exportation et le transport des articles manufacturés après l'entrée en vigueur de ladite loi, composés en tout ou en partie d'or, d'argent ou d'un alliage de ces métaux et portant, sur l'article lui-même, une étiquette qui y est attachée ou sur l'emballage qui le conditionne une marque indiquant que l'or, l'argent ou l'alliage de ces métaux sont d'un titre supérieur au titre réel.

Pour les articles composés en tout ou en partie d'or ou de ses alliages, le titre réel ne pourra être inférieur de plus de un demi-karat au titre indiqué par la marque, sauf pour les boîtes de montres et pour la vaisselle, dont le titre réel ne pourra être inférieur de plus de 3 millièmes au titre indiqué par la marque.

Pour les articles composés en tout ou en partie d'argent ou de ses alliages, le titre réel ne pourra être inférieur de plus de 4 millièmes au titre indiqué par la marque ; de plus, ces articles ne pourront être munis des mots « sterlings » ou « sterling silver » que s'ils contiennent 925 millièmes d'argent pur, et des mots « coin » ou « coin silver » que s'ils contiennent 900 millièmes d'argent pur.

Les articles composés en tout ou en partie d'un métal inférieur, recouverts ou autrement garnis d'or, d'argent ou d'un alliage de ces métaux, ne pourront être munis d'un mot ou d'une marque généralement employés pour indiquer le titre de l'or, à moins que ce mot ou cette marque ne soient accompagnés d'autres mots indiquant clairement la dénomination commerciale de ces objets ; de plus, lesdits articles ne pourront porter les mots « sterling » ou « coin », ni seuls ni accompagnés d'autres mots ou marques.

TROISIÈME PARTIE

***

CHAPITRE XXI

TRAITÉS DE COMMERCE

Jusqu'au 1er février 1892, le tableau des droits de douane applicables aux marchandises entrant en France se composait de deux tarifs : le tarif général et le tarif conventionnel. Le premier constituait le droit commun en cette matière ; le second comprenait toutes les marchandises dont la dénomination figurait dans les tarifs joints aux traités de commerce passés entre la France et la généralité des Etats européens.

Ce tarif conventionnel cessa d'être applicable à partir de la date indiquée ci-dessus par suite de la dénonciation des traités passés avec les puissances européennes. De tous ces traités, un seul fut renouvelé : celui du 30 décembre 1881, avec la Suède et Norvège, qui ne contenait pas de tarif et qui, à côté de dispositions d'un caractère plutôt réglementaire, stipulait simplement le régime de la nation la plus favorisée. (Le gouvernement s'est écarté en principe, plutôt qu'en fait, il est vrai, de la règle suivie à l'égard de tous les autres Etats et d'après laquelle les engagements commerciaux ne contenaient aucune clause constituant tarif, en signant des conventions à tarifs avec certains pays, notamment avec la Russie et la Suisse.) Les clauses relatives à sa durée furent d'ailleurs exclues de la convention relative à son renouvellement. (Traité du 13 janvier 1892, art. 1er.)

La loi du 11 janvier 1892 a substitué aux deux tarifs précités un double tarif : l'un portant le nom de tarif général, l'autre celui de tarif minimum.

Le tarif général est le tarif de droit commun. Le tarif minimum est celui qui peut être appliqué aux marchandises originaires des pays qui feront bénéficier nos marchandises d'avantages corrélatifs et leur appliqueront aussi leur tarif minimum.

Les clauses du traité du 30 décembre 1881, prorogées provisoirement par le traité du 13 janvier 1892 et maintenues définitivement par le décret du 30 janvier de la même année, et celles du traité avec la Grande-Bretagne du 28 février 1882 forment actuellement la base du régime conventionnel. Elles sont applicables aux pays qui bénéficiaient à titre général du traitement de la nation la plus favorisée.

Mais tous les arrangements commerciaux n'affectent pas la forme de traités. Pour les traités admis autrefois au régime conventionnel et auxquels le gouvernement peut, en vertu de la loi du 29 décembre 1891, accorder par décret le tarif minimum, il est procédé par voie d'actes unilatéraux. Si le pays n'est pas de ceux qui profitaient, avant le 1er février 1892, du tarif conventionnel, l'intervention du pouvoir législatif est nécessaire, et l'acte unilatéral, qui concède le tarif minimum, est une loi.

(Voir ci-après le tableau des pays auxquels le tarif minimum est applicable en vertu de traités, de lois antérieures ou de décrets ; l'extrait du traité de commerce franco-suisse du 20 octobre 1906, et le tarif général des droits de douane perçus à l'entrée en France, ainsi que le tarif minimum.)

La France bénéficie dans les Etats dénommés ci-après sous tous les rapports, et ces Etats bénéficient, dans les mêmes conditions, du traitement de la nation la plus favorisée en France, en Algérie, ainsi que dans les colonies et possessions françaises et les pays du protectorat de l'Indo-Chine.

Lesdits Etats doivent par conséquent profiter immédiatement et sans condition de toute faveur ou immunité, de tout privilège ou abaissement de tarif, pour l'importation des marchandises, qui sont ou peuvent être accordés par la France à un autre Etat.

Pour la plupart de ces pays, l'application de ce traitement résulte des traités ou conventions commerciales passés avec la France. Pour quelques autres, au contraire (Belgique, Pays-Bas, Grèce, etc.), les relations commerciales sont réglées non par des conventions, mais par des lois intérieures et décrets qui déterminent, dans chaque pays respectivement, les conditions auxquelles sont soumises les importations de l'autre pays.

Le régime de la nation la plus favorisée est également applicable à ces Etats, en France, en Algérie et dans les colonies et possessions françaises et pays du protectorat de l'Indo-Chine, par mesure de réciprocité, pour tout ce qui concerne le transit, l'entrepôt, l'exportation, la réexportation, les droits locaux, le courtage, les formalités de douane, les échantillons, de même que pour tout ce qui a rapport à l'exercice du commerce et de l'industrie. (Traité du 13 janvier 1892 avec la Suède et la Norvège.)

La nationalité des produits des Etats ayant droit au tarif minimum est suffisamment établie tant par les caractères inhérents à ces produits que par les circonstances de l'importation. La justification d'origine ne doit être exigée, en ce qui les concerne, qu'à titre exceptionnel, lorsque la France n'est pas liée avec un pays tiers par la clause de la nation la plus favorisée.

En principe, les certificats d'origine ne lient pas l'appréciation de la douane et ne portent pas atteinte à son droit de vérification et de recours à l'expertise.

Lorsqu'il est produit des justifications d'origine, elles doivent résulter soit d'une déclaration officielle faite devant un magistrat siégeant au lieu de l'expédition, soit d'un certificat délivré par le service des douanes du bureau d'exportation, soit d'un certificat des Chambres de commerce ou des autorités locales (maire, commissaire de police, président du tribunal de commerce, juge, notaire, etc.) dans les lieux d'expédition, soit, enfin, d'un certificat délivré par les consuls ou agents consulaires de France dans le lieu d'expédition ou dans le port d'embarquement. S'il s'agit de certificats émanant des autorités locales, les signatures doivent être légalisées par le consul de France.

Toutefois les certificats d'origine délivrés par les douanes étrangères sont dispensés de la légalisation consulaire, pourvu qu'ils soient revêtus du cachet de ces douanes, qu'aucun doute ne s'élève sur leur authenticité, et qu'en outre il s'agisse de pays qui admettent les certificats des douanes françaises dans les mêmes conditions.

En principe, les certificats d'origine en langue étrangère doivent être accompagnés d'une traduction authentique.

Le bénéfice de la gratuité de la délivrance du visa ou de la légalisation consulaire des certificats d'origine est acquis aux pays ci-après qui assurent à nos nationaux la réciprocité de traitement : Royaume-Uni de la Grande-Bretagne et de l'Irlande, colonies, possessions et protectorats britanniques, Autriche-Hongrie, Danemark, Haïti, Suisse, Suède et Norvège, Russie.

Indépendamment des droits de douane proprement dits, les marchandises admises aux conditions du tarif minimum sont

passibles des taxes intérieures de fabrication ou de consommation . . . .

Les articles d'orfèvrerie et de bijouterie en or, argent, platine
ou autres métaux, originaires des Etats contractants, sont soumis au régime du contrôle établi pour les articles similaires de
fabrique française, et paient, sur la même base que ceux-ci, les
droits de marque et de garantie. Ils bénéficient, par suite, de la
restitution du droit de garantie, en cas de réexportation, au
même titre que les ouvrages de fabrication française.

(Ces dispositions sont applicables aux pays qui jouissent du
tarif minimum, à l'exception du Canada, des Etats-Unis et du
Maroc.)

Les voyageurs de commerce des Etats contractants peuvent
faire des achats pour les besoins de leur industrie et recueillir
des commandes avec ou sans échantillons, mais sans colporter
de marchandises. Ils ne peuvent être soumis, dans ces conditions, à un droit de patente supérieur au droit de patente le
moins élevé applicable aux voyageurs nationaux de même condition. (Traité du 30 décembre 1881 avec la Suède et la Norvège,
maintenu en vigueur par la convention du 13 janvier 1892.)

En vertu d'accords spéciaux, l'Allemagne et la Belgique
exemptent de toute taxe (droit de patente ou autre) les voyageurs de commerce français munis d'une carte de légitimation
et qui viennent faire des achats ou recueillir des commandes
chez des personnes exerçant un commerce ou une industrie.

La réciprocité est acquise, sous les mêmes conditions, aux
voyageurs allemands et belges. (Art. 11 du traité de Francfort;
accord franco-belge du 1er novembre 1901 et convention franco-
allemande du 2 juillet 1902.)

La convention franco-suisse du 20 octobre 1906 stipule un
régime analogue pour les voyageurs de commerce de l'un et de
l'autre pays.

Mais les voyageurs français qui recherchent en Suisse
des commandes chez des particuliers n'exerçant ni commerce, ni industrie, sont assujettis à un droit de patente spécial;
par réciprocité. les voyageurs suisses se livrant en France à ces
opérations doivent être soumis à une taxe équivalente.

Les pays d'Europe qui soumettent les voyageurs français au
droit de patente sont actuellement le Danemark, la Norvège,
les Pays-Bas, la Russie et la Suède. Les voyageurs de ces pays
doivent, à titre de réciprocité, acquitter une taxe équivalente
lorsqu'ils viennent en France recueillir des commandes.

Le taux de la taxe acquittée par les voyageurs de commerce

français dans les pays désignés ci-après est fixé ainsi qu'il suit :

Danemark, 224 fr. par an. — Pour le voyageur représentant un seul commerçant ou fabricant. Ajouter 112 fr. pour chaque maison représentée en sus de la première.

Norvège, 138 fr. 90 par période de 30 jours. — La patente, payable d'avance, sera établie pour une seule ou plusieurs périodes de trente jours, à compter de la date de son expédition, d'après la durée de séjour déclarée par le commis voyageur, sauf supplément ultérieur d'imposition, s'il y a lieu.

Hollande, 31 fr. 50 par an. — Décret du 28 novembre 1903, art. 24.

Suède, 138 fr. 90 par mois. — La patente sera établie à raison de 138 fr. 90 par mois ou fraction de mois que durera le séjour du commis voyageur en Suède.

Elle sera calculée d'après la durée du séjour déclaré par le commis voyageur, sauf supplément ultérieur d'imposition, s'il y a lieu.

Suisse. — Exemption de patente pour le voyageur de commerce qui est en relations d'affaires exclusivement avec des maisons opérant là revente de ces articles ou faisant usage de ces articles pour leurs besoins professionnels. — 150 fr. pour l'année, 100 fr. pour un semestre, pour le voyageur de commerce prenant des commandes chez les particuliers.

Russie, 50 roubles pour toute l'année et 25 roubles pour la seconde moitié. — Les voyageurs ne pourront avoir avec eux que des échantillons et modèles et point de marchandises. (Art. 6 du décret du 23 février 1906.)

Les commis voyageurs des nations étrangères désignées ci-dessus doivent, aux termes de l'art. 24 de la loi du 15 juillet 1880, acquitter, par voie de réciprocité, des taxes de même quotité que celles payées par nos nationaux dans ces pays, lorsqu'ils viennent en France recueillir des commandes.

Les traités actuellement en vigueur ne dérogent en rien aux règlements généraux pour ce qui concerne les déclarations et les formalités qui s'y rattachent.

Les contestations relatives à la nature, à l'espèce, à l'origine ou à la valeur des marchandises sont vidées conformément aux règles établies par l'art. 5 du décret-loi du 5 août 1810, l'art. 22 de la loi du 27 juillet 1822, et les lois des 7 mai 1881, art. 4, et 11 janvier 1892, art. 9.

Aux termes de l'art. 24 de la convention franco-suisse du 20 octobre 1906, les contestations relatives à l'interprétation de ladite convention ou de ses annexes, ainsi qu'à l'application des droits fixés dans les traités à tarifs conclus par les deux pays avec des Etats tiers, doivent être tranchées, sur la demande de l'une ou de l'autre partie, par voie d'arbitrage.

Le mode de fonctionnement de l'arbitrage de ladite convention est reproduit ci-après :

Constitution et procédure du tribunal arbitral

Lorsque, conformément à l'art. 24, un arbitrage doit avoir lieu, le tribunal arbitral sera composé, dans chaque cas, de la manière suivante :

1° L'une et l'autre des parties contractantes appellera aux fonctions d'arbitre une personne qualifiée choisie parmi ses propres ressortants ;

2° Les deux parties contractantes choisiront ensuite le surarbitre parmi les ressortissants d'une puissance tierce ;

3° Si l'accord ne s'établit pas à ce sujet, chaque partie présentera un candidat d'une nationalité différente de celles des personnes proposées par application du paragraphe précédent ;

4° Le sort déterminera celui des deux candidats ainsi désignés qui remplira le rôle de surarbitre, à moins que les deux parties ne se soient entendues à ce sujet ;

5° Le surarbitre présidera le tribunal, qui rendra ses décisions à la majorité des voix.

Au premier cas d'arbitrage, le tribunal siégera sur le territoire de la partie désignée par le sort ; au second cas, sur le territoire de l'autre partie, et ainsi de suite alternativement sur l'un et sur l'autre territoire. dans la ville que choisira le gouvernement du pays dans lequel le tribunal sera appelé à se réunir. Ce gouvernement mettra à la disposition du tribunal le personnel et le local nécessaires à son fonctionnement.

Chaque partie sera représentée devant le tribunal par un agent qui servira d'intermédiaire entre le tribunal et le gouvernement qui l'aura désigné

La procédure aura lieu exclusivement par écrit. Toutefois, le tribunal aura la faculté de demander des explications orales aux agents des deux parties, ainsi qu'aux experts et témoins dont il aura jugé la comparution utile.

Pour assurer la citation ou l'audition de ces experts ou témoins, chacune des parties contractantes, sur la demande du tribunal arbitral, prêtera son assistance dans les mêmes conditions que pour l'exécution des commissions rogatoires.

Les frais de l'arbitrage seront par moitié à la charge des deux parties. (Règlements compris sous le nom d'observations préliminaires ou règles générales du tarif des douanes.)

Tableau des pays bénéficiant du tarif minimum en vertu de traités, conventions commerciales, lois intérieures ou décrets

1° PAYS D'EUROPE

Allemagne. — Traités de Francfort du 10 mai 1871, art. 11, et du 11 décembre 1871, art. 17. — Conditions des traités conclus ou qui pourront être conclus avec l'Angleterre, la Belgique, les Pays-Bas, la Suisse, l'Autriche et la Russie pour les stipulations commerciales, et nouvelle mise en vigueur, pour la navigation, des traités du 2 août 1862, 4 mars, 9 juin et 19 septembre 1865.

Autriche-Hongrie. — Convention de commerce du 18 février 1884. Traité de navigation du 9 avril 1884. — Le traité conclu le 18 février 1884 entre la France et l'Autriche-Hongrie s'applique à toutes les provinces dépendant de l'Empire d'Autriche et des royaumes de Bohême et de Hongrie, y compris la Bosnie et l'Herzegovine, qui dependent de l'Autriche en vertu du traité de Berlin du 13 juillet 1878.

Belgique. — Décret du 30 janvier 1892.

Bulgarie. — Traité de commerce et de navigation du 13 janvier 1906. — On considère comme importés en droiture les produits bulgares importés par la Turquie d'Europe

Danemark. — Traité de commerce et de navigation du 17 août 1742. Convention additionnelle du 9 février 1842. — L'Islande et les îles Feroe sont considérées comme dépendances européennes du Danemark.

Espagne. — Arrangement commercial du 30 décembre 1893 et 27 décembre 1894, prorogé *sine die*. — Les produits des îles Baléares sont admis au tarif minimum.

Grande-Bretagne. — Loi du 27 février 1882 et convention du 28 février 1882. — Le traitement de la nation la plus favorisée, accordé à l'Angleterre par la loi du 27 février 1882, n'est pas applicable aux provenances de Malte, de Gibraltar et d'Heligoland Cette dernière île a été cédée par l'Angleterre à l'Allemagne.

Grand-Duché de Luxembourg. — Traité du 10 mai 1871. — Le Grand-Duché de Luxembourg a droit au même régime que l'Allemagne.

Grèce. — Décret du 30 janvier 1892.

Italie. — Décret du 7 février 1899. — Les produits italiens sont admis au tarif minimum, à l'exception des soies et soieries (n°° 27, 379 à 381 et 459 du tarif) qui restent soumises aux conditions du tarif général. La colonie italienne de l'Erythree n'a pas droit au tarif minimum (Dépêche des Affaires étrangères du 27 juillet 1899)

Monténégro. — Décision du 29 mars 1906 — L'arrangement provisoire de 1903 a été prorogé jusqu'en 1908.

Pays-Bas. — Décret du 30 janvier 1892.

Roumanie. — Convention commerciale du 28 février 1893.

Russie. — Traité de commerce et de navigation du 1er avril 1874 Convention de commerce 16/29 septembre 1905 — Sont considérées comme faites en droiture les importations par la Russie d'Europe des produits de la Russie d'Asie.

Serbie. — Arrangement commercial du 5 juillet 1893

Suède et Norvège. — Convention de commerce et de navigation du 13 janvier 1892.

Suisse. — Convention de commerce du 20 octobre 1906. Convention sur les rapports de voisinage du 23 février 1882. Article additionnel du 25 juin 1895.

Turquie. — Traité de paix du 25 juin 1802. Convention commerciale du 25 novembre 1838 et décret du 30 janvier 1892. — Traitement de la nation la plus favorisée. Décret du 30 janvier 1892. L'île de Chypre est traitée comme dépendance asiatique de la Turquie et reste placée sous le régime des conventions conclues avec ce pays.

Pays soumis au tarif général : Portugal, Malte, Gibraltar, Héligoland Tous les autres pays d Europe bénéficient, à titre définitif, du tarif minimum

2ᵉ Pays hors d'Europe

Antilles danoises. — Convention de commerce du 12 juin 1901. — La bijouterie et l'horlogerie jouissent du tarif minimum.

Brésil. — Loi et décret du 17 juillet 1900. — La bijouterie et l'horlogerie jouissent du tarif minimum.

Canada. — Arrangement commercial du 6 février 1893. — Les métaux précieux ne bénéficient pas du tarif minimum.

Chine. — Loi et décret du 28 février 1899 — Loi et décret du 22 février 1902. — Le tarif minimum est appliqué aux métaux précieux.

Colombie. — Convention de commerce et de navigation du 30 mai 1892. — Le tarif minimum est appliqué aux metaux precieux.

Colonies néerlandaises. — Convention de commerce du 13 août 1902. — Le tarif minimum est appliqué aux métaux précieux.

Corée. — Loi du 22 février 1902. — Le tarif minimum est appliqué aux métaux précieux.

Costa-Rica. — Convention de commerce du 7 juin 1901 — Le tarif minimum est appliqué aux métaux precieux.

Egypte. — Convention de commerce et de navigation du 26 novembre 1902 — L'arrangement s'applique à la France, a l'Algérie, aux colonies et possessions françaises, ainsi qu'aux pays de protectorat de l'Indo-Chine et de la Tunisie.

Etablissements anglais des Détroits. Etats fédérés malais. — Loi et décret du 22 février 1902. — Ces pays bénéficient du tarif minimum en ce qui concerne la bijouterie et l horlogerie.

Etats-Unis d'Amérique. — Loi du 27 janvier 1893. Décrets du 7 juillet 1893 et 28 mai 1898 — Ces pays bénéficient du tarif minimum en ce qui concerne la bijouterie et l'horlogerie.

Etat indépendant du Congo. — Convention de commerce du 31 octobre 1901. — Ce pays bénéficie du tarif minimum pour les denrées coloniales autres que le sucre et ses dérivés et les tabacs.

Equateur. — Convention de commerce et de navigation du 30 mai 1898.

Ethiopie. — Loi du 22 février 1902. — Ce pays bénéficie du tarif minimum pour les denrées coloniales autres que le sucre et ses dérivés et les tabacs.

Haïti. — Convention de commerce du 30 janvier 1907. — Ce pays bénéficie du tarif minimum pour les denrées coloniales autres que le sucre et ses dérivés et les tabacs

Hong-Kong (Colonie de). — Loi du 22 février 1902.

Honduras (Republique du) — Convention de commerce du 11 février 1902 — Ce pays bénéficie du tarif minimum pour les denrées coloniales autres que le sucre et ses dérivés et les tabacs.

Iles Canaries. — Decret du 30 decembre 1893

Ile de Ceylan. — Convention de commerce du 19 fevrier 1903 — Ce pays beneficie du tarif minimum pour les denrees coloniales autres que le sucre et ses derives et les tabacs.

Iles Seychelles. — Convention de commerce du 16 avril 1902 — Ce pays beneficie du tarif minimum pour les denrees coloniales autres que le sucre et ses derives et les tabacs.

Indes anglaises et Etats indigènes assimilés. — Convention de commerce du 19 fevrier 1903. — Ce pays beneficie du tarif minimum pour les denrees coloniales autres que le sucre et ses derives et les tabacs.

Jamaique. — Convention de commerce du 8 août 1902

Japon. — Traité de commerce et de navigation du 8 aout 1902 Convention additionnelle du 25 décembre 1898.

Libéria (Republique de) — Loi du 22 fevrier 1902 — Conventions limitées a la concession du tarif minimum aux denrees coloniales autres que le sucre et ses derives et que les tabacs.

Maroc. — Loi du 6 fevrier 1893. — Les produits marocains importes par la frontiere de terre en Algerie et reexpedies en France doivent être admis au benefice du tarif minimum.

Mascate. — Loi du 22 fevrier 1902 — Tarif minimum pour les denrees coloniales autres que le sucre et ses derives et les tabacs

Mexique. — Traite de commerce du 27 novembre 1886. — Tarif minimum pour les denrees coloniales autres que le sucre et ses derives et les tabacs.

Nicaragua. — Convention du 27 janvier 1902 — Tarif minimum pour les denrees coloniales autres que le sucre et ses derives et les tabacs

Paraguay. — Convention du 21 juillet 1892. — Tarif minimum pour les denrees coloniales autres que le sucre et ses derives et les tabacs

Perse. — Traite d'amitie du 12 juillet 1855 — Tarif minimum pour les denrees coloniales autres que le sucre et ses derives et les tabacs.

Protectorats britanniques de l'Est africain. — Convention du 23 fevrier 1903 — Tarif minimum pour les denrees coloniales autres que le sucre et ses derives et les tabacs

Porto-Rico — Accord du 20 août 1902 — Tarif minimum pour les denrees coloniales autres que le sucre et ses derives et les tabacs

Possessions espagnoles de la Côte du Maroc. — Decret du 30 decembre 1893 — Tarif minimum pour les denrees coloniales autres que le sucre et ses derives et les tabacs

République argentine. — Convention du 19 août 1892. — Tarif minimum pour les denrees coloniales autres que le sucre et ses derives et les tabacs.

République de Salvador. — Convention du 9 janvier 1901. — Tarif minimum pour les denrées coloniales autres que le sucre et ses derives et les tabacs

Siam. — Loi du 22 fevrier 1902. — Tarif minimum pour les denrées coloniales autres que le sucre et ses derivés et les tabacs.

Tripoli (Regence de). — Decret du 30 janvier 1892. — Tarif minimum pour les denrées coloniales autres que le sucre et ses dérivés et les tabacs

Turquie d'Asie. — Decret du 30 janvier 1892. — Tarif minimum pour les denrées coloniales autres que le sucre et ses derivés et les tabacs.

Uruguay. — Convention du 4 juillet 1892. — Tarif minimum pour les denrees coloniales autres que le sucre et ses derives et les tabacs

Vénézuéla. — Convention du 19 février 1902. — Tarif minimum pour les denrées coloniales autres que le sucre et ses dérivés et les tabacs

Zanzibar. — Arrangement commercial du 27 juin 1901. — Tarif minimum pour les denrées coloniales autres que le sucre et ses derives et les tabacs.

Convention de commerce entre la France et la Suisse
du 20 octobre 1906

Ouvrages d'or et d'argent. — Régime du contrôle

Art. 10. — Les articles d'orfèvrerie et de bijouterie en or, en argent, platine ou autres métaux précieux, importés de l'un des deux pays, seront soumis dans l'autre au régime de contrôle établi pour les articles similaires de fabrication nationale, et payeront, s'il y a lieu, sur la même base que ceux-ci, les droits de marque et de garantie.

Les bureaux spéciaux fonctionnant actuellement à Bellegarde et à Pontarlier ou ceux qui, en remplacement de ces deux bureaux, pourraient être établis dans toutes autres localités voisines de la frontière de la Suisse pour le contrôle et la marque des objets ci-dessus désignés, seront maintenus pendant la durée de la présente convention. Il est entendu que les matières d'or et d'argent pourront être contrôlées sur le brut, à condition que les ouvrages soient assez avancés pour qu'en les finissant on ne leur fasse éprouver aucune altération et que les boîtes de montres, brutes ou finies, pourront être expédiées aux bureaux de vérification en France, moyennant une soumission cautionnée garantissant leur réexportation.

Surtaxes

Art. 11. — Les marchandises non originaires de Suisse qui seraient importées de Suisse en France ne pourront pas être grevées de surtaxes supérieures à celles dont seront passibles les marchandises de même nature importées en France de tout autre pays européen autrement qu'en droiture par navire français.

Certificats d'origine

Art. 12. — Les importateurs de marchandises françaises ou suisses seront réciproquement dispensés de l'obligation de produire des certificats d'origine.

Toutefois, dans le cas où un pays tiers viendrait à ne pas être lié avec l'une ou l'autre des parties contractantes par la clause de la nation la plus favorisée, la production de certificats d'origine pourra être exceptionnellement exigée. Dans ce cas, les certificats seront délivrés soit par le chef de service des douanes du bureau d'exportation, soit dans les lieux d'expédition, par les chambres de commerce, par les consuls ou agents consulaires du pays dans lequel l'importation doit être faite, ou par une autorité locale. La délivrance et le visa des certificats d'origine se feront gratuitement.

Déclarations en douane

ART. 14. — Les déclarations en douane doivent contenir toutes les indications nécessaires pour l'application des droits. Ainsi, outre la nature, l'espèce, la qualité, la provenance et la destination de la marchandise, elles doivent énoncer le poids, le nombre, la mesure ou la valeur, suivant le cas.

Si le déclarant se trouve dans l'impossibilité d'énoncer l'espèce ou la quantité à soumettre aux droits, la douane pourra lui permettre de vérifier à ses frais, dans un local désigné ou agréé par elle, l'espèce, le poids, la mesure ou le nombre ; après quoi, l'importateur sera tenu de faire la déclaration détaillée de la marchandise dans les délais voulus par la législation de chaque pays.

Paiement des droits sur le poids net

ART. 15. — A l'égard des marchandises qui acquittent les droits sur le poids net, si le déclarant entend que la perception ait lieu d'après le net réel, il devra énoncer ce poids dans sa déclaration. A défaut, la liquidation des droits sera établie sur le poids brut, sauf défalcation de la tare légale.

Reduction

ART. 16. — Il est convenu que les droits perçus par application de la présente convention ne subiront aucune réduction du chef d'avarie ou de détérioration quelconque des marchandises.

Transit

ART. 17. — Les marchandises de toutes natures traversant l'un des deux pays seront réciproquement exemptes de tout droit de transit.

Le transit des contrefaçons est interdit ; . . . .
. . . .

Le traitement de la nation la plus favorisée est réciproquement garanti à chacun des deux pays pour tout ce qui concerne le transit.

Commis voyageurs. — Cartes de légitimation. — Patentes

ART. 18. — Les négociants, industriels ou autres producteurs de l'un des deux pays, ainsi que leurs commis voyageurs, auront le droit, sur la production d'une carte de légitimation et sans y être soumis à aucune taxe de patente, de faire dans l'autre pays des achats pour leur commerce ou fabrication et d'y rechercher des commandes auprès des personnes ou maisons opérant la revente de leurs articles ou faisant usage de ces articles pour leurs besoins professionnels ; ils pourront avoir avec eux des échantillons ou modèles, mais il leur est interdit de colporter des marchandises à moins d'autorisation donnée conformément à la législation du pays où ils voyageront.

Les négociants, industriels et autres producteurs établis en France, ainsi que leurs commis voyageurs, qui recherchent en Suisse des commandes chez des particuliers n'exerçant ni commerce, ni industrie, étant assujettis sur le territoire fédéral à un droit de patente spécial, les négociants, industriels et autres producteurs établis en Suisse, ainsi que leurs commis voyageurs recherchant en France des commandes dans les mêmes conditions, y seront, par voie de réciprocité, passibles d'une taxe équivalente.

En outre, il demeure entendu que dans le cas où un droit de patente serait imposé dans l'un des deux pays aux personnes visées au paragraphe premier du présent article, les négociants, industriels et autres producteurs de ce pays, ainsi que leurs commis voyageurs, pourront être soumis dans l'autre à un impôt équivalent.

ART. 19. — La carte de légitimation pour voyageurs de commerce devra être établie conformément au modèle joint à la présente convention. Sur présentation de cette carte par les intéressés de l'un des deux pays, il leur sera délivré dans l'autre une nouvelle carte, leur permettant d'y effectuer leurs opérations d'achats et de ventes, après acquittement, s'il y a lieu, de la taxe de patente. . . . .

Echantillons ou modèles

ART. 20. — Les articles soumis à des droits et servant d'échantillons ou de modèles, qui seront introduits dans l'un des deux pays par les personnes visées à l'art. 18 de la présente convention, seront admis en franchise, à condition de satisfaire aux formalités suivantes, qui seront requises pour assurer leur réexportation ou leur mise en entrepôt .

1° Le bureau de douane par lequel les échantillons ou modèles seront importés constatera le montant du droit applicable auxdits articles. Le voyageur de commerce devra déposer, en espèces, le montant dudit droit au bureau de douane ou fournir une caution valable [1].

2° Pour assurer son identité, chaque échantillon ou modèle séparé sera, si faire se peut, marqué par l'apposition d'une estampille, d'un timbre, d'un cachet ou d'un plomb. Cette apposition pourra, exceptionnellement, être faite sur les récipients en contact direct avec les objets qu'ils contiennent, si la douane d'entrée juge que ce mode de procéder offre toute garantie.

Il sera réciproquement ajouté foi aux marques de reconnaissance officiellement apposées pour garantir l'identité des échantillons ou modèles exportés de l'un des deux pays et destinés à y être réimportés, c'est-à-dire que les marques apposées par l'autorité douanière du pays d'exportation serviront aussi, sur l'autre territoire, à constater l'identité des objets. Les douanes de l'un ou de l'autre pays pourront, toutefois, apposer une marque supplétive, si cette précaution est reconnue indispensable.

3° Il sera remis à l'importateur un permis ou certificat qui devra contenir :

a) Une liste des échantillons ou modèles importés, spécifiant la nature des articles ainsi que les marques particulières qui peuvent servir à la constatation de leur identité ;

b) L'indication du montant du droit dont les échantillons ou modèles sont passibles, et si ce montant a été versé en espèces ou garanti par caution ;

c) La description du signe de reconnaissance (estampille, timbre, cachet ou plomb) apposé sur les échantillons, modèles ou, s'il y a lieu, sur les récipients ;

d) Le délai à l'expiration duquel le montant du droit, selon

---

(1) Les echantillons d'ouvrages d'or et d'argent doivent être envoyes au bureau de garantie pour être contrôlés et marqués Le droit de garantie est rembourse a la réexportation
· Ces dispositions sont applicables aux pays qui benéficient du tarif minimum
(Traites avec la Suede et la Norvege du 30 decembre 1881, article 16, remis en vigueur par la convention du 13 janvier 189., article 6 de la convention du 28 fevrier 1882, avec l'Angleterre . article 4 de la convention avec la Russie du 16 septembre 1905, article 3 de la convention avec l'Allemagne du 2 juillet 1902, article 20 de la convention franco-suisse du 20 octobre 1906)

qu'il aura été consigné ou garanti, sera acquis au Trésor ou recouvré à son profit, à moins qu'il ne soit établi que dans ce délai, les échantillons ou modèles ont été réexportés ou mis en entrepôt ; le délai en question ne devra pas dépasser douze mois.

4° Il ne sera exigé de l'importateur aucun frais, à l'exception, toutefois, des droits de timbre pour la délivrance du certificat ou permis, non plus que pour l'apposition des marques destinées à assurer l'identité des échantillons ou modèles.

5° Les échantillons ou modèles pourront être réexportés par le bureau de douane d'entrée aussi bien que par tout autre bureau de douane autorisé au dédouanement d'échantillons ou de modèles.

6° Si, avant l'expiration du délai ci-dessus (3° littera *d*), les échantillons ou modèles sont présentés à un bureau de douane, ouvert à cet effet, pour être réexportés ou mis en entrepôt, ce bureau devra s'assurer, par une vérification, si les articles qui lui sont présentés sont bien ceux pour lesquels a été délivré le permis d'entrée. S'il n'y a aucun doute à cet égard, le bureau constatera la réexportation ou la mise en entrepôt et restituera le montant du droit déposé à l'importation, ou prendra les mesures nécessaires pour la décharge de la caution.

Art. 21. — Les dispositions des art. 18, 19 et 20 de la présente convention ne sont pas applicables aux industries ambulantes non plus qu'au colportage, chacune des parties contractantes réservant à cet égard l'entière liberté de sa législation.

. . . .

Art. 23. — Les ressortissants suisses ne sont pas tenus de posséder en France une fabrique pour y jouir de la même protection que les nationaux en matière de dessins et modèles industriels. Les ressortissants français jouiront en Suisse du même avantage. . . . .

. . . .

Algérie, colonies et possessions françaises dans les pays de protectorat de l'Indo-Chine

Art. 25. — Les dispositions de la présente convention sont applicables à l'Algérie. Toutefois, les marchandises originaires de Suisse ne pourront être admises au bénéfice de ces dispositions, à leur entrée en Algérie, qu'en transitant par la France.

Les marchandises originaires de Suisse et importées directement dans les colonies et possessions françaises et dans les pays de protectorat de l'Indo-Chine seront admises au bénéfice des taxes les plus réduites applicables aux produits étrangers ; de plus, le commerce et l'industrie suisses jouiront dans ces territoires du traitement de la nation la plus favorisée. Les marchandises originaires des colonies et possessions françaises et des pays de protectorat de l'Indo-Chine et importées directement en Suisse bénéficieront également du traitement de la nation la plus favorisée ; les dispositions de la présente convention seront, en outre, applicables à ces territoires.

Art. 26. — Les dispositions de la présente convention ne sont pas applicables aux marchandises qui seront ou seraient, dans l'un ou dans l'autre des deux pays, l'objet de monopoles de l'Etat.

. . . .

Dispositions tarifaires résultant de la convention franco-suisse du 21 novembre 1906

Le Gouvernement de la République a signé, le 20 octobre 1906, une convention de commerce avec la Suisse pour remplacer le *modus vivendi* de 1895.

L'art. 4 stipule que les deux pays se garantissent mutuellement le bénéfice du traitement de la nation la plus favorisée.

Par l'art. 10, il a été décidé que les articles d'orfèvrerie et de bijouterie en or, argent, platine ou autres métaux précieux, importés de l'un des deux pays, seront soumis dans l'autre au régime de contrôle établi pour les articles similaires de fabrication nationale, et paieront, s'il y a lieu, sur la même base que ceux-ci, les droits de marque et de garantie. Ils bénéficieront, par suite, de la restitution du droit de garantie, en cas de réexportation, au même titre que les ouvrages de fabrication nationale. C'est le régime qui est appliqué, en fait, aujourd'hui à l'orfèvrerie et à la bijouterie. Les articles d'horlogerie continueront d'être exclus de la restitution. (Voir le n° 393 des Observations préliminaires du tarif.)

Le contrôle des matières d'or et d'argent pourra avoir lieu sur les pièces brutes, à la condition que, suivant la règle posée par la loi de brumaire anVI, ces ouvrages soient dans un état assez avancé pour que le travail de parachèvement n'altère ni l'objet ni la marque elle-même.

Il est d'ailleurs convenu que les boîtes de montres à l'état brut bénéficieront, comme par le passé, du régime de l'admission temporaire en vue d'être revêtues de la marque.

La France s'engage à maintenir, sur la frontière franco-suisse, pendant la durée de la convention, deux bureaux de garantie, soit à Bellegarde et à Pontarlier, soit dans d'autres localités.

Ex 495 — *Joaillerie et bijouterie d'argent et de platine — Consolidation du droit actuel (500 fr. les 100 kilogr.) sous la réserve de l'art 2 de l'arrangement*

« Art. 2. — Les objets d'origine ou de manufacture suisse
» énumérés dans le tableau B, annexé à la présente convention,
» et importés directement du territoire suisse, seront admis en
» France aux droits fixés audit tableau, tous droits additionnels
» compris. Les objets ne figurant pas audit tableau seront admis
» en France aux droits du tarif minimum, etc..... »

NOTE N° 495. — *Médailles, jetons*

En vertu de l'arrêté-loi du 5 germinal an XII, qui réserve la frappe des médailles à l'administration de la Monnaie, les montres, boîtes de montres et parties de boîtes de montres, à fonds frappés ou estampés sont prohibées à l'importation comme articles similaires des médailles.

La loi du 21 novembre 1906 a levé cette interdiction sous la condition expresse que les objets soient convexes et n'affectent pas la forme plate d'une médaille. Les montres, boîtes et parties de boîtes présentant cette dernière forme restent soumises aux restrictions antérieures.

De même que pour les médailles de sainteté de petit module et à bélière et les estampages, la nouvelle facilité est privative aux montres et boîtes de montres originaires des pays ayant droit au tarif minimum.

AD N°° 500 a 502. — *Montres exportées temporairement pour être rhabillées*

A titre de trafic frontière et pour faciliter les opérations de l'industrie horlogère de l'un et de l'autre pays, il a été convenu que les montres envoyées de France en Suisse pour y être rhabillées pourront être réimportées en France, en franchise des droits de douane, à la condition que chaque envoi ne comprenne pas plus de douze pièces et que la réimportation ait lieu dans le délai de trois mois, le tout sous réserve des mesures de contrôle à prendre par la douane française pour assurer l'identité des montres lors de la réimportation. Réciproquement, les montres expédiées de France en Suisse après rhabillage bénéficieront de la franchise en Suisse.

Pour les montres exportées temporairement en Suisse en vue du rhabillage, les bureaux français délivreront des passavants suffisamment descriptifs pour que l'identification au retour ne puisse donner lieu à aucune difficulté. S'il était besoin, il y aurait lieu de procéder à l'estampillage. Il n'y aura pas à faire intervenir le service de la garantie quand aucun doute n'existera sur la régularité du poinçon. Les montres envoyées de Suisse pour être réparées dans les ateliers français seront placées sous le régime de l'admission temporaire ; l'identification pourra en être assurée le cas échéant au moyen de l'estampillage.

Ex. 509. — *Fournitures d'horlogerie pour la montre*

L'ancien droit de 50 francs, mais qui, d'après une disposition expresse, sera exigible aux 100 kilogrammes brut, est rétabli pour les fournitures exclusivement destinées à la montre, c'est-à-dire pour les anneaux, couronnes, spiraux, aiguilles, balanciers, roues, pignons, clés, goupilles, pitons, viroles, ancres, cylindres, axes, chatons, levées d'assortiments, assortiments d'échappement, pièces diverses de mécanisme de mouvement, tiges de remontoirs et ressorts.

Cette concession a été subordonnée à la condition du traitement réciproque pour les articles similaires importés de France en Suisse.

Les fournitures autres que celles énumérées ci-dessus, notamment celles de l'horlogerie (gros volume), demeurent soumises au droit de 120 francs par 100 kilogrammes résultant de la loi du 30 juillet 1904.

Les aiguilles et les clefs de montre en or ou en argent doivent être taxées comme bijouterie d'or ou d'argent ; mais on défalque du poids des clefs le poids des canons et autres accessoires, lorsqu'ils sont en autre matière que l'or ou l'argent. Ces accessoires, dont le poids particulier peut être facilement apprécié par épreuves, sont soumis séparément au droit des fournitures d'horlogerie.

- Les fournitures d'horlogerie en aluminium sont taxées comme ouvrages en aluminium.

On assimile aux fournitures d'horlogerie les plaques rondes de fer, d'acier ou de zinc, avec trous et reliefs, destinées à produire les airs des carillons à musique ou des aristons, manopans, etc.

Les cadrans de montres en tôle émaillée avec ou sans décors suivent le régime des fournitures d'horlogerie.

Par dérogation à la loi du 16 mai 1863, le droit de 50 francs est exigible sur le poids brut.

N° 503*bis*. — *Boîtes brutes*. — *Définition et assimilations*

L'ancienne définition de boîte brute a été rendue plus précise et plus complète. On ne considère comme boîtes brutes que celles qui n'ont subi ni polissage, ni mise en place de goupilles, ni décors à la main. Toute boîte qui se présente dans un état de fabrication plus avancé est passible du droit des boîtes finies.

Par dérogation à l'art. 24 de la loi du 16 mai 1863, le droit inscrit au tarif minimum pour les boîtes brutes doit être perçu sur le poids brut.

En tarif général, les boîtes brutes sont taxées à 1.000 francs, 200 ou 100 francs les 100 kilogrammes net, selon qu'elles sont en métal précieux, en nickel, maillechort ou métal nickelé ou bien en métal commun. En tarif minimum, elles sont uniformément imposées à 16 francs les 100 kilogrammes brut, sans égard à la nature du métal.

Les pièces détachées des boîtes de montres sont imposées comme suit :

TARIF GÉNERAL			CLASSEMENT
Fonds, carrures et lunettes à l'état brut (dégrossissages et ébauches).	en or ou en argent . . .		Boîtes de montres brutes en métal précieux.
	en aluminium ou en bronze d'aluminium renfermant plus de 20 0/0 d'aluminium.		Ouvrages en aluminium.
	en nickel . . .		Boîtes de montres brutes en autre métal commun.
	en maillechort . .		
	en acier, cuivre, métal-soleil, métal-delta, bronze d'aluminium renfermant moins de 20 0/0 d'aluminium.		Boîtes de montres brutes en autre métal commun.
Fonds, carrures et lunettes autres qu'à l'état brut (1) — importés ensemble, montés ou non	en or ou en argent . . .		Boîtes de montres finies en or ou en argent.
	en métal commun	avec ornements en or ou en argent ou bien dorés ou argentés.	Boîtes de montres finies en or ou en argent
		autre	Boîtes de montres finies en métal commun.
	en or ou en argent ou avec des parties en or ou en argent.		Bijouterie d'or et d'agent.
importés séparément (non compris les fonds de boîtes).		aluminium .	Ouvrages en aluminium.
	en métal commun	doré ou argenté.	Fournitures d'horlogerie.
		nickel, maillechort ou métal nickelé.	Id.
		acier, cuivre, métal-soleil, metal-delta, etc., non dorés ni argentés ni nickelés.	Id.
Anneaux, couronnes, pendants et poussettes de secrets, rehaut, onglettes pour boîtes de montres.	entièrement ou partiellement en or ou en argent.		Bijouterie d'or et d'argent.
	en aluminium . . .		Ouvrages en aluminium.
	en nickel ou en nickel allié		Fournitures d'horlogerie.
	en cuivre, métal-delta, métal-soleil, acier, etc.		Id.
Galonné d'or ou d'argent guilloché ou ciselé . .			Orfèvrerie d'or ou d'argent.

(1) Les fonds de boîtes présentés isolément sont passibles des mêmes droits que les boîtes finies elles mêmes

Pour l'application du tarif minimum, les fonds, carrures, lunettes et galonnés à l'état brut doivent être admis au régime des boîtes brutes de quelque métal qu'ils soient formés. Toutefois, cette disposition est subordonnée, en ce qui concerne le galonné, à la condition qu'il soit coupé de longueur, c'est-à-dire débité en tronçons de la longueur approximativement nécessaire pour l'entourage des boîtes. Le galonné non coupé de longueur reste passible du droit de l'orfèvrerie d'or ou d'argent, des ouvrages autres en cuivre, des ouvrages en nickel, etc.

Le classement des autres pièces détachées de boîtes de montres en tarif minimum, s'établit comme ci-après :

TARIF GÉNÉRAL   CLASSEMENT

				CLASSEMENT
Fonds, carrures et lunettes autres qu'à l'état brut (1)	importés ensemble, montés ou non	en or		Boîtes de montres finies en or.
		en argent		Boîtes de montres finies en or ou en argent (voir la définition, page 605).
		en métal commun	avec ornements en or ou en argent, ou dorés ou argentés.	Boîtes de montres finies en or, en argent ou en métal commun, selon le cas (page 605).
			autres......	Boîtes de montres finies en métal commun.
	importés séparément (non compris les fonds de boîtes)	en or ou en argent ou avec parties or ou en argent.		Bijouterie d'or et d'argent.
		en aluminium... ...		Ouvrages en aluminium.
		autres..		Fournitures d'horlogerie pour la montre (50 fr. les 100 kilog. brut).
Anneaux, couronnes, pendants, rehaut, onglettes et poussettes de secrets pour boîtes de montres.		entièrement ou partiellement en or ou en argent.		Bijouterie d'or ou d'argent.
		en aluminium. . .		Ouvrages en aluminium.
		autres... ...		Fournitures d'horlogerie exclusivement pour la montre (50 fr. les 100 kilog. brut).
Galonné d'or et d'argent brut non coupé de longueur ou travaillé.				Orfèvrerie d'or et d'argent.

Boîtes de poche

Les boîtes de poche pour protéger les montres ou boîtiers protecteurs suivent le régime de l'orfèvrerie précieuse, de la bijouterie en doublé ou de la bijouterie fausse, selon l'espèce. (Décision ministérielle du 15 janvier 1906 et circulaire n° 3554.)

_____

(1) Les fonds de boîtes présentés isolement sont passibles des mêmes droits que les boîtes finies elles-mêmes

Boîtes en argent partiellement ou entièrement dorées

Les boîtes en argent partiellement dorées sont considérées comme boîtes en argent. Les boîtes en argent entièrement dorées doivent être traitées comme boîtes en argent, si elles portent à l'intérieur du fond l'insculpation : argent doré. Les boîtes en matière non précieuse, entièrement dorées ou argentées, doivent être traitées comme boîtes de matière non précieuse, si elles portent à l'intérieur du fond l'insculpation : métal doré ou métal argenté.

Boîtes garnies d'ornements en or ou en argent

Sont taxées comme boîtes en or ou en argent les boîtes garnies d'ornements en or ou en argent. Sont toutefois considérées comme boîtes en argent celles dont les onglettes, les charnières ou les couronnes sont en or, dorées ou plaquées, et comme boîtes en matière non précieuse celles dont la carrure, le rehaut, les lunettes, le pendant, la couronne, l'anneau, les onglettes, les charnières, un écusson, un chiffre, des initiales ou un ornement décoratif sont dorés, argentés ou plaqués.

D'après ces nouvelles règles, le classement s'établit comme suit en tarif minimum :

TARIF MINIMUM	CLASSEMENT
avec charnières, aiguilles, onglettes ou couronnes, en or ou en doré.	Montres ou boîtes fines, en argent, selon l'espèce.
garnies d'autres ornements en or rapportés par incrustation, soudure, sertissage, application ou rivetage.	Montres ou boîtes fines, en or, selon l'espèce.
entièrement dorées par le doublage, le mercure, le placage ou les procédés électro chimiques.	Si elles portent à l'intérieur du fond l'insculpation · argent doré, montres ou boîtes fines en argent, selon l'espèce; dans le cas contraire, montres ou boîtes fines en or, selon l'espèce.
partiellement dorées par les mêmes procédés.	Montres ou boîtes fines en argent (sans condition d'insculpation).
garnies d'ornements tels qu'écusson, motif, chiffre, etc, en or rapportés par incrustation, soudure, sertissage, application ou rivetage	Montres ou boîtes fines en or, selon l'espèce.
garnies des mêmes ornements en argent.	Montres ou boîtes fines en argent, selon l'espèce.
avec carrure, rehaut, lunette, pendant, couronne, anneau, aiguilles, onglettes, charnières, écusson, chiffre, initiale ou ornement décoratif dorés ou argentés par le doublage, le placage, le mercure ou les procédés électro-chimiques.	Montres ou boîtes en matière non précieuse, selon l'espèce.
entièrement dorées ou argentées par les mêmes procédés.	Si elles portent a l'intérieur du fond l'insculpation métal doré ou métal argenté ; montres ou boîtes en matière non précieuse selon l'espèce. Dans le cas contraire, montres ou boîtes en or ou en argent, selon l'espèce.

Montres et boîtes — *En argent* / *En métal commun*

Le tarif distingue, les montres sans complication de système, les montres compliquées et les chronographes.

Montres sans complication de système

La nouvelle tarification est celle de 1895, mais avec une réduction de 0 fr. 25 sur le taux afférent aux montres à boîtes d'or, dont l'échappement est à ancre ou autre.

Les montres ordinaires à seconde trotteuse constituent des montres non compliquées en tant qu'elles n'ont qu'un barillet et un rouage.

Les montres secondes au centre trotteuse ne comportant

qu'un barillet suivent le même régime que les montres à
secondes trotteuses ordinaires.

Montres compliquees

Cette catégorie comprend spécialement les montres à sonnerie
dites répétitions (répétant les heures, les quarts et les minutes) ;
les montres grande sonnerie, sonnant en passant ; les montres
à secondes indépendantes ; les montres phases de la lune, les
chronomètres de poche, etc. Ces ouvrages sont imposés sans
égard au système d'échappement.

Toutefois, pour l'application du tarif minimum, les chronomètres de poche dont l'échappement à détente est à bascule ou
à ressort sont seuls considérés comme montres compliquées.
Les montres de tout autre système d'échappement désignées
sous la dénomination de chronomètres de poche sont admissibles au régime des montres sans complication.

De même que pour les montres sans complication de système,
le tarif établit trois subdivisions de montres compliquées,
savoir : les montres à boîtes d'or, les montres à boîtes d'argent
et les montres à boîte non précieuse (aluminium, nickel, maillechort, cuivre, acier, etc.)

Les montres compliquées présentées à l'état complet, mais
démonté, c'est-à-dire le mouvement séparé de la boîte, doivent
être soumises au droit comme si elles étaient montées, à moins
que le droit de la montre montée ne soit inférieur aux taxes
cumulées du mouvement et de la boîte.

Chronographes, montres-quantièmes, montres-réveils

Les montres-quantièmes et les montres-réveils que les tarifs
de 1892 et de 1895 cataloguaient comme montres compliquées,
sont aujourd'hui classées avec les chronographes ; les montres
avec quantième perpétuel ou simple sont celles qui marquent
le quantième du mois, le mois et le jour de la semaine en plus
des heures, des minutes et des secondes ; les montres dites
montres-réveils ont, en plus de la montre simple donnant
l'heure, une complication produisant la sonnerie du réveil-
matin.

Toutefois, pour l'application du tarif minimum, il a été
admis que les compteurs de temps seraient assimilés aux
compteurs de poche de tout genre, etc.

Les droits du tarif général doivent être appliqués aux chronographes complets, que le mouvement soit ou non adapté à
la boîte. Il en est de même pour le droit de 5 francs afférent

au tarif minimum aux chronographes à boîte d'or. Mais les taxes de ce tarif relatives aux chronographes à boîte d'argent ou de métal commun ne sont applicables à ces ouvrages que sous la double condition indiquée pour les montres non compliquées, c'est-à-dire lorsqu'elles sont importées à l'état complet et assemblé.

Mouvements et porte-échappements à l'état d'ebauche ou de finissage, avec ou sans trace de plantage d'échappement, mais sans empierrage

Le perçage d'un ou plusieurs trous des mobiles (1) d'échappement n'a plus pour effet, comme sous l'empire de la loi de 1892, d'entraîner le surclassement des objets. Le droit (tarif général, 4 fr. 50, et tarif minimum, 0 fr. 75) est applicable aux mouvements ayant subi ce travail, pourvu qu'aucun des trous n'ait été empierré, c'est-à-dire muni de pierres fines sur lesquelles pivotent les axes des mobiles.

D'après une autre disposition de la loi, les platines ou fausses platines (2), importées isolément, doivent être taxées comme mouvements et porte-échappements à l'état d'ébauche ou de finissage, à la condition qu'elles ne soient pas empierrées. Si elles le sont, elles deviennent passibles des droits des mouvements avec échappement fait. (Voir ci-après.)

On doit taxer également comme mouvement avec échappement fait les mouvements, porte-échappements, platines ou fausses platines dans lesquels ont été enlevées les pièces permettant de constater ou l'absence ou la présence de l'empierrage.

Mouvements et porte-echappements avec échappement fait ou empierrés, mais non dorés, ni argentés, ni nickeles

Rentrent dans cette catégorie : les mouvements avec échappement fait, c'est-à-dire les mouvements achevés, mais non dorés, ni argentés, ni nickelés ; les mouvements et porte-échappements dans lesquels les trous des mobiles d'échappement sont empierrés ainsi que les platines ou fausses platines également empierrées.

---

(1) Les mobiles de l'échappement se composent, pour l'echappement a cylindre, du cylindre et de la roue d'echappement, et pour les echappements autres qu'à cylindre, de l'axe du balancier, de la roue d'échappement et de la pièce intermediaire. Toutefois l'echappement Duplex n'a que deux mobiles d'echappement

(2) La platine est la pièce sur laquelle le mouvement est établi, c'est ordinairement une plaque en laiton de forme ronde

Les fausses platines sont des platines ebauchees que l'établisseur envoie, dans certains cas, au monteur de boîte pour servir a l'ajustage des boîtes.

Les mouvements et porte-échappements avec échappement fait ou simplement empierrés sont imposés différemment selon que leur échappement est à cylindre ou de tout autre système (à ancre, Dupleix, à bascule, à ressort, etc.).

On doit considérer comme échappements à cylindre tous ceux dans lesquels il n'y a pas de pièces intermédiaires entre la roue d'échappement et l'axe du balancier. Les échappements autres qu'à cylindre sont ceux dans lesquels il existe une ou plusieurs pièces intermédiaires entre la roue d'échappement et l'axe du balancier.

La loi prescrit de traiter comme étant à cylindre tous les mouvements, porte-échappements, platines ou fausses platines seules, dans lesquels les deux trous du balancier et de la roue d'échappement ont été empierrés, et comme étant à ancre tous les mouvements, porte-échappements, platines ou fausses platines, dans lesquels les trois trous du balancier, de l'ancre et de la roue d'échappement ont été empierrés.

Sont réputés mouvements faits et taxés comme s'ils étaient à ancre, tous mouvements, porte-échappements, platines ou fausses platines seules dans lesquels ont été enlevées les pièces qui permettent de constater l'absence ou la présence de l'empierrage.

Mouvements de montres sans boîtes entièrement finis, dorés, argentés
ou nickelés

Le tarif ne considère comme mouvements entièrement finis que les mouvements ayant leur surface dorée, nickelée ou argentée. Toutefois, les mouvements en nickel pur ou allié sont réputés finis lorsque leur surface a subi la main-d'œuvre du polissage.

A l'état fini, les mouvements de montres sont taxés différemment selon que l'échappement est à cylindre ou bien d'un autre système (à ancre, Dupleix, à bascule, a ressort, etc.).

Transfert d'un mouvement marqué M ou A dans un boîtier d'un autre métal
que celui indiqué par la lettre

Le service de la garantie ne pouvant reconnaître si la montre primitivement importée a acquitté les droits du tarif général ou ceux du tarif minimum, les droits du tarif général doivent toujours être exigés pour les opérations de l'espèce.

QUATRIÈME PARTIE

TARIFS DOUANIERS CONCERNANT LA BIJOUTERIE, L'ORFÈVRERIE
ET L'HORLOGERIE

J'ai pensé faire œuvre utile à l'industrie française et au commerce d'exportation en donnant la nomenclature, aussi complète que possible, des tarifs douaniers des différents pays en ce qui concerne la bijouterie, l'orfèvrerie et l'horlogerie, et pour certains articles dans lesquels entrent des métaux précieux.

Les lecteurs voudront bien m'excuser si quelques lacunes ou des erreurs ont pu se glisser dans la confection de ce travail et ils se rendront compte des difficultés considérables que j'ai éprouvées pour me procurer les documents de l'espèce.

FRANCE

Tarif douanier concernant la bijouterie, l'orfèvrerie et l'horlogerie

NUMÉROS	DÉSIGNATION	MÉTAUX	UNITÉS sur lesquelles portent LES DROITS	DROITS (DÉCIMES COMPRIS)	
				Tarif général	Tarif minimum
		Minerai	100 k.	Exempt	Exempt
		Bruts, en masses, lingots, barres, poudre, objets détruits	id.	10 »	10 »
		Or battu en feuilles (1)	id.	1.000 »	750 »
200	Or et platine	Tiré, laminé, filé : dégrossi, simplement laminé, en barres d'au moins 5 millimètres d'épaisseur, en bandes d'au moins 1 millimètre d'épaisseur, ou en fil d'au moins 2 millimètres de diamètre	id.	10 »	10 »
		Tiré laminé, filé . autres.	id.	500 »	500 »
		Minerai	id.	Exempt	Exempt
		Brut, en masses, lingots, barres, poudre, objets détruits	id.	1 »	1 »
		Battu, en feuilles	id.	1.000 »	750 »
		Tiré, laminé, filé : dégrossi, simplement laminé, en barres d'au moins			

495	Orfèvrerie d'or, d'argent, de platine; joaillerie, bijouterie (2).	id.	1.000 »	500 »
495 *bis* Monnaies	D'or et d'argent	id.	1 »	1 »
	De cuivre et de billon ayant cours légal en France	id.	25 »	0 25
	De cuivre et de billon, hors de cours	id.	Prohibées	Prohibées
496 Ouvrages dorés ou argentés par divers procédés.	Bijouterie doublée d'or ou d'argent, sur argent, sur cuivre, maillechort ou chrysocale	id.	600 »	500 »
	Plaqué et orfèvrerie argentée, objets en nickel pur ou en plaqué de nickel.	id.	150 »	100 »
496 *bis* Bijouterie fausse : agrafes, broches, bracelets, bagues, boucles, boutons, chaînes, dés à coudre, coulants, anneaux, bourses, cottes de mailles, etc., en métaux non précieux, avec ou sans garniture de corail vrai ou faux, de vitrifications, de nacre, os, ivoire, écaille, perles fausses ou vraies, etc.	Aluminium, maillechort, nickel, cuivre, acier fin a pointes, dorés, argentés, oxydés avec garnitures	id.	250 »	200 »
	Cuivre, maillechort, nickel passés à l'eau forte, vernis, émaillés, polis, nickelés avec garnitures. Bijouterie de deuil en fer garnie de verroterie ou de bois durci . . . . :	id.	150 »	100 »
	Zinc, plomb, acier ordinaire et fer, sans garnitures ou ornements . . .	id.	50 »	25 »

(1) Par dérogation à l'article 24 de la loi du 16 mai 1863, les droits sur l'or et l'argent battus en feuilles seront perçus au brut sur les enveloppes intérieures.

(2) Les ouvrages d'or et d'argent ne peuvent être introduits que s'ils remplissent les conditions de titres exigées par la loi, pour les objets de fabrication française destinés à la vente intérieure. Sont maintenues les exceptions spécifiées aux derniers paragraphes de l'article 23 de la loi du 19 brumaire an VI.

			TARIF GÉNÉRAL					TARIF MINIMUM		
NUMÉROS	DÉSIGNATION DES MARCHANDISES		UNITÉS sur lesquelles portent les droits	TITRES de PERCEPTION	DROIT (Décimes et 4 0/0 compris)			UNITÉS sur lesquelles portent les droits	TITRES de PERCEPTION	DROITS décimes et 4 0/0 compris
					PRODUITS D'ORIGINE EURO-PÉENNE	PRODUITS D'ORIGINE EXTRA - EUROPÉENNE				
						importés directement d'un pays hors d'Europe	importés des entrepôts d'Europe			
497	Mouvements et porte-échappements a l'etat d'ébauche ou de finissage, avec ou sans trace de plantage d'échappement, mais sans empierrage		la douzaine	11 janv. 1892 / 21 déc. 1905 / 21 nov. 1906	4 50	4 50		la douzaine	11 janv 1892 / 21 nov 1906	0 75
498	Mouvements et porte-échappements avec échappement faits ou seulement empierrés, mais ni dorés, ni argentés, ni nickelés.	Si l'échappement est à cylindre . .	id.	id	15 »	15 »		id.	id.	3 50
		Si l'échappement est à ancre ou au-tre.	id.	id.	24 »	24 »		id.	id.	6 »
499	Mouvements entièrement finis, dorés, argentes ou nickelés	Si l'échappement est à cylindre .	id.	id	50 »	50 »		id	id.	27 »
		Si l'échappement est à ancre ou au-tre	id.	id.	72 »	72 »		id.	id.	33 »
500	Avec boites en or.	Si l'échappement est a cylindre . .	la pièce (B)	id.	7 »	7 »	Droits indi-ques ci-contre plus 3 fr 61 par 100 k. b	la pièce (C)	id	8 25
		Si l'échappement est à ancre ou au-tre	id. (B)	11 janv. 1892 / 21 déc. 1905	13 »	13 »		id. (C)	id.	8 75
500 bis	Avec boites en argent.	Si l'échappement est à cylindre . .	id. (B)	id.	5 »	5 »		id (C)	id.	1 »
		Si l'échappement est a ancre ou au-tre.	id (B)	id.	8 »	8 »		id (C)	id.	1 25
		Si l'échappement			.	.		. . . (C)	.	0 50

		matières non précieuses (B) . . .	id.	id.	15 »	15 »		id (C)	id.	1 25
502	Compteurs de poche de tous genres (podomètres, etc.)		id.	id.	Régime des montres finies sans complication de système avec échappement à cylindre				id	Régime de montres, etc
503	Boîtes de montres finies.	En or (A B) . . .	id.	id.	6 »	6 »	Droits indi qués ci-contr plus 3 fr 6 par 100 k. b	id. (C)	id.	1 25
		En argent (A. B).	id.	id.	4 »	4 »		id. (C)	id.	0 60
		En matière non précieuse (A. B) . .	id	id	2 »	2 »		id. (C)	id.	0 25
503 bis	Boîtes de montres brutes	En métal précieux (B D)	100 k. n.	id	1.000 »	1.000 »	1.003 60	100 k. b. (G D)	id.	16 »
		En nickel, maille-chort (B D) . . .	id.	id.	200 »	200 »	203 60	id (C D)	id.	16 »
		En tout autre métal commun (B D).	id.	id.	100 »	100 »	103 60	id. (C D)	id.	16 »
507		Carillons, boîtes à musique de 0m30 de long et au-dessus	id	id.	100 »	100 »	103 60	100 k. n.	id.	50 »
508	Carillons, boîtes à musique et four-nitures d'horlogerie.	Petites boîtes à musique mesurant moins de 0m30 de longueur . .	id	id	150 »	150 »	153 60			
509		Fournitures d'hor-logerie (D)	id.	11 janv 1892 20 juill 1904	200 »	200 »	203 60	100 k. b. (E)	id.	50 »
		Fournitures d'hor-logerie autres (E).						100 k n (F)	11 janv. 1892 20 juill. 1904	120 »

(A) 1° Sont taxés comme les mouvements et porte-échappements complets et classées sous les rubriques n°s 498 ou 497, suivant qu'elles sont ou non empierrées, les platines et fausses platines serties de ces mouvements ou porte échappements

2° Sont considérés comme échappements faits et taxés comme s'ils étaient à ancre, les mouvements, porte-échappements, platines ou fausses platines seules dans lesquels auront été enlevées les pièces permettant de constater l'absence ou la présence de l'empierrage

3° Sont considérés comme échappements à cylindre les mouvements, porte échappements, platines ou fausses platines seules, dans lesquels les deux trous des balanciers et roues d'échappement auront été empierrés

4° Et comme échappements à ancre les mouvements, porte échappements, platines ou fausses platines seules, dans lesquels les trois trous d'e balanciers, ancre et roues d'échappement auront été empierrés

5° Sur le mouvement de toute montre importée en France, à l'endroit le plus rapproché possible du barillet et d'une manière visible, devra désormais avoir été apposée, par les soins du producteur étranger, la lettre M, pour la montre à boîte en métal commun, A, pour la montre à boîte en argent, O, pour la montre à boîte en or

6° L'insertion dans une boîte d'or ou d'argent d'un mouvement portant la lettre M ne pourra se faire qu'après paiement du complément du droit fixé pour la montre d'or ou d'argent et apposition, à côté de cette lettre M, à titre d'acquit du droit complémentaire, d'un poinçon spécial et différent suivant la nature du metal de la boîte (or ou argent)

Même obligation pour l'insertion dans une boîte d'or d'un mouvement portant la lettre A

7° Les agents chargés par la loi de vérifier actuellement l'apposition des poinçons de garantie

8° Toute infraction aux présentes dispositions rendra passible le contrevenant des pénalités prévues par la loi sur la garantie des matières d'or et d'argent

(B) Sont taxées comme boîtes en or ou en argent, les boîtes en matières communes garnies d'ornements en or ou en argent ou d'ornements dorés ou argentés

(H) Sont considérées comme boîtes brutes, celles qui n'ont subi ni polissage, ni mise en place de goupilles, ni décors à la main.

(E) Sont taxés au tarif minimum à 50 fr. les 100 kilogr. poids brut, les anneaux, couronnes, spiraux, aiguilles balanciers, roues, clefs, goupilles, pitons, viroles, cylindres, axes, platines, levées d'assortiments, as-ortiments d'échappement, pièces diverses de mécanisme de mouvements de montres, tiges de remontoirs, ressorts, exclusivement pour montres

(F) Sont taxées au tarif minimum à 120 fr les 100 kilogr, poids net, les autres fournitures d'horlogerie

(C) Sont taxées au tarif minimum comme boîtes en or ou en argent les boîtes garnies d'orne-ments en or ou en argent Sont toutefois considérées comme boîtes en argent celles dont les onglettes, les charnières ou les couronnes sont en or, dorées ou plaquées, et comme boîtes en matière non précieuse celles dont la carrure, le rehaut les lunettes, le pendant, la couronne, l'anneau, les onglettes, les charnières, un écusson, un chiffre, des initiales ou un ornement décoratif sont dorés, argentés ou plaqués

Les boîtes en argent partiellement dorées sont considérées comme boîtes en argent. Les boîtes en argent entièrement dorées doivent être traitées comme boîtes en argent, si elles portent à l'intérieur du fond l'insculpation « Argent doré » Les boîtes en matière non pré-cieuse entièrement dorées ou argentées doivent être traitées comme boîtes de matière non précieuse, si elles portent à l'intérieur du fond l'insculpation « Métal doré » ou « Métal argenté ».

ALLEMAGNE

La mise en vigueur du nouveau tarif douanier a été fixée par ordonnance du 27 février 1905, au 1er mars 1906. Les droits conventionnels résultent des traités des 3 décembre 1904 avec l'Italie, du 22 juin 1904 avec la Belgique, du 28/15 juillet 1904 avec la Russie, du 8 octobre/25 septembre 1904 avec la Roumanie, du 12 novembre 1904 avec la Suisse, du 29 septembre/16 novembre 1904 avec la Serbie, du 25 janvier 1905 avec l'Autriche-Hongrie, du 1er août 1905 avec la Bulgarie et du 8 mai 1906 avec la Suède.

En vertu du traité de Francfort du 10 mai et des conventions additionnelles des 12 octobre et 11 décembre 1871, les marchandises françaises ou francisées bénéficient du traitement de la nation la plus favorisée et du tarif conventionnel le plus réduit.

Liquidation des droits — Les droits au poids sont perçus sur le poids brut : *a)* si le tarif le prescrit expressément ; *b)* sur les marchandises pour lesquelles les droits ne dépassent pas 6 marks (7 fr. 50) par 100 kilogr. Dans tous les autres cas, le poids net est pris comme base des droits.

Sont exempts du paiement des droits : *a)* les envois de marchandises entrant par la poste, de 250 grammes de poids brut ou moins ; *b)* les marchandises soumises au droit d'après le poids, en quantités de 50 grammes au maximum.

Désignation des marchandises	Bases	Tarif général fr c	Tarif conventionnel fr c
Bijouterie, orfèvrerie, horlogerie : Articles en tout ou en partie en or ou platine, non mentionnés ailleurs (1), non polis............	100 k.	375 »	»
— Les mêmes articles polis, ainsi que les articles en tout ou en partie en argent non mentionnés ailleurs, même dorés ou recouverts d'or par un procédé mécanique (1)....	---	750 »	»

(1) En tant que leur combinaison avec d'autres matières ne les assujettit pas à des droits plus élevés

Désignation des marchandises	Bases	Tarif général fr c	Tarif conventionnel fr c
Objets de parure, d'ornement et autres objets de luxe entièrement ou partiellement en métaux communs ou en alliage de métaux communs, finement ouvrés ou combinés avec des pierres demi-précieuses, gemmes et camées en pierres demi-précieuses, ouvrages en émail cellule. etc.........................	100 k.	218 75	218 75(1)
Articles fabriqués en tout ou en partie avec des métaux communs ou avec des alliages de métaux communs dorés	—	218 75	218 75 (2)
Articles fabriqués en tout ou en partie avec des métaux communs ou avec des alliages de métaux communs argentés...............	—	150 »	150 » (2)
Cartels et pendules électriques ainsi que toutes les autres avec mouvements mus par l'électricité, y compris celles de ce genre avec musique	—	250 »	125 »
Horloges d'édifices et leurs différentes pièces en métaux communs ou alliages de métaux communs	—	12 50	»
Montres, même à sonneries, dans des boîtiers en or...............................	Pièce	3 75	1 »
— en argent, même dorées ou avec carrures, anneaux ou pendants dorés	—	1 87	0 75
— en métaux communs, ou alliages de métaux communs, même dorées ou argentées avec carrures, anneaux ou pendants dorés ou argentés, en autres matières....................	—	1 25	0 50
Mouvements pour montres, finis ou à l'état de demi-fabrication	—	1 87	0 50
Coutellerie fine et autres articles fins non dénommés : bruts	100 k.	18 75	18 75
— travaillés	—	30 »	30 »
Or et argent en feuilles......................	—	750 »	»
Or et argent fins, bruts ou fondus, martelés ou laminés, en barres ou plaques ; or en fils....	»	Exempts	»

(1) Les mêmes objets, y compris ceux de toilette et les bibelots, avec adjonction d'albâtre, de marbre, de serpentine, de pierres précieuses imitation, de gemmes ou camées en vitrifications, etc , ne paient que 125 fr

(2) Le droit conventionnel pour ces deux articles n'est que de 125 fr les 100 kilogr. lorsqu'il s'agit des objets de parure, de toilette et bibelots qui entrent avec le verre en une combinaison qui n'est pas jugée secondaire (y compris les imitations de pierres précieuses, de gemmes et de camées en vitrifications).

Désignation des marchandises	Bases	Tarif général fr. c	Tarif conventionnel fr. c
Or et argent : alliage d'or martelé, même à l'état de plaques ou fils...	100 k.	312 50	93 75
— alliage d'argent martelé et laminé, même en plaques...	—	125 »	»
Pierres précieuses montées sous une forme qui les rend propres à être utilisées comme parure ou comme décoration (1)............	—	750 »	»
Pierres mi-précieuses, montees, taillées (gemmes, camées) ou manufacturées (1)...............	—	218 75	»
Pierres : coraux ouvrés, non montés, alignés sur des fils ou cordons.....................	—	75 »	»

(1) Voir le renvoi n° 1 à la page précédente.

AUSTRALIE

Le nouveau tarif de la Confédération australienne a été provisoirement mis en vigueur le 8 août 1907. Déposé sous forme de projet, ledit tarif a été définitivement adopté par la Chambre des Représentants, le 13 décembre 1907 ; il doit encore être ratifié par le Sénat. Toutefois, comme cette assemblée ne peut, aux termes de la Constitution du Commonwealth, que suggérer des amendements aux lois de finances, les droits actuellement fixés ne subiront aucun changement d'ici plusieurs mois. Il est vraisemblable que les modifications qui pourront être adoptées ne seront ni nombreuses, ni importantes.

Nota. — Le montant de la valeur des marchandises soumises à des droits *ad valorem* comprend (1), après lui avoir fait subir la majoration de 10 % fixée par l'art. 154 du « Customs-Act 1901 », les frais suivants : 1° frais de main-d'œuvre et matières premières (à l'exception des caisses extérieures employées pour l'emballage) ; 2° tous les frais de transport des marchandises depuis le lieu d'achat jusqu'au port d'embarquement.

Bijouterie et objets de fantaisie

Tarif général

Bijouterie non terminée, comprenant : bracelets non montés, broches, colliers, anneaux et autres articles préparés pour le montage, ou ces articles montés avec imitation de pierres précieuses...................................... 40 % *ad valorem*

Bijouterie faite à la machine, à l'état brut (connue sous le nom de « Brunswick pattern foxtail, or lace chain » ; gallerie, couronnes, raccords et charnières pour épingles, agrafes, pointes et épingles de broches.............. 20 % *ad valorem*

Bijouterie comprenant les anneaux brisés et fendus, crochets, boucles d'oreilles, mesures et estampilles à l'usage de la bijouterie, médailles et médaillons d'or et d'argent, boucles, plaques, fermoirs, cculants, boutons et autres ornements d'or et d'argent pour la parure. Bracelets

(1) Les 10 % ne sont ajoutés à la valeur que lorsque l'on a inclus dans cette valeur tous les frais accessoires indiqués.

combinés avec des montres, épingles de sûreté, bagues et bourses d'or et d'argent, galons, soutaches et cordons et tous articles complétement ou partiellement en or ou en argent.................................... 30 % *ad valorem*

Montres, horloges et chronomètres et leurs parties ; jumelles de théâtre, de campagne, marine ; podometres et compteurs de poche et similaires..................... 30 % *ad valorem*

Réveils-matin et baromètres et leurs parties ; compas de toutes sortes, excepté pour l'extérieur et excepté ceux d'or et d'argent ou montés en or ou en argent ; chronomètres de marine, lochs et sondes patentes, microscopes ; télescopes et thermomètres chirurgicaux.............. 5 % *ad valorem*

Bijouterie communément connue sous le nom de « rolled gold » et bijouterie au-dessous de 9 karats............. 40 % *ad valorem*

Imitation de bijouterie et imitation de pierres précieuses.. 40 % *ad valorem*

Or et argent en lingots, pièces ; barres d'or et d'argent en lingots et en feuilles, camées, intailles et pierres précieuses non terminées comprenant : perles, corail et doublets, fils d'or et d'argent pour broderies et dentelles .... Exempts

AUTRICHE-HONGRIE

La convention de commerce du 18 février 1884 fait bénéficier les produits français ou francisés du tarif conventionnel, c'est-à-dire du traitement de la nation la plus favorisée.

(Tarif général du 1er mars 1906. Tarif conventionnel avec l'Allemagne du 25 janvier 1905, avec l'Italie du 11 février 1906, avec la Suisse du 9 mars 1906, avec la Belgique du 12 février 1906 et avec la Russie du 15 février 1906.)

Désignation des marchandises	Bases	Tarif général fr c	Tarif conventionnel fr c
Bijouterie, joaillerie en or, en tout ou en partie de métaux fins, en perles fines ou fausses, en pierres fines montées, etc	Kilogr.	31 50	25 20
Bijouterie. Ouvrages en argent et autres articles non spécialement dénommés, totalement ou partiellement en argent, même dorés :			
1° Articles en argent plaqué d'or (doubles).	—	31 50	10 50
2° Autres, avec un poids par pièce de :			
a) plus de 1.000 grammes...............	—	31 50	12 60
b) plus de 750 jusqu'à 1 000 grammes.....	—	31 50	13 65
c) plus de 400 jusqu'à 750 grammes.....	—	31 50	14 70
d) plus de 250 jusqu'à 400 grammes......	—	31 50	15 75
e) de 250 grammes et au-dessous........	—	31 50	16 80
Bijouterie en métaux autres que l'or, le platine et l'argent articles de parure pour hommes et pour femmes, en métaux communs, même en fer et en acier, d'un travail fin, ni dorés ni argentés, même nickelés, vernis ou émaillés	100 k.	126 »	126 »
Bijouterie : ouvrages en métaux communs, dorés ou argentés, ou plaqués d'or et d'argent.	—	252 »	252 »
Boutons en verre, peints, dorés ou argentés...	—	31 50	18 90
Horlogerie : montres de poche avec boîte en or.	Pièce	2 52	2 10
— — dont la mince partie est en or	—	2 52	1 68
— — à boîtes d'argent, même dorées, ou à carrures, anneaux et pendants dorés ou plaqués......	—	2 52	1 26

Désignation des marchandises	Bases	Tarif général fr c.	Tarif conventionnel fr c.
Horlogerie : Montres à autres boîtes, même dorees ou argentées, ou à carrures, anneaux et pendants dores ou plaqués	Pièce	0 73	0 63
Fournitures d'horlogerie pour montres de poche :			
a) ni argentées, ni dorées.................	100 k.	126 »	115 50
b) argentées ou dorées....................	—	252 »	252 »
Fournitures pour horloges....................	—	162 75	136 50
Parapluies avec garnitures d'or..............	Pièce	5 25	»
— — d'argent	—	3 15	»
Pierres precieuses et demi-précieuses, ouvrées, perles fines non montées, coraux (naturels ou factices) ouvrés, égrisés, taillés, non montés..	100 k.	63 »	59 85

BELGIQUE

Le tarif douanier du 15 octobre 1900 a été modifié par différentes lois budgétaires.

Par arrêté royal du 30 janvier 1892, les produits français ou francisés bénéficient du traitement de la nation la plus favorisée.

Marchandises tarifées à la valeur. — La perception des droits s'établit sur le poids brut, sauf défalcation de la tare légale. Si le déclarant entend que la perception ait lieu sur le poids net réel, il doit énoncer ce poids dans la déclaration.

La valeur à déclarer en douane est celle que les marchandises ont au lieu d'origine ou de fabrication, c'est-à-dire le prix normal des marchandises vendues en gros augmenté des frais de transport, d'assurance et de commission nécessaires pour l'importation jusqu'au lieu d'introduction.

Désignation des marchandises	Bases	Droits
Or, argent et platine, non ouvres...............	»	Exempts
Bijouterie or, argent et platine, y compris les chaînettes de toute longueur servant à la fabrication de la bijouterie et de l'orfevrerie..	»	Exempts
Orfevrerie comprenant tous les ouvrages d'or, d'argent et de platine, à l'exception de la bijouterie	*Ad valorem*	5 %
Montres et boîtes de montres en or..............	Pièce	1 fr. 50
— — en autre métal....	—	0 fr. 50
Fournitures pour montres, comprenant les mouvements, les pièces détachées de mouvements, les clefs, etc	»	Exemptes
Horloges et pendules...........................	*Ad valorem*	10 %

BOLIVIE

La convention commerciale du 15 septembre 1892 a été dénoncée par le gouvernement bolivien le 21 mai 1901. Le tarif du 23 décembre 1905 est entré en vigueur le 1ᵉʳ janvier 1906.

Par suite, les droits du « tarif général français » sont, depuis lors, applicables aux produits boliviens importés en France. Toutefois, le tarif des douanes de la Bolivie ne comportant, jusqu'ici, qu'une seule colonne, les marchandises françaises ne sont pas, en fait, au point de vue douanier, moins favorablement traitées que les produits similaires des autres nations.

Les droits *ad valorem* sont perçus d'après un tarif d'évaluation officiel.

Désignation des marchandises	Bases	Droits
Bijouterie : bijoux et ouvrages en or ou en argent non dénommés	Valeur	10 %
Bijouterie fausse	—	25 %
Coutellerie : autres que pour arts et métiers	—	25 %
Horlogerie : Montres de toutes sortes	—	15 %
— Pendules et cartels	—	25 %
Lunettes	—	25 %
Outils pour horlogers, orfèvres, etc.	»	Exempts
Parapluies	Valeur	35 %
Passementerie de métal commun ou d'argent	—	25 %
Perles fines et pierres précieuses non dénommées	—	3 %

BRÉSIL

Il a été promulgué, le 22 novembre 1899, un régime douanier à double tarif (maximum et minimum). L'application du tarif minimum est effective depuis le 1ᵉʳ janvier 1900 et celle du tarif maximum est entrée en vigueur le 1ᵉʳ mars 1900.

Un *modus vivendi* de juin 1900 fait bénéficier les produits français ou francisés du tarif minimum.

Le tarif ci-dessous constitue le tarif minimum en vigueur ; le tarif maximum est le double des droits spécifiques du tarif minimum.

ésignatio des marchandises	Bases	Droits
Bijouterie en or......................................	Gramme	600 reis
— en argent............................	—	30 —
— en platine (articles de tout genre)....	—	300 —
— en cuivre, étain ou zinc, de tout genre, simple, vernie, dorée ou argentée ; bijoux d'acier......................	Kilogr.	12.000 —
Coutellerie : taux, 50 %.		
Horlogerie . Montres et chronometres ordinaires	Ad valorem	20 %
— Cartels, pendules, chronometres à suspension et les fournitures......	—	50 %
Lunetterie : Lunettes ou besicles, lorgnons, pince-nez et louchettes, en acier, nickel, aluminium, ou tout autre metal ordinaire	Douzaine	3.600 reis
en argent simple ou dore..........	—	6 000 —
en or........	—	45 000 —
Orfevrerie : or : brillants, rubis, saphirs, perles, emeraudes ou opales..............	Valeur	15 %
or : articles de tout genre, simple ou de filigrane, ou avec corail ou pierres fines non denommees, ou avec pierres fausses..............	Gramme	400 reis
— platine (articles de tout genre)......	—	300 —
— argent : articles unis, ouvrés, estampés, émaillés ou avec pierres fausses, simples ou dorés, ou en filigrane ; vaisselles et ustensiles pour la table. la toilette et usages analogues, et ouvrages non dénommés..........	—	40 —

40

Désignation des marchandises	Bases	Droits
Orfèvrerie argent . de tout genre, avec mosaïque, corail, perles, pierres fines et autres ornements...............	Valeur	15 %
Papiers. — Livres avec garnitures d'or ou d'argent	—	50 %
Portefeuilles, porte-cigares et porte-monnaie de tout genre avec incrustations ou montures d'or ou d'argent............................	—	50 %

Nota. — Les droits de douane doivent être acquittés à raison de 35 % en or et de 65 % en papier-monnaie. Le milreis-or (1.000 reis) vaut 27 pence anglais, soit 2 fr. 85, et le milreis-papier, stabilisé au cours de 15 pence, représente 1 fr. 575.

Il existe, en outre, une surtaxe de 2 % en or sur la valeur officielle des marchandises importées par Rio-de-Janeiro, Rio-Grande-du-Sud, Para, Pernambuco et autres ports où sont effectués des travaux.

CANADA

Tarif des douanes du 30 novēmbre 1906

Désignation des marchandises	Bases	Droits	Tarif intermédiaire
Bijouterie : tous objets de parure et d'ornements et tous articles en or et en argent (bijouterie)	Valeur	35 %	30 %
— Articles en argent sterling ou autre, articles nickelés, argentés ou dorés par des procédés electriques......	—	35 %	30 %
— Articles en or et en argent non dénommes	—	35 %	30 %
Coutellerie	—	30 %	27 ½ %
Horlogerie : Montres, enregistreurs de l'heure, cles d'horloges, de montres, mouvements....	—	30 %	27 ½ %
Ouvrages en metal anglais, alliage de nickel, non plaqués	—	30 %	27 ½ %
Parapluies, parasols et ombrelles de toutes sortes et de toutes matières..................	—	35 %	30 %
Pierres précieuses, polies, mais non montees ni autrement ouvrees, et imitations.............	—	10 %	10 %
Pipes de toutes sortes........................	—	35 %	32 ½ %

Nota. — Les droits inscrits colonne 3 résultent du « tarif général » ; ce sont ceux imposés actuellement aux produits français.

Les produits français sont appelés à bénéficier du tarif intermédiaire (colonne 4) en vertu de la convention commerciale conclue le 19 septembre 1907 entre la France et le Canada.

Ladite convention entrera en vigueur dès que les Parlements des deux pays contractants auront donné leur approbation.

CHILI

En vertu du traité de commerce et de navigation du 15 septembre 1846, les produits français ou francisés bénéficient du traitement de la nation la plus favorisée. Un nouveau tarif douanier a été mis en vigueur le 1ᵉʳ janvier 1908.

Désignation des marchandises	Bases	Droits	Unités sur lesquelles portent l'évaluation officielle
Bijouterie en or et argent......................	Valeur	5 %	Gr. net
— fausse	—	35 %	Kilogr.
Horlogerie (a l'exception des montres)..........	—	35 %	A vue
Montres	—	15 %	La pièce
Perles et pierres précieuses...................	—	5 %	Gr. net

Nota. — Les étuis ou écrins pour bijouterie et joaillerie, montres et articles en or, argent ou platine, sont compris dans les droits.

Il importe de remarquer que le taux des droits *ad valorem* est perçu d'après un « tarif d'évaluations officiel ».

Exemple : la bijouterie et la joaillerie en or ou en platine étant évaluées par l'administration chilienne 1 piastre 80 le gramme, le droit à payer sur les articles de l'espèce sera de 9 piastres par hectogramme.

Les droits de douane s'entendent en piastres-or de 18 pence, soit 1 fr. 89 l'une. La piastre se divise en 100 centavos.

CHINE

D'après le protocole signé entre la Chine et les puissances, le 7 septembre 1901, les produits franco-annamites (français ou francisés) bénéficient du traitement de la nation la plus favorisée.

Le tarif des douanes chinoises, entré en vigueur le 30 octobre 1902, stipule que toutes les marchandises importées sont soumises au droit de 5 % de la valeur réelle de ces marchandises. Le droit est calculé d'après la valeur sur le marché en monnaie du pays et d'après le système spécifique pour certains articles (1).

L'argent et l'or monnayé ou non monnayé sont exempts des droits à l'entrée.

Conformément à un arrangement commercial conclu entre la Chine et la Grande-Bretagne, les taux internes de la Chine dits « Likin » (2) ont été supprimés par décret impérial du 29 août 1902.

Parmi les articles tarifés au droit *ad valorem*, nous relevons :

1° Boîtes à musique...............................	*Ad valorem*	5 %
2° Fils d'or et d'argent fin et faux sur soie..........	—	5 %
3° Horlogerie : pendules et horloges et montres de toutes sortes...................................	—	5 %
4° Parapluies, parasols et ombrelles avec manches entièrement et partiellement en métaux précieux, ivoire, nacre, écaille, agate, etc., ou garnis de pierres précieuses...............................	—	5 %
5° Bijouterie	—	5 %

(1) La valeur des marchandises convertie en haikwan-taels est réputée supérieure de 12 °/₀ à la somme d'après laquelle le droit doit être calculé. Exemple Pour un lot de boîtes à musique valant sur le marché 100 haikwan-taels, le droit de douane de 5 °/₀ sera perçu sur une valeur de 88 haikwan-taels, et s'élevera à 4 haikwan 40 taels Le cours en février 1908 du haikwan-tael valait 4 fr 36.

(2) Le traité du 5 septembre 1902 conclu entre la Chine et l'Angleterre n'a pas aboli purement et simplement les taxes de likin D'ailleurs, en vertu de l'article 23 du traité de Tientsin, les marchandises françaises doivent, moyennant versement d'une taxe unique de 2 1/2 °/₀ *ad valorem*, être exonérées de tout autre impôt sur leur arcours.

COLOMBIE

La convention de commerce du 30 mai 1892 stipule que les produits français ou francisés bénéficient du traitement de la nation la plus favorisée et les tarifs douaniers du 31 octobre 1903, modifiés par les décrets des 17 janvier, 20 mai, 14 juillet, 4 septembre, 24 octobre et 14 novembre 1905, 5 février, 5 mars, 23 mai et 28 août 1906, etc., leur sont applicables.

Désignation des marchandises	Bases	Droits	Droits en monnaie colombienne
		FR CENT	PIASTRES
Bijouterie, etc. : en or, argent et en argent doré, avec ou sans pierres precieuses	Kilogr.	7 770	1 50
— en cuivre ou bronze, dorée ou argentee	—	4 144	0 80
Coutellerie fine avec manches en ivoire, nacre, plaqué et métal anglais	—	4 144	0 80
— non dénommée	—	1 036	0 20
Horlogerie : horloges pour edifices	—	0 103	0 02
(Les autres articles suivent le regime de la bijouterie.)			
Montres en or et objets en argent	—	4 50	0 90

Les droits de douane mentionnés ci-dessus sont majorés d'une surtaxe s'élevant à 70 % de leur montant.

Les marchandises expédiées en Colombie doivent, d'une manière générale, être accompagnées de factures visées par le consul colombien du port d'embarquement qui perçoit des frais de visa fixés par un barême et qui varient suivant la valeur des marchandises mentionnées dans lesdites factures ; or, en remplacement des droits consulaires qu'ils ne paient pas au port d'embarquement, les colis postaux sont soumis, en principe, à un droit de 6 % sur le montant de la facture et à une surtaxe de 25 % sur les droits de douane imposables aux produits de l'espèce.

Exceptionnellement, les pierres précieuses, les bijoux d'or, ceux d'argent doré, avec ou sans pierres précieuses, et les autres objets d'or, envoyés par colis postaux, sont évalués d'après la facture et paient, en compensation, des droits consulaires de 10 % *ad valorem*.

De sorte que les marchandises importées par colis postaux sont soumises au régime douanier commun.

Les droits de douane s'entendent en piastres d'or colombiennes à 5 fr. 18 l'une ; ils peuvent être également acquittés en papier-monnaie au taux du change à la date du paiement, ou en monnaie d'argent ayant cours à raison de 2 piastres 1/2 argent par piastre d'or.

CUBA

La loi du 16 janvier 1904, promulguée par décret du 1er février suivant, a augmenté jusqu'à concurrence de 25 ou de 30 % les droits d'importation prévus au tarif du 31 mars 1900 pour les articles désignés ci-après :

Désignation des marchandises	Bases	Droits
Bijouterie : en or, platine ou alliages de ces metaux avec ou sans pierres precieuses......	Hectogr.	7 doll. 50 (1)
— en argent avec pierres precieuses ou perles	—	7 doll. 50 (1)
— en argent sans pierres précieuses ni perles	—	1 doll. 50 (1)
— en metal plaqué d'or ou d'argent avec ou sans pierres précieuses ou fausses.	Valeur	25 % (2)
Bimbeloterie	Kilogr.	10 cents (2)
Horlogerie : Montres et chronomètres en or, argent ou autres métaux et boîtiers et mouvements	Valeur	25 % (2)
— Horloges, reveils-matin, pièces détachées et mouvements..............	—	25 % (1)
Orfevrerie : or, platine ou alliages de ces metaux ouvrés, en articles autres que la bijouterie	Hectogr.	2 doll. 80 (1)
— argent ouvre ou articles autres que la bijouterie	Kilogr.	8 doll. (1)
— vaisselle plaquée d'or et d'argent......	Valeur	25 % (2)
Ouvrages en cuivre et ses alliages, articles dorés ou nickelés................................	Kilogr.	50 cents (1)

L'unité monétaire est le dollar ou 100 cents, valant 5 fr. 18.

(1) Surtaxe de 25 %
(2) Surtaxe de 30 %

DANEMARK

Le traité de commerce du 23 août 1742 et la convention additionnelle du 9 février 1842 rendent applicable aux produits français ou francisés la clause de la nation la plus favorisée. Une loi de douane, en date du 5 mai 1908, a modifié le tarif danois de 1863 [1].

Désignation des marchandises	Bases	Droits
Bijouterie et orfèvrerie en or, argent et aluminium, y compris les écrins..............................	Kilogr.	0 89
Horlogerie : Montres de poche et de dames, chronomètres et fournitures............................	La pièce	1 39
— Pendules et fournitures......................	Kilogr.	0 89
— Horloges d'édifices [2] et autres et fournitures.	—	0 44
Outils. — Autres métaux que le fer et l'acier ; en ouvrages autres . bleus, bronzés, laques, dorés, argentés, blanchis au feu, plaqués, etc..............................	—	0 89

---

[1] Les nouveaux droits n'ont pas encore été appliqués, sauf en ce qui concerne le régime afférent aux vins et spiritueux, entré en vigueur depuis le 1er juillet 1908

[2] Les horloges d'édifices, mouvements assemblés et parties de ces horloges sont taxés d'après la matière qui les compose.

ÉGYPTE

En vertu de la convention du 26 novembre 1902, ratifiée le 25 octobre 1906 et promulguée le 22 novembre suivant, les produits français ou francisés bénéficient du traitement de la nation la plus favorisée.

Les marchandises étrangères importées en Egypte sont actuellement soumises aux droits suivants :

1° 8 % *ad valorem*, droit établi soit d'après le prix porté sur la facture authentique majoré des frais de transport, noli, assurance, etc., soit d'après la valeur de la marchandise en gros, au port de débarquement.

2° Droit de quai pour les marchandises à destination d'Alexandrie seulement ; ce droit est établi à raison de 1/2 % *ad valorem*.

3° Droit municipal, pour les mêmes raisons, de 1/2 % *ad valorem*.

Pour certaines marchandises, le droit *ad valorem* est perçu sur des évaluations officielles ; pour les autres, il porte sur les valeurs réelles des produits.

a) Articles taxés d'après l'évaluation officielle. — Afin de fixer la valeur de ces articles dans les ports d'importation, l'administration douanière égyptienne invite les principaux négociants intéressés dans le commerce desdits articles à procéder, d'accord avec elle, à l'établissement d'un tarif valable pour une période déterminée.

b) Articles taxés d'après leur valeur réelle. — Pour ceux-ci, la valeur de base est celle que les marchandises ont dans le lieu étranger de chargement ou d'achat en y ajoutant les frais de transport et d'assurance jusqu'au port de débarquement en Egypte.

ÉQUATEUR

La convention du 30 mai 1898, promulguée le 27 janvier 1903, accorde aux produits français ou francisés le bénéfice du traitement de la nation la plus favorisée.

Désignation des marchandises	Droits au kilog.	Droits monétaires de l'Equateur
	FR CENT	SUC C
Bijouterie, joaillerie, orfevrerie. Bijouterie fausse de toutes matieres, ni doree, ni argentee et autre qu'en cuir ou en soie...........	7 50	1 50
— Bijouterie fausse doree ou argentée, ainsi que la bijouterie en cuir et en soie...........	15 »	3 »
— Bijoux en or ou platine et or et montres en or..........	100 »	20 »
— Pierres précieuses montées ou non..........	125 »	25 »
— Montres et vaisselle en argent..........	25 »	5 »
— Montres autres qu'en or ou argent..........	7 50	1 50
— Pendules et cartels..........	2 50	0 50
— Horloges pour monuments..........	0 05	0 01
Boutons pour devants de chemise, dorés ou argentes....	15 »	3 »
— — ni dorés ni argentés.	7 50	1 50
Coutellerie fine : rasoirs et canifs..........	2 50	0 50
Lorgnons, lunettes, lentilles et leurs etuis..........	7 50	1 50

Nota. — Il est perçu, en sus des droits ci-dessus, des droits additionnels s'élevant à 100 %.

L'unité monétaire de l'Equateur est le sucre, qui se divise en 100 centavos et vaut 5 francs (valeur nominale).

ESPAGNE

Les relations commerciales franco-espagnoles sont régies par le *modus vivendi* de 1893-1894, qui a été prorogé *sine die* par les déclarations du 29 novembre 1906.

En vertu de cet arrangement, les deux pays s'accordent réciproquement le traitement de la nation la plus favorisée. C'est le tarif n° 2 qui est appliqué à la France.

Désignation des marchandises	Bases (net)	Tarif n° 1	Tarif n° 2
Bijouterie et joaillerie : d'or, même avec perles et pierres............	Hectogr.	25 »	25 »
— d'argent, même avec perles et pierres.....	—	5 »	5 »
Bijoux autres (articles en metaux communs dorés ou argentés ou avec incrustations d'or et d'argent)............................	Kilogr.	5 »	5 »
Horlogerie : Horloges ordinaires a poids et réveils-matin	—	3 »	1 50
— Pendules et cartels, qu'ils soient ou non montes ou termines, et chronomètres	—	5 »	3 50
— Montres en or..................	Hectogr.	20 »	15 »
— — argent et autres métaux.	—	4 »	2 »
Orfèvrerie (or, argent et platine ouvrés) et articles de joaillerie demi-ouvres............	—	3 60	3 60
Parapluies et parasols montes en soie..........	La pièce	4 »	3 »
— — montés en toute autre étoffe	—	2 »	1 50

Nota. — Les droits se liquident au poids brut ou au poids net. Bijouterie-poids net. — Horlogerie-poids net. — Orfèvrerie-poids net.

Les droits de douane sont exprimés en pesatas-or (1 pesata-or vaut 1 franc.

Paiement des droits. — Les droits sont exigibles en or. Les billets de banque de France et d'Angleterre, les lettres ou chèques sur Paris, Londres, Bruxelles ou Berlin sont acceptés en paiement.

ÉTATS-UNIS D'AMÉRIQUE

Les produits français et ceux d'Algérie sont soumis au tarif général du 24 juillet 1897.

Désignation des marchandises	Bases	Droits	Observations
Bijouterie, y compris les pierres precieuses montees, les perles enfilees ou montées et les camees montes...................	Valeur	60 %	
Diamants et pierres précieuses : à l'etat brut	»	Exempts	
— Les mêmes clivés, tailles, mais non montes , perles a l'etat naturel non enfilées ni montees ....~....	Valeur	10 %	
— Imitations de diamants ou pierres precieuses ne depassant pas 25 ᵐ/ᵐ, ni gravees, ni peintes, ni autrement ornees et décorees et non montees	—	20 %	
Outils. — Coutellerie : canifs et couteaux de poche, serpettes et grattoirs, canifs a ongles ouvres en tout ou en partie, valant la douzaine :			
Jusqu'à 2 fr 07...........	—	40 %	
De 2 fr. 07 a 2 fr. 59.......	La pièce	0 05	et 40 % *ad val.*
De 2 fr. 59 a 6 fr. 47.......	—	0 25	—
De 6 fr. 47 a 15 fr. 54......	—	0 51	—
Plus de 15 fr 54..........	—	1 03	—
— Montres : mouvements importés en caisses ou non ayant :			
Jusqu'à 7 rubis ou pierres precieuses	—	1 81	et 25 % *ad val*
Plus de 7 jusqu'a 11........	—	2 59	—
Plus de 11 jusqu'a 15......	—	3 88	—
Plus de 15 jusqu'a 17......	—	6 47	—
Plus de 17.................	—	15 54	—
— Montres : boîtiers et parties de montres, y compris les chronomètres de marine et autres,			

Désignation des marchandises	Bases	Droits
les pendules et parties desdites non dénommées et dans la fabrication desquelles n'entrent pas la porcelaine, le parian, le biscuit ou autre céramique	Valeur	40 %[1]
— Rubis ou pierres précieuses pour la fabrication des montres et pendules.............	—	10 %
Parapluies, parasols et ombrelles........	—	50 %
— manches desdits et cannes finies ou non.........................	—	40 %

Nota. — La France et les États-Unis ont conclu, le 28 janvier 1908, un arrangement commercial additionnel aux termes duquel il est notamment convenu qu'une commission de trois spécialistes nommée par chaque gouvernement examinera les réclamations auxquelles donnerait lieu, dans chacun des deux pays, l'application des règlements douaniers de l'autre pays.

GRANDE-BRETAGNE

Le tarif douanier d'Angleterre est généralement l'objet, chaque année, de différentes modifications.

Au nombre des marchandises qui sont exemptes de droits de douane à l'entrée dans le Royaume-Uni, figurent :

L'orfèvrerie d'or et d'argent ;
La bijouterie d'or et d'argent ;
Les montres.

Nota. — Les expéditeurs doivent faire connaître à l'agent du port d'entrée les indications exactes ci-après :

1° Désignation des marchandises suivant la nomenclature employée dans la liste officielle (bijouterie, orfèvrerie, montres, etc., etc.) ;

2° Quantité et poids (non compris le poids de l'emballage extérieur), mesure ou valeur suivant le poids ;

3° Valeur des marchandises y compris les frais de transport ;

4° Lieu ou pays de provenance.

GRÈCE

En vertu de la loi du 21 février 1891, maintenue par des prorogations successives, les produits français et tunisiens bénéficient du traitement de la nation la plus favorisée. Les colonies françaises ne jouissent pas du tarif conventionnel.

Désignation des marchandises	Bases	Droits
Bijouterie : en argent : simple............................	Kilogr.	25 »
— — ciselée, dorée ou émaillée, ou ornée d'or et de platine........	—	37 50
— en or ou en platine.........................	—	125 »
— en métaux dorés, argentés ou nickeles......	—	7 81
Horlogerie : Montres d'or ou dorées.....................	La pièce	5 »
— — d'argent ou argentées..............	—	2 »
— — d'autres matières.................	—	1 »
Ouvrages et outils en métaux : Instruments a manches d'argent, plaqué ou en alliage de nickel et de bois ; rasoirs, etc.	100 kil.	156 25

Les droits du tarif sont représentés en espèces, c'est-à-dire en drachmes métalliques (un drachme vaut 100 lepta).

Ces drachmes métalliques, de par les lois douanières, sont évaluées à 1 drachme-papier 45 l'une. Les droits indiqués ci-dessus résultant du tarif général, le paiement en papier-monnaie calculé au cours fixe de 1 drachme 45, chaque drachme inscrite au tarif est obligatoire.

En plus des droits de douane, il existe en Grèce des taxes d'octroi perçues par les communes et dont le montant ne doit pas dépasser le taux de 4 % *ad valorem*

GUATÉMALA

Tarif du 4 novembre 1893 et décrets des 23 août et 14 décembre 1894

Designation des marchandises	Bases	Droits
		PIASTRES
Bijouterie d'or ou de platine, avec perles ou pierres précieuses..................	Kil. poids net	150 piastres
— d'argent et or, d'argent et d'acier, avec perles ou pierres précieuses..	—	50 —
— d'or ou de platine, sans perles ni pierres précieuses.................	—	50 —
— d'argent et or, d'argent et d'acier, sans perles ou pierres précieuses..	—	10 —
— fausse non denommée..............	Id. poids total	2 —

Calcul et paiement des droits de douane. — Aux termes de la législation en vigueur, 30 % du montant des droits inscrits au tarif guatémaltèque sont exigibles en or. Soit, par exemple, 100 kilogr. d'un article imposé à 1 piastre le kilogr., l'importateur acquittera de la manière suivante les 100 piastres nominales prévues d'après le tarif précité :

70 piastres en papier-monnaie, ci..............	70 piastres
30 piastres en or, soit, au change, de 13 piastres papier pour 1 piastre or (1er trimestre 1905)......	390 —
Total...................	460 piastres

Ces 460 piastres-papier représentent 180 fr. 39 au cours du change à vue Paris (1er avril 1905).

HAÏTI

Aux termes de l'art. 2 de la convention commerciale du 30 janvier 1907, certains produits originaires de France et d'Algérie bénéficient, à leur importation à Haïti, d'une réduction de 33 1/3 % sur l'ensemble des droits principaux.

Désignation des marchandises	Bases	Droits
Bijouterie : fausse non prévue............................	Valeur	20 %
— fine non prévue............................	—	10 %
Horloges pour églises et édifices publics...............	—	Exempt
Lunetterie, lorgnettes, lorgnons montés : en or..........	La pièce	1 »
— — — en argent.....	—	0 50

En outre des droits de douane, il est perçu :

1° Deux surtaxes : l'une de 50 %, l'autre de 33 1/3 % sur le montant du droit principal ;
2° Des droits de visa, de wharfage, de pesage.

Ainsi, un envoi de bijouterie fine, évalué 100 gourdes, devra payer :

Droit principal 10 % *ad valorem*	gourdes 10	»
Surtaxe de 50 %.........................	—	5 »
Surtaxe de 33 1/3 %......................	—	3 33
Droit de visa, 1 %, sur le montant de la facture	—	1 »
Droits de wharfage et de pesage...........	Mémoire	

Aux termes de l'art. 2 de la convention franco-haïtienne, la bijouterie fine ou fausse bénéficie d'une réduction de 33 1/3 % sur l'ensemble des droits précités. Les articles doivent être accompagnés de certificats d'origine.

La lunetterie ne figure pas au nombre des articles admis à cette réduction.

Nota. — Le fabricant ou expéditeur doit remettre, en même temps que la marchandise, les factures consulaires et originales, connaissements et le certificat d'origine (1) française visé par le maire de la ville ou de la localité. Le défaut de non expédition des trois premières pièces entraîne le paiement de tous les droits et le défaut de non expédition du certificat d'origine française entraîne le paiement de tous les droits et surtaxes.

Depuis la mise en vigueur de la loi haïtienne du 17 août 1906, tous les droits d'importation sont payables en or américain ou en papier-monnaie au taux de 300 %, de sorte qu'une gourde (ou piastre) inscrite au tarif représente 5 fr. 18 environ et qu'il faut environ 300 gourdes-papier pour 100 dollars-or.

(1) Le certificat d'origine n'est necessaire que pour les articles admis au benéfice de la reduction de 33 1/3 %

ITALIE

Par suite de l'arrangement intervenu entre la France et l'Italie le 21 novembre 1898 et ratifié par la loi du 11 février 1899, les produits français ou francisés bénéficient du traitement de la nation la plus favorisée.

Le tarif général d'Italie du 24 novembre 1895 a été modifié par décrets des 29 juin 1896 et 2 mars 1905 et par les lois des 1er juillet 1901 et 6 juillet 1905 ; des accords ont été conclus avec la Suisse le 13 juillet 1904, avec l'Allemagne le 3 décembre 1904, avec l'Autriche-Hongrie le 11 février 1906, avec la Serbie le 14 janvier 1907, avec la Russie le 15/28 juin 1907, avec la Roumanie le 22 novembre/5 décembre 1906, etc.

Désignation des marchandises	Bases	Tarif général	Tarif conventionnel
Horlogerie : Montres à boîtier en or............	La pièce	1 »	1 »
— — cn autre métal..	—	0 50	0 50
— Pendules et cartels, sans cage....	—	5 »	5 »
— — avec cage....	—	5 »	5 »
(plus le droit de la cage)			
— Réveils-matin, sans sonnerie......	—	1 50	» »
— Mouvements de montres.........	—	0 25	0 25
— — de pendules avec cartel	—	2 »	» »
— — d'horloges, de tours.	100 kil.	20 »	» »
— Horlogerie electrique..............	—	» »	50 »
— Fournitures d'horlogerie.........	—	100 »	50 »
Or battu en feuilles.........................	Kilogr.	18 »	16 »
Orfèvrerie et bijouterie : Orfèvrerie et vaisselle d'or	Hectogr.	14 »	14 »
— Articles en argent, même dorés ou argentés	Kilogr.	9 »	9 »
— Bijoux en or........	Hectogr.	14 »	3 »
— Bijoux-chaînes	—	» »	1 »
— Bijoux d'argent même dorés	Kilogr.	10 »	10 »
Parapluies et ombrelles : en soie..............	Le cent	140 »	125 »
— autres qu'en soie....	—	80 »	60 »

Désignation des marchandises	Bases	Tarif général	Tarif conventionnel
Pierres précieuses ouvrées : rubis, émeraudes, diamants, etc...	Hectogr.	14 »	» »
— agates, opales, onyx	Kilogr.	9 »	» »

Nota. — Les droits résultant du tarif général ne sont imposables aux marchandises françaises qu'à défaut de taxe conventionnelle pour les produits visés.

JAPON

Les produits français ou francisés bénéficient du traitement de la nation la plus favorisée.

Indépendamment du tarif général du 30 mars 1906, entré en vigueur le 1ᵉʳ octobre suivant, existe le tarif conventionnel convenu avec différents états.

Désignation des marchandises	Bases	Tarif général	Tarif conventionnel
Bijouterie entièrement ou partiellement en metaux precieux ou pierres précieuses	*Ad val.*	60 %	»
— fausse	—	50 %	10 %
Passementerie entièrement ou partiellement en or, argent ou soie.......	—	50 %	»
— autre	—	40 %	»
Plumes à écrire en or......................	—	60 %	»
		YEN SEN	
— autres	la grosse	0 16	»
Coutellerie commune......................	*Ad val.*	40 %	»
Articles en or non spécialement dénommés....	—	60 %	»
Articles en argent et articles dorés ou argentés non specialement dénommés................	—	50 %	»
Tous autres articles en métaux non spécialement dénommes............................	—	30 %	»
Pierres précieuses non manufacturées.........	—	40 %	»
— ouvrées, non spécialement dénommées	—	50 %	»
Articles en corail, non specialement dénommés.	—	50 %	»
Perles	—	60 %	¤
		YEN SEN	YEN SEN
Longues-vues, jumelles, lunettes d'approche montées en écaille, nacre, ivoire, or, argent, platine, matières précieuses ou de luxe ou garnies de pierres précieuses..............	La pièce	»	0 750
Longues-vues, jumelles, lunettes d'approche autres	—	»	0 250
Pendules, horloges et cartels..................	*Ad val.*	40 %	10 %
Montres avec boîtes en or ou platine........	—	50 %	»
— autres	—	40 %	»

Désignation des marchandises	Bases	Tarif général	Tarif conventionnel
		YEN SEN	
Montres ; parties de montres : ressorts........	Le cent	1 10	»
— — spirales	—	0 80	»
— — cadrans	—	4 10	»
Cannes, fouets, cravaches et manches pour parapluies :			
Avec garnitures en or, argent, dorées ou argentées	Ad val.	50 %	»
Autres	—	40 %	»

Nota. — Les échantillons de marchandises et les articles importés comme spécimens ne pouvant être utilisés à un autre usage, sont exempts des droits.

Les articles importés pour subir un complément de main-d'œuvre ou pour être réparés sont également admis en franchise à charge d'être réexportés dans le délai maximum d'un an.

Pour bénéficier du tarif conventionnel, les marchandises qui y ont droit doivent être accompagnées de certificats d'origine établis par les agents consulaires japonais au lieu de production, de fabrication ou d'embarquement des marchandises. Les agents consulaires du Japon, en France, résident à Bordeaux, au Havre, à Lyon et à Marseille.

Si les marchandises importées ne sont pas accompagnées de certificats d'origine ou si les certificats en question ne remplissent pas les conditions réglementaires, les droits de douane seront perçus d'après le tarif général et aucun délai ne sera accordé pour permettre la présentation de documents réguliers.

L'unité monétaire au Japon est le yen, qui se divise en 100 sen et vaut environ 2 fr. 55.

MAROC

Le régime douanier en vigueur au Maroc résulte du traité
que ce pays a conclu avec l'Allemagne le 1er juin 1890 et de la
convention franco-marocaine des 23-24 octobre 1892.

D'une manière générale, il est perçu à l'importation un droit
de 10 % *ad valorem*; toutefois, quelques articles sont taxés
exceptionnellement à raison de 5 % *ad valorem*.

Désignation des marchandises	Bases	Droits
Bijoux d'or et d'argent	Valeur	5 %
Galons d'or	—	5 %
Montres de poche	—	10 %
Pierres précieuses et fausses	—	5 %
Rubis	—	5 %

Aux droits précités, il convient d'ajouter une taxe spéciale de
2 ½ % *ad valorem* appliquée depuis le 17 février 1908, en exécution de l'art. 66 de l'acte général de la Conférence internationale
signée à Algésiras le 7 mars 1906.

Les droits et la surtaxe sont imposés uniformément, quel que
soit le pays de provenance des importations.

La base de perception est le prix des produits d'après leur
valeur marchande, au comptant, en gros, dans le port de
débarquement.

MEXIQUE

En exécution du traité d'amitié, de commerce et de navigation du 27 novembre 1886, les produits français ou francisés bénéficient du traitement de la nation la plus favorisée.

Indépendamment des droits du tarif du 20 juin 1905, mis à exécution à partir du 1er septembre 1905, les marchandises importées sont frappées : 1° d'une surtaxe de 1 ½ ou 2 % du montant des droits de douane comme droit municipal, et 2°, s'il y a lieu, d'un droit de chargement et de déchargement.

Le décret du 1er juin 1907 a exempté de tous droits d'entrée et de port les produits importés pour la consommation dans le territoire de Quintana Rob.

Désignation des marchandises	Bases	Droits
Bijoux et ouvrages en or ou en platine ou des deux métaux, avec perles et pierres précieuses	Kilogr. net	100 »
— sans perles ni pierres précieuses	—	55 »
Bijoux et ouvrages d'argent ou d'argent et d'or, avec perles et pierres précieuses....	—	60 »
— sans perles ni pierres précieuses	—	12 »
Bijouterie de métal autre que l'or, l'argent ou le platine, non dorée ni argentée	Kilogr. légal	0 80
— dorée ou argentée	—	2 »
Horlogerie : Horloges	Kilogr. brut	0 02
— Pendules de tout genre	Kilogr. légal	1 »
— Montres en or ou plaquées d'or, même avec pierres précieuses, à répétition..	La pièce	16 »
— Autres	—	8 »
Horlogerie : Montres en argent ou autre matière à l'exception de l'or :		
A répétition, avec incrustation d'or ou parties d'or ou plaquées	—	6 50
— Autres	—	1 25
— Montres en argent, métal commun ou en autres matières, avec incrustation en or ou en partie d'or ou plaquée d'or, autres qu'à répétition	—	2 50

Désignation des marchandises	Bases	Droits
Or, argent et platine, en lingots ou en poudre......	»	Exempts
Ouvrages en métal commun dorés ou argentés :		
Jusqu'à 10 kilogr	Kilogr.légal	1 80
Plus de 10 kilogr.	—	0 50
Eventails avec ornements ou accessoires d'or ou		
d'argent ou de platine...........................	La pièce	6 »

Nota. — Les exportateurs doivent indiquer le poids net, le poids brut de chaque colis, ainsi que la valeur. Les caisses ne doivent porter qu'une marque et un numéro. Si une caisse renferme plusieurs boîtes ou caisses, on doit spécifier le nombre et le poids de chacune séparément.

La valeur au pair de la nouvelle piastre-or (100 centavos) est de 2 fr. 58 ; telle est également la valeur attribuée réglementairement aux anciennes piastres d'argent qui continuent à posséder puissance libératoire illimitée comme les pièces d'or.

MONTENÉGRO

Le gouvernement monténégrin a dénoncé, à la date du 17 décembre 1903, la convention commerciale signée entre la France et le Monténégro. Depuis lors, un *modus vivendi* assure aux deux pays l'application réciproque du tarif minimum.

L'arrangement provisoire dont il s'agit a déjà été prorogé à différentes reprises ; il est arrivé à expiration le 1er janvier 1909.

Désignation des marchandises	Bases	Tarif maximum	Tarif minimum
Bijouterie : or, argent et platine en ouvrages de toutes sortes.................................	Valeur	15 %	10 %
Coutellerie et couverts en or, argent et platine..	—	15 %	10 %
Horlogerie	—	15 %	10 %
Objets religieux destinés à la vente............	—	15 %	10 %
Pierres précieuses pour parures de toutes sortes.	—	15 %	10 %
Or, clinquant d'or et similaires, en cordons, galons et boutons...........................	—	100 %	30 %

INDES NÉERLANDAISES

Tarif applicable aux îles de Java, Madura, Sumatra, Banka,
Billiton et la résidence de Bornéo du Sud-Est

Aux termes de la convention commerciale signée à La Haye,
le 13 août 1902, les marchandises originaires de France, d'Algérie, des colonies et possessions françaises, des pays de protectorat de l'Indo-Chine et de la Tunisie bénéficient, à leur
importation dans les colonies néerlandaises, des taxes de
douane les plus réduites applicables aux produits similaires
d'origine étrangère.

Désignation des marchandises	Bases	Droits
Horloges et pendules	Valeur	6 %
Montres	—	6 %
Joaillerie montée ou non	—	Exempt
Or et argent en feuilles	—	10 %
— en barres, en morceaux, en monnaie	»	Exempt
— travaillés, broderies, passementeries et fils en or et en argent	—	10 %
— Argent de Berlin en feuilles, pour la fabrication des bijoux indigènes	—	Exempt
Parapluies et ombrelles	—	10 %

Nota. — Les droits *ad valorem* sont perçus d'après un tarif
officiel d'évaluations.

NICARAGUA

La convention commerciale du 27 janvier 1902, promulguée le 2 décembre 1903, accorde aux produits français ou francisés le traitement de la nation la plus favorisée.

Le tarif d'importation du 15 novembre 1902 a été modifié par décret du 19 mai 1905.

Désignation des marchandises	Bases	Droits
		PIASTRES
Bijouterie d'or ou de platine : simples ou avec pierres fausses	Kilogr.brut	25 »
— — avec brillants ou autres pierres precieuses....	—	150 »
Bijouterie d'argent : simples ou avec pierres fausses..	—	12 »
— — avec pierres precieuses..........	—	50 »
— de cuivre ou tous autres articles similaires, avec ou sans pierreries...............	—	1 50
— imitant or et argent, telle qu'en double, plaque et analogues...................	—	5 »
— de toutes sortes, en fer et acier...........	—	1 »
Horlogerie. — Horlogerie pour tours...............	—	0 05
— Pendules et cartels en cuivre........	—	5 »
— Montres en or ou en platine simples.	—	50 »
— Montres en or et en platine avec chiffres et pierres précieuses sur le boîtier	—	80 »
— Montres d'argent....................	—	10 »
— — en nickel ou autre métal....	—	0 70
— Chronometres	—	1 »

Nota. — Calcul et paiement des droits de douane.

A supposer un article porté au tarif nicaraguayen pour un droit de une piastre, le calcul s'établit ainsi : la taxe est tout d'abord doublée, soit deux piastres (Nicaragua). Ces deux piastres sont réduites en or américain au change fixe de 500 % ; 100 dollars-or américains valant 500 piastres, les deux piastres-Nicaragua représentent 0 dollar 40 cents-or américain. Ces 40 cents sont la taxe exigible de l'importateur aux lieu et place du droit de 1 piastre portée au tarif et prise à titre d'exemple.

Tel était le mode uniforme de paiement des droits jusqu'au 3 juillet 1905 ; un décret, en date du 30 juin 1905, y a apporté les modifications suivantes en ce qui concerne les bureaux de douane situés sur la côte du Pacifique :

« Art. 1er. — Le paiement des droits d'importation s'effectuera
» comme suit : par 100 pesos de droits de douane dus, il sera
» perçu 240 piastres en billets nationaux ou leur équivalent en
» argent à raison de 50 %, ou en or à raison de 20 %, y compris
» la surtaxe de 100 % établie par la loi antérieure. »

De sorte que, pour une marchandise inscrite au tarif pour un droit de 100 piastres, on aura à payer dans ces bureaux :

Soit 240 piastres en papier-monnaie ;
Soit 120   —   en argent ;
Soit 48   —   en or.

NORVÈGE

Par la convention du 13 janvier 1892 entre la France et les royaumes unis de Suède et de Norvège, les produits français ou francisés bénéficient du traitement de la nation la plus favorisée.

Le Storting norvégien, dans sa séance du 4 octobre 1905, a modifié le tarif général du 25 août 1905.

Désignation des marchandises	Bases	Tarif minimum COURON. OERES
Bijouterie (1) en or ou en platine, y compris les gaufrages (2)	Kilogr. brut	30 »
— en argent et argent doré, en émail ou filigrane (2) ...,......................	—	60 »
— en argent autres (y compris les gaufrages) (2)	—	15 »
— fausse, dorée ou argentée (2)............	—	10 »
— fausse (2), ni dorée ni argentée..........	—	2 50
Horlogerie. — Montres et chronomètres de poche....	La pièce	1 »
— Pendules	Kilogr.	1 »
— Horloges autres que d'édifices........	—	0 70

Nota. — La couronne se divise en 100 œres et vaut environ 1 fr. 39.

(1) En général tous les articles où la matière dominante est l'or, le platine ou l'argent suivent le régime de la bijouterie.
(2) Sans déduction pour les étuis, boîtes, enveloppes en papier et conditionnement immédiat

PANAMA (RÉPUBLIQUE DE)

La République de Panama, par l'art. 2 de la loi n° 8 du 26 janvier 1907, perçoit, au point de vue douanier, un droit commercial *ad valorem* de 15 %, valeur de l'article suivant facture. Chaque envoi doit être accompagné de 5 factures (original et 4 copies).

Désignation des marchandises	Bases	Droits
Bijouterie or ou argent................................	Valeur	15 %
— autre	—	15 %
Montres en or, argent et métal.........................	—	15 %
Perles et pierres précieuses, articles manufacturés d'or, d'argent, platine et cristal ; ornements de bronze et articles argentés, comme les vaisselles, etc.	—	15 %

Nota. — Les droits dont il s'agit sont perçus en or.

PARAGUAY

En vertu de la convention du 21 juillet 1892, les articles français ou francisés sont admis au tarif de la nation la plus favorisée.

Le tarif douanier du 21 septembre 1899 a été modifié par différentes lois et notamment par celle du 3 mai 1905.

Par application de la loi du 16 juillet 1903, il est perçu un droit additionnel de 3 % sur toutes les marchandises importées et soumises à des taxes d'entrée.

Designation des marchandises	Bases	Droits
Bijouterie en or ou en argent avec ou sans pierres ou perles......................	*Ad valorem*	5 %
Instruments scientifiques, avec ou sans manches, garnis d'argent, d'or ou de platine..............	—	5 %
Montres en or et en argent avec ou sans pierres ou perles	—	5 %
Ustensiles en or ou en argent..................	—	5 %
Pierres précieuses ou perles fines non montees......	—	2 %
Livres imprimes avec couverture en écaille, ivoire, nacre et leurs imitations, ou avec incrustations en or, en argent ou en métal argenté..............	—	40 %

Il importe de remarquer que les droits *ad valorem*, y compris la taxe additionnelle de 3 %, sont perçus d'après un « *tarif officiel d'évaluations* ».

Les droits s'entendent en piastre-or (100 centavos) de 5 francs l'une. Ils peuvent également être acquittés en papier-monnaie au change du jour.

PAYS-BAS

En attendant que le projet de loi présenté aux Chambres néerlandaises, le 19 août 1900, tendant à la révision du tarif douanier, soit voté, aucune convention entre la France et les Pays-Bas n'a remplacé la convention du 19 avril 1884. Les marchandises de toutes provenances sont soumises à un tarif uniforme à l'importation dans les Pays-Bas.

Désignation des marchandises	Bases	Droits
Bijouterie, orfèvrerie et argenterie......................	Valeur	5 %
Bijouterie fausse (classée comme quincaillerie)..........	—	5 %
Coutellerie (classée comme quincaillerie)................	—	5 %
Horloges, cartels et pendules avec ou sans globes........	—	5 %
Montres en or, argent et autres.........................	—	5 %
Lunetterie (classée comme quincaillerie)................	—	5 %
Or et argent battus, en livrets et en fils d'or et d'argent.	—	3 %
Ouvrages en métaux, doublé et plaqué....................	—	5 %

Nota. — Outre le droit d'entrée ci-dessus, il est perçu, sur tous les ouvrages d'or et d'argent, un impôt spécial de 316 fr. 50 par kilogramme d'or et de 15 fr. 82 par kilogr. d'argent.

Pour les marchandises taxées *ad valorem*, la valeur est calculée d'après le prix courant des objets dans les Pays-Bas au jour de l'importation.

On doit entendre par prix courant des marchandises dans les Pays-Bas au jour de l'importation, soit le prix de facture comprenant tous les frais jusqu'à destination, tels que frais d'emballage, de transport, d'assurance et de commission, hormis les droits d'entrée ; soit le prix de première main à l'étranger augmenté des mêmes frais, hormis également les droits de douane.

PÉROU

Par application de la loi douanière du 25 octobre 1886, les articles français ou francisés sont soumis aux droits ci-après qui, d'ailleurs, sont applicables aux marchandises de l'espèce de toute origine.

Désignation des marchandises	Bases	Droits
Bijouterie d'or et d'argent avec ou sans pierres précieuses.	Valeur	3 %
Passementerie fine en or et en argent.....................	—	10 %
Bijouterie fausse	—	40 %
Passementerie de toute sorte, y compris celle demi-fine en or et en argent.......................................	—	40 %
Or et argent en barres...................................	»	Exempt

Nota. — Pour les importations par les douanes de Callao, de Paita et de Salaverry, il y a lieu de majorer les droits de douane de 10 % de leur montant ; dans les autres douanes, la surtaxe s'élève à 8 %.

Un régime spécial est appliqué dans les douanes du département de Lorets : la bijouterie d'or et d'argent avec pierres précieuses paie 3 % ; l'or et l'argent ouvrés, 10 % ; les autres marchandises, 30 %.

Un nouveau tarif douanier a été élaboré (on ignore à quelle date il entrera en vigueur).

Le sol se divise en 100 centavos et vaut 2 fr. 50 environ.

PERSE

La loi douanière du 26/8 février 1903 est considérée, pour son application, comme un tarif minimum auquel sont soumis les pays bénéficiant du traitement de la nation la plus favorisée. En exécution du traité du 12 juillet 1855, les produits français ou francisés sont admis au tarif minimum.

Designation des marchandises	Bases	Droits
Horlogerie. — Pendules, horloges et réveils...............	Valeur	20 %
— Montres en or...........................	La pièce	2 toman
— — en argent........................	—	5 krans
— — autres	—	4 krans
Mercerie et quincaillerie : bijouterie fausse...............	Valeur	15 %
Ouvrages en métaux (1) : en argent fin ou en argent fin doré	—	5 %
— en or fin ou en platine	—	10 %
Parapluies et parasols.....................................	—	5 %
Perles fines ainsi que les pierres précieuses brutes ou taillées, montées ou non..............................	—	25 %

La valeur à déclarer en douane pour les marchandises taxées *ad valorem* est celle que ces marchandises ont au lieu d'origine ou de production, augmentée des frais d'emballage, de commission, d'assurance et de transport jusqu'au lieu d'introduction.

Le toman se divise en 10 krans et vaut 4 fr. 80 environ.

(1) La bijouterie et l'orfèvrerie sont classées dans les ouvrages en métaux.

PORTO-RICO

En vertu de l'arrangement franco-américain du 30 mai 1898 et de l'accord du 20 août 1902, les produits français ou francisés bénéficient du régime de faveur dont ils jouissent aux Etats-Unis [1].

Les droits de douane établis sur les articles importés des pays étrangers aux Etats-Unis sont perçus de la même manière sur les articles importés à Porto-Rico et provenant d'autres ports que ceux des Etats-Unis.

Le tarif douanier des Etats-Unis ayant été mis en vigueur à Porto-Rico par la loi du 12 avril 1900, les marchandises étrangères (autres que celles de provenance nord-américaine) importées dans l'île doivent, depuis lors, acquitter les mêmes droits qu'à l'entrée sur le territoire de l'Union.

---

[1] Il n'y a qu'un petit nombre de marchandises françaises qui bénéficient d'un régime de faveur aux Etats-Unis et par suite à Porto-Rico.

Les articles de bijouterie, d'orfèvrerie et d'horlogerie n'étant pas compris au nombre desdites marchandises sont soumis au régime commun.

PORTUGAL

Tarif général du 17 juin 1892 applicable aux produits français ou francisés importés en Portugal

Le gouvernement portugais a élaboré un projet de nouveau tarif douanier qui sert de base à des négociations en cours. Il convient de remarquer que le traité de commerce du 19 décembre 1881 entre la France et le Portugal étant arrivé à expiration le 1er février 1892, aucune convention n'a pu être conclue depuis lors entre les deux pays.

Désignation des marchandises	Bases	Droits
Bijouterie d'or............................	Kilogr.	120.000 reis
— d'argent ou de platine....................	—	35.000 —
— d'autres matières......................	—	2 000 —
Boutons d'or..............................	—	120.000 —
— d'argent	—	35.000 —
Horlogerie. — Horloges : complètes simples..........	La pièce	10 000 —
— — compliquées	—	20 000 —
— — non dénommées............	Valeur	40 %
— Montres en or.....................	La pièce	2.000 reis
— — d'autres matières.............	—	1.000 —
Lunetterie	Kilogr.	2 000 —
Parapluies, parasols et ombrelles en soie............	La pièce	1.200 —
— — — en autre tissu......	—	700 —
Passementerie contenant de l'or et de l'argent........	Kilogr.	10 000 —

Nota. — Les droits *ad valorem* sont calculés sur la valeur des marchandises au lieu d'origine, augmentée des frais de transport, d'assurance, selon facture ou déclaration de l'expéditeur. Cette déclaration doit indiquer la nature, la quantité et la valeur de chaque article.

La valeur du milreis (1.000 reis) est sujette à fluctuations : en ces derniers mois, le cours moyen du milreis était de 4 fr. 95.

RÉPUBLIQUE ARGENTINE

Le tarif des douanes ci-après est entré en vigueur le 20 décembre 1905. Par la convention additionnelle du 10 août 1892, les produits français ou francisés bénéficient du traitement de la nation la plus favorisée.

Désignation des marchandises	Bases	Droits
Bijouterie et orfevrerie : en or de 18 karats sans pierres précieuses.......	Ad valorem	5 %
— — en or, au-dessous de 18 karats, sans pierres precieuses	—	5 %
— — en argent, sans pierres précieuses	—	5 %
— — en or, avec pierres précieuses	Valeur	5 %
— — en argent, avec pierres précieuses	—	5 %
Montres en or..	—	5 %
— en argent ou argent doré......................	—	5 %
— en plaqué ou plaquées d'or et en métaux communs	—	5 %
Vaisselle en or et en argent............................	—	5 %
Ecrins pour bijoux......................................	—	37 % (1)
Argent en barres ou en lingots........................	»	Exempt
Or en pépites, lingots ou poudre......................	»	Exempt

Nota. — Les droits *ad valorem* sont perçus d'après un tarif officiel d'évaluations dont on reproduit ci-après un extrait :

	Valeur officielle en piastres et centavos
Bijouterie, joaillerie et orfevrerie en or, à 750 millièmes (18 karats), sans pierres précieuses, le gramme.............................	0 p. 70
Bijouterie en or, à moins de 750 millièmes (18 karats), sans pierres précieuses, le gramme...	0 p. 40

(1) Y compris l'impôt additionnel de 2 % *ad valorem* qui frappe les marchandises grevées à l'importation d'un droit de 10 % et au-dessus.

Valeur
officielle
en piastres
et centavos

Bijouterie en argent de toutes sortes, sans pierres précieuses, le kilogr. .... 40 p. »

Tous ces articles étant soumis au paiement d'un droit de douane de 5 % *ad valorem*, la bijouterie, etc., à 750 millièmes faisant l'objet de la première catégorie indiquée ci-dessus, paiera, par hectogramme, 3 piastres 50 centavos.

Les droits de douane sont payables en or. La piastre-or (100 centavos) vaut 5 fr. 10 environ.

RÉPUBLIQUE DE COSTA-RICA

Par la convention du 7 juin 1901, approuvée de 5 février 1902, les produits français ou francisés bénéficient du traitement de la nation la plus favorisée.

La valeur actuelle des droits d'importation a été augmentée de 50 % par le décret du 14 juin 1901.

Désignation des marchandises	Bases	Droits
		COL CENT
Bijouterie en or, même avec pierres et perles........	Kilogr. brut	13 02
— en argent....................................	—	6 52 ½
— fausse	—	1 63 ½
Coutellerie	—	0 81
Lunettes en or......................................	—	13 02
— en argent	—	6 52 ½
Montres en or.....................................	—	13 02
— en argent....................................	—	6 52 ½
— en métal	—	1 63 ½
Orfèvrerie de table..................................	—	6 52 ½

Dans les droits indiqués en colons et centavos, il y a la surtaxe de 50 % établie par le décret du 14 juin 1901.

Tous ces droits s'entendent en colons-or.

Le colon-or (100 centavos) vaut 2 fr. 40.

D'autre part, il faut tenir compte de l'impôt consulaire de 2 % sur le montant des droits.

RÉPUBLIQUE DOMINICAINE

Le traité du 9 septembre 1882 et l'acte additionnel du 5 juin 1886 ont stipulé que les produits français ou francisés bénéficieraient du traitement de la nation la plus favorisée.

Désignation des marchandises	Bases	Droits
Bijoux et articles d'or et d'argent : fins...............	Valeur	5 %
— — faux	—	73.8 %
Brillants et diamants.................................	—	5 %
Horlogerie : Pendules et cartels : en bois pour salons..	La pièce	2 dollars
— — en métal bronzé.....	—	4 —
— — en métal doré........	—	8 —
— Montres en or et en argent...............	Valeur	5 %
— — en acier ou en cuivre...........	La douz.	12 dollars
Parures et ornements d'or ou d'argent, avec pierres fines	Valeur	5 %
— — avec pierres fausses ..	—	73.8 %
— — faux ordinaires ...	—	73.8 %
Pierres précieuses.....................................	—	5 %

RÉPUBLIQUE DE HONDURAS

Convention commerciale du 11 février 1902, promulguée le 18 avril 1905, accordant aux produits français ou francisés le bénéfice des taxes les plus favorables aux pays autres que les Républiques du Centre-Amérique.

Designation des marchandises	Bases	Droits	
		PIAS	CENT
Bijouterie : fine en or et en argent	1/2 kil. brut	5	»
— fausse en acier, etc.	—	0	50
— dorée ou en doublé	—	1	»
Broderies en or y compris les glands	—	5	»
— en argent et en soie y compris les glands..	—	4	»
Horlogerie : Horloges pour tours	—	0	02
— Pendules, cartels, etc.	—	0	50
— Montres en or	—	5	»
— — en argent	—	3	»
— — en nickel	—	1	»
Lunettes en or	—	5	»
— en argent	—	3	»
Tabletterie : Boutons en or	—	5	»
— — en argent	—	4	»

Les droits de douane s'entendent en piastres-argent.
La piastre argent (100 centavos) vaut environ 2 francs.

RÉPUBLIQUE DE SAN-SALVADOR

En vertu de la convention commerciale du 9 janvier 1901 et promulguée le 23 janvier 1902, les produits français ou francisés ne sont frappés, à leur entrée au Salvador, de taxes plus élevées que celles applicables aux produits similaires de toute autre origine.

Désignation des marchandises	Bases	Droits
		PIAS. CENT.
Bijouterie en or..	Kilogr.	10 »
— en double et autres imitations............ ..	—	2 »
Bijoux et vaisselle en argent...........................	—	2 »
Montres en or..	—	10 »
— en argent..	—	5 »
— d'autre métal....................................	—	2 »
Boutons dorés et argentés..............................	—	2 »
Cannes avec manches argent ou or......................	—	4 »

Les taxes inscrites en piastres et centavos sont des « droits de base » établis par kilogr. de poids brut. De ces droits de base on prend d'abord 98 % qui doivent être acquittés en monnaie d'argent au titre de 900 millièmes, puis 27 % payables en monnaie d'or américaine ou en traites à vue sur les Etats-Unis.

Outre les droits de douane proprement dits, les marchandises importées sont passibles de frais accessoires :

1° De 8 piastres 92 argent par unité de 100 kilogr. de poids brut ;

2° De 1 % en argent sur le montant des droits de douane ;

3° De 3 piastres 75 argent par chaque opération de dédouanement.

Exemple. — Prenons un envoi de bijouterie or pesant 10 kilogr. brut et taxé à raison de 10 piastres par kilogr. ; on obtient = droit de base, 100 piastres.

98 % sur 100 piastres...............	piastres argent	98	»
8 p. 92 par unité de 100 kilogr.	—	0	89
1 % sur 100 piastres.................	—	1	»
Dédouanement	—	3	75
27 % en or américain sur 100 piastres représentent 27 piastres or, lesquelles, au change, variant de 200 à 175 piastres argent pour 100 piastres or, donnent de 54 à 47 piastres argent 25..............	—	47	25
Ensemble............	—	150	89

soit, au cours actuel de l'argent, à raison de 2 fr. 10 par piastre = 316 fr. 86.

ROUMANIE

En exécution d'un traité passé avec la France le 6 mars 1907, les articles français sont admis au régime conventionnel.

Les marchandises importées par les ports roumains sont frappées d'une taxe additionnelle de 1/2 % sur leur valeur officielle fixée par la douane.

On considère comme matériaux fins : l'ambre, l'écaille, la nacre, l'ivoire, le jais véritable, l'écume de mer, les métaux précieux, tous les métaux dorés et les fils dorés ou argentés, les pierres fines et demi-fines, etc.

Désignation des marchandises	Bases	Tarif général	Tarif conventionnel
Bijouterie d'or et de platine avec ou sans pierres fines................	Kil N R.	100 »	» »
— d'argent, même combinée avec des pierres fines...........	—	40 »	» »
— d'argent, la même dorée ou plaquée d'or................	—	60 »	» »
— en metal commun même combinee avec imitation de pierres fines et même argentée ou dorée	—	8 »	» »
— en métal commun plaquée d'argent ou d'or et combinée ou non avec imitation de pierres fines	—	16 »	» »
Coutellerie montee sur ivoire, écaille, nacre, métal, argentée ou dorée	100 k. N R.	250 »	» »
— montee sur argent..........	—	350 »	» »
Horlogerie : Grandes horloges pour églises et édifices, ainsi que leurs parties	—	50 »	» »
— Pendules suspendues et de table, ainsi que leurs parties :			
— Pendules simples, en matière commune, sans ciselure..	—	150 »	150 »

Désignation des marchandises	Bases	Tarif général	Tarif conventionnel	
Horlogerie : Pendules en matières communes, ornées de ciselures, figures , incrustations ou ornements	100k. N. R.	200 »	» »	
— Pendules montées sur matières fines.................	—	350 »	» »	
— Montres avec boîtes en matières communes	Piece	1 »	» »	
— Montres avec boîtes aluminium, nickel, metal argenté ou argent.................	—	1 50	» »	
Montres avec boîtes en vermeil ou en or, même combinées avec des pierres précieuses	—	6 »	» »	
— Boîtes a musique, grandes ou petites , avec mecanisme d'horlogerie	Kil.N.R.	1 50	» »	
Orfèvrerie d'or et celle d'argent partiellement ou totalement dorée..	—	30 »	» »	
— d'argent	—	28 »	» »	

RUSSIE

Par le traité du 1ᵉʳ avril 1874 et la convention du 16/29 septembre 1905, les articles français ou francisés sont admis, en Russie, avec le traitement de la nation la plus favorisée.

Le tarif général pour le commerce d'Europe est entré en vigueur le 16 février/1ᵉʳ mars 1906. Le tarif conventionnel pour les articles ci-après résulte de traité additionnel avec l'Allemagne du 22 juin 1904 et d'une convention avec la France du 16/29 septembre 1905.

Désignation des marchandises	Bases	Tarif général	Tarif conventionnel
		FR C	FR. C
Bijouterie et joaillerie d'or	Kilogr.	429 15	343 45
— d'argent	—	58 52	58 52
— de platine non ouvré, en lingots, en poudre, en débris	—	195 07	» »
— or et argent, en poudre, argent en feuilles dorées	—	Exempt	» »
Coutellerie commune	100 kil.	390 30	332 02
— fine	—	976 55	976 55
Horlogerie: Montres a boîtiers en or ornées ou non de pierres precieuses	La pièce	16 79	» »
— Montres en argent et autres matières	—	5 99	» »
— Horloges de tour	—	99 97	» »
— Fournitures d'horlogerie de toutes sortes démontées	Kilogr.	7 47	4 87
Lunettes, etc., en métal commun	100 kil.	488 27	390 62
— montées en or, argent ou platine (acquittent le droit de la bijouterie).			
Mercerie et articles de toilette non spécialement dénommés : objets de prix contenant.... d'autres matières précieuses, des métaux ou alliages métalliques dorés ou argentés	Kilogr.	19 17	17 55

SIBÉRIE

Les marchandises importées en Sibérie, par mer, sont soumises, depuis le 1er janvier 1901, aux droits du tarif russe.

La conversion des unités russes en unités françaises (qui, d'ailleurs, est conforme à celle qui a été publiée dans les Annales du Commerce extérieur) n'est qu'approximative.

SERBIE

Une convention commerciale a été signée le 23 décembre 1906/5 janvier 1907 entre la France et la Serbie. Cette convention est basée sur le traitement réciproque de la nation la plus favorisée.

On trouvera ci-après un extrait du tarif douanier qui est entré en vigueur le 11 mars 1907.

Les marchandises françaises bénéficient du « tarif conventionnel ».

Désignation des marchandises	Bases	Tarif conventionnel	Tarif général
		FR.	FR
Bijouterie en or ou en platine avec pierres précieuses ou perles vraies..............	Kilogr.	500 »	600 »
Autres ouvrages en or ou en platine, non dénommés au tarif, même garnis de pierres précieuses ou mi-fines ; bijouterie fausse avec perles et coraux vrais ou faux..............	—	250 »	600 »
Ouvrages non dénommés au tarif, entièrement ou partiellement en argent, même dorés, même garnis de pierres fines ou mi-fines, ou de perles ou de coraux vrais ou faux .			
a) Cuillers, couteaux, fourchettes, y compris les manches pour couteaux et fourchettes.	—	»	30 »
b) Bijouterie en argent avec pierres précieuses et perles vraies..............	—	250 »	600 »
b') Autres objets de parure..............	—	100 »	600 »
c) Autres ouvrages..............	—	»	30 »
Montres de poche :			
1° Avec boîtiers en or, dorées ou plaquées, même garnies de pierres précieuses........	La pièce	1 »	6 »
2° Avec boîtiers en argent, ou argentées, ou a carrures, anneaux, cadres même dorés, avec gravures ou autres décorations en or, dorées	—	0 50	2 »
3° Avec boîtiers en métaux non précieux ou alliages de métaux communs, même a carreaux. anneaux, etc , dorés ou argentés	—	0 25	1 »

Désignation des marchandises	Bases	Tarif conventionnel	Tarif géneral
		FR.	FR.
Boîtiers pour montres de poche :			
1° En or ou dorés...........................	La pièce	»	5 50
2° En argent ou argentes...................	—	»	1 50
3° Autres	—	»	0 50
Mouvements et parties de mouvements pour montres de poche...........................	—	»	0 50
Pendules : pendules de la Forêt-Noire, pendules suspendues de toute espece, pendules à systeme américain.......................	100 kil.	120 »	»
Horloges et montres avec mecanisme, non denommees, appareils enregistreurs en combinaison avec des mecanismes d'horlogerie..	—	»	250 »
Lorgnons et autres verres montés, loupes montées, etc., en tant que ces objets ne sont pas soumis, par leur combinaison avec d'autres matieres a des droits plus cleves (1)..	—	500 »	700 »

Nota. — Les articles ci-dessus peuvent être divisés en trois catégories au point de vue du mode de taxation douanière :

1° Sont admis au droit réduit de 5 % *ad valorem* les articles suivants : joaillerie, bijouterie et vaisselle d'or et d'argent dont la valeur principale résulte de la matière première entrant dans leur composition ; montres en or ou en argent ; pierres précieuses ;

2° La bijouterie fausse ou avec pierres fausses rentre dans la catégorie des marchandises qui sont soumises à différents droits *ad valorem* et dont le total atteint 73.8 % ;

3° L'horlogerie et les montres en acier ou en cuivre font partie de la catégorie des produits soumis à des droits spécifiques. En outre, ces produits sont passibles d'une surtaxe de 30 % calculée sur le montant desdits droits spécifiques.

Les droits de douane et les taxes accessoires sont payables en or américain, ou bien moitié en or américain et moitié en monnaie d'argent nationale sur la base de 5 piastres dominicaines pour 1 dollar-or. Le dollar (100 cents) vaut 5 fr. 18 environ.

(1) *Note de l'Office.* — Il resulte de la rédaction même de cette rubrique que seuls les articles de lunetterie montes sur metaux communs sont rangés sous ce § 517 (5 fr. par kilog)

La lunetterie avec monture en or est classée sous le § 533 (250 fr. par kilog), celle avec monture en argent, sous le § 534-3 (30 fr par kilog)

SUÈDE

Le 24 juin 1906 est entré en vigueur le tarif général suédois. Un traité de commerce a été conclu avec l'Allemagne le 8 mai 1906. La convention avec la France, du 13 janvier 1892, fait bénéficier les produits français ou francisés du traitement de la nation la plus favorisée.

Désignation des marchandises	Bases	Droits
		c œres
Bijouterie en or avec ou sans pierres précieuses et perles.	Kilogr.	15 »
— en argent — — — .	—	15 »
— fausse	—	2 »
Coutellerie : Couteaux de table et autres et fourchettes avec manches d'argent, de métal doré ou argenté, etc.	—	1 50
— Les mêmes avec manches d'autres matières.	—	0 50
Horlogerie : Montres avec boîtes d'or..................	La pièce	1 »
— — avec boîtes d'autres matières......	—	0 50
— Chronomètres de marine.	—	1 »
— Pendules et cartels de métal..............	Kilogr.	0 75
— — — d'albatre, de porcelaine.	—	1 50
— — — de bois et autres matières	—	0 80
Ouvrages de tréfilerie d'or.............................	—	9 »
Tabletterie : Boutons en or et en argent.................	—	15 »

La couronne (100 œres) vaut 1 fr. 39 environ.

SUISSE

Tarif général du 10 octobre 1902 et tarif conventionnel résultant des traités du 13 juillet 1904 avec l'Italie, du 12 novembre 1904 avec l'Allemagne, du 9 mars 1906 avec l'Autriche-Hongrie, du 20 octobre 1906 avec la France et du 1er septembre 1906 avec l'Espagne. Les produits français ou francisés, indépendamment d'un certain nombre de concessions tarifaires, bénéficient du traitement de la nation la plus favorisée. (Convention du 20 octobre 1906.)

Désignation des marchandises	Bases	Tarif général	Tarif conventionnel
Bijouterie vraie : orfèvrerie et argenterie......	100 kil.	300 »	200 »
— faüsse, non composée de pierres précieuses, perles et coraux......	—	300 »	50 »
— Articles plaqués, dorés ou argentés au feu ou par les procédés galvanoplastiques (Christofle, etc.)......	—	80 »	70 »
Coutellerie	—	85 »	50 »
Horlogerie : Horloges pour édifices............	—	25 »	»
— Pendules de cheminées et d'appliques	—	70 »	20 »
— Réveils-matin	—	50 »	20 »
— Pièces détachées de pendules et de réveils-matin : ébauchées et ébauches, y compris les pièces détachées de montres (ébauches).	—	15 »	» »
— Les mêmes pièces finies..........	—	60 »	» »
— Montres de tout genre, boîtes finies, mouvements finis........	—	100 »	» »
— Autres pièces détachées (de montres) finies	—	100 »	50 »
Nickel (ouvrages en) ou en alliages de nickel, ouvrages en argent neuf, en alfénide et en alpaca	—	50 »	45 »
Parapluies et parasols de soie...............	—	200 »	130 »
— — autres	—	80 »	60 »
Pierres gemmes de tout genre, non dénommées ailleurs, non serties, grenats et rubis bruts..	—	30 »	3 »

Nota. — Il importe de remarquer que les droits sont perçus sur le poids global des colis, sans déduction de taxe pour aucun emballage.

TUNISIE

Le régime douanier a été établi par décrets en date du 2 mai 1898.

Désignation des marchandises	Bases	Droits
Bijouterie, orfèvrerie :		
Bijouterie d'or......................................	*Ad valorem*	½ %
— d'argent	—	1 %
— montée avec pierres précieuses.........	—	1/4 %
— fausse et de platine...................	—	8 %
Orfèvrerie d'or et d'argent.......................	—	8 %
— de platine.............................	—	8 %
Horlogerie petit volume :		
Mouvements de montres sans boîtes...............	—	1 %
Montres fines avec complication de système :		
Avec boîte or................................	—	½ %
Avec boîte en argent ou en toute autre matière non précieuse....................	—	1 %
Montres compliquées (répétitions), secondes indépendantes, quel que soit le genre de l'échappement, chronomètres de poche :		
Avec boîte or................................	—	½ %
Avec boîte en argent ou en toute autre matière non précieuse..........................	—	1 %
Chronographes, quel que soit le genre d'échappement :		
Avec boîte en or.............................	—	½ %
Avec boîte en argent ou en toute autre matière non précieuse..........................	—	1 %
Compteurs de poche de tous genres (podomètres, etc., etc.).....................................	—	1 %
Boîtes de montres brutes ou finies :		
En or..	—	½ %
En argent ou en toute autre matière non précieuse	—	1 %
Horlogerie gros volume :		
Mouvements de pendules, d'horloges, de jouets mécaniques et, en général, tous les mouvements dits d'horlogerie autres que ceux des montres....	—	1 %

Désignation des marchandises	Bases	Droits
Pendules et horloges de tous genres à poser ou à suspendre, horloges d'édifices, horloges en bois, réveils de tous genres...........................	*Ad valorem*	1 %
Compteurs de tours d'électricité et, en général, tout compteur ou appareil de mesure dans lequel entre un mouvement d'horlogerie.....................	—	1 %
Carillons, boîtes à musique et fournitures d'horloge-rie	—	8 %
Or et argent battus en feuilles.....................	100 K. N.	750 »
Lunetterie	Valeur	8 %

Un certain nombre de produits français ou algériens sont admis en franchise de droits de douane à l'importation directe dans la Régence.

Toutefois, aucun des articles envisagés ci-dessus n'étant repris dans le tableau des produits bénéficiant de la franchise, les droits de douane indiqués sont applicables uniformément aux marchandises françaises et étrangères.

TURQUIE

Les relations entre la France et la Turquie sont réglées par divers traités permanents. La France bénéficie dans l'Empire ottoman de la clause de la nation la plus favorisée.

Désignation des marchandises	Bases	Droits
		PIAS -OR
Montres avec boîtes en or............................	La pièce	10 »
— — en argent, même dorées...........	—	4 »
Ouvrages en or, en platine ou en argent combinés avec des diamants, des perles, des coraux..................	Kilogr.	200 »
Ouvrages entièrement en or ou en platine...............	—	200 »
— — en argent, même dorés...........	—	45 »
Or et argent fins, battus en feuilles, y compris le poids des livrets...	—	30 »
Fils, paillettes, lamelles, bouillons, canetille d'or ou d'argent, y compris les rouleaux : fins (en or, argent ou argent doré)......................................	—	25 »
Fils d'or ou d'argent sur fils de soie, de coton et autres matières : fin (en or, en argent ou argent doré)........	—	15 »
Pierres précieuses brutes, polies ou égrisées : diamants, émeraudes, opales nobles, rubis, saphirs...........	Gramme	30 »
Topazes nobles, turquoises et autres pierres précieuses non dénommées.....................................	—	2 »
Perles fines non montées...............................	—	3 »
Autres marchandises...................................	Ad val.	11 %

La piastre-or (40 paras) vaut 0 fr. 229.

URUGUAY

La convention du 4 juillet 1892, remise en vigueur par la loi du 28 février 1899, accorde aux produits français ou francisés le bénéfice du traitement de la nation la plus favorisée.

Désignation des marchandises	Bases	Droits
Bijoux en or, sans écrin................................	*Ad val.*	8 %
— en argent, même dorés........................	—	31 %
Montres en or...	Valeur	8 %
— en argent.......................................	—	8 %
Coutellerie ....,.......................	—	31 %
Orfèvrerie..	—	31 %

Les droits *ad valorem* sont perçus d'après un tarif officiel d'évaluations.

Aux droits indiqués ci-dessus, il faut ajouter trois surtaxes :

5 % établie par la loi du 4 octobre 1890 ;

3 % « patente extraordinaire » destinée à la construction du port de Montevideo ;

1/2 % résultant de la loi du 30 novembre 1906 portant suppression des factures consulaires.

Total : 8 1/2 % sur la valeur officielle des marchandises importées.

Exemple. — Les montres en or remontoir étant reprises au tarif avec une *évaluation officielle* de 30 piastres par unité et ces objets étant passibles d'un droit de 16 1/2 % (surtaxes comprises), on aura à payer 4 piastres 95 par montre.

Les droits de douane s'entendent en piastres-or (100 centavos) valant 5 fr. 40 l'une.

VÉNÉZUELA

Les produits français ou francisés bénéficient, en vertu de la convention de commerce et de navigation du 19 février 1902 et mise en vigueur le 23 août 1903, du traitement de la nation la plus favorisée.

Désignation des marchandises	Bases	Droits
		BOL. CENT.
Bijouterie d'or ou de platine, y compris les joyaux, perles et pierres précieuses..................	Kilogr.	10 »
— fausse	—	2 50
Boutons, en soie, or ou argent...........................	—	10 »
Coutellerie commune....................................	—	0 75
— demi-fine	—	1 25
— fine (manche en métal blanc, ou argent, ou doré)	—	2 50
Horlogerie : Pendules, cartels, réveils-matin, etc.	—	2 50
— Horloges de ville...........................	»	Exempt
— Montres de toute nature....................	Kilogr.	10 »
Ouvrages et outils en métaux : Articles de métal blanc et imitation ; articles en fer ou autre métal, dorés ou argentés, à l'exception des articles de bureau..........	—	2 50

Nota. — Les droits ci-dessus sont à majorer successivement de deux surtaxes : l'une, de 25 %, pour « contribution territoriale » ; l'autre, de 30 %, à titre « d'impôt de guerre ». Il en résulte que le droit de 10 bolivars, par exemple, est à augmenter comme suit :

Droit initial...	10 »
25 % de 10...	2 50
30 % de 10...	3 »
Soit...............................	15 50

Le bolivar (100 centavos) vaut 1 franc.

ZANZIBAR

L'ordonnance du 11 septembre 1899, mise en vigueur à partir du 15 septembre 1899, prescrit de percevoir à l'importation, sur toutes les marchandises, un droit *ad valorem* de 5 %.

Aux termes d'une notification douanière du 24 décembre 1907, les droits d'importation sont élevés, à dater du 1er janvier 1908, de 5 % à 7 ½ % *ad valorem*.

CINQUIÈME PARTIE

1° Lettres ordinaires pour la France et ses Colonies

Les lettres ordinaires sont tous les objets contenant des notes ayant le caractère de correspondance personnelle. Elles doivent être déposées dans les boîtes et non aux guichets des bureaux de poste.

Il est interdit de placer dans les lettres ordinaires des objets précieux, des matières d'or ou d'argent, des bons, chèques, coupons, etc.

L'affranchissement est facultatif pour la lettre ordinaire. Tout objet non ou insuffisamment affranchi est taxé au double du montant de l'affranchissement non acquitté.

Poids de 15 grammes en 15 grammes	LETTRES ORDINAIRES	
	affranchies	non affranchies
Jusqu'à 15 grammes inclusivement.........	0 10	0 20
De 15 à 30 grammes	0 20	0 40
De 30 à 45 —	0 30	0 60
De 45 à 60 —	0 40	0 80
De 60 à 75 —	0 50	1 »
De 75 à 90 —	0 60	1 20
De 90 à 105 —	0 70	1 40

Et ainsi de suite en augmentant la taxe de 10 centimes par 15 grammes ou fraction de 15 grammes pour les lettres ordinaires affranchies, et de 20 centimes pour les lettres ordinaires non affranchies.

Les lettres ordinaires envoyées de la France continentale à l'étranger sont taxées comme suit :

Pays de l'Union ou hors de l'Union : 25 centimes pour les 15 premiers grammes et 15 centimes par 15 grammes ou fractions de 15 grammes en excédent.

L'affranchissement est facultatif.

Les lettres ordinaires, non affranchies, originaires des pays étrangers et des colonies françaises, sont taxées au double de l'affranchissement dû.

L'affranchissement est obligatoire pour les correspondances recommandées, les envois de valeur déclarée, les envois contre remboursement et les envois « exprès ».

Pays compris dans l'Union postale universelle

Europe : en entier.

Afrique : Egypte, Assab et Massaouah, Zanzibar, Maroc, Congo, Libéria.

Asie : Russie d'Asie, Turquie d'Asie (y compris l'Hedjaz et l'Yemen en Arabie), Japon, Perse, Siam, ports de la Chine, Corée.

Amérique . en entier.

Océanie · Iles Havaï ou Sandwich, Apia (Samoa), Laboan.

Etablissements allemands d'outre-mer en entier.

Colonies danoises en totalité.

Colonies espagnoles en totalité.

Colonies néerlandaises en totalité.

Colonies portugaises en totalité.

Colonies anglaises en Asie et en Amérique en entier.

Australie en entier, îles Fidji, îles Laboan, Nouvelle-Guinée britannique, Nouvelle-Zélande, Tasmanie, territoire britannique de Bornéo du Nord, le protectorat de Sarawak.

En Afrique : les îles de l'Ascension, Maurice, les Seychelles et Sainte-Hélène, le cap de Bonne-Espérance et dépendances, Côte-d'Or, Gambie, Lagos, Sierra-Leone, Natal, l'Orange, le Transwaal, le Bechunaland, la Rhodesia britannique, les territoires de Zanzibar et du protectorat britannique de l'Afrique orientale, le protectorat britannique de la Nigeria du Sud et le Somaliland.

Colonies et établissements français en totalité.

2° Cartes postales

Le tarif des cartes ordinaires est de 0 fr. 10 et de 0 fr. 20 pour les cartes avec réponse payée.

Le recto est exclusivement réservé à l'adresse et au timbre d'affranchissement ; il peut porter des annonces, vignettes, réclames, etc., à l'exclusion de toute correspondance personnelle.

3° Cartes postales illustrées

1° *Régime intérieur (France, Algérie, Tunisie)*

Les cartes postales illustrées pour la France, l'Algérie et la Tunisie sont soumises aux taxes ci-après indiquées :

10 centimes les cartes illustrées remplissant les conditions imposées aux cartes postales ordinaires [1] et portant un texte de correspondance, soit au verso, soit dans un espace ménagé au recto à cet effet [2].

5 centimes les cartes illustrées expédiées à découvert ou sous enveloppe ouverte et ne contenant en dehors de l'adresse du destinataire et du texte imprimé servant de légende à l'illustration, d'autres indications manuscrites ou imprimées que les suivantes :

Au verso ou au recto : nom, prénoms, qualités, profession et adresse de l'expéditeur.

Au verso ou bien dans l'espace ménagé au recto pour recevoir de la correspondance, dans les cartes disposées à cet effet : 1° date de l'expédition ; 2° signature de l'expéditeur ; 3° vœux, souhaits, félicitations, remerciements ou autres formules de politesse ne dépassant pas cinq mots.

On n'admet pas au tarif des cartes postales les cartes illustrées disposées pour recevoir un texte de correspondance au recto, lorsqu'elles ne contiennent pas, imprimées en entier, les mentions obligatoires, ou bien lorsque la partie réservée à l'adresse est inférieure, en étendue, à la partie destinée à la correspondance.

L'expédition de cartes illustrées sous bande au tarif des imprimés n'est pas admise ; il n'est pas fait de distinction entre les cartes portant le titre carte postale et les cartes sur lesquelles ce titre a été biffé, gratté ou masqué.

---

[1] Obligation de circuler à découvert.
[2] L'expéditeur a le droit de disposer du recto et du verso pour sa correspondance sur la même carte postale.

2° Régime international

Le recto doit porter obligatoirement les mots : Carte postale ; on peut y faire figurer des vignettes annonces, etc.

On ne doit pas joindre ou attacher des objets quelconques aux cartes postales.

Le tarif est de 0 fr. 10 pour les cartes ordinaires et de 0 fr. 20 pour les cartes avec réponse payée pour les colonies françaises et pour les pays ayant adhéré à l'Union postale universelle.

Les cartes postales ne sont pas admises pour les pays hors de l'Union.

Les cartes de l'industrie privée à destination de l'étranger sont soumises aux taxes ci-après indiquées :

10 centimes les cartes remplissant les conditions imposées aux cartes postales ordinaires. Le titre Carte postale doit obligatoirement figurer en tête du recto et la correspondance ne peut être écrite qu'au verso. Le timbre d'affranchissement doit être apposé au recto.

Les cartes postales illustrées disposées pour recevoir un texte de correspondance au recto sont admises au tarif de 10 centimes dans les colonies françaises, le Brésil, la Bulgarie, le Canada, le Chili, le Costa-Rica, l'Italie, le Luxembourg, le Mexique, le Monténégro, le Portugal, la Roumanie, la Russie, le Siam, la Suisse et l'Uruguay.

5 centimes les cartes ne portant ni le titre de carte postale, ni aucune mention manuscrite en dehors de la date d'expédition et des nom, raison de commerce, domicile et signature de l'expéditeur.

4° Journaux et ouvrages périodiques

Les journaux peuvent être placés sous bande mobile, sous enveloppe ouverte ou retenus par une ficelle ou tout autre procédé d'attache permettant de vérifier facilement ces objets.

Le lieu de publication d'un journal est celui où il a été imprimé. Le poids maximum est de 3 kilogrammes.

INDICATION DU POIDS	PRIX PAR EXEMPLAIRE	
	EXPÉDIL hors du departement ou est le lieu de publication ou des departments limitrophes	EXPÉDIL soit dans le departement ou est le lieu de publication, soit dans les départements limitrophes
	FR C	FR C
Jusqu'à 50 grammes..............	0 02	0 01
De 50 à 75 grammes	0 03	0 01 ½
De 75 à 100 —	0 04	0 02
De 100 à 125 —	0 05	0 02 ½
De 125 à 150 —	0 06	0 03
De 150 à 175 —	0 07	0 03 ½
De 175 à 200 —	0 08	0 04
De 200 à 225 —	0 09	0 04 ½
De 225 à 250 —	0 10	0 05

Et ainsi de suite en ajoutant par 25 grammes ou fraction de 25 grammes 0 fr. 01 ou 0 fr. 00½ suivant le cas.

Les imprimés autres que les journaux et ouvrages périodiques, les cartes de visite peuvent bénéficier d'un tarif réduit, mais ils doivent être entièrement imprimés, à l'exception de la date d'envoi, des noms et adresses de l'expéditeur et du destinataire et de la signature de l'envoyeur Ils ne doivent pas présenter le caractère de correspondance personnelle et être placés sous bandes mobiles.

Les cartes de visite imprimées ou manuscrites peuvent contenir les jours et heures de consultations ou de réceptions, des vœux, souhaits, compliments de condoléance, **félicitations**, remerciements ou autres formules de politesse n'excédant pas cinq mots.

POIDS	PRIX DE CHAQUE EXEMPLAIRE OU PAQUET portant une adresse particuliere	
	Sous bande	Sous enveloppe ouverte
	FR C	FR C
Jusqu'à 15 grammes..............	0 02	0 05
Au-dessus de 15 gr. jusqu'à 50 gr.	0 03	0 05
— 50 — 100 —	0 05	0 10
Lettres de convocation de sociétés ou associations qui ne font pas acte de commerce, mais seulement sous bande mobile......................	0 01	» »
Les cartes et les circulaires électorales, sous bande ou sous enveloppe......	0 01	» »

Poids supérieur à 100 grammes, 0 fr. 05 par 100 grammes ou fraction de 100 grammes excédent, quel que soit le mode d'expédition adopté.

Le maximum de poids est fixé à 3 kilogrammes et les dimensions extrêmes peuvent atteindre 45 centimètres.

Par exception, les paquets d'imprimés expédiés sous forme de rouleaux peuvent atteindre 75 centimètres en longueur, à la condition que leur diamètre n'excède pas 10 centimètres.

Les imprimés de toutes catégories, journaux, circulaires, prospectus, cartes de visite. etc., expédiés aux colonies et à l'étranger sont taxés ainsi qu'il suit :

	PAYS		
	Colonies françaises	Pays de l'Union	Pays hors de l'Union
Tarif (par 50 gr. ou fraction de 50 gr.).	0 05	0 05	0 10
Poids maximum....................	2 k.	2 k.	2 k.

Dimensions extrêmes : 45 centimètres sur toutes faces ; 75 centimètres de longueur et 10 centimètres de diamètre sous forme de rouleaux.

Les objets doivent remplir les conditions ci-après pour être admis à bénéficier du tarif réduit :

Etre entièrement imprimés, à l'exception de la date d'envoi, des noms et adresses de l'expéditeur et du destinataire et de la signature de l'envoyeur ;

Les circulaires autographiées, polygraphiées, etc., doivent être déposées aux guichets au nombre de 20 au minimum exactement identiques ;

Les cartes de visite peuvent contenir des vœux, souhaits, compliments de condoléance, félicitations, remerciements ou autres formules de politesse ne dépassant pas cinq mots.

L'affranchissement est obligatoire au moins en partie.

5° Epreuves d'imprimerie. — Papiers de commerce ou d'affaires

On ne considère comme papiers d'affaires ou de commerce que les objets et papiers manuscrits ne présentant aucun caractère de correspondance personnelle ou ne pouvant en tenir lieu.

Le prix par paquet est fixé à 0 fr. 05 par 50 grammes ou fraction de 50 grammes, avec un maximum de poids de 3 kilogrammes, et les dimensions extrêmes sont les mêmes qu'en ce qui concerne les journaux et ouvrages périodiques, c'est-à-dire 45 centimètres sous toutes les faces, ou sous forme de rouleaux, 75 centimètres de longueur et 10 centimètres de diamètre.

Le tarif des papiers d'affaires envoyés aux colonies françaises et à l'étranger est établi comme suit :

Colonies françaises :

0 fr. 10 jusqu'à 100 grammes ; au delà, 0 fr. 05 par 50 grammes. Maximum de poids . 2 kilogrammes. Mêmes dimensions que pour les imprimés.

Pays de l'Union :

0 fr. 25 jusqu'à 250 grammes ; au delà, 0 fr. 05 par 50 grammes. Maximum de poids : 2 kilogrammes. Mêmes dimensions que pour les colonies.

Pays hors l'Union :

0 fr. 25 jusqu'à 250 grammes ; au delà, 0 fr. 05 par 50 grammes. Mêmes conditions de poids et de dimensions que pour les pays de l'Union.

L'affranchissement est obligatoire au moins en partie.

6° Echantillons

Les échantillons doivent être placés sous bandes, sous enveloppe ouverte, dans des boîtes, étuis, etc., disposés de manière que le contenu puisse en être facilement vérifié.

Les échantillons de liquide sont placés dans des flacons de verre épais. Chaque flacon doit être renfermé dans une boîte en bois garnie d'une matière absorbante. Cette boîte est elle-même insérée dans un étui en métal, en bois ou en cuir fort et épais.

Ce deuxième étui n'est pas nécessaire lorsqu'il est fait usage de blocs perforés d'une épaisseur minimum de deux millimètres 1/2.

L'emploi de carton ondulé remplissant les conditions exigées pour les blocs de bois perforé est autorisé pour les échantillons de liquide et de corps gras facilement liquéfiables.

Les échantillons de poudres sèches doivent être insérés dans des étuis ou sacs en parchemin ou en papier fort.

En ce qui concerne les échantillons destinés aux colonies françaises et à l'étranger, ils ne doivent avoir aucune valeur marchande. Les clichés d'imprimerie, clefs, et en général tous les objets entiers, ne sont pas admis.

Le prix par échantillon est, pour l'intérieur, de 0 fr. 05 jusqu'à 50 grammes inclusivement et ainsi de suite en ajoutant 0 fr. 05 par 50 grammes ou fraction de 50 grammes, avec un poids maximum de 500 grammes. Les dimensions extrêmes sont de 30 centimètres sur toutes les faces.

Les échantillons envoyés aux colonies ou à l'étranger sont imposés comme suit :

Colonies françaises :

0 fr. 10 jusqu'à 100 grammes ; au delà, 0 fr. 05 par 50 grammes. Maximum de poids, 350 grammes. Dimensions extrêmes, 30 centimètres sur chaque face.

Pays de l'Union :

Même tarif et même maximum de poids que pour les colonies françaises. Dimensions extrêmes : 30 centimètres de long, 20 centimètres de largeur, 10 centimètres d'épaisseur.

Pays hors de l'Union :

0 fr. 10 jusqu'à 100 grammes. Mêmes conditions de poids et de dimensions que pour les pays de l'Union.

7° Lettres ou objets recommandés

Tous les objets de correspondance peuvent être soumis à la formalité de la recommandation. Dans ce cas, ils sont déposés aux guichets des bureaux et il n'est exigé aucun mode spécial de fermeture.

Pour la perte d'un objet destiné à l'intérieur, sauf le cas de force majeure, il est dû une indemnité de 25 francs par lettre et de 10 francs par objet affranchi à prix réduit.

L'administration des postes n'est tenue à aucune indemnité, soit pour détérioration, soit pour spoliation d'objets recommandés envoyés aux colonies françaises ou à l'étranger. La perte, sauf le cas de force majeure ou dans les pays qui n'admettent pas la responsabilité, donne seule droit à une indemnité de 50 francs par objet recommandé.

La taxe de recommandation pour les objets destinés à l'intérieur est de 0 fr. 25 pour les lettres et de 0 fr. 10 pour les objets affranchis à prix réduit. Cette taxe est de 0 fr. 25 quelles que soient la nature de l'objet et sa destination (colonies françaises, pays de l'Union ou hors de l'Union).

Tous les objets affranchis à prix réduit et recommandés doivent porter, outre l'adresse du destinataire, celle de l'expéditeur, afin de faciliter le retour de ces objets en cas de non distribution.

8° Valeurs déclarées

a) *Lettres chargées*

Sont admis par lettres chargées les valeurs telles que billets de banque, chèques, coupons échus, etc.

Les taxes à acquitter sont :

1° L'affranchissement de la lettre suivant le poids (0 fr. 10 par 15 grammes) ;

2° Le droit fixe de recommandation de 0 fr. 25 ;

3° Un droit proportionnel de 0 fr 10 par 500 francs ou fraction de 500 fr. du montant de la déclaration (maximum de la déclaration, 10.000 francs).

Les lettres chargées doivent réunir les conditions suivantes :

1° Porter au-dessus de l'adresse et en toutes lettres le montant de la déclaration, sans ratures ni surcharges ;

2° Etre placées sous enveloppe scellée de cachets en cire fine, en nombre suffisant pour retenir tous les plis. Les cachets doivent être égaux en dimension, être faits avec la même cire et porter la même empreinte particulière à l'envoyeur, soit en relief soit en creux.

Les timbres-poste doivent être espacés les uns des autres et ne peuvent être repliés sur les deux côtés de l'enveloppe.

Les cachets-crampons ne sont pas admis, de même que l'emploi des enveloppes à bords coloriés.

Les lettres de valeurs déclarées sont acceptées par les pays et dans les conditions mentionnées au tableau ci-dessous.

PAYS AVEC LESQUELS il peut etre echange des lettres de valeurs declarees	Droit proportionnel par 500 fr ou fraction de 500 fr déclarés
Allemagne	0 10
Antilles danoises (Saint-Thomas, Saint-Jean, Sainte-Croix)	0 20
Annam (colonie française).....................	0 20
Autriche-Hongrie : voie Belgique...............	0 20
— Autres voies................	0 15
Belgique	0 10
Bosnie-Herzégovine	0 20
Bulgarie	0 25
Cambodge (colonie française)...................	0 20

PAYS AVEC LESQUELS il peut etre echangé des lettres de valeurs declarees	Droit proportionnel par 300 fr ou fraction de 300 fr. declares
Ceylan (maximum de déclaration, 3.000 fr.) :	
Voie de Marseille et des paquebots français....	0 20
Voie d'Italie et des paquebots anglais..........	0 35
Chili	0 25
Cochinchine (colonie française).................	0 20
Colonies britanniques : Nigeria du Sud (protectorat britannique) (maximum de déclaration, 3.000 fr.).	0 45
Iles Maurice (maximum de déclaration, 1.500 fr.) et les Seychelles (maximum de déclaration, 3.000 francs). Voie de Marseille et des paquebots français	0 20
Côte-d'Or (maximum de déclaration, 1.250 fr.) ; Grenade, Sierra-Leone, Sainte-Lucie, Saint-Vincent (maximum de déclaration, 1.500 fr.). Voie anglaise	0 45
Gambie (1), Lagos, Sainte-Hélène, La Trinité (y compris Tabago), la Guyane, la Jamaique, Montserrat, Nevis, Saint-Christophe, Terre-Neuve, îles Leeward (maximum de déclaration, 3.000 fr.)....	0 45
Iles Falkland (2) (maximum de déclaration, 1.250 fr.)	0 45
Iles de Chypre et Malte (maximum de déclaration, 3.000 fr.) :	
Voie de Marseille (3) et des paquebots français...	0 20
Voie d'Italie	0 35
Etablissements du Détroit (Singapore, Malacca, Penang, Wellesley) (maximum de déclaration, 1.250 francs)..................................	0 20
Hong-Kong (maximum de déclaration, 3.000 fr.) :	
Voie de Marseille et des paquebots français....	0 20
Voie d'Italie et des paquebots anglais..........	0 35
Colonies françaises....................................	0 20

(1) Il ne doit être accepté de lettres de valeurs déclarées que pour le bureau de Bathurst.

(2) Les lettres avec valeurs déclarées ne sont acceptées que pour le bureau de Stanley.

(3) La voie d'Italie est la voie normale pour Malte, la voie de Marseille n'est utilisée que sur la demande des expediteurs.

PAYS AVEC LESQUELS
il peut être echange des lettres de valeurs declarees

Droit proportionnel
par 300 fr
ou fraction de 300 fr
declares

Colonies hollandaises de Surinam :

Voie de Saint-Nazaire............................	0 20
Voie d'Amsterdam................................	0 30

Colonies portugaises en Afrique [1].

Comores (colonie française) (villes de Mutsamadu et Maroni seulement)...........................	0 20
Congo français (cap Lopez, Libreville et Loango seulement)	0 20
Côte d'Ivoire (colonie française)..................	0 20
Dahomey (villes de Agoué, Carnotville, Cotonou, Dogba, Grand-Popo, Porto-Novo, Sagou, Savalou, Whydah, Zaganodo (colonie française)..........	0 20
Danemark (y compris l'Islande et les îles Feroe)..	0 20

Egypte :

Voie des paquebots français!....................	0 20
Voie d'Italie....................................	0 25
Erythrée (colonie italienne) (les seules villes d'Assab et de Massaouah).....................	0 35
Espagne (y compris les Baléares et les Canaries)..	0 10
Etablissements allemands (bureau de Kameroun, Victoria, Hankeou, Kaumi, Kiautschou, Shangai, Shanhaikwan, Tschinkiang et Tientsin seulement (Cameroun).......................	0 35
Grande-Bretagne (maximum de déclaration, 3.000 francs)	0 20
Groenland (Danemark)...........................	0 35
Guadeloupe et dépendances (colonie française)....	0 20
Guyane française (colonie française)..............	0 20
Guinée française (colonie française)..............	0 20
Inde britannique (maximum de déclaration, 3.000 francs) : Voie de Marseille.....................	0 20
Indo-Chine française (colonie française)..........	0 20
Italie	0 10

[1] Les lettres avec valeur declarée ne sont admises que pour les destinations suivantes : Province d'Angola (Cabinda-Loanda, Novo-Redondo et Mossamédes, Benguela); Province du Cap Vert (Praia, San-Tiago, San-Vincente); Province de Guinée (Bolama), Province de Mozambique (Lourenço-Marquès, Mozambique, Quelimane, Chinde et Inhambane) ; Province de San-Thome et Principe (San-Thomé); Etat de l'Inde (Novo-Goa) ; District de Témor (Dilly).

PAYS AVEC LESQUELS il peut etre echange des lettres de valeurs déclarees	Droit proportionnel par 300 fr ou fraction de 300 fr declares
Japon :	
Voie de Marseille et des paquebots français....	0 20
Voie d'Italie et des paquebots anglais..........	0 25
Luxembourg	0 10
Madagascar et dépendances (colonie française) [1]..	0 20
Maroc :	
Bureaux français de Tanger, Casablanca, Mazaghan et Mogador : voie des paquebots français.	0 20
Bureau espagnol de Tanger (les lettres de valeurs déclarées ne sont adressées au bureau espagnol que si elles portent une mention spéciale sur la suscription).............................	0 10
Martinique (colonie française)...................	0 20
Monténégro	0 30
Norvège	0 30
Nossi-Bé (colonie française)...................	0 20
Nouvelle-Calédonie (colonie française)...........	0 20
Pays-Bas	0 15
Pondichéry (Inde anglaise) (colonie française).....	0 20
Portugal (y compris Madère et les Açores) :	
Voie d'Espagne............................	0 15
Voie des paquebots français..................	0 20
Protectorat allemand de l'Afrique orientale (villes de Dar-es-Salaam, Bagamoyo, Kilwa, Lindi, Mikindani, Mohoro, Pangani, Saadani et Tanga :	
Voie de Marseille [2]........................	0 45
Voie d'Allemagne..........................	0 35
République Argentine	0 20
Réunion (La) (colonie française)................	0 20
Roumanie	0 20
Russie (y compris le grand-duché de Finlande) :	
Voie d'Allemagne............................	0 15
Voie de Belgique............................	0 20

(1) Tous les bureaux de Madagascar participent au service des lettres de valeurs declarées

(2) La voie de Marseille est la voie normale ; la voie d'Allemagne n'est plus employee que sur la demande des expediteurs.

PAYS AVEC LESQUELS il peut être échangé des lettres de valeurs déclarées	Droit proportionnel par 300 fr ou fraction de 300 fr déclarés
Sénégal (colonie française) (villes de Dakar, Gorée, Rufisque, Saint-Louis, Thiès, Tivaouanne)......	0 20
Serbie	0 20
Shangaï (Chine) : voie des paquebots français....	0 20
Somalis (Etablissement de la Côte des) (Djibouti seulement)	0 20
Suède	0 25
Suisse	0 10
Tonkin (colonie française).....................	0 20
Tripoli de Barbarie : Conditions du tarif intérieur français.	
Tunisie : — —	
Turquie (Beyrouth, Constantinople, Jérusalem, La Canée, Dardanelles, Rhodes, Salonique, Smyrne, Vathy) :	
Voie de Marseille...........................	0 20
Voie d'Autriche.............................	0 30
(Caïffa, Candie, Cavalle, Dédéagh, Durazzo, Jaffa, Kérassunde, Léros, Mételin, Prévésa, Rethymno, Samsoun, San Giovanni di Médua, Santi-Quaranta, Scio, Trébizonde, Valona) .	
Voie d'Autriche [1].............................	0 35

Les lettres avec valeurs déclarées pour les différents pays énoncés au tableau ci-dessus sont assujetties au même mode de conditionnement que dans le service intérieur.

Le maximum de déclaration par lettre est de 10.000 francs, sauf les exceptions indiquées dans la colonne 1. La déclaration doit être faite en toutes lettres et en chiffres et en francs et centimes, sans ratures ni surcharges.

L'expéditeur doit acquitter obligatoirement : 1° la taxe progressive par 15 grammes ou fraction de 15 grammes, pour les colonies françaises, 0 fr. 10 ; pour l'étranger, 0 fr. 25 ; 2° le droit fixe de chargement : 0 fr. 25 uniformément ; 3° le droit proportionnel indiqué à la colonne 2 ci-dessus.

(1) Les valeurs déclarées pour ces destinations ne peuvent être acheminées que par la voie d'Autriche.

Les timbres-poste doivent être espacés les uns des autres et ils ne peuvent être repliés sur les deux côtés de l'enveloppe.

b) *Boîtes de valeurs déclarées*

Les boîtes de valeurs déclarées doivent avoir une épaisseur d'au moins 8 millimètres, lorsque les parois sont en bois ; les dimensions maxima sont fixées à 30 centimètres en longueur, 10 centimètres de largeur et 10 centimètres de hauteur. Elles doivent être entourées d'un croisé de ficelle solide, scellées sur les quatre faces latérales au moyen de cachets en cire réunissant les diverses conditions indiquées pour les valeurs déclarées. Les deux autres faces (côté de la fermeture et côté opposé) doivent être garnies, sur toute leur étendue, de feuilles de papier blanc, y adhérant fortement et destinées à recevoir, indépendamment de l'adresse du destinataire et de la déclaration de valeur, les timbres des bureaux d'origine, de transit et de destination.

Pour l'intérieur, les bijoux ou objets précieux insérés dans des boîtes acquittent : 1° le droit fixe de chargement de 0 fr. 25 ; 2° un droit proportionnel de 0 fr. 10 par 500 francs ou fraction de 500 francs du montant de la déclaration (maximum de la déclaration : 10.000 francs) ; 3° un droit de transport de 0 fr. 05 par 50 grammes.

Pour l'étranger et les colonies françaises, le mode de conditionnement des boîtes est le même que pour le service intérieur, ainsi que le maximum de déclaration.

Chaque boîte ne doit pas dépasser le poids de un kilogramme et l'affranchissement se compose : 1° du droit proportionnel indiqué à la colonne 2 du tableau ci-dessous ; 2° du port fixe indiqué à la colonne 3.

Les boîtes de valeurs déclarées sont acceptées dans les pays ci-dessous :

PAYS AVEC LESQUELS IL PEUT LIRE ÉCHANGE DES BOITES DE VALEURS DÉCLARÉES	TAXE ET DROIT a percevoir SUR L'EXPÉDITEUR		NOMBRE de declarations en douane a établir par l'expéditeur pour chaque boîte
	Droit proportionnel a percevoir par 300 fr. ou fraction de 300 fr declares	Droit fixe a percevoir sur chaque boîte avec valeur declarée	
Angleterre (1)	0 20	1 25	1
Allemagne	0 10	»	1
Annam (colonie française)	0 20	2 »	1
Autriche (voie de Belgique) . . .	0 20	2 »	2
— (voie d'Allemagne, de Suisse et d'Italie). . .	0 15	1 50	1
Belgique	0 10	1 »	1
Bulgarie	0 25	2 50	2
Cambodge (colonie française)	0 20	2 »	1
Chili (2).	0 25	2 50	2
Cochinchine (colonie française)	0 20	»	1
Colonies françaises	0 20	2 »	1
Comores (villes de Mutsamudu et Moroni)	0 20	2 »	»
Congo français (cap Lopez, Libreville et Loango seulement) (colonie française). .	0 20	2 »	1
Côte d'Ivoire (colonie française) . . .	0 20	2 »	1
Dahomey (villes de Agoue, Carnotville, Cotonou, Dogba, Grand-Popo, Porto-Novo, Sagou, Savalou, Whydah, Zaganado) (colonie française)	0 20	2 »	1
Danemark (y compris les îles Feroe) . . .	0 20	2 »	2
Egypte (voie de Marseille) . . . . ,	0 20	2 »	1
— (voie d'Italie)	0 25	2 50	1
Etablissements allemands (bureaux de Kameroun, Victoria, Hankeou, Kaumi, Kiautschou, Sanghaï et Tientsin seulement) ; Cameroun, protectorat allemand de l'Afrique orientale (villes de Dar-Es-Salaam, Bagamoyo, Kilwa, Lindi, Mikindani, Morono, Pangani, Sandani, Schanbaikwan, Tanga et Tschinkiang) . . .	0 35	2 50	2
Erythrée (colonie italienne) (les seules villes d'Assab et de Massouah	0 35	2 50	2
Guadeloupe et dependances (colon. fran).	0 20	2 »	1
Guinée française (colonie française). . . .	0 20	2 »	1

(1) Depuis le 1er janvier 1909, les boîtes avec valeur declarée sont echangees entre la France et la Grande-Bretagne
Les envois sont acheminés dans les conditions en vigueur pour la transmission des lettres de valeur declarée.
Les boîtes de l'espèce, d'origine anglaise, devront être soumises à leur entrée en France au double contrôle de la douane et de la garantie, et à cette fin, elles seront dirigées sur le bureau de Paris ou sur celui de Lille, à l'exception des envois pour Besançon, Lyon et Pontarlier qui seront acheminés directement sur leur destination où s'effectuera le contrôle.
(2) Les boîtes de valeurs declarées ne doivent être acceptées qu'à destination des villes de . Antofagasta, Arica, Caldera, Chillan, Conception, Copiapo, Coquimbo, Curico, Iquique, Linares, Pisagua, Punta-Arenas, Rancagua, San-Fernando, Santiago, Serena, Tacna, Talca, Talcahuano, Taltal, Valdivia et Valparaiso.

PAYS AVEC LESQUELS IL PEUT ÊTRE ÉCHANGÉ DES BOITES DE VALEURS DECLARÉES	TAXE ET DROIT a percevoir SUR L'EXPEDITEUR		NOMBRE de declarations en douane a établir par l'expediteur pour chaque boîte
	Droit proportionnel a percevoir par 300 fr ou fraction de 300 fr déclarés	Droit fixe a percevoir sur chaque boîte avec valeur declarée	
Guyane française (colonie française)	0 20	2 »	1
Hongrie (voie de Belgique). .	0 20	2 »	2
— (voie d'Allemagne) .	0 15	1 50	1
Indo-Chine française (colonie française)	0 20	2 »	1
Italie	0 10	1 »	1
Japon (voie de Marseille et paquebots français). .	0 20	2 »	1
— (voie d'Italie et paquebots allemands) .	0 25	2 50	1
Luxembourg	0 10	0 75	1
Madagascar et dependances (colonie française)	0 20	2 »	1
Maroc (Tanger, Casablanca, Mazaghan, Mogador), bureaux français . . .	0 20	Tarif intér. franç	1
Martinique (colonie française)	0 20	2 »	1
Mayotte (colonie française) . . .	0 20	2 »	1
Monténegro	0 30	3 »	1
Nossi-Be (colonie française)	0 20	2 »	1
Nouvelle-Caledonie (colonie française) .	0 20	2 »	1
Pays-Bas	0 15	1 50	3
Pondichéry (Inde), (colonie française). . .	0 20	2 »	1
Portugal (y compris Madere et les Açores), voie des paquebots français exclusivement	0 20	2 »	1
Republique Argentine	0 20	2 »	1
Réunion (la) (colonie française) . .	0 20	2 »	1
Roumanie	0 25	2 »	1
Sénégal (colonie française), villes de Dakar, Rufisque, Saint Louis, Thiès et Tivaouanne	0 20	2 »	1
Somalis (etablissements de la côte des), Djibouti seulement (colonie française).	0 20	2 »	1
Suisse	0 10	1 »	1
Surinam (colonie hollandaise) .	0 20	2 »	1
Tonkin (colonie française)	0 20	2 »	1
Tunis (Regence de)	Conditions du tarif interieur français		
Turquie (voie d'Autriche exclusivement), Beyrouth, Caifa, Candie, Canee (La), Cavalle, Constantinople, Dardanelles, Dedéagh, Durazzo, Jaffa, Jerusalem, Kerassunde, Leros, Metelin, Prevesa, Réthymno, Rhodes, Salonique, Samsoun, San Giovanni di Medua, Santi-Quaranta, Scio, Smyrne, Trébizonde, Valona, Vathy	0 30	3 »	3
Turquie (voie de Roumanie), Constantinople seulement.	0 35	3 50	3

9º Avis de réception d'objets chargés ou recommandés

L'expéditeur d'un objet soumis à la formalité de la recommandation ou du chargement peut demander soit au moment du dépôt, soit postérieurement, qu'il lui soit donné avis de la réception de cet objet.par le destinataire. Il est perçu un droit fixe de 0 fr. 10.

Cette même facilité est accordée pour les envois d'objets recommandés ou chargés à destination des colonies françaises ou de l'étranger moyennant le versement d'une somme de 0 fr. 10.

10º Envois contre remboursement

Les envois contre remboursement peuvent contenir les objets de toute espèce admis à circuler par la poste, à l'exception des lettres ou notes ayant le caractère de correspondance. Ne sont pas admis les envois dont le contenu est de nature à blesser les agents ou à salir les correspondances.

Le maximum de poids est fixé à 500 grammes (sauf pour les boîtes de valeurs déclarées qui sont admises sans limite de poids pour l'intérieur).

La dimension des boîtes ou paquets ne doit pas être supérieure à 30 centimètres, avec un maximum de remboursement de 2.000 francs.

Indépendamment du remboursement dont il grève son envoi, l'expéditeur peut en déclarer la valeur. Toutefois, le montant des déclarations réunies (valeur et remboursement) ne doit pas excéder 10.000 francs pour les boîtes de valeurs déclarées et 2.000 francs pour tous.les autres objets.

L'expéditeur doit consigner sur la suscription du paquet la mention · Envoi contre remboursement..... (somme en toutes lettres) ; en outre, il doit remplir une déclaration de dépôt qui lui est remise gratuitement dans tout bureau de poste.

Les objets sont insérés dans des boîtes, sacs, étuis, enveloppes de toile, ou fort papier constituant un emballage suffisamment résistant pour les mettre à l'abri de toute perte ou détérioration. Ils sont scellés de cachets en cire fine de même couleur avec empreinte portant un signe particulier à l'envoyeur. Le nombre de cachets doit être suffisant pour assurer l'inviolabilité du contenu.

Les bijoux en or, argent ou platine, les objets précieux, les matières d'or et d'argent doivent toujours être insérés dans des boîtes ficelées et cachetées, sans limite de poids, si les boîtes n'ont pas plus de 30 centimètres de longueur, 10 centimètres de largeur, 10 centimètres de hauteur et pas moins de 8 millimètres d'épaisseur ; mais, au contraire, avec minimum de poids de 500 grammes, si les boîtes ont des dimensions supérieures, sans pouvoir cependant excéder 30 centimètres sur chacune de leurs faces.

Chaque envoi est passible des taxes applicables aux boîtes avec valeur déclarée et donne lieu aux mêmes garanties de responsabilité, et l'administration n'est pas tenue à aucune indemnité en cas de détérioration.

Les correspondances de toute nature recommandées, les lettres et boîtes de valeurs déclarées peuvent être expédiées grevées de remboursement dans les rapports avec les pays désignés au tableau ci-dessous.

PAYS ETRANGERS participant au service des envois CONTRE REMBOURSEMENT	ENVOIS SUSCEPTIBLES d'être grevés DE REMBOURSEMENT		MONTANT MAXIMUM de remboursement	MONNAIE dans laquelle le REMBOURSEMENT doit être e x p r i m e
	RECOMMANDES	AVEC VALEUR DECLARLE		
Allemagne	Correspondance de toute nature	Lettre et boîtes	800 marks	Marks et Pfennigs
Afrique allemande, du Sud- Ouest et Afrique orientale allemande	id	Non admis	id	id
Nouvelle Guinée allemande .	1 1	id.	400 marks	id
Bureaux allemands en Chine (les bureaux de Friedrich- Wilhelmshafen, Hebertshohe, et Stephansort seuls) . .	id	id.	800 marks	id.
Antilles danoises	id.	Lettres	100 doll	Dollars et cent.
Autriche	id	Lettres et boîtes	1 000 cour	Couronnes
Bureaux autrichiens en Turquie	1 1	id.	1.000 fr.	Fr et cent.
Belgique	id.	id.	1.000 fr.	id
Bosnie-Herzégovine	id	Non admis	1.000 cour.	Couronnes
Chili	id	id	200 pesos	Pesos et centavos
Danemark et îles Feroe (non compris l'Islande et le Groen- land)	id	Lettres et boîtes	360 cour	Couron. et œre
Egypte	Non admis	id.	1.000 fr.	Fr et cent.
Hongrie	Correspondance de toute nature	Non admis	500 cour.	Couronnes
Italie et les bureaux italiens de l'Erythrée	id	Lettres et boîtes	1.000 fr.	Fr. et cent
Luxembourg	id.	id.	id.	id.
Norvege	id.	Lettres	720 cour,	Couron et œre
Pays-Bas	id	Lettres et boîtes	500 florins	Florins et cents
Portugal (y compris Madere et les Açores)	id	id.	500 fr.	Fr et cent.
Roumanie	id.	Non admis	500 lei	lei et bani
Samoa (Iles), établissements allemands	id,	id.	400 marks	Marks et pfennigs
Suede	id	Lettres	720 cour	Couron et œre
Suisse	id.	Lettres et boîtes	1.000 fr	Fr et cent
Tunisie	Conditions du tarif français			

COLIS POSTAUX

Le service des colis postaux est exécuté au nom et sous le contrôle de l'administration des postes par les Compagnies de chemin de fer (sauf quelques lignes secondaires), par les Compagnies maritimes subventionnées et par les courriers de la poste.

A l'intérieur de la France continentale, le service est exécuté en dehors de la sphère d'action des Compagnies par certains bureaux de poste spécialement désignés à cet effet.

a) Regime intérieur — Transport des colis

Prix pour chaque colis circulant à l'intérieur de la France continentale (y compris le droit de timbre) :

Jusqu'à 3 kilogr. inclusivement : en gare.............. 0 60

—   —   à domicile........... 0 85

De 3 à 5 kilogr. : en gare......................... 0 85

—   à domicile...................... 1 05

De 5 à 10 kilogr. : en gare........................ 1 25

—   à domicile...................... 1 50

Pour tout colis déposé dans un bureau de correspondance ou dans un bureau de poste désigné, la taxe à ajouter par colis pour l'apport à la gare est de 0 fr. 25.

L'expéditeur peut assurer son envoi moyennant une taxe supplémentaire de 10 centimes. Le maximum de déclaration de valeur est fixé à 500 francs.

L'indemnité en cas de perte, de spoliation ou d'avarie des colis ordinaires ne peut dépasser 25 francs, suivant que le poids n'excède pas 5 kilogrammes, ou 40 francs si ce poids excède 5 kilogrammes.

Les livraisons faites par exprès donnent lieu à une nouvelle taxe de 0 fr. 25 à ajouter à celle d'un colis livrable à domicile.

Pour les colis postaux expédiés contre remboursement, jusqu'au maximum de 500 francs, l'expéditeur doit verser une taxe additionnelle :

1° Pour le retour du remboursement en gare.......... 0 60

2°   —   —   à domicile....... 0 85

Lorsque le destinataire est domicilié dans une localité non pourvue d'une gare, il est perçu, en outre, un droit de 0 fr. 25 pour le retour à la gare des sommes encaissées.

L'expéditeur qui demande un avis de réception doit verser un droit fixe de 0 fr. 15.

b) **Régime international** — **Transport des colis**

Tarif des colis postaux expédiés de la France continentale pour la Corse,
l'Algérie, la Tunisie

PAYS DE DESTINATION		POIDS DU COLIS	TAXE non compris le droit de timbre de 0.10	PRIME d'assurance par 300 fr. ou fraction de 300 fr.
			A	
CORSE	Port . . .	De 0 a 3 k	0 7	
		De 3 a 5 k	0 9	
		De 5 a 10 k	1 65	
	Intérieur . . .	De 0 a 3 k	1 »	
		De 3 a 5 k.	1 20	
		De 5 a 10 k.	2 20	
ALGERIE	Port	De 0 a 3 k	0 75	
		De 3 a 5 k.	0 95	0 20
		De 5 a 10 k	1 65	
	Interieur . . .	De 0 a 3 k	1 »	
		De 3 a 5 k	1 20	
		De 5 a 10 k.	2 20	
TUNISIE	par Marseille .	De 0 a 3 k	1 »	
		De 3 a 5 k	1 20	
		De 5 a 10 k	2 20	
	par l'Algerie . .	De 0 a 3 k	1 25	
		De 3 a 5 k	1 45	

(A) Ces taxes sont majorées de 0 25 en cas de livraison a domicile

Tarif des colis postaux expédiés de la France continentale à destination des colonies françaises (5 et 10 kilogr.)

PAYS DE DESTINATION ET VOIES	5 KILOGR.	10 KILOGR.	DROIT d'assurance par 300 fr. ou fraction de 300 fr.	DROIT DE TIMBRE
Côte française des Somalis (Obock et Dji-bouti) (voie de Marseille)	2 »	3 35	0 20	0 10
La Réunion (voie de Marseille)	3 »	4 60	0 20	0 10
Madagascar et dépendances (Madagascar, Sainte-Marie de Madagascar et Nossi-Bé.	3 »	4 60	0 20	0 10
Archipel des Comores (Mayotte, Grande Co-more et Anjouan) (voie de Marseille) . .	3 »	4 60	0 20	0 10
Inde française (voie de Marseille)	3 »	4 60	0 20	0 10
Indo-Chine française (Cochinchine, Cam-bodge, Bas-Laos, Annam et Tonkin) (voie de Marseille).	4 »	6 60	0 20	0 10
Nouvelle-Calédonie (voie de Marseille). . .	4 »	6 60	0 20	0 10
Tahiti (voie de Marseille)	6 »	8 60	» »	0 10
Sénégal et Soudan français (voie de Bor-deaux ou Marseille).	2 »	3 35	0 20	0 10
Guinée française (voie de Bordeaux ou Mar-seille)	2 »	3 35	0 20	0 10
Congo français, Côte-d'Ivoire, Dahomey et dépendances (voie de Bordeaux et Mar-seille).	3 »	4 60	» »	0 10
Guadeloupe et Martinique (voie de Saint-Nazaire ou Bordeaux).	3 »	4 60	0 20	0 10
Guyane française (voie de Saint-Nazaire). .	3 »	4 60	0 20	0 10
Saint-Pierre et Miquelon (voie de Calais, Londres, Halifax), 5 kilog.	4 »	» »	» »	0 10

Sont admis au tarif des colis postaux, les colis avec ou sans valeur déclarée à destination de l'étranger, ne dépassant pas le poids de 5 kilogr. et ne contenant ni matières explosibles, inflammables ou dangereuses, ni articles prohibés par les lois ou règlements de douane ou autres, ni lettres ou notes ayant le caractère de correspondance.

Toutefois la dimension des colis de 5 à 10 kilogr. est limitée à 1 mètre 50.

Le maximum de l'indemnité due pour les colis ordinaires du régime international ne peut excéder 25 francs dans les relations avec les pays qui admettent des colis de 5 kilogr., 15 francs dans les relations avec les pays qui ont limité à

3 kilogr., le maximum de poids et 40 francs avec les pays qui admettent des colis de 5 à 10 kilogr.

Toute déclaration frauduleuse d'une valeur supérieure à la valeur réelle du colis est interdite. En cas de déclaration frauduleuse, l'expéditeur perd tout droit à une indemnité, sans préjudice des poursuites judiciaires que comporte la législation en vigueur. En outre, l'expéditeur d'un colis perdu a droit à la restitution des frais d'expédition.

Il n'est pas dû d'indemnité en cas de perte, d'avarie ou de spoliation des colis postaux échangés avec le Mexique, tant que la législation mexicaine ne comportera pas la responsabilité.

Les colonies et possessions britanniques désignées ci-après n'assument pas, non plus, de responsabilité en cas de perte ou d'avarie, sur leur territoire, des colis postaux ordinaires, c'est-à-dire sans valeur déclarée :

Australie.
Bermudes.
Canada.
Afrique centrale britannique.
Afrique orientale britannique.
Colonie du Cap.
Orange.
Transwaal.
Natal.

Rhodésia.
Nouvelle-Zélande, îles Cook, Fanning.
Nigérie méridionale.
Sarawak.
Antilles anglaises.
Iles Fidji.
Iles Banks.
Ile de Sainte-Croix.

En règle générale, les réclamations du public concernant l'exécution du service des colis postaux doivent être adressées directement aux Compagnies de chemin de fer. Elles ne peuvent être admises passé le délai d'une année à partir du dépôt des colis. Ce délai expiré, le réclamant n'a droit à aucune indemnité.

Aucune réclamation ne peut être examinée si elle n'est accompagnée du récépissé remis à l'expéditeur.

Un droit de 15 centimes est dû en cas de demande de renseignements formulée par l'expéditeur sur le sort d'un colis postal du régime international pour lequel la taxe d'un avis de réception n'aura pas été acquittée antérieurement, à moins qu'il ne soit établi manifestement qu'il y a eu faute du service.

ALLEMAGNE

Déclaration en douane. — Les expéditeurs doivent indiquer dans les déclarations en douane, outre le nom du pays expéditeur, le nom du pays où les objets ont été fabriqués, s'ils désirent que les marchandises contenues dans leurs envois soient admises au bénéfice du tarif conventionnel. En outre, il est bon d'ajouter un certificat d'origine, lorsque les droits de douane varient d'une façon importante.

ANGLETERRE

Le service franco-anglais comporte trois coupures de poids, savoir :

1ᵉ coupure. — Colis jusqu'à 1 kilogr. 360 grammes au départ de la France.

2ᵉ coupure. — Colis excédant 1 kilogr. 360 grammes et ne dépassant pas 3 kilogr.

3ᵉ coupure. — Colis de 3 à 5 kilogr.

Les colis ne peuvent avoir aucune dimension supérieure à 60 centimètres, mais il peut être accepté des colis tels que parapluies, cannes, plans et cartes en rouleaux ou autres objets similaires, à la condition qu'ils ne dépassent pas 1 mètre en longueur et 20 centimètres en largeur ou épaisseur.

Les colis en provenance de la Corse, de l'Algérie et de la Tunisie ne peuvent avoir un volume supérieur à 25 décimètres cubes.

Déclaration en douane. — Le détail exact du contenu de chaque colis doit être porté sur la déclaration, sous peine de la confiscation de la totalité du colis

Objets prohibés. — La vaisselle d'or et d'argent importée comme marchandise est soumise à l'essai ; elle n'est pas admise si elle est inférieure au titre prescrit

Aucun colis ne peut contenir des pièces de monnaie (à moins qu'elles ne soient destinées d'une façon évidente à des fins d'ornementation) ou de billon pour une somme supérieure à cinq livres sterling (125 fr.).

AUTRICHE

Déclaration en douane. — Les déclarations en douane accompagnant les colis postaux à destination ou en transit par l'Autriche doivent mentionnèr le contenu de la manière la plus exacte.

Objets prohibés. — Les objets d'or ou d'argent dont le titre, soit au total, soit en partie, est inférieur à 0.580 d'or fin ou à 0.750 d'argent fin et qui ont été fabriqués d'une manière contraire aux dispositions des lois en vigueur.

BELGIQUE

Les colis postaux à destination d'une localité belge, siège d'un entrepôt de douane, sont exonérés de la taxe de 25 centimes pour le factage et pour l'accomplissement des formalités en douane, à la condition que les bulletins d'expédition qui accompagnent les colis postaux portent l'une des mentions suivantes . « bureau restant » — « gare ou station restante » — « en gare » — « en douane » — « en transit » — « sur entrepôt » — « sur la succursale d'entrepôt » — ou simplement « entrepôt » (avec ou sans indication du domicile du destinataire).

Les expéditeurs doivent reproduire toujours sur les bulletins d'expédition celle des mentions précitées qui doit figurer aussi sur l'adresse du colis et sur la déclaration en douane.

Déclarations en douane — La Belgique exige que, pour toutes les marchandises en général, la désignation exacte du produit, le nombre d'objets, le poids net, la valeur soient consignés sur la déclaration en douane.

BULGARIE

Déclarations en douane. — La Bulgarie n'admet la déclaration collective qu'autant qu'il s'agit d objets de même nature et que pour toutes les marchandises en général, la désignation du produit, le nombre d'objets, le poids net y soient consignés.

ÉGYPTE

Déclarations en douane. — L'Office égyptien exige que la valeur réelle des colis soit énoncée sur les déclarations en douane afin d'éviter tout retard dans l'accomplissement des formalités.

De plus, les déclarations en douane des colis postaux de valeur déclarée pour l'Egypte doivent indiquer très exactement le détail des objets insérés dans chacun des colis, avec la valeur réelle de chaque objet.

ESPAGNE

Déclarations en douane. — Les colis postaux qui ne sont pas accompagnés du nombre réglementaire de déclarations en douane, ou dont les déclarations ne comportent pas l'indication du poids brut en même temps que du poids net de chaque nature de marchandise contenue dans les colis, seront rigoureusement refusés à l'entrée en Espagne.

Les expéditions collectives doivent être inscrites séparément sur les déclarations en douane.

Le contenu des colis doit être déclaré très exactement sur les déclarations.

ÉTATS-UNIS D'AMÉRIQUE

Par exception aux dispositions contenues dans les notions générales, les colis expédiés de la France sur les Etats-Unis d'Amérique, aussi bien les colis ordinaires que ceux expédiés contre remboursement ou avec déclaration de valeur, doivent être accompagnés chacun d'un bulletin séparé.

Au départ de la France continentale, de la Corse et de l'Algérie, le poids des colis postaux pour les Etats-Unis est divisé en trois coupures (0 à 1 kilogr. 360, 1 kilogr. 360 à 3 kilogr., 3 à 5 kilogr.).

Les colis postaux pour les Etats-Unis ne peuvent dépasser 60 centimètres en longueur et 25 décimètres cubes en volume.

Déclarations en douane. — Les deux exemplaires de la déclaration en douane doivent être absolument exacts, complets, très lisiblement établis et d'une concordance parfaite. Les expéditeurs qui ne se conforment pas strictement à ces prescriptions s'exposent à l'application d'une forte amende ou même à la confiscation de leurs colis.

Une facture ouverte peut être jointe aux envois de marchandises. Les indications de cette facture doivent correspondre exactement avec celles des autres documents de transport.

-Les colis ayant une valeur supérieure à 500 francs doivent, en outre, être accompagnés d'une facture dite consulaire établie par l'expéditeur et visée par le consul des Etats-Unis au lieu d'expédition ou le plus rapproché du lieu d'expédition. Cette formule doit être établie en triple expédition pour les colis à destination de l'agglomération newyorkaise et en quadruple expédition pour les colis à destination des autres localités. N'importe quel genre de facture simple peut suffire, mais la facture établie par l'expéditeur doit être collée sur un imprimé spécial fourni par le consulat américain. Cette facture consulaire est également exigée lorsqu'un groupe de colis d'un même expéditeur pour un même destinataire a une valeur supérieure à 500 francs.

L'accomplissement des formalités en douane, à l'arrivée à New-York, donne lieu à la perception d'une somme de 1 fr. 25 et d'une taxe dite du bureau des échantillons (Sample Office fee) qui est également de 1 fr. 25. Ces taxes sont appliquées à tous les colis, qu'ils soient ou non passibles de droits de douane. Elles sont perçues des destinataires, à moins que l'expéditeur n'ait déclaré les prendre à sa charge, auquel cas il est établi un bulletin d'affranchissement de ces droits. Elles ne sont pas annulées en cas de renvoi des colis à l'origine.

GRÈCE

L'expéditeur doit désigner sur l'adresse du colis, ainsi que sur le bulletin d'expédition qui l'accompagne, le bureau de poste chargé du service des colis postaux internationaux où le colis doit être retenu. Le destinataire est avisé par les soins du bureau de poste de l'arrivée de l'envoi et il doit en prendre livraison personnellement ou le faire retirer par un tiers.

GUATEMALA

Le destinataire doit payer, en plus des prix du présent tarif, 0 fr. 50 par 500 grammes avec minimum de 1 fr. 25 pour frais de transit extraordinaire par le chemin de fer de Colon à Panama.

Les marchandises étrangères doivent être accompagnées de quatre factures consulaires légalisées par un consul guatémalien.

HONDURAS (République de)

Les colis postaux ne doivent pas excéder 60 centimètres en dimension et 25 décimètres cubes en volume. Il est perçu du destinataire, pour l'accomplissement des formalités douanières et frais de livraison, une taxe de 5 centavos pour les premiers 565 grammes, avec augmentation de 1 centavo par 113 grammes ou fraction de 113 grammes supplémentaires.

HONGRIE

Déclarations en douane. — Les déclarations en douane accompagnant les colis postaux à destination ou en transit par la Hongrie doivent mentionner le contenu de la manière la plus exacte.

ITALIE (y compris la République de Saint-Marin)

L'Office italien ne répond pas du retard dans l'arrivée ou dans la livraison des colis postaux.

LUXEMBOURG

Déclarations en douane. — Le Luxembourg exige que les déclarations en douane contiennent l'adresse du destinataire, le lieu de destination, le nombre et l'espèce des colis, l'indication exacte et précise du contenu de chaque colis, le bureau d'origine, la date d'émission de la déclaration en douane et le nom de l'expéditeur.

MEXIQUE

Les administrations ne sont tenues à aucune responsabilité pécuniaire à raison du service des colis postaux expédiés par la voie directe de Saint-Nazaire, tant que la législation mexicaine ne comportera pas cette responsabilité.

L'Office mexicain n'assume aucune responsabilité en cas de perte ou d'avarie des colis postaux expédiés par la voie anglaise. Toutefois, pendant la durée du séjour des colis dans les services français et anglais, ces offices ne rejettent pas la responsabilité dont il s'agit.

Tout envoi de marchandise destinée à être importée au Mexique doit être accompagné de quatre factures dressées d'après un formulaire spécial et légalisées par un consul de ce pays.

NICARAGUA

Les colis postaux à destination de ce pays dont la valeur, suivant appréciation de la douane nicaraguéenne, dépasse 50 piastres or (250 francs), sont soumis à la formalité de la facture consulaire, qu'il s'agisse d'un colis unique ou de plusieurs colis arrivés par un même navire ou pour un même destinataire et provenant d'un même expéditeur.

RUSSIE D'EUROPE

Déclarations en douane.,— Tout envoi dont les déclarations en douane sont insuffisantes est renvoyé d'office à l'origine.

La Russie refuse les colis postaux qui ne sont pas accompagnés de déclarations de douane originales ; elle refuse également ceux dont les déclarations de douane n'indiquent pas le poids brut et la valeur totale de chaque envoi, ainsi que le poids net et la valeur de chaque objet ou espèce de marchandise. La valeur doit être indiquée en monnaie française et en monnaie russe (1 fr. égale 37 ½ kopeks).

SERBIE

L'administration des postes de Serbie n'admet pas les déclarations en douane collectives. Le contenu de chaque colis doit faire l'objet de déclarations spéciales.

SUÈDE

Déclarations en douane. — L'expéditeur de la marchandise doit indiquer, dans la déclaration en douane, non seulement le prix d'achat, l'assurance, les frais de transport et autres, mais encore la valeur de l'emballage.

Une ordonnance royale du 9 novembre 1888 interdit, sous peine de confiscation, de mettre sur les marchandises destinées à être importées en Suède le nom d'un industriel, d'un marchand ou fabricant en Suède, ou toute autre désignation pouvant laisser supposer que ladite marchandise a été fabriquée en Suède.

CONDITIONS D'ADMISSION

DES

COLIS POSTAUX POUR L'ÉTRANGER

PAYS ACCEPTANT

DES COLIS POSTAUX JUSQU'A			DES VALEURS DÉCLARÉES (500 fr.)	DES REMBOURSEMENTS (500 fr.)	DES COLIS PAR EXPRES	DES COLIS avec affranchissement préalable des droits de douane ou tous autres droits non postaux
3 KILOGR.	5 KILOGR.	10 KILOGR.				
»	»	France, Corse, Algérie, Tunisie, Colonies françaises.	France, Corse, Algérie, Tunisie, colonies françaises.	France, Corse, Algérie, Tunisie, colonies françaises	France, Corse, Algérie	France, Corse, Indo-Chine française
»	Allemagne et possessions allemandes	»	Allemagne et possessions allemandes de Cameroun, Togo et Kiautschou.	Allemagne	Allemagne	Allemagne
»	Angleterre et colonies anglaises.	»	Angleterre et colonies anglaises.	»	Angleterre et colonies anglaises	Angleterre et colonies anglaises
»	Argentine (République)	»	»	»	»	»
»	Autriche	»	Autriche	Autriche	Autriche	Autriche
»	Belgique	Belgique (voie directe)	Belgique	Belgique	Belgique	Belgique
Bolivie		»	»	»	»	»
»	Bosnie-Herzégovine	»	Bosnie-Herzégovine	Bosnie-Herzégovine	Bosnie-Herzégovine	Bosnie-Herzégovine
Brésil		»	»	»	»	»
»	Bulgarie	»	»	Bulgarie	»	»
»	Chili	»	Chili	Chili	»	»
»	Chine	Chine : Bureau français, bureaux chinois, bureaux indo-chinois.	Chine	Chine Bureaux indo chinois, bureaux japonais en Chine et en Mandchourie).	Chine · Bureaux japonais a l'exception des bureaux japonais en Mandchourie.	»
»	Colombie	»	Colombie	»	Colombie	»
»	Congo	»	»	»	»	»
»	Corée	»	Corée	Corée	Corée	»
»	Costa-Rica	»	»	»	»	»
»	Cuba	»	Cuba	»	Cuba	Cuba
»	Danemark	»	Danemark	Danemark (seulement)	Danemark	Danemark
»	»	Antilles danoises	Antilles danoises	Antilles danoises	»	»
»	Dominicaine (République)	»	»	»	»	»
»	Egypte	»	Egypte	Egypte	Egypte	Egypte
»	Equateur	»	»	»	»	»
»	Espagne et Iles Baléares	»	»	»	»	»
»	États-Unis d'Amérique	»	États-Unis d'Amérique	États-Unis d'Amérique	États-Unis d'Amérique	États-Unis d'Amérique
»	Grèce	»	»	»	»	»
»	Guatémala	»	»	»	»	»
»	Honduras	»	»	»	»	»

»	Japon, Ile de For- mose et Karafuto	»	Japon, Ile de Formose et Karafuto.	Japon, Ile de Formose et Karafuto.	Japon et ...e de ...or- mose.	»
»	Liberia	»	Liberia (voie d'Allema- gne ou de Belgique).	»	»	»
»	Luxembourg	Luxembourg (voie directe)	Luxembourg	Luxembourg	Luxembourg	Luxembourg
»	»	Maroc	»	»	»	»
»	Mexique	»	»	»	»	»
»	Monténégro	»	Monténégro	Monténégro	Monténégro	Monténégro
»	Nicaragua	»	»	»	»	»
»	Norvege	»	Norvege	Norvege	»	Norvege
»	»	Nouvelles Hebrides	»	»	»	»
»	Panama	»	»	»	»	»
Paraguay						
»	Pays Bas	»	Pays-Bas	Pays-Bas	Pays-Bas	Pays-Bas
»	Possessions Neerlandaises	»	Possessions Neerlandaises	Possessions Neerlandaises	»	»
»	Perou	»	»	»	»	»
»	Perse et bureaux in- diens en Perse	»	Perse (voie de Russie)	»	»	»
»	Portugal, y compris les Açores	»	Portugal, y compris les Açores et Ma- der (voie de Bordeaux).	Portugal, y compris les Açores et Ma- dere.	Portugal seulement	»
»	Possessions Portugaises	»	Possessions portugai- ses (voies de Bor- deaux et Marseille).	Possessions Portugaises	»	»
»	Roumanie	»	Roumanie	Roumanie	»	»
»	Russie	»	Russie	»	»	»
»	Salvador	»	»	»	»	Salvador
»	Siam	»	»	»	Siam	»
»	Serbie	»	Serbie	Serbie	»	»
»	Suede et Finlande (1)	»	Suede et Finlande	Suede et Finlande (1)	»	Suede et Finlande
»		Suisse	Suisse	Suisse	Suisse	Suisse
»	Tripolitaine	Tripolitaine (Tripoli de Barbarie, voie de Marseille)	Tripolitaine (Tripoli de Barbarie)	Tripolitaine (Tripoli de Barbarie, voie de Marseille)	»	»
»	Turquie	Turquie (bureaux fran- çais).	Turquie	Turquie (bureaux autri- chiens, bureaux allemands)	»	»
»	Uruguay	»	»	»	»	»
»	Venezuela	»	»	»	»	»
»	Zanzibar	»	Zanzibar	»	»	»

(1) Les colis greves de remboursement pour la Finlande (voie de Suede), ne doivent pas depasser le poids de 3 kilogrammes.

APPENDICE

Page 64. — *Suppression de la déduction pour jeu de la balance.*

La circulaire n° 4 du 20 mai 1823 prescrivait de n'accorder sur le poids des ouvrages présentés au contrôle, d'autre déduction que celle qui résultait du jeu de la balance, lorsque le poids faible était au-dessous d'un demi-décagramme pour l'argent ou d'une fraction de gramme pour l'or.

Une décision ministérielle du 13 mars 1909 a décidé que les droits de garantie doivent être établis sur le poids réel des apports, exprimés en décigrammes pour l'or, en grammes pour l'argent ; les fractions de décigramme pour l'or, de gramme pour l'argent, qui correspondent à des perceptions minimes, doivent seules être négligées.

En aucun cas, le poids des ouvrages ou lots d'ouvrages ne doit être forcé pour le calcul des droits de garantie, ce qui exclut l'application du minima de perception. (Circulaire n° 791, du 27 mars 1909.)

Pages 167, 168, 169, 176, 257. — La circulaire n° 172, du 2 mai 1838, a donné la nomenclature des menus objets qui, à raison de leur ténuité, ne sont pas susceptibles d'être marqués.

D'après la jurisprudence, la question de savoir si un ouvrage est ou non susceptible de supporter les marques sans risque de détérioration est une question de fait qui, en cas de contestation, relève de l'appréciation souveraine des tribunaux. Les dispositions précitées de la circulaire n° 172 ne constituent, dès lors, que de simples indications qui ont, d'ailleurs, perdu de leur valeur, étant donné que depuis 1838 l'adoption d'instruments plus perfectionnés permet de poinçonner des objets qui, à cette époque, n'auraient pu être marqués en raison de leur ténuité.

Ainsi donc, et sans subordonner la formalité de la marque à des conditions générales de poids ou de dimensions, le devoir du service est d'apposer les poinçons, après reconnaissance du titre, sur tous les objets d'or ou d'argent, *quels qu'ils soient*, qui ne sont pas susceptibles d'être endommagés par l'opération.

Au cas où des contestations seraient soulevées par les intéressés, il conviendrait, avant de relever par procès-verbal le refus de soumettre des ouvrages au contrôle, d'en référer à l'administration, en lui fournissant tous les éléments d'appréciation nécessaires. (Circulaire n° 791, du 27 mars 1909.)

Pages 384, 387. — *Procès-verbaux visés et enregistrés en débet.*

L'article 8 de la loi de finances du 26 décembre 1908 est ainsi conçu :

« Les procès-verbaux rapportés à la requête de l'administration » des contributions indirectes seront visés pour timbre et enregistrés » en débet, sauf à cette administration à poursuivre contre les contre- » venants le recouvrement des droits de timbre et d'enregistrement. »

Comme aujourd'hui, les employes utiliseront pour rédiger leurs procès-verbaux, soit des imprimes du modèle 126, soit du papier blanc dont le format ne devra pas dépasser celui du papier timbré à 60 centimes et à 1 fr. 20 ; et dans le délai de quatre jours imparti par l'article 20, § 1er, de la loi du 22 frimaire an VII, ils feront au bureau de l'enregistrement revêtir leur acte des mentions nécessaires (Circulaire n° 776, du 27 décembre 1908.)

Page 205. — *Transformation des pièces de monnaie en bijoux.*

Il est possible de faire entrer des pièces de monnaie difformées dans la composition des bijoux sous la condition que les pièces seront toujours présentées au contrôle de la garantie avec leurs encadrements, entourages, etc., et qu'elles seront frappées du droit de garantie et poinçonnées pour bien démontrer qu'elles ont perdu tout caractère monétaire. L'administration a admis cette règle, car il semble que l'art. 132 du Code penal, qui punit l'altération des monnaies, ne vise que les altérations frauduleuses. (Lettre du directeur des Monnaies, du 3 juillet 1908, au journal *La France Horlogere*, n° 170, du 15 juillet 1908)

Page 174. — *Echange d'ouvrages detériorés en cours de fabrication*

Après les mots : « L'administration a depuis longtemps admis que l'article détérioré, avant le finissage, pourrait a la condition d'être brisé... », ajouter : « Après biffage des empreintes sur les pièces défectueuses ». (Lettre de l'administration des Monnaies du 15 avril 1876, n° 327, aux essayeurs de Besançon.)

Pages 35, 303 à 305. — *Réimportation d'ouvrages revêtus des marques courantes.*

Sous le régime établi par le décret du 27 juillet 1878, régime qui a eté en vigueur jusqu'au 1er janvier 1909, certains ouvrages de la 3e catégorie étaient, bien que donnant lieu au remboursement des droits, expédiés à l'étranger revêtus de l'empreinte des poinçons courants. Les objets de l'espèce ne pouvaient être réimportés que moyennant le versement des droits restitués à la sortie, il était à craindre que les importateurs ne tendent à réintroduire en franchise, en les présentant dans des bureaux dont les agents n'auraient pas eu, en cette matière, une expérience suffisante pour déjouer leurs manœuvres On faisait donc, en pareil cas, application de la règle générale édictée par le décret du 11 novembre 1890, d'après laquelle les ouvrages d'or et d'argent importés ou reimportés en France devaient être dirigés sur un bureau ayant à sa tête un contrôleur du service spécial.

Depuis la mise en vigueur de l'article 18 de la loi de finances du 26 décembre 1908, tous les ouvrages d'or et d'argent qui sont présentés à l'exportation avec remboursement des droits, sont soumis à l'oblitération des marques courantes. Il en résulte que, désormais, la franchise est toujours acquise, lors de leur réimportation, aux ouvrages revêtus de ces marques ; par suite, dans aucun cas, la réintroduction en France desdits ouvrages ne comporte plus d'autre formalité que la reconnaissance des marques existantes.

M. le Ministre a décidé, à la date du 6 avril 1909, que les ouvrages d'or et d'argent revêtus de l'empreinte des poinçons courants pourront désormais, lorsqu'ils sont réimportés, être dirigés sur un bureau de garantie non pourvu d'un contrôleur spécial. (Lettre de l'administration du 24 avril 1909, n° 254.)

46

TABLE ANALYTIQUE

ET

PAR ORDRE ALPHABÉTIQUE

DES

MATIÈRES CONTENUES DANS CE VOLUME

A

Accessoires. (Voyez *Essais, Importation, Médailles.*)

Achats d'ouvrages d'or et d'argent. (V. *Brocanteurs, Fabricants et Marchands, Ventes publiques et Monts-de-piété.*)

Admissions temporaires, 335. — Boîtes de montres à décorer, dorer et graver, 336. — Boîtes de montres à poinçonner, 338. — Bureaux de douane ouverts a l'importation temporaire, 340 — Constitution en entrepôt, 339. — Declaration en douane, 339 — Decharge d'acquits-a-caution. 339 — Délivrance d'acquits-à-caution, 339. — Importation temporaire, 335. — Importation de cages de montres, 340. — Importation de mouvements de montres, 340. — Marchandises bénéficiant de l'admission temporaire, 336. — Observations générales, 335 a 341. — Ouvrages admis temporairement et déclarés à la consommation intérieure, 340. — Ouvrages à réparer, 337. — Ouvrages à reparer a destination de Paris, Lyon, Besançon, Pontarlier, 337. — Penalités en cas de non-reexportation, 338 — Points d'entrée des marchandises admises temporairement, 338. — Reexportation d'objets admis temporairement, 339, 341. — Reexportation partielle, 339 — Vérifications au bureau de garantie, 339.

Affinage, affineur, 362. — Déclaration à la municipalité et à la préfecture, 27. — Délai pour porter les lingots à la garantie, 28. — Droits sur les lingots, 12, 28. — Envoi des lingots au bureau, 27. — Insculpation a effectuer sur les lingots, 27. — Liberté de la profession d'affineur, 27, 362. — Lingots a passer en delivrance, 27. — Marque des lingots, 27. — Ordre et nature des inscriptions au registre d'essai, 27. — Penalites, 28. — Prelevement de prises d'essai, 28. — Reception des matieres, 27. — Réclamation sur le titre, 28. — Responsabilités des essayeurs, 28 — Reconnaissance à délivrer, 27. — Suppression de l'affinage, 27. — Tenue du registre, 27, 228. — Visites et exercices, 362.

Affinage national. — Bureau d'affinage a Paris, 28, 362. — Cautionnement de l'affineur, 29. — Délivrance des matières, 29. — Inscriptions au registre, 29. — Lingots appartenant à l'Etat, 29. — Marque des matières affinées, 29. — Nomination de l'affineur, 29. — Obligations de l'affineur, 29. — Pénalités, 29. — Tarif des frais d'affinage, 29.

Acier dans la composition des ouvrages (V. *Métaux divers.*)

Aides-essayeurs, 56. — Choix des aides-essayeurs, 19, 56. — Commissions des aides-essayeurs, 19, 58. — Nomination des aides-essayeurs, 19, 56. — Pénalités, 58 — Responsabilité des aides-essayeurs, 19, 58. — Rétribution des aides-essayeurs, 56. — Révocation des aides-essayeurs, 19, 56.

Ajusteurs de pierres fines. (V. *Fabricants et Marchands.*)

Algérie. — Etablissement du droit de garantie, 67. — Titres légaux, 67. — Villes où sont placés les bureaux de garantie, 46.

Allemagne. — Loi de garantie, 414 à 416 — Poinçons de titre, 416 — Tarif de douane, 616 à 618.

Alliage des métaux, 74.

Ambassadeurs et attaches des puissances étrangères. (V. *Importation.*)

Amendes. (V. *Contentieux.*)

Angleterre. — Lois anglaises, 417 à 431. — Poinçons anglais, 425, 426, 431. Tarif de douane, 639

Anneaux de boîtes de montres. (V. *Importation, Marque*)

Appareils de frappe. (V. *Médailles.*)

Appel de jugement. (V. *Contentieux.*)

Apprêteurs d'or et d'argent, 219, 227.

Argenterie de ménage. (V. *Importation, Réimportation, Ventes publiques.*)

Argues. — Définition, 30, 362. — Tarifs des droits, 30, 363. — Tireurs de cuivre, 30.

Argues particulières. — Déclaration, 30. — Instruments et outils, 30. — Pénalités, 30.

Assignation. (V. *Contentieux.*)

Attributions. (V. *Organisation.*)

Autriche-Hongrie. — Loi sur la garantie, 432 à 441. — Poinçons autrichiens, 441. — Tarif de douane, 621, 622.

Australie. — Tarif de douane, 619, 620.

B

Balanciers. (V. *Fausses monnaies, Médailles.*)

Belgique. — Loi de garantie, 442, 443. — Poinçons belges, 443. — Tarif de douane, 623

Bigornes. (V. *Poinçons.*)

Bijoutiers. (V. *Fabricants et Marchands*)

Bijoux. (V. *Essais, Fabricants et Marchands, Importation, Marque, Métaux divers, Poinçons, Ventes publiques.*)

Bijoux anciens, antiques et de curiosité. (V. *Importation, Marque, Ventes publiques.*)

Boîtiers de montres. (V. *Exportation, Fabricants et Marchands, Importation, Médailles, Métaux divers.*)

Boîtes, avec valeur déclarée, importées par la poste. (V. *Exportation, Importation, Renseignements postaux*)

Bolivie. — Tarif de douane, 624

Boutons de manchettes de chemises. (V. *Marque, Métaux divers*)

Brocanteurs, 246. — Achat d'ouvrages d'or et d'argent, 247. — Achat et vente de vieux galons, 255. — Commerce de montres et bijoux, 246, 255.

— Déclaration de commerce, 267. — Ouvrages en double ou plaque, 246.
— Registre d'achats et de ventes, 263, 267. — Surveillance, 246. — Visa
mensuel des registres, 263.

Brésil. — Tarif de douane, 625, 626.

Bureaux de garantie. (V. *Organisation*)

Bulgarie. — Loi de garantie, 444 a 450.

C

Cachets. (V. *Essayeurs*)

Calque des poinçons. (V. *Poinçons.*)

Canada. — Legislation sur la garantie, 577 a 582 — Tarif de douane, 627.

Canifs. (V. *Métaux divers*)

Catalogue de l'emplacement des marques, 168, 195.

Catalogue des ouvrages dispensés de la marque, 167, 168.

Catégories. (V. *Exportation.*)

Cages de montres. (V. *Admissions temporaires, Tarifs de douane.*)

Cages de mouvements de montres. (V. *Admissions temporaires, Tarifs de douane.*)

Carnet de garantie. (V. *Contrôleurs (visites).*)

Chaînes, chaînettes (V. *Essais, Marque.*)

Changeurs. — Surveillance, 219.

Ciseleur. (V *Fabricants et Marchands*) — Ouvrier ciseleur non atteint par
la loi, 226.

Chili. — Tarif de douane, 628.

Chine. — Tarif de douane, 629

Circonstances atténuantes. (V. *Contentieux*)

Clefs du coffre. (V. *Contrôleurs, Essayeurs, Marque, Receveurs*)

Clichés. (V. *Médailles.*)

Colis postaux. (V. *Renseignements postaux.*)

Colporteurs. — Bordereaux d'ouvrages mis en vente, 245 — Declarations,
23, 244, 246, 256, 257. — Registre d'achats, 245.

Colombie. — Tarif de douane, 630, 631

Commis-voyageurs. (V. *Marchands ambulants*) — Bordereau enonciatif des
ouvrages, 245

Commissaires de police et officiers municipaux (V. *Contentieux, Faux
poinçons, Marchands ambulants.*)

Commissaires priseurs. (V. *Ventes publiques*)

Commissionnaires (V. *Exportation, Fabricants et Marchands.*)

Commissionnaires en douane. (V. *Fourré, Importation.*)

Confiscation. (V. *Contentieux, Enture, Fourré, Faux poinçons, Importation*)

Contestations (V. *Essais, Titres.*)

Contentieux, 382. — Achat d'ouvrages non marques, 261. — Achat a des
inconnus ou à des personnes n'ayant pas de repondants connus. 20,
232, 249, 266 — Affichage des jugements, 399 — Affiches de vente d'objets
saisis, 400. — Agents de police, 245, 404 — Ajournement de la redaction
des proces-verbaux, 386 — Amendes, 349. — Appel des jugements, 382,
397, 410, 411. — Armoires et coffres (Ouverture des), 379. — Assignations, 393 — Aveux des prévenus. 387, 389, 391. — Bonne foi, 247, 258,
394. — Calque de poinçons Penalites, 15, 350 — Causes de la saisie, 25,
386, 387. — Circonstances atténuantes, 394, 411. — Clôture des procès-
verbaux, 386. — Competence des tribunaux, 237. — Compétence pour
constater les contraventions, 245, 382, 383, 408, 409, 410 — Commissaires

de police, 25, 245, 376, 377, 384, 409 — Confiscation, 10, 18, 25, 26, 344, 349, 350, 356, 358, 360, 382, 390, 401. — Connaissance des delits, 25, 360. — Constatations des délits, 25, 382, 383, 389. — Contestations sur le titre, 72. — Contestations sur la perception des droits, 394 — Contrôleurs de la garantie, 410. — Contrôleurs du service general, 379. — Copie des proces-verbaux, 385, 387. — Cour d'assises, 356, 359, 391 — Crimes et délits, 390, 408. — Décimes d'amende, 396. — Declaration d'appel, 397, 398. — Declaration des contrevenants, 386 — Défaut de registre d'achats et de ventes, 228, 233, 234, 260, 261, 267. — Defaut d'inscription sur le registre, 21, 233, 247, 253, 255, 257, 258, 259, 260, 267. — Defaut de representer le registre, 20, 21 — Defaut d'inscription d'ouvrages a raccommoder, 229, 230, 232, 253, 255, 260. — Defaut de declaration des commerçants, 20, 21, 246, 256, 257, 266 — Defaut d'insculpation du poinçon de maître, 254, 256 — Defaut d'affichage du tableau de la loi, 20. 239, 254, 255 — Délai d'inscription sur le registre, 232, 257 — Délai pour presenter les ouvrages a l'essai, 235, 236. — Delai pour la redaction des proces-verbaux, 25, 386, 409. — Delai pour les poursuites, 25, 403 — Délai pour assigner, 385. — Delai pour etablir la preuve, 385 — Délai de declaration d'appel, 397, 398 — Delai de notification d'appel, 399. — Dépens, 396. — Depôt au greffe d'ouvrages saisis, 25, 387, 388 — Detention d'ouvrages acheves et non marques, 20, 26, 132, 235, 236, 239, 244, 246, 253, 257, 258, 260, 261, 262, 263, 265, 266. — Detention d'objets marques de faux poinçons, 25, 349, 359, 360 — Detention d'objets fourres, 343, 344, 354, 358 — Detention d'ouvrages soupçonnes d'être fourrés, 345, 355, 356 — Diamants et pierres precieuses, 238, 403, 404, 410 — Dires à relater dans les actes, 386, 387 — Dissolution de société, 228, 260. — Dommages causés aux redevables, 396, 397. — Dommages-intérêts, 396. — Droit de poursuites, 25, 388, 402 — Droit de transaction, 388 — Droit de visite, 37, 376, 383. — Emission de fausses monnaies. 219 — Employes des contributions indirectes, 245, 382, 383, 407, 408 — Enonciation dans les proces-verbaux, 25, 387. — Enregistrement des proces-verbaux, 387 — Excedent au compte d'exportation, 41, 295 — Excès de soudure, 343, 345 — Expertise, 267, 405, 406. — Extradition pour crimes et delits en matiere de garantie, 349. — Fabrication sans déclaration, 225, 226 — Fabrication accidentelle, 225 — Fabrication illicite de poinçons, 25, 348 — Fabrication de la fausse monnaie, 218 — Foi due aux procès-verbaux, 385, 403, 406, 407. — Force majeure, 388. — Formalites pour la redaction des proces-verbaux, 25, 402, 404, 405, 407. — Formes de procedure, 25, 403, 411. — Formes des proces-verbaux, 25, 385 — Formalites relatives a la vente d'objets saisis, 400 — Imitation de medailles, 200 — Imitation de pieces de monnaies, 205 — Importation de pieces de monnaies imitees, 205 — Importation d'objets fourres, 359 — Initiative des poursuites, 25, 391. — Intention frauduleuse, 357, 358 — Introduction des instances, 25. — Lecture des procès-verbaux, 387 — Locaux d'habitation, 378 — Melange de pierres fines avec des pierres fausses, 22. — Melange d'objets fourres avec des ouvrages au titre, 345 — Ministère public (Action du), 392 — Mouvements de montres, 230, 259, 402, 404. — Moyens d'appel, 398 — Non recevabilité de l'appel, 399 — Notification d'appel, 399 — Nullités des proces-verbaux, 253, 386, 389, 401, 403, 405, 408 — Nullités de l'appel, 398. — Omission d'appel, 398. — Ordres de visite, 377, 378. — Ouverture des coffres et armoires, 253, 379. — Ouvrages en cours de fabrication, 236, 405, 106. — Ouvrages dépolis,

235, 407. — Papier timbré, 384. — Pénalités pour fabrication sans déclaration, 20. — Penalites pour vente pour fins d'ouvrages en or ou argent faux, 21 — Penalites pour melanges de pierres fines avec des fausses, 22. — Penalites pour vente d'ouvrages non poinçonnes, 20, 26. — Penalites pour présentation a l'essai d'ouvrages fourres, 18. 104, 344, 355, 358. — Penalites pour vente d'ouvrages avec marques entees, soudees ou contretirées, 26, 348, 356. — Penalites pour mise en vente d objets fourres, 348 — Penalites pour fabrication de faux poinçons, 10, 348 — Penalités pour usage des vrais poinçons, 26, 349. — Penalites pour tromperie sur la qualite d'une pierre fausse vendue pour fine, 239 — Penalites pour mise en vente d'objets marques de faux poinçons, 10, 26, 348, 349, 351. — Penaltes concernant les medailles, 192. — Penalites pour defaut de deposer a la bibliotheque nationale et au musee monétaire les exemplaires de medailles frappées, 197. — Penalites contre les marchands ambulants, 23 — Penalites pour reproduction et imitation de pieces monetaires, 205 — Penalites pour defaut d'apposition du poinçon de maître sur les ouvrages en double, plaqué, dores ou argentes, 24, 248, 250 — Pénalites pour fabrication de doublé et de plaque sans declaration, 24, 250, 251. — Pénalites concernant la tenue du registre d'achats et de ventes, 20, 22. — Penalités pour défaut d'affichage du tableau de la loi, 20 — Penalites pour defaut de remettre aux acheteurs un bordereau, 20, 22. — Personnes astreintes a la declaration de profession, 226 — Personnes dispensées de la déclaration de profession, 226. — Preposes des douanes, 384 — Poursuites par le procureur de la République, 389, 390, 391, 392, 408. — Poursuites par l'administration des contributions indirectes, 390, 392, 410 — Presentation a l'essai d'ouvrages finis, 235, 264. — Prescription, 399 — Preuve des contraventions, 385, 389, 391, 407. — Protocole des proces-verbaux, 385. — Qualite des agents a relater dans les procès-verbaux, 385, 403, 405. — Rebellion, 379. — Recevabilite de l'appel, 399. — Récidive, 399 — Refus de representer les ouvrages, 253, 379. — Refus de visite, 379 — Reduction d'amende, 394, 405 — Refus de signer les proces-verbaux, 387 — Registre des fabricants et marchands, 20, 21, 22, 24, 227, 229, 230, 231, 233, 244, 249. — Remise des proces-verbaux, 390. — Remise au greffe d'ouvrages saisis, 388. — Repression de la fabrication illegale de medailles, 189, 191 — Requête a l'appui de l'appel, 398. — Responsabilite des détenteurs d'objets fourres, 344, 346, 348 — Responsabilite des commissionnaires en douane, 359. — Retard dans la redaction des proces-verbaux, 386 — Retard dans l'inscription sur le registre, 232, 266. — Serment des employes, 384 — Signature des actes, 25, 387. — Soudure des metaux, 343, 345 — Soupçon de fraude, 377. — Substitution d'une piece non marquée a une piece marquee, 267 — Sursis, Conditions, Effets, 394, 395 — Tableau de la loi, 20, 239, 254. — Transaction, 388, 389. — Travail accidentel, 225, 266. — Tolerance de titre, 73. — Tribunal compétent, 393. — Tromperie sur le titre des objets vendus, 240. — Usage illicite des vrais poinçons, 26, 349. — Usage des faux poinçons, 348, 361. — Vente d'objets saisis, 25, 400. — Voies de fait, 379, 386

Contremarque. (V. *Poinçons*)
Contrefaçon des monnaies. (V. *Fausses monnaies.*)
Contretiré. — Définition, 26, 354.
Contrôleur de la garantie, 59. — Absence ou défaut d'essayeur, 56. — Archives du bureau, 61. — Assistance aux essais, 60. — Carnet de garantie, 61, 381. — Clefs du coffre, 15, 135. — Contrôleur du service

général, 61, 62. — Correspondance, 43, 59, 60. — Direction du service, 17, 61. — Feuilles de service, 134. — Garde des poinçons, 60. — Inspecteurs, 61. — Installation, 63. — Instruments de vérification, 62. — Inventaire du matériel, 63. — Journal mensuel, 61, 62. — Nomination, 14, 59. — Ouverture du coffre, 17. — Personnel du bureau, 59. — Police du bureau, 17, 60. — Productions périodiques, 63. — Receveurs, 61. — Récrutement, 59. — Registre d'ordres journaliers, 61. — Registre d'inscription des droits, 14, 141. — Registre matricule, 65. — Revocation, 59. — Surveillance, 57, 60, 61. — Suspension, 52. — Tenue du bureau, 60. — Traitement, 15, 59. — Tournees, 62, 380. — Visas des registres, 19, 61.

Contrôleur du service général remplissant les fonctions de contrôleur de garantie, 62.

Conventions postales, 284, 285.

Conversion de la ligne en millimètres, 76 — Conversion des douziemes en millimetres, 77.

Corse, 278.

Coupe-cigares. (V. *Métaux divers*.)

Couronnes de boîtes de montres. (V *Métaux divers*.)

Couteliers, coutellerie, 226 — Medaillons d'or et d'argent, 254 — Viroles, 167, 168, 254.

Cuba. — Tarif de douane, 632

D

Danemark. — Loi de garantie, 451, 452 — Poinçons danois, 452 — Tarif de douane, 633.

Décharge des acquits-à-caution de douane. (V. *Importation*)

Décharge des soumissions de garantie. (V. *Exportation*.)

Décimes. — Etablissement du premier décime, 3, 12. — Etablissement du second decime, 3, 12. — Etablissement du demi-décime, 3, 12. — Décimes applicables aux amendes, 396.

Déclaration de profession. (V. *Exportation, Fabricants et Marchands, Médailles*.)

Décorations diverses. (V. *Medailles*.)

Décrets du 26 mai 1860 sur la fabrication du doublé et du plaqué, 32 à 35 — Du 27 juillet 1878 sur l'exportation, 33. — Du 6 juin 1884 sur la fabrication de boîtes de montres au 4ᵉ titre et d'ouvrages a tous titres, 32 a 41.

Déduction sur les pesées. (V. *Essais, Droits*)

Densité des métaux, 73, 75.

Différence de poids. (V. *Exportation*.)

Directeur des contributions indirectes (V. *Organisation*.)

Dissolution de société. (V. *Contentieux, Fabricants et Marchands*.)

Dommages et intérêts. (V. *Contentieux*.)

Doré et argenté. — Declaration des fabricants, 251. — Forme du poinçon de maître, 248, 333. — Importation d'ouvrages en métal commun doré ou argenté, 249, 333. — Insculpation du poinçon de maître, 251, 252. — Ouvrages depourvus du poinçon de maître, 248. — Poinçon de maître, 251. — Procede électro-chimique, 251. — Procede Ruolz, 252. — Titre de la dorure, 71

Doublé. (V *Fabricants et Marchands*.)

Droit d'essai. (V. *Essais*)

Droit de garantie, 11, 12, 175. — Pour l'or, 11, 175. — Pour l'argent, 11, 175. — Droit sur les ouvrages composés d'or et d'argent, 178.

Droit de poinçonnage pour la garantie des marques de fabrique et de commerce, 370.

E

Ebauches de carrures de boîtes de montres. (V. *Importation.*)

Echangé de boîtes, avec valeur déclarée, par la voie postale. (V. *Exportation, Importation.*)

Echange d'ouvrages détériorés en cours de fabrication, 174.

Echantillons d'ouvrages a tous titres, 40, 290.

Egypte. — Tarif de douane, 634.

Employés de la garantie. (V. *Contrôleurs, receveurs.*)

Employés des contributions indirectes. (V. *Contentieux*)

Enture. — Circonstances attenuantes, 356. — Droit de transaction, 354. — Définition de l'enture, 347. — Marques entées, 26, 347, 356 — Ornements a bas titre ajoutés a un bijou marque, 356. — Penalites, 26, 348, 356, 357.

Equateur. — Tarif de douane, 635.

Espagne. — Loi de garantie, 453, 454. — Poinçons espagnols, 454 — Tarif de douane, 636.

Essais. — Généralites, 16, 79. — Accessoires à présenter en même temps que les ouvrages, 16, 95, 97, 101, 234. — Acide pour touchau, 83, 84. — Alliage des metaux, 74. — Alliage d'or a essayer au touchau, 84. — Alliage d'argent a essayer au touchau, 84. — Anneaux à ressort, 182. — Apport des ouvrages a l'essai, 15. — Bagues formées de fils d'or, 68. — Bijoux pleins, 81. — Bijoux creux, 69, 81, 102 — Bijoux partie plein et partie creux, 82. — Bijoux creux émaillés, 102. 346. — Boutons d'essai, 18, 56. — Boutons de manchettes et de chemises, 82, 185 — Bracelets, 82. — Bris d'ouvrages pour prise d'essai, 96, 97, 102, 103, 104. — Bris d'objets a bas titre, 17, 100, 101, 102. 104. — Broches, 81, 82. — Bulletins d'essai, 16, 96 — Bulletin d'essai à remettre au receveur, 98 — Canifs avec coquilles d'or ou d'argent, 184 — Chaînes, chaînes-colonne et chaînettes, 71. — Ciment a l'interieur des ouvrages, 103 — Circonscription sur laquelle on doit envoyer les ouvrages à essayer, 96 — Cornets d'essai, 18. — Coupe-cigares, 182. — Coupellation de l'or, 91. — Coupellation de l'argent, 89. — Coupelles, 86, 88 — Cuvettes legeres de boîtes de montres d'or, 104 — Decorations diverses. (V. *Médailles.*) — Deduction sur les pesees, 64. — Degre d'achèvement pour présenter les ouvrages a l'essai, 15, 97, 103. — Densite des metaux, 73 à 75. — Dose de plomb pour l'affinage de l'or, 92 — Dose de plomb pour la coupellation de l'argent, 90. — Droit d'essai à la coupelle, 11, 18, 94, 105 — Droit d'essai au touchau, 18, 95, 105. — Droit d'essai sur les ouvrages composees d'or et d'argent, 179. — Droit d'essai sur les objets provenant des ventes publiques, 105, 210 — Droit d'essai de lingots, 365. — Epingles, 81, 82. — Essai a la coupelle, 85 a 93, 105. — Essai par voie humide, 87, 93, 94. — Essai au touchau, 83 à 85, 105. — Etuis à cigarettes, 184. — Fausses monnaies, 221 — Fonte d'objets pour les essais, 96, 97, 101, 102, 103, 104. — Fourneau à coupeller, 88. — Généralité des essais, 79. — Gomme laque dans l'intérieur des bijoux, 103. — Goupilles, 102 — Grattage pour prise d'essai, 80 — Indemnités pour bris d'ouvrages, 18, 97. — Inscriptions au registre d'essai, 16, 18. — Inscriptions du titre sur les bulletins d'essai, 96 — Inspecteur des bureaux de garantie, 42 — Laboratoire des essais, 56 — Languette forgee sur les ouvrages, 16, 79 — Lingots, 18, 364 à 366. — Marques a apposer sur les lingots essayés, 18, 365 —

Materiel des laboratoires, 56. — Mecanisme a l'interieur des ouvrages, 182, 183. — Melange d'ouvrages d'or et d'argent avec des ouvrages en metal commun, 345. — Melange d'ouvrages fourres avec des objets au titre, 345. — Menus ouvrages d'or, 18, 106. — Methode d'essai, 79. — Montres composées d'or, d'argent et de platine, 178. — Montres composées d'or, d'argent et de metal commun, 184. — Montres composees d'or, d'argent et de nacre, 185. — Montres etrangeres a l'etat fini, 312, 313 — Notes a joindre aux apports, 98 — Objets brises pour la coupellation, 96, 97, 102, 103, 104. — Operations d essai, 80 a 110. — Ouvrages creux, 101, 102, 103. — Ouvrages emailles, 102, 346. — Ouvrages d'orfevrerie, de joaillerie et de grosse bijouterie, 79 — Ouvrages de petite bijouterie, 81. — Ouvrages a essayer au touchau, 100, 101, 106, 108 — Ouvrages de differentes fontes, 16. — Ouvrages fabriques par le procede de la charniere, 70 — Ouvrages composes d'or et d'argent, 178 à 187. — Ouvrages avec ornements en platine, 178, 179. — Ouvrages avec ornements en acier bruni, 181. — Ouvrages composes partie metal precieux, partie metal commun, 180, 181, 182. — Ouvrages a differents titres, 96. — Ouvrages moulés, estampes ou forgés, 95. — Ouvrages d'importation, 108. — Ouvrages deja poinçonnes, 18, 72. — Ouvrages fourrés, 18, 342, 344, 355, 358. — Ouvrages soupçonnes d'être fourres, 18, 345, 355, 356 — Ouvrages provenant des ventes publiques et des monts-de-piété, 105, 210, 215. — Ouvrages dorés ou argentes, 180, 182, 184, 185, 186, 187. — Ouvrages depourvus du poinçon de maitre, 97, 98, 103. — Pénalités contre les essayeurs. 18, 19 — Pierre de touche, 83. — Platine dans la fabrication des ouvrages, 178, 179 — Plomb, 88. — Poids des prises d'essai, 80 — Porte-crayon, 180, 181. — Porte-mine, 180, 181. — Presentation des ouvrages a l'essai, 15, 97, 103 — Presentation d'ouvrages finis. (V. Contentieux.) — Presentation a l'essai d'ouvrages fourres ou à bas titre, 104, 344, 358 — Presentation a l'essai des montres, 98, 101. — Présentation a l'essai d'ouvrages. marques de faux poinçons, 351 — Prises d'essai, 16, 79, 80 — Procédé pour distinguer le titre par l'essai au touchau, 85. — Présentation de reproduction de medailles, 201 — Presentation de reproduction de types monetaires, 205 — Procede de coupellation, 88. — Rang de réception des ouvrages, 98 — Reception des apports, 97 — Remise au receveur des ouvrages essayes, 16, 98 — Responsabilité des essayeurs, 99. — Ressorts nécessaires aux ouvrages, 182, 183, 314 — Sac pour les apports, 235. — Substances et agents chimiques, 56 — Table de compensations, 86, 87 — Titre à indiquer sur les bulletins d'essai, 96. — Touchaux, 83, 100. — Ustensiles des laboratoires, 56, 65 — Visa des registres, 19, 61.

Estampages. (V. Médailles)

Estampeurs. — Ne sont pas atteints par la loi, 191, 226

Essayeurs de la Garantie, 14, 55. — Absence de l'essayeur, 56, 57, 58, 135. — Brevet de capacite, 14, 43, 54 — Cachet des essayeurs, 53. — Chimiste de laboratoire, 54. — Clef du coffre, 15, 58, 135. — Conge, 57 — Concours dans les visites, 55. — Correspondance, 55. — Defaut d'essayeur, 56, 58. — Demande de conge, 57. — Entree en fonction, 54 — Incompatibilités, 55. — Machine a estamper, 15. — Materiel de laboratoire, 15 — Nomination, 14, 52, 54 — Ouverture du coffre, 58. — Pénalités contre les essayeurs, 18. — Pharmacien, 54 — Patente, 58 — Programme pour l'obtention du brevet d'essayeur, 52 a 54 — Remplacement, 57 — Responsabilites, 18. — Retribution, 14. 55. — Revocation, 55. — Traitement, 14, 54, 55.

Essayeurs du commerce, 16. — Delivrance des brevets de capacité, 14, 17. — Essais des lingots, 17

Etats-Unis d'Amérique. — Legislation, 583 — Tarif de douane, 637, 638.

Etuis a cigarettes. (V *Metaux divers*)

Examen pour l'obtention du diplôme d'essayeur. (V. *Essayeurs*)

Exemption de marque. (V. *Marque*)

Exemption de droit. (V. *Importation, Ventes publiques*)

Exercices. (V. *Visites et recherches*)

Expertise, Experts (V. *Contentieux*)

Exportation, 268 a 302 — Apport des ouvrages à essayer, 282 — Apposition du poinçon de maître sur les ouvrages a tous titres, 242, 289. — Bureaux de douane ouverts à l'exportation, 300. — Classement des soumissions, 293. — Classification des ouvrages par catégories, 33, 269, 270, 271 — Colis postaux (Regime des), 283, 286. — Colis renfermant d'autres marchandises que des metaux precieux, 292, 293 — Composition des colis, 292, 293 — Comptes d'entrees et de sorties, 32, 41, 292, 295, 296. — Conventions postales, 284, 285 — Corse (Regime de la), 278 — Creation des poinçons d'exportation, 33, 128, 269 — Creation du poinçon de 4ᵉ titre pour les boîtes de montres d'or, 7, 67, 129 — Decharge des comptes d'exportation, 32, 33, 41, 292 — Decharge des soumissions, 287, 290, 293, 298 — Déclaration de fabrication d'ouvrages aux titres legaux, 31, 37, 240, 294. — Déclaration de fabrication de montres au 4ᵉ titre, 37, 39, 241 — Declaration de fabrication d'ouvrages a tous titres, 37, 39, 241, 242 — Déclaration d'exportation, 30, 276, 282. — Declaration en douane, 286 — Declaration descriptive des ouvrages exportés, 280, 281. — Delai pour rapporter les ouvrages sans marque, 12, 31 — Delivrance de soumissions, 279, 283, 287, 292 — Définition des categories, 33, 271. — Demande de soumission, 276, 292. — Demande en restitution de droits, 276, 298. — Destruction d'ouvrages pris en charge, 41, 296. — Difference de poids aux comptes d'entrées ou de sorties, 297. — Droit d'essai, 38, 279. — Echange de boîtes, avec valeur declarée, par la voie postale, 283, 285. — Echantillons de bijoux et ouvrages a tous titres, 40, 290 — Emplacement dans les magasins des montres au 4ᵉ titre et d'ouvrages a tous titres, 40, 243, 289 — Engagement de rapporter au bureau les ouvrages sans marque, 30 — Enonciations que doivent renfermer les declarations descriptives, 280. — Evaluation du poids des pierres et cristaux, 272 — Envoi a l'interieur d'ouvrages d'exportation, 288, 290, 293 — Envoi d'ouvrages de fabricant a fabricant et commissionnaires, 32, 40, 288 — Essai des ouvrages d'exportation (titres légaux et 4ᵉ titre), 31, 38, 240, 241. — Excedent aux chares d'ouvrages aux titres legaux, 295. — Excedent de montres au 4ᵉ titre et d'ouvrages à tous titres, 41 — Exemption du droit de garantie, 32. — Exportation d'ouvrages marques des poinçons interieurs, 11, 276, 279 — Exportation avec obliteration des marques, 34, 276 — Exportation d'ouvrages de la 3ᵉ catégorie, 34, 279. — Exportation d'ouvrages avec ou sans marque, 31, 282. — Exportation de montres au 4ᵉ titre, 40, 288, 290. — Exportation d'ouvrages a tous titres, 40, 288, 290 — Exportation de medailles, 204 — Formalites relatives à l'exportation, 31, 33, 40, 276, 283, 292 — Formalites relatives aux boîtes chargees renfermant des metaux precieux expediees par la poste, 287 — Inscriptions a effectuer au registre n° 192, 39, 40, 192, 243 — Insculpation du poinçon de maître, 39, 242 — Interdiction de vendre à l'interieur des montres au 4ᵉ titre et des ouvrages à tous titres, 37, 291. — Interdiction de mentionner le titre « or fin », « argent fin » sur les ouvrages a tous titres, 39, 289 — Manquant au compte d'exportation, 32, 38, 41, 288, 291, 296, 297 — Marchandises expediees par erreur a l'etranger, 308. — Marque au poids des ouvrages d'exportation, 171. — Maximum de declaration de valeur par la poste, 286. — Montres de fabrication nationale, 281, 283. — Montres étrangères, 274 — Modèle de demande de soumission, 301 — Modele de demande de restitution de droit, 302. — Modele d'état de produit de droits constates, 302. — Nombre de declarations descriptives pour obtenir la réserve de retour, 281. — Obliteration des marques, 34, 269, 270, 271, 272, 273, 274, 275. — Ouvrages d'or et d'argent expédiés avec d'autres marchandises, 293. — Ouvrages marqués du charançon, 311. — Ouvrages marques du poinçon E. T , 274. — Ouvrages usages, 277 — Ouvrages dépourvus du poinçon de maître, 280 — Ouvrages marques du poinçon d exportation et declares pour la consommation intérieure, 35, 296. — Pays de Gex (Régime du), 278. — Perles metalliques a attacher aux ouvrages sans marque, 32, 240, 287. — Pesee des colis au bureau de garantie, 281 — Poids et dimension des boîtes chargees, 285 — Poids et dimension des colis postaux, 286. — Présentation des ouvrages a l'essai, 30, 240, 282 — Prise en charge des ouvrages, 36, 287, 293 — Proposition de restitution de droit, 279. — Recensement et inventaire, 297 — Registre d'inscription des ouvrages à tous titres, 39, 243 — Releve de fabrication d'ouvrages a tous titres a fournir a la garantie, 40 — Reserve de retour, 279, 280 — Restitution de droits, 11, 12, 32, 33, 268. — Savoie (Haute) (Regime de la), 278. — Soumission de garantie non rentrée dans les delais, 398. — Tenue des comptes d'exportation, 243, 287, 288, 290, 291, 292, 293, 295, 296, 297. — Tenue des registres n° 192, 40, 243. — Visites et recherches, 37.

F

1° **Fabricants et marchands d'ouvrages d'or et d'argent.** — Absence pendant plus de six mois, 23, 224 — Accessoires a présenter en même temps que les pieces principales (V Essais) — Achat d'ouvrages d'or et d argent, 232, 262, 266 — Achat de monnaies demonetisees, 234 — Achat a des inconnus ou a des personnes n'ayant pas de repondants connus. (V Contentieux) — Achat d'ouvrages non marques (V. Contentieux) — Ajusteur de pierres fines, 226, 265 — Apport des ouvrages a essayer, 15, 235 — Argenterie a l'usage personnel des fabricants et marchands. 236 — Bijoutiers a façon, 225, 228, 229, 261, 264, 265. — Bijoux à l'usage personnel des fabricants et marchands, 236 — Bordereau a remettre aux acheteurs, 20, 21, 22, 237, 238. — Bureaux où doivent être presentes les ouvrages a essayer, 20, 96, 236 — Brunissage de l'emplacement des marques, 235 — Cessation de commerce, 23, 224 — Contestation sur le titre des ouvrages vendus, 72 — Contestation sur le titre des ouvrages essayes, 17 — Conversion des douziemes en millimetres, 77. — Conversion des lignes en millimetres, 76 — Deces d'un fabricant, 22 224 — Déchet de fabrication, 64 — Declaration de fabrication, 19, 223, 266 — Declaration des commerçants en bijouterie, 225 — Défaut de registre et d'inscription des achats et des ventes (V Contentieux) — Défaut de representer le registre (V Contentieux) — Defaut d'inscription d'ouvrages a raccommoder. (V. Contentieux) — Defaut de declaration des commerçants. (V. Contentieux) — Defaut d'insculpation du poinçon de maître (V. Contentieux.) — Defaut d'affichage du tableau de la loi (V. Contentieux) — Degré d'achevement des ouvrages presentés à l'essai,

15, 97, 103, 235. — Diamants et pierres précieuses, 258 — Délai pour présenter les objets à essayer, 235, 236. — Délai pour l'inscription sur le registre. (V. *Contentieux*.) — Définition du fabricant, 225, 226, 229, 262, 263, 266. — Définition des objets saisissables dans les ateliers et magasins. (V *Contentieux*) — Détention d'ouvrages achevés et non marqués. (V. *Contentieux*.) — Détention d'objets marqués de faux poinçons. (V. *Contentieux*.) — Détention d'objets fourrés (V. *Contentieux*.) — Détention d'ouvrages soupçonnés d'être fourrés. (V. *Contentieux*.) — Dissolution de société, 228, 260. — Droit de visite, 376 — Echange d'ouvrages détériorés en cours de fabrication. 174. — Echange d'ouvrages fabriqués à titre de modèle, 174. — Emploi des titres dans la fabrication des ouvrages, 8. — Evaluation du poids des perles, pierres et diamants, 64, 99. — Expertise, Experts, 235, 267. — Fabricant pour le compte d'autrui, 228, 261, 263, 266. — Fabricant à façon et ouvrier en chambre, 225, 229, 261, 264, 265 — Fabrication accidentelle, 225, 266 — Forme et dimension du poinçon de maître. 9, 39, 223. — Horlogers, 227, 228, 229, 230, 253, 255, 258 — Insculpation du poinçon de maître, 19, 39, 223, 224, 254 — Inscription sur le registre d'ouvrages à raccommoder, 227, 232, 256 — Indication du titre sur le registre, 20, 227, 231. — Joailliers, 22, 228, 237, 238, 239, 257, 258. — Industriels astreints à la déclaration, 226. — Industriels dispensés de la déclaration, 226. — Mélange de pierres fines avec des pierres fausses, 22, 238. — Menus objets d'orfèvrerie et de joaillerie, 257, 258.' — Mouvement de montre, 231, 259 — Note à joindre aux ouvrages présentés à l'essai, 98, 235 — Obligation d'inscrire les achats et les ventes, 227. — Ouvrages en cours de fabrication, 236, 378. — Ouvrages présentés à l'essai à l'état fini, 235, 364. — Ouvrages montés en pierres fines ou fausses, 22, 237. — Ouvrages de coutellerie, 167, 168, 254. — Ouvrages marqués des anciens poinçons, 132, 255, 262, 264. — Ouvrages de différentes fontes, 16. — Ouvriers en orfèvrerie, bijouterie, joaillerie, 228, 261, 264, 265. — Orfèvres non fabricants, 20. — Ouverture des coffres et armoires, 253. — Pénalités. (V. *Contentieux*) — Perles, diamants et pierres fines, 238. — Personnes astreintes à la déclaration, 226. — Personnes dispensées de la déclaration, 226. — Poinçon de maître, 8, 15, 19, 36, 39, 97, 103, 223, 234. — Présentation des ouvrages à l'essai, 15, 97, 234, 235. — Rapport de la ligne avec le système métrique, 76. — Registre d'achats et de ventes, 20, 21, 22, 227, 229, 238 — Refus de représenter les ouvrages, 253. — Représentation des registres aux employés, 20, 231. — Représentation des quittances de paiement des droits, 65. — Responsabilité des fabricants et marchands, 233, 236, 256. — Retard dans l'enregistrement des achats et des ventes. (V. *Contentieux*) — Substitution d'une pièce non marquée à une pièce marquée, 267. — Tableau de la loi (V. *Contentieux*) — Utilité du poinçon de maître, 224. — Volume d'or contenu dans les plaques de fonds de boîtiers, 76. — Vente d'ouvrages non marqués ou à bas titre, 21, 257, 262, 378 — Visa des registres, 232.

2° **Fabricants et marchands exportateurs.** — Fabrication d'ouvrages aux titres légaux, 31, 37, 240, 294. — Fabrication de montres au 4° titre, 37, 39, 241. — Fabrication d'ouvrages à tous titres, 37, 39, 241, 242. — Obligations imposées pour la fabrication des ouvrages sans marque, 240, 241. — Pénalités, 37, 38. — Poinçon de maître pour les ouvrages à tous titres, 36, 289. — (Voir *Exportation* pour renseignements complémentaires.)

3° **Fabricants et marchands de médailles.** (V *Médailles*)

4° **Fabricants et marchands d'ouvrages en doublé et plaqué.** — Achat à des inconnus ou à des personnes n'ayant pas de répondants connus, 24,

249. — Bordereau de vente à remettre aux acheteurs, 24, 249 — Composition des alliages, 247. — Déclaration de fabrication, 24, 247. — Définition du doublé et du plaqué, 250, 251, 252. — Feuilles de doublé et de plaqué, 248. — Forme et dimension du poinçon de maître, 9, 33, 248. — Importation de montres et d'ouvrages en double ou plaqué, 249. — Menus ouvrages en plaqué ou doublé, 248. — Mise en vente d'ouvrages dépourvus du poinçon de maître, 248, 256. — Ouvrages saisis a briser, 250. — Pénalités pour défaut de déclaration, 24, 248, 250. — Pénalités pour défaut d'apposition du poinçon de maître, 24, 248, 250. — Pénalités pour omission de remettre le bordereau de vente, 24, 248, 250. — Pénalités pour achat a des inconnus, 24, 248, 250. — Poinçon de maître, 24, 33, 247, 249, 256. — Proportion d'or a employer dans la fabrication du double, 24, 247. — Registre d'inscription des achats et des ventes, 24, 249. — Titre du plaque et du double, 71. — Vente d'ouvrages saisis en plaqué et en doublé, 250.

5° **Fabricants et marchands d'ouvrages dorés et argentés,** 24, 33, 247, 248, 251, 252. (Voyez obligations imposees aux fabricants et marchands d'ouvrages en doublé, plaqué.)

6° **Fabricants et marchands de galons,** tissus, broderies, etc — Achat à des inconnus, 21. — Bordereau de vente à remettre aux acheteurs, 21. — Pénalités, 20, 240. — Registre d'achats et de vente, 240. — Tableau de la loi à afficher, 21, 240. — Vente pour fin d'ouvrages en or ou en argent faux, 21.

Fausse monnaie, 218. — Destruction des fausses pièces, 219. — Emission de fausse monnaie, 219. — Essai de fausse monnaie, 221. — Reconnaissance de la fausse monnaie, 220. — Surveillance à exercer, 218, 219, 220.

Faux poinçons, 348 à 354. — Bonne foi, 352. — Calque des poinçons, 15, 348, 350. — Commissaire de police, 25, 348. — Confiscation des ouvrages marques de faux poinçons, 25, 26, 348, 349, 350, 351, 359, 360. — Connaissance des délits, 349. — Constatation des délits, 25, 348 — Cour d'assises, 351, 359. — Crimes et délits, 349. — Détention d'ouvrages marques de faux poinçons, 26, 360. — Extradition pour fabrication de faux poinçons, 349. — Fabrication illicite de poinçons, 25, 348. — Pénalités relatives aux faux poinçons, 10, 26, 348, 349. — Poursuites, 350, 354. — Présentation d'ouvrages marqués de faux poinçons, 351. — Reconnaissance des fausses marques, 352. — Transaction, 354. — Usage illicite des vrais poinçons, 26, 349. — Usage de faux poinçons, 348, 361.

Formalités relatives à l'exportation. (V. *Exportation*)
Formalités relatives à l'importation. (V. *Importation*)
Fourbisseurs, 226, 227.
Fourré, 342 a 347. — Bijoux creux émaillés, 346 — Ciment à l'intérieur des bijoux. 346. — Confiscation d'objets fourrés, 344, 355. — Destruction des objets fourrés, 343, 344, 354. — Essai, 18, 342, 344, 355, 358. — Espèce d'ouvrages saisissables, 344, 355. — Excès de soudure, 343, 355. — Droit de transaction, 354. — Gomme laque a l'intérieur des bijoux, 346. — Importation d'objets fourrés, 109. — Indemnité pour bris d'objets, 18, 345. — Intention frauduleuse, 356, 357, 358. — Introduction d'or a bas titre dans un ouvrage au titre légal, 357. — Melange d'ouvrages en or avec des ouvrages en metal commun doublé d'or, 345. — Objets fourrés en cours de fabrication, 355. — Objets fourrés bien que marqués, 345, 355, 356. — Pénalités relatives au délit de fourré, 18. — Présentation à l'essai d'ouvrages fourrés, 18, 104, 344, 358. — Responsabilité des fabricants, 344, 358 — Responsabilité des commissionnaires en douane, 346, 359. —

Soupçon de fourré, 18. — Titre des ouvrages alterés par la soudure, 343.
France. — Tarif de douane, 612 a 615.

G

Garantie des marques de fabrique et de commerce, 367 à 376 — Contrôle des marques de fabrique, 367, 374. — Declaration, 369, 373. — Decret du 25 juin 1874, 373. — Depôt de la marque au tribunal de commerce, 367, 369. — Loi du 26 novembre 1873, 367. — Perception des taxes, 370, 374. — Mesures de comptabilité, 372, 375 — Poinçon des marques de fabrique et de commerce, 373. — Reglement du 25 juin 1874, 369. — Réquisition, 373. — Séance de marque, 375 — Tarif des droits, 370, 374.
Gex (Pays de). (V. *Exportation, Importation*)
Grande-Bretagne. (V. *Angleterre.*)
Graveurs, 226, 227.
Grèce. — Tarif de douane, 640
Guatémala. — Tarif de douane, 641

H

Haïti. — Tarif de douane, 642, 643.
Héritiers. (V. *Ventes publiques.*)
Historique de la Garantie, 1 à 6.
Hollande. — Législation, 455 a 458. — Poinçon hollandais, 458. — Tarif de douane, 658.
Horlogerie. — Application des empreintes. (V. *Marque*) — Bureaux de douane ouverts a l'importation de l'horlogerie étrangere, 320. 321. — Demontage des mouvements importés dans les montres, 327. — Essai des montres importees isolement, 313. — Mouvements de montre portant les lettres A ou M transferes dans un boîtier d'or, 129.
Horlogers — Etiquettes fixees aux montres a racommoder, 230. — Montres à raccommoder, 227, 229, 230, 253, 255, 260. — Tenue du registre d'inscription, 227 228, 260.

I

Importation, 309 a 333. — Accessoires de boîtes de montres. 174, 322 .— Accessoires irreguliers, 323. — Anneaux pleins et anneaux creux pour boîtes de montres, 323. — Argenterie de menage appartenant à des etrangers, 11, 317, 318. — Argenterie de ménage appartenant à des Français, 319. — Argenterie de ménage de fabrication étrangere, 11, 320. — Argenterie de menage marquee du poinçon d'exportation, 320. — Argenterie de menage marquee des anciens poinçons, 320. — Argenterie de menage. Tolerance de poids, 11, 318. — Argenterie de ménage Consignation des droits, 319. — Argenterie de menage. Refus de payer les droits, 321. — Bijoux d'or et d'argent à l'usage personnel des voyageurs, 11, 317. — Bijoux a bas titre, 312, 315. — Boîtes postales, avec valeur déclarée. Vérifications, 323, 325, 326. — Boîtes postales refusées par les destinataires ou refoulées à l'étranger, 328. — Boîtes postales à destination de Paris, Besançon, Lyon, Pontarlier, 325. — Boîtes postales ne renfermant pas de métaux précieux, 326. — Boîtes de montres à l'état d'ébauches, 315, 316. — Bureaux de garantie ouverts à l'importation de l'horlogerie, 310. — Bureaux de douane ouverts à l'importation de l'horlogerie, 321. — Bureaux de douane ouverts à l'importation d'ouvrages étrangers, 309, 310. — Composition des lots d'ouvrages a soumettre à l'essai, 313, 316. — Conditions pour l'admission en franchise des ouvrages anciens, d'art ou de curiosité, 329 — Consignation des droits, 319. — Contestation sur le titre des ouvrages importés, 109 — Corse (Regime de la), 278 — Couronnes de boîtes de montres, 322. — Dispositions générales, 11, 309 — Deboîtage et remboîtage des mouvements de montres, 327 — Destination des ouvrages importés, 309. — Essai des ouvrages, 108, 312, 313, 317, 322. — Essai des ouvrages importés isolement, 313 — Marque des ouvrages importés, 310, 311, 314, 330, 332 — Marque au poids de la bijouterie étrangere, 170, 171, 172, 330, 332. — Marque des montres, 311, 322 — Montres etrangeres finies, 311, 321. — Montres etrangeres à bas titre, 322. — Montres étrangeres avec accessoires irreguliers, 323. — Montres etrangeres avec ornements en acier, 181, 184 — Montres en metal commun doré ou argente, 249, 333. — Ouvrages anciens et de curiosité au titre legal, 329. — Ouvrages anciens et de curiosité à bas titre, 312, 329. — Ouvrages anciens avec accessoires modernes, 329. — Ouvrages anciens avec accessoires irreguliers, 329. — Ouvrages composés de différents métaux, 314, 330 — Ouvrages admis en franchise et remis dans le commerce, 11, 318. — Ouvrages avec accessoires irreguliers, 323. — Ouvrages appartenant à des ambassadeurs ou attaches des puissances etrangeres, 11, 317 — Ouvrages à l'usage personnel des voyageurs, 11, 317, 318 — Ouvrages fourrés importes, 312, 313. — Ouvrages en double, plaque Poinçon de maître, 249, 333. — Ouvrages en métal doré ou argente, 333. — Pays ayant adhéré à la convention postale, 324. — Perception des droits, 319, 327. — Poinçons d'importation, 311. — Poinçon de maître des ouvrages en doublé, plaque et en métal commun doré ou argente. 333. — Refus de boîtes chargées par le bureau de garantie, 327. — Reproduction de pieces de monnaie étrangère, 205. — Responsabilité des commissionnaires en douane, 346, 359 — Ressort adapte a des ouvrages d'or et d'argent, 314. — Savoie (Haute), 182, 183. 314. — Suppression des poinçons E T et la « Chimere » pour la marque des ouvrages étrangers, 126, 310, 312. — Transfert d'un mouvement dans un autre boîtier, 129. — Titre des ouvrages à déclarer en douane, 316. — Vérification à la garantie de boîtes, avec valeur déclarée, 325, 326.

Indes néerlandaises. — Tarif de douane, 652

Inspecteurs des bureaux de garantie, 42. — Constatation des infractions, 42, 52 — Mission des inspecteurs, 42, 51. — Nomination, 42, 51 — Représentation des registres et des poinçons, 42, 52. — Suspension des agents, 42, 52.

Italie. — Loi sur la garantie, 459 à 461. — Poinçons italiens, 461. — Tarif de douane, 644, 645.

J

Jaseron. — Instructions pour la marque, 138, 149.
Japon. — Tarif de douane, 646, 647
Joailliers. (V. *Fabricants et Marchands*.)

K

Karat. — Cas où on peut employer cette denomination, 39, 242, 289. — Interdiction d'employer le mot « karat » dans les actes, 7.

L

Lamineurs, 227, 364 à 366.

Lingots. — Essai des lingots, 18, 364. — Droit d'essai, 18. 365. — Droit de garantie, 12. — Inscription au registre d'essai, 18, 365. — Pénalités, 18. — Poinçon pour marquer les lingots, 9, 133, 364. — Reconnaissance du titre, 364, 365 — Responsabilité des essayeurs, 364 — Vérification des marques, 366.

Lois (V. *Décrets, Ordonnances*), 7 à 41. — Loi du 19 brumaire an VI, 7 a 30. — Loi du 10 août 1839, 31. — Loi du 30 decembre 1839, 31 à 33 — Loi du 26 mai 1860, 33. — Loi du 27 juillet 1878, 33 à 36. — Loi du 25 janvier 1884, 36 a 38. — Loi du 6 juin 1884, 38 a 41.

M

Maisons communes d'orfèvres. — Suppression, 13.

Marchands ambulants et commis-voyageurs. — Achat d'ouvrages d'or et d'argent, 245. — Commissaire de police, 23, 244 — Declaration a l'administration municipale, 23, 244 — Defaut d'inscription des achats et des ventes, 244. — Défaut de déclaration, 246, 256, 257 — Detention d'ouvrages sans marque, 23, 246, 247, 256, 257, 258. — Examen des ouvrages mis en vente, 244. — Exhibition des factures et bordereaux, 23, 244, 245, 246 — Inscription des achats et des ventes, 245. — Ouvrages susceptibles d'être confisques, 244. — Penalités, 23. — Preposés aux entrees des villes, 247. — Registre d'achats et de ventes, 244, 245 — Saisie d objets non poinçonnes, 244, 258 — Surveillance des colporteurs, commis-voyageurs et marchands ambulants, 246. — Vérification des marques, 244. — Constatation des contraventions, 23, 244, 245.

Maroc. — Tarif de douane, 648

Marque des ouvrages, 140 à 175. — Application des empreintes, 141, 168 — Catalogue des ouvrages avec indication de l'emplacement des empreintes, 142 a 167 — Contremarque, 141, 169 — Emplacement des marques, 142 a 167. — Jaseron, 128, 138, 139. — Lingots. (V. *Lingots*) — Marque au poids Ouvrages de fabrication nationale, 169 — Marque au poids Ouvrages de fabrication étrangere, 170, 171, 172 — Marque au poids Ouvrages destines a l'exportation, 171. — Marque en garniture, 168, 169. — Marque des medaillons, 172, 332. — Marque des ouvrages composes d'or et d'argent, 178, 330 — Marque des boutons de manchettes et de chemises, 172 — Marque des montres, 172 — Marque des anneaux de boîtes de montres, 172, 173, 174. — Marque des chaînes de decimetre en decimetre, 127. 273. — Marque sur le fermoir, 272 — Marque des objets provenant des ventes publiques ou des monts-de-piete, 210, 213, 214, 215 — Marque des medailles frappées, 195, 196. — Marque des médailles religieuses, 202. — Marque des décorations, 199 à 202 — Marque des accessoires de médailles, 196 — Marque des objets anciens et de curiosite, 329. — Marque des objets antiques, 329. — Marque des objets anciens avec accessoires modernes, 329. — Marque de la bijouterie de provenance des pays non contractants, 171. — Marque des ouvrages déclares pour l'exportation et mis dans la consommation intérieure, 171. — Marque des mouvements de montres, 130. — Menus ouvrages d'or et d'argent, 169, 176, 257. — Nomenclature des ouvrages dispensés de la marque, 167, 168, 173, 176. — Oblitération des marques. 269, 270, 271, 273, 274, 333 —

Ouvrages de coutellerie, 168. — Ouvrages marqués des anciens poinçons, 132. — Ouvrages à marquer du poinçon E T, 274. — Précautions relatives a l'oblitération des marques, 274. — Viroles de canifs et de couteaux. (V. *Coutellerie.*)

Matériel des bureaux. (V. *Organisation.*)

Médailles, 188 a 208. — Adjonction de béheres et autres accessoires, 195. — Autorisation de posseder des appareils de frappe, 190, 193. — Balanciers, 207. — Cliches a revers plat ou uni, 192. — Declarations de fabrication, 191 — Décorations, 193, 194. — Diametre des médailles qui peuvent être frappées au titre de la bijouterie, 198. — Different du directeur de fabrication a l'hôtel des Monnaies, 190, 195 — Droit de visite des employes, 219. — Epaisseur des estampages, 198 — Essai des medailles, 188 a 206. — Estampages, decorations, médailles de saintete qui peuvent être frappés sans autorisation, 193, 194, 198. — Etendue et conditions des autorisations de frapper, 193. — Exemplaire de medailles a deposer a la Bibliotheque nationale et au Musee monetaire, 197 — Exportation de medailles, 203 — Fabrication illegale de medailles, 189. — Fonds de boîtiers de montres, 198, 205. — Forme des medailles, 192 — Frappe de medailles dans les ateliers de la Monnaie, 188, 195, 203 — Frappe de medailles dans les ateliers prives, 188 — Frappe de medailles sans beheres, 188 — Frappe de medailles avec béheres, 189, 192, 194. — Frappe de médailles de saintete a behere, 190, 193, 194, 198, 202. — Frappe de medailles en tous metaux, 191. — Indication du metal employe dans la fabrication des medailles, 188, 193, 195 — Insculpation du poinçon de maître, 191. — Importation de medailles etrangeres, 202 — Jetons, pieces de plaisir, etc , 190, 192. — Marque des medailles frappees dans les ateliers de la Monnaie, 195 — Marque des medailles frappees dans les ateliers privés, 196, 197. — Marque des montures et accessoires de médailles, 196. — Machines qui peuvent être utilisees pour la frappe, 206. — Medailles fondues, 193, 195. — Médailles a behere avec ornements soudés, 189 — Médailles soumises a l'arrête du 5 germinal an XII, 192. — Medailles transformees en broches, épingles, fonds de boîtiers, 189, 194, 197. — Médailles destinees a l'exportation, 203. — Medailles qui peuvent être frappees au titre de la bijouterie, 194. — Medaille du Tonkin, 199. — Médaille du Dahomey, 199. — Medaille de Chine, 201. — Medaille coloniale, 199, 200 — Medaille d'honneur des agents municipaux, 202 — Medailles religieuses, 202 — Plaquettes, 192. — Pieces de plaisir, 192. — Pénalites, 192 — Poinçon d'exportation, 203, 204. — Poinçon de maître pour les médailles d'or et d'argent, 192 — Poinçon de maître pour les medailles en tous métaux, 191. — Poinçonnement des medailles, 195 — Presses-mouton et presses monetaires, 206, 207 — Prohibition a l'importation de medailles etrangeres, 202 — Reimportation de medailles, 203, 315. — Responsabilite des fabricants, 192. — Surveillance des fabricants et marchands, 191 — Titre des medailles, 188, 194 — Tolérance de titre, 188, 197.

Métaux divers (Ouvrages en), 178 a 187. — Acier employé dans la composition des ouvrages, 182. — Anneaux a ressort, 182. — Bijoux composés d'or, d'argent et de platine, 178 — Boucles d'oreilles a talon d'argent et chiquet d'or, 186. — Boutons de manchettes composés de différents metaux, 185 — Canifs avec coquilles d'or ou d'argent, 184 — Coupe-cigares, 182. — Couronnes de remontoir de boîte de montre avec coquille d'or et noyau en acier, 109, 110 — Couronnes de remontoir en cuivre plaqué d'or, 109. — Couronnes de remontoir en métal commun doublé d'or ou dore, 110. — Cuvettes de boîtes de montres, 184. — Droit de garantie sur les ouvrages composes d'or et d'argent, 179. — Emploi d'un metal commun dore ou argente dans les ouvrages d'or et d'argent, 185 — Essai des ouvrages composes de differents metaux, 178, 180 — Etuis a cigarettes avec faces en cuivre et fermoir en argent, 184. — Evaluation du poids des differents métaux, 178. — Goupilles, 182 — Importation d'ouvrages composes de différents métaux, 314, 330 — Insculpation de la mention « Metaux divers » ou « Mx Div. » sur les ouvrages composes de differents metaux, 179, 182, 183, 184 — Marque d'ouvrages composes de plusieurs metaux, 179, 314. — Mecanisme dans l'intérieur des ouvrages, 182, 183 — Montres composees d'or, d'argent et de platine, 178 — Montres avec cuvette metal, 184. — Montres en metal precieux avec fond en acier, 184. — Montres en or, en argent et nacre, 185. — Ouvrages avec ornements en platine, 179 — Ouvrages avec ornements en acier, 181 — Ouvrages composes partie métal precieux, partie métal commun, 180. — Ouvrages composes partie en argent et partie en metal blanc argente, 182. — Platine employe dans la fabrication des ouvrages, 179. — Poinçon mixte pour la marque des objets composes d'or et d'argent, 125, 179 — Porte-mine avec enveloppe extérieure en argent, la partie exterieure en cuivre et la monture en cuivre doublé d'or, 181 — Porte-mine en argent doublé d'or, 180 — Porte-crayon, 181 — Ressorts necessaires aux ouvrages, 183, 314.

Mexique. — Tarif de douane, 649, 650

Monnaies (Pieces de) demonetisées, 234. — Imitation de pieces de monnaie etrangere, 205. — Penalites, 205. — Reproduction de pieces de monnaie, 205.

Monts-de-piété. (V Ventes publiques)

Monténégro. — Tarif de douane, 651

Mouvements de montres, 230, 259, 402, 404

N

Nicaragua. — Tarif de douane, 653, 654

Notaire. (V. Ventes publiques.)

Norvège. — Reglement sur la garantie. 492. — Poinçons norvegiens, 491. — Tarif de douane, 655.

Nullités. (V. Contentieux.)

O

Opticiens, 226.

Ordonnance du 30 decembre 1839, 30 à 32.

Organisation et attributions, 42 a 50. — Algerie, 67 — Attributions de l'administration des Monnaies, 14, 42, 43. — Attribution de l'administration des contributions indirectes, 14, 42, 59, 65, 135 — Circonscriptions des bureaux, 44 a 46 — Composition des bureaux, 14, 51 — Creation des bureaux de garantie, 13, 43, 48 — Directeur des contributions indirectes, 65 — Emplacement des bureaux, 13, 44 a 46 — Fixation des heures d'ouverture des bureaux, 48 — Installation, 48 — Inspecteur des bureaux de garantie, 42, 51. — Instruments de vérification, 50, 62, 140, 379 — Jours et heures d'ouverture des bureaux, 47, 48 — Locaux, 15, 48 — Matériel, 49, 380 — Reglement des depenses, 14, 43. — Reparations du materiel, 50 — Suppression des hôtels des metiers, 43 — Suppression des bureaux de garantie, 49. — Surveillance des bureaux de garantie, 14, 135 — Vérifications des bureaux de garantie, 42, 52. — Vérifications des poids et mesures, 50.

Orfèvres. (V. *Fabricants et Marchands.*)

P

Panama (République de). — Tarif de douane, 656.
Pays-Bas. — Tarif de douane, 658.
Pays ayant adhéré à la convention postale, 284, 286.
Paraguay. — Tarif de douane, 657.
Pénalités. (V. *Contentieux.*)
Pérou. — Tarif de douane, 659
Perse. — Tarif de douane, 660
Personnel. (V. *Contrôleurs, Essayeurs, Organisation, Receveurs.*)
Platine. (V. *Métaux divers.*)
Plaqué. (V. *Doublé, Fabricants et Marchands*)
Poinçons de garantie, 111 à 140. — Poinçons en usage de 1797 à 1809, 111 à 113. — Poinçons en usage de 1809 à 1819, 114 à 115 — Poinçons en usage de 1819 à 1838, 116 à 118 — Poinçons actuels, 1er, 2e, 3e titres d'or, 124. — Poinçons actuels, 1er, 2e titres d'argent, 124. — Poinçons actuels, petite garantie d'or, 125 — Poinçons actuels, petite garantie d'argent, 125. — Poinçons actuels de recense, 9 10. 119, 131 — Poinçons actuels Remarque. 127. — Poinçons actuels pour les ouvrages étrangers en or, 8, 9, 126. — Poinçons actuels pour les ouvrages étrangers en argent, 8, 126. — Poinçons actuels pour les boîtes de montres d'or et pour les ouvrages d'or des pays non contractants, 126. — Poinçons actuels pour les boîtes de montres d'argent et pour les ouvrages d'argent des pays non contractants, 126. — Poinçons actuels pour les ouvrages à bas titre provenant des ventes des monts-de-piété, 127. — Poinçons actuels pour la marque des ouvrages réimportés, 127. — Poinçons actuels d'exportation, 1er, 2e, 3e titres d'or, 128. — Poinçons actuels d'exportation, 1er, 2e titres d'argent, 128. — Poinçons actuels d'exportation, petite garantie d'or, 128. — Poinçons actuels d'exportation, petite garantie d'argent, 128. — Poinçons actuels d'exportation, 4e titre d'or, 129 — Poinçons actuels d'exportation, petite garantie horlogerie, 129. — Poinçons actuels, exportation, empreinte 583 M, 129. — Poinçons actuels pour les ouvrages composés d'or et d'argent, 125, 179. — Poinçons actuels pour mouvements de montres, 129, 130. — Accident aux poinçons et bigornes, 133, 134 — Accusé de réception de poinçons, 134. — Bigornes, 119, 122, 123, 137, 138 — Calque des poinçons, 15, 348, 500. — Clefs du coffre, 135. — Coffre renfermant les poinçons, 10, 133, 135. — Confection et envoi de poinçons, 10, 15, 42. 55, 132, 133, 134 — Conservation des poinçons, 134, 135, 136, 138 — Documents à renfermer dans le coffre, 136 — Emploi des poinçons, 134 — Fabrication, 132 — Feuilles de service, 134 — Fourniture des poinçons, 132. — Insculpation des poinçons, 133, 134. — Inventaire des poinçons, 63 — Mandrins pour jaseron, 135, 138 — Ouverture des boîtes renfermant les poinçons, 17, 134. — Plaques de vérification, 65, 140 — Réception de poinçons, 133. — Renvoi de poinçons hors d'usage, 133, 135 — Responsabilité des employés, 136 — Soins à donner aux poinçons, 136, 138. — Usage des poinçons, 136.

Poinçon de fabricant, 8, 36, 111. — Forme et dimension du poinçon de maître pour les ouvrages d'or et d'argent, 9, 39. — Forme et dimension du poinçon de maître pour les ouvrages en double, plaqué, dorés ou argentés,

9, 33. — Forme et dimension du poinçon de maître pour les medailles en métal commun, 191. — Forme et dimension du poinçon de maître pour les ouvrages en double, plaque, dorés ou argentés, d'origine etrangere, 249, 333. — Insculpation du poinçon de maître, 19, 24, 39, 247.

Polisseuses, 227.

Portefeuilles. (V. *Organisation.*)

Porto-Rico. — Tarif de douane, 661

Portugal. — Loi sur la garantie, 462 a 466. — Poinçons portugais, 464 a 466. — Tarif de douane, 662

Poursuites. (V. *Contentieux*)

Produit du droit de garantie, 5, 6.

Projet de réforme de la loi de brumaire, 5.

Prêteurs sur gages, 256.

Procédure. (V. *Contentieux.*)

Procès-verbaux. (V. *Contentieux.*)

Préposés des douanes. (V. *Contentieux.*)

Q

Quincailliers, 226.

Quittance des droits, 65.

R

Rébellion. (V. *Contentieux.*)

Recense, 9, 131.

Receveurs de la garantie. — Absence ou déces du receveur, 64. — Attributions, 64. — Cautionnement, 51. — Clef du coffre, 15, 64, 136. — Deduction sur les pesees, 64. — Dechet de fabrication, 175 — Délivrance de soumissions, 64 — Evaluation du poids des perles, pierres, etc, 64, 99 — Inscription a effectuer sur les bulletins d'essai, 16, 64, 99. — Nomination, 14, 64. — Perception des droits, 64, 65. — Pesée des ouvrages, 16, 64, 99. — Quittance a delivrer, 16, 65. — Remise des ouvrages au contrôleur, 16, 98, 140. — Recrutement, 51, 64. — Registres du receveur, 16, 19, 64. — Révocation, 64. — Suspension, 52. — Traitement, 15

Récidive. (V. *Contentieux*)

Réexportation, 333 a 334 — Montres de fabrication étrangère, 334. — Ouvrages de fabrication etrangère avec remboursement des droits, 333. — Ouvrages marques du poinçon E T, 334.

Réimportation, 303 a 308 — Argenterie de menage, 320.— Bureaux de garantie ouverts a la reimportation, 309, 310. — Bureau competent pour la readmission en franchise, 303, 306. — Delai pour former les demandes de readmission en franchise, 307 — Dispositions de douane, 306. — Justification anterieure de sortie, 307. — Marchandises en retour, 306 — Marchandises expediees par erreur a l'etranger, 308. — Marchandises nationalisces ou portant des marques etrangeres, 308. — Marchandises exportees avec reserve de retour, 308. — Reimportation de medailles, 203. — Reimportation de montres au 4ᵉ titre, 305 — Observations generales, 303. — Origine non justifiee, 307. — Ouvrages sans marque, 305 — Ouvrages a tous titres, 308 — Ouvrages de la 3ᵉ categorie, 35, 279, 281, 303, 304 — Ouvrages ayant beneficie du remboursement des droits, 35, 304 — Ouvrages marqués au poids, 305. — Ouvrages des deux premieres categories, 35, 303. — Ouvrages exportes sous réserve de retour, 35, 36, 279, 308. — Ouvrages readmis en franchise, 35, 303. — Poinçon pour la marque des ouvrages reimportes, 127. — Prise en charge d'ouvrages réimportes apres remboursement des droits, 36, 304. — Prise en charge d'ouvrages sans marque réimportes, 305.

Renseignements postaux. — Avis de réception d'objets chargés ou recommandes, 701 — Boites de valeurs declarees, 698 a 700 — Cartes postales ordinaires, 687 — Cartes postales illustrées Regime intérieur, France, Algérie, Tunisie. 687. — Cartes postales illustrees Regime international, 687, 688 — Cartes de visite, 689 — Circulaires autographiees, polygraphiées, etc., 690 — Colis postaux Régime interieur, 704 — Colis postaux Regime international, 705 — Colis postaux Conditions d'admission des colis postaux pour l'etranger, 715, 718 — Correspondance recommandee, 692 — Declaration en douane Allemagne, 708 Angleterre, 708. Autriche, 709 Belgique, 709 Bulgarie, 709 Egypte, 710 — Espagne, 710 Etats-Unis d'Amerique, 710 Grece, 711 Guatemala, 712 Honduras (Republique de), 712. Hongrie, 712 Italie, 712. Luxembourg, 713 Mexique, 713 Nicaragua, 713 Russie, 714 Serbie, 714 Suede. 714 — Echantillons, 691, 692 — Echantillons destines aux colonies françaises ou a l'etranger, 692. — Envois de valeurs déclarées, 693 — Envois de valeurs contre remboursement, 701, 702, 703 — Envois expres. 686 — Epreuves d'imprimerie, 690, 691 — Journaux et ouvrages periodiques, 688 — Lettres ordinaires pour la France et les colonies, 685. — Lettres ordinaires pour l'etranger, 686 — Lettres ou objets recommandes, 692 — Lettres chargees, 693 a 697. — Lettres non affranchies ou insuffisamment affranchies, 685 — Papiers de commerce ou d'affaires. 690, 691 — Paquets d'imprimes, 689, 690 — Pays compris dans l'Union postale universelle. 686 — Tarif des colis postaux, 706, 707. — Taxe des lettres ordinaires, 685. 686 — Valeurs declarées, 693

Reproduction de types monétaires. (V. *Monnaies.*)

République Argentine. — Tarif de douane, 663, 664

République de Costa-Rica. — Tarif de douane, 665

République dominicaine. — Tarif de douane, 666

République du Honduras. — Tarif de douane, 667

République de San-Salvador. — Tarif de douane, 608 669

Restitution de droits. (V. *Exportation*)

Roumanie. — Loi sur la garantie, 467 a 476 — Tarif de douane, 670, 671

Ruolz (Procéde), 252.

Russie. — Loi sur la garantie, 477 à 485 — Poinçons russes, 485. — Tarif de douane, 672

S

Saisies (V. *Contentieux.*)

Savoie (Haute). (V. *Exportation, Importation.*)

Serbie. — Loi de garantie, 486 a 488 — Poinçons serbes, 488 — Tarif de douane, 674, 675.

Sertisseurs de pierres, 226, 265.

Sibérie. — Tarif de douane, 673.

Soumissions d'exportation. — Classement des soumissions, 294 — Delivrance des soumissions, 276, 279, 280, 281 — Delai pour rapporter les soumissions, 294, 298. — Demande de soumission 276, 293 — Decharge, 276, 287 — Penalites, 298

Soudure (Exces de). (V. *Essais, Fourré.*)

Suède. — Loi sur la garantie, 489 a 491. — Poinçons suédois, 491 — Tarif de douane, 676.

Suisse. — Loi federale du 23 decembre 1880. 493 a 497. — Loi fédérale du 21 decembre 1886, 497, 498 — Loi federale du 21 novembre 1892, 499 a 516 — Instructions complementaires du 21 novembre 1892, 516 a 539 — Prescriptions concernant le contrôle des boîtes de montres destinées a l'Allemagne, 512, 513, 529, 530, 531. — Prescriptions concernant le contrôle des boîtes de montres destinées a l'Angleterre, 513, 514, 532 a 535 — Prescriptions concernant les ouvrages de bijouterie et d'orfevrerie destinées a l'Angleterre, 535, 536 — Instructions complementaires du 27 decembre 1895 concernant le titre, 541 a 545 — Arrête du 5 juillet 1906 concernant le titre des canons de poussettes, 545, 546 — Instructions complémentaires du 6 juillet 1906 concernant l'essai des boîtes de montres d'or, 546, 547. — Arrête concernant le contrôle des boîtes de montres d'or destinées a l'Autriche-Hongrie, 548 — Instructions complémentaires du 25 octobre 1906 concernant l'essai des boîtes de montres d'or destinées a l'Autriche-Hongrie, 549 a 551 — Arrête du 8 juin 1896 concernant le poinçonnement des boîtes de montres destinées a la Russie, 551, 552. — Instructions complementaires du 10 juin 1896 concernant le poinçonnement des boîtes de montres destinées a la Russie, 552 a 554 — Tarif de douane, 677.

Suppression des maisons communes d'orfevres, 13. — Suppression des hôtels de metiers, 43

Sursis. — Effets et conditions de la loi de sursis. (V. *Contentieux.*)

Surveillance. — Droit de visite, 219, 376 — Tournees des contrôleurs, 62, 380.

T

Tabletiers, 226.

Tarif des droits de garantie, 11, 175. — Tarif des droits d'essai, 11, 18, 94, 95, 105, 210, 365.

Tireurs d'or et d'argent, 362.

Titre des ouvrages d'or et d'argent, 66 a 78. — Algérie, 67 — Alliage pour la fabrication des ouvrages, 74, 75. — Alliage d'or et d'argent pour la fabrication du doublé et du plaque, 247. — Appliques ajoutees aux ouvrages, 69. — Bagues formees de fils d'or, 68 — Bijoux creux ayant de nombreuses soudures, 69, 70, 102. — Bijouterie d'importation, 190. — Boîtes de montres d'or, 68 — Boîtes de montres plaquees d'or, 71. — Bris d'ouvrages pour insuffisance de titre, 100, 343 — Broches, 69, 70 — Chaînettes formées de fils pleins en or, 69, 71. — Contestations sur le titre, 17, 43, 72, 99, 101. — Contestations sur le titre des ouvrages importés, 108, 109. — Creation d'un 4e titre d'or, 7, 67. — Déclaration du titre des ouvrages importes présentés a l'essai, 316, 317. — Densité des metaux, 73 a 75. — Emploi des titres, 8. — Exces de soudure, 100, 343, 355. — Importation de bijoux a bas titre, 315. — Inspecteurs des bureaux, 42. — Lingots d'or et d'argent, 364 à 366. — Médailles. (V. *Medailles.*) — Menus ouvrages de bijouterie, 101. — Ouvrages massifs, 69. — Ouvrages a bas titre, 17, 100. — Plané, 68 — Plaque, 71. — Responsabilité des essayeurs, 18, 99. — Titre du plaqué et de la dorure, 71, 72. — Titres légaux, 7, 66, 67. — Titres des médailles, 188, 194.

Tolérance de titre, 8, 67, 73, 79, 102. — Bijoux creux ayant de nombreuses soudures, 67, 68, 69, 70, 71, 102. — Boîtes de montres, 68, 104 — Menus ouvrages, 101. — Tolérance pour usage et nécessités commerciales, 73. —

Touchau. (V. *Essais.*)

Traités de commerce, 585 à 609.

Transaction. (V. *Contentieux.*)

Tunisie. — Loi de garantie, 555 a 573. — Poinçons tunisiens, 574, 575. — Tarif de douane, 678, 679.

Turquie. — Legislation, 576 — Tarif de douane, 680.

U

Uruguay. — Tarif de douane, 681.

V

Vénézuéla. — Tarif de douane, 682.

Ventes publiques, 12, 209 à 217. — Achat par des héritiers, 210, 216. — Affiche annonçant la vente, 401. — Assistance aux ventes, 209. — Commissaires priseurs, 211, 212. — Contestation sur le titre, 213, 217. — Déclaration des commissaires priseurs, 211, 212. — Droit d'essai, 210. — Essai des ouvrages, 105, 210, 215. — Inscription au registre d'essai, 216. — Marque (Ventes apres déces), 210, 213, 214. — Marque (Monts-de-pieté), 214, 215. — Marque. Objets anciens avec accessoires modernes, 213. — Modele d'acte de vente, 401. — Nantissements compris dans le rôle des ventes, 209 — Obligations des officiers ministériels charges de proceder aux ventes, 211, 212. — Ouvrages deposes dans les monts-de-piete, 209. — Ouvrages a bas titre mis en vente dans les monts-de-piete, 213 — Ouvrages à bas titre (ventes apres deces), 216 — Ouvrages à bas titre ayant le caractère d'objets d'art et de curiosité, 213. — Ouvrages non mis en vente par les héritiers, 176, 217. — Ouvrages non poinçonnes, 217. — Ouvrages à briser, 214. — Perception des droits, 209. — Pénalités, 211, 212. — Ventes publiques apres deces, 209, 210, 217. — Vente d'ouvrages saisis, 25, 400. — Vente d'ouvrages deposés dans les greffes des tribunaux, 212.

Viroles de canifs et de couteaux, 254.

Visites et recherches, 376 à 381. — Assistance du commissaire de police, 376, 377. — Droit de visite, 219, 376. — Heures pendant lesquelles les visites peuvent être effectuees, 26, 376. — Locaux d'habitation, 378. — Ordre de visite, 377, 378. — Ouverture des coffres et armoires, 379 — Rebellion et voies de fait, 379. — Soupçon de fraude, 377 — Service de surveillance, 218, 379. — Tournées, 62, 380 — Verifications, 19, 378.

Z

Zanzibar. — Tarif de douane, 683.

Besançon, impr. J. MILLOT & Cⁱᵉ